Joachim Scholtyseck

Die National-Bank

Joachim Scholtyseck

Die National-Bank

Von der Bank der christlichen
Gewerkschaften zur Mittelstandsbank
1921–2021

C.H.Beck

Mit 56 Abbildungen

www.chbeck.de
Umschlaggestaltung: Kunst oder Reklame, München
Satz: Janß GmbH, Pfungstadt
Druck und Bindung: CPI – Ebner & Spiegel, Ulm
Gedruckt auf säurefreiem, alterungsbeständigem Papier
(hergestellt aus chlorfrei gebleichtem Zellstoff)
Printed in Germany
klimaneutral
ISBN: 978 3 406 76790 6

myclimate

klimaneutral produziert
www.chbeck.de/nachhaltig

Inhalt

Eine Bank im Bann des Nationalsozialismus: 1933 bis 1945

Eine Mittelstandsbank in der Demokratie: 1945 bis 2021

Anhang

Vorwort

Die Gründung unserer NATIONAL-BANK jährt sich. Einhundert Jahre sind vergangen, seit mutige Männer der christlichen Gewerkschaftsbewegung den Entschluss gefasst hatten, in Berlin unsere Bank zu errichten, um ihren Sitz – planmäßig – kurze Zeit später nach Essen zu verlegen. Es ist ein besonderes Ereignis, über das wir uns freuen dürfen. Es markiert einen Abschnitt, den wir bei aller Bescheidenheit als erfolgreich bezeichnen dürfen.

Es ist zugleich der Anlass, die Geschichte unserer NATIONAL-BANK erneut wissenschaftlich untersuchen zu lassen. Nicht etwa, weil in der Vergangenheit etwas vergessen oder übersehen worden ist, sondern weil die historische Forschung, auch bei als aufgeklärt oder erklärt geltenden Sachverhalten über den Lauf der Zeit zu neuen Erkenntnissen gelangt. Dabei ist die Beschäftigung und Auseinandersetzung mit der eigenen Geschichte, gerade in einem Umfeld politischer und wirtschaftlicher Umbrüche, von substanzieller Bedeutung, denn jeder, der am Wirtschaftsleben teilnimmt, weiß um die Notwendigkeit des ständigen Erneuerns. Sprach Martin Luther einst von der «ecclesia semper reformanda», so gilt heute angesichts des sich rasch und in Quantensprüngen verändernden Umfelds das Gebot der «economia semper reformanda».

Diese Einstellung haben wir uns zu eigen gemacht. Als mittelständisch geprägtes Institut ist die NATIONAL-BANK seit Jahrzehnten profitabel und rentabel. Dividendenkontinuität ist für uns ebenso der Anspruchsbeweis wie der sorgsame Umgang mit unserem Ruf. Wir schützen ihn wie ein Juwel, eine Selbstverständlichkeit für jeden ordentlichen Kaufmann. Dennoch, Demut kommt vor Hochmut. Wir wissen um die Verantwortung, die uns in die Hände gelegt worden ist. Und wir wissen um die Aufgabe, sie eines fernen Tages in die Hände der uns folgenden Generation zu legen. Bis dahin gilt es, weiterhin nachhaltig und mit Augenmaß zu wachsen, um die Bank in einem noch besseren Zustand zu übergeben, als wie sie ohnehin schon übernehmen durften; alles stets in der Gewissheit, dass wir keine Gutsherren, sondern Gutsverwalter sind. Diese Einstellung prägt nicht unser unternehmerisches Selbstverständnis, sondern es ist Teil unserer kulturellen Identität.

Sowohl für die Erforschung als auch die Dokumentation unserer Geschichte war die wissenschaftliche Unabhängigkeit eine conditio sine qua non. Es ging nicht darum, die Bank illuminieren zu lassen, denn auch wir haben in der Vergangenheit Fehlentscheidungen getroffen und Risiken unzutreffend eingeschätzt. Zum Glück war das Allermeiste jedoch das Ergebnis kluger Analysen und Entscheidungen, auch wenn manches von Zufälligem geprägt und rückblickend betrachtet tatsächlich nur weniges die Folge falscher Urteile gewesen ist. Eine Untersuchung unserer einhundertjährigen Geschäftstätigkeit, eingebettet in die politischen und wirtschaftlichen, sozialen und regionalen Verhältnisse ihrer Zeit, war deshalb unser Ziel.

Diese Arbeit steht neben dem wichtigen Werk «Der Bank- und Börsenplatz Essen», das, 2018 erschienen, aus historischer Perspektive die finanzwirtschaftlichen, infrastrukturellen und wettbewerblichen Rahmenbedingungen der Ruhrmetropole unter die Lupe genommen hat. Beide Forschungsprojekte wurden von uns initiiert und finanziert. Sie sind nicht nur Ausdruck eines starken kulturellen und gesellschaftlichen Engagements unserer NATIONAL-BANK, sondern ein Reflex auf die geschichtliche Verantwortung in der Führung eines Unternehmens. Daneben ist es die Bedeutung des Gewesenen für das Verständnis des Heutigen. Geschichte können wir nicht vermeiden, Geschichtsbewusstsein zu entwickeln ist deshalb unverzichtbar. Zu oft scheint vergessen: Nicht alles, was alt ist, ist unmodern. Das gilt besonders für die Geschichte – zumal die eigene. Dies umso mehr, als die Erkenntnis, «Zukunft braucht Herkunft» in einer von Umbrüchen gekennzeichneten Zeit unverändert Bestand hat.

Unser Dank gilt Herrn Professor Dr. Joachim Scholtyseck von der Rheinischen Friedrich-Wilhelms-Universität Bonn, der sich dem Anspruch gestellt hat, die einmalige Geschichte unserer NATIONAL-BANK noch umfassender zu erforschen und zu dokumentieren. Die Zusammenarbeit war gleichermaßen erbaulich wie konstruktiv wie bei der gemeinsam mit Patrick Bormann M. A. verfassten Geschichte des Bank- und Börsenplatzes Essen. Einen weiteren Dank schulden wir unseren Eigentümerinnen und Eigentümern, denen unsere Bank gehört und die uns die Grundlage unserer Geschäftstätigkeit, das Kapital, zur Verfügung stellen. Ihr seit Jahren großer

Zuspruch ist ein Privileg für uns, über das wir uns freuen. Unser großer Dank gilt aber auch unseren Kundinnen und Kunden, die uns vertrauen und mit denen wir gemeinsam weiter wachsen. Das Versprechen «Mehr. Wert. Erfahren.» wird für uns auch zukünftig Anspruch und Verpflichtung sein. Schließlich danken wir allen aktiven und ehemaligen Mitarbeiterinnen und Mitarbeitern, die unsere NATIONAL-BANK zu dem gemacht haben, was sie heute ist: eine von Solidität, Stabilität und Zuverlässigkeit getragene Bank in Nordrhein-Westfalen und eine der erfolgreichsten unabhängigen Regionalbanken in Deutschland.

Ad multos annos!

Der Vorstand

Ein Blick in die Schalterhalle der *National-Bank* am Theaterplatz in den 1970er Jahren. Gut zu erkennen ist der Zugang zur «Stahlkammer» für Wertpapiere, die für den Neubau des Jahres 1952 eingerichtet worden war. Diese Räumlichkeiten wurden angesichts der Expansion der Bank inzwischen überwiegend von der Verwaltung genutzt.

Einleitung

Die *National-Bank* blickt, wenn sie im Jahr 2021 ihr 100-jähriges Jubiläum feiert, im Grunde auf drei Unternehmensgeschichten zurück, die unterschiedlicher nicht sein könnten: eine erste Periode, in der sie 1921 als Bank der christlichen Gewerkschaften gegründet wurde und in dieser Rolle bis 1933 als Bank für die «kleinen Leute» in der Weimarer Demokratie arbeitete; eine zweite Periode, in der sie als eine personell völlig umgewandelte Mittelstandsbank im Dienste des «Dritten Reiches» agierte, und schließlich eine dritte Periode seit 1945, in der sie nach den materiellen Zerstörungen des Kriegs, anknüpfend an manche Traditionen der vorherigen Jahrzehnte, als bedeutende Bank regionalen Zuschnitts eine Facette der «Erfolgsgeschichte» der Bundesrepublik Deutschland repräsentiert.

Diese in der deutschen Bankenlandschaft wohl einmalige Geschichte, die das klassische deutsche Drei-Säulen-Prinzip – private Geschäftsbanken, öffentlich-rechtliche Kreditinstitute und Kreditgenossenschaften – in mancher Hinsicht ergänzt, ist einen näheren Blick wert. Sie wissenschaftlich auf dem neuesten Stand der Forschung darzustellen und die Brüche und Kontinuitäten zu skizzieren, soll mit dieser Studie geleistet werden. Sie knüpft an zwei Vorarbeiten an: erstens an die im Jahr 2011 erschienene und inzwischen in zweiter Auflage vorliegende Geschichte zum 90-jährigen Bestehen der Bank[1] sowie zweitens an die Geschichte des Bank- und Börsenplatzes Essen, die 2018 auf den Markt kam und die Finanzwelt der Stadt seit dem Ende des 18. Jahrhunderts in den Blick nimmt und kontextualisiert.[2]

Der Vorstand der *National-Bank* hatte sich im Jahr 2008 aus eigenem Erkenntnisinteresse entschlossen, erstmals die historischen Wurzeln und die Entwicklung der Bank freizulegen und wissenschaftlich nachzeichnen zu lassen. Zuvor hatte es immer wieder aus der Bank heraus Vorstöße gegeben, die eigene Geschichte besser zu erforschen. Aus verschiedenen Gründen war diesen Bemühungen kein Erfolg beschieden gewesen: Zu groß war nach 1945 die Sorge, mit der eigenen Vergangenheit der Jahre zwischen 1933 und 1945 konfrontiert zu werden. Selbst der Name *National-Bank* konnte in diesem Sinn zu eher unangenehmen Erinnerungen Anlass geben, ja es war gelegentlich sogar überlegt worden, diesen in der Bundesrepublik scheinbar nicht mehr zeitgemäßen Namen abzulegen und durch eine unverfänglichere Neuschöpfung zu ersetzen.

Sich nicht allzu intensiv mit der eigenen Geschichte zu befassen, hatte durchaus Tradition. Industrieunternehmen und Banken haben bis in die 1990er-Jahre hinein oftmals eher unkritische Bestandsaufnahmen vorgelegt, in der unliebsame Kapitel der eigenen Geschichte bisweilen recht diskret abgehandelt wurden oder gar ganz wegfielen. All dies mündete in eine weitverbreitete «Exkulpationssolidarität».[3] Die Festschriften polierten häufig die Geschichte auf, hatten hagiographischen Charakter und entsprachen eher dem Genre einer Jubelschrift als geschichtswissenschaftlichen Studien – wenn sie nicht ohnehin Arbeiten waren, deren Zweck eher in der glorifizierenden Selbstdarstellung als in der kritischen Analyse bestand.[4] Wirklich unabhängige Bankgeschichten waren selten, weil man in den Chefetagen der Bankinstitute das Risiko scheute, mit unangenehmen Ergebnissen ins Rampenlicht der Öffentlichkeit zu treten. Freien Zugang zu den Quellen gewährte man niemandem, «der sich nicht als ideologisch absolut zuverlässig» erwies.[5]

Auf dem Feld der Bankengeschichte brachte erst die unabhängige Studie über die Geschichte der *Deutschen Bank* in den 1990er-Jahren einen Durchbruch.[6] Der unabhängige Zugang zu den Akten der düsteren Kapitel des «Dritten Reichs» kam einem Paradigmenwechsel gleich: Er führte dazu, dass die Offenlegung der eigenen Vergangenheit entgegen früheren Befürchtungen als ein Zeichen von Transparenz verstanden wurde. In der Folge haben zahlreiche weitere Bankinstitute ihre Archive geöffnet. Die Literatur zur Bankgeschichte, so ist kürzlich konstatiert worden, «hat in den vergangenen Jahren geradezu rasant an Umfang gewonnen».[7]

War noch im Jahr 1998 in einem einschlägigen Findbuch zu den Archiven der deutschen Kreditwirtschaft zu lesen, bei der *National-Bank* sei die Benutzung der Archivbestände «nicht gestattet»,[8] so hat sich dies inzwischen vollständig geändert. Für die Zeit vor 1945 ist die Überlieferung zu ihrer Geschichte befriedigend, obwohl nicht alle Vorgänge auf Aktenbasis nachvollzogen werden konnten. Von den Geschäftsberichten fehlen im Archiv der *National-Bank* lediglich diejenigen aus den Jahren 1923 bis 1930. Die

Sitzungsprotokolle des Aufsichtsrats sind aus der Zeit seit der Umbenennung der Bank am 18. Dezember 1933 vollständig vorhanden. Zu zahlreichen Aufsichtsratsmitgliedern finden sich Schriftverkehr und Korrespondenz: Zu ihnen zählen Wolfgang Müller-Clemm, Adolf Friedrichs, Walter Pelletier, Eugen Vögler, Friedrich Vogt, Max Schroeder, Ferdinand Schraud, Karl Hitzbleck, Ernst Hitzbleck, Franz Blücher, Maximilian Freiherr von Brachel und Alfred Pott. Zudem sind Schriftstücke zu Dr. Wilhelm Bötzkes und Wilhelm Marotzke im Archiv überliefert. Von nicht zu unterschätzender Bedeutung sind zudem verschiedene, seit 1939 erstellte Wirtschaftsprüfungsberichte, die ebenfalls aufbewahrt wurden.

Für den Gründungsprozess haben sich Dokumente und Denkschriften, die sich im Nachlass Adam Stegerwalds im *Archiv für Christlich-Demokratische Politik (ACDP) der Konrad-Adenauer-Stiftung* in Sankt Augustin bei Bonn befinden, als hilfreich erwiesen. Die Bestände der IHK Essen, der *Bergarbeiter-Gewerkschaft* Köln, der *Landeszentralbank (LZB)* und Unterlagen zur *Reichsbank* im Bundesarchiv geben Aufschlüsse über die Bankhistorie. In den *National Archives* in College Park und in der *Dwight D. Eisenhower Library* finden sich Dokumente zur amerikanischen Bankenpolitik nach 1945; in den britischen Akten der *National Archives* in Kew sind zentrale Bestände über die britische Bankenpolitik in der von ihr besetzten Zone erhalten geblieben.

Schwieriger stellt sich dagegen die Situation für die Nachkriegszeit dar. Hier ist die Quellenlage besonders dünn für zahlreiche Aspekte vor allem jenes Zeitraums, in dem Willi Wohlrabe (1948–1959) und Fritz Dertmann (1951–1981) die Geschicke der *National-Bank* im Vorstand ganz wesentlich lenkten. In diesen Jahren wurden zahlreiche neue Geschäftsverbindungen geknüpft und ein weitgespanntes Filialnetz aufgebaut. Manches Atmosphärische über Persönlichkeit, Führungsstil und Unternehmensphilosophie jener Jahre ließ sich noch im Werk zur 90-jährigen Geschichte der Bank mithilfe von Zeitzeugeninterviews rekonstruieren. Diese waren auch nützlich, als es darum ging, aus der Essener Perspektive über die technologische Revolution im Bankwesen zu berichten: die fast vollständige Umstellung auf EDV und Computertechnik, die seit den 1960er-Jahren tiefgreifende Auswirkungen auf den Bank-Alltag hatte.

Die Zeit nach 1970, also jene Jahre, in der die Zeit des geradezu stürmischen Aus- und Aufbaus von regionalen Geschäftsstellen zunächst einmal vorbei war, ist zwar durch Geschäftsberichte und andere Quellen gut erschlossen. Allerdings mangelt es weitgehend an Dokumenten, die jenseits des reinen Zahlenmaterials Auskunft über die Alltagspraxis und die spezifischen

Aspekte jener Periode geben. Für die historische Erschließung der späteren Entwicklung erweist es sich als besonders hinderlich, dass ein originäres Archiv nicht vorhanden war und erst in den letzten Jahren des 20. Jahrhunderts mit der systematischen und professionellen Erschließung der vorhandenen Bestände begonnen wurde.

Eine an heutigen wissenschaftlichen Maßstäben orientierte Geschichte der *National-Bank* und ihrer Vorläufer gab es, wie eingangs erwähnt, bis zum Jahr 2011 nicht. Einer der langjährigen Mitarbeiter und Direktoren, Karl Richter, hatte 1978 eine stark persönlich eingefärbte, chronikartige Darstellung der Bank vorgelegt,[9] die allerdings nicht veröffentlicht wurde und in mehreren verschiedenen Fassungen im Archiv der *National-Bank* vorhanden ist. Daneben existiert eine Mitarbeiterschrift für den bereits erwähnten Fritz Dertmann, die zu seinem 25-jährigen Dienstjubiläum im Jahr 1976 erstellt, aber ebenfalls nicht publiziert wurde. Diese Mitarbeiterschrift ist in vielen Partien jedoch nur eine Zusammenstellung verschiedener Passagen der erwähnten Chronik von Karl Richter sowie von Auszügen aus den Geschäftsberichten. Von besonderem Interesse ist darüber eine kleine, unveröffentlichte «Geschichte und Entwicklung der National-Bank AG» von Karl-Heinz Nellessen, die dieser im Jahr 1996 abgeschlossen hat. Allerdings musste der Autor auf die schlechte Überlieferung verweisen: «Festschriften existieren nicht, Originalunterlagen, Bilanzen o. ä. aus dem Zeitraum vor dem Zweiten Weltkrieg sind in den Kriegswirren weitgehend untergegangen, so daß hier nur Sekundärquellen zur Verfügung stehen.»[10] Manche Hinweise, nicht zuletzt zum Sozialgefüge und Arbeitsalltag der *National-Bank*, finden sich in der achtseitigen Aufzeichnung vom Maximilian Dilling, der 1994 eine kleine Studie über seine eigenen Erinnerungen seit seinem Eintritt in die Bank im Jahr 1952 verfasste.[11]

Die National-Bank

Essen war eine Hochburg der christlichen Gewerkschaften. Abgebildet ist das Alfredus-Haus, das Vereinshaus der christlichen Gewerkschaften in der Frohnhauserstraße.

Eine Bank der christlichen Gewerkschaften: 1921 bis 1933

Der Bankplatz Essen vor Gründung der *National-Bank*

Essen bietet für die im 19. Jahrhundert eintretende grundlegende «Verwandlung der Welt» (Jürgen Osterhammel) und den gewaltigen Entwicklungsschub ein besonders gutes Beispiel. Die hier ansässige Familiendynastie Krupp war nur eines von zahlreichen Industrieunternehmen aus dem Montan- und Stahlbereich, die das Gesicht der Stadt prägten und zahlreiche beschäftigungssuchende Arbeiter anzogen. Schon 1896 erreichte die Zahl der Einwohner die Großstadt-Grenze von 100 000 und wuchs in den folgenden Jahren beständig an. Im Zuge der Industrialisierung entstanden in der zweiten Hälfte des Jahrhunderts in der unmittelbaren Nachbarschaft zur Stadt weitere bevölkerungsstarke Großgemeinden: Altendorf wuchs von 2000 auf 40 000 Einwohner, Borbeck von 5000 auf 30 000, Altenessen mit Karnap von 1100 auf 24 000 und Stoppenberg (mit Kray und Huttrop) von 2200 auf 30 000 Einwohner. Der Zuwachs konzentrierte sich im Wesentlichen auf die Stadtteile mit den neu entstehenden Mergelzechen und Eisenhütten sowie auf die Gebiete um das Krupp'sche Betriebsgelände. Rüttenscheid wurde erst nach 1895 von einem explosionsartigen Bevölkerungswachstum erfasst. Die wirtschaftliche Umwälzung und die rasante Bevölkerungszunahme veränderten den sozialen Raum in recht chaotischer Weise, weil die einzelnen Gemeinden mit der Aufgabe, Versorgungs-, Entsorgungs- und Verkehrsstrukturen zu schaffen, zunächst völlig überfordert waren.[1]

In den Jahren vor dem Ersten Weltkrieg wurde Essen damit nicht nur im sekundären, sondern zunehmend auch im tertiären Wirtschaftssektor zum «Wirtschafts- und Verwaltungszentrum des Ruhrgebiets» par excellence.[2]

Bereits seit Mitte des 19. Jahrhunderts waren hier nicht zuletzt der *Bergbauliche Verein* und das *Kohlen-Syndikat* ansässig. Mit dem Beitritt des *Koks-* und des *Brikett-Syndikats* zum *Kohlen-Syndikat* wurde Essen im Jahr 1903 «endgültig zur Hauptstadt der Kohle».[3] Die Industrialisierung der Region war Krupp, aber auch Industriepionieren wie Franz Dinnendahl, Friedrich Harkort sowie Franz und Gerhard Haniel zu verdanken.

Bis zum Ersten Weltkrieg blieb die Ruhrmetropole in erster Linie eine Stadt der Montanindustrie und der Steinkohle. Über zwei Drittel der Essener gehörten der Arbeiterschicht an. Im Jahr 1907 waren von 130 000 Beschäftigten im Stadt- und Landkreis Essen 38 Prozent im Bergbau, 23 Prozent im Eisen- und Metallgewerbe und 14 Prozent im Baugewerbe beschäftigt.[4]

Mit dem aufkommenden 20. Jahrhundert entwickelte sich in der Altstadt ein neues Geschäftsviertel. Vom Markt und von der südlichen Viehofer Straße ausgehend, entstanden zunächst Einzelhandelsgeschäfte an der Burg- und Kettwiger Straße sowie der Limbecker Straße. Sie waren Folge des Anwachsens der Krupp-Betriebe, aber vor allem nach dem Ersten Weltkrieg Ausweis der zunehmenden Bedeutung des sekundären und tertiären Wirtschaftssektors. Verbunden war das Wachstum mit einer Diversifizierung: Aus «Gemischt-, Kolonial- und Manufakturwarenhandlungen» wurden Spezialgeschäfte. Im Textilgewerbe richtete sich die Nachfrage weniger auf hochwertige Konfektion als vielmehr auf preiswerte Fertigfabrikate. Vor allem den Textilwarengeschäften verdankte Essen in den 1930er-Jahren seinen Ruf als «wohlfeilste Stadt» im Ruhrgebiet. Er trug zu Umsatz, Geschäftserweiterungen und Neueinstellungen bei.[5]

Im Zusammenhang mit der stürmischen Aufbauphase von Industrie, Handel und Verwaltung, die Ende des 19. Jahrhunderts allmählich ein Ende fand,[6] entstand ein Bankwesen, das den steigenden Bedarf an Krediten decken konnte. Allerdings bildete sich die Bankenlandschaft zunächst erst zögerlich aus, weil Essen – anders als Krefeld, Köln oder Wuppertal – damals noch keine bedeutende Handelsstadt war. Zunächst dominierten relativ kleine Privatbanken, die aus dem Handelsgeschäft hervorgegangen waren. Die bedeutendste unter ihnen war die 1841 gegründete Simon Hirschland Bank, die beinahe 100 Jahre im Besitz der jüdischen Familie Hirschland blieb, bevor sie unter Mitwirkung der *National-Bank* 1938 «arisiert» wurde. Doch parallel zur explosionsartigen Entwicklung Essens erblühte im Laufe des letzten Drittels des 19. Jahrhunderts in Essen ein lebendiges Finanz- und Bankgeschäft; an der Lindenallee konnte sich sogar ein eigenes Bankenviertel etablieren. Mit der 1871 gegründeten *Essener Credit Anstalt*, dem wichtigsten Institut am Platz, der *Disconto-Gesellschaft* und der *Mitteldeutschen Creditbank* wurde Essen schließlich zu einem wichtigen Bankenstandort,[7] gerade weil das «Ruhrgebiet» selbst zu dieser Zeit eher eine «gigantische Agglomeration mit höchst krankhaften und auf Dauer selbstzerstörerischen Zügen» war.[8]

In den ersten beiden Jahrzehnten des 20. Jahrhunderts wandelte sich die Struktur des Essener Bankplatzes durch den Einzug der Berliner Großbanken in das später sogenannte Ruhrgebiet noch einmal grundlegend. Im Kaiserreich war die Finanzstruktur des Industriegebiets noch stark durch regionale Aktienbanken wie z. B. die *Essener Credit-Anstalt* sowie den *Barmer Bankverein* und auch kleinere Institute wie der *Essener Bankverein* oder die ebenfalls in Essen beheimate *Rheinische Bank* geprägt. Diese wurden nun nach und nach mitsamt dem Personal und den Kunden von den Berliner Großbanken übernommen, zuletzt 1925 die *Essener Credit-Anstalt.* Mit dem Wegfall der Regionalbanken ergaben sich im Mittelstandsgeschäft neue Handlungsfelder, die von Privatbanken, Genossenschaften oder Arbeitnehmerbanken genutzt werden konnten.[9] Im Zuge dieser dynamischen Entwicklung entstand das Vorgängerinstitut der heutigen *National-Bank*, die *Deutsche Volksbank*, obwohl ihre spezifischen Gründungszusammenhänge eine Besonderheit waren, wie im folgenden Kapitel erläutert wird.

Vorbedingungen einer christlichen Gewerkschaftsbank

Die Entstehungsgeschichte der *Deutschen Volksbank* ist ungewöhnlich, weil sie eine Gewerkschaftsgründung war. Im Gegensatz zur heutigen Gewerkschaftslandschaft existierten in Deutschland vor 1933 verschiedene Richtungsgewerkschaften: Nach Mitgliederzahl und Einfluss nahmen die sogenannten freien Gewerkschaften mit sozialistischer Ausrichtung zweifellos eine führende Rolle ein. Zur damaligen Zeit kam jedoch auch den christlichen Gewerkschaften eine erhebliche Bedeutung zu. Weniger bekannt und auch weniger bedeutend waren schließlich die «neutralen», liberal orientierten Gewerkschaften, die landläufig als «Hirsch-Dunckersche Gewerkvereine» bezeichnet wurden. Nach dem Ersten Weltkrieg gingen diese Richtungsgewerkschaften daran, sich eigene Banken zu schaffen.

Für diese Einrichtungen bürgerte sich schließlich der Begriff «Arbeitnehmerbanken» ein, die nach dem Ersten Weltkrieg als «wirtschaftliche und soziale Neuerscheinungen» in der etablierten Bankenwelt Aufsehen erregten.[10] Als «Gewerkschaftsbank» war die *Deutsche Volksbank* daher ein Kind ihrer Zeit: Sie war zwar die erste, aber nicht die einzige Institution ihrer Art.

Nach dem Untergang der Hohenzollernmonarchie gab es mannigfache Gründe für eine Neuorientierung der gewerkschaftlichen Finanzen.[11] Schon seit dem 19. Jahrhundert hatte die Pauperisierung als Folge der Industriellen Revolution zu einem Umdenken geführt. Die «soziale Frage» erforderte und beförderte europaweit vielfältige Überlegungen zur Schaffung eigener Arbeitnehmerspareinrichtungen, die als «Hilfe zur Selbsthilfe» dienen sollten. Es entstanden sogenannte Spar- und Sterbekassen, die sich beispielsweise an Post- und Bahnbeamte oder Mitglieder des *Deutschen Werkmeister-Verbands* richteten. Diese Kassen zogen vom Monatsgehalt oder Wochenlohn einen geringen Beitrag ab, der verwahrt wurde und gegebenenfalls als eine Art Notgroschen für das Mitglied beziehungsweise die Nachkommen zur Verfügung stehen sollte.

Die größeren Privatbanken wollten sich mit den in der Regel kleinen Beträgen nicht abgeben, sodass diese Sparte des Bankwesens eine überschaubare Facette des Gesamtgeschäfts blieb. Die Verwaltungskosten der Vorläuferorganisationen der Arbeitnehmerbanken waren relativ niedrig, weil die Ämter häufig ehrenamtlich ausgeübt oder von den Verwaltungsabteilungen der Gewerkschaften kostenfrei übernommen wurden. Die eingezogenen Gelder wurden meist konservativ in mündelsicheren Wertpapieren, zum Teil aber auch bei etablierten Banken angelegt. Die Vergabe von Krediten an einzelne Mitglieder – etwa für Baumaßnahmen oder für Konsumanschaffungen – blieb bei diesen Einrichtungen, die doch nur rudimentär den Charakter einer traditionellen Bank hatten, zunächst die Ausnahme. Erst mit der Zeit wurden die Kreditgeschäfte bedeutender.

Im Zuge dieser Entwicklung wurde die bürgerliche Rechtsform des Vereins immer häufiger aufgegeben und nach und nach durch die Rechtsform der Genossenschaft mit beschränkter Haftung ersetzt. Zu den bekanntesten dieser Einrichtungen gehörten die Sparabteilung des *Deutschen Werkmeister-Verbands* und die *Sparkasse des Deutschnationalen Handlungsgehilfen-Verbands (DHV)* in Hamburg. Die größeren dieser «Sparabteilungen» gingen schließlich dazu über, den Giroverkehr zu unterhalten, den An- und Verkauf von Wertpapieren zu übernehmen und im Dienst der eigenen Organisation stehende Einrichtungen aufzubauen und zu finanzieren. Zu den Arbeitnehmerbanken in engerem Sinn zählten die sogenannten Beamtenbanken und die genossenschaftlich organisierten Institute, daneben die Bankabteilungen der Großeinkaufsgesellschaften der Arbeiter-Konsumvereine. Die großen Konsumgenossenschaften diversifizierten sich ebenfalls und gliederten sich eigene Sparkassen und Bankabteilungen an – eine weitere Wurzel der in den 1920er-Jahren gegründeten Arbeitnehmerbanken.

Dennoch kam es zunächst nicht zur Gründung eigener Bankinstitute. Vor 1914 waren in dieser Hinsicht lediglich die in Düsseldorf ansässige *Deutsche Werkmeister Sparbank AG*, die *Industriebeamten-Sparbank AG* in Berlin und die oben erwähnte *Sparkasse* des *DHV* von einiger Bedeutung gewesen.[12] Zum einen fürchteten die Gewerkschaften die Macht der großen Privatbanken, die eventuell die unliebsame Konkurrenz boykottieren würden, zum anderen war die Sorge groß, dass über kurz oder lang Liquiditätsprobleme entstehen könnten, wenn vornehmlich Gewerkschaftsgelder verwaltet würden[13] – eine Sorge, die im Übrigen nicht unberechtigt war, wie die weitere Geschichte dieser Banksparte noch zeigen sollte.

Die christliche Gewerkschaftsbewegung war das Ergebnis einer spezifisch deutschen Entwicklung, die vor allem angesichts des Bedeutungszuwachses der konfessionell geprägten katholischen Zentrumspartei vor dem Hintergrund des «Kulturkampfes» zu verstehen ist. Im gerade gegründeten preußisch-protestantisch dominierten Deutschen Kaiserreich von 1871 hatte sich eine katholische Massenpartei gegründet, die von Reichskanzler Otto von Bismarck aufs Schärfste bekämpft worden war. Dieser «Kulturkampf», den er mit liberaler Unterstützung ausgefochten hatte, war nicht nur erfolglos geblieben, sondern hatte das politisch-katholische Lager sogar eher noch gestärkt. Das Zentrum und die mit ihm verbundenen sozialpolitischen Verbände wurden im Kaiserreich zu einer mächtigen politischen Größe, die man mehr als ernst nehmen musste. Dennoch waren die christlichen Gewerkschaften als ein wichtiges Segment dieser Bewegung nicht grundsätzlich und exklusiv an konfessionellen Grundlinien ausgerichtet. Die gewisse Staatsferne, die dem Zentrum aus verständlichen Gründen anhaftete, war den christlichen Gewerkschaftern fremd. Der Erfolg der Zentrumspartei zog eine Professionalisierung der Gewerkschaftsarbeit nach sich. Zu Beginn des 20. Jahrhunderts wurde der Sitz des *Gesamtverbands* nach Köln verlegt, wodurch sich der Schwerpunkt der Tätigkeit in den Westen Deutschlands verlagerte. Die christlichen Gewerkschaften waren in drei Ebenen gegliedert: *Gesamtverband*, Einzelverband und auf lokaler Basis ein «Ortskartell».[14]

Nach 1914, als im Zuge der Kriegsanstrengungen der Gedanke des *Laissez-faire* durch einen immer deutlicheren staatlichen Dirigismus in der Kriegsökonomie an Kraft eingebüßt hatte, sollten die Interessen der Arbeiterschaft nicht aus den Augen verloren, sondern vielmehr angemessen berücksichtigt werden. Die Arbeiter, so zeigten sich die christlichen Gewerkschaften überzeugt, sollten jedoch in viel höherem Maße auf sich selbst vertrauen und sich von der Idee eines paternalistischen Staates verabschieden. Gerade nach der Niederlage 1918, die mit einer bis dahin nie dagewesenen politisch-sozialen Zerrissenheit einherging, wurde es als unwahrscheinlich angesehen, dass der geschwächte Staat die Interessen der Arbeiter gegenüber der Wirtschaft werde durchsetzen können. Eine eigene Bank der christlichen Gewerkschaften konnte vor diesem Hintergrund eine Möglichkeit darstellen, die legitimen Bedürfnisse der Arbeiterschaft zu wahren und zu fördern. Man stützte sich dabei unter anderem auf Ideen, die Ferdinand Lassalle bereits in den sechziger Jahren des 19. Jahrhunderts entwickelt hatte, indem er vorschlug, dass die Genossenschaften Staatskredite erhalten sollten; auf diesem Weg sollte ein Anker gefunden werden, um die Arbeiter auf ökonomischer Ebene stärker in den Staat zu integrieren.

Die christliche Gewerkschaftsbewegung wurde von willensstarken und selbstbewussten Persönlichkeiten geführt. Hierzu zählten der spätere Preußische Ministerpräsident Adam Stegerwald, der Bergarbeiterführer Heinrich Imbusch aus Essen, der Metallfacharbeitervorsitzende Franz Wieber aus Duisburg und Christian Winter, der Vertreter des *DHV*, der in der Kaiserzeit eine kaum zu unterschätzende Bedeutung hatte und knapp 300 000 Mitglieder zählte. Der *DHV* hatte einen starken völkisch gesinnten Flügel, der sich als «Gesinnungsgemeinschaft» zur Schaffung einer neuen «Volksgemeinschaft» verstand. Als Verband kooperierte der *DHV* mit konservativen und liberalen Parteien, aber auch mit dem Zentrum, um seine Interessen besser durchsetzen zu können.[15] Hier konnten sich also Strömungen eines «Gemeinschaftsideals» zusammenfinden, das eine gewisse Nähe zum schillernden Begriff der «Volksgemeinschaft» hatte, aber im katholischen Milieu weniger mystisch aufgeladen war als bei den Anhängern völkischer oder nationalsozialistischer Vorstellungen.[16]

Zum wichtigsten politischen Wegbereiter der *Deutschen Volksbank* wurde der 1874 bei Würzburg geborene Adam Stegerwald. Er kam aus dem *Zentralverband christlicher Holzarbeiter* und war «einer der aktivsten Christlichen Gewerkschafter».[17] Stegerwald hatte eine Tischlerlehre absolviert, an die sich Wander- und Gesellenjahre angeschlossen hatten. Ohne den *Kolpingverein*, so bekannte er später, wäre er Mitglied des sozialdemokratischen *Holzarbeiterverbandes* geworden.[18] Sein Biograph Rudolf Morsey hat die dominierenden Charakterzüge Stegerwalds anschaulich geschildert: «Tatkraft, Verantwortungsfreudigkeit, Mut, Organisationsgabe und persönliche Anspruchslosigkeit. Damit verbanden sich allerdings, ebenfalls lebenslang, Eigenschaften, die weniger geschätzt waren: starkes Selbstbewußtsein, Neigung zur Besserwisserei, rauher Umgangston.»[19] Stegerwald, eine kantige Persönlichkeit von Format, war neben Heinrich Brüning der wahrscheinlich

Eine kantige Persönlichkeit: Adam Stegerwald, hier auf einem Foto des Jahres 1929, war mächtiger Antreiber für den Aufbau einer Bank der christlichen Gewerkschaften.

einflussreichste und bekannteste Mann der christlichen Arbeiterschaft im 20. Jahrhundert.[20]

Er wollte als Verfechter eines gegenwartsbezogenen Katholizismus der Arbeiterschaft einen angemessenen wirtschaftlichen und gesellschaftlichen Einfluss verschaffen: «Mein Ziel geht dahin», so formulierte er im Jahr 1924, «die Arbeiterschaft und ihre Vertretungskörper als einflußreichen und mitbestimmenden Faktor in den deutschen Wirtschaftsorganismus einzubauen. Dieses Ziel wird nicht zu erreichen sein, wenn nicht die Gewerkschaften selbst dazu übergehen, eine Anzahl wirtschaftlicher Unternehmungen sich anzueignen und sie zu leiten.»[21] Die Idee konfessioneller Gewerkschaften sollte langfristig überwunden werden, weil sie zu einer Isolierung der christlichen Arbeiterbewegung beitrug. Die Betonung eines nationalen Gemeinschaftsethos sollte einen Ausweg aus der konfessionellen Enge bieten. Es bestand dabei weitgehend Übereinstimmung darin, dass die Verbände ihren Weg unabhängig von Kirchen und Geistlichkeit finden müssten und eine Instrumentalisierung durch die politischen Parteien vermieden werden sollte. Das «Klassenkampfprinzip» hielt Stegerwald schon früh für unhaltbar: Wer den Klassenkampf als Regulator des Wirtschaftslebens anerkenne, habe kein Recht auf Entrüstung, wenn auch die Unternehmer zu Aussperrungen von Arbeitern übergingen. Die Klassenkampftheorie der Sozialdemokratie stünde «im Widerspruch mit dem christlichen Sittengesetz und äußert sich auch praktisch in den weitaus meisten Fällen zuungunsten der unteren Klassen».[22] Stegerwalds Aversion gegen die Sozialdemokratie wurde nicht von allen christlichen Gewerkschaftern und Funktionären der *Deutschen Volksbank* geteilt. Wiederholt kam es über diese heikle Frage zu heftigen Auseinandersetzungen.

Der beharrliche Stegerwald ging Konflikten nicht aus dem Weg. Dies zeigte sich in der Debatte über die Vereinbarkeit des römisch-katholischen Denkens mit der Interkonfessionalität einer Gewerkschaftsbewegung. Diese ließ sich nur in schweren Auseinandersetzungen mit den Bischöfen und dem Vatikan durchsetzen, die einer Mitgliedschaft von Katholiken in christlichen Gewerkschaften skeptisch gegenüberstanden. Erst 1913/14 kam es zu einer Art Waffenstillstand in diesem sogenannten Gewerkschaftsstreit.[23] Stegerwald war selbstbewusst genug, die Zusammenarbeit von Katholiken mit «Andersgläubigen» zur Wahrung der gemeinsamen wirtschaftlichen Interessen gegen den dezidierten Kurs seiner Amtskirche durchzusetzen. Obwohl Kritiker ihm und seinen Mitstreitern, zu denen in dieser Frage Heinrich Imbusch gehörte, trotz des Einsatzes für die Interkonfessionalität eine vollständige Katholisierung der christlichen Gewerkschaften vorwarfen,[24] öffnete sich die *Deutsche Volksbank* später allen Konfessionen.

Dahinter stand eine Grundstimmung, die tief vom Gedankengut der katholischen Soziallehre durchdrungen war. Die reformerische Lehre propagierte ein – heute sicherlich antiquiert erscheinendes – organisches und «berufsständisches» System der Selbstverwaltung, dem auch der Kreditsektor folgen sollte. Unter diesen Bedingungen war ein Platz für fachspezifische Banken vorgesehen, die eine unterstützende Rolle innerhalb der ständestaatlichen Ordnung einnehmen sollten. Diese Vision, die in bewusster Abgrenzung zur liberalen Wirtschaftsordnung gedacht war, beschränkte sich im Übrigen nicht auf die christlichen Gewerkschaften und die katholischen Sozialreformer, sondern fand sich selbst in den Überlegungen der sozialistischen und marxistischen Organisationen der Zeit:[25] «Selbstversorgung» und «Autarkie» – so lauteten die Schlagworte und Parolen, die auf viele Zeitgenossen ausgesprochen anziehend wirkten.

Adam Stegerwald formulierte auf dem 4. Arbeiterkongress, der vom 28. bis zum 30. Oktober 1917 in Berlin tagte und als programmatisch wichtige Etappe bezeichnet werden kann, die innenpolitischen Forderungen der christlichen Arbeiterschaft im vierten Jahr des Ersten Weltkrieges: politische Gleichberechtigung aller Staatsbürger und Beseitigung des preußischen Dreiklassenwahlrechts, schließlich die Bildung von Arbeiterkammern.

Stegerwald war kein Hurrapatriot. Er formulierte schon während des Weltkrieges ketzerisch, dass breite Schichten des Volkes das Gefühl nicht loswürden, «daß der überspannte preußische Geist, wie er von bestimmten Kreisen vertreten» werde, an «unserer gegenwärtigen Weltlage nicht unschuldig» sei.[26] Die Lage des Kaiserreichs hatte sich zu diesem Zeitpunkt bereits zugespitzt: politische Unsicherheit und Versorgungsnöte, die den bevorstehenden «Steckrübenwinter» bereits andeuteten. Die sich der Zentrumspartei zugehörig fühlenden Arbeiter befürchteten, dass die politische Elite des Kaiserreichs nach dem Ende des Weltkrieges die unter dem Signum des «Burgfriedens» von 1914 stehenden, mühsam errungenen Erfolge der Arbeiterschaft zurückdrängen würde. Stegerwald hatte daher an zwei Fronten zu kämpfen: Einerseits musste er dafür Sorge tragen, den katholischen Arbeitern einen größeren Einflussradius auf die Politik zu sichern, andererseits musste er sich gerade angesichts der vielen Unwägbarkeiten in einer entscheidenden Phase des Krieges schärfer gegen die Sozialdemokratie wenden. Solange der Krieg andauerte, blieben die Differenzen noch subkutan, aber es war schon 1917 nicht unwahrscheinlich, dass die weltanschaulichen Gegensätze über kurz oder lang aufbrechen würden.

Die Novemberrevolution und der linksradikale Spartakusaufstand akzentuierten die Spannung des Zentrums und seiner gewerkschaftlichen Protagonisten zur Sozialdemokratie. Die christlichen Gewerkschaften fanden sich in diesem Milieu kaum genügend vertreten. Ein *Deutsch-Demokratischer Gewerkschaftsbund (DDGB)*, der die nichtsozialistischen Gewerkschaften unter Einschluss der *Hirsch-Dunkerschen Gewerkvereine* umfasste, wurde am 20. November 1918 in Berlin gegründet.[27] Dieser Verbund war fortan gleichsam die Spitze einer mächtigen «Gegenbewegung» (Helga Grebing). Zu gemeinsamen Vorsitzenden des *DDGB*, der bei Kriegsende etwa 1,25 Millionen Arbeiter, Angestellte und Beamte vertrat, wurde neben Adam Stegerwald auch Gustav Hartmann von den *Hirsch-Dunckerschen Gewerkvereinen* gewählt. Schon wenige Wochen nach Gründung erfolgte eine Namensänderung in *Deutscher Gewerkschaftsbund (DGB)*, um nicht in die Nähe der Deutschen Demokratischen Partei (DDP) gerückt zu werden.

Politisch überlebte das Zentrum die Wirren des Kriegsendes und der Novemberrevolution, ja ging sogar gestärkt aus der Krise hervor. Die Partei hatte noch während des Krieges einen erheblichen Schwenk nach links gemacht. In der Weimarer Republik behielt sie eine ausgeprägte gewerkschaftliche Komponente, da sie sich auf die katholischen Arbeitervereine und auf die christlichen Gewerkschaften stützen konnte.[28]

Die Bedeutung Adam Stegerwalds war durch die dramatischen Kriegsereignisse in der zweiten Kriegshälfte eher gewachsen. 1917 war er als einziger Arbeiter ins Preußische Herrenhaus berufen worden. 1919 wurde er in die neu konstituierte Nationalversammlung und in die Preußische Landesversammlung gewählt, im folgenden Jahr in den Reichstag. Seit dem 25. März 1919 leitete er, gerade erst zum Vorsitzenden des *DGB* ernannt, für mehr als zwei Jahre das Preußische Wohlfahrtsministerium. Wenig später wurde er zugleich Preußischer Ministerpräsident.

Die Unterschiede zwischen denjenigen, die im gewerkschaftlichen Boden verwurzelt waren wie Stegerwald, Imbusch und Fahrenbrach, und jenen, die den Traditionen der katholischen Arbeitervereine entstammten wie Wilhelm Elfes, Johannes Giesberts, Anton Gilsing, Johannes Gronowski und Joseph Joos, waren frappierend. Während die erste Gruppe eher dem gewerkschaftlichen Gedanken näherstand, lagen der zweiten Gruppierung eher die katholischen Traditionen und trotz aller praktischen Distanz ihre Institutionen am Herzen.

Vor allem seitens der christlichen Gewerkschaften wurde das Spezifische ihrer Einrichtung gegenüber den sozialistischen Gewerkschaften betont: Unter der Devise «christlich, national, sozial» sollte eine neue gemäßigte Bewegung auf christlicher Grundlage geschaffen werden. Die christlichen Gewerkschaften wollten, wie selbstbewusst herausgestellt wurde, «immer mehr […] als eine bloße Lohn- und Tariforganisation» sein, nämlich eine «Gesinnungsgemeinschaft».[29] Dabei sah Stegerwald, dass manche negativen Eigenschaften der kapitalistischen Wirtschaftsordnung, wie etwa das «spekulative Großkapital», der weiteren emanzipativen Öffnung der Arbeiterschaft im Wege standen.[30] Im April 1920 erklärte er in Dortmund: «Die Verstaatlichung der Wirtschaft lehnen wir ab.» Bei gleicher Gelegenheit sprach er sich gegen «Hochkapitalismus und Mammonismus» aus, um zu einer «sittliche(n) Kraftentfaltung» der Arbeiterschaft in gemeinwirtschaftlichem Sinne zu kommen. Der Marxismus sei «so tot, wie es überhaupt nur denkbar ist». Deshalb plädierte Stegerwald für einen christlichen «Mittelweg», der den Kapitalismus «in den Herzen der Menschen» zu überwinden in der Lage sei.[31]

Die Polarisierung, die sich in der Weimarer Republik nach der Novemberrevolution abzeichnete und sich im Erstarken links- wie rechtsradikaler Bewegungen zeigte, wurde als höchst gefährliche Entwicklung angesehen. Der Möglichkeit eines Abdriftens der Arbeiter auf die Seite des Bolschewismus, die sich in der Spartakusbewegung und bestimmten Tendenzen der linkssozialistischen Unabhängigen Sozialdemokratischen Partei Deutschlands (USPD) beziehungsweise der Kommunistischen Partei Deutschlands (KPD) andeutete, sollte durch ökonomische Bindung an den Staat konterkariert werden. Stegerwald sah mit Sorge, dass sich die Mehrheitssozialdemokratie solchen Überlegungen gegenüber verschlossen zeigte.

Die Gründung gewerkschaftlicher Unternehmen und Banken erschien ihm als Möglichkeit, die befürchtete Radikalisierung zu verhindern:

> «Ich bin fest davon überzeugt, daß ohne eine veränderte geistige Einstellung der Arbeiterbewegung ein dauernd besserer Staats- und Wirtschaftsaufbau wie ehedem nicht möglich ist. Solange die Arbeiterschaft bei einer engen klassenpolitischen Betrachtungsweise verbleibt, in der Gewerkschaftsbewegung nach wie vor sich überwiegend mit Fragen des Arbeits- und Lohnverhältnisses beschäftigt, und in politischer Hinsicht weltfremden Ideologen nachläuft, sich von den politischen Tagesströmungen oder wurzellosen intellektuellen Elementen hin- und herzerren lässt, wird sie in Wahrheit und im großen nur den Scharfmachern und der politischen Reaktion in die Hände arbeiten.»[32]

Eine solche aus den Zeitumständen durchaus nachvollziehbare Abwehrstellung gegenüber sozialistischen Experimenten und Rätebewegungen – aber auch gegenüber «völkischen» Bestrebungen – blieb in den folgenden Jahren eine Konstante des politischen Denkens Stegerwalds. Im Vordergrund stand jedoch die Wendung gegen den Sozialismus, der als Antagonist der christlichen Gewerkschaften diesen das Wasser abzugraben drohte. Stegerwald wurde nicht müde zu betonen, dass der Sozialismus überholt und Sozialisierung ein «überlebter Begriff» sei.[33] 1924 formulierte er, dass die christliche Gewerkschaftsbewegung zwar einen innen- wie außenpolitisch «machtvollen Staat» gutheiße, jedoch die «Staatsallmacht» verwerfe:

> «Sie will nicht den Staat wie er vor 1914 war, der seine Macht nach innen und nach außen einseitig hervorkehrte und dabei die übrigen Kraftstationen der Politik, insbesondere die moralischen und teilweise auch die geistigen stark vernachlässigte. Ein Staat ohne Macht ist ein Unding, ein bloßer Machtstaat aber ist für die Dauer eine ebensolche Unmöglichkeit. Über der Macht des Staates steht das Naturrecht des einzelnen Menschen, des eigenen Volkes und auch der fremden Völker.»[34]

Christlich-nationale Untertöne waren den christlichen Gewerkschaften nicht fremd; man nahm hier Anleihen vor, die mitunter fast an nationalbolschewistische Parolen erinnerten, betrachtet man beispielsweise Paul Bröcker, einen eingefleischten *DHV*-Ideologen, der seinen Anhängern zurief:

«Her mit dem Kapital!» Das eingeforderte Geld sollte eingesetzt werden, um letztlich dem «Profitkapitalismus» ein Ende zu bereiten.[35] Um diesem Ziel näher zu kommen und die Arbeiter an ein gemischtes Wirtschaftssystem zu gewöhnen, planten die christlich orientierten Wirtschaftsfachleute, einen größeren Sektor gewerkschaftlich verwalteter industrieller Produktion und Verteilung aufzubauen. Weder bei den Privatbanken noch den öffentlich-rechtlichen Geldinstituten sah man die Interessen der Arbeiterschaft genügend vertreten.

Die Idee der Gewerkschaftsbanken im nationalen und internationalen Kontext

Gerade die Weimarer Republik entwickelte sich zu einem Experimentierfeld dieser bankähnlichen Einrichtungen. In der Mitte der 1920er-Jahre bestanden neben der *Deutschen Volksbank* fünf weitere Gewerkschaftsbanken in Deutschland: die *Bank der Arbeiter, Angestellten und Beamten AG* in Berlin, die dem *Hirsch-Dunckerschen Gewerkverein* zugeordnete *Deutsche Wirtschaftsbank AG* in Berlin-Zehlendorf, die *Deutschgewerkschaftliche Bank AG* in Berlin-Wilmersdorf, die *Deutsche Landvolkbank AG* in Berlin als Einrichtung des christlich-gewerkschaftlichen *Zentralverbandes der Landarbeiter* und schließlich die *Reichsbund-Bank AG* in Berlin. Mit der *Deutschen Landvolkbank AG*, der *Deutschgewerkschaftlichen Bank AG* sowie der *Bayerischen Eisenbahner Bank AG* stand die *Deutsche Volksbank* in Geschäftsverbindungen, ebenso mit der *Schweizerischen Genossenschaftsbank* in Sankt Gallen.[36]

Die Motive bei den Neugründungen nach 1918 waren ausgesprochen disparat. Es handelte sich letztlich «um weltanschaulich völlig heterogene und auch soziologisch jeweils völlig anders zusammengesetzte Gruppen, die politisch so gut wie nichts gemeinsam hatten».[37] Die Größe der neuen Einrichtungen war in der Regel wenig imponierend. Viele der neu gegründeten Institute konnten schon hinsichtlich ihres Geschäftsumfangs kaum als Bank bezeichnet werden; sie waren eher den Spar- und Darlehenskassen vergleichbar.

Drei Gründe waren dafür verantwortlich, dass die Idee von Arbeitnehmerbanken nach 1918 auf besonders fruchtbaren Boden fiel. Erstens erhöhte sich mit der Novemberrevolution die politische Macht der Gewerkschaften, was sich in einer kräftigen Steigerung der Mitgliederzahlen der organisierten Arbeiterverbände niederschlug. Ende 1922 waren bei den christlichen Gewerkschaften 1 881 060 Mitglieder eingeschrieben, die reichsweit außerordentlich gut organisiert und vernetzt waren. Ihre insgesamt 50 Verbände verfügten allein über 8252 Ortsgruppen.[38] Die in dieser vielverzweigten Organisation vorhandenen Gelder hatten einen beachtlichen Umfang, obwohl sie nicht an die Beträge der sozialistischen Gewerkschaften heranreichten. Im letzten Jahr vor Ausbruch des Ersten Weltkriegs standen den christlichen Gewerkschaften an fest angelegten und liquiden Geldern in Form von Bankguthaben und Staatspapieren 3,9 Millionen Mark bei einem Gesamtvermögen von 6,1 Millionen Mark zur Verfügung.[39] Dieses Kapital sollte nicht allein den privaten Großbanken und den öffentlich-rechtlichen Instituten überlassen werden.

Zweitens wirkte die Inflation als eine bereits seit Langem drohende wirtschaftliche Folge des Ersten Weltkriegs dynamisierend. Die Geldentwertung betraf die beträchtlichen finanziellen Geldmittel der Gewerkschaften, die bislang als Depositenguthaben bei den Großbanken unterhalten wurden und nun durch die Inflation akut gefährdet schienen.

Drittens war der Aufbau von Arbeitnehmerbanken ein Trend der Zeit und nicht allein auf Deutschland beschränkt. Tendenzen der Globalisierung in einer sich weiter miteinander vernetzenden Welt waren unverkennbar.[40] Diese Entwicklung hatte schon zu Beginn des 20. Jahrhunderts eingesetzt und verstärkte sich nach 1918. Im belgischen Gent war 1913 als älteste Arbeitnehmerbank überhaupt die *Banque Belge du Travail/Belgische Bank van de Arbeid* gegründet worden. In zahlreichen west- und nordeuropäischen Staaten wie Dänemark, Norwegen, den Niederlanden und Österreich wurden nach 1918 in rascher Folge ähnliche Institutionen eingerichtet. In den USA, in denen die gewerkschaftliche Bindung der Arbeiter traditionell nur schwach ausgebildet war, wurde im Frühjahr 1920 die *Mount Vernon Savings Bank* als Einrichtung der *International Association of Machinists* gegründet, was eine Welle weiterer Neugründungen nach sich zog. Überhaupt kam den Vereinigten Staaten, die in jenen Jahren Großbritannien als führende Weltmacht ablösten, eine Vorreiterfunktion in dieser Sparte zu: Schon 1926 bestanden in den USA 36 Arbeitnehmerbanken.[41] Die Kontakte zu den ausländischen Instituten können jedoch vernachlässigt werden, denn anders als zwischen den Großbanken gab es kaum Berührungspunkte und gemeinsame Aufgaben. Zudem hatte durch den Weltkrieg die internationale Solidarität der jeweiligen nationalen christlichen Gewerkschaftsverbände gelitten. 1920 mussten die deutschen Gewerkschaftsfunktionäre rückblickend feststellen: «Der Krieg zerriß die internationalen Beziehungen der Christlichen Gewerkschaften sozusagen vollständig», weil «hervorragende Vertreter der christlichen Arbeiterorganisationen der mit Deutschland im Kriege befindlichen Mächte sich in dem leidenschaftlichsten Gefühl gegen Deutschland» ergangen hätten.[42]

Einen Grundgedanken formulierte ein zukünftiges Aufsichtsratsmitglied der *Deutschen Volksbank*, der Genossenschaftler Peter Schlack, bereits kurz vor Ende des Ersten Weltkriegs in einem Beitrag für die Monatsschrift *Deutsche Arbeit*, die von den christlichen Gewerkschaften herausgegeben wurde. Er wies darauf hin, dass die Gewerkschaften nur dann greifbare Erfolge erzielen könnten, wenn ihr Kapital und das ihrer Mitglieder – man verfügte über rund 10 Millionen Mark – in ökonomische und politische Macht umgemünzt würden:

> «Wie die Sparkassen, wie besonders die großkapitalistischen Banken die Gelder dieser arbeitenden Schichten verwenden, ob nicht mit diesem Gelde Grundstücks- oder Waren-Spekulationen mit dem Erfolge erhöhter Miet- und Warenpreise für die Konsumenten betrieben wird, darum kümmern sich bisher die Verwalter, die Vorstände […] im allgemeinen nicht. Der einzige Gesichtspunkt, nach dem die Anlage bisher erfolgte, war, einen möglichst hohen Zins herauszuschlagen. Eine Folge dieser Zinspolitik ist, daß zwar das Gemeinschaftskapital der Arbeiterorganisationen vielleicht um 1/8 oder 1/4 mehr anwächst, aber mit dem Erfolge, daß die Glieder dieser Organisationen das Hundertfache und mehr in ihrer Wirtschaft ausgeben müssen, als der vielleicht höhere Zins einbringt.»[43]

Mit der bisherigen Verwaltung der Gelder durch Sparkassen und Großbanken müsse daher «vollständig gebrochen» werden. Gleich den Angehörigen anderer Berufsstände mit ihren Großbanken, Genossenschaftsbanken, Sparkassen und Darlehenskassen sollten die Arbeitnehmer und deren vielgestaltige Organisationen dafür gewonnen werden, die gesamten Gelder für die eigenen Standesbestrebungen nutzbar zu machen. Schlack forderte die Gründung einer Arbeitnehmer-Genossenschaftsbank, wobei noch unklar blieb, ob diese die Rechtsform einer Aktiengesellschaft oder einer Gesellschaft mit beschränkter Haftung annehmen sollte. An ihr sollten alle Einzelorganisationen der christlichen Gewerkschaften beteiligt sein. Ziel war es, den Genossenschaften zu leichterem und billigerem Kredit zu verhelfen, als dies über die Großbanken gewährleistet werden konnte. Die Probleme verkannte Schlack dennoch nicht. Es werde nicht einfach sein, die Genossenschaftsmitglieder davon zu überzeugen, bei einer Bank der christlichen Gewerkschaften Gelder einzuzahlen, «wenn ihnen anderweitig ein etwas höherer Zinsgewinn winkt. Es müßte, um diese Bank sicher zu stellen, vielleicht eine gewisse Bindung erfolgen.»[44] Ebendiese «Bindung» war es später schließlich, die die *Deutsche Volksbank* elementar in ihrer Existenz gefährden sollte. Stegerwald dachte ganz ähnlich:

> «Diese Erwägungen stützten sich vor allem auf den Gedanken, daß die Spargelder der Arbeiter, die Vermögen der Organisationen vor allem an jener Stelle in der Wirtschaft zum Einsatz gebracht werden sollten, wo sie dem Vorteil der Arbeiterschaft dienen. Diese Gewähr schien in keiner Weise gegeben bei den Privatbanken und auch nur in unzulänglichem Maße bei den öffentlich-rechtlichen Geldinstituten. Neben die organisierte Arbeiterschaft in den Gewerkschaften und die organisierte Kaufkraft in den Konsumgenossenschaften sollte die organisierte Sparkraft der Arbeiterschaft durch die eigene Arbeiterbank treten. Die Verwaltung der Arbeitergelder sollte in den Händen der Arbeiter selbst liegen. Nicht der höchste Zinssatz sollte bestimmend sein für die Anlage der Gelder, sondern die weitestmögliche Unabhängigkeit der Arbeiter – vor allem bei der Befriedigung ihrer äußeren Lebensnotwendigkeiten – von den nackten Gewinninteressen rein kapitalistisch geführter Unternehmungen.»[45]

Die konkreten Überlegungen zur Gründung der *Deutschen Volksbank*

Nach Kriegsende wurden diese Vorüberlegungen erheblich intensiviert. Der 10. Kongress der christlichen Gewerkschaften Deutschlands in Essen im Jahr 1920 bildete in vielfacher Hinsicht einen «Meilenstein»[46] in der Entwicklung der Bewegung. Dem Kongress lag ein Antrag vor, der die Gründung einer Volksbank für die Angehörigen des DGB forderte. Dieser basierte möglicherweise auf einem ganz ähnlichen Antrag, der schon auf der Bezirkskonferenz Nürnberg des *Bayerischen Eisenbahnerverbandes* gestellt worden war. Stegerwald machte jedenfalls in Essen die Mitteilung, dass für eine solche Gründung bereits erhebliche Vorarbeit geleistet worden sei, «um die wirtschaftlichen Kräfte der christlich-nationalen Arbeiter, Angestellten und Beamten und sonstiger, diesen nahe stehenden Kreise bei dem deutschen Wiederaufbau einheitlich zusammenzufassen und zur Geltung zu bringen».[47] Angesichts der steigenden Mitgliederzahl und des wachsenden Umfangs der Aufgaben und Geschäfte sollten die Gewerkschaften, so der Antrag Stegerwalds, nicht länger dem «großkapitalistischen Bankkonzern auf Gnade und Ungnade ausgeliefert sein». Daher müsse man dazu übergehen, eine eigene Zentralstelle für die Abwicklung dieser Aufgaben zu schaffen. Dahinter stand der Gedanke, dass die Sparer bislang kaum Kontrolle über die Verwendung ihres Sparkapitals besaßen. Eine Bank, die eine Mitsprache über die Verwendung der Geldmittel ermöglichte, sollte den christlichen Gewerkschaften «eine neue Waffe an die Hand geben», um die wirtschaftliche und soziale Lage der Arbeiter zu verbessern.[48] Stegerwald hat dieses Streben nach Mitbesitz, Mitverantwortung und Mitbestimmung einige Jahre später wie folgt beschrieben:

> «Durch die Pflege des berufsständischen Sparwesens mittels besonderer Banken müssen wir dahin gelangen, daß nicht mehr als 70 Prozent des deutschen Volkes bloße Lohn- und Gehaltsempfänger sind. Es müssen die organisierte Arbeitskraft und die organisierte Konsumkraft auf den großen Gedanken eingestellt werden, daß die Lohn- und Gehaltsempfänger weitgehend in den Mitbesitz und in die Mitverwaltung der Wirtschaft hineinwachsen.»[49]

Die zu gründende Bank sollte dem Antrag entsprechend insbesondere folgende Geschäftszweige umfassen:

> «a) Verwaltung der Verbandsvermögen aller uns nahestehenden Korporationen und Privatgelder der Mitglieder derselben und fremder Personen und Körperschaften. b) Finanzierung von Baugenossenschaften und ähnlichen Unternehmungen. c) Finanzierung vorteilhafter Einkäufe. d) Die Bank soll auch als Großhändler bei der Warenvermittlung auftreten, um den Weg zwischen Produzenten und Konsumenten zu verkürzen und dadurch die Waren zu verbilligen. Es soll ein Sammelbecken für die Spar- und Kapitalkraft der deutschen Arbeitnehmer geschaffen werden.»[50]

Die Anlehnungen an das Genossenschaftswesen waren unübersehbar und spiegeln sich im Kreis der möglichen Kreditnehmer wider, wie er in den Statuten der *Deutschen Volksbank* umschrieben war: Die christlichen Konsumgenossenschaften und ihre Produktionsbetriebe, die gemeinnützigen Baugenossenschaften, die Siedlungsgenossenschaften sowie die Kranken- und Lebensversicherungen der christlichen Gewerkschaften sollten angesprochen werden. Daneben sollten die Aktien der Gewerkschaftsmitglieder verwahrt werden, um durch das Depotstimmrecht den sozialpolitischen Einfluss der christlichen Gewerkschaften zur Geltung zu bringen. Eine deutliche Abgrenzung erfolgte gegenüber den freien Gewerkschaften. Für Streiks und Arbeitskämpfe sollten die Mittel der Bank ausdrücklich nicht zur Verfügung stehen.[51] Auch Konsumkredite an einzelne Arbeitnehmer widersprachen den Zielen.[52]

Vor allem eine Initiative Stegerwalds auf einem Kongress der christlichen Gewerkschaften in Essen im November 1920 war hierfür symptomatisch. Die Genese der Idee einer gewerkschaftseigenen Bank stand im Zusammenhang mit einer parteipolitischen Umorientierung. Stegerwald hatte in den Vorjahren ein vorsichtig-distanziertes, aber doch verständigungsbereites Verhältnis zur SPD gepflegt. Ihn störte jedoch der vermeintliche Populismus der Sozialdemokratie. Mit «agitatorischen Schlagworten» lasse sich ebenso wenig Politik betreiben wie mit dem Versuch, den eigenen politischen Kurs «an der aufgeregten Straße zu orientieren».[53] Nach dem Essener Kongress wuchs die Kluft zur SPD weiter an. Nach Stegerwalds eigenem Empfinden rückte er während dieser Zeit stärker von der SPD ab, weil diese seiner Meinung nach inzwischen wieder den «rücksichtslosen Kampf» aufnahm.[54]

Essen war ein wichtiges Zentrum der christlichen Gewerkschafter; günstig war, dass die Stadt trotz aller Auseinandersetzungen «keineswegs eine Hochburg revolutionärer Gewerkschaften» war.[55] Bei den Wahlen zur Nationalversammlung am 19. Januar 1919 erlitten die Anhänger radikaler Gewerkschaftsforderungen eine eindeutige Niederlage. Mit weitem Abstand stärkste Kraft in der Arbeiterstadt Essen wurde das Zentrum, das sich gegen Sozialisierung und Säkularisierung stellte und auf dem Boden der Verfassung dank ihrer starken Verankerung in der Arbeiterschaft eine demokratische Durchsetzung von Arbeiterrechten anstrebte. Das Zentrum erhielt 38,6 Prozent der Stimmen, die Mehrheitssozialdemokratie landete abgeschlagen auf dem zweiten Platz mit 27,7 Prozent, während die USPD 8,8 Prozent erhielt. Die Ergebnisse wurden durch die Stadtverordnetenwahl am 2. März 1919 bestätigt, bei der das Zentrum zur «städtischen Verwaltungspartei» wurde, was umso wichtiger war, als im städtischen Parlament die Arbeiter und Gewerkschafter fortan politisch bestimmend wurden.[56] Unter dem parteilosen Finanzfachmann Hans Luther, der als Oberbürgermeister die Geschicke der Stadt in diesen schwierigen Jahren lenkte, wurde Christian Kloft zum Beigeordneten ernannt – ein Arbeitersekretär der katholischen Vereinsbewegung übernahm damit eine führende kommunale Funktion. Weil mit Martin Krolik ein Sozialdemokrat Sekretär des *Bürger- und Arbeiterkonsumvereins Eintracht* war, konnte Essen durchaus als Stadt der nichtrevolutionären Arbeiterbewegung gelten.

Stegerwalds programmatische Essener Kongressrede am zweiten Tag, dem 21. November 1920, wurde sozusagen die Geburtsstunde der *Deutschen Volksbank*, aus der die heutige *National-Bank* hervorging. Sie war der Höhepunkt des Kongresses und wurde als «politische Sternstunde» Stegerwalds bezeichnet.[57] Er referierte über «die christlich-nationale Arbeiterschaft und die Lebensfragen des deutschen Volkes» und systematisierte in diesem wegweisenden «Essener Programm», das in einer Auflage von 100 000 Exemplaren gedruckt verbreitet wurde, jene staats- und parteipolitischen Überlegungen, die bereits in den vorangegangenen Monaten den Spitzen der christlichen Gewerkschaften und den führenden Gremien der Zentrumspartei unterbreitet worden waren.[58]

Ausgangspunkt seines langen Vortrags war die Feststellung, dass sich angesichts der als katastrophal eingeschätzten ökonomischen Weltlage die fast zwei Millionen Mitglieder des *DGB* nicht länger auf ihr originär gewerkschaftliches Arbeitsfeld beschränken könnten, sondern aktiv in die Politik eingreifen müssten. Dabei zeichnete Stegerwald ein Krisengemälde, dem zufolge Mechanisierung, Materialisierung und Atomisierung das menschliche Zusammenleben der Wilhelminischen Zeit zerstört hätten, weshalb gerade die christlich-nationale Arbeitnehmerbewegung aufgefordert sei, «zur Offensive überzugehen», die nur in der rettenden «Wiedergeburt im Geiste des Christentums» liegen könne und der Stärkung der deutschen Nation zu dienen habe. Deswegen verlangte er außenpolitisch ein Ende der von «französischen Plutokraten» aufgezwungenen «Sklavenarbeit» der Deutschen. Im Sinne eines Primats der wirtschaftlichen Erholung lehnte Stegerwald die Sozialisierung als «Wahnsinn» ab und propagierte stattdessen die Einführung von Kleinaktien, die an die Stelle der «formalen Sozialpolitik» treten sollten.

Zur Herstellung der dringend benötigten «konstante[n] Linie der Politik» war es nach Stegerwald unabdingbar, das «Flimmersystem unserer bisherigen parlamentarischen Politik» abzuschaffen.[59] Dieses beruhe «auf dem Flugsand wechselnder Koalition[en]». Der *DGB* müsse seine parteipolitische Neutralität aufgeben und als treibende Kraft eine christlich-ethisch grundierte politische Einheitsfront schaffen, deren Außenprofil durch die vieldeutigen Schlüsselworte wie «deutsch», «christlich», «demokratisch» und «sozial» ein großes Identifikationsangebot anzubieten verspreche. Zur Herbeiführung dieser christlich-nationalen Volkspartei, die den Bogen vom Zentrum bis zur DNVP durch die «politische Zusammenfassung der positiven Kräfte im katholischen und evangelischen Lager» spannen und gesamtpolitisch Unstetigkeits- und Spannungsmomente beseitigen sollte, schlug Stegerwald jedoch lediglich die Wahl eines parlamentarischen Aktionskomitees aus den mehrparteilich gebundenen *DGB*-Abgeordneten vor, die den Kern für die nächsten Schritte darstellen sollten. Als nächstes konkretes Vorgehen kündigte der Gewerkschaftsvorsitzende zur Hebung des sozialen und nationalen «Gemeinschaftsgefühls» die Gründung einer eigenen Tageszeitung sowie einer Volksbank an, wobei Letztere die wirtschaftlichen Kräfte der christlichen Arbeitnehmerbewegung bündeln sollte. Stegerwalds wirtschaftspolitische Gedanken enthielten Versatzstücke des Korporatismus, zur damaligen Zeit in Europa ein durchaus attraktiv erscheinendes Modell des «organisch» konstruierten Staates.[60] Entsprechend kritisch fällt das heutige Urteil über Stegerwalds Staatsverständnis aus, zumal er auf ein deutliches Bekenntnis zur republikanischen Staatsform verzichtete und seine Feststellungen zur parlamentarischen Staatsform «dürr und knapp» ausfielen.[61]

Die innenpolitischen Krisen der frühen Weimarer Republik ließen eine vollständige Durchsetzung der Pläne Stegerwalds, der sich innerhalb der eigenen Reihen des Vorwurfs mangelnder Tatkraft zu erwehren hatte, nicht zu. In vielen deutschen Kommunen, besonders aber in den Großstädten war das Lager der gemäßigten Kräfte in der Revolutionszeit geradezu gelähmt und unfähig zu einer wirklichen politischen Aktion, obwohl man inzwischen weiß, dass die Revolution für das Bürgertum einen viel größeren Mobilisierungsschub bedeutet hat, als lange Zeit angenommen wurde.[62] Die Zusammenarbeit zwischen katholischer und demokratischer Bewegung, wie sie nun in der Notzeit realisiert werden konnte, war im 19. Jahrhundert noch nicht die Regel gewesen. Hier bestand jetzt die Chance, althergebrachte Antagonismen zu überwinden und als «Partner der Wahl» die politisch in getrennt auftretenden Gewerkschaften gespaltenen Arbeiter vor dem Hintergrund eines modernen Christentums in der Demokratie von Weimar miteinander zu versöhnen. Zunächst einmal waren dies die akuten Fragen der Politik. Welche Rolle sollte dem Staat in einer Gesellschaft zukommen, die nach dem Untergang der Hohenzollernmonarchie ihre Selbstsicherheit und ihre Überzeugungen der Vorkriegszeit unwiederbringlich verloren hatte? In welcher Weise konnten die Arbeiter angesichts der für viele verlockend erscheinenden sozialistischen und bolschewistischen Gegenentwürfe in den demokratischen Staat integriert werden? Wie sollten ein Volk und eine Nation zur Demokratie erzogen werden?

Als Stegerwald zum Preußischen Ministerpräsidenten gewählt wurde, war der Plan erst recht nicht mehr aktuell. Das Zentrum vollzog unter Joseph Wirth einen deutlichen Rechtsschwenk. Stegerwald wollte sich hingegen nicht nach einem einfachen Rechts-Links-Schema positionieren. In nationalen und kulturellen Fragen war er sicherlich ein Konservativer, aber in wirtschaftlichen und sozialen Fragen war für ihn in der nachrevolutionären Zeit der Weimarer Republik gar nicht so eindeutig, wie rechts und links überhaupt definiert werden sollten.

Als Initiator und treibende Kraft der Bankenidee hat Stegerwald drei

Jahre nach der Gründung noch einmal das Leitmotiv für seine Initiative benannt: Die *Deutsche Volksbank* solle

> «auf die Dauer einen umfassenden Geldaufsaugeapparat im Lande schaffen [...], um einem großen Teil der deutschen Gehalts- und Lohnempfänger zu Einzel- und Kollektiveigentum zu verhelfen. Der Wege dahin gibt es viele: Produktionsgenossenschaften, Konsumvereine, maßgebende Beteiligung von Verbänden an Aktiengesellschaften, die für die Wirtschaft und die Gewerkschaften von großer Bedeutung sind usw. Daneben muß auch auf dem Wege der Gesetzgebung [...] die Mitwirkung der Arbeitnehmer an der Verwaltung der Wirtschaft herbeigeführt werden.»

Stegerwald machte also klar, dass die Gründung der *Deutschen Volksbank* nur ein – wenn auch wichtiger – Baustein bei der Errichtung eines finanziellen Gesamtprojekts verstanden werden sollte:

> «Den gleichen wie den umschriebenen Zielen sollen die Versicherungsunternehmen der christlich-nationalen Arbeitnehmerbewegung (Deutsche Volksversicherung, Deutsche Feuerversicherung, Aktiengesellschaft für Transport- und Rückversicherung) dienen. Die deutsche Volksbank ist als ein Unternehmen gedacht, bei dem die verschiedenen Wirtschaftszweige ineinandergreifen und wobei sich Kreditoren und Debitoren gegenseitig ergänzen.»[63]

Stegerwald hat Ende der 1920er-Jahre in einem programmatischen Artikel noch einmal – gleichsam rückblickend – die Beweggründe für die Schaffung einer Gewerkschaftsbank christlichen Zuschnitts beschrieben. Seine Pläne stützten sich

> «auf den Gedanken, daß die Spargelder der Arbeiter, die Vermögen der Organisationen vor allem an jener Stelle in der Wirtschaft zum Einsatz gebracht werden sollten, wo sie dem Vorteil der Arbeiterschaft dienen. Diese Gewähr scheint nicht gegeben bei den Privatbanken und auch nur in unzulänglichem Maße bei den öffentlich-rechtlichen Geldinstituten. Neben die organisierte Arbeitskraft in den Gewerkschaften und die organisierte Kaufkraft in den Konsumgenossenschaften sollte die organisierte Sparkraft der Arbeiterschaft durch die eigene Arbeiterbank treten. Die Verwaltung der Arbeitergelder sollte in den Händen der Arbeiter selbst liegen.»

Dabei sei bei der Entwicklung der *Deutschen Volksbank* «bewußt alle Sprunghaftigkeit ausgeschaltet» worden:

> «Der größte Wert wurde darauf gelegt, ein Höchstmaß von Liquidität zu besitzen. Das ist auch völlig gelungen. Einen nicht unerheblichen Teil ihrer Aufgaben löste die Bank durch die Finanzierung der Bautätigkeit gemeinnütziger Wohnungsgenossenschaften, vor allem durch die Gewährung der sogenannten Bauzwischenkre-

dite. Auch als zentrales Geldinstitut für die Gewerkschaftskassen und die von den Gewerkschaften geförderten Genossenschaften der verschiedensten Art hat sich die Deutsche Volksbank AG durchaus dienlich erwiesen. Wie bei der Gründung der Bank, so sind allerdings auch heute die christlichen Gewerkschaften sich durchaus der Tatsache bewußt, daß ihre Bank immer nur einen Bruchteil der Gelder der Bewegung und ihrer Einrichtungen verwalten wird. Die Spareinrichtungen der Konsum- und Wohnungsgenossenschaften z. B. wird die Deutsche Volksbank AG nicht abzulösen vermögen, da die Warenausgabe- und Mieteinzugsstellen eine bequemere Art der Einzahlung von Spareinlagen bieten. In all diesen Fällen werden die Spareinlagen – ohne die Volksbank zu passieren – immer den direkten Weg zum Ausbau der genossenschaftlichen Eigenbetriebe oder der Förderung des Wohnungsbaus nehmen.»[64]

Die Gründung der *Deutschen Volksbank* war nicht nur gegen die großen Privatbanken gerichtet, sondern gegen die anderen Pfeiler des dreigliedrigen deutschen Bankensystems. Sie sollte zugleich eine Art Versicherung gegen den Staat sein, dem Stegerwald sozialpolitische Wundertaten nicht zutraute:

«Die Arbeiter dürfen […] auch in wirtschaftlicher Hinsicht nicht auf die Allmacht des Staates zu große Hoffnungen setzen. Die Wirtschaft hat in vielfacher Hinsicht ihre eigenen Gesetze und läßt sich auch nicht immer durch Parlamentsbeschlüsse dahin bringen, wohin sie der Gesetzgeber haben möchte. Es muß vielmehr der Gedanke der Selbsthilfe in Arbeiterkreisen durch Einrichtung von Eigenunternehmungen mit allem Nachdruck gepflegt werden. Der Deutsche Gewerkschaftsbund ist gegenwärtig daran, teilweise neue Wege auf dem Gebiete der wirtschaftlichen Selbsthilfe-Bestrebungen der Arbeitnehmer einzuschlagen. Er hat zu diesem Zweck die ‹Deutsche Volksbank› gegründet. Durch sie sollen zunächst die Kapitalien der Gewerkschaften verwaltet werden. Die dem Deutschen Gewerkschaftsbund angeschlossenen Organisationen verfügen im Laufe dieses Jahres über eine Einnahme von mindestens 500 Millionen Mark.»[65]

Die ersten Schritte der Bank

Die Gründung der gewerkschaftseigenen Bank und der Tageszeitung des *DGB* machten schon bald gute Fortschritte. Adam Stegerwald beauftragte Heinrich Brüning, den späteren Reichskanzler, mit der Umsetzung dieser Pläne. Brüning, den Stegerwald seit 1919 kannte, war bereits einige Zeit im *DGB* tätig gewesen. Ihm gelang es nun, «die widerstrebenden Interessen der Landesverbände» in Einklang zu bringen; vielfältige Kontakte zu den führenden Politikern der bürgerlichen Parteien waren dabei eine große Hilfe.[66]

Der *DGB* schuf sich mit der Zeitung *Der Deutsche* ein publizistisches «Kampforgan».[67] Parallel dazu hoben die christlichen Gewerkschaften am 24. Februar 1921 in Berlin die *Vereinsbank für deutsche Arbeit AG* aus der Taufe, die am 20. Mai 1921 in das Handelsregister des Amtsgerichts Berlin eingetragen wurde. Diese hatte ihren Sitz zunächst in der Hähnelstraße 15 a in Berlin-Friedenau und war mit einem Stammkapital von 2 Millionen Mark ausgestattet.[68] Die Wahl fiel auf den Standort Berlin, weil sich hier die Zentrale des *Gesamtverbands der christlichen Gewerkschaften* und des *DGB* befand. Stegerwalds wichtigste Mitarbeiter hatten hier ebenfalls ihren Arbeitsplatz. Die Reichshauptstadt war gleichsam «das organisatorische und politische Hauptquartier».[69] Die Entscheidung war keineswegs so naheliegend, wie sie heute angesichts der Dominanz Berlins im politischen Kosmos scheinen mag. Der Schwerpunkt des katholischen Lebens lag im Westen des Reichs im Rheinland und in Westfalen. Heinrich Imbusch kritisierte noch 1928 den Umzug der Zentrale des *DGB* von Köln nach Berlin: «[Die] Leitung unserer Bewegung muß da sein, wo der Geist zu Hause ist, der in unserer Bewegung lebt; und das ist hier im Westen.» Die Berliner Umgebung beeinflusse die Menschen «ganz stark ungünstig», und wenn sich die christlichen Gewerkschaften «noch nicht ganz [hätten] verderben lassen, dann [liege] es daran, daß wir noch immer mehr im Westen als in Berlin sind».[70] Tatsächlich musste die Entscheidung zugunsten Berlins schon bald revidiert werden, da die *Deutsche Volksbank* ihre Geschäfte ganz überwiegend im Westen betrieb.

Die Bank sollte die wirtschaftlichen Kräfte des *DGB*, des christlich orientierten *Reichsverbandes deutscher Konsum-Vereine e. V.* und der konfessionellen Arbeitervereine zusammenfassen und den Einfluss der christlich-nationalen Arbeitnehmer auf das Wirtschaftsleben und den «Übergang zur Gemeinwirtschaft» beschleunigen. Zu Geschäftsführern der neuen Bankgesellschaft wurden zwei Direktoren der den christlichen Gewerkschaften verbundenen *Gemeinnützigen Deutschen Lebensversicherung AG* bestellt, der Regierungsrat Dr. Walter Pitschke aus Berlin-Steglitz und Josef Becker aus Berlin-Wilmersdorf. Adam Stegerwald hat später angemerkt, man habe diese Experten eingestellt, weil «zunächst die Vorarbeiten zur Aufnahme der Banktätigkeit zu leisten waren».[71] Ihre Aufbauarbeit blieb jedoch ein Intermezzo: Im Handbuch der *Deutschen Aktiengesellschaften* wurden sie zwar noch in der Ausgabe von 1923/24 erwähnt, aber schon im Geschäftsbericht der *Deutschen Volksbank* für das Jahr 1923 waren sie nicht mehr aufgeführt.

Die Bank nahm Mitte 1921 ihre Tätigkeit auf und firmierte bis zum 6. Juli 1921 unter ihrem ursprünglich eingetragenen Namen als *Vereinsbank für deutsche Arbeit AG.*[72] An diesem Tag erfolgte die Umbenennung in *Deutsche Volksbank AG.* Stegerwald wollte gerade angesichts der offenkundigen Schwäche der jungen Weimarer Republik die Lebensumstände der Arbeiter durch seine «Volksbank» verbessern. Die neue Bank sollte das Vermögen der christlich orientierten Arbeiter auf lange Sicht zum Aktienkauf verwenden: Auf diese Weise würden die Arbeiter Einfluss auf die Großunternehmen erhalten, ohne auf marxistische Methoden wie Sozialisierungen zurückgreifen zu müssen. Stegerwald ließ sich selbst vom skeptischen Heinrich Brüning nicht von seiner Überzeugung abbringen, dass die Bank «rasch» zu einem der «führenden Kreditinstitute des Reiches» aufsteigen werde.[73]

Die neue Bank begriff sich ausdrücklich als Sammelbecken für die Spar- und Kapitalkraft der christlich orientierten Arbeitnehmer. Zur Ankurbelung des Bankgeschäfts wurden Werbeinitiativen – vor allem in den Gewerkschaftsblättern – eingeleitet. Auf diese Weise entstand also neben den in vielfacher Hinsicht in ein verschärftes Konkurrenzverhältnis tretenden Sparkassen und den Kreditgenossenschaften ein weiterer Wettbewerber, der sich einer ganz spezifischen Klientel widmen wollte: Neben den eigentlichen Gewerkschaftszielen sollte die Kapitalkraft der Arbeiter in Eigenregie nutzbar gemacht werden.[74] Bis 1933 blieb diese neue Institution die eigentliche Verwaltungsbank der christlichen Arbeitnehmerverbände. Es war daher wenig verwunderlich, dass die neue Sparte in der Bankenlandschaft bei den Sparkassen und Genossenschaften mit gemischten Gefühlen betrachtet wurde. Sie sahen sich einer «wachsenden Konkurrenz» gegenüber, der sie mit einem «Kampf mit allen Mitteln» begegnen wollten, ohne damit erfolgreich zu sein – zunächst jedenfalls nicht.[75]

Das Grundkapital der neu gegründeten Bank setzte sich aus 800 000 Mark vinkulierten Namensaktien mit fünffachem Stimmrecht und weiteren 1 200 000 Mark Inhaberaktien zusammen, die im Freiverkehr an der Essen-Düsseldorfer Börse notiert wurden. Allerdings befand sich der größte Teil der Inhaberaktien im festen Besitz der angeschlossenen Organisationen. Die Vorzugsaktien waren zum ganz überwiegenden Teil im Besitz der Hauptverbände der christlichen Gewerkschaften; die Übrigen wurden von den Genossenschaften gehalten.[76] Über den Gegenstand und den Umfang der Geschäfte legte die Satzung in §§ 2 und 3 fest: «Gegenstand des Unternehmens ist der Betrieb von Bankgeschäften aller Art und der Erwerb von Grundstücken zum Bankbetriebe, sowie die Beteiligung an anderen, hiermit zusammenhängenden Unternehmungen. Das Geschäftsgebiet und die Dauer der Gesellschaft sind nicht beschränkt.» Aus grundsätzlichen Erwägungen wurden im § 5 der Satzung festgelegt, Kleinaktien à 20 Mark für das Aktienkapital einzuführen. Diese Aktien waren nach § 6 der Satzung nur mit Zustimmung des Aufsichtsrats übertragbar, um die Kontinuität und den Charakter als Bank der christlichen Gewerkschaften zu bewahren.

Stegerwald trat an die Spitze des achtköpfigen Aufsichtsrats, der die führenden Einrichtungen der christlichen Arbeiterbewegung repräsentierte. Der Löwenanteil des von den Gründern übernommenen Kapitals stammte vom *DHV*, der rund 29 Prozent der Aktien übernahm. Der *Gewerkverein christlicher Bergarbeiter Deutschlands* in Essen besaß ca. 25 Prozent, der *Christliche Metallarbeiter-Verband* in Duisburg ca. 18 Prozent, der *Zentralverband christlicher Bauarbeiter Deutschlands* in Berlin ca. 8 Prozent, der *Zentralverband christlicher Textilarbeiter Deutschlands* in Düsseldorf ca. 7 Prozent, und ca. 3 Prozent waren in den Händen des *Zentralverbands christlicher Fabrik- und Transportarbeiter Deutschlands* in Berlin.[77] Die übrigen 10 Prozent der Aktien verteilten sich auf weitere kleinere Verbände. In der letzten Aufsichtsratssitzung der *Deutschen Volksbank AG* am 18. Dezember 1933 wurden neben den oben genannten Verbänden mit Aktienbesitz noch einige weitere angeführt: der *Zentralverband christlicher Holzarbeiter* in Köln, der *Zentralverband christlicher Lederarbeiter* in Frankfurt am Main, der *Zentralverband christlicher Tabakarbeiter* in Düsseldorf, der *Zentralverband der Arbeiter in öffentlichen Betrieben und Verwaltungen* in Köln, der *Reichsverband der Molkerei- und Käserei-Angestellten*, die *Gewerkschaft deutscher Eisenbahner*, der *Gutenbergbund* und der *Verband der weiblichen Handels- und Büroangestellten* in Berlin. Auch mehrere Konsumgenossenschaften in Köln, Mönchengladbach, Duisburg und Düsseldorf fanden sich auf der Liste der Aktionäre.[78]

Die bedeutende Rolle, die der *DHV* bei der Genese der Gewerkschaftsbank spielte, kam nicht von ungefähr. Er beschrieb im Herbst 1922 die Motive für seine Beteiligung an der Bank der christlichen Gewerkschaften wie folgt:

> «Sie hat die Aufgabe, die Kapitalkraft der Kaufmannsgehilfen und der christlich-nationalen Arbeiter und Beamten zusammenzuführen und sie so zu einem Instrument gewaltiger Machtentfaltung zu gestalten. Bei der von uns erstrebten Neuordnung des Verhältnisses zwischen Kapital und Wirtschaft wird dann unsere Gewerkschaftsbank eine wichtige Rolle zu spielen haben. Schon jetzt hat sie durch ihre auf die Ziele der christlich-nationalen Arbeitnehmerbewegung eingestellte Tätigkeit wichtige Aufgaben erfüllen können. Sie stattete wirtschaftliche Unternehmungen der christlich-nationalen Arbeitnehmerbewegung mit dem erforderlichen Kredit aus und ersetzt die Bankverbindungen, welche die Organisationen bisher lediglich bei den kapitalistischen Aktienbanken finden konnten.»[79]

Die *Deutsche Volksbank* entsprach damit dem typischen Muster einer Arbeitnehmerbank. Das Bankgeschäft war nicht Selbstzweck, sondern eine «wirtschaftspolitische Aufgabe». Arbeitnehmerbanken sollten schließlich «in erster Linie ein Hilfsmittel der Gewerkschaften bzw. der Arbeitnehmerschaft im Wirtschaftskampfe sein», zur «sozialen Besserstellung der Arbeitnehmerschaft» beitragen und durch die Schaffung eigener wirtschaftlicher Einrichtungen «regulierend oder umgestaltend in der Wirtschaft» wirken.[80]

Der *Gewerkverein christlicher Bergarbeiter* stand gewissermaßen am anderen Ende des politischen Spektrums innerhalb der christlichen Gewerkschaften. Er wurde in der Weimarer Republik von dem Essener Heinrich Imbusch geführt, der in der *Deutschen Volksbank* eine Schlüsselrolle einnehmen sollte. Imbusch, eine heute zu Unrecht fast vergessene Persönlichkeit, war ein starker Mann in der christlichen Gewerkschaftsbewegung, der sich als Bergmann und Sachwalter der Arbeiterinteressen einen Namen gemacht hatte und schon vor dem Ersten Weltkrieg trotz aller Querelen im katholischen Lager zu einem selbstbewussten Verkünder des Gewerkschaftsgedankens geworden war.[81] Von 1919 bis 1933 saß er ununterbrochen als Abgeordneter des Zentrums im Reichstag und machte sich als vehementer Kritiker der Ruhrindustriellen einen Namen. Der *Gewerkverein* hatte sich früh zur demokratischen Revolution von 1918 bekannt und gerade in Essen – ganz in Übereinstimmung mit Adam Stegerwald und dem *Gesamtverband der christlichen Gewerkschaften* – einen vermittelnden Kurs zwischen den weitgehenden Forderungen der freien Gewerkschaften und den Bergwerksbetreibern gesucht. Während die Einführung des Achtstundentags für Bergarbeiter seitens des Vereins begrüßt wurde, lehnten Stegerwald und Imbusch weitere Arbeitszeitsenkungen ab.[82]

Das Verhältnis zwischen Imbusch und Stegerwald war von starken politischen Differenzen geprägt, die ihren Ursprung bereits im Kaiserreich hatten: Stegerwald hatte als Generalsekretär des *Gesamtverbands der christlichen Gewerkschaften* den Einfluss des Gewerkvereins als größte Einzelgewerkschaft innerhalb des Gesamtverbands zurückgedrängt.[83] Imbusch kritisierte jedoch die von Stegerwald betriebene enge Zusammenarbeit mit dem *DHV*: Es gebe, so Imbusch, keine Gemeinsamkeiten außer der Ablehnung der Sozialdemokratie.[84] Damit positionierte er sich in der Weimarer Republik implizit gegen den größten Anteilseigner der *Deutschen Volksbank*. Durch die politischen Querelen offenbarte sich eine dauerhafte Schwäche der christlichen Gewerkschaften.

Auf Beschluss der Hauptversammlung vom 19. Oktober 1922 erfolgte die offizielle Verlegung der bereits in *Deutsche Volksbank AG* umbenannten Bank nach Essen. De facto hatte sich zu diesem Zeitpunkt der Schwerpunkt ihrer Geschäftstätigkeit längst von der Spree ins Ruhrgebiet verlagert. Die dortige Zweigniederlassung war als Hauptgeschäftsstelle für das Rheinland und Westfalen von zentraler Bedeutung: Die Hauptgeschäfte der gewerkschaftlich orientierten Bank wurden nun einmal im rheinisch-westfälischen Industriegebiet abgewickelt – eine Region, die nun noch stärker zusammenwuchs, wie damals hellsichtig bemerkte: «Von Dortmund bis Duisburg wird alles bebaut, die gigantische Stadt an Ruhr und Rhein tritt alsdann ins Leben. Gegenwärtig ist es noch die werdende Ruhrstadt, wie wir sie nennen wollen.»[85]

Essen war als Standort jedoch auch eine symbolische Wahl: Obwohl die Stadt zu diesem Zeitpunkt bereits zu einem wichtigen Handels- und Verwaltungszentrum avanciert war, stellte die Arbeiterschicht nach wie vor einen gewichtigen sozialstrukturellen Faktor dar. Als Zeitpunkt der offiziellen Sitzverlegung von Berlin nach Essen wurde der 1. Januar 1922 festgelegt, obwohl der tatsächliche Sitz des Instituts noch bis zum 19. Oktober Berlin blieb.[86]

Die Verhältnisse in Essen waren zunächst noch beengt. Im Geschäftsbericht für das Jahr 1922 hieß es: «Mit dem 1. Januar 1922 wurde die erste Geschäftsstelle in Essen, in dem Hause Schützenbahn 24, eröffnet. Die Essener Geschäftsstelle nahm ihre Arbeit mit 5 Angestellten auf. Im Laufe des Jahres musste die Zahl der Beamten auf 22 erhöht werden.»[87] Die kleine Geschäftsstelle, ein roter Backsteinbau zwischen dem Rathausneubau und der Synagoge, war nur angemietet, ebenso wie das Zweigbüro im zweiten Stock des damaligen Verwaltungsgebäudes des *Gewerkvereins christlicher Bergarbeiter Deutschlands*. Allerdings wurde schon 1923 festgestellt, dass die «Raumverhältnisse in Essen [...] in keiner Weise mehr den an die Bank gestellten Forderungen» genügten und sie daher «nur als Provisorium» zu betrachten seien.[88] Abhilfe sollte der mithilfe der in Essen ansässigen *Deutschen Grunderwerbsgesellschaft mbH* ermöglichte Ausbau eines eigenen Gebäudes schaffen, dessen Bezug für Herbst 1923 angekündigt war. Dieser Umzug verzögerte sich jedoch noch um einige Monate. 1924 bezog die Bank das erste eigene Gebäude im Essener Bankenviertel (im III. Hagen 64), gegenüber dem Kaufhaus *Cramer & Meermann* und unweit der belebten Limbeckerstraße, dem damaligen städtischen Einkaufszentrum.

Für den Bedeutungszuwachs des rheinisch-westfälischen Industriegebiets sprach, dass Heinrich Imbusch schon bald nach der Verlegung des Hauptsitzes nach Essen den Direktoren einen Bankfachmann aus der Region an die Seite stellte: Hermann Neul kam von der renommierten *Essener Credit-Anstalt (ECA)*. Über ihn gibt es eine der wenigen zeitgenössischen Charakterisierungen: «Von der Statur her und mit Bart stellte er zwar etwas

Eine der wenigen erhaltenen Darstellungen der Zentrale der Deutschen Volksbank als Einrichtung der christlichen Gewerkschaften im Essener Bankenviertel, III. Hagen 64.

dar, war für die Bank aber nicht mehr als ein braver und gutmütiger Buchhalter, der er auch bei der ECA war. Er liebte mehr Gespräche und Unterhaltung und weilte zu diesem Zweck gern und oft außerhalb der Bank, meist in Essens bekanntem Café Feuser.»[89]

Der Aufsichtsrat der *Deutschen Volksbank* spiegelte – entsprechend dem Aktienkapital – ganz die christlich-gewerkschaftliche Struktur. Ihm gehörten als Vorsitzender der ehemalige Preußische Ministerpräsident und Chef des *Gesamtverbands der christlichen Gewerkschaften* Adam Stegerwald, sodann als stellvertretender Vorsitzender der Vorsitzende des *Gewerkvereins christlicher Bergarbeiter* und MdR des Zentrums Heinrich Imbusch an, der, mehr noch als Stegerwald, der «Geist dieses Bankunternehmens»[90] war, obwohl er der Gründung einer Gewerkschaftsbank am Anfang skeptisch gegenübergestanden hatte. Der Wechsel der Bank von Berlin nach Essen und der Eintritt Neuls in den Vorstand deuteten bereits darauf hin, dass der Einfluss Imbuschs größer geworden war.

Die Namen der anderen Aufsichtsratsmitglieder lasen sich ebenfalls wie das «Who's Who» der christlichen Gewerkschaften: Zu ihnen zählten Christian Winter als Vertreter des *DHV* sowie als Vorsitzender des *Zentralverbands der Forst-, Land- und Weinbergarbeiter Deutschlands* und zugleich zweiter Vorsitzender des *Gesamtverbands christlicher Gewerkschaften.* Franz Behrens war für die DNVP Reichstagsabgeordneter. Die meisten Aufsichtsratsmitglieder gehörten dem Zentrum an, viele sogar als Reichstagsabgeordnete. Zu den bekanntesten zählte der Direktor des *Reichsverbands der Konsumvereine* Peter Schlack. Einflussreich waren auch Heinrich Fahrenbrach, der Vorsitzende des *Zentralverbands christlicher Textilarbeiter*, Joseph Wiedeberg, der Vorsitzende des *Zentralverbands christlicher Bauarbeiter*; schließlich Martin Fromm vom *Zentralverband christlicher Fabrik- und Transportarbeiter.*

Der Metallformer Franz Wieber aus Duisburg, der Vorsitzende des mächtigen *Christlichen Metallarbeiterverbands*, galt als bedeutende und einflussreiche Persönlichkeit, die für die Verankerung der *Deutschen Volksbank* im Ruhrgebiet eine wichtige Rolle spielte.[91] Duisburg war ein Zentrum der Montanindustrie und eine Hochburg der katholischen Arbeitervereine. Wieber war es zu verdanken gewesen, dass sich 1899 der *Fachverband des katholischen Arbeitervereins* und die *Duisburger Formerfachvereinigung* zum *Christlichen Metallarbeiterverband* zusammengeschlossen hatten. Dieser verfolgte von Beginn an bewusst einen parteipolitischen und konfessionellen Neutralitätskurs und war damit erfolgreich: In ganz Deutschland hatte der mächtige Verband über 1500 Verwaltungsstellen, die Zahl der Mitglieder stieg von 42 000 bei Ausbruch des Ersten Weltkriegs auf über 100 000 im Jahr 1928 – eine solide Basis für eine erfolgreiche Bildungs- und Lobbypolitik. Wieber teilte zwar die sozialdemokratische Kritik an der Unterdrückung der Arbeiter, verurteilte jedoch deren «Wettern gegen die ‹Pfaffen›, Religion und Gottesglauben».[92] Als enger Weggefährte Heinrich Imbuschs gehörte er dem linken Flügel der Gewerkschaften an. Sein Verband hatte die Hauptgeschäftsstelle in Duisburg in einer Villa am Stapeltor, wo sich auch eine Filiale der *Deutschen Volksbank* befand.[93]

Die von Peter Schlack vertretenen Konsumvereine stellten ebenfalls eine nicht zu unterschätzende Wirtschaftsmacht dar. In einer Werbeschrift der *Deutschen Volksbank* mit dem Titel «Die organisierte Sparkraft» wurde Mitte der 1920er-Jahre auf die außerordentliche Macht dieses Zusammenschlusses verwiesen: Dem christlich orientierten *Reichsverband deutscher Konsumvereine*, der über eine *Großeinkaufs- und Produktions-AG deutscher Konsumvereine (Gepag)* mit mehreren genossenschaftlichen Fabriken verfügte, gehörten Ende 1924 etwa 390 Vereine an; die Zahl der Mitglieder erreichte rund 735 000 und hatte allein seit 1914 um mehr als eine halbe Million Mitglieder zugenommen. Der Jahresumsatz betrug rund 100 Millionen Reichsmark; beschäftigt wurden insgesamt 5745 Personen. Für die genossenschaftlichen Fabriken im Eigenbesitz – hierzu zählten eine Seifenfabrik in Witten an der Ruhr, eine Fleischwarenfabrik in Verl, eine Tabak- und Zigarrenfabrik in Kaldenkirchen sowie zahlreiche Lagerhäuser, Kaffeeröstereien und eine Buchdruckerei – konnte eine Bank für spezielle genossenschaftliche Interessen ebenfalls nur von Vorteil sein.[94] Allerdings behielt die *Gepag* selbst noch in den späten 1920er-Jahren eine eigene Bankabteilung. Deren Einlagenbestand betrug Ende 1927 etwa 3 Millionen Reichsmark, und der Umsatz dieser Bankabteilung belief sich immer noch auf 130 Millionen Reichsmark. Offensichtlich gelang es der *Deutschen Volksbank* nicht, dieses erhebliche Reservoir an Geschäftsmöglichkeiten für sich genügend zu nutzen.[95] Diese Entwicklung ging mit der Konjunktur der konsumgenossenschaftlichen Bewegung einher. Freigewerkschaftliche und christliche Genossenschaften brachten es zusammen auf rund 3,5 Millionen Mitglieder – ein erhebliches Kaufkraftpotenzial, nicht zuletzt wenn man die über die jeweiligen Haushalte miterfassten Personen einrechnet.[96]

Obwohl das rheinisch-westfälische Industriegebiet den Tätigkeitsschwerpunkt markierte, begann die *Deutsche Volksbank* mit der reichsweiten Expansion. Ende 1922 hatte sie bereits eine Filiale in Saarbrücken errichtet, weil die christlichen Gewerkschaften gerade in der Bergbauregion über eine starke Stellung verfügten. In Münster konnte die Bank durch den «günstigen Ankauf» eines bereits bestehenden Bankhauses eine Niederlassung eröffnen. Eine weitere Neueröffnung fand in Hamburg statt, wo am 1. November 1922 eine Zweigstelle in einem der Verbandsgebäude eingerichtet wurde.[97]

Noch im gleichen Jahr erfolgte die erste Kapitalerhöhung. Nach der ordentlichen Generalversammlung am 27. Juni 1922 fand am 19. Oktober 1922 eine außerordentliche Generalversammlung statt, in der die endgültige Verlegung des Geschäftssitzes von Berlin nach Essen abgesegnet und eine Erhöhung des Eigenkapitals um 48 Millionen Mark auf 50 Millionen Mark beschlossen wurde. Die Kapitalerhöhung fand auf folgender Basis statt: Die bisherigen 2 Millionen Namensaktien wurden zu 200 Aktien zu je 10 000 Mark zusammengelegt. Das neue Kapital von 48 Millionen Mark war unterschiedlich zusammengesetzt: Erstens wurden die Schuldverschreibungen in 5 Millionen Namensaktien von je 10 000 Mark umgewandelt. Zweitens wurden für 31 Millionen Mark Namensaktien zu je 10 000 Mark ausgegeben. Drittens wurden 12 Millionen Inhaberaktien mit einem Nennbetrag von je 1000 Mark emittiert. Die umgewandelten Schuldverschreibungen wurden zum Nennwert ausgegeben; die neuen Namensaktien und die Inhaberaktien wurden zum Kurs von 110 Prozent ausgegeben.[98]

Stolpersteine: Aufbauarbeit in den schwierigen Inflationsjahren

Die gesellschaftspolitischen Hintergründe für eine Bankenneugründung in Essen hätten kaum ungünstiger sein können. Deutschland stand unter dem schweren Schock der Kriegsniederlage und der Bedingungen des Waffenstillstands, dessen Ergebnisse und Folgen vom überwiegenden Teil der Bevölkerung und der Parteien abgelehnt wurden. Daher konnte keine Rede sein von einer Rückkehr zur Normalität. Deutschland befand sich zudem in einem bürgerkriegsähnlichen Zustand. Die Ermordung von Rosa Luxemburg und Karl Liebknecht im Januar 1919 in Berlin führte auch in Essen zu Unruhen. Die Belastungen für die junge Demokratie erwuchsen nicht in erster Linie aus einem mangelnden demokratischen Denken seiner Bürger als vielmehr aus den mannigfachen Hypotheken, die auf die Stadt durch die Waffenstillstandsvereinbarungen und den Versailler Vertrag zukamen und die Hoffnungen auf einen wirklichen Neubeginn enttäuschten. Die Umstände des Waffenstillstands und die harten Friedensbedingungen waren wesentlich für die pessimistische Grundstimmung verantwortlich. Aus der Essener Perspektive erscheint daher die Feststellung von Theodor Eschenburg zutreffend: «So hatte der neue Staat, bar aller Tradition, bei der instinktiven Abneigung, ja sogar Verachtung einer starken Minderheit, auf Jahre belastet mit den Aufräumarbeiten der Nachkriegszeit, dem Neuaufbau im Inneren und der Abtragung der außenpolitischen Hypothek, einen schweren Start.»[99] Vor diesem Hintergrund war ungeduldig auf eine Friedensregelung gewartet worden, die eine Rückkehr zur Normalität ermöglichen würde. Die neue Reichsregierung hatte vorsichtigen Optimismus verbreitet, der dann allerdings schlagartig verflog. Die Bekanntgabe der Friedensbedingungen des Versailler Vertrages am 7. Mai 1919, mit der das «Traumland der Waffenstillstandsperiode»,[100] wie Ernst Troeltsch diese unwirkliche Zeit einmal genannt hat, verlassen wurde, wirkte in ganz Deutschland wie ein Schock. Die zu lösenden Aufgaben waren zweifellos größer, als den Miterlebenden bewusst war. Der «punitive peace so foolishly imposed by the French and British on a struggling Weimar Republic, whose leaders bore no responsibility for the origins of the war», wie etwa George F. Kennan mit harten Worten den Friedensschluss charakterisiert hat,[101] war nach den politischen und geistigen Verheerungen, die der Erste Weltkrieg in Europa angerichtet hatte, kaum dazu geeignet, die Aussöhnung zu fördern. Auf der anderen Seite war es wohl für diese durch den Barbarismus des Weltkriegs zutiefst verstörte Staatenwelt illusorisch, eine internationale Friedensordnung mit Staaten begründen zu wollen, die selbst zutiefst instabil waren.[102] Heute weiß man, dass den deutschen Unterhändlern gar keine andere Möglichkeit geblieben war, als in einer Art Notwehr die Vertragsbedingungen zu akzeptieren. Matthias Erzberger kommentierte in einer Kabinettssitzung Anfang Juni 1919 die Ausweglosigkeit: «Wenn jemand von mir bei gefesselten Armen und unter Vorhalten des Revolvers auf die Brust die Unterzeichnung eines Stückes Papier fordert, wonach ich mich verpflichten müsse, in 48 Stunden auf den Mond zu klettern, so würde jeder denkende Mensch – um sein Leben zu retten – dies unterzeichnen.»[103] Erst in der Rückschau erkennt man heute, dass der Versailler Frieden auch Chancen bot, weil er zunächst einmal eine Weiterexistenz des Deutschen Reiches ermöglichte.[104] Den meisten der Miterlebenden waren solche übergeordneten Wahrnehmungen jedoch fremd, weil die Alltagsprobleme alle positiven Eindrücke überlagerten.

Die Polarisierung wurde durch den konterrevolutionären Kapp-Putsch vom März 1920 weiter verstärkt. Selbst als in Berlin die Ordnung wiederhergestellt worden war, wurde der Konflikt im Ruhrgebiet noch fortgeführt. Kommunistische Gruppen der «Roten Ruhrarmee» besetzten in Essen das Rathaus; bei den Kämpfen am Wasserturm wurden zahlreiche Mitglieder der Sicherheitspolizei und der Einwohnerwehren sowie eine unbekannte Zahl der angreifenden Arbeiter getötet, was das Klima in der Stadt für lange Zeit vergiftete. Bei der Hauptpost kam es zu blutigen Auseinandersetzungen. Der kommunistische Arbeiterführer und Essener Volksschullehrer Wilhelm Zaisser – später in der DDR unter Walter Ulbricht Minister für Staatssicherheit – wurde als Rädelsführer zu einer Gefängnisstrafe verurteilt. Anfang April 1920 eskalierte die Lage. Es entstand ein geradezu rechtsfreier Raum. Der Essener Oberbürgermeister rief die Reichswehr zu Hilfe und beschrieb die Vorgänge später wie folgt: «Ich habe mich immer wieder gefragt, wo sich das unglaubliche Gesindel, das plündernd und raubend durch die Straßen Essens zog, unter normalen Verhältnissen eigentlich aufhält. Nachher war es wieder wie verkrochen in Löchern.»[105]

Der Spuk war erst mit dem Einmarsch der Reichswehr in Essen am 7. April vorbei. Wenig später übernahm die französische Kontrollkommission die Macht. Während groß angelegte Demontagen der Rüstungsbetriebe begannen, kam die Stadt vorübergehend zur Ruhe – wenn auch nur bis zur nächsten großen Krise, der Ruhrbesetzung 1923. Die Stellung der demokratischen Parteien Zentrum, SPD und DDP war angeschlagen. Bei den Reichstagswahlen im Juni 1920 erhielt beispielsweise die SPD in Essen nur noch 11,6 Prozent der Stimmen. Auch die geringe Wahlbeteiligung war ein Signal

Die Gründung der *Deutschen Volksbank* fand in Jahren der politischen Krise statt. Auf dem Foto sind französische Truppen auf dem Güterbahnhof von Rüttenscheid während der Ruhrbesetzung 1923 abgebildet.

für ein drohendes Scheitern des «demokratischen Experiments». Die Republik fand nicht zu jener Ruhe, die sie so dringend benötigt hätte.

Essen gehörte zu den Städten, die besonders von den als drakonisch interpretierten alliierten Strafmaßnahmen betroffen waren. Frankreich, das infolge des Weltkriegs noch mehr als zuvor unter einem Sicherheitstrauma litt, hatte schon im Oktober 1918 Pläne ausgearbeitet, die eine 50 Kilometer breite entmilitarisierte Zone östlich des Rheins vorsahen.[106] Im Zuge der Friedensverhandlungen von Versailles hatte Paris schließlich auf die zunächst geplante dauerhafte Besetzung rechtsrheinischer Gebiete zugunsten einer temporären Okkupation verzichtet, jedoch auf der Bildung von Brückenköpfen beharrt. Auf internationaler Ebene hatte sich die Lage für das Deutsche Reich mittlerweile verschlechtert, weil die deutsch-französischen Beziehungen an einem neuen Tiefpunkt angelangt waren. Hierfür waren verschiedene Umstände verantwortlich: Frankreich hatte sich aufgrund seiner intransigenten Haltung in der Reparationsfrage im Kreis der Alliierten inzwischen isoliert. Während zugleich die geforderten deutschen Reparationsleistungen ausblieben, ließ der Rapallo-Vertrag die französischen Sorgen vor einer deutsch-russischen Verbindung wachsen.[107] Ein geradezu verzweifelter Versuch von Reichskanzler Wilhelm Cuno, die im Versailler Vertrag festgelegte westliche Grenze des Deutschen Reichs als bindend anzuerkennen, wurde von Frankreich als nicht ausreichend angesehen. Im Grunde genommen handelte es sich «um einen verspäteten Abwehrversuch gegen die einsetzende französische Offensive».[108] Denn in Frankreich waren Anfang 1923 längst Pläne für eine Ruhr-Invasion vorbereitet. Im November 1922 hatte sich der französische Ministerpräsident Poincaré für eine Besetzung des Ruhrgebiets entschieden. Die Reparationskommission monierte im Dezember 1922 unzulängliche deutsche Holzlieferungen und nahm die unvollständigen Kohlelieferungen Anfang Januar 1923 zum Vorwand, um «absichtliche Verfehlungen» Deutschlands zu bemängeln. Die französische Ruhrbesetzung, die am 11. Januar 1923 begann, war letztlich «ein rechtlich höchst dubioser Vorwand für eine im Grunde rein machtpolitisch erzwungene Entscheidung».[109]

Der sofort einsetzende deutsche Widerstand gegen die Ruhrbesetzung wurde nicht zuletzt mithilfe der Notenpresse finanziert. Die Emission von Banknoten wurde durch zwei Maßnahmen entscheidend gesteigert: Die Abschaffung der Notensteuer führte zu einer Verbilligung von Krediten, und gemäß dem Darlehenskassengesetz konnten Kredite gegen Verpfändung von Waren und Wertpapieren ausgegeben werden. Verschärft durch das stetig wachsende Haushaltsdefizit, mündete die Hyperinflation schließlich in einem vollständigen Zusammenbruch des Finanz- und Währungssystems. Die Gemeindehaushalte gerieten außer Kontrolle. Nur provisorische Haushaltspläne ließen bei der galoppierenden Inflation überhaupt noch ein einigermaßen verantwortliches Wirtschaften zu. Aufgrund der Geldentwertung waren die am Wochenende ausgezahlten Löhne rasch entwertet. Im Januar 1922 erhielt man einen Dollar für 200 Mark; im Juli waren schon 500 Mark zu zahlen, und im Januar 1923 stand der Kurs schon bei 1 zu 18 000. Währungsunsicherheit, Streiks und politisches Chaos kennzeichneten die Lage in der zweiten Jahreshälfte 1923. Löhne und Preise waren kaum noch kalkulierbar: Was am Morgen noch viel Geld gewesen war, war am Abend schon entwertet, sodass bald überall Forderungen nach «Teuerungsbeihilfen» laut wurden und zahlreiche wilde Streiks ausbrachen. Die sich dramatisch verschlechternden Lohn- und Arbeitsbedingungen führten zu sozialer Unruhe und zu Sorgen über eine bevorstehende Hungerkatastrophe. Zudem wurde die wirtschaftliche Notlage von der Industrie oftmals ausgenutzt, um eine «grundsätzliche Revision» der Zugeständnisse an die Arbeiterschaft einzuleiten, die 1918 widerwillig gewährt worden waren.[110]

Der von Berlin als Abwehrmaßnahme ausgerufene «passive Widerstand» verschärfte in Essen die Lage. Im Dezember 1922 ließ sich Oberbür-

Inflationsgeld – teilweise wurden die Banknoten nur noch mit höheren Werten überdruckt.

germeister Luther beurlauben, um in die seit November amtierende Regierung von Reichskanzler Wilhelm Cuno einzutreten, die aus der politischen Mitte heraus als «Kabinett der Wirtschaft» einen Weg aus der Krise suchte. Essen begann mit der Ausgabe von eigenem Notgeld. Zahlreiche Industriebetriebe im Revier mussten vorübergehend die Pforten schließen, sodass die Zahl der Arbeitslosen in der zweiten Jahreshälfte 1923 rapide in die Höhe schoss und deutlich über der Quote des Reichs lag. In der Stadt war im Herbst 1923 jeder Fünfte arbeitslos; in Steele waren von 16 000 Einwohnern 8500 auf die öffentliche Fürsorge angewiesen.[111] Die Hyperinflation trieb zudem die Preise in schwindelnde Höhen. Schon im Juli 1923 waren für einen Liter Milch 10 000 Mark zu bezahlen, während ein Pfund Butter 50 000 Mark kostete. Die Arbeitslosigkeit, die rasante Geldentwertung und die Teuerungswelle waren schließlich im Herbst 1923 im Ruhrgebiet Auslöser für schwere Unruhen. In einer Mischung aus Angst vor einem weiteren rechtsradikalen Putsch und einer geradezu aggressiv-freudigen Erwartung einer «bolschewistischen Revolution» in Deutschland bereiteten sich seit Mitte September vorwiegend KPD-Kader auf eine gewaltsame Auseinandersetzung vor. Die Aufstände im Ruhrgebiet waren sowohl ein zentral von der KPD-Führung geschürter Putschversuch als auch ein aus den lokalen Verhältnissen resultierender Aufruhr. Rückblickend können diese Geschehnisse als eine weitere Attacke gegen die demokratischen Institutionen Weimars gewertet werden, die sich allerdings dieses Mal erfolgreich der extremen Feinde von rechts und links hatten erwehren können. Mit dem Scheitern des Hitlerputsches am 9. November 1923 verloren die verschiedenen völkischen und nationalistischen Gruppen vorübergehend an Bedeutung. Vorerst war die extremistische Gefahr von rechts und links gebannt. Man mag darüber spekulieren, wie die weitere Entwicklung ausgesehen hätte, wenn die wirtschaftlichen und politischen Krisen der 1920er-Jahre ein Ende gefunden hätten. Vieles spricht allerdings dafür, dass Hitler «im Bereich der Politik eine unbedeutende, verrückte Randerscheinung geblieben» wäre.[112]

Die Strukturkrise jener Zeit zählt heute daher «zu den mittlerweile am besten erforschten Bereichen» der Weimarer Jahre.[113] Reparationen und Inflation belasteten die am Boden liegende deutsche Wirtschaft und hatten die Verarmung weiter Teile der Mittelschicht zur Folge. Letztlich war die existenzielle Krise nicht allein ein Phänomen der Nachkriegszeit, sondern eine Spätauswirkung des Ersten Weltkriegs, der durch Kredite und Anleihen finanziert worden war.[114] Schon im Verlauf des Krieges war die Goldeinlösepflicht der Mark aufgehoben worden. Um eine zu hohe Steuerlast zu vermeiden, war zudem die Notenpresse angekurbelt worden. Dadurch waren die immensen Rüstungsausgaben finanziert und als bankmäßige Deckung in großem Umfang kurzfristige Schatzanweisungen des Reiches ausgegeben worden. Diese ungewöhnliche Kreditfinanzierung, die zugleich durch das Reich und die *Reichsbank* refinanziert wurde, hatte zu einem erheblichen Anstieg der Notenemission und damit der Geldmenge geführt. Insgesamt neun Kriegsanleihen in Höhe von insgesamt knapp 97 Millionen Mark und zahlreiche kurzfristige Kredite, die zu mehr als 51 Milliarden Mark Reichsschulden bis Kriegsende führten, hatte die Reichsregierung zur Finanzierung der kriegsbedingt steigenden Staatsausgaben aufgenommen.[115]

Um die fragile Weimarer Republik nicht zu destabilisieren, hatte die Reichsregierung nach Kriegsende die notenbankfinanzierte Ausgabenpolitik fortgesetzt. Hierdurch konnten die Nettoschulden von Privathaushalten und öffentlicher Hand scheinbar en passant beglichen werden und – ein durchaus angenehmer und erwünschter Nebeneffekt – auch die Reparationszahlungen, deren Gesamthöhe schwindelerregend war. Die Folgelasten des verlorenen Krieges zeigten sich daher nach 1918 vor allem am wachsenden Defizit des Reichshaushalts. Die direkten Auswirkungen der Inflation und die mentalen Folgewirkungen auf das soziale Gefüge der Weimarer Republik können nicht hoch genug eingeschätzt werden. Gerade diejenigen, die ihr Vermögen in Kriegsanleihen, Sparguthaben und festverzinslichen Wertpapieren angelegt hatten, waren auf der Verliererseite. Hierzu zählten nicht wenige aus der unteren Mittelschicht und der Arbeiterschicht, die der klassischen Klientel der christlichen Gewerkschaften angehörten. Inflationsgewinner waren Inhaber von Immobilien und Industriebeteiligungen, die gut gegen den Währungsverfall geschützt waren. Diejenigen, die Schulden machten und ihre Kredite mit Papiergeld bezahlten, gehörten neben den Spekulanten zu den Gewinnern der Inflationszeit.

Der aus dem Mai 1923 datierte Geschäftsbericht der *Deutschen Volksbank* für das Jahr 1922 verwies auf diese beunruhigende volkswirtschaftliche und politische Großwetterlage. Immerhin konnte die zunehmende Einrichtung von Scheckkonten positiv vermerkt werden. Der ursprüngliche Plan, den Sparverkehr als Hauptgeschäftszweig zu etablieren, konnte angesichts der immer stärker das Wirtschaftsleben hemmenden Inflation nicht weiter verfolgt werden. Die zunehmende Inflation mit monatlichen Teuerungsraten von über 50 Prozent, die steigenden Lebenshaltungskosten und die immer höheren Postscheckgebühren ließen dies einfach nicht zu.

Die Nachfrage nach Krediten war erheblich, wie der Geschäftsbericht gleichsam beruhigend betonte: «Die Zahl der Kreditanträge, mit denen ein großer Teil unserer Kundschaft im Laufe der Zeit an uns herantritt, brachten es mit sich, daß sich unser Hauptaugenmerk auf die Pflege des Kontokorrentverkehrs richtet.» Trotz «schwieriger geldlicher Verhältnisse» sei es gelungen, «den sich zeigenden Kreditbedarf zu befriedigen». Allein auf dem

Kontokorrentkonto lag Ende 1922 ein durch Bürgschaften und andere Sicherheiten gedeckter Betrag von 224 Millionen Mark, zu dem noch ein Betrag von weiteren 22,5 Millionen Mark addiert werden musste, der durch börsengängige Wertpapiere gesichert war.[116]

Die Anfänge stimmten hoffnungsvoll. Allein am Hauptsitz der Bank in Essen wurde gegen Jahresende 1922 ein Monatsumsatz von etwa einer Milliarde Mark erzielt. Der Geschäftsbericht für 1922 verzeichnete bereits eine Bilanzsumme von 437 Millionen Mark – eine Zahl, die allerdings in ihrer Größenordnung die Verzerrung durch die Inflation erkennen lässt. Das erste Jahr, so vermerkte der Geschäftsbericht dennoch stolz, «zeitigte mit Rücksicht auf die erst gerade erfolgte Aufnahme des Betriebes schon zufriedenstellende Erfolge».[117] Der Reingewinn des Jahres 1922 belief sich auf 16,8 Millionen Mark. Hiervon wurden 700 000 Mark dem gesetzlichen Reservefonds übertragen, 10 Millionen Mark wurden der Kontokorrent-Reserve zugeführt. Die Dividende war außergewöhnlich hoch: Sie betrug im ersten Geschäftsjahr 30 Prozent.[118]

Die Bank zahlte vom Tag der Einzahlung bis zum 31. Dezember 1922 Zinsen in Höhe von 8 Prozent. Vom 1. Januar 1923 an waren die neuen Namens- und Inhaberaktien dividendenberechtigt.[119] Allein der *DHV* übernahm Aktien im Nennwert von 10 Millionen Mark. Die Verbandsleitung gab einen Teil der Inhaberaktien an Verbandsmitglieder ab, doch blieben potenzielle Käufer außerhalb des *DHV* ausgeschlossen.[120] Die Zeichnung der neuen Aktien war bereits im Februar 1923 geschlossen und «ganz erheblich überzeichnet».[121]

Allerdings waren die Zahlen jener Monate kaum noch aussagekräftig: Durch die starke Geldentwertung wuchsen die monatlichen Umsätze bald auf ein Vielfaches der vorherigen Jahresumsätze an. In den folgenden Jahren änderten sich die Zinsmodalitäten angesichts der ökonomischen Turbulenzen und der Währungsreform mehrfach. Ende 1925 vergütete die *Deutsche Volksbank* auf Scheckkonten 7 Prozent Zinsen, auf laufende Rechnungen 8 Prozent, auf Depositen mit monatlicher Kündigung ebenfalls 8 Prozent und auf Depositen mit vierteljährlicher Kündigung 9 Prozent. An Debetzinsen wurden 11 bis 12 Prozent zuzüglich einer Provision in Höhe von 0,2 Prozent monatlich berechnet.

Mitten in dieser geldwirtschaftlichen Krisensituation wechselte bei der *Deutschen Volksbank* das Führungspersonal. Gewerkschaftsfunktionäre waren nicht unbedingt qualifiziert, eine noch in den Kinderschuhen steckende Bank zu leiten. Professionelle Bankfachleute sollten daher rekrutiert werden, auch wenn dies – wahrscheinlich aus finanziellen Gründen – keineswegs zu einer beherzten Personalpolitik führte. Später ist von einem Kenner der *Deutschen Volksbank* kritisiert worden, «daß die Vorstände der gewerkschaftseigenen Unternehmen keine erfahrenen Fachleute waren. Es war ein großer Fehler der Gewerkschaftsführer, solche Führungsstellen durchweg mit Kräften aus eigenen Reihen besetzt zu haben.»[122] Dass gute Bankmanager auch gut bezahlt werden mussten und Finanzexperten auf dem freien Markt ihren Preis hatten, war den Leitern der gewerkschaftseigenen Wirtschaftsbetriebe durchaus bewusst: Heinrich Imbusch musste gelegentlich die Praxis verteidigen, den Gewerkschaftsführern mitunter einen Firmenwagen zur Verfügung zu stellen: «Für ein Gewerkschaftssekretärgehalt kann man keinen Bankdirektor und keinen Fabrikdirektor, auch keinen schon Erfolg aufweisenden Kaufmann bekommen [...]. Wenn wir das nicht tragen wollen, sollten wir nicht damit anfangen. Sonst gibt's ein Fiasko.»[123]

Neben Neul trat 1923 Richard Beckendorff in den Vorstand. Dieser kam wie Neul ursprünglich von der *Essener Credit-Anstalt*, war zuletzt bei der *Commerzbank* in Dortmund beschäftigt gewesen und galt als «aus einem anderen Holz geschnitzt» als die Vorgänger Pitschke und Becker: «Von großer Gestalt und mit gepflegtem Spitzbart stellte er sich im personellen Bereich als gestrenger Chef vor.»[124] Selbst Beckendorff war aber, wie sich herausstellen sollte, den schwierigen Wirtschaftsverhältnissen insbesondere bei den notleidenden Mittelstandsbetrieben offensichtlich nicht gewachsen. Eine im April 1925 abgeschlossene Bankprüfung durch die *Treuhandgesellschaft für deutsche Arbeit*, ein Unternehmen des *DHV*, urteilte so schlecht über die Verhältnisse bei der Bank, dass der Aufsichtsrat sich zur fristlosen Entlassung der beiden führenden Bankmanager veranlasst sah.[125] Über die genauen Hintergründe schweigen die Quellen. Möglicherweise war Beckendorff mit dem Mittelstandsgeschäft zu wenig vertraut, schließlich waren die *Essener Credit-Anstalt* und die *Commerzbank* vor allem im Industrie- und Anleihegeschäft tätig.

Die Inflation bescherte allen Banken gewaltige Steigerungen des Geschäftsverkehrs und des Arbeitsaufkommens. Nicht zuletzt die durch die galoppierende Inflation nominell großen Zahlen erhöhten die Arbeitsschritte bei den Buchungen, die zu dieser Zeit noch fast ausschließlich manuell vorgenommen werden mussten. Das Institut unterhielt bald neben den Zweigniederlassungen in Hamburg, Münster und Saarbrücken weitere Filialen in Berlin, Duisburg, Düsseldorf und Köln, deren Grundstückswert 1046 Millionen Reichsmark betrug.[126] Daneben gab es in über 400 deutschen Städten Spargeldannahmestellen, die zumeist nebenamtlich von Gewerkschaftsangestellten geleitet wurden.[127] Diese Expansion war vor dem Hintergrund eines merklichen Konzentrationsprozesses im Bankgewerbe nicht außergewöhnlich. Die *Deutsche Volksbank* versuchte, mit der Geschäftspolitik der Sparkassen und Kreditgenossenschaften mitzuhalten.

Schon Anfang 1923, als gerade der Weg zur Kapitalerhöhung von 2 auf 50 Millionen Mark beschritten worden war, wurden bereits Pläne für eine weitere Erhöhung des Aktienkapitals ventiliert. Schon zu diesem Zeitpunkt war abzusehen, dass der Ausgabekurs noch höher als bisher liegen würde, aber, so gab der DHV sich sicher, werde er immer noch «eine glänzende Kapitalanlage bedeuten».[128] Mitte April 1923 stand fest, dass die neuen Aktien zu einem Kurs von 220 Prozent ausgegeben werden würden. Für die einzelne Aktie waren somit 2200 Mark zu bezahlen. In der Werbung für die neuen Aktien hieß es vollmundig: «Die Aktien stellen auch zu diesem Kurse eine ganz außergewöhnlich billige und wohl sonst nie gebotene günstige Kapitalanlage dar, da die Volksbank sich vorzüglich entwickelt und ihre Umsätze und Gewinnergebnisse weit über die Erwartungen hinausgehen. Die Volksbank hat bereits Zweigstellen [...] errichtet, die sich ebenfalls sehr gut entwickeln, und beabsichtigt, demnächst weitere Zweigstellen in Köln und Berlin zu eröffnen.»[129] Die Aktionäre wurden zugleich aufgefordert, sich weiterhin für das Institut einzusetzen: «Wir bitten Sie auch, an der Entwicklung unserer Deutschen Volksbank AG in jeder Beziehung mitzuarbeiten und sie durch Zuführung neuer Kunden und deren Inanspruchnahme bei Geldgeschäften zu fördern.»[130]

Um potenzielle Aktionäre und Anleger zu werben, wurden Anzeigen geschaltet. Ein typischer Hinweis lautete beispielsweise: «Christliche Gewerkschaftler! Fördert und empfehlt allenthalben eure eigene Bank, die Deutsche Volksbank. Sie ist die Bank der Christlichen Gewerkschaften und dient euren Bestrebungen. Ihre Niederlassung in Köln befindet sich im Gewerkschaftshaus Venloer Wall 9.»[131]

Die Hauptversammlung vom 4. Juni 1923 erhöhte schließlich das Kapital von 50 auf 300 Millionen Mark – eine enorme Steigerung um 250 Millionen Mark, die aber angesichts der Inflationsumstände weniger seltsam anmutet. Hierfür wurden 11 200 Namensaktien zu 10 000 Mark und 138 000 Inhaberaktien zu 1000 Mark ausgegeben.[132] Der *Gewerkverein Christlicher Bergarbeiter* strebte dabei eine möglichst starke Beteiligung der Firma *Hermann Köster & Co.* an, die jedoch von Stegerwald zunächst abgelehnt wurde.[133] Hinter dem Unternehmen mit dem unscheinbaren Namen versteckte sich die 1920 gegründete Vermögensverwaltung des Gewerkvereins, dem sämtliche Grundstücke und Häuser desselben überschrieben worden waren.

Dies reichte allerdings keineswegs aus. Die Hauptversammlung der *Deutschen Volksbank* beschloss schon am 24. September 1923 eine weitere Kapitalerhöhung um 700 Millionen Mark auf schwindelerregende 1 Milliarde Mark. Hierfür wurden 25 000 Namensaktien zu 10 000 Mark und 450 000 Inhaberaktien zu 1000 Mark ausgegeben. Diese Aktien wurden als dividendenberechtigte Aktien ab dem 1. Juli 1923 angeboten. Die neuen Namensaktien hatten fünffaches Stimmrecht und waren mit 8 Prozent Vorzugs-Dividende mit Nachzahlungsrecht versehen. Von den neuen Aktien wurden den Aktionären in der zweiten Novemberhälfte 1923 auf je drei alte eine neue Aktie zu 0,5 Goldmark angeboten.[134]

Die *Deutsche Volksbank* in der Phase der Währungsstabilisierung

Haushaltsdefizit und Hyperinflation mündeten in einen vollständigen Zusammenbruch des deutschen Finanz- und Währungssystems in der zweiten Jahreshälfte 1923.[135] Die anschließende ökonomische Beruhigung ist ohne einen Blick auf die internationale wirtschaftspolitische Entwicklung nicht zu verstehen. Im August 1923 vollzog Großbritannien die endgültige Abkehr von der bisherigen Ruhrpolitik. Im September des gleichen Jahres wurde der seit dem Januar praktizierte «passive Widerstand» von der deutschen Reichsregierung aufgegeben. Die «fast bis zur Zerrüttung durchgehaltene Machtprobe» hatte lediglich zu der Erkenntnis geführt, dass «die fast schon existentielle, in ihren Auswirkungen unberechenbare Konfrontation und gewaltsame Auseinandersetzung ruinös» gewesen waren.[136]

Mitte Oktober 1923 wurde durch ein «Ermächtigungsgesetz» der Reichsregierung gestattet, wirtschaftliche Gesetze ohne parlamentarische Mehrheit zu verabschieden. Mit der Ausgabe der neuen «Rentenmark» am 15. November 1923 endete die Hyperinflation. Eine Rentenmark entsprach nun einer Billion Papiermark bzw. einer Goldmark. Sie war zwar kein offizielles Zahlungsmittel, wurde aber als verlässliche Übergangswährung in der Bevölkerung akzeptiert. In Dollar und britisches Pfund konvertibel, war sie darüber hinaus durch Hypotheken auf wirtschaftlich genutzten Grundbesitz gedeckt. Die Währungsreform entlastete die Weimarer Republik politisch wie wirtschaftlich. Ebenfalls im November 1923 rief die Reparationskommission ein Expertenkomitee unter Leitung des amerikanischen Bankiers Charles G. Dawes ins Leben. Der in diesem Gremium entwickelte sogenannte Dawes-

Plan rief zur Wiederherstellung der wirtschaftlichen Einheit des Deutschen Reiches auf. Der Plan bot schließlich die Grundlage für die Londoner Konferenz, auf der im Juli und August 1924 das Reich und die Alliierten zu einer zumindest kurzfristigen einvernehmlichen Lösung der Reparationsmodalitäten fanden. Die Bestimmungen des Abkommens sahen einen zu mindestens 40 Prozent durch Gold und in begrenztem Umfang durch Devisen gedeckten Banknotenumlauf vor. Außerdem wurden Kreditgeschäfte der *Reichsbank* und die Emission von Banknoten auf die *Reichsbank* und vier Privatnotenbanken begrenzt.[137] Möglich wurde diese Übereinkunft durch einen gemäßigteren deutschlandpolitischen Kurs Frankreichs, den der neue Regierungschef, der Radikal-Sozialist Edouard Herriot, einschlug. Er war im Mai 1924 Nachfolger Poincarés geworden und verfolgte eine Politik der internationalen Verständigung.[138]

Die Stabilisierung des Geldes mit Währungsschnitt und Abwertung der Mark bedeutete das Ende der Krise, aber zugleich neue Gefahrenmomente. Durch die mit der Reform einhergehenden Steuererhöhungen und die von der *Reichsbank* vorgenommene Regulierung – und faktische Beschränkung – der Kreditvergabe fand zwar die Inflation ein Ende. Dies hatte allerdings gravierende Nebenwirkungen. Die Geldknappheit hatte zahlreiche Firmenpleiten zur Folge, was wiederum die Arbeitslosigkeit ansteigen ließ. Der Dawes-Plan brachte Entlastung, ohne jedoch an den Grundbedingungen der Vertrauenskrise etwas zu ändern. Die Auswirkungen der Finanzpolitik der Siegermächte änderten wenig an der anhaltenden Belastung der jungen Demokratie. Sie vergifteten die politische Atmosphäre und stärkten die Gegner der Republik. Ohne fatalistisch von vorneherein die Ausweglosigkeit der Jahre von 1918 bis 1933 festschreiben zu wollen, blieb der Erfolg des demokratischen «Experiments» fragil.[139]

Als Ende August 1924 dann allerdings zusätzlich die Reichsmark eingeführt wurde, erwies sich die neue Währung als Erfolg. Hohe Zinsen an den deutschen Kapitalmärkten resultierten in einer deutlichen Zunahme von Investitionen ausländischer Anleger. Die zumeist kurzfristigen Kredite stammten überwiegend aus den Vereinigten Staaten. Bereits 1930 war das Deutsche Reich mit ca. 25 Milliarden Reichsmark im Ausland verschuldet. Die Reichsbank förderte ausländische Anleger zusätzlich, indem sie einen konstant hohen Diskontsatz beibehielt. Sie benötigte die ausländischen Devisen für die hohen Reparationszahlungen und nahm die hohe kurzfristige Auslandsverschuldung billigend in Kauf.[140] Die Betriebe wiederum waren vor 1923 der massiven Geldentwertung durch Ankäufe von Sachwerten, vor allem Unternehmensübernahmen, entgegengetreten. Bankkredite waren zum Teil zu Lasten der Banken mit entwertetem Geld zurückgezahlt worden, was diese erheblich geschwächt hatte. Erst der Aufschwung nach 1924 und der damit einhergehende enorme Kapitalbedarf der deutschen Industrie ermöglichte den Banken wieder eine verstärkte Einflussnahme – insbesondere bei der Vergabe von Großkrediten – auf die Industrieunternehmen.[141] Gesamtwirtschaftlich betrachtet, trat eine gewisse Stabilisierung ein, bis dann im Jahr 1930 wieder dunkle Wolken am Horizont aufzogen. Weil das Zinsniveau hoch war, suchte ausländisches Kapital den Weg nach Deutschland und brachte einen Konjunkturaufschwung, der sich auf die Geschäfte der *Deutschen Volksbank* positiv auswirkte.

Die Bilanzsumme der *Deutschen Volksbank* für das Jahr 1923 hatte infolge der Inflation eine geradezu schwindelerregende Höhe erreicht: Der Geschäftsbericht nannte eine Zahl von 4 Quadrillionen, 643 Trillionen, 457 Billionen, 111 Milliarden, 256 Millionen, 122 253 Mark und 92 Pfennigen. Eine solide Geschäftspolitik war in diesen Monaten kaum möglich. Die Angestellten konnten nicht einmal mehr die Tageseinnahmen und -ausgaben angemessen berechnen und bilanzieren. Das durch die Inflation auf eine Milliarde Mark angeschwollene Stammkapital der *Deutschen Volksbank* wurde auf Beschluss der Hauptversammlung vom 22. Dezember 1923 wieder auf das ursprüngliche Gründungskapital von 2 Millionen Reichsmark im Verhältnis von 500:1 herabgesetzt. Das Kapital wurde von offizieller Seite zunächst mit 2 Millionen Goldmark angegeben; die Abstempelungsfrist war der 25. April 1925. Für die Neubewertung und Festsetzung wurden 40 000 Namensaktien à 20 Goldmark und 60 000 Inhaberaktien à 20 Goldmark ausgegeben.

Der Vorstand betonte, die Goldsubstanz der Aktionäreinzahler sei kursmäßig nicht nur voll erhalten geblieben, sondern hätte sogar noch vermehrt werden können. Die *Deutsche Volksbank*, so hieß es, fasse es als «vornehmste Pflicht gegenüber der großen Zahl der Spargeld-Einzahler» auf, den Sparern die eingezahlte Goldsubstanz – über die gesetzlichen Bestimmungen weit hinausgehend – nach dem amtlichen Berliner Dollarmittelkurs voll aufzuwerten. Der Geschäftsbericht verkündete stolz: «Mit dieser Propaganda der Tat haben wir den geradesten Weg beschritten, der im deutschen Volk den erstickten Spartrieb wieder erwecken kann.»[142] Mit dieser Regelung, die vom Einzahlungstag an mit 100 Prozent des Einzahlungswerts berechnet wurde, sollten die Sparer, wie die Bank betonte, «vor den enteignenden Auswirkungen der Inflationszeit in Schutz» genommen werden.[143] Diese Bestimmungen betrafen in erster Linie die eigentlichen Spareinlagen, die nun mit 528 961 Reichsmark angegeben wurden.

Unter dieser großzügigen Regelung sollte das Bankinstitut allerdings noch lange leiden. Sicherlich fühlte sich die *Deutsche Volksbank* als christlich orientierte Gewerkschaftsbank in gewissem Maß verpflichtet, den Inflationsverlierern – und dies waren natürlich an erster Stelle die Sparer – einen adäquaten sozialen Ausgleich zu gewähren. Diese soziale Komponente aber, die bei den großen Privatbanken, die wirtschaftsopportunistisch operierten, nur schwach ausgeprägt war, bedeutete zugleich eine schwere Bürde. Die *Deutsche Volksbank* hatte letztlich, um ihre Klientel zufriedenzustellen und um ihre Sparkunden zu halten, eine «das übliche Aufwertungsniveau bei weitem überschreitende Aufwertung»[144] vorgenommen, die die eigenen Bilanzen in den folgenden Jahren schwer belastete. Ob auch andere Gründe für diese ökonomisch unvorsichtige Entscheidung ausschlaggebend gewesen sind, lässt sich aus heutiger Sicht kaum mehr sagen. Aus den Geschäftsakten lassen sich jedenfalls keine weiteren Motive herauslesen. Möglicherweise hat der Wunsch eine Rolle gespielt, gegenüber der starken Konkurrenz ein zinspolitisches Signal zu setzen. Zumindest zeitgenössisch ist vermutet worden, dass die *Deutsche Volksbank*, wie zahlreiche andere Aktiengesellschaften, ihr Aktienkapital vielleicht aus Prestigegründen zu hoch angesetzt hat.[145]

Die Dividendenpolitik ermöglicht einen Blick auf die wirtschaftlichen Unsicherheiten der Anfangsjahre der *Deutschen Volksbank*. Die Ausschüttungen spiegeln die Zeitumstände wider und waren durch Diskontinuitäten und Unkalkulierbarkeit gekennzeichnet. Im Gründungsjahr 1921 war noch keine Dividende gezahlt worden, aber gleich im ersten Geschäftsjahr wurden bereits üppige 30 Prozent ausgeschüttet. Seit dem Jahr der Hyperinflation 1923 blieben Dividenden aus. Erst 1927 wurde wieder eine 5 Prozent betragende Ausschüttung vorgenommen.

Die *Deutsche Volksbank* war zwar Ende 1925 immer noch eine kleine Bank, beschäftigte aber immerhin bereits etwa 100 Angestellte – die nebenamtlich in den rund 400 Geldannahmestellen arbeitenden Gewerkschaftsmitarbeiter nicht mitgezählt. Einen Einblick in die Geschäftslage der Bank nach der Währungsreform ermöglicht die Bilanz für das Geschäftsjahr 1924. Danach beliefen sich die Verbindlichkeiten (Kreditoren und Depositen, Akzepte und Schecks sowie der Reingewinn) auf 12,6 Millionen Reichsmark. Demgegenüber betrugen die liquiden Mittel (Kasse, Sorten, Kupons, Guthaben bei Notenbanken, Wechsel, Guthaben bei in- und ausländischen Banken, beleihbare und börsengängige Effekten) 40 Millionen Reichsmark. Die liquiden Mittel blieben hinter den Verbindlichkeiten um 8,5 Millionen Reichsmark zurück. Die Deckung betrug somit nur 32,08 Prozent der Verbindlichkeiten. Bar gedeckt waren 4,21 Prozent; 27,32 Prozent der gesamten Aktiva waren liquide angelegt. Der Gewinn aus Zinsen, Provisionen, Effekten, Sorten und Devisen wurde mit 1,1 Millionen Reichsmark angegeben.[146]

Seit 1925 fungierten Heinrich Strunk und Otto Suckau als Direktoren der *Deutschen Volksbank*. Wie bei ihren Vorgängern war hinter vorgehaltener Hand zu hören, dass die beiden Männer an der Spitze nicht immer in der Lage waren, das Institut in schwierigen Zeiten angemessen zu führen. Vor allem auf Otto Suckau konzentrierte sich seinerzeit die Kritik. Dieser hatte sich ursprünglich als Wirtschaftsprüfer betätigt und war mit den Theorien des Bankwesens und Bilanzprüfungen vertraut, was jedoch noch nicht unbedingt eine Befähigung zum erfolgreichen Bankdirektor bedeuten musste. Mit Suckau habe man «den Bock zum Gärtner» gemacht, lautete später der sarkastische Kommentar eines kritischen Mitarbeiters. Suckau galt als «unordentlich und fahrig» und sei zudem durch «schlampige Arbeitsweise» aufgefallen. Im Geschäftsverkehr seien Briefe oft nur «mit mehrwöchiger Verspätung» beantwortet worden. Mit anderen Worten: Suckau sei mit der schwierigen Arbeit überfordert gewesen.[147] Ob diese ausgesprochen negative Beurteilung zutreffend ist, lässt sich angesichts der unzureichenden Quellenüberlieferung kaum abschließend beurteilen.

Zum Spezifikum des Vorstands der *Deutschen Volksbank* gehörte es, dass ihm ein Bankexperte und eine Persönlichkeit der christlichen Gewerkschaften angehörte. Daher wurde Otto Suckau von Gewerkschaftsseite Heinrich Strunk vom *Verband christlicher Metallarbeiter* zur Seite gestellt. Strunk, ehemaliger Krupp-Arbeiter und einer der politischen Köpfe der christlichen Arbeiterbewegung, hatte sich bereits als Essener Stadtverordneter des Zentrums einen Namen gemacht. Viele Jahre hatte er vor dem Ersten Weltkrieg das Amt des Leiters des Kartells der christlichen Gewerkschaften und des *Christlichen Metallarbeiterverbands* bekleidet und sich in dieser Zeit akademisch weitergebildet. Vor der Übernahme des Postens bei der *Deutschen Volksbank* war er einige Jahre Vorstandsmitglied des Konsumvereins «Wohlfahrt» gewesen.[148] Er tat sich schwer, das Direktorenamt überhaupt zu übernehmen, weil ihm das Metier des Bankwesens weitgehend unbekannt und er selbst der Ansicht war, kein Fachmann zu sein. Strunk, der nach 1945 in der CDU eine wichtige Rolle spielen sollte, galt bei den Bankmitarbeitern zwar als «unbestechlicher Charakter»;[149] die mangelnde Expertise aber konnte er dadurch nicht wirklich kompensieren. Allerdings war es nicht untypisch, dass die Gewerkschaftsbanken bei ihrer Suche nach Spitzenpersonal Mitarbeiter aus den eigenen Reihen bevorzugten. Im Beamtenbankwesen der 1920er-Jahre stellte dies einen Webfehler im System dar. Zugleich war es eine

Unzulänglichkeit der beaufsichtigenden Gewerkschaftsführung, dass keine Bankfachleute mit den Geschäften betraut wurden, «sondern Kräfte aus dem eigenen Berufskreis, [...] die sich letzten Endes ihrer Aufgabe doch nicht gewachsen zeigten».[150]

In jenen Jahren fand eine zunehmende Professionalisierung des Bankwesens statt. Vergleicht man jedoch die neuen Wege der Informationsbeschaffung, die Etablierung von Kontakten zwischen Bank und Industrie sowie die Schaffung einer «Corporate Identity», die für etablierte Banken wie die *Deutsche Bank*, die *Disconto-Gesellschaft*, die *Berliner Handels-Gesellschaft* oder das *Bankhaus Gebr. Bethmann* gelten mochten,[151] so gewinnt man den Eindruck, dass die *Deutsche Volksbank* als «neue» Einrichtung in den ersten Jahren ihrer Existenz noch kaum in der Lage war, hinreichend von diesen Tendenzen zu profitieren. Alle diese Einrichtungen, die ein großes Haus nutzen konnte, waren bei der jungen, eher auf ein Nischensegment ausgerichteten Bank nur rudimentär vorhanden. Weder gab es ein umfassendes Direktionsbüro nebst Sekretariat, noch verfügte man über eine Korrespondenzabteilung oder gar über eine Auskunftei. Buchhaltung, Revision und Expedition wurden ebenfalls notgedrungen im kleinen Rahmen betrieben. Allerdings färbte die grundsätzliche Professionalisierung im Bankgewerbe auf den gesellschaftlichen Status der Beschäftigten ab. Die Bankangestellten traten zunehmend selbstbewusst auf und betonten ihre Sonderstellung, was sich in ihren Gehaltsforderungen niederschlug.[152]

Über den Arbeitsalltag in jenen frühen Jahren der Bank ist vergleichsweise wenig bekannt. Dennoch lässt sich konstatieren, dass das Institut nicht mit den Großbanken jener Zeit zu vergleichen ist, die auf eine angemessene Repräsentation großen Wert legten. In den beengten Räumen der Essener Zentrale gab es nicht einmal eine Sitzgelegenheit für den ersten – und lange Zeit einzigen – Lehrling der Bank. Ihm wurden alle niederen Arbeiten aufgebürdet: Botengänge, die Kopiermaschine betätigen, Geld zählen, in Schönschrift Effekten-Abrechnungen erstellen und das Sortieren der in der herrschenden Inflation herausgegebenen Papiergelder von Behörden, Gemeinden und Firmen. Als schließlich neue Lehrlinge eingestellt wurden, mussten diese nach dem offiziellen Dienstschluss häufig noch den Post-, Adress- oder Frankierdienst übernehmen.

Zur Fortbildung der Lehrlinge und Angestellten dienten in den 1920er-Jahren die «Akademischen Kurse» der Stadt Essen, die auf freiwilliger Basis und auf eigene Kosten abends ab 20 Uhr in verschiedenen Schulen der Innenstadt stattfanden. Ob diese Kurse – unter anderem in Buchführung und Englisch – tatsächlich praxisrelevant waren, lässt sich heute kaum noch feststellen. Zweifellos trugen sie jedoch zur Allgemeinbildung der «Bankbeamten» bei.

Die Erfassung und Verbuchung der Geschäftsumsätze erlebte trotz aller bescheidenen Anfänge der *Deutschen Volksbank* noch in den 1920er-Jahren eine Professionalisierung und Rationalisierung. In den Gründungsjahren der Bank wurden die Konten handschriftlich in großen umfangreichen Kontokorrent-Büchern geführt. Diese konnten durch Aufschrauben des Buchrückens um zusätzliche Kontenblätter erweitert werden. In alphabetischer Folge wurde für jeden Kunden ein Kontoblatt geführt. Die Soll- und Haben-Umsätze eines Kunden wurden täglich für jeden Geschäftszweig einzeln in Kladden erfasst. Es gab je eine Kladde für Ein- und Auszahlungen in bar, für Postscheck- und Reichsbank-Ein- und Ausgänge sowie für Effekten- und Devisengeschäfte. Für Buchungen sonstiger Art diente eine «Übertrags-Kladde», unterteilt nach Soll- und Habenseiten, worin für alle Hauptbuchkonten bestimmte Spalten vorgesehen waren. Ein Wertpapierkauf beispielsweise wurde für jeden Kontokorrentkunden auf dem Effektenkonto mit dem entsprechenden Buchungstext gebucht. Um diese Kladden rissen sich jeden Morgen die Buchhalter, um die für ihren Kundenkreis bestimmten Posten in die Kontenbücher zu übertragen. Am Nachmittag wurden alle übernommenen Eintragungen mit den Aufzeichnungen des Gegenkontenführers abgestimmt. Der Kunde erhielt nur zweimal im Jahr einen handgeschriebenen Kontenauszug mit Zinsstaffel. Das Staffeln nahm dabei besonders viel Zeit in Anspruch.

Die vor allem in der zweiten Hälfte der 1920er-Jahre zunehmenden Geschäftsumsätze und steigenden Buchungen in Verbindung mit angestrebten Verbesserungen im Buchungsverfahren durch Erteilung von Tagesauszügen konnten schließlich nur durch eine maschinelle anstelle der handschriftlichen Methode bewerkstelligt werden. In jenen Jahren wurden zahlreiche neu entwickelte Rechen- und Buchungsmaschinen auf den Markt gebracht und technologisch fortlaufend verbessert. Bei der *Deutschen Volksbank* kamen in den späten 1920er-Jahren Buchungsmaschinen der Marke «Mercedes-Addelektra» aus den Mercedes-Werken im sächsischen Zella-Mehlis zum Einsatz. Sie waren im Prinzip wie eine große Schreibmaschine konstruiert und konnten deshalb für das Verfassen des Buchungstextes eingesetzt werden.[153] Auf dem breiten Wagen konnte eine Reihe von Zählwerken für den Saldenvortrag sowie die Soll- und Haben-Umsätze aufgesetzt werden. Beim Buchungsvorgang wurde in die Maschine zunächst ein Journalbogen eingeführt und dann in alphabetischer Folge die am jeweiligen Tag bewegten Kontokarten mit einem Tagesauszug eingetragen.

Ein grundlegender Unterschied gegenüber dem handschriftlichen Buchungsverfahren bestand darin, dass jetzt nicht mehr die aus den Buchungsbelegen zusammengestellten Kladden die Buchungsunterlage für die Übernahme der Umsätze auf die Konten bildeten. Als Buchungsgrundlage dienten jetzt vielmehr die Originalbelege, die ohnehin für alle Buchungsvorgänge erstellt werden mussten. Beispielsweise wurden die Kassenposten nach Ein- und Auszahlungen getrennt auf je einer Strazze, also einer Kladde für die Buchführung, zusammengestellt. Eine solche Strazze bildete dann die Gegenbuchung für die zahlreichen Einzelposten. Alle angefangenen Buchungsbelege wurden bis zum Buchungsschluss am Mittag in einem nach dem Alphabet aufgeteilten Kasten sortiert und den Kontoführern übergeben, die dann die jeweilige Kontokarte zogen und zur maschinellen Verbuchung weiterleiteten. Nach der Verbuchung erhielten die Kontenführer das Buchungsmaterial zurück und unterzogen Saldovortrag, Buchungstext, Wertstellung und Umsatz der wichtigen Nachkontrolle. Stimmten Soll- und Haben-Umsätze, die auf dem Journalbogen durchgeschrieben und nach Hauptbuchkonten zusammengestellt waren, überein, war der Tagesumsatz abgeschlossen. Im anderen Falle musste so lange durch nochmaliges Abhaken der Belege gesucht werden, bis die Übereinstimmung erzielt war. Die technologischen Fortschritte auf dem Gebiet der Rechen- und Buchungsmaschinen entlasteten das Tagesgeschäft der Bankbeamten, die täglich rund 800 Buchungsvorgänge zu bearbeiten hatten.

Während die Buchungsvorgänge also bereits synchronisiert wurden, musste an anderer Stelle noch kräftig improvisiert werden. Besonders abenteuerlich gestaltete sich beispielsweise der tägliche Geldtransport von und zur Reichsbankstelle. In der Anfangszeit wurde das Geld noch mittels eines zweirädrigen Handkarrens über das Essener Kopfsteinpflaster transportiert. Dieser war aus Sicherheitsgründen aus Eisen konstruiert und ließ sich nur mühsam fortbewegen. Ein Auto besaß die Bank in den ersten Jahren noch nicht. Das in der Mitte der 1920er-Jahre erworbene Luxusgefährt der Marke *Maybach*, zu allem Überfluss noch als Cabriolet, war eher zufällig in den Besitz der Bank gekommen. Die *Deutsche Volksbank* hatte das Auto, das «wegen seines repräsentativen Aussehens großes Interesse» fand, aus einer Konkursmasse übernommen.[154]

Die Absicht der *Deutschen Volksbank*, über eigene und nahestehende Versicherungsunternehmen (z. B. *Deutscher Ring* Hamburg, *Deutscher Versicherungs-Konzern* Berlin), über Konsumgenossenschaften (z. B. *Einkaufszentrale Gepag* Köln) oder über Bauproduktiv- und Wohnungsgenossenschaften Einfluss auf die Wirtschaft zu gewinnen und mit einer eigenen

Verwaltungsbank zu ergänzen, gelang wegen der Wirtschaftskrise nicht. Der von den christlichen Gewerkschaften gegründete *Reichsverband Deutscher Bauproduktivgenossenschaften e. V.* und die *Gesellschaft zur Förderung von Bauproduktivgenossenschaften mbH* arbeiteten mit dem Institut Hand in Hand. Auf dem Papier sahen diese Einrichtungen durchaus imponierend aus. Ende 1924 gab es bereits 32 Bauhütten, die dem *Reichsverband* angeschlossen waren. Diese beschäftigten Tausende von Mitarbeitern und erstellten im Jahresdurchschnitt 987 Wohnungen.[155] In diesem Zusammenhang nahmen das Revier und die Stadt Essen eine Schlüsselstellung ein. An der Ruhr ging beim Wohnungsbau die Initiative nach der Jahrhundertwende von den Arbeitgebern der Montanindustrie immer stärker auf die gemeinnützigen und genossenschaftlich organisierten Wohnungsunternehmen über. Letztere wurden zunächst oftmals von Krupp-Beschäftigten gegründet und vom Unternehmen mit teils zinslosen Darlehen gefördert. Später folgten andere Berufsgruppen. So schlossen sich 1899 im *Bau- und Sparverein «Eintracht»* Beamte und Arbeiter der Reichs-, Staats- und Kommunalbehörden zusammen. Vor allem Eisenbahner waren hier vertreten.[156] Die Stadt unterstützte die Genossenschaften, indem sie im Rahmen der kommunalen Bodenwirtschaft Bauland zur Verfügung stellte und bei der Finanzierung behilflich war. Durch diese Anreize wurden zwischen 1900 und 1936 in Essen mehr als 100 Baugenossenschaften gegründet – die ganz überwiegende Mehrheit davon, nämlich 90, erst nach dem Ende des Ersten Weltkriegs.[157]

Um in dieses Segment einzusteigen, unterhielt die *Deutsche Volksbank* enge Geschäftsbeziehungen zur 1918 als politisch neutral von allen Angestellten-Gewerkschaften mitgetragenen und in Berlin gegründeten *Gemeinnützigen Aktien-Gesellschaft für Angestellten-Heimstätten* (GAGFAH), deren Zweigniederlassung für Westdeutschland sich ebenfalls in Essen befand. Die Baugesellschaften erwiesen sich in jenen Jahren als «Pioniere eines verbesserten Wohnungsbaus in Essen».[158] Die geschlossenen Mietshausviertel, die Großwohnungsgebiete und die Kleinhaussiedlungen in den südlichen Stadtvierteln waren für ihre Zeit vorbildhaft. Der genossenschaftliche Wohnungsbau, der zu großen Teilen durch die *Deutsche Volksbank* mitfinanziert wurde, trug auf diese Weise wesentlich zur Verdichtung des inneren Siedlungsrings von Essen-West bis Huttrop/Frillendorf bei, letztlich auch zur Bebauung des äußeren Siedlungsgürtels von Haarzopf bis Stadtwald.[159] Im Norden der Stadt wurde seit 1920 die durch die Bergbauunternehmen initiierte Wohnungsbautätigkeit durch die *Treuhandstelle für Bergmannswohnstätten im rheinisch-westfälischen Steinkohlenbezirk GmbH* organisiert, mit der die *Deutsche Volksbank* ebenfalls geschäftliche Verbindungen pflegte. Das Ziel der Treuhandstelle war der Siedlungsbau in Flachbauweise mit hohen Eigenheimanteilen.[160] Wie zentral diese genossenschaftlichen Aufgaben für die Bank waren, zeigt sich daran, dass die Verbindungen sogar die Brüche der Jahre 1933 und 1945 überlebten, wenn man etwa an die Konten beispielsweise der GAGFAH und der *Treuhandstelle für Bergmannswohnstätten* denkt – oder an diejenigen der Konsumgenossenschaft und der *Allgemeinen Ortskrankenkasse.*

Andere Vorhaben der *Deutschen Volksbank* waren hingegen weniger zukunftsträchtig. Manche der Unternehmen, an deren Gründung sich die Bank in den 1920er-Jahren beteiligt hatte, waren zwar «mit klingenden Namen versehen», galten aber schon zeitgenössisch als «ziemlich unbedeutend». Die meisten von ihnen hatten ihren Sitz in Essen bzw. im Ruhrgebiet: die *Deutsche Holzwerke AG*, die *Deutsche Papierhandels AG*, die *Westfälische Wasserkraftwerke AG* sowie die *Märkische Bergbau AG.*[161] Als problematisch erwies sich, dass manche dieser der *Deutschen Volksbank* nahestehenden Einrichtungen nicht immer Geschäftsführungen besaßen, die «den wirtschaftlichen Verhältnissen und Anforderungen» gewachsen waren. Sie erwarteten aber dennoch von der Bank «besondere Unterstützung und Nachsicht»,[162] die diese unter rein wirtschaftlichen Gesichtspunkten kaum gewähren konnte. Die *Deutsche Volksbank* konnte und wollte – jedenfalls in der Regel – Kredite nicht ohne die notwendigen Sicherheiten gewähren.

Auch zwei in Berlin ansässige Versicherungsgesellschaften der christlichen Gewerkschaften beteiligten sich an der neuen Bank: die mit einem Aktienkapital von 1,7 Millionen Reichsmark eingetragene *Gemeinnützige Deutsche Lebensversicherung AG* und die für den Abschluss von Feuer-, Einbruchdiebstahl-, Unfall- und Haftpflichtversicherungen zuständige *Deutsche Feuerversicherungs-AG* mit einem Aktienkapital von 3 Millionen Reichsmark. Allein die *Gemeinnützige Deutsche Lebensversicherung AG* hatte Ende 1927 einen Versicherungsbestand von über 129 Millionen Reichsmark; die *Deutsche Feuerversicherung AG* verzeichnete im Jahr 1925 eine Prämieneinnahme von rund 1,3 Millionen Reichsmark.[163]

Blickt man auf das Geschäftsgebaren der *Deutschen Volksbank*, wird man feststellen können, dass sich ihre Methoden kaum von jenen der herkömmlichen Privatbanken unterschieden. Die *Deutsche Volksbank* operierte auf der Basis einer freien Wirtschaftsordnung, die behutsam weiterentwickelt, aber nicht revolutionär überwunden werden sollte. Als Organisationsform diente – dies war bei Arbeitnehmerbanken die Regel – die Aktiengesellschaft. Dahinter stand die Überlegung, dass auf diese Weise ein unabhängiges und auf das Kaufmännische orientiertes Wirtschaften am effektivsten möglich sein werde. Trotz aller inhaltlichen und personellen Verbindungen zu den christlichen Gewerkschaften und ihren Verbänden sollten mögliche finanzielle Krisen der Gewerkschaften – etwa durch Mitgliederschwund – durch eine organisatorische Entkopplung nicht auf die *Deutsche Volksbank* durchschlagen.[164]

Politische Querelen über den Kurs der christlichen Gewerkschaften

Ruhrkrise, Inflation und Währungsreform führten zu mächtigen politischen Verwerfungen bei den christlichen Gewerkschaften sowie zu heftigen internen Machtkämpfen zwischen den politischen Köpfen der Bewegung, die gleichzeitig die Protagonisten der *Deutschen Volksbank* waren. Stegerwalds langfristiges Ziel war die Schaffung einer umfassenden christlichen Standesbewegung.[165] Er kritisierte das «internationale Börsenjobbertum» und betonte die parteipolitische Neutralität des *DGB*. Über die Unternehmer im Allgemeinen und den wirtschaftspolitischen Kurs der bürgerlichen Parteien zeigte er sich enttäuscht. Aber sein Votum ging unbeirrt in die Richtung einer Festigung des bürgerlichen Lagers und der Einhegung der Sozialdemokratie.[166] Unter Berufung auf das *Essener Programm* machte er deutlich, «daß die Bewegung mehr als eine lose wirtschaftliche Interessenvertretung»[167] sei und sich nicht aus den politischen Geschehnissen heraushalten könne. Er formulierte es wie folgt:

> «Jeder Schritt vorwärts in der Erhöhung des Reallohnes, in der Verbesserung der allgemeinen und beruflichen Ausbildung, in der Verkürzung der betrieblichen Arbeitszeit, in der Sicherung vor Arbeitslosigkeit, in der Demokratisierung der Produktion, – Verteilung und Konsum, – in der Gewinnung von Sparvermögen und Eigenheimen, in der Anteilnahme am deutschen Kulturgut, bedeutet ein Stück der Aufhebung des Proletarierseins, bedeutet ein Stück Verbürgerlichung.» Letztlich wolle «die Arbeiterschaft […] Bürgertum werden».[168]

Dieser Kurs war freilich angesichts zurückgehender Mitgliederzahlen in seiner eigenen Bewegung umstritten. Dem selbstbewussten Stegerwald wurde vorgeworfen, seine Projekte zu rücksichtslos voranzutreiben, in seiner Person zu viel gewerkschaftliche Macht zu bündeln und zu viel Energie auf die Abwehr der Sozialdemokratie zu verschwenden.[169] Vor allem Heinrich Imbusch übte starke Kritik an Stegerwald. Er warf diesem Ämterkumulation vor und plädierte zudem für eine gemeinsame Front mit den Sozialdemokraten. Imbusch ging es um die praktische Gewerkschaftsarbeit; dabei griff er immer wieder klassenkämpferische Töne auf. Er schreckte vor Verstaatlichungsideen nicht zurück und warf Stegerwald vor, dass dessen Handeln lediglich auf egoistischen Erwägungen beruhe, er seine Tätigkeit nachgerade als «politisches Sprungtuch» benutze. Die christlichen Gewerkschaften seien aber primär eine Interessenvertretung der Arbeiter. Imbusch plädierte daher auf dem politischen Feld für eine «wesentliche Arbeitsbeschränkung».[170] Bei anderer Gelegenheit ließ er seinen Unmut darüber erkennen, dass die Arbeiter vom politischen Katholizismus offensichtlich «nur zum Beifallklatschen» beziehungsweise als «einflusslose willenlose Heloten»[171] benutzt würden.

Eine Kölner Tagung der christlichen Gewerkschaften im Oktober 1924, die einen Meinungsaustausch ermöglichen sollte, stand daher ganz im Zeichen des Gegensatzes zwischen Imbusch und Stegerwald, ohne dass es zu einer Durchschlagung des gordischen Knotens gekommen wäre. Stegerwald sah sich einer weiter wachsenden Opposition gegenüber, zu der neben Imbusch aus dem Aufsichtsrat der *Deutschen Volksbank* Heinrich Fahrenbrach sowie weitere wichtige Gewerkschaftsfunktionäre wie Johannes Giesberts, Heinrich Kurtscheid und Joseph Joos gehörten. Wie stark die gegnerische Linie geworden war, ließ sich daran erkennen, dass selbst Reichskanzler Luther Nachforschungen über das Ansehen Stegerwalds im christlich-nationalen Arbeitnehmerlager anstellen ließ.[172]

Querelen um die Beamtenbesoldungsreform im Jahr 1927 und ein schlechtes Abschneiden bei der Reichstagswahl 1928 verstärkten die Krise im Zentrum und bei den christlichen Gewerkschaften. Als bei den Wahlen zum Zentrumsvorsitz im Dezember 1928 Stegerwalds Gegenkandidat, Prälat Ludwig Kaas, die Mehrheit erhielt, kam dies Stegerwalds «schwerster politischer Niederlage» gleich.[173] Die folgende «Klerikalisierung» des Zentrums schwächte den Gewerkschaftsflügel der Partei erheblich. Für Stegerwald war es nur ein schwacher Trost, im Januar 1929 den Vorsitz der Zentrumsfraktion im Reichstag zu erhalten. Er übernahm im Kabinett Hermann Müller (SPD) das Reichsverkehrsministerium – ein Amt, das ihn jedoch nicht ausfüllte und wenig Handlungsmöglichkeiten bot. Heinrich Imbusch hingegen, Mitstreiter, Rivale und Vorsitzender des *Christlichen Bergarbeiterverbandes*, übernahm den Vorsitz des *DGB*.

Die christlichen Gewerkschaften gingen letztlich, was ihren parteipolitischen Einfluss anging, denkbar schlecht gerüstet in die Weltwirtschaftskrise.[174] Nach dem Ende des Kabinetts Müller wurde Stegerwald im März

Adam Stegerwald, stehend als vierter von links, als Reichsarbeitsminister nach der ersten Kabinettssitzung der Regierung von Heinrich Brüning 1930.

1930 in das Kabinett von Reichskanzler Heinrich Brüning übernommen, dieses Mal in das mehr Handlungsspielraum versprechende Reichsarbeitsministerium. Obwohl Brüning ein führender christlich-nationaler Gewerkschaftsfunktionär war, nützte dies wenig. Stegerwalds Ressort erwies sich in der Weltwirtschafts- und Staatskrise als das «schwierigste aller Ministerien»,[175] insofern er sich mit undankbaren Kürzungsaufgaben konfrontiert sah, die das Zentrum und die christlichen Gewerkschaften weitere Wähler kosteten und seinen Stern weiter sinken ließen.

Den christlichen Gewerkschaften fiel es nicht leicht, fortwährend Loyalität gegenüber Brünings unpopulärer Notverordnungspolitik zu üben. Dennoch sah man sich zum Stillhalten genötigt, weil man der eigenen Regierung «nicht noch mehr Schwierigkeiten» bereiten wollte.[176] Bernhard Otte, stellvertretender Aufsichtsratsvorsitzender der *Deutschen Volksbank*, zeigte ein Höchstmaß an Disziplin, wenn er im Sommer 1931 wenigstens die «außergewöhnlichen Schwierigkeiten» anerkannte, mit denen Stegerwald und Brüning zu kämpfen hatten.[177] Wie schwer die Regierungspolitik das Verhältnis zwischen Regierung und den christlichen Gewerkschaften belastete, zeigte sich im Herbst 1931, als Stegerwald weiteren Lohnkürzungen für die Arbeiter zustimmte. An der Senkung der Arbeiterlöhne führte seiner Meinung nach kein Weg vorbei. Die Lohnforderungen der Bergarbeiter zu erfüllen, hätte seiner Einschätzung nach mit Blick auf die gesamtwirtschaftliche Situation Deutschlands eine Regierungskrise heraufbeschworen und letztlich die «Übergabe der politischen Macht an Hitler und Hugenberg» bedeutet.[178]

Aus den Kinderschuhen herausgewachsen? Die *Deutsche Volksbank* in der zweiten Hälfte der 1920er-Jahre

Die finanzielle Lage der *Deutschen Volksbank* blieb trotz aller Aufschwungstendenzen schwierig. Die Ergebnisse waren bislang weit hinter den optimistischen Prognosen ihres Aufsichtsratsvorsitzenden Stegerwald zurückgeblieben.[179] Die Wirtschaftskrise hatte zu massiven Rückgängen bei den Mitgliederzahlen und den Beiträgen der Gewerkschaften geführt. Weil deren «Kriegskassen» mittlerweile leer waren, konnten bisweilen von den eingehenden Beiträgen nur noch die Portokosten beglichen werden. Um das Organisationsvermögen zu retten, wurden geradezu verzweifelt sichere Anlagemöglichkeiten gesucht. Heinrich Imbusch berichtete, dass er in jener Zeit fast ausschließlich mit der Lektüre von Börsenblättern und des Handbuchs der Aktiengesellschaften beschäftigt gewesen sei, um das Gewerkschaftsgeld zu retten.[180] Auf der Hauptversammlung der *Deutschen Volksbank* am 23. Juni 1924 konnte die Lage nicht mehr beschönigt werden. Die Nerven lagen blank.

Stegerwald übte in jenen Monaten heftige Kritik an der Direktion der *Deutschen Volksbank.* Er beklagte sich am 23. September 1925 bei Imbusch, dass «in Berlin größtenteils bei den Reichsstellen und unter überreichlicher Hervorkehrung der Tatsache, daß ich Vorsitzender des Aufsichtsrates sei, über 3 Millionen Mark Reichsgelder herausgeholt werden und mit diesen Geldern dann in Essen geradezu geaast wird». Der Aufsichtsrat sei in den letzten Jahren «unoffen behandelt, ja geradezu schmählich belogen» worden. Stegerwald fuhr schwere Geschütze auf: Die Herren aus Essen hätten den Weg nach Berlin nur gefunden, «wenn sie in Geldschwierigkeiten waren und mein Name für Kredite mißbraucht werden sollte». Stegerwald regte im Eifer des Gefechts sogar an, die *Deutsche Volksbank* zu einer Genossenschaftsbank umzuformen. Falls dies nicht geschehe, so drohte er an, müsse der Sitz der Bank nach Berlin zurückverlegt werden. Außerdem solle ein «tüchtiger Gewerkschaftler zum Vorstandsmitglied der Bank bestellt werden, ohne dessen

Zustimmung keinerlei Kreditgeschäfte gemacht werden dürfen». Sein Unmut, aber auch sein Misstrauen passten durchaus ins allgemeine Bild. Heute ist bekannt, dass es den damaligen Vorständen nicht schwerfiel, bei «entsprechender krimineller Energie (...) ihre Aufsichtsräte hinters Licht zu führen».[181]

Imbusch, der bekanntlich mit Stegerwald politisch nicht harmonierte, lehnte die von diesem geforderte Zurückverlegung der Hauptgeschäftsstelle von Essen nach Berlin ab. Damit wäre die Bank gleichsam automatisch noch stärker als zuvor «in den Stegerwaldschen Machtbereich» gerückt.[182] Er befürwortete zwar eine stärkere Kontrolle der Führung der *Deutschen Volksbank*, befürchtete aber angesichts der massiven Kritik Stegerwalds eine Instrumentalisierung der *Deutschen Volksbank* durch seinen unbequem-ambitionierten Mitstreiter. Die Querelen um die Direktion, aber auch der Machtkampf und die Differenzen zwischen den Verbänden in Westdeutschland und der Gewerkschaftsspitze in Berlin zermürbten Stegerwald in einem Maße, dass er im September 1925 sogar anbot, seinen Aufsichtsratsvorsitz an Imbusch abzugeben.[183] Es ist nicht bekannt, warum er schließlich von diesem Vorhaben Abstand nahm, allerdings ist es gut möglich, dass Imbusch zu diesem Zeitpunkt die Nachfolge Stegerwalds gar nicht erst antreten wollte.

Die Bank musste Ende 1926 erstmals saniert werden. Verantwortlich war die bereits erwähnte hundertprozentige Aufwertung der Sparguthaben, die sich kaum verkraften ließ. Die *Deutsche Volksbank* hatte durch Beteiligungsgeschäfte hohe Verluste erlitten, besonders bei den Versicherungsgesellschaften, an denen sie beteiligt war. Auf erhebliche Schwierigkeiten und Verluste im Kontokorrentgeschäft wiederum deutet hin, dass trotz der ausgewiesenen Reingewinne seit der Währungsumstellung keine Dividende mehr gezahlt worden war. Als ominöses Zeichen musste zudem der Beschluss von 1926 gelten, im folgenden Jahr das Niederlassungsgeschäft durch die Schließung der Filiale Hamburg einzuschränken. Der bislang vergleichsweise selbstständigen Geschäftspolitik der anderen Filialen wurde ein Riegel vorgeschoben. Die *Deutsche Volksbank* wurde dadurch mehr als zuvor «streng zentralistisch» vom Haupthaus in Essen geführt.[184]

Dies reichte aber nicht aus, denn auf der am 22. Dezember 1926 stattfindenden Hauptversammlung wurde die Herabsetzung des Kapitals von 2 Millionen Reichsmark auf 500 000 Reichsmark beschlossen. Zugleich wurde eine sofortige Wiedererhöhung um 1,5 Millionen Reichsmark auf den bisherigen Betrag von 2 Millionen Reichsmark vereinbart, die durch die Ausgabe von Namensaktien erfolgte.[185] Allein der *Gewerkverein der christlichen Bergarbeiter* steuerte 300 000 Reichsmark bei und war dadurch mit über 25 Prozent am Aktienkapital beteiligt. Noch größer war das Engagement des *DHV*,[186] der sich mit weiteren 450 000 Reichsmark am Gesamtkapital beteiligte.

Diese Investitionen trugen nun zunächst zu einer gewissen Stabilisierung der Bank bei, doch mit der Eintrübung der Konjunktur machten sich schon bald strukturelle Probleme bemerkbar. Bereits vor Beginn der 1929 einsetzenden Weltwirtschaftskrise häuften sich Konkurse und Vergleichsverfahren. Die einseitige Debitorenstruktur, die fast ausschließliche Ausrichtung auf die christlichen Gewerkschaften und Verbände, erwies sich als gravierendes strukturelles Problem. Alle europäischen und amerikanischen Arbeitnehmerbanken jener Periode kennzeichnete eine gewisse Einseitigkeit des Passivgeschäfts. In der Konzentration auf die Gewerkschaften als Hauptgeldgeber und -einleger und in deren engen Verbindungen zu den angeschlossenen Verbänden lag eine «besondere Schwäche und Gefahr», nicht zuletzt für die Liquidität.[187] Die Gelder der christlichen Gewerkschaften waren notgedrungen kurzfristig angelegt, weil sie jederzeit für gewerkschaftliche Notfälle und die «Kriegskassen» zur Verfügung stehen sollten. In Zeiten der Konjunktur waren die Arbeitnehmerbanken zwar besonders liquide, aber in wirtschaftlichen Krisenzeiten waren die deponierten Gelder stärker durch Abzug bedroht als etwa Gelder der Privatbanken. So nahm man damals an, dass die Liquidität der *Deutschen Volksbank* für ein Worst-Case-Szenario – die Zahlungsfähigkeit an ihrem schlechtesten normalen Ausweistag – etwa 80 Prozent betragen müsse. Da diese Quote nur selten erreicht wurde, war im Fall eines *run* auf die Konten die Liquidität der *Deutschen Volksbank* unter diesen Bedingungen nicht gewährleistet.[188]

In wirtschaftlich unsicheren Zeiten bestand immer die Gefahr, dass Kunden ihr Erspartes *en masse* abhoben – mit potenziell dramatischen Auswirkungen. Als Gewerkschaftsbank war die *Deutsche Volksbank* gezwungen, stets eine hohe Liquidität zu halten. Sie nahm daher auf dem Geldmarkt «grundsätzlich eine Nettokapitalgeberposition» ein.[189] Hierbei hatte sie allerdings einen weiteren Nachteil gegenüber den privaten Großbanken. Diese konnten nämlich neben den üblichen liquiden Anlagen wie Bankguthaben und börsengängigen Wertpapieren darüber hinaus auf gute Handelswechsel diskontieren, diese in ihre Portefeuilles nehmen und bei größeren Zahlungsnotwendigkeiten ihrerseits wieder bei der Reichsbank diskontieren. Ohne entsprechendes Aktivgeschäft war es jedoch, um liquide zu sein, notwendig, auf den privaten Geldmarkt zurückzugreifen, wodurch sich auch die großen Nostroguthaben erklärten, die die *Deutsche Volksbank* bei den Privatbanken unterhielt.

Mitte der 1920er-Jahre war die Liquidität zeitweise noch recht zufriedenstellend. Ein beträchtlicher Teil der Gelder war in Wechseln, Bankguthaben und in leicht und risikolos zu realisierenden Wertpapieren angelegt. Zeitgenössische Liquiditätsberechnungen ergaben für kurzfristige Verbindlichkeiten für das Jahr 1927 den recht guten Wert von 121,3 Prozent. Die Notwendigkeit einer besonders hohen Liquidität galt natürlich schon seinerzeit als wichtige Voraussetzung für Krisenstabilität. Die *Deutsche Volksbank*, so lautete das Lob eines unabhängigen wissenschaftlichen Experten, habe dies «erkannt und unter Hintanstellung aller ideologischer Hemmungen [...] weitestgehend in die Tat umgesetzt»[190] – eine sicherlich richtige Beurteilung, die freilich in einer Phase der wirtschaftlichen Stabilität getroffen wurde.

Die Werbeschriften der *Deutschen Volksbank* betonten die Sicherheit der ihr anvertrauten Gelder, die ja letztlich die Spargelder der «kleinen Leute» waren. In ihrem Geschäftsbericht für das Jahr 1927 hieß es: «Dem Charakter unserer Bank entsprechend, haben wir auf weitere Liquidität geachtet und werden auch für die Folgezeit bei Geldanlagen dieser Frage besondere Aufmerksamkeit schenken, auch wenn dadurch mancherlei Wünsche auf Hergabe von Geschäftskrediten nicht entsprochen werden kann.»[191]

Die Spareinlagen der Bank hatten sich an und für sich positiv entwickelt. Sie hatten noch am Stichtag 31. Dezember 1923 598 717 Mark betragen und stiegen im folgenden Jahr auf 3,4 Millionen Reichsmark an. Während die Kunden im Jahr der Währungsumstellung wohl nur «in den seltensten Fällen»[192] hatten sparen können, änderte sich das Bild in der Folgezeit. Der Sparverkehr für kleinere Beträge wurde durch «Sparmarkenhefte» angeregt. Die Spargeldsammelstellen, bei denen Sparhefte mit Marken mit Beträgen von 50 Pfennig, 1, 3 und 5 Reichsmark geklebt werden konnten, waren ein Versuch, die gewerkschaftlichen Sparer unabhängiger von anderen Sparkassen und Großbanken und allgemein vom privaten Kreditmarkt zu machen.[193] Der Weg war zunächst durchaus erfolgreich. Die Spareinlagen erlebten in der Phase der relativen Stabilisierung einen Boom. 1925 betrugen sie schon 5,1 Millionen Reichsmark und stiegen bis 1927 weiter auf fast 9,5 Millionen Reichsmark.[194]

1928 waren es bereits 12 Millionen Reichsmark, 1929 14,7 Millionen Reichsmark und 1931 sogar 17,2 Millionen Reichsmark. Dieser Erfolg gründete nicht zuletzt auf dem beschriebenen Ausbau des Netzes von Annahmestellen. Das System wurde umfassend in der gesamten Gewerkschaftspresse, auf Versammlungen und durch spezielle Prospekte beworben. Allerdings hatte die Geschäftstätigkeit auf diesem Feld immer noch einen bescheidenen Umfang – vor allem dann, wenn man sie mit jenen anderer Bankinstitute vergleicht. Während die Spareinlagen bei der *Deutschen Volksbank* beispielsweise von Januar 1924 bis August 1925 von 3,4 Millionen Reichsmark auf 4,5 Millionen Reichsmark stiegen, vermehrten sich demgegenüber die Einlagen bei den Sparkassen im gleichen Zeitraum um das Doppelte, teilweise sogar um das Dreifache – und dies bei einem ohnehin erheblich höheren Einlagevolumen.[195] Selbst die Gewährung eines etwas über dem Üblichen liegenden Zinses änderte nichts an der relativen Erfolglosigkeit des Sparverkehrs der *Deutschen Volksbank*. Sie blieb in der Zeit der Erholung eher ein Instrument der Gewerkschaften als eine wirkliche «Volksbank». Daher sah sie in der Mitte der 1920er-Jahre vom ursprünglichen Plan ab, das Filialnetz weiter auszubauen.[196]

Schon wenige Jahre später stimmten die in verschiedenen Werbeschriften der *Deutschen Volksbank* gemachten Angaben nicht mehr mit der Realität überein. Ein langjähriger Hauptbuchhalter hat sich später an die «erheblichen Liquiditätsschwierigkeiten» erinnert, die er in dieser Zeit aus erster Hand erlebt hatte: In einem vergleichsweise unregulierten Bankenmarkt waren Bestimmungen über zu haltende Mindestreserven noch weitgehend unbekannt. Guthaben bei «Noten- und Abrechnungsbanken» – so nannte sich die entsprechende Bilanzposition – wurden, da sie unverzinst blieben, nur in geringer Höhe unterhalten. Tagesgeldaufnahmen bei anderen Banken waren unüblich. Als Rückgriffmöglichkeit bei Liquiditätsmangel und akutem Geldbedarf blieben lediglich die Kassenbestände sowie die Nostroguthaben bei anderen Banken. Alles in allem waren also die Möglichkeiten der *Deutschen Volksbank*, sich Rücklagen zu schaffen, stark beschnitten.[197] Hinzu kam, dass die christlichen Gewerkschaften die Bank immer wieder als unkomplizierten Finanzgeber in Anspruch nahmen. Selbst für Zwecke des Zentrums wurde sie herangezogen. Stegerwald, privat ein bescheidener und asketischer «Arbeiterführer» ohne jegliche Allüren, hatte als Vollblutpolitiker keine Hemmungen, die *Deutsche Volksbank* als Instrument des Zentrums zu nutzen. Im Frühjahr 1928 besorgte er der finanziell angeschlagenen Partei für Wahlkampfzwecke einen Kredit der *Deutschen Volksbank* über 100 000 Reichsmark[198] – eine fragwürdige Eigenmächtigkeit, weil die Bank, die streng nach wirtschaftlichen Grundsätzen hätte operieren müssen, durch die Nähe ihrer Gremien zur Politik ihre Entscheidungen kaum wirklich neutral fällen konnte. Bern Meyer, der Direktor der größten deutschen freigewerkschaftlichen Arbeitnehmerbank, der im Mai 1924 gegründeten *Bank der Arbeiter, Angestellten und Beamten AG*, hat damals selbstkritisch dieses Verführungspotenzial angesprochen: «Die Arbeiterbank darf sich durch die großen Ziele und die großen Aufgaben in der nüchternen Beurteilung der

Geschäfte nicht beirren lassen. Die Stärke einer jeden Bank beruht auf dem Vertrauen, das ihr entgegengebracht wird.»[199]

Meyer zeigte sich jedoch überzeugt, dass die Gewerkschaftsbanken in Deutschland – von Bedeutung waren für ihn nur seine eigene Institution, die *Bank der Arbeiter, Angestellten und Beamten AG*, und die «Konkurrenz», nämlich die *Deutsche Volksbank* – zukunftsfähig seien:

> «Die starke ideologische Bindung der Arbeiterschaft an ihre eigenen Einrichtungen erschwert den Privatbanken ihr Werben um die Arbeitergelder, selbst wenn sie dieselben banktechnischen Erleichterungen gewähren, die die Arbeiterbank ihren Kunden gewährt. Darin besteht auch gerade die große volkswirtschaftliche Bedeutung der Arbeiterbanken, daß sie in der Lage sind, Gelder bankmäßig zu erfassen, die von den Privatbanken nur schwer erfaßt werden können, und die so dem Produktionsprozess nutzbar gemacht werden.»[200]

Dieser Optimismus mochte bei Meyers «Arbeiterbank» berechtigt sein; allerdings hatte sie eine andere Größenordnung als die *Deutsche Volksbank*. Jene hatte mit 4 Millionen Reichsmark ein doppelt so hohes Aktienkapital wie die *Deutsche Volksbank*, verfügte über zahlreiche Filialen und Zahlstellen im ganzen Deutschen Reich und wies im Jahr 1926 einen Reingewinn von 878 026 Reichsmark aus. Die *Deutsche Volksbank* hingegen konnte lediglich einen Gewinn von 22 195 Reichsmark in den Büchern verzeichnen.[201]

Die einseitige Ausrichtung der *Deutschen Volksbank* als eine reine Gewerkschaftsbank ließ schon damals wohlwollende Experten dazu raten, den Aktionsradius zu vergrößern, um «eine möglichst große Differenziertheit der Einlegerschichten» zu erreichen.[202] Im Aktivgeschäft blieb die Einseitigkeit des Kundenstamms die Achillesferse. Kredite wurden grundsätzlich nur an die eigene christlich orientierte Klientel vergeben: Bauhütten, Siedlungsgenossenschaften, Konsumgenossenschaften, Verkehrs- und Handelsunternehmen, Zeitungsbetriebe, Druckereien, Verlags- und Buchhandlungen, kulturelle Organisationen sowie Kranken- und Versicherungsanstalten.[203] In wirtschaftlich schwierigen Zeiten war es nicht leicht, neue Kundenkreise anzusprechen und Gelder von anderen Investoren einzuwerben. Zudem sperrte sich die *Deutsche Volksbank* angesichts ihrer mangelnden Expertise dagegen, ein Aktivgeschäft im Ausland aufzubauen. Auch an eine intensivere Zusammenarbeit mit Handels- und Industrieunternehmen war nicht gedacht. Zu dieser Abschottung trug sicherlich die Enttäuschung über die Privatwirtschaft und ihren zunehmend gewerkschaftsfeindlichen Kurs bei. Es fehlten aber auch die entsprechende Expertise und der dazugehörende unerlässliche organisatorische Apparat. Notwendig gewesen wären ein umfassendes Filialnetz, gute und direkte Kontakte zur Börse, im Metier erfahrene Mitarbeiter, technisches Know-how, kurzum: ein besseres Personalmanagement, das konsequent hätte aufgebaut werden müssen. Die *Deutsche Volksbank* besaß zwar alle notwendigen Bank- und Börsenrechte, beteiligte sich am Platzierungsgeschäft festverzinslicher Werte und betrieb alle indifferenten Bankgeschäfte; dennoch blieb sie in der deutschen Bankenlandschaft ein bewusst auf ihren eigenen Kundenkreis beschränktes Leichtgewicht. Die engen personellen und wirtschaftlichen Verflechtungen mit dem Milieu der christlichen Gewerkschaften als Kreditnehmer bargen nicht nur das Risiko der Vetternwirtschaft, sondern verhinderten, dass die *Deutsche Volksbank* ihren Radius erweiterte. Sie war nicht in der Lage, über ihren Status als Hausbank der christlichen Gewerkschaften hinauszuwachsen.[204]

Hinzu traten Schlendrian und Inkompetenz, die das Ansehen des Instituts beschädigten.[205] Der Innenleiter der *Deutschen Volksbank* in den 1920er-Jahren, Alfons Heistrüber, bediente sich durchaus unkonventioneller Mittel, die den Rand der Legalität bisweilen überschritten, obwohl er wohl nicht in die eigene Tasche wirtschaftete. Heistrüber galt als «äußerst intelligenter Mann, der sich als der eigentliche Chef der Bank fühlte und danach handelte, sich aber immer mehr in kriminellen Aktionen auf Kosten von Bank und Kunden verstrickte». Langjährige Mitarbeiter haben ihn als «Genie mit außergewöhnlichem Arbeitseinsatz und Überblick über alle Geschäfte» in Erinnerung: «Er erschien morgens als erster und verließ die Bank abends als letzter. Seine Wohnung befand sich im Bankgebäude. So kam er kaum mit frischer Luft in Berührung und strotzte trotzdem vor Gesundheit.» So kam es vor, dass zunächst die Einzahlkassen auf Barbeträge durchforstet wurden, sodann eigenhändig vorhandene Geldbeträge entnommen und diese dem Auszahlkassierer zur Deckung der Kundenwünsche bzw. für Anforderungen bei der *Reichsbank* übergeben wurden. Eine weitere Geldquelle in diesen Notzeiten war das Postscheckamt, das dem Bankgebäude gegenüberlag. Die Nähe dieses Instituts ermöglichte es, schon im Laufe des Tages über größere Barbeträge verfügen zu können. Wenn diese einmal nicht ausreichten, blieben Überweisungsbeträge der Kunden unausgeführt und oft über viele Tage liegen. Den Kunden blieb das verborgen. Das spätere Vorstandsmitglied Albert Brusten erkannte schließlich das wenig seriöse Geschäftsgebaren Heistrübers und konnte den Vorstand überzeugen, ihn zu entlassen.

Später ist der Fall Heistrüber als «symptomatisch für die kriminelle Anfälligkeit dieser Jahre» genannt worden. Zahlreiche Niederlassungsleiter – in Duisburg, Düsseldorf, Münster, Berlin und Saarbrücken – wurden entlassen, weil sie über zumeist nicht genehmigte Kreditüberziehungen stolperten. Als ein solcher Fall in Münster, wo der dortige Filialleiter Einzahlungen auf Sparkonten zwar in die Bücher eingetragen, aber nicht verbucht hatte, aufgedeckt wurde, beging dieser Selbstmord. Von Betrügereien blieb die *Deutsche Volksbank* auch nicht verschont. Ein Angestellter erinnerte sich später an den Effekten-Händler Erich Rehn aus Bochum, «einen maßgeschneiderten Mann mit ständig neuen Anzügen und täglich neuer Krawatte. Wenn dieser Händler am späten Nachmittag von der Börse zurückkam, wickelte er zunächst seine privaten Geschäfte ab und dann erst die für Kunden der Bank. Soviel Privatgeschäfte er auch in der Zeit bis zur Einführung der Rentenmark abschließen konnte, am Tag seines Ausscheidens blieb nur ein Schuldsaldo zurück, den wir abbuchen mussten.»

Gerade im Großraum Essen stieß die *Deutsche Volksbank* auf die immer stärker werdende Konkurrenz der Großbanken und der gut eingeführten Privatbanken. Schwerwiegender noch war das Vorpreschen der *Sparkasse Essen* und der Genossenschaften, die beide im mittelständischen Geschäft unterwegs waren. Die Sparkassen erlebten im Zuge ihrer Weiterentwicklung zu Universalbanken ohnehin eine beeindruckende Aufwärtsentwicklung. Die *Sparkasse Essen* profitierte von den Eingemeindungen der umliegenden Ortschaften in die Stadt Essen, die stets mit der Übernahme der örtlichen Sparkassen einherging. 1930 betrug ihre Bilanzsumme bereits 114 Millionen Mark. Auch die Genossenschaftsbanken, die sich zunächst in Essen schwergetan hatten, gewannen an Bedeutung. Die *Essener Bank* als die bedeutendste lokale Kreditgenossenschaft erreichte 1930 eine Bilanzsumme von immerhin 13 Millionen Reichsmark und stand in direkter Konkurrenz zur *Deutschen Volksbank*.[206] Diese war angesichts der starken Konkurrenz gezwungen, sich mit Randgeschäften zu befassen, für die andere Banken kein besonderes Interesse zeigten. Dass neben der *Deutschen Volksbank* schließlich selbst die *Essener Bank* in eine schwere Krise geriet und liquidiert werden musste, spricht dafür, dass die Essener Bankwelt jener Jahre, wie es damals genannt wurde, «übersetzt», also übersättigt war.

Nach der Sanierung vom Dezember 1927 wurde die Geschäftstätigkeit weiter ausgedehnt und die Zahl der zu niedrigen Zinssätzen gewährten Kredite und Zwischenkredite gegenüber den Vorjahren erheblich gesteigert. Der Geschäftsbericht von 1927 erwähnt lebhafte Effektengeschäfte. Insbesondere wurden bedeutende Posten von Goldpfandbriefen und Kommunalobligationen verschiedener Hypothekenbanken bei der Depositenkundschaft untergebracht. Die betreffenden Hypothekenbanken waren im Rahmen der Abschlüsse verpflichtet worden, Hypotheken für Wohnungsneubauten an Bauunternehmen zu geben, die genossenschaftlich organisiert waren und in Verbindung zur *Deutschen Volksbank* standen.[207] Damit avancierte diese zu einem wichtigen Finanzierer der Bausiedlungsgenossenschaften der Weimarer Jahre.

Der Umsatz, der im Krisenjahr 1926 auf etwa 395 Millionen Reichsmark gefallen war, stieg 1927 wieder auf rund 506 Millionen Reichsmark an.[208] Knapp zwei Drittel der Umsätze waren Kontokorrentumsätze, die etwa 250 Millionen Reichsmark ausmachten und meist hypothekarisch gedeckt waren. Das Effektengeschäft war dagegen zu vernachlässigen und betrug knapp 5,8 Millionen Reichsmark, wahrscheinlich weil die *Deutsche Volksbank* durch ihre Verbindung zu öffentlich-rechtlichen Körperschaften angehalten war, den Löwenanteil ihrer Gelder in festverzinslichen Werten anzulegen. Die eigenen Wertpapierbestände waren gering, selbst im Vergleich zu den freigewerkschaftlichen Banken.[209]

Die Bilanzsummen verrieten ebenfalls eine Stabilisierung. Zum 1. Januar 1924 hatten sie 6,2 Millionen Reichsmark betragen und stiegen nun stetig an, von 14,8 Millionen Reichsmark Ende Dezember 1924 auf über 16,3 Millionen Reichsmark Ende 1926 und schließlich auf 19,5 Millionen Reichsmark Ende 1927. Zu diesem Zeitpunkt wurden die Dividendenzahlungen wieder aufgenommen: Ausgeschüttet wurden 5 Prozent.

Trotzdem war ungewiss, in welche Richtung sich die *Deutsche Volksbank* zukünftig weiterentwickeln würde: zu einer Sparbank der christlichen Gewerkschaften? Dies hätte angesichts der langsam, aber immerhin stetig wachsenden Spareinlagen und der Beschränkung des Aktivgeschäfts durchaus nahegelegen. Damit wäre die *Deutsche Volksbank* langfristig eher zu einer Konkurrenz der öffentlichen Sparkassen als zu einer Gefahr für die großen Privatbanken geworden. Die Sparkassen betrachteten den neuen Wettbewerber dementsprechend mit einem «gewissen Unbehagen». Die Zeitschrift *Die Sparkasse*, das Organ des *Deutschen Sparkassen- und Giroverbands*, schrieb 1927, die Sparkassen in Deutschland seien «auch für die Arbeiterklasse nach wie vor die gegebenen Sparinstitute» – ein deutliches Signal für ein raueres Klima im Bankensektor jener Jahre.[210]

Die Privatbanken nahmen die neuen gewerkschaftseigenen Konkurrenten hingegen weniger ernst. Ein Verfechter des Privatbankensystems wie Eduard Hanftmann hatte schon 1923 in einem programmatischen Artikel im *Bank-Archiv* die Marschrichtung vorgegeben und unter dem Titel «Gewerkschaftsbanken?» keinerlei Notwendigkeit für die Existenz dieses neuen Bankzweiges gesehen:

> «Es mag möglich sein, daß dadurch, daß die gewerkschaftlichen Verbände der Arbeitnehmer in bequemster Weise (etwa durch Betriebsinkasso) das Einsammeln augenblicklich überflüssiger Einkommensteile vermitteln würden, der Sparsinn der Arbeitnehmerschaft gehoben würde – mancher scheut Zeitverlust und die Unkosten des Wegs zur Sparkasse – wenn auch die vielerorts vorhandenen Fabriksparkassen usw. hier in die Bresche springen; dies selbst zugegeben, könnte man allenfalls den Gedanken von Gewerkschaftssparkassen, nicht aber den von ganz anders zu operierenden habenden Gewerkschaftsbanken verfechten.»[211]

Mit anderen Worten: Viele Bankfachleute, und hierzu zählten nicht nur diejenigen der Großbanken, hielten ein Institut wie die *Deutsche Volksbank* für schlichtweg überflüssig. Dies war Wasser auf die Mühlen anderer wirtschaftspolitischer Schwergewichte. Vor allem Handel und Handwerk mit ihren mittelständischen Bedürfnissen konnten einer Gewerkschaftsbank wenig Positives abgewinnen. Ihre Abneigung richtete sich nicht in erster Linie gegen das Bankgeschäft der gewerkschaftlichen *Newcomer*, vielmehr fürchteten sie die dahinterstehenden Konsumgenossenschaften, die zu ihren größten Konkurrenten zählten. Genauso beklagten Handwerksbetriebe und Handelsgewerbe den scharfen Wettbewerb durch Bauhütten und Baugenossenschaften.

Dem konnte freilich entgegengehalten werden, dass der eigentliche Adressatenkreis der *Deutschen Volksbank* bislang von den privaten Großbanken, den Genossenschaftsbanken und den Sparkassen weitgehend ignoriert worden war: Die Großbanken sahen ihre Klientel hauptsächlich bei Industrie und Großhandel, während sich Genossenschaftsbanken und die Sparkassen auf die Bedürfnisse des kleingewerblichen und kleinbäuerlichen Mittelstands eingestellt hatten. Die Gewerkschaftsbanken hingegen kannten ihre Kunden durch ihre politischen Verbindungen in der Regel gut und konnten dort Kredit geben, wo andere Banken noch zögerlich waren, weil sie über die Hintergründe der Kreditnachfrage nur ungenügend informiert waren. Die *Deutsche Volksbank* konnte kapitalschwache gemeinwirtschaftliche und genossenschaftliche Unternehmungen unterstützen, weil sie nicht auf das «Herauswirtschaften möglichst hoher Gewinne eingestellt» war und Kredite für Vorhaben zur Verfügung stellte, für die der überwiegende Teil der Privatbanken kein Interesse hatte oder das Risiko eines Engagements nicht eingehen wollte.[212]

Trotz aller Kritik hatte sich mit der neuen Gruppe der Arbeitnehmerbanken das etablierte dreisäulige System von Privat- und Großbanken, Genossenschaftsbanken und öffentlich-rechtlichen Sparkassen um eine weitere Säule auf dem Bankenmarkt erweitert. Diese setzte den übermächtigen und «den Kapital- und Geldmarkt nahezu monopolistisch beherrschenden Großbankkonzernen Konkurrenz und Widerstand» entgegen: «Der Markt wird auf diese Weise [...] freier gemacht, die Kreditbasis verbreitert und durch Stärkung des sozialen Kreditorganisationswesens in günstigem Sinne beeinflusst.» Die Gewerkschaftsbanken erfüllten Spezialaufgaben genossenschaftlicher und sozialer Art und stellten «ein neues Glied der sozialen Kreditorganisation» dar. Ob sich die noch recht junge Idee von Gewerkschaftsbanken dauerhaft etablieren würde, blieb dennoch ungewiss. Der Autor einer wissenschaftlichen Studie mochte im Jahr 1929 keine langfristige Prognose wagen. Erst die Zukunft werde zeigen, ob sich die Bewegung des Arbeitnehmerbankwesens «an inneren Hemmungen und Ideologien totläuft, ob sie äußerlich und innerlich verflacht oder an äußeren unternehmenspolitischen Fehlern und Unmöglichkeiten scheitert».[213]

In den Geschäftsberichten der Bank nahmen allgemeine Wirtschaftsprobleme im Jahr 1928 einen breiten Raum ein, während über die Tätigkeit vergleichsweise wenig zu lesen war. Den ausführlichen Textabschnitt über Wirtschaftsfragen lieferten jeweils die Fachredakteure der Gewerkschaften. Demgegenüber blieb der Bankvorstand in seinem Berichtsteil eher zurückhaltend.[214]

Der Jahresbericht 1928 der *Deutschen Volksbank* wies folgende Umsätze auf: 130 Millionen Reichsmark im laufenden Kontokorrentverkehr; 58 Millionen Reichsmark im Kassenverkehr; 122 Millionen Reichsmark im Reichsbank- und Postscheckverkehr; schließlich 29 Millionen Reichsmark im Wechsel- und Scheckverkehr. Vermögen und Verpflichtungen wurden in der Bilanz mit 23 666 284,22 Reichsmark ausgewiesen. Die eigenen Grundstücke wurden mit 400 000 Reichsmark bewertet, das Inventar schlug mit einer symbolischen Reichsmark zu Buche. Unter den Verpflichtungen erschienen neben dem Aktienkapital Reserven in Höhe von 300 000 Reichsmark, Spareinlagen in Höhe von 12 049 469,98 Reichsmark, sonstige Einlagen von 7 620 317,50 Reichsmark und ein Reingewinn in Höhe von 154 437,43 Reichsmark. Die Kreditoren waren inzwischen auf ca. 27 Millionen Reichsmark angewachsen.

Eine weitere Kapitalerhöhung wäre zu diesem Zeitpunkt dringend notwendig gewesen. Sie ergab sich gleichsam aus der Notwendigkeit, dass dem Fremdkapital eigene Gelder in angemessener Höhe gegenüberstehen mussten. Allerdings versperrte die weltweite Bankenkrise einer solchen Lösung den Weg. Auf der Hauptversammlung am 31. März 1930 wurde zwar eine Erhöhung des Grundkapitals um 1 Million Reichsmark auf dann 3 Millionen Reichsmark beschlossen,[215] dann jedoch nicht durchgeführt. Offensichtlich ließen sich zu diesem Zeitpunkt neue Aktien schon nicht mehr bei den Verbänden der christlichen Gewerkschaften unterbringen.[216] Diese Situation zeigt die Einbettung der *Deutschen Volksbank* in die großen finanzwirtschaftlichen Zusammenhänge und verdeutlicht die weitreichenden Folgen der Weltwirtschaftskrise für das Essener Bankinstitut.

Die Weltwirtschaftskrise

Die Weltwirtschaftskrise schlug im Jahr 1931 in voller Härte in eine Finanz- und Bankenkrise um und hatte direkte Auswirkungen auf die *Deutsche Volksbank*. Seit Juli 1931 waren deren Einlagen wieder rückläufig, was auf «Angstabhebungen» sowie auf die Notwendigkeit zur Auflösung der Rücklagen wegen der stetig zunehmenden Massenarbeitslosigkeit zurückgeführt wurde.[217]

Über die Krisenursachen ist seit vielen Jahrzehnten immer wieder gestritten worden, und es ist kaum damit zu rechnen, dass sich in absehbarer Zeit angesichts konkurrierender Erklärungsansätze ein Konsens für die Entstehungsgründe finden wird.[218] Ältere Interpretationen sahen eine verantwortungslose Kreditvergabe der Banken in den «goldenen zwanziger Jahren» als Hauptfehler; später wurde die leichtfertige Währungspolitik der Reichsregierung als zentrale Ursache ausgemacht, die eine politische Radikalisierung zur Folge gehabt und in einer Art Kettenreaktion das internationale Vertrauen in die Stabilität Deutschlands erschüttert hätte – mit der Folge, dass ausländische Gelder in erheblichem Umfang abgezogen worden seien. Andere Forscher haben die Ursachen eher in den finanziellen Turbulenzen der USA gesucht, die sich in unverantwortlicher Weise nach Europa ausgedehnt und sich damit überbürdet hätten. Neben dieser kurzsichtigen Wirtschafts- und Finanzpolitik wird die mangelhafte Informationspolitik der Großbanken gegenüber Reichsbank und Reichsregierung als wichtige Ursache für die Bankenkrise angesehen. Als weiterer Grund gilt die Kapitalflucht, da sich unter dem abgezogenen ausländischen Kapital vor allem deutsches Geld befunden habe. Diese massive Kapitalflucht hätte durch die deutsche Regierung verhindert werden können, sei aber stattdessen als politisches Druckmittel für die Einstellung der Reparationszahlungen genutzt worden.

Bei allen Differenzen herrscht jedoch darin Einigkeit, dass die Gründe für die krisenhaften Erschütterungen «in einem Zusammenwirken aus ungünstigen konjunkturellen Rahmenbedingungen, hoher Wettbewerbsintensität im Kreditsektor, Managementfehlern im Bankgewerbe und massenpsychologischen Phänomenen» zu suchen sind.[219]

Besonders gravierend wirkte sich die Weltwirtschaftskrise auf Deutschland aus. Die vom Reich zu leistenden Reparationszahlungen hatten langfristig eine ausgeglichene Kapitalbilanz verhindert. Deutschland hatte sich stark verschuldet. Für den Zeitraum von 1924 bis 1930 belief sich der Nettokapitalimport auf stolze 18,2 Milliarden Reichsmark.[220] Die Zinssätze waren hier vergleichsweise hoch; die deutschen Bankinstitute hatten sich daher Kapital aus dem Ausland beschaffen können. Hierfür waren hohe Sicherheitsprämien fällig gewesen, weil das Deutsche Reich infolge der Reparationsbedingungen als besonders risikoreiches Anlagegebiet galt. Schon im Jahr 1928 hatte sich eine rückläufige Konjunktur angedeutet. Allerdings bedeutete erst der Börsencrash in New York am 24. Oktober 1929 den Beginn der eigentlichen Notzeit. Fast unmittelbar zeigten sich die Folgen für die global miteinander verwobenen Finanzsysteme – obwohl es zu einfach wäre, die Krisenerscheinungen der Jahre 1930 bis 1932 vorschnell in einer Kausalitätskette miteinander zu verknüpfen.

Ende 1929 spitzte sich die Lage weiter zu. Während für die Jahre 1929 und 1930 ein «reales Nullwachstum» des Bruttosozialprodukts zu verzeichnen war und zwischen Ende 1930 und Ende 1932 dieses sogar um 14,6 Prozent sank,[221] wurden dem deutschen Bankensystem weiterhin kurzfristige Gelder entzogen. Vor allem nach den Reichstagswahlen vom 14. September 1930, die zu starken Zuwächsen bei den radikalen Parteien NSDAP und KPD geführt hatten, war ein «größerer Ansturm auf die Bankeinlagen»[222] zu beobachten. Das Misstrauen wurde noch durch die Androhung der Nationalsozialisten geschürt, den aus den Vereinbarungen des Young-Plans resultierenden Reparationsverpflichtungen zukünftig nicht mehr nachzukommen.[223] Nach einer vorübergehenden Beruhigung im November 1930 spitzte sich die Lage im Januar 1931 mit neuen Abzügen von Einlagen bei stetig sinkenden Börsenkursen ein weiteres Mal zu. Allein zwischen Herbst 1930 und Frühjahr 1931 mussten die deutschen Bankinstitute den Abzug von über einer Milliarde Reichsmark verkraften. Als die größte österreichische Bank, die *Credit-Anstalt*, im Mai 1931 einen dramatischen Verlust meldete, verstärkten sich Verunsicherung und Sorge um die Stabilität der Reichsmark. Der kurz darauf erfolgte Zusammenbruch der *Credit-Anstalt* war nur der Anfang. Am 21. Juni musste der größte kontinentaleuropäische Wollkonzern, die Bremer *Nordwolle AG*, mit über 200 Millionen Reichsmark Schulden Konkurs anmelden. Der Verlust der Hausbank des Unternehmens, der

Danatbank, überstieg sogar um 18 Millionen Reichsmark ihr gesamtes Eigenkapital in Höhe von 32 Millionen Reichsmark.[224]

Der Konkurs des *Nordwolle*-Konzerns führte schließlich zu weiteren erheblichen Abzügen von Devisen bei den deutschen Banken. Die Versuche der Reichsregierung, die Abzüge zu stoppen, indem sie am 5. Juni 1931 eine Entlastung von den Reparationszahlungen forderte, bewirkten geradezu das Gegenteil. Die Kreditabzüge beschleunigten sich so sehr, dass nach einem Verlust von 1,4 Milliarden Reichsmark an Gold und Devisen mehr als die Hälfte der Reichsbankbestände bis Mitte Juni aufgezehrt waren. Die Reichsbank stand kurz vor der Einstellung der Zahlungen, weil am 23. Juni 1931 nur noch 40,4 Prozent der ausgegebenen Noten gedeckt waren. Diese Quote entsprach gerade noch der vorgeschriebenen Mindestdeckung von 40 Prozent. Die Anhebung des Diskontsatzes von 5 auf 7 Prozent konnte den Lauf der Dinge nicht mehr wesentlich beeinflussen. Die Devisenabzüge der Reichsbank erhöhten sich im Juli 1931 auf etwa 90 Millionen Reichsmark.

Die Aktien der Berliner Großbanken waren inzwischen so stark gefallen, dass die Institute sich gezwungen sahen, ihre eigenen Aktien zur Stützung der Kurse zu kaufen. Diese Maßnahmen führten allerdings zu einer Verminderung des haftenden Kapitals in der jeweiligen Höhe der eigenen Aktienkäufe.[225] Im Sommer 1931 zogen auch private Kunden ihre Guthaben bei den Banken ab. Gleichzeitig stieg die Zahl der Kreditnehmer an, sodass immer mehr Banken, darunter die Landesbank der Rheinprovinz und die *Danatbank*, in akute Zahlungsschwierigkeiten gerieten. Der Chef der *Danatbank*, Jacob Goldschmidt, versuchte der drohenden Zahlungsunfähigkeit zu entgehen, indem er Kooperationen mit anderen Großbanken anstrebte. Die Konkurrenz zeigte sich dazu jedoch nicht bereit, weil sie sich von einer Insolvenz der *Danatbank* eine Marktbereinigung versprach. Versuche des Reichsbankpräsidenten, von der englischen und französischen Notenbank einen Rediskontkredit zur Rettung der Bank zu erhalten, schlugen fehl.

Nach der Bekanntgabe der *Danatbank*, am 13. Juli den Zahlungsverkehr einzustellen, erwog das Reichskabinett, allgemeine «Bankfeiertage» einzuführen. Die *Dresdner Bank* und die *Deutsche Bank* sprachen sich zwar zunächst erfolgreich dagegen aus, mussten aber selbst am 13. Juli die Schalter schließen, um ihre Zahlungsfähigkeit zu sichern. Nach dem Schalterschluss der *Danatbank* versuchten nun zahlreiche Kunden, ihre Guthaben bei den Banken panikartig abzubuchen: Es kam zu einem neuen Ansturm der verunsicherten Sparer auf ihre Konten. Weil die Reichsbank keine weiteren Kredite bei ausländischen Banken erhielt, bestand die hilflose Reaktion der Reichsregierung angesichts der Illiquidität darin, den 14. und 15. Juli 1931 zu zwei allgemeinen Bankfeiertagen zu erklären, und zwar – wie inzwischen üblich – per Notverordnung. Mit dieser ursprünglich nur für Ausnahmefälle vorgesehenen Maßnahme arbeiteten die Reichsregierungen seit Brüning angesichts der offenkundigen Handlungsunfähigkeit des Reichstags immer häufiger, obwohl dies den parlamentarischen Prinzipien widersprach. Allein in der zweiten Julihälfte waren sieben Notverordnungen notwendig, um die Beschränkungen im Zahlungsverkehr wenigstens geringfügig zu mildern. Dem Deutschen Reich wurden auf einer Londoner Konferenz am 20. Juli 1931 weitere kurzfristige Kredite verwehrt. Massive Einschränkungen im Zahlungsverkehr bestanden noch bis zum 5. August 1931. Die Börsen blieben sogar den ganzen August über geschlossen. Das Vertrauen der Sparer konnte dadurch nicht wiederhergestellt werden. Letztlich kam die Krise einem kollektiven Versagen von Reichsregierung, Reichsbank und den Großbanken gleich, die sich zu keiner konzertierten Aktion durchringen konnten.

Die Ursache der Bankenkrise von 1931 sahen einige Zeitgenossen in einer verfehlten Geldpolitik des Reichsbankpräsidenten Hans Luther. Dieser hatte noch aus Essener Perspektive die Entwicklung der *Deutschen Volksbank* beobachten können und war inzwischen in das Amt des wichtigsten Beamten der Bankbranche aufgerückt. Ihm wurde nun die pünktliche Rückzahlung der Auslandskredite angekreidet, obwohl, wie seine Kritiker meinten, es angebracht gewesen wäre, ein Moratorium bei den ausländischen Gläubigern zu erwirken. Dabei wird allerdings nicht genügend bedacht, dass es ausgesprochen schwierig gewesen wäre, einen Zahlungsaufschub überhaupt durchzusetzen. Dies lag nämlich ebenso wenig im Zuständigkeitsbereich der *Reichsbank* wie die Entscheidung über die Verwendung der Devisen und Kredite. Die *Reichsbank* war im Übrigen infolge der aufgezehrten Gold- und Devisenbestände inzwischen nahezu handlungsunfähig. Die übermäßige kurzfristige Auslandsverschuldung der nicht genügend mit Eigenkapital ausgestatteten Großbanken war daher für die Krise mitverantwortlich.[226] Trotz mancher Warnzeichen hatten diese schon vor 1929 nur unzureichend überprüfte kurzfristige Großkredite vergeben.

Eine energische Leitzinserhöhung bedeutete eine weitere Belastung für die Banken, weil der Diskont- und Lombardsatz auf 15 bzw. 20 Prozent stieg. Die Folge war wiederum ein Ansturm der Sparer, die nun die Möglichkeit sahen, ihr Geld nicht – wie bisher – nur abzuschöpfen, sondern es zinsgünstig anzulegen. Weitere Schritte der Reichsregierung waren die Einführung der Devisenbewirtschaftung und ein in Basel am 8. August 1931 vereinbartes Stillhalteabkommen mit den USA und Großbritannien als den wichtigsten Gläubigernationen.[227] Dem Reich wurde ein Zahlungsaufschub der fälligen

Auslandskredite mit einem Gesamtvolumen von 6,3 Milliarden Reichsmark für die kommenden sechs Monate gewährt. Dieses Abkommen galt mit kontinuierlich sinkenden Beträgen bis 1939. Ende Juli 1931 wurde mit massiver Unterstützung und Beteiligung von *Reichsbank*, Reichsregierung und den Großbanken die *Akzept- und Garantiebank AG* gegründet, deren Aufgabe es war, Liquidität in den angeschlagenen Bankensektor zu pumpen, indem Wechsel der Banken angenommen und an die *Reichsbank* rediskontiert wurden. Dadurch erhielten innerhalb weniger Wochen die Sparkassen 650 Millionen, die *Danatbank* 225 Millionen und die *Dresdner Bank* 300 Millionen Reichsmark. Zudem versuchten einige Landesregierungen, für ihre Regional- und Lokalbanken mit Garantieerklärungen einzustehen. Der Umfang dieser Maßnahmen erreichte schließlich im Jahr 1933 die schwindelerregende Höhe von einer Milliarde Reichsmark.[228] Die immensen Verluste der Großbanken führten neben umfassenden Sanierungen zu Fusionsdiskussionen. Schließlich schlossen sich im Februar 1932 die *Dresdner Bank* mit der *Danatbank* sowie die *Commerz- und Privatbank* mit dem *Barmer Bankverein* zusammen. Das Reich und die *Deutsche Golddiskontbank* hielten nun die Mehrheit der Anteile. Die *Deutsche Bank* blieb zwar unabhängig, musste aber ebenfalls auf staatliche Finanzierungshilfen zurückgreifen. Nur die staatliche *Reichs-Kredit-Gesellschaft* und die *Berliner Handels-Gesellschaft* erhielten keine Zuschüsse von der insgesamt mehr als 1 Milliarde Reichsmark, die die Bankensanierung den Staat kostete.[229] Bei diesen Maßnahmen blieb es allerdings nicht. Die Reichsregierung beteiligte sich an der Stützung der Großbanken *Commerz- und Privatbank* bzw. der *Deutschen Bank* und *Disconto-Gesellschaft*.

Die Bankenrestrukturierung verschaffte der notleidenden Wirtschaft jedoch nur eine kurzfristige Atempause. Insgesamt war der Schaden für das ökonomische Gesamtsystem gewaltig. Die Bankenkrise wurde durch eine falsche Zinspolitik der Banken zu einer Währungskrise. Die Regierung Brüning sah sich immer wieder zu neuen Maßnahmen zur Kontrolle des Zahlungsverkehrs gezwungen. International standen die Zeichen ebenfalls auf Sturm. Der Londoner Markt geriet unter erheblichen Druck. Die *Bank of England* gab am 21. September 1931 zum Schutz ihrer Währungsreserven die freie Konvertierbarkeit des britischen Pfunds auf. Damit hatte sie, wie John Maynard Keynes seinerzeit bemerkte, ihre Rolle als «unsichtbare Dirigentin eines internationalen Orchesters»[230] aufgegeben: Das internationale Bankensystem bewegte sich fortan unkoordiniert auf den Abgrund zu, während in Deutschland die *Reichsbank* nicht genügend Liquidität schaffen konnte und zunächst nicht in der Lage war, ihre Rolle als *Lender-of-Last-Resort* wahrzunehmen.

Für die Zukunft der Bankenlandschaft in Deutschland mindestens ebenso entscheidend war, dass der Staat jetzt zunehmend regulierend in das Marktgeschehen eingriff und eine umfassende Bankenaufsicht schuf. Die Notverordnungen und schließlich das Reichsgesetz über das Kreditwesen vom 5. Dezember 1934 waren Ausdruck eines grundlegenden staatlichen Unbehagens und mangelnden Vertrauens in die Selbstregulierungskräfte des freien Marktes. Die in den folgenden zehn Jahren angestellten Überlegungen über eine Verstaatlichung des gesamten Bankensektors hatten hier zumindest zum Teil ihre Wurzeln, obwohl später partikulare Interessen der Reichsgaue und das antikapitalistische Ressentiment bestimmter NS-Kreise hinzutraten.

Durch die Bankenkrise verringerte sich die Zahl der Kredit- und Privatbanken innerhalb eines Jahres von 1400 auf 929 Institute. Zudem verzeichneten die Banken erhebliche Verluste. Allein die Berliner Großbanken verloren 683 Millionen Reichsmark. Die kurzfristigen Kredite mussten die Großbanken zwischen 1930 und 1932 von 9,3 auf 5,6 Milliarden Reichsmark reduzieren.[231]

Die Bankenkrise fungierte als Katalysator für die Wirtschaftskrise und die steigende Arbeitslosigkeit, weil nur unzureichend Kredite für dringend benötigte Investitionen gewährt werden konnten. Während Ende 1930 bereits 1,9 Millionen Menschen in Deutschland Arbeit suchten, wuchs diese Zahl bis Ende 1932 auf 5,6 Millionen an. In Essen machten sich die Auswirkungen der Krise besonders in den Bereichen Steinkohlebergbau und Schwerindustrie bemerkbar. Die Kohleförderung sank von 1929 bis 1932 um ein Drittel von 16,7 Millionen Tonnen auf 11 Millionen Tonnen. Im gleichen Zeitraum fiel die Kokserzeugung von 3,8 Millionen Tonnen auf 1,2 Millionen Tonnen. Der Umsatz der *Friedr. Krupp AG* ging von 577,5 Millionen Reichsmark im Jahr 1928/29 innerhalb von zwei Jahren auf nur noch 240 Millionen Reichsmark zurück. Die Essener *Industrie- und Handelskammer* stellte fest: «Was sich in diesen Monaten vor unseren Augen an wirtschaftlichem Geschehen abspielt, darf kaum mehr als wirtschaftliches Leben bezeichnet werden.»[232] Die Arbeitslosigkeit traf alle Schichten der Bevölkerung. Die Zahl derjenigen, die vom Arbeitsamt und Wohlfahrtsamt in Essen unterstützt werden mussten, stieg von 23 195 im Jahr 1929 über 53 105 (1930) und 64 874 (1931) auf 74 370 im Jahr 1932. Nahm man noch die Angehörigen der Unterstützungsempfänger und die allgemeinen Fürsorgeempfänger sowie die Sozial- und Kleinrentner hinzu, waren von den 650 000 Einwohnern Essens 200 000 auf öffentliche Unterstützungsleistungen angewiesen, die jedoch lediglich das Existenzminimum sicherten.[233] Zumindest vorübergehend wurde die Arbeitslosigkeit durch sogenannte Notstandsarbeiten gemildert, etwa beim Bau der *Großen Ruhrländischen Gartenschau* 1929 (Gruga) oder seit 1931 beim Bau des *Baldeneysees*. Diejenigen, die noch in Arbeit waren, mussten einen empfindlichen Rückgang des Einkommens verkraften. Essen hatte im Vergleich zu den anderen rheinischen Großstädten zwar eine vergleichsweise leichte Zinslast, konnte seine Zahlungen aber schon bald ebenfalls nur noch stockend und mithilfe des örtlichen Bankplatzes leisten.[234] Die Handlungsspielräume der Stadt wurden angesichts des immer weiter sinkenden Steueraufkommens so klein wie selten zuvor, zumal sich der Schwerpunkt der Einnahmen immer mehr von genuinen Steuerbeträgen auf Zuwendungen und Zuschüsse des Reichs und Preußens verlagerte, die aber ebenfalls bald rückläufig waren.[235] Außerdem wurde der städtische Haushalt durch die Wohlfahrtsleistungen sehr stark belastet. Drastische Sparmaßnahmen – Personalabbau, Kürzung der Dienstbezüge, Verringerung der Baumaßnahmen und der Straßeninstandhaltung – trugen kaum zur Konsolidierung bei. Der städtische Haushalt des Jahres 1932 schloss mit einem Defizit von 13,2 Millionen Reichsmark. Der kommunale Verwaltungsbericht für das Jahr bemerkte, das kommunale Leben sei «nur noch ein dürftiges Vegetieren».[236]

Die Politik der christlichen Gewerkschaften in der Krise der *Deutschen Volksbank*

Der Staat schickte sich an, im Bann der Banken- und Währungskrise die Kontrollfunktionen über den Kreditsektor zu übernehmen. Die *Deutsche Volksbank* befand sich am Rand des Untergangs. Adam Stegerwald nahm als Aufsichtsratsvorsitzender die dramatische Entwicklung von Berlin aus wahr. Über die Notverordnungspolitik der eigenen Regierung war er im Sommer 1931 zunehmend besorgt. Stegerwald billigte daher in seiner Funktion als Reichsarbeitsminister nur zögernd die am 13. Juli 1931 gewährte Garantie des Staates für die Einzahlungen der *Danatbank*. Auch die Einführung der staatlichen Aufsicht über das Bankwesen in der Notverordnung vom 19. September 1931 fand nur unter Vorbehalt seine Zustimmung.[237] Die Eingriffe des Reichs in die kommunale Selbstverwaltung und in die Länderrechte erschienen Stegerwald angesichts der Schuldenlast zwar gerechtfertigt, allerdings wollte er diese Schritte durch entschiedene Sparmaßnahmen ergänzt sehen, zumal er eine Bevorzugung der privaten Großbanken ablehnte. Die Sanie-

Moderner Wahlkampf der Zentrumspartei in Essen vor den Reichstagswahlen vom 14. September 1930.

rung des Bankwesens sollte keinesfalls zu Lasten der Sparkassen und der Gewerkschaftsbanken gehen, die – anders als die Großbanken – vor allem als Institute des «kleinen Mannes» und des Mittelstands galten. Stegerwald votierte damit gleichsam pro domo. Ob dies nun ein kluger Schachzug war, ist fraglich. Denn die Sparkassen waren weit eher Konkurrenzorganisationen der *Deutschen Volksbank*, deren Klientel sich aus dem Milieu speiste, in dem auch die Sparkassen ihre Kunden rekrutierten.

Wahrscheinlich sah Stegerwald die *Deutsche Volksbank* noch in erster Linie als ein reichsweit agierendes Bankinstitut, obwohl dieses – notgedrungen – ebenfalls immer stärker auf Essen ausgerichtet worden war. Ein Blick auf die Bankenlandschaft des Ruhrgebiets zeigt, dass die Sparkassen angesichts des Zusammenbruchs zahlreicher kleinerer Bankinstitute inzwischen für viele Kunden eine ernst zu nehmende Alternative darstellten. Durch das «Gesetz über die kommunale Neugliederung des rheinisch-westfälischen Industriegebiets» von 1929 und die damit verbundenen Eingemeindungen gingen zahlreiche bis dahin selbstständige Sparkassen in der *Städtischen Sparkasse* von Essen auf, was eine erhebliche Aufstockung der Spareinlagen mit sich brachte. Zudem hatten die Sparkassen inzwischen ihr traditionelles

Geschäftsfeld erweitert und betätigten sich zusätzlich auf dem Feld des Giroverkehrs und der Depositen. Selbst in der Bankenkrise erlebte die *Essener Sparkasse* im Vergleich zu anderen Instituten keine bedrohlichen Kreditverluste.

Zwar waren die Großbanken stärker vom Mittelabzug und von der damit einhergehenden Geldklemme betroffen als die Sparkassen und Genossenschaftsbanken, die ohnehin über eine geringere Liquiditätsvorhaltung verfügten.[238] Aber überall dort, wo die *Deutsche Volksbank* Kunden hatte, häuften sich die Berichte über Firmenpleiten und steigende Arbeitslosigkeit. Selbst gesunde Unternehmen, deren Bonität zweifelsfrei feststand, gerieten in den Abwärtsstrudel. Sie hatten sich in der Regel hoch verschuldet. Der Schuldendienst wäre in normalen Zeiten durchaus auf akzeptablem Niveau möglich gewesen, aber in der Krise mit sinkender Nachfrage und wachsender Arbeitslosigkeit waren viele von ihnen nicht in der Lage, Kredite zurückzuzahlen. Die Zahl der Insolvenzen nahm in erschreckendem Ausmaß zu.[239] Die *Deutsche Volksbank* befand sich, nicht anders als die anderen Institute, in einer Zwickmühle. Sie war darauf angewiesen, zur Aufrechterhaltung des Geschäftsverkehrs weiter Kredite zu vergeben, obwohl es absehbar war, dass die Rückzahlung mit Schwierigkeiten verbunden sein würde. Die Schieflage der *Deutschen Volksbank* lässt sich in deren eigenen Stellungnahmen erkennen. Die Bank wies in ihrem Geschäftsbericht darauf hin, dass die Erschütterungen auf dem Geld- und Kapitalmarkt an keinem Institut spurlos vorbeigegangen seien. Im Geschäftsbericht 1930 hatte man noch vermelden können, dass sich die Einlagen in den ersten Monaten des Jahres 1931 «verhältnismäßig günstig» hatten entwickeln können. Allerdings setzte im «Krisenmonat Juli» eine umgekehrte Entwicklung ein. Der Bericht über die zweite Jahreshälfte 1931 sparte nicht mit klaren Worten:

> «In den ersten Monaten des zweiten Semesters war es uns möglich, aus eigener Kraft allen an uns gestellten Anforderungen voll gerecht zu werden. Später mußten auch wir, wie die Mehrzahl der Bank- und Sparkasseninstitute, die uns zur Verfügung stehenden Refinanzierungsmöglichkeiten ausnutzen. Wir konnten so den Ansprüchen unserer Einleger jederzeit weitgehend gerecht werden, ohne unserer Kundschaft die herausgelegten Kredite plötzlich zu entziehen. Die Abhebungen bei unserem Institut, die im Berichtsjahr hinter dem Durchschnitt der Kreditorenverminderungen vieler anderer Institute zurückblieben, betrafen aber nicht vornehmlich Angstabhebungen. Sie wurden zu einem nicht geringen Teil bedingt durch die Arbeitslosigkeit und Kurzarbeit vieler unserer Sparer, die Einlagen zur Behebung ihrer persönlichen Not abheben mußten.»[240]

Der starke Anstieg der Arbeitslosen wirkte sich unmittelbar auf das Geschäftsvolumen aus und führte im zweiten Halbjahr 1931 zu herben Rückschlägen. Die Zahl der Beschäftigten war von 136 im Jahr 1925 auf inzwischen nur noch 60 zurückgegangen. Der Blick auf die Bilanzsumme verriet die Krise: Diese war 1928 noch auf 23,6 Millionen Reichsmark[241] und 1929 sogar auf 26,1 Millionen Reichsmark gestiegen, betrug 1931 aber nur noch 23,3 Millionen Reichsmark und musste damit zum ersten Mal in der Bankgeschichte einen Rückgang verzeichnen. Die Umsätze sanken seit ihrem Höchststand von 536,9 Millionen Reichsmark im Jahr 1928 fortwährend.[242] Schon 1929 hatte es einen leichten Rückgang auf 482,88 Millionen Reichsmark gegeben, gefolgt von einem fast gleichbleibenden Umsatz von 481 Millionen Reichsmark im Folgejahr. 1931 schlug die Wirtschaftskrise mit voller Wucht auf die Umsatzzahlen zurück: Nur noch 367 Millionen Reichsmark standen zu Buche. Diese Entwicklung hatte Auswirkungen auf die Dividende: Die letzte Ausschüttung der *Deutschen Volksbank* – es waren 5 Prozent – erfolgte im Jahr 1929.

Die Engagements der Bank waren seit Ende der 1920er-Jahre in eine starke Schieflage geraten. Durch den Konkurs der *Märkischen Bergbau AG* wurde die *Deutsche Volksbank* im Jahr 1929 in Mitleidenschaft gezogen. Das Unternehmen war 1923 mit einem Aktienkapital von 900 000 Reichsmark gegründet worden, um dem mächtigen Kohlensyndikat etwas entgegenzusetzen. Die beiden Gründer übernahmen hiervon die Hälfte, während die *Deutsche Volksbank* die restlichen 450 000 Reichsmark Kapital investieren sollte. Als diese Übernahme schließlich nicht zustande kam, gewährte die *Deutsche Volksbank* der *Märkischen Bergbau AG* einen Kredit in Höhe von 600 000 Reichsmark, der zwar hypothekarisch abgesichert war, dessen Gegenwert jedoch im Verlauf des Konkursverfahrens und durch die Übernahme der hypothekarischen Liegenschaften aus der Zwangsversteigerung bei Weitem nicht mehr gedeckt war. Schon hier erwies sich, dass das Essener Institut keine glückliche Hand bei den durchaus nachvollziehbaren Versuchen hatte, einem Kartell-Außenseiter finanziell unter die Arme zu greifen.

Ähnliches galt für den Versuch, die *Tudorfer Portland-Zementwerke GmbH* in Essen finanziell zu unterstützen. Als das Unternehmen Anfang 1929 mit rund 5 Millionen Reichsmark Schulden in Konkurs ging, erhielt die *Deutsche Volksbank* von ihren Forderungen in Höhe von 169 000 Reichsmark schließlich nur rund 30 000 Reichsmark bei der Konkursabwicklung zurück. Auch beim Konkurs der *Deutschen Deckenbau AG* in Essen ließ die Bank Federn. Die *Deutsche Volksbank* und die ihr nahestehenden Gewerkschaften verloren beim Konkurs jedenfalls mindestens 50 000 Reichsmark.

Der Verlust bei der in Konkurs gegangenen *Weinhandlung Albert Fuchs & Co.* in Düsseldorf belief sich auf 90 000 Reichsmark. Noch gravierender waren die Ausfälle beim Zusammenbruch der *Gemeinnützigen Bauverein AG* in Essen, die eine geradezu klassische Gewerkschaftseinrichtung war, getragen zu weiten Teilen von Gewerkschaften, der produktivgenossenschaftlichen Bauhütte und den Konsumvereinen. Von den erheblichen Forderungen der *Deutschen Volksbank* in Höhe von 550 000 Reichsmark war nur ein kleiner Teil abgesichert. So war es kein Trost, dass durch den Millionenkonkurs die *Deutsche Wohnungsfürsorge AG für Beamte, Angestellte und Arbeiter* mit einem ungesicherten Darlehen von 2 Millionen Reichsmark noch stärker betroffen war.

Der Zusammenbruch der *Deutschen Bergbau- und Handels AG* in Essen brachte ein Minus von 327 600 Reichsmark. Auch die seit vielen Jahren Not leidende *Deutsche Holzwerke AG* in Essen-Altenessen war eine höchst problematische Belastung. Trotz aller Sanierungsmaßnahmen stand das Unternehmen, dessen Aktien vollständig von der *Deutschen Volksbank* gehalten wurden, Ende 1932 mit massiven Schulden vor dem Aus. Die *Deutsche Volksbank* musste mit einem Verlust in Höhe von mehr als einer halben Million Reichsmark aus diesem Engagement rechnen. Die Gerüchteküche kochte, zumal eine Kampagne des Unternehmerverbands *Verein für die bergbaulichen Interessen im Oberbergamtsbezirk Dortmund («Bergbau-Verein»)* in ein wahres Kesseltreiben gegen Imbusch ausartete,[243] weil dieser als christlicher Gewerkschafter ohnehin dem gegnerischen Lager zugeordnet wurde. Die Attacken fanden einen Resonanzboden in der Presse, weil bei der Gewerkschaftsbank wirklich nicht alles zum Besten stand. Die *Deutsche Volksbank* sei «schon immer ein Sorgenkind» der christlichen Gewerkschaftsverbände gewesen, schrieb im Dezember 1932 das *Neue Tageblatt.*[244] Andere gingen noch schärfer mit Imbusch ins Gericht:

> «Der christliche Kumpel fragt sich unwillkürlich, woher seine Verbandsführer, insbesondere Herr Imbusch, dessen antikapitalistische Reden vor dem Volk anscheinend kein Hindernis für großkapitalistische und reaktionäre Querverbindungen sind, das Recht nehmen, derart risikoreiche, spekulative und verbandsfremde Geschäfte zu machen, die später dann ja auch [...] schwere Verlustquellen wurden. Die Mitglieder der christlichen Verbände haben ein Recht, von ihren Führern gelegentlich einige diesbezügliche Aufklärungen zu verlangen.»[245]

Eine wirtschaftspolitische Fachkorrespondenz erhob schwere Vorwürfe gegen Imbusch und orakelte, auch die *Deutsche Volksbank* sei «in den letzten Wochen den ausgetretenen Pfad der Pleite sogenannter Mittelstandsbanken gegangen […], nachdem kein Herrgott» mehr habe helfen können.[246] Andere Blätter stießen ins gleiche Horn. Mit am schärfsten kritisierte die *Deutsche Allgemeine Zeitung* die Bank. Diese stamme, so wurde despektierlich formuliert, aus «jenen märchenhaften Zeiten, da jeder Kiosk eine Wechselstube wurde». Natürlich, so fuhr der Kommentar fort, sei jedes Bankgeschäft ein Risikogeschäft. Aber durch die breite Streuung der Darlehen jenseits der eigenen Klientel seien durch die Gewerkschaftssekretäre im Aufsichtsrat schwere Fehler gemacht worden, sodass «Fehlinvestierungen in einem verhältnismäßig viel höheren Maße als bei allen anderen Banken vorgekommen» seien. Der Zorn des dem Arbeitgeberlager nahestehenden Autors des Artikels war umso größer, als Imbusch im Januar 1932 recht populistisch die Verstaatlichung verschiedener Bergbauunternehmen an der Ruhr gefordert hatte.

Über die drohende Zahlungsunfähigkeit der *Deutschen Volksbank*, die zur Abwendung ihres Zusammenbruchs eine Kooperation mit der *Arbeiterbank*, dem Pendant der sozialistischen «freien» Gewerkschaften, des *Allgemeinen Deutschen Gewerkschaftsbundes (ADGB)*, eingegangen war, hatte die Geschäftsleitung den Aufsichtsratsvorsitzenden Stegerwald «bewußt im Unklaren» gelassen.[247] Schon seit Mitte der 1920er-Jahre hatte dieser die mangelnde Informationspolitik der Essener Zentrale beklagt. Wahrscheinlich hat diese Intransparenz Stegerwald dazu bewegt, 1931 von seinem Amt als Aufsichtsratsvorsitzender zurückzutreten. Sicherlich erleichterte die politische Überbürdung seinen Schritt: Seitdem er 1929 den Fraktionsvorsitz der Zentrumspartei im Reichstag übernommen hatte, waren Arbeit und Verantwortung nicht weniger geworden, vor allem als er im zweiten Kabinett von Reichskanzler Brüning schließlich erneut das Arbeitsministerium übernahm. Dieser Wechsel vollzog sich, wie es ein Biograph wenig später formulieren sollte, unter dem Gebot, «noch zu retten, was überhaupt noch zu retten» war.[248]

An die Stelle Stegerwalds trat sein bisheriger Stellvertreter Heinrich Imbusch, mit dem Stegerwald gerade in Sachen der *Deutschen Volksbank* ein ums andere Mal Meinungsdifferenzen ausgetragen hatte. Die christlich-gewerkschaftliche Kontinuität bei der *Deutschen Volksbank* blieb damit zwar gewahrt; gleichzeitig aber war allen Beteiligten klar, dass es in der Bank strukturelle Veränderungen geben musste, wenn sie die Krise überleben wollte.

Auf dem christlichen Arbeiterflügel war man über die als autoritär interpretierte Politik Brünings zunehmend missgestimmt. Stegerwald machte am 30. November 1931 im Wirtschaftsbeirat aus seiner pessimistischen Sicht keinen Hehl. In den nächsten Jahren werde das deutsche Volk «eine große Armutsperiode» erleben, die, wenn es nicht gelänge, sie so erträglich wie möglich zu gestalten, in Deutschland einen großen «Trümmerhaufen» hinterlassen werde. Er sehe keinen anderen Weg, als den Versuch zu machen, das Volk durch die schweren kommenden Jahre «unter Auferlegung der größten Opfer hindurchzuführen».[249] Er trat für eine Flexibilisierung des Tarifsystems ein und blieb dabei ein eiserner Verfechter der Sozialpolitik. Es war nicht verwunderlich, dass die Differenzen mit Brüning immer offener zutage traten. Stegerwald hatte zwar Verständnis für dessen taktische Versuche, die Reparationsbelastungen abzuschaffen, war jedoch ein Gegner der damit einhergehenden wirtschafts- und sozialpolitischen Maßnahmen. Die Deflationspolitik[250] schien ihm als ein ungeeignetes Instrument, zumal seiner damaligen Ansicht nach – die aus der Rückschau plausibel erscheint – ein Konsolidierungskonzept kaum zu erkennen war. Nicht viel anders beurteilte er die Massenarbeitslosigkeit. Sein Ruf nach einem öffentlichen Arbeitsbeschaffungsprogramm stieß bei Brüning jedoch auf kein Echo.

Die konsequente Deflationspolitik führte zu einem bis dahin nicht gekannten Preisrückgang, trug aber zu weiteren Konkursen und Kreditausfällen bei. Brünings Plan zielte darauf ab, die Exportindustrie als Motor des Wiederaufstiegs anzukurbeln. Über die Gründe, warum diese Strategie scheiterte, und die Frage, ob Brünings Konzept überhaupt Chancen auf Erfolg gehabt hätte, ist heftig gestritten worden.[251] Sicherlich bedachte Brüning zu wenig die sozialen Folgen einer rein ökonomisch ausgerichteten Politik, die die Zeit für ein souveränes Handeln immer knapper werden ließ. Brüning nahm offenkundig nicht wahr, wie fatal seine rigorose Wirtschafts- und Sozialpolitik im Lande wirkte. Das «Konzept eines überparteilichen Präsidialregimes mit einer scheinbar streng sachbezogenen, am Notwendigen orientierten Politik»[252] war, wie sich zeigen sollte, zum Scheitern verurteilt.

In den Bankunterlagen, die 1945 aus den Bombentrümmern gerettet werden konnten, fehlte der Geschäftsbericht für das Jahr 1931, was zunächst vermuten lässt, dass ein solcher angesichts der sich 1932 immer weiter zuspitzenden Lage gar nicht mehr vorgelegt worden ist. Dem war allerdings nicht so, wie dem Bericht über das Geschäftsjahr 1931 aus dem Handbuch der Deutschen Aktiengesellschaften zu entnehmen ist. Aus diesen – recht spärlichen – Angaben lässt sich unter Zuhilfenahme anderer Unterlagen ein einigermaßen angemessenes Bild der Lage der Bank rekonstruieren. Im Zusammenhang mit der sich weiter stark zuspitzenden Banken- und Wirtschaftskrise brachten Konkurse und Vergleichsverfahren das Essener Institut in eine kaum noch haltbare Position. Neben hohen dubiosen Forderungen aus früheren Jahren ergaben sich selbst bei voll abgesicherten Neukrediten Verluste, weil bei der Verwertung von dinglich gesicherten Objekten in Versteigerungsverfahren mangels Vertrauen in die Wirtschaft, insbesondere für Betriebsstätten, nur dann Gebote abgegeben wurden, wenn sie weit unter den Schätzwerten lagen. Vorstand und Aufsichtsrat wurden sich des Ernstes der Lage bewusst.

Immerhin konnte Stegerwald einige Erfolge für die in gefährliche Fahrwasser geratene Gewerkschaftsbank erzielen. Die Probleme der *Deutschen Volksbank* standen auf der Tagesordnung einer von Reichskanzler Brüning geleiteten Ministerbesprechung vom 24. November 1931. Auf eine Generalaussprache sollte verzichtet und stattdessen Vorschläge zum Sanierungsprogramm gemacht werden. An der hochrangig besetzten Runde nahmen neben Stegerwald Reichsbankpräsident Hans Luther, Reichsbankkommissar Dr. Friedrich Ernst und Reichsfinanzminister Hermann Dietrich teil. Friedrich Ernst, aus dem Preußischen Ministerium für Handel und Gewerbe stammend, galt als unparteiischer Fachmann, der von Luther als der «für dieses Amt bestqualifizierte Mann» eingeschätzt wurde.[253] Luther und Stegerwald wiederum waren alte Bekannte. Stegerwald hatte Luther schon 1920 ein Amt in der preußischen Regierung angeboten. Dieser hatte damals abgelehnt, weil er die zu lösenden Aufgaben in Essen und im Ruhrgebiet für vorrangig gehalten hatte.[254] Jetzt, am Jahresende 1931, war Luther überzeugt, dass bei der geplanten Sanierung ein gewisser «Dirigismus unerläßlich» sei.[255] Persönliche und weltanschauliche Präferenzen kamen nun ebenfalls ins Spiel.

Die *Deutsche Volksbank* war in einer ausgesprochen schlechten Verfassung, Rettungsmaßnahmen daher dringend notwendig. In der Krisensitzung berichtete Dietrich zunächst über die Schwierigkeiten der *Bank des Gewerkschaftsbundes deutscher Angestellten*, der eine Garantie in Höhe von 2,5 Millionen Reichsmark in Aussicht gestellt wurde. Anschließend wurden die Probleme bei der *Deutschen Volksbank* erörtert. Ihr wurden über die Kursstützungsgesellschaft des Reichs Anleihen und Ablösungsrechte zur Verfügung gestellt und die Garantie durch das Reich und die Reichsbank zugesagt. Das Reichskabinett nahm die Ausführungen ohne Einwendungen zur Kenntnis. Das Protokoll vermerkte: «Der Sanierungsplan kann demnach wie vorgesehen durchgeführt werden.» Am folgenden Tag stimmte das Reichsfinanzministerium dem Sanierungsplan zu.

Die *Deutsche Volksbank* bekam durch die Zusagen eine Gnadenfrist. Als Stegerwald einige Monate später, bereits nach dem Sturz der Regierung Brüning im Mai 1932, auf der außerordentlichen Tagung des Reichsarbeiterbeirats der Zentrumspartei sprach, wies er ausdrücklich auf seinen Erfolg hin: «Diese Dinge wurden im Ausland, ebenso wie die Schaffung der Rentenmark von 1923, als ein ‹Weltwunder› angesehen. Die Bankensanierung erfolgte nicht etwa, wie vielfach behauptet wird, den Großbanken zuliebe. Die Aktionäre der Großbanken haben vielmehr ihr Aktienkapital so gut wie restlos verloren. Dafür hat das Deutsche Reich keinen Pfennig Ersatz geleistet.» Zugleich legte er Wert auf die Feststellung, dass trotz der Wirtschaftskrise «sozialpolitisch nichts zerschlagen» worden sei.[256]

Die Vermögensverluste der Bank wurden im Rahmen dieser später so genannten «ersten Sanierung» noch am gleichen 24. November 1931 aufgefangen. Mittels einer Verpflichtungserklärung wurde eine solidarische Globalbürgschaft der Aktionärsverbände in einer Höhe bis zu 12 Millionen Reichsmark vereinbart. Der Betrag entsprach in etwa den Einlagen und Depots, die von den Verbänden bei der *Deutschen Volksbank* unterhalten wurden. Es ist aus den Akten nicht ersichtlich, ob sich auch die kleineren Verbände zu dieser Rettungsaktion verpflichteten. Nachgewiesen ist die Beteiligung der größeren Verbände: der *DHV* (Hamburg), der *Gewerkverein christlicher Bergarbeiter Deutschlands* (Essen), der *Christliche Metallarbeiter-Verband* (Duisburg), der *Zentralverband christlicher Bauarbeiter Deutschlands* (Berlin), der *Zentralverband christlicher Textilarbeiter Deutschlands* (Düsseldorf), der *Gesamtverband der christlichen Gewerkschaften Deutschlands* (Berlin), der *DGB* (Berlin), der *Zentralverband christlicher Fabrik- und Transportarbeiter Deutschlands* (Berlin) sowie deren Vermögensverwaltungen. Daneben war das Vermögen der gewerkschaftseigenen Firma *Hermann Köster & Co. GmbH* in Essen durch die Bürgschaft gebunden.[257] Schon bald stellte sich aber heraus, dass die drohende Überschuldung und die Gefahr der Insolvenz weiter bestanden. Die Bürgschaft der Gewerkschaftsverbände vom November 1931 war zudem mit Auflagen versehen, die die Kräfte der Bank überforderten. Ein großes Problem war auch, dass die Vermögensverwaltung, die von Heinrich Imbusch treuhänderisch übernommen wurde, immer noch in der Bredouille steckte. Sie hatte Anfang 1933 durch den Zusammenbruch verschiedener Unternehmen einen Verlust von über 700 000 Reichsmark zu verkraften.

Der Sanierungsplan unter der Globalbürgschaft der Gewerkschaftsverbände brachte eine starke externe Kontrolle der Bank mit sich. Seit Anfang 1932 hatte der Aufsichtsrat bei der *Deutschen Volksbank* eine Doppelspitze: An die Seite Imbuschs trat Bernhard Otte, der Vorsitzende des *Gesamtverbandes der Christlichen Gewerkschaften*, der aber immer im Schatten Stegerwalds gestanden hatte. Otte war Mitglied des Preußischen Landtags und

1930 in den Aufsichtsrat gewählt worden. Er stammte aus einer kinderreichen Tagelöhnerfamilie, hatte das Handwerk des Webers erlernt und sich seine Sporen als Arbeitersekretär bei den christlichen Gewerkschaften verdient. Otte war zwar nicht, wie böse Zungen behaupteten, ein «profilloser Bürokraten- und Funktionärstyp», aber ihm fehlte als reiner Gewerkschaftsmann der politische Biss, der Stegerwald ausgezeichnet hatte.[258] Um langfristig aus der Gefahrenzone herauszukommen, sollte die *Deutsche Volksbank* durch Einsparungen und die Werbung neuer, gewinnbringender Geschäfte der sie tragenden Verbände einen jährlichen Überschuss von mindestens 150 000 Reichsmark erzielen. Mittels der Finanzspritzen sollte also ein lukratives Neugeschäft entwickelt werden, mit dem das Defizit gedeckt werden konnte. Auf welche Weise dies aber genau geschehen sollte, blieb unklar. So ermöglichte die Bürgschaft zwar eine formelle Bilanzierung; völlig offen blieb hingegen die Frage nach der Refundierung der Verluste. Hierzu wäre unbedingt ein Zufluss barer oder sonstiger zinsbringender Mittel notwendig gewesen – aber woher hätte er kommen sollen?

Mit der «ersten Sanierung» kam ein ganz neuer Akteur ins Spiel: die *Deutsche Bau- und Bodenbank AG (DBB)*. Dieses vom preußischen Staat gegründete Institut legte den Schwerpunkt seiner Tätigkeit im Rahmen der Förderung des Wohnungsbaus auf das Zwischenkreditgeschäft.[259] Als öffentlich-rechtliche Bank unterstand sie der Aufsicht Stegerwald in dessen Funktion als Reichsarbeitsminister. Sie wurde nun gleichsam zur Treuhänderin bestimmt.

Mit einem Schreiben vom 6. Dezember 1931 bat Reichskanzler Brüning den Reichsbankpräsidenten um eine baldige Behebung der Schwierigkeiten der *Deutschen Volksbank*. Die *DBB* erhielt den Auftrag, konkrete Sanierungsvorschläge auszuarbeiten. Zur Überbrückung der finanziellen Engpässe regte die *Reichsbank* am 30. Dezember 1931 an, der *DBB* einen Lombardkredit von bis zu 5 Millionen Reichsmark für ein halbes Jahr zur Verfügung zu stellen. Die *DBB* gewährte der *Deutschen Volksbank* zunächst lediglich einen Kredit bis zur Höhe von einer Million Reichsmark.[260] Offensichtlich gingen alle Beteiligten davon aus, dass die Gewerkschaftsverbände als Bürgen ein Interesse an der Existenz der *Deutschen Volksbank* hatten und größere Abzüge von Guthaben verhindern würden.

Die in Berlin ansässige Wirtschaftsprüfungsgesellschaft *Deutsche Baurevision* schätzte seit Ende 1931 den Umfang der entstandenen Verluste und die erforderliche Sanierungssumme. Die *Deutsche Volksbank* besaß mehrere Grundstücke und Liegenschaften, deren Bewertung sich allerdings als schwierig erwies. Noch weniger Klarheit herrschte über die Kreditverhältnisse. Die *Deutsche Baurevision* versuchte die Unsicherheit dadurch zu begrenzen, dass sie den gesamten Kreditstatus in «verlorene», «dubiose» sowie «risikolose» Engagements unterteilte.

Die *Deutsche Volksbank* in der Agonie: Ein vorprogrammiertes Ende trotz aller Sanierungspläne?

Obwohl der Vorstand des *Gewerkvereins der christlichen Bergarbeiter* im Dezember 1931 zu dem erstaunlichen Urteil kam, dass die *Deutsche Volksbank* nach der Sanierung «eine der sichersten deutschen Banken» sei,[261] erkannten die Träger des «ersten Sanierungsplans» vom November 1931 schnell, dass der Plan nicht ohne zusätzliche Hilfsaktionen greifen würde. Daher wurden im Frühjahr 1932 weitere Details zur Bereinigung der Debitorenausfälle vereinbart. An dieser weiteren Sanierung waren – wie schon im November 1931 – nicht nur die Bank selbst und ihre Hauptverbände beteiligt, sondern wiederum die *DBB*, die jetzt durch eine weitere öffentliche Institution, die *Reichsanleihe AG*, vertreten durch deren Vorstand, Ministerialrat Kurt Prause aus dem Reichsfinanzministerium, ergänzt wurde.

Die Heranziehung der *Reichsanleihe AG* für eine Kernsanierung war eine recht unorthodoxe Maßnahme, weil sie an und für sich ganz andere Zwecke verfolgte. Das Deutsche Reich hatte den Ersten Weltkrieg vornehmlich durch zahlreiche abgesicherte und nicht abgesicherte Kriegsanleihen finanziert. Nach Kriegsende 1918 überschwemmten diese Kriegsanleihen den Markt, ohne dass ihnen eine entsprechende Nachfrage gegenüberstand. Da die Bedenken gegen eine Stützung des Kriegsanleihemarkts aus Reichsmitteln groß waren, wurde im Juli 1919 unter Führung der *Reichsbank* die *Reichsanleihe AG* mit einem Kapital von 400 Millionen Mark errichtet, die den Kurs der Reichsanleihen stützen sollte und insgesamt den zehnfachen Betrag ihres Eigenanteils in Anleihen anzulegen befugt war.

Die Stützung der *Deutschen Volksbank* sollte nicht nur eine vorübergehende Hilfsmaßnahme sein, sondern der Bank langfristig das Überleben ermöglichen. Der Sanierungsplan vom Frühjahr 1932 sah folgende Regelungen vor: Die Schulden und Verluste, die nach realistischen Annahmen inzwischen auf etwa 10 Millionen Reichsmark geschätzt wurden, sollten durch den Gegenwert der Reichsanleiheablösungsschuld mit fünffachen Auslosungsrechten abgetragen werden.

Die *Deutsche Volksbank* hatte an und für sich kein Recht und auch keine

Möglichkeit, die entsprechenden Stücke zu verkaufen – sie war darauf angewiesen, die Auslosung abzuwarten. Selbst nach Ende des Zweiten Weltkriegs herrschte Unklarheit darüber, ob diese Reichsanleihepapiere der Bank zuvor übertragen worden waren oder ob ihr diese nur leihweise überlassen worden waren. Für Letzteres sprach, dass in den Büchern keine Eintragung über die im Fall eines Kaufs sich ergebenden Effektengegenwerte auf der Aktivseite bzw. eine Verbuchung des gleichen Gegenwerts als Einlage des Deutschen Reichs auf der Passivseite sowie keine Unterlagen über eventuelle Zinszahlungen gefunden werden konnten. Letztere wären ebenfalls ein Indiz für einen Kauf gewesen.

Durch jährliche Zuwendungen aus Auslosungen von nominell 4 Millionen Reichsmark sollte die Anleiheauslosungsschuld innerhalb von 24 Jahren sukzessive beseitigt werden. Dadurch, dass bei Auslosung der Stücke zum Nominalwert die Zinsen sowie die Differenz zwischen Unterpari und Pari ausgezahlt wurden, entstand rechnerisch ein Gewinn, der auf die Dauer von 24 Jahren zu Lasten der *Reichsanleihe AG* mit jährlich 262 500 Reichsmark berechnet wurde. Dieser Betrag, so ist aus den Prüfungsberichten der *Deutschen Baurevision* ersichtlich, wurde als jährlicher Zuschuss der *Reichsanleihe AG* für die *Deutsche Volksbank* angegeben und zugunsten der *Deutschen Volksbank* verrechnet.[262]

Problematisch an dieser Modellrechnung war freilich, dass die jährlich anfallenden Betriebsverluste außer Betracht gelassen wurden. Dadurch wurde die Schuld nicht getilgt; die Verbände wären dadurch selbst nach 24 Jahren mit der gleichen Bürgschaft behaftet gewesen. Bald stellte sich heraus, dass die Bank ihre Möglichkeiten, mitten in der Weltwirtschaftskrise neue Kunden akquirieren zu können, bei Weitem überschätzt hatte.

Im Zusammenhang mit der «ersten Sanierung» zogen die Aufsichtsorgane bei der ins Schlingern gekommenen *Deutschen Volksbank* die Notbremse.[263] Im Zuge der Einschaltung der *DBB* und der Einleitung des Reichsbürgschaftsverfahrens wurde der Aufsichtsrat radikal personell verändert, und Dr. Otto Kämper, Arnold Knoblauch, Walter Lambach und Dr. Anton Schmidt wurden neu in das Gremium gewählt. Kämper, seit 1925 im Vorstand der *DBB*, war ein ausgewiesener Spezialist auf dem Gebiet des Bankrechts, der als «Aufpasser» die angemessene Verwaltung der Bürgschaftsgelder überwachen sollte. Regierungs-Baumeister Arnold Knoblauch wiederum war ein langjähriger Mitstreiter Otto Kämpers und hatte mit diesem gemeinsam gerade ein Werk über den «zweitstelligen Hypothekarkredit» veröffentlicht.[264] Knoblauch war als Generaldirektor der *GAGFAH* und Mitbegründer der *DBB* zugleich ein ausgewiesener Experte auf dem Feld des sozialen Wohnungsbaus.[265]

Anton Schmidt war zweiter Vorsitzender des *Zentralverbands christlicher Bauarbeiter* und hatte ein Werk über die Kohlenindustrie im Ruhrgebiet vorgelegt.[266] Als problematisch muss die Aufnahme von Walter Lambach angesehen werden, des Geschäftsführers des *DHV*, der als ehemaliges Reichstagsmitglied der DNVP und Mann der «Volkskonservativen» dem rechtskonservativen Spektrum zuzurechnen war – ein Novum bei der *Deutschen Volksbank*. Auf der anderen Seite war es verständlich, dass der *DHV* als einer der wichtigsten Träger der *Deutschen Volksbank* einen Vertreter seiner Institution in den Aufsichtsrat entsenden wollte.

Auf der Direktorenebene verlor Suckau einen Großteil seiner Kompetenzen. Gleichberechtigt neben Heinrich Strunk trat ein ebenfalls neu hinzugerufener Bankexperte in den Vorstand, der nicht dem christlich-gewerkschaftlichen Milieu entstammte: Für die Sanierung trat zum 1. April 1932 der Jurist Dr. Josef Bach in den Vorstand der Bank ein. Dieser war vorher bei der Breslauer Filiale der in Berlin ansässigen *Deutschen Wohnstätten-Hypothekenbank AG*, der Vorgängerinstitution der *DBB*, gewesen. Bach erhielt, wie er es später formulierte, den ausdrücklichen Auftrag, «die Stützungsaktion […] zu überwachen und durchzuführen».[267] Mit anderen Worten: Er sollte «den Sanierungsdoktor» spielen, wie er viele Jahrzehnte später etwas flapsig formulierte.[268] Bach reorganisierte alle Abteilungen der Bank grundlegend. Bei den leitenden Angestellten war er als kompetenter und aufrechter Krisenmanager beliebt. Mit «eisernem Fleiß und großem Arbeitspensum, gepaart mit sozialem Verständnis», so lautete später das Urteil, habe er die Bank reorganisiert.[269]

Möglicherweise wäre er in normalen Zeiten als erfolgreicher und kompetenter Manager in die Annalen der Bank eingegangen. Allerdings stellte sich im Verlauf des Jahres 1932 heraus, dass bei der *Deutschen Volksbank* nicht nur die als «dubios» bewerteten Engagements verloren waren. Die Zahl der zunächst als «risikolos» bewerteten Debitoren war kleiner als ursprünglich angenommen. Nach der Analyse aller Kreditengagements kamen die Prüfer der *Deutsche Baurevision* zu dem Ergebnis, dass von den rund 20 Millionen Reichsmark an Forderungen etwa 12 bis 15 Millionen als «dubios» und «verloren» angesehen werden mussten – ein geradezu verheerendes Ergebnis. Auch eine Depot-Sonderprüfung vom 31. Mai 1932 kam zu besorgniserregenden Befunden. Der Betriebsverlust zum Jahresende 1931 wurde nachträglich auf rund 677 000 Reichsmark berechnet. Während manche Kredite abzuschreiben waren, mussten die Einlagen der Gewerkschaftsverbände vergleichsweise hoch verzinst werden. Der Betriebsverlust hätte nur durch die Auflösung von Reserven gedeckt werden können, die zwar noch in den Büchern standen, aber realiter gar nicht mehr vorhanden waren. Von den Kreditforderungen in Höhe von insgesamt 19,5 Millionen Reichsmark wurden 13,73 Millionen Reichsmark als verloren angesehen. Die zukünftige Rentabilität wurde pessimistisch betrachtet: Für das gesamte Jahr 1932 wurde ein Betriebsverlust in Höhe von etwa 791 000 Reichsmark prognostiziert. Der Bericht malte die Zukunft in schwarzen Farben:

> «Der Betriebsverlust kann sich noch verschärfen, wenn die Bank durch anhaltende Abzüge von Spargeldern gezwungen wird, sich in erhöhtem Maße im Wege des Bankkredites zu refinanzieren. Eine fühlbare Besserung des Rentabilitätsbildes durch Einengung des Verwaltungsapparates in der Weise, daß von den bereits bestehenden Filialen die eine oder andere aufgelöst wird, erscheint uns nicht möglich, zumal etwa erzielbare Einsparungen durch Verluste von Passiven aufgewogen werden dürften.»

Aus diesem Passus des Sonderprüfungsberichts ergab sich, dass die Bank bereits über weitere Filialschließungen nachgedacht hatte. Allerdings bestand, wie die Prüfer warnten, die Gefahr, dass bei Stilllegungen von Filialen Einlagegelder an die Einleger zurückgezahlt werden mussten, was unweigerlich zu weiteren Schwierigkeiten hinsichtlich der Zahlungsbilanz und der Rentabilität führen würde. Der Prüfungsbericht machte zudem deutlich, dass der im Sanierungsplan vom November 1931 durch Einsparungen und Kundenwerbung erhoffte jährliche Überschuss in Höhe von 150 000 Reichsmark unrealistisch sei. Es sei vielmehr mit einem erheblichen Betriebsverlust zu rechnen.[270]

Die finanzielle Lage der *Deutschen Volksbank* blieb zu allem Überfluss auch dadurch kritisch, dass die Kunden inzwischen ihre Sparkonten plünderten: Im Zeitraum vom 30. November 1931 bis zum 30. Juni 1932 hoben sie rund 660 000 Reichsmark ab – rund ein Viertel der gesamten Verminderung der Guthaben auf Sparkonten und laufenden Konten. Die Spareinlagen verringerten sich in der ersten Jahreshälfte 1932 um rund 1,9 Millionen Reichsmark, und im Gesamtjahr wurden mehr als 3,7 Millionen Reichsmark abgezogen. Der Fehlbetrag konnte nur durch den Rückgriff auf die Mittel der *DBB* gedeckt werden. Deren Engagement stieg in der ersten Jahreshälfte sprunghaft an: von 830 120 auf 3,9 Millionen Reichsmark. Erschwerend kam noch hinzu, dass inzwischen selbst die Bürgschaftsverbände ihre Konten bei der eigenen Bank zu leeren versuchten. Die *Deutsche Volksbank* verweigerte jedoch auf Anweisung der staatlichen «Aufpasser» diese Auszahlungen und ließ sich auch durch den Hinweis auf die drohende Zahlungsunfähigkeit und den Konkurs einzelner Verbände nicht umstimmen. Zugleich sanken die liquiden Mittel auf nur noch 1 379 100 Reichsmark. Die *Deutsche Volksbank* überschritt, wie ein Sonderprüfungsbericht vom 1. September 1932 vermerkte, inzwischen finanziell die Grenzen dessen, was ordnungsmäßig verantwortet werden konnte. Der Bericht kam zu dem Ergebnis, dass «neben der weitgehenden Lombardierung eigener Effekten auch fremde Effekten, für deren Verwendung zu Refinanzierungszwecken keine schriftliche Genehmigung der Eigentümer vorgelegen» habe, zu Beleihungszwecken herangezogen worden seien. Die Prognose war inzwischen noch negativer als ein Vierteljahr zuvor. Im Herbst 1932 hieß es:

> «Für den Fall, daß die Verminderung der gebundenen und ungebundenen Guthaben auf den Spar- und laufenden Konten in dem gleichen Maße wie im 1. Halbjahr 1932 anhält und im Monatsdurchschnitt RM 360 000 beträgt, müßte rein rechnerisch innerhalb von 7 Monaten eine Erschöpfung der liquiden Mittel eintreten. Theoretisch kann dieser kritische Zeitpunkt schon früher eintreten.»[271]

Im letzten Halbjahr 1932 und im ersten Halbjahr 1933 bestand eine «tatsächliche Zahlungsunmöglichkeit».[272] Der Gesamtverlust auf die Vermögenswerte der *Deutschen Volksbank* betrug Ende 1932 12 899 122 Reichsmark. Nahm man noch Wertpapierverluste und Verminderungen der Grundstückswerte hinzu, belief sich der Gesamtverlust am 31. Dezember 1932 auf 13 449 122 Reichsmark, von denen nur 12 Millionen Reichsmark durch die Kollektivbürgschaft der Gewerkschaftsverbände gedeckt waren. Ein späteres Gutachten kam daher zu dem Ergebnis, dass die Bank zu diesem Zeitpunkt angesichts des Vermögens- und Betriebsverlustes «hoch illiquide» war und spätestens in den ersten Monaten des Jahres 1933 «mit ihrem Schalterschluß» gerechnet werden müsse.[273] Zur Überbrückung der akuten Krise erbat und erhielt die Bank wahrscheinlich Anfang 1933 von der *DBB* eine zusätzliche Liquiditätshilfe über 100 000 Reichsmark und schließlich, im Mai 1933, eine weitere Zahlung von 50 000 Reichsmark. Diese letzte Zahlung war jedoch allein dem drohenden Hinweis geschuldet, dass die Bank ansonsten «gezwungen wäre, den Konkurs der Bank anzumelden».[274] Zu diesem Zeitpunkt jedoch hatten sich die politischen Vorzeichen bereits umgekehrt, sodass bei der im Untergang begriffenen Bank bereits eine ganz andere Form von Sanierung vorgesehen war.

Ein Konkurs wäre daher nicht mehr abzuwenden gewesen, wenn nicht die christlichen Gewerkschaften ein weiteres Mal zu einer umfassenden Stützung bereit gewesen wären. Ein Gutachten aus der Nachkriegszeit sah die Handlungsspielräume jedoch als gering an:

> «Es erscheint zweifelhaft, ob die Verbände damals nach vernünftiger Abwägung aller Umstände den Entschluß gefaßt hätten, die Bank am Leben zu erhalten. Dazu hätte nämlich nicht nur die Aufbringung des Kapitalbedarfes zur Verlustdeckung von rd. RM 11,5 Mill. gehört, sondern neben der Aufbringung neuen Eigenkapitals die Schaffung einer Geschäftsgrundlage, die der Bank eine nachhaltige und rentable Existenz ermöglicht hätte. Dies war aber weder den Verbänden noch der Bank in den Jahren vor der Wirtschaftskrise 1931 gelungen. Nach 1931 kann aus der nachweisbaren Haltung der Verbände geschlossen werden, daß sie selbst unter dem Schutz des ersten Sanierungsplanes an der Rettung ihrer Einlagen, nicht aber an der Erhaltung und geschäftlichen Belebung der Bank ein Interesse gehabt haben.»[275]

Die zur Sanierung der *Deutschen Volksbank* gedachten Auslosungsbeiträge sollten keineswegs kostenfrei überlassen werden. Die *Reichsanleihe AG* informierte die *DBB* Anfang Dezember 1932, dass die Nachträge zum Stützungsplan für die *Deutsche Volksbank* vorsähen, die zu erwartenden Fehlbeträge der Bank aus den jährlichen Auslosungssummen zu decken. Die Verbände der christlichen Gewerkschaften sollten gemäß ihrer Verpflichtungserklärung vom 24. November 1931 den Gegenwert jährlich – einschließlich Zinsen und Tilgung – an die *Reichsanleihe AG* abführen. Lediglich ein jährlicher Betrag in Höhe von 162 500 Reichsmark sollte zu Lasten der *Reichsanleihe AG* gehen.[276]

Dieser Betrag reichte aber nicht im Entferntesten zur Deckung der jährlichen Betriebsverluste, denn diese betrugen schon im Jahr 1932 – dem einzigen Jahr, in dem der erste Sanierungsplan in die Praxis umgesetzt wurde – gemäß dem späteren Prüfbericht etwa 600 000 bis 700 000 Reichsmark. Josef Bach musste, nachdem er sich in die Geheimnisse der «recht verklausulierten Stützungsmaßnahme» eingearbeitet hatte, erkennen, dass die erwünschte Rückführung des Verlustsaldos kaum möglich sein würde. Es war übersehen worden,

> «daß die verlorenen Debitoren ertraglos waren, so daß den auf der Passivseite gegenüberstehenden Einlagen keine Ertragsquellen mehr gegenüberstanden. Darüber hinaus fiel auch die sonst übliche, den Ertrag einer Bank ausmachende Zinsdifferenz aus, so daß auch für die persönlichen und sächlichen Geschäftsunkosten keine Ertragsquelle mehr vorhanden war. Der Plan ließ erhoffen, daß durch eine Ausweitung des Geschäfts das Versiegen dieser beiden Ertragsquellen ausgeglichen werden könnte. Dies war ein Fehlschluß, der sich verheerend auf die Fortentwicklung der Bank auswirken musste. Wie auch immer die Entwicklung erhofft wurde, es gab keinen Zweifel, daß die Sanierung auf diesem Wege nicht gelingen konnte. Die Verluste waren eine effektive, augenblicklich vorhandene Last, die ertraglos war. Sie war, wie der Mathematiker sagt, ein Gegenwartswert. Der Gegenwert der Auslosungsrechte je-

> doch war ein Wert, der zwar in Teilbeträgen allmählich floß, in der Gesamtsumme aber doch erst nach der Beendigung der Laufzeit, bestenfalls in der Mitte der gesamten Laufzeit, sich realisierte.»

Zeitgenössische Dokumente, die diese Sichtweise untermauern könnten, sind in den Akten nicht zu finden, und auch eine entsprechende Transaktion ist nicht in den Büchern verzeichnet. Es bleibt daher ungewiss, auf welche Weise die Gewerkschaftsverbände in jenen Monaten auf die akute Notlage reagiert haben. Seltsam mutet jedenfalls an, dass die Verbände in ihren Mitgliederversammlungen über weitere Verpflichtungen offensichtlich nicht berichtet haben sollen. Die *Reichsanleihe AG* zeigte sich jedenfalls «sehr unglücklich» über die von Stegerwald bezüglich der Anleihe-Ablösungsschuld getroffene Zusage. In der Öffentlichkeit hätte eine solche Zusage ohnehin nicht bekannt werden dürfen, denn sonst, gab der zuständige Ministerialrat Curt Prause als Beamter im Reichsfinanzministerium und als Vorstandsmitglied der *Reichsanleihe AG* zu bedenken, «würde wohl versucht werden, alle Konkurse auf diese Weise zu vermeiden».

Die genauen Hintergründe der Finanzmanöver der folgenden Monate lassen sich nur bruchstückhaft rekonstruieren, da zahlreiche Unterlagen im Verlauf des Zweiten Weltkriegs infolge der Zerstörung des Bankgebäudes verloren gingen; nach 1945, als es um Restitutionsansprüche der Nachfolgeorganisation der *Deutschen Volksbank* ging, konnte man sich zunächst nur auf die mündlichen Aussagen des Bankdirektors Brusten und des Prokuristen Imhoff stützen. Einige Revisionsberichte werfen jedoch ein wenig Licht auf die Vorgänge. Hierzu zählt ein umfassendes, von einer Wirtschaftsprüfungsgesellschaft angefertigtes «Gutachten über die Lage und Entwicklung der Deutschen Volksbank Aktiengesellschaft Essen in den Jahren 1931 bis 1933», das 1952 erstellt wurde.[277] Dieses Gutachten fußt auf zahlreichen Prüfungsberichten der bereits erwähnten Wirtschaftsprüfungsgesellschaft *Deutsche Baurevision*. Diese Gesellschaft legte ihre Ergebnisse 1932/33 in sogenannten Hauptberichten nieder, in denen sich neben einer Zusammenfassung der rechtlichen und wirtschaftlichen Grundlagen der *Deutschen Volksbank* auch Aussagen über die Vermögens-, Finanz- und Ertragslage sowie die daraus zu ziehenden Schlussfolgerungen finden. Neben dem Hauptbericht waren in Anhängen die Einzelbesprechungen der Positionen der Bilanz für die Essener Zentrale und die Zweigstellen enthalten, zudem z. B. Debitorenbesprechungen und eingehende Erläuterungen zu den Bilanz-Positionen. Ein wichtiger Hauptbericht über eine grundlegende Prüfung der *Deutschen Volksbank* zum Stichtag 30. November 1931, dessen Zusammenstellung mehrere Monate gedauert hatte, liegt dem oben erwähnten Gutachten des Jahres 1952 zugrunde.[278] Ein wichtiger Hauptbericht über die Prüfung zum Stichtag 31. Dezember 1932 muss als verloren gelten, obwohl gerade dieser von großer Bedeutung für eine genaue Rekonstruktion wäre. Insgesamt existieren keine vollständigen und geschlossenen Unterlagen über den «ersten Sanierungsplan», der zum Vorverständnis der späteren Umwandlung der *Deutschen Volksbank* in die *National-Bank* von zentraler Bedeutung ist; für die Zeit nach dem Stichtag 30. Juni 1933 liegen keine Prüfungsberichte vor, sodass der «zweite Sanierungsplan» aus dem Juni 1933 lediglich aus Einzelberichten rekonstruiert werden kann.

Bereits wenige Monate nach seinem Eintritt in den Vorstand bei der *Deutschen Volksbank* – wahrscheinlich im Juni 1932 – wies Bach seinen Vorgesetzten, den Ersten Direktor der *DBB*, Dr. Adolf Friedrichs, auf die bislang unbefriedigenden Sanierungserfolge hin. Er machte auf erneute Verluste der Bank aufmerksam, die angesichts der düsteren ökonomischen Gesamtlage wahrscheinlich auch zukünftig anwachsen würden. Inzwischen war gar nicht mehr zu übersehen, dass der von der *DBB* zur Verfügung gestellte große Kredit weniger für eine grundlegende Sanierung genutzt wurde als vielmehr für die notwendige Auszahlung von Festgeldern und Einlagen. Der Vertrauensverlust bei den Sparern der *Deutschen Volksbank* war inzwischen so groß geworden, dass ein erneuter Liquiditätsengpass entstand. Nimmt man noch hinzu, dass die politische Ungewissheit des Jahres 1932 auf Investoren lähmend wirkte und die angestrebte Ausweitung des Bankgeschäfts daher illusorisch war, wird die tiefe Krise umso offensichtlicher. Nur mit Mühe und Not konnte eine Ausweitung der Liquiditätskrise in den ersten Wochen des Jahres 1933 verhindert werden. Möglicherweise hatten zu diesem Zeitpunkt selbst die christlichen Gewerkschaften ihre Hoffnung aufgegeben. 1932 hatte Imbusch dem *Gewerkverein der christlichen Bergarbeiter* einen Betrag in Höhe von 400 000 Reichsmark auf ein Konto der *Essener Bank* überwiesen. Als dieses Institut Ende 1932 zahlungsunfähig wurde, soll Imbusch – einer späteren Angabe van Ackerens zufolge – auf die Frage, warum er diesen Betrag nicht bei der *Deutschen Volksbank* deponiert habe, geantwortet haben: «Die ist ja auch verloren.»[279] Tatsächlich hatte sich «zweifellos bei den treuesten Einlegern, den Sparern […] aus den Kreisen der Christlichen Gewerkschaften, wohl herumgesprochen, daß bei der Volksbank nicht alles in Ordnung» war.[280]

Letztlich bleibt es schwer zu beurteilen, ob die *Deutsche Volksbank* überlebt hätte, wenn nicht die Nationalsozialisten an die Schaltstellen der Macht gelangt wären – eine Frage, die auch für zahlreiche andere Bankinstitute gilt, die in jenen Jahren in existenzielle Not geraten waren: Die zeitliche Nähe von Bankenkrise und «Machtergreifung»[281] macht es «fast unmöglich, bei denjenigen Bankhäusern, die in den Jahren 1933 und 1934 in Liquidation gehen mussten, den ausschlaggebenden Grund für das wirtschaftliche Scheitern zu benennen.»[282]

Eine undatierte, wahrscheinlich aus dem Frühjahr oder Frühsommer 1933 stammende Darstellung, die möglicherweise von Josef Bach selbst verfasst wurde, gibt in Umrissen die Pläne für die notwendige «zweite Sanierung» wieder. Sie ist von großer Bedeutung, weil sie zum einen die zeitgenössische Beurteilung erkennen lässt und zum anderen noch nicht vom nationalsozialistischen Zeitgeist durchströmt ist. Das vier Seiten umfassende Exposé des mit der Sanierung beauftragten Bankfachmanns verdient es deshalb, ausführlich zitiert zu werden:

> «Meine Aufgabe, festzustellen, was von den Vermögenswerten als in Ordnung angesehen werden kann, ist mir aus dem Grund in ca. 8 Tagen möglich gewesen, weil die Baurevision bereits dabei war, die Bilanz per 31. Dezember 1932 in allen Einzelheiten zu prüfen. Da die Unterlagen bei der Bank selbst sehr dürftig sind, bin ich bis zu 80 % über die Ergebnisse und Anhaltspunkte der Baurevision zu meinem Resultat gekommen. Die Einrichtung der Bank macht den Eindruck, als wenn erst seit etwa 1 Jahr die strenge bankmäßige Umstellung erfolgt. Infolgedessen kann sowohl die offizielle Revision als auch das Resultat meiner Prüfung immer nur in der Gesamtheit als einigermaßen zuverlässig gelten, während in den einzelnen Konten bzw. Positionen Verschiebungen eintreten können. Ich muß vorab erwähnen, daß ich bei jeder Einzelprüfung die Bewertung nach der ungünstigsten Seite hin genommen habe, sodaß bei Befestigung unserer Gesamtwirtschaft Reserven in den Abschreibungen stecken können. Das kann insbesondere bei der Position Immobilien zutreffen.»[283]

Die Verluste wurden sodann gemäß der bereits vorgenommenen Einteilung der *Deutschen Baurevision* in Debitorenklassen von «verloren» über «dubios» bis «ohne erkennbares Risiko» aufgeteilt. Von den insgesamt 19 489 300 Reichsmark wurden 12 500 000 Reichsmark als «verloren» betrachtet. Fügte man noch die als «dubios» eingeschätzten Fälle und den für das zweite Halbjahr 1933 anzunehmenden Betriebsverlust hinzu, ergab sich ein Gesamtverlust von 13 348 000 Reichsmark:

> «Nachdem diese Zahl ziemlich sicher erfaßt ist, kommt die Frage nach einer ev. Sanierung. Wenn Tatsache ist, daß die Gesamtverbände eine Ausfallbürgschaft bis RM 12 Millionen für die Debitoren, soweit sie am 19. September 1931 vorhanden waren, zuzüglich der von da ab aufgelaufenen Zinsen übernommen haben, dann sind noch RM 1 930 000.– zu decken. Für diese Differenz gibt's nur den Weg der

Kapitalzusammenlegung im Verhältnis 40:1, womit 1950 000 zu Abschreibungen frei wären.

Wie und wann die erstgenannte Bürgschaft von 12 Millionen Mark zu mobilisieren ist, muß in persönlicher Verhandlung überlegt werden. In dieser Beziehung schweben bereits zwischen den in Frage kommenden Instanzen, einschließlich der Reichsanleihe AG direkte Verhandlungen. Ich habe absichtlich den bisherigen Vorgang der Sanierung mit Reichsanleiheablösungsschuld nicht in meine Rechnung einbezogen, weil die Sanierungsabsicht von falschen Voraussetzungen ausging und daher undurchführbar ist. Immerhin erleichtert die vorzeitige Verwertung der Anleihen die baldige Realisierung der Bürgschaft. Notwendig ist die Abdeckung der Bankschuld bei der Bau & Bodenbank. Wenn es gelingt, soviel Stücke zu placieren, daß die Schulden bei der Bau & Boden-Bank abgedeckt werden, ist bereits ein wesentlicher Schritt getan. Die nächste Aufgabe ist dann die Auslösung der Lombardschuld. Für den Rest der Bürgschaft haben die Verbände ein anteiliges Guthaben bis zur Höhe der noch gültigen Bürgschaft zu unterhalten. Ob und welche Verzinsung die Verbände für dieses Guthaben zu beanspruchen haben, kann erst am Schluß des Geschäftsjahres entschieden werden, wenn festgestellt ist, ob ein Überschuß vorliegt oder nicht? Ist ein Fortleben der Dtsch. Volksbank möglich, oder muß die Auflösung der Bank erfolgen?

Nach den vorhergenannten Zahlen ist die Frage dahin zu beantworten, daß nach erfolgter restloser Bereinigung ohne weiteres die Plattform für einen Wiederaufbau gegeben ist. Allerdings käme ein Wiederaufleben in der früheren Form nicht mehr in Betracht. Alle Filialen können nicht beibehalten werden. An diesen Plätzen wäre eine Übernahme durch die Bank für Arbeiter & Angest. zu erwägen. Das Hauptgeschäft in Essen müßte zu einer regelrechten Mittelstandsbank ausgebaut werden. Die Kapitalbeschaffung stelle ich mir so vor:

Das Grundkapital von RM 50 000.– wird auf 1 Mill. erhöht. Davon übernimmt die Bank für Arb. u. Angest. rund RM 550 000.– Den Rest übernehmen die Mittelständischen Verbände, Innungen sowie andere Interessenten. Für den Großbezirk Essen würden wir die Filialaufgaben der Bank für Arb. & Angest. zu erfüllen haben. Mit diesen so gewonnenen rd. 1 Mill. Mark neuen Mitteln wäre eine für die Wirtschaft bereits sehr nützliche Aufbautätigkeit möglich. Welche Mittel die Zentrale der Bank für Arb. & Angest. der Wirtschaft in Essen aus dem hiesigen Aufkommen zur Verfügung zu stellen bereit ist, müßte im Wege der Verhandlung geklärt werden.

Der ehemalige Aktivkomplex wird in eine kleine interne Liquidationsabteilung überführt. Von hier aus werden nach Prüfung und nachdem die ordnungsmäßigen Bankunterlagen beschafft sind, brauchbare Debitoren in das Neugeschäft übernommen. Es soll erreicht werden, daß das neue Geschäft von Beginn an in ordentlicher Form sich aufbaut.»[284]

Hätte die Bank eine Zukunft gehabt, wenn der politische Wille bei den christlichen Gewerkschaften vorhanden gewesen wäre bzw. wenn diese nicht ausgeschaltet worden wären? Josef Bach hat nach 1945 vermutet, dass eine

Rettung selbst unter günstigen Bedingungen unwahrscheinlich gewesen wäre. Er hielt wenig von der Fachkompetenz bei der *Deutschen Volksbank*.[285] In der Tat mangelte es vielen der Gewerkschaftsbanken ganz einfach an banktechnischem Know-how. Zahlreiche Konkurse in dieser Bankensparte in den späten 1920er-Jahren waren durch die «Schuld unfähiger Geschäftsleiter» herbeigeführt worden, die waghalsige Transaktionen getätigt hatten. In der zeitgenössischen Bankwissenschaft war dieses Missmanagement vor allem auf die «oft sehr unglücklichen» verbandsmäßigen Bindungen zurückgeführt worden. Dadurch seien mit der Leitung oftmals Personen betraut worden, die sich zwar als Gewerkschaftssekretäre Verdienste erworben hatten, «aber die kaufmännische Vorbildung und Eignung für solche Posten nicht besaßen».[286] Rückblickend wird man zustimmen müssen, dass bei den Unternehmen der Richtungsgewerkschaften in einer Reihe von Fällen «der gute Wille stärker als die vorhandenen Finanzmittel» war.[287]

Auffällig ist, dass fast alle neu gegründeten Gewerkschaftsbanken in noch größere Schwierigkeiten gerieten als die übrigen Bankinstitute. Sie konnten, so ist später analysiert worden, «auf die Dauer nicht wirklich als Banken funktionieren, da die Beschränkung ihres Kundenkreises auf die Mitglieder der Gründungsorganisationen oder auf bestimmte Gruppen der Bevölkerung ihre Entwicklung behinderte».[288]

Mangelnde Kompetenz und niedriges Führungsniveau waren natürlich nicht nur bei der *Deutschen Volksbank* zu finden, sondern betrafen viele andere kleine und mittlere Institute, was in der Krise gleich reihenweise zu Bankzusammenbrüchen führte. Allein auf lokaler Ebene zeugen die Konkurse der *Hansa-Bank*, der *Gewerbebank Borbeck*, der *Altendorfer Kreditbank* und der *Essener Bank* von diesem Kahlschlag.[289] In der Region waren Bankinstitute wie die *Niederrheinische Bank* in Wesel, die *Oberhausener Bank* und der *Duisburger Bankverein* betroffen, daneben verschiedene Effektengeschäfte betreibende Institute wie *Gossenberg & Co.*, das *Bankhaus Schwab, Noelle & Co.* sowie das *Bankinstitut Gebr. Hammerstein*.

Nach 1945 hat die *National-Bank* behauptet, dass es vor allem hausgemachte Managementfehler gewesen seien, die die *Deutsche Volksbank* an den Abgrund getrieben hätten: Mängel in der Struktur des Bankgeschäfts, der Zwang zur Annahme riskanter und gewerkschaftspolitisch bedingter Engagements, die schlechte Risikoverteilung infolge einer ungünstigen Mischung aus Groß- und Kleinengagements sowie eine Bankdirektion, die einerseits nicht bankfachmännisch geschult war, andererseits infolge ihrer Abhängigkeiten von den christlichen Gewerkschaften und Verbänden bei der Auswahl ihrer Geschäfte nicht immer frei entscheiden konnte.[290] Im Verbund, so lautete das

Urteil aus der Zeit nach 1945, sei die *Deutsche Volksbank* schon Ende 1931 «überschuldet, zahlungsunfähig und damit konkursreif» gewesen.[291] So richtig die Beurteilung der prekären finanziellen Lage der *Deutschen Volksbank* aber sein mochte, ihr Ende wurde nicht wirtschaftlich, sondern politisch herbeigeführt. Es stimmt zwar, dass die Gewerkschaftsbanken der 1920er-Jahre «nicht recht florierten». Aber eine ertragreiche Zukunft war vorstellbar: Hätte die Weimarer Republik eine «glücklichere Entwicklung» genommen, dann wäre es auch möglich gewesen, den Kundenkreis und die Entfaltungsmöglichkeiten zu vergrößern.[292]

Hitler auf dem Höhepunkt seiner Beliebtheit: Jubelnde Massen in Essen beim Besuch des italienischen Diktators Benito Mussolini im September 1937.

Eine Bank im Bann des Nationalsozialismus: 1933 bis 1945

Die Umwandlung der *Deutschen Volksbank* in die *National-Bank*

Zum Zeitpunkt der akuten Notlage der *Deutschen Volksbank* hatte sich die politische Landschaft in Essen bereits entscheidend gewandelt. Der seit 1924 amtierende und ausgesprochen beliebte Franz Bracht, der zum rechten Zentrumsflügel gehörte, wurde nach dem sogenannten Preußenschlag im Juli 1932 zum Reichskommissar für Preußen ernannt. Bracht, der eine Zeit lang unter Stegerwald Ministerialdirektor im Preußischen Wohlfahrtsministerium gewesen war, legte sein Amt als Oberbürgermeister nieder, als er im Dezember 1932 zum Innenminister im Kabinett Kurt von Schleichers ernannt wurde. Neuer Oberbürgermeister in Essen wurde erneut ein Zentrumspolitiker, Heinrich Schäfer, dem aber kaum Zeit verblieb, um sich in seinem neuen Amt einzurichten.

Die Scheinblüte der 1920er-Jahre hatte verdeckt, dass das Ruhrgebiet in einer strukturellen Krise steckte. Selbst gesunde Industriezweige wurden in Mitleidenschaft gezogen. Seit Ende 1929 stieg die Zahl der Arbeitslosen erheblich, was nicht nur soziale Not hervorrief und politische Verzweiflung förderte, sondern auch die Stadtkasse über Gebühr belastete. In den Jahren 1930 bis 1932 wurde das Arbeitslosenversicherungsgesetz mehrfach verschärft, sodass die Zahl derjenigen, die ohne staatliche Unterstützung auskommen mussten, weiter zunahm. Die Fürsorgekosten schlugen deshalb immer stärker auf die Stadtkasse durch: Weil immer mehr Arbeitslose «ausgesteuert» wurden und nicht länger die Hauptunterstützung durch Reich und Land erhielten, mussten sie von der Kommune bezahlt werden. Sinkende Steuereinnahmen verschärften die Finanznot.

Der Essener Oberbürgermeister Franz Bracht vor einem Wahlplakat des Zentrums im Jahr 1930.

Die Nationalsozialisten griffen die städtische Fiskalpolitik an und forderten beispielsweise die Privatisierung angeblich unrentabler Betriebe. Insofern schlugen die Diskussionen um das Ende der «Großen Koalition» im Reich, die im März 1930 an der Frage der Arbeitslosenversicherung zerbrochen war, sowie die quälenden Streitigkeiten um die Sozialpolitik des Kabinetts Brüning auf die Debatten in Essen durch: Die Krise der kommunalen Selbstverwaltung aufgrund der wirtschaftlichen Lage, die wachsenden Fürsorgelasten und die schwindenden finanziellen Reserven führten dazu, dass die Lage auf viele Wähler hoffnungslos wirkte. Die nationalsozialistische Propaganda sprach daher viele an, die sich nun nichts mehr von den anderen Parteien erhofften: «Für ‹nationale› Arbeiter und Angestellte, für Studenten und jüngere Akademiker […] bedeutete der ‹nationale Sozialismus› ein Angebot: Sie konnten sich unter diesem Panier sowohl vom internationalistischen Marxismus als auch von der nationalistischen ‹Reaktion› absetzen und eine ‹dritte› Position beziehen – eine, wie es schien, zukunftweisende Position jenseits von proletarischem Klassenkampf und bürgerlicher Besitzstandswahrung.»[1] Die Reichstagswahlen vom 14. September 1930 führten im Reich zu einem unerwarteten Erfolg der National-

Essen, Dienstag, 14. Juli 1931: Nachdem die *Danat-Bank* am Vortag ihre Schalter wegen Zahlungsunfähigkeit schließen musste, versuchten die Kunden vieler Bankinstitute, ihr Erspartes abzuheben.

sozialisten. Sie konnten ihre Stimmenzahl vervierfachen und erreichten 18,3 Prozent. Damit waren sie ein Machtfaktor geworden, der nicht länger ignoriert werden konnte. Ohne ihre Wähler, die sich erniedrigt und bedroht fühlten, hätte die «nationale Revolution» nicht in Gang gesetzt werden können.[2] Die demokratischen Parteien fanden keine befriedigenden Antworten auf die Ängste und Befürchtungen weiter Bevölkerungsteile. Die Forschung über die nationalsozialistische Klientel und Wählerschaft hat zwar inzwischen die lange vorherrschende Überzeugung relativiert, Hitlers Anhänger seien fast ausschließlich im deklassierten Mittelstand zu finden gewesen. Jedoch war gerade die mittelständische Klientel am ehesten bereit, in der «Bewegung» ihr Heil zu suchen. Die NSDAP war eine Partei der Unpolitischen, die sich radikalisierten, und sowohl eine Heils- als auch eine Protestbewegung. Als sozial heterogene «Volkspartei mit Mittelstandsbauch» (Jürgen Falter) war sie erstmals in der deutschen Parteiengeschichte eine konfessionell ungebundene Volkspartei mit straffer Parteiorganisation, die noch nie Regierungsverantwortung getragen hatte und deshalb alle Misserfolge auf die bisher regierenden Parteien und die «Demokratie» schieben konnte. Mit dieser Taktik eilte sie von Erfolg zu Erfolg.

Die Staatskrise war in Essen spürbar. Der Stimmenrückgang bei den Sozialdemokraten und die damit einhergehende Aufwertung des relativ stabil bleibenden Zentrums hatten zwei sich gegenseitig verstärkende Entwicklungen zur Folge. Das Zentrum versuchte, gegen den schwächer werdenden Partner die eigenen Interessen rücksichtsloser durchzusetzen, und bei der SPD sank wegen der schwindenden Wählergunst die Neigung, Kompromisse zu schließen. Essen war zwar immer noch mehrheitlich eine katholische Arbeiterstadt mit Hochburgen des katholischen Milieus in den westlichen und südlichen Stadtteilen, nicht zuletzt in Borbeck und Steele, getragen von einem traditionell starken katholischen Vereinswesen und einer festen Verankerung bei den Arbeiterschichten: 1929 hatte allein der katholische Arbeiterverein 12 000 Mitglieder.[3] Allerdings verschob sich das politische Spektrum unerbittlich, wie bei der Reichspräsidentenwahl 1932 deutlich wurde. Hier offenbarte sich, in welchem Maße sich das geistige Klima der Republik verändert hatte. Der greise Feldherr Hindenburg fand 1932 den Beistand der bisherigen politischen Opponenten, des Zentrums, der SPD und der Linksliberalen.[4] Gemeinsam verfolgte man das Ziel, einen Reichspräsidenten Hitler von der Macht fernzuhalten. Die Unterstützung der demokratischen Parteien – vom Zentrum über die liberalen Parteien bis hin zur SPD – war für den konservativen Preußen insofern eine Vernunftentscheidung, als sie Schlimmeres verhindern sollte. Im entscheidenden zweiten Wahlgang betrug der Anteil derjenigen, die mit Hindenburg für die Weimarer Republik stimmten, 53 Prozent. Das starke katholische Milieu hatte in Essen inzwischen einen Einbruch erlebt. Die Bindungskräfte der Religion waren zurückgegangen, und das Zentrum hatte an Anziehungskraft verloren. Von den zu Beginn der Weimarer Republik erheblichen Zustimmungszahlen von fast 40 Prozent war schon lange nicht mehr die Rede. Bei den beiden Reichstagswahlen 1932 erhielt das Zentrum in Essen nur noch knapp über 30 Prozent der Stimmen.

Die weltanschauliche Kluft zwischen NS-Ideologie und der immer stärker in Bedrängnis geratenen katholischen Partei zeigte sich in gegenseitigen Attacken. In diesem Zusammenhang zeigte sich die Ruhrmetropole als ein die Demokratie noch stabilisierender Faktor. Katholische Domänen erwiesen sich für die Werbungen des Nationalsozialismus als weniger anfällig als die protestantischen Regionen; insofern bestätigt das Wählerverhalten in Essen den grundsätzlichen Befund der Wahlforschung, dass Katholiken gegenüber dem Nationalsozialismus eine «beträchtlich größere Immunität» zeigten als Protestanten.[5] Sprach aus dieser Standhaftigkeit aber auch ein demokratisches Bewusstsein? Sicherlich trug die katholische Volkskultur, die religiös-politische Normen und Werte in einem ausgesprochen regen katholischen Vereinsleben vermittelte, zur Stabilisierung der städtischen Demokratie bei. Die katholische Tagespresse und die städtische Politik waren insofern und trotz mancher Kritik an Weimar grundsätzliche Träger der Republik, obwohl manche der damals ventilierten ständestaatlichen Ideen heute fremd anmuten. Die politische Agenda von christlichen Gewerkschaften und «brauner Bewegung» blieb grundverschieden: Die Nationalsozialisten machten deshalb in ihrer Bekämpfung von christlichen oder sozialistischen Gewerkschaften auch keine Unterschiede. Es war kein Wunder, dass Veranstaltungen von christlichen Gewerkschaften zunehmend zum Angriffsziel der Hitler-Bewegung wurden. Am 31. Januar 1932 beispielsweise störten etwa 100 Nationalsozialisten eine Zentrumskundgebung in Trier mit Stinkbomben und Zwischenrufen. Als diese von Ordnern aus dem Saal gedrängt wurden, bemerkte Stegerwald, «es wäre ein Verbrechen am deutschen Volke, heute politischen Kindern, die sich so wie diese Hitler-Leute benähmen, die Staatsmacht in die Hand zu spielen».[6] Stegerwald und die christlichen Gewerkschaften setzten sich jedoch zwischen alle Stühle. Von der NS-Bewegung wurden sie bekämpft, zusammen mit den sozialistischen Gewerkschaften waren sie als Konkurrenz gefürchtet und missachtet zugleich, und im bürgerlich-konservativen Milieu wurden sie als Herz-Jesu-Sozialisten misstrauisch beäugt. Geradezu symptomatisch war, dass Hindenburg, der nur selten mit Stegerwalds Politik einverstanden war, diesen gar verdächtigte, eine «bolschewistische Politik» zu betreiben.

Stegerwald hatte schon längst keine politische Plattform mehr, als Brüning im Sommer 1932 endgültig demissionierte. An seinem sozialpolitischen Kurs hielt er dennoch fest. Als er am 23. Februar 1933 bei einer Wahlkampfveranstaltung der Zentrumspartei in Duisburg eine wirtschaftspolitische Rede hielt, übte er heftige Kritik an den Großbanken und stellte eine Forderung auf, die paradoxerweise Wasser auf die Mühlen der Nationalsozialisten goss: «Die Großbanken müssen allmählich in eine Reihe regionaler Banken aufgegliedert werden, damit das Geld nicht an einigen wenigen großen Plätzen zusammengezogen wird und damit die Wirtschaft im Lande draußen und die mittleren und kleineren Betriebe nicht ständig von den notwendigen Krediten entblößt werden.»[7] Die Frage, ob eine «stärkere Akzentuierung der christlich-sozialen und demokratischen Elemente, die in der Tradition der Christlichen Gewerkschaften durchaus angelegt waren»,[8] die Demokratie hätte retten können, muss unbeantwortet bleiben.

Stegerwald konnte zu diesem Zeitpunkt nicht ahnen, dass die Nationalsozialisten bereits genau dieses Ziel, nämlich die regionalen Banken, im

Visier hatten. Zum Opfer hatten sie jedoch zunächst nicht etwa die mächtigen Großbanken, sondern ausgerechnet die *Deutsche Volksbank* auserkoren. Hinter den beiden extremistischen Parteien NSDAP und KPD stand in Deutschland inzwischen die Hälfte aller Wähler. SPD, Zentrum und DDP, also die Parteien der Weimarer Koalition, hatten Ende 1932 im Reich nur noch etwa 36 Prozent der Wähler hinter sich. Mit der Reichstagswahl vom November 1932 schien sich jedoch eine Kehrtwende abzuzeichnen. Jetzt nämlich gab es Anzeichen dafür, dass die NSDAP ihren Zenit bereits überschritten hatte, zumal sich die Konjunktur aufzuhellen begann. Die Lage besserte sich gerade im Ruhrgebiet um die Jahreswende 1932/33 im Bereich der Eisen- und Stahlerzeugung.[9] Der regionale Konjunkturbericht der Wirtschaftskammern aus dem Herbst 1932 sah ebenfalls einen Silberstreif am Horizont:

> «Zum ersten Mal wieder nach langer Zeit trägt der vorliegende Vierteljahreswirtschaftsbericht eine freundlichere Grundfärbung. Auf jeden Fall will es scheinen, als ob die rückläufige Konjunktur im großen und ganzen abgestoppt sei, was weitere Einbrüche in einzelnen Branchen naturgemäß nicht ausschließt. [...] Wichtiger für die Beurteilung der Lage ist aber die Tatsache, daß es sich auch bei den nichtsaisonmäßigen Gewerben fast überall regt: so bei der Großeisenindustrie, aber auch anderwärts, wie z. B. bei den Nebenprodukten der Kohle, bei der Zinkwalzindustrie, der Nietenindustrie und Seifenindustrie. [...] Darüber hinaus atmen zahlreiche Einzelberichte der Firmen die Hoffnung auf eine weitere Belebung im Zusammenhang mit den Auswirkungen des Wirtschaftsprogramms der Reichsregierung.»[10]

Die Ereignisse der Jahre 1932 und 1933 schienen zwar einen «hohen Grad an Zwangsläufigkeit und Unausweichlichkeit»[11] zu haben. Gleichwohl käme es einem unhistorischen Fatalismus gleich, nähme man an, es hätte in jener vermeintlich aussichtslosen Lage keine Handlungsalternativen mehr gegeben. Zu Anfang des Jahres 1933 schien der Nationalsozialismus sogar im Abschwung begriffen zu sein. Der Scheitelpunkt der Wirtschaftskrise war überwunden, und erste Anzeichen der Erholung waren erkennbar.[12] Die Nationalsozialisten fürchteten angesichts dieser Entwicklung aus gutem Grund eine Trendwende. Der Weihnachtseintrag im Tagebuch von Joseph Goebbels – das Jahr 1932 sei eine einzige Pechsträhne gewesen, und man müsse es in Scherben schlagen[13] – spricht hier für sich.

Neben den Plänen rechtsbürgerlicher Kreise, zur Monarchie zurückzukehren, bevorzugten zahlreiche Industrielle und Bankiers eine autoritäre «Papen-Lösung». Ganz anders die christlichen Gewerkschaften: Otte und Stegerwald wandten sich gegen jene «Regierung der sozialen Reaktion», gegen eine solche «Herrenklub-Regierung». In zahlreichen Reden und Resolutionen wurde der wirtschafts- und sozialpolitische Regierungskurs scharf kritisiert.[14] Stegerwald unterstrich im Januar 1933 daher die Mittlerposition der christlichen Gewerkschaften zwischen dem «faschistischen Nationalismus» und dem «sozialistisch-kommunistischen Internationalismus» und schwor die christliche Arbeiterbewegung darauf ein, als «Bannerträger» eine Synthese von sozialen Zielsetzungen und dem «nationalen Gemeinschaftsgedanken» zu schaffen.[15]

Die meisten deutschen Unternehmer und Bankiers hätten, vor die Wahl gestellt, eine autoritäre Regierung Papen einer Diktatur Hitlers vorgezogen, um für Deutschland eine Ruhephase einzuleiten, die ihrer Meinung nach zu einem Wiederaufstieg geführt hätte. Sie wollten die Krisen und Notlagen der Republik instrumentalisieren, um «den Staat von Weimar in einen seinem Wesen nach ganz anderen Staat» zu verwandeln.[16] Hitler hingegen wäre nach dem mehrheitlichen Willen der Industrie «still in der Versenkung verschwunden».[17] Die nationalsozialistische Machtübernahme erfolgte dennoch bei «gespaltener Industriefront» (Reinhard Neebe). Mancher begrüßte eine diktatorische Bereinigung der Lage, die innenpolitisch durch Arbeitskämpfe, sozialdemokratisch-gewerkschaftliche Opposition und kommunistische Agitation gekennzeichnet war und außenpolitisch als eine Knebelung der Wirtschaftsinteressen durch die Siegermächte des Ersten Weltkriegs empfunden wurde.

Die ersten Wochen des Jahres 1933 waren im Ruhrgebiet zwar durch schwere Auseinandersetzungen vor allem zwischen Kommunisten und Nationalsozialisten geprägt, aber nach der Ernennung Hitlers zum Reichskanzler am 30. Januar 1933 setzte sich die NSDAP schnell und ohne nennenswerte Gegenwehr durch.

Nach der Ernennung Hitlers zum Reichskanzler witterten die örtlichen Parteigrößen ihre Chance. Gauleiter Terboven kündigte schon am 4. Februar öffentlich «den Beginn der endgültigen Abrechnung mit dem inneren Feind» an. Hitler, so setzte er drohend fort, werde die «Führung in der Faust behalten».[18] Veranstaltungen der SPD und KPD wurden im Vorfeld der für den 5. März anberaumten Reichstagswahlen verboten. Wie sehr sich das Blatt bereits gewendet hatte, zeigte sich, als am 22. Februar eine Wahlkampfkundgebung des Zentrums in der Stadthalle Krefeld von Nationalsozialisten gesprengt und der Redner Adam Stegerwald niedergeschlagen wurde, ohne dass die Polizei dies verhinderte.[19] Selbst Hitler sah sich daraufhin gezwungen, gegen die ausufernde Gewalt seiner Parteikämpfer einzuschreiten.[20]

Die «Machtergreifung» war ein «Triumph geordneter Gewalt».[21] Sie er-

Ein Symbol für Parteienzersplitterung: Wahlplakate für die Reichstagswahl vom 5. März 1933 in Essen.

folgte schnell, kalt und in einer «Mischung aus pseudogesetzlichen Maßnahmen, Terror, Manipulation und bereitwilliger Kollaboration».[22] Die nach dem Reichstagsbrand erlassene Notverordnung setzte die Grundrechte außer Kraft und stellte nunmehr das eigentliche Grundgesetz des «Dritten Reiches» dar, das einen Zustand «gesetzmäßiger Rechtsunsicherheit» etablierte.[23] Der Nationalsozialismus bestimmte mit geradezu revolutionärer Macht das Geschehen, obwohl in Essen die Unterstützung für die «braune Bewegung» vergleichsweise gering war. Das Zentrum und die christlichen Gewerkschafter erfreuten sich noch hoher Beliebtheit. Bei den wegen Gewalt und Einschüchterung schon nicht mehr freien Reichstagswahlen am 5. März 1933 erhielt das Zentrum 30,1 Prozent der Stimmen und blieb damit auf einem stabil hohen Niveau. Die Nationalsozialisten erhielten 30,6 Prozent der Stimmen. Die KPD erzielte 19,9 Prozent, die SPD 10,8 Prozent – es ist offenkundig, dass die NSDAP nicht regierungsfähig gewesen wäre, wenn die Wähler überall in Deutschland wie in Essen votiert hätten. Noch eindeutiger fielen die Kommunalwahlen am 12. März 1933 aus. Hier erhielt das Zentrum sogar 33,9 Prozent der Stimmen – der höchste Anteil in allen Großstädten des Reviers. Die NSDAP holte enttäuschende 33,1 Prozent der

Stimmen. Die KPD erreichte 13,6 und die SPD 9,9 Prozent – auch hier war das Resultat eindeutig: Der NSDAP gab nur ein Drittel derjenigen Essener die Stimme, die den Weg in die Wahllokale fanden. Bernhard Otte und Heinrich Strunk wurden neben 30 weiteren Stadtverordneten des Zentrums ins Stadtparlament gewählt. Die Hoffnung, die von einer Essener nationalsozialistischen Zeitung noch am Wahltag mit ihrer Titelschlagzeile genährt wurde – «Es wird abgerechnet mit dem Zentrum» –, hatte sich also, zumindest was die Wahlergebnisse angeht, nicht erfüllt.

Im März 1933 unterrichtete Curt Prause, der bereits erwähnte Ministerialrat im Reichsfinanzministerium, den Essener Gauleiter Josef Terboven[24] über die jüngsten Entwicklungen bei der strauchelnden *Deutschen Volksbank*. Prause berichtete, dass alle bisherigen Sanierungsversuche gescheitert seien und damit ein Zusammenbruch der *Volksbank* bevorstehe. Terboven und seine Entourage sahen jetzt die Chance, sich eine regional operierende Bank anzueignen.[25] Terboven, ein «alter Kämpfer» der NS-Bewegung, stand am Beginn einer steilen Karriere und ließ keinen Zweifel daran aufkommen, wer in Essen der neue starke Mann war. Der 1898 geborene katholische Sohn eines Landwirts war ein Kind der Stadt und hatte sich in der zweiten Hälfte der 1920er-Jahre gegen alle Gegner in der noch unbedeutenden örtlichen NSDAP durchgesetzt. Terboven hatte ein Jurastudium begonnen, dieses aber nie abgeschlossen. Stattdessen war er 1923 Lehrling bei der Essener *Credit-Anstalt* geworden, war dort aber im Zuge der Auswirkungen der Krise nach der Währungsreform Mitte 1925 entlassen worden. Schließlich hatte er sich zunehmend der Parteiarbeit gewidmet. 1928 war er, inzwischen zum Göring-Intimus avanciert, von Hitler zum Leiter des Bezirks Essen ernannt worden, der 1930 schließlich zum Gau Essen wurde.

Es muss offenbleiben, ob er sich aufgrund seiner Banklehre dazu prädestiniert fühlte, sich nun als Bankenfachmann zu profilieren. Allgemeine Entwicklungen spielten ihm in die Hände: Die Wirtschaftskrise hatte das Misstrauen und die Abneigung gegenüber der Bankwelt erheblich gesteigert. Die als egoistisch desavouierten Bankinstitute und ihre Direktoren wurden in erheblichem Maße für die Krise mitverantwortlich gemacht. Diese weitverbreitete Antipathie gegen Bankiers führten die Nationalsozialisten mit Erfolg immer wieder ins Feld, um ihre eigenen Interessen zu befördern.

Jedenfalls setzte Terboven seine Banken-Pläne flugs in die Tat um: Er beauftragte den Verlagsdirektor Wolfgang Müller-Clemm, die Vorgänge bei der *Deutschen Volksbank* zu überwachen und zu lenken. Es war schon mehr als merkwürdig, dass ausgerechnet Müller-Clemm, ein eingefleischter Natio-

Josef Terboven, ein verhinderter Bankangestellter und «Alter Kämpfer», wollte sich mit der *National-Bank* ein regionales Finanzinstitut schaffen.

nalsozialist, der vom Bankgeschäft keine Ahnung hatte, fortan eine zentrale Rolle bei der Umstrukturierung der *Deutschen Volksbank* spielen sollte.[26]

Müller-Clemm war im März 1932 der NSDAP beigetreten und Herausgeber der 1930 gegründeten *National-Zeitung* in Essen, einem Presseorgan, das sich mit einer Auflage von rund 15 000 Exemplaren stets in Geldnöten befand und wahrscheinlich bankrottgegangen wäre, wenn nicht die Machtübernahme der NSDAP das Überleben gesichert hätte.[27] Sein Erstlingswerk *Held ohne Ruhm* wurde in der NS-Presse als «durch und durch preußisch, streng, herb und einfach» geschildert und sein Verfasser als «Kämpfer und Wegbereiter des Dritten Reiches» gerühmt.[28] Mit Büchern wie dem 1933 erschienenen *Von der Maas bis an die Memel. Auf Wasserwegen quer durch Deutschland* tat er sich schriftstellerisch hervor. Der Ankündigung des Kölner Verlags war ein markiger Spruch Müller-Clemms beigefügt: «Vom Süden nach Norden ziehen die deutschen Ströme, von West nach Ost keucht die unbändige Kraft deutscher Arbeit, erobernd, einschneidend, befruchtend, unermüdlich – ewige Ostwanderung. Schwert, Pflugschar und Spaten sind die klingenden Rüstzeuge am Werk, das Nation heißt, ewig im Fortfluß alles Schaffens der Gewalten wie der Menschen.»[29] Das ein Jahr später auf den Markt gebrachte Büchlein mit dem Titel *Jahresring einer landschaftlichen Stadt* kam weniger bedeutungsschwer daher. Über die schriftstellerische Qualität dieser Hommage an den Weinort Neustadt an der Weinstraße im Wandel der Jahreszeiten lässt sich streiten – es handelte sich um eine recht schwülstige Beschreibung ohne wirkliche Informationen, die einem Reisenden oder Weinkenner hätten nützen können. Ein solcher Lebensweg mochte für eine journalistische Karriere günstig sein.

Sein Aufstieg in der *National-Bank* war ein typisches Beispiel für die grundsätzliche Entwicklung, in deren Folge es in den Kommunen und den Reichsgauen zu einer «wachsenden Verfilzung» von Banken und NS-Parteiorganisationen kam: «Regionale und lokale Parteigrößen konnten sich über die Kontrolle öffentlicher Kreditinstitute zusätzliche Machtpositionen, lukrative Einnahmen und billige Kredite verschaffen.»[30] Vor allem diejenigen, die – wie Müller-Clemm – meinten, sich als Konjunkturritter aufspielen zu können, sahen nun ihre Zeit gekommen. Joachim Fest hat diese Grundstimmung anschaulich beschrieben: «Nun drängten die leer Ausgegangenen, gestützt auf die antikapitalistischen Stimmungen vergangener Jahre, in das größere und ertragreichere Feld von Handel und Industrie: Alte Kämpfer, die Direktoren, Kammerpräsidenten, Aufsichtsräte oder einfach, durch Gewalt oder Erpressung, Teilhaber werden wollten.»[31] Die ungesteuerten Aktionen, mit denen die Trennlinie zwischen öffentlichem Amt und Privatsphäre ein ums andere Mal verwischt wurde,[32] richteten sich in ganz Deutschland gegen die Wirtschaftseinrichtungen, Banken und Unternehmen. Terbovens Förderer Hermann Göring gab in einer Kundgebung in der Halle der Essener Gartenbauaustellung («Gruga») am 10. März 1933 die neue Marschrichtung vor:

> «Und wenn sie weiter sagen, da und dort sei einer abgeholt worden, da und dort sei einer mißhandelt worden. Ja mein Gott, wo gehobelt wird, da fallen Späne. Es sind außergewöhnliche Zeiten. Die Nation ist erwacht, ja ich sage es: Wir haben jahrelang den Leuten gesagt, ihr dürft abrechnen mit den Verrätern. Wir stehen zu unserem Wort, das wir gebraucht haben: Es wird abgerechnet! […] Und mögen wir auch etwas Falsches tun, wir tun jedenfalls was. Wir handeln. Und lieber schieße ich ein paar Mal zu kurz und ein paar Mal zu weit, aber ich schieße, und das ist das Entscheidende.»[33]

Aufmärsche, Versammlungen und Veranstaltungen sollten die Stärke des Regimes demonstrieren und die Mobilisierung der gesamten Bevölkerung für die neue Regierung beschleunigen. In den folgenden Tagen und Wochen wurden zahlreiche Politiker der KPD, der SPD und der Zentrumspartei in «Schutzhaft» genommen. Unter der Überschrift «Drängelei im Haumannshof» berichtete die *Essener Lokal-Post* von mehr als 2000 Häftlingen im Essener Gerichtsgefängnis.[34] Der nur wenige Monate zuvor ins Amt gekommene Oberbürgermeister Hermann Schäfer (Zentrum) erklärte am 6. April 1933 seinen Rücktritt. An seine Stelle rückte Theodor Reismann-Grone, ein Hitler-Berater und Verleger der *Rheinisch-Westfälischen Zeitung*. Als einer der Begründer des *Alldeutschen Verbands* war er schon im Kaiserreich eine politisch bekannte Figur gewesen und hatte seitdem enge Verbindungen zur Ruhrindustrie gepflegt. Kommunalpolitisch war er dagegen ein weitgehend unbeschriebenes Blatt, galt in Essen als Außenseiter und gehörte auch nicht zur Entourage des mächtigen Terboven. Die «Säuberung» der Stadtverwaltung unter der Regie Reismann-Grones verlief weitgehend geräuschlos. Die «Gleichschaltung» betraf alle gesellschaftlichen Ebenen und Gebiete, die privaten Vereine und kulturellen Organisationen ebenso wie die Betriebe, Verwaltungen, Schulen und die Presseorgane. Antisemitische Maßnahmen wie der Boykott jüdischer Geschäfte am 1. April 1933 traten neben andere öffentlich sichtbare Zeichen der Durchsetzung des nationalsozialistischen Kurses in Essen. «Undeutsche» und «jüdische Schmutz- und Schundliteratur» sowie Werke missliebiger Autoren wurden nach einer Ansprache des neuen nationalsozialistischen Leiters der Stadtbücherei wenige Wochen später verbrannt.[35]

Die revolutionären Ausgangsbedingungen der nationalsozialistischen Machtübernahme boten einen wirksamen Hebel, die Eigentumsverhältnisse auch bei der *Deutschen Volksbank* umzukehren. Es ist erstaunlich, dass dieses Institut überhaupt als eigenständige Bank überleben und ihre formelle Unabhängigkeit als *National-Bank* wahren konnte – allerdings nur dank der kriminellen Energie eines Gauleiters, der über eine «Hausbank» verfügen wollte und dabei von Hermann Göring protegiert wurde. Müller-Clemm überzeugte die Berliner Regierungsstellen – in erster Linie das Reichsfinanzministerium und die Vertreter der nationalsozialistischen *Bank der Deutschen Arbeit* – von den Plänen Terbovens, in Essen eine eigene Regionalbank zu gründen.

Voraussetzung für die Durchführung dieses Plans war freilich die Zerschlagung der bisherigen Gewerkschaftsbank. Den christlichen Gewerkschaften in Essen blieb nur noch eine «Galgenfrist»,[36] bevor auch ihre Einrichtungen und Vermögen einkassiert wurden.

Die Resolutionen und Reden auf der außerordentlichen Ausschusssitzung des *Gesamtverbands der christlichen Gewerkschaften* am 16. und 17. März 1933 waren durch Ratlosigkeit gekennzeichnet. Trotzig bekannte Bernhard Otte, dass die «christlich-nationalen Grundsätze» weiterhin Ausgangspunkt der zukünftigen Gewerkschaftsarbeit sein müssten. Adam Stegerwald stellte klar, dass er nach wie vor für die soziale Demokratie eintreten werde: «Mit Diktatur und bloßem äußerem Zwang ist der deutsche Staatswagen nicht bergauf zu ziehen.»[37] Mit dem unter anderem von Anton Erkelenz von den *Hirsch-Dunckerschen Gewerkvereinen* gemachten Vorschlag, eine «Einheitsgewerkschaft» zu schaffen, um der absehbaren Zwangsvereinigung zuvorzukommen, konnte sich Stegerwald nicht anfreunden. Der als «letzter organisatorischer Rettungsanker unter christlich-nationaler Federführung» unternommene Versuch, die christlichen Gewerkschaften zu erhalten, hatte ohnehin nicht mehr als «papierene Bedeutung».[38] Dies hing auch mit dem Zerfall und Untergang der Zentrumspartei zusammen, die bislang gleichsam das Rückgrat der christlichen Gewerkschaftsbildung gebildet hatte. Die Partei konnte sich angesichts des Triumphs der pseudolegal an die Macht gelangten Nationalsozialisten auf keinen klaren Kurs einigen und stimmte schließlich dem «Ermächtigungsgesetz» im Reichstag zu.[39] Der fatalen Entscheidung lag Hitlers Regierungserklärung vom 23. März zugrunde, in der der «Führer» beruhigende Versicherungen über seine zukünftige Politik und zum Christentum abgegeben hatte. Zu denjenigen tapferen 14 Abgeordneten, die zunächst entschlossen waren, ihre Zustimmung zu verweigern, und sich dann der Parteidisziplin beugten, zählten neben Heinrich Brüning auch die Aufsichtsratsmitglieder der *Deutschen Volksbank* Heinrich Imbusch und Heinrich Fahrenbrach sowie die Gewerkschaftsfunktionäre Joseph Ersing und Jakob Kaiser.[40] In einer Erklärung nahmen die deutschen Bischöfe am 28. März ihre Unvereinbarkeitserklärung von Nationalsozialismus und Christentum im Kern zurück, was weitgehend auf der Argumentationslinie der Zentrumspartei lag.[41]

Für die christlichen Gewerkschaften bedeutete die Selbstausschaltung des Zentrums zwar das endgültige politische Aus, aber sie glaubten sogar in dieser Situation noch, mit dem NS-Staat verhandeln zu können. Am 11. April suchten Bernhard Otte und Heinrich Imbusch ausgerechnet Joseph Goebbels auf, um zu sondieren, ob die Gewerkschaften und ihre Verbände noch irgendwie vor dem Zugriff des Nationalsozialismus zu retten waren.[42] Aber ihre verzweifelte Bereitschaft, am «Tag der nationalen Arbeit», dem 1. Mai, mitzuwirken und damit zu versuchen, die christliche Arbeiterbewegung zu retten, war ein ebenso hilfloses wie aussichtsloses Unterfangen. Goebbels notierte in seinem Tagebuch sarkastisch, was er von solchen Avancen hielt: «Harmlose Naivlinge! Als wenn wir bei unserem Appell an das deutsche Volk auf die Christlichen Gewerkschaften angewiesen wären. Sie scheinen noch gar nicht zu ahnen, was sich wirklich abspielt. Nicht ein halbes Jahr wird mehr ins Land gehen, und sie sind vollkommen ausgebootet und ohne Einfluß.»[43]

Ob Adam Stegerwald in den Stunden höchster Not tatsächlich noch einmal überlegt hat, einen Zusammenschluss der Freien mit den christlichen und liberalen Gewerkschaften auf den Weg zu bringen,[44] lässt sich nicht mehr eindeutig klären. Er hatte aber ohnehin jahrelang schon keine politische Funktion mehr ausgeübt und sich damit weitgehend abgefunden.[45]

Das Schicksal aller Gewerkschaften war besiegelt. In Essen wurden sie sofort nach dem noch gemeinsam und pompös als «Tag der Arbeit» begangenen 1. Mai 1933 durch Trupps der SA ausgeschaltet. Die Büros der sozialdemokratischen Gewerkschaften wurden am 2. Mai besetzt, die Wohnungen der Gewerkschaftsfunktionäre durchsucht und die meisten von ihnen verhaftet. In Essen sei die «Aktion [...] programmgemäß» durchgeführt worden, berichtete Müller-Clemms *National-Zeitung* befriedigt. Die Verhafteten wurden zunächst in das SA-Dienstgebäude in der Rüttenscheider Straße gebracht und von dort ins Polizeipräsidium beziehungsweise ins Untersuchungsgefängnis eingeliefert.[46]

Die *Bank der Arbeiter, Angestellten und Beamten AG* wurde am Tag nach der Zwangsauflösung der freien Gewerkschaften umgebildet und als *Bank der Deutschen Arbeit* gleichsam zur «Hausbank» der ebenfalls am 2. Mai gegründeten *Deutschen Arbeitsfront (DAF)*. Ihr beträchtliches Vermögen – zu diesem Zeitpunkt geschätzte 225 bis 250 Millionen Reichsmark – übernahm die NS-Bank. Ihre Gremien wurden mit NSDAP-Männern besetzt. Die übrigen Gewerkschaftsbanken wurden in der Regel mit der *Bank der Deutschen Arbeit* verschmolzen, wenn sie denn nicht ganz liquidiert wurden. Zu den übernommenen und schließlich in die NS-Bank integrierten Einrichtungen zählten die Sparabteilungen der Konsumgenossenschaften, eine ganze Reihe kleinerer berufsständischer Sparvereine, aber auch die *Deutsche Werkmeister-Sparbank AG*, die *Industriebeamten-Sparkassen GmbH*, die Spar- und Bankabteilung des *DHV*, die *Bank für deutsche Arbeit und Sparbank von 1820 AG* sowie die *Deutsche Wirtschaftsbank AG*.[47]

Das Aus für die christlichen Gewerkschaften in Essen erfolgte schon Anfang Mai 1933, also früher als auf Reichsebene. Ihre Vereinshäuser wurden von nationalsozialistischen Trupps in Beschlag genommen: «Hakenkreuzfahnen auf den Häusern der christlichen Gewerkschaften», lautete bereits am 6. Mai die Überschrift in der *National-Zeitung* in der Berichterstattung zur örtlichen Aktion der SA. Wenig später, am 24. Juni 1933 wurden überall in Deutschland die Dienststellen und Sekretariate der christlichen Gewerkschaften von Kommissaren der *Nationalsozialistischen Betriebszellen-Organisation (NSBO)* besetzt.[48] Rückblickend schrieb Stegerwald verbittert, Hitler habe an diesem Tag «seinen Pakt mit der Schwerindustrie wahr gemacht und die Gewerkschaften zerschlagen».[49]

Nun wurde auch die Direktion der *Deutschen Volksbank* «gesäubert». Faktisch war das Aktienkapital zwar immer noch zu fast 100 Prozent im Besitz der christlich orientierten Gewerkschaftsverbände, aber das spielte keine Rolle mehr. Der unrechtmäßige Entzug der Papiere und die faktische Ausschaltung der Gremien fand mit großer Wahrscheinlichkeit schon im Mai 1933 statt.[50] Die ursprüngliche Aktionärsstruktur bei der *Deutschen Volksbank* hatte mit nur geringen Veränderungen seit Gründung bestanden: Den Löwenanteil des Kapitals in Höhe von 2 Millionen Reichsmark hielt der *DHV* mit 522 080 Reichsmark; der *Gewerkverein christlicher Bergarbeiter Deutschlands* in Essen besaß Aktien für 370 000 Reichsmark; der *Christliche Metallarbeiter-Verband* in Duisburg verfügte über nominell 329 960 Reichsmark; der *Zentralverband christlicher Bauarbeiter Deutschlands* in Berlin hatte Aktien für 160 000 Reichsmark in seinem Besitz; der *Zentralverband christlicher Textilarbeiter Deutschlands* in Düsseldorf hielt 125 000 Reichsmark; der *Gesamtverband der christlichen Gewerkschaften* besaß Aktien in Höhe von 90 000 Reichsmark; 50 180 Reichsmark Aktien waren in den Händen des *Zentralverbands christlicher Fabrik- und Transportarbeiter Deutschlands* in Berlin.[51] Die übrigen etwa 10 Prozent der Aktien verteilten sich auf die weiteren kleineren Verbände: Der *Zentralverband christlicher Holzarbeiter* in Köln hatte Aktien für 25 000 Reichsmark; der *Zentralverband christlicher Lederarbeiter* in Frankfurt am Main für 25 680 Reichsmark; der *Zentralverband christlicher Tabakarbeiter* in Düsseldorf für 460 Reichsmark; der *Zentralverband der Arbeiter in öffentlichen Betrieben und Verwaltungen* in Köln verfügte über Aktien im Wert von 2980 Reichsmark; der *Reichsverband der Molkerei- und Käserei-Angestellten* in Berlin besaß eher symbolisch Aktien im Wert von 60 Reichsmark; die *Gewerkschaft deutscher Eisenbahner* in Berlin hielt Aktien in Höhe von 1260 Reichsmark; der *Gutenbergbund* in Berlin Papiere im Wert über 26 000 Reichsmark; für den *Verband der weiblichen Handels- und Büroangestellten* lagen Aktien über 2420 Reichsmark im Depot. Der *Österreichische Handlungsgehilfen-Verband* in Wien, der *Verband Deutscher Techniker* in Essen, der *Bayerische Eisenbahner-Verband*, der *Deutsche Werkmeisterbund* in Essen und der *Bund der Hotel-, Restaurations- und Caféangestellten* in Leipzig hielten weiterhin Aktien der Bank. Auch einige Konsumgenossenschaften fanden sich auf der Liste der Aktionäre: die *Gepag* (Köln), die *Konsum-Genossenschaft Wohlfahrt* (Essen), die *Konsum-Genossenschaften Eintracht* (Köln-Mülheim bzw. Mönchengladbach), die *Konsum-Genossenschaft* Würselen, die *Konsum-Genossenschaften Selbsthilfe* (Duisburg bzw. Düsseldorf-Reisholz), die *Allgemeine Konsum- und Produktions-Genossenschaft* (Rheydt), die *Verlagsgesellschaft «Der Deutsche»* (Berlin) und die *Gemeinnützige Deutsche Lebensversicherung AG* (Berlin).[52] Vor der «zweiten Sanierung» waren also fast alle Aktien im Besitz der christlichen Gewerkschaften: In ihrer Hand waren 1 872 780 Reichsmark der Anteile von insgesamt 2 Millionen Reichsmark.

Die Öffentlichkeit erfuhr am 30. April, dass Otto Suckau nicht mehr dem Vorstand der Bank angehörte. Zugleich wurde vermeldet, dass Heinrich Imbusch aus dem Vorstand des *Kohlensyndikats* entlassen worden war.[53] Das zweite Vorstandsmitglied – Heinrich Strunk – wurde am 9. Mai 1933 zunächst beurlaubt und später ohne Abfindung entlassen.

Die bereits erwähnte zusätzliche Liquiditätshilfe über 50 000 Reichsmark, die von der *DBB* noch im Mai 1933 gewährt wurde, wäre wohl nicht genehmigt worden, wenn nicht inzwischen mit der ehemals freigewerkschaftlichen, aber nun gleichgeschalteten *Bank der Arbeiter, Angestellten und Beamten AG* vielversprechende Verhandlungen über eine weitere Restrukturierung der *Deutschen Volksbank* in Gang gekommen wären. Die inzwischen ebenfalls unter NS-Einfluss stehende ehemalige Gewerkschaftsbank war bekanntlich ungleich größer als die *Deutsche Volksbank.*

Carl Rosenhauer aus dem bereits umgestalteten Vorstand der *Bank der Arbeiter, Angestellten und Beamten* vertrat wie viele Beobachter die Ansicht, die *Deutsche Volksbank* sei angesichts ihrer umfangreichen Verluste nicht mehr zu retten. Allerdings kamen in den zähen und hart geführten Verhandlungen Rosenhauer und sein Widerpart Bach schließlich doch überein, «daß der fehlerhafte Stützungsplan nicht auslaufen dürfe, sondern daß eine endgültige Bereinigung durchgeführt werden müsse».[54] Neben der Verrechnung von Gewinnen durch die *Reichsanleihe AG*, so lautete die Überlegung, sollten die durch ihre Bürgschaft involvierten, aber mittlerweile gleichgeschalteten Verbände – an ihrer Spitze der *DHV* – weitere erhebliche Zahlungen leisten. Rosenhauer schlug zudem vor, das Aktienkapital zusammenzulegen. Ein Kapitalschnitt und eine sofortige Wiedererhöhung wurden als beste Lösung angesehen, weil das Kapital als verloren galt. Die Liquidationspläne waren damit vom Tisch, wie sich Josef Bach später erinnerte:

> «Schließlich einigte man sich dahin, daß das Aktienkapital nicht zusammengelegt, sondern der gratis an die Bank zu überlassende Teil zum Wiederverkauf zur Verfügung gestellt werden sollte. [...] Die freigegebenen Aktien konnten, es muß hervorgehoben werden, mit politischem Druck, allmählich im Ruhrgebiet abgesetzt werden und damit zugleich mit den neuen Geldzuflüssen eine neue Geschäftsgrundlage durch die örtliche Verankerung geschaffen werden.»[55]

Nachdem Strunk beurlaubt worden war, wurde eine Woche später, am 15. Mai 1933, Müller-Clemm mit der kommissarischen Leitung der *Deutschen Volks-*

bank beauftragt. Um Unterstützung für die Umgestaltungspläne zu erhalten, musste er zunächst die Auflösung des Filialnetzes zusichern. Dies musste noch nicht als dezidiert nationalsozialistische Maßnahme gelten. In der Folge der Bankenkrise herrschte die Meinung, die deutsche Bankenlandschaft sei «übersetzt»; es liege im Interesse einer florierenden Wirtschaft, überflüssige Zweig- und Geschäftsstellen zu schließen. Auch in den diversen Sanierungsplänen hatte die Forderung nach einer Reduzierung des Filialnetzes stets eine hohe Priorität gehabt.

Wenige Tage nachdem Müller-Clemm die kommissarische Aufsicht über die *Deutsche Volksbank* übernommen hatte, wurde Hermann van Ackeren als neuer Direktor präsentiert. Dieser war zuvor Bankdirektor der genossenschaftlichen *Vereinsbank* in Duisburg-Hamborn gewesen und hatte den Vorteil, NSDAP-Mitglied zu sein. Am 23. Juni 1933 wurde er offizielles Vorstandsmitglied. Dem von den Nationalsozialisten oktroyierten van Ackeren wurde nach 1945 ein schlechtes Zeugnis ausgestellt. Er habe die bankgeschäftlichen Entscheidungen den jetzt neu eingestellten Prokuristen überlassen, die «natürlich mit Parteibuch» ausgestattet gewesen seien: «Briefe konnte er nicht diktieren, vielmehr schrieb er den Text auf Blätter, die dann im Vorzimmer formgerecht in die Schreibmaschine umgesetzt wurden.»[56] Josef Bach, der bereits im Zuge der «ersten Sanierung» zur *Deutschen Volksbank* gestoßen war, sorgte, gleichsam als Feigenblatt, an der Seite von van Ackeren für eine gewisse Kontinuität und brachte seine reichhaltigen Erfahrungen ein, die er bereits bei der Bank gesammelt hatte.

Van Ackeren machte sich zunächst daran, eine Bestandsaufnahme des Substanzwerts der *Deutschen Volksbank* vorzunehmen. Die Prüfungsergebnisse der Wirtschaftsprüfungsgesellschaft *Deutsche Baurevision* seien, so gab er nach Kriegsende an, daraufhin durchgesehen worden, ob die *Deutsche Volksbank* «überhaupt noch zu retten» gewesen sei. Die Antwort gab er im gleichen Atemzug: Sie sei zu diesem Zeitpunkt «nicht mehr lebensfähig» gewesen und «hätte sofort ihre Schalter schließen müssen».[57] Über die Richtigkeit dieser apologetischen Aussage lässt sich streiten, zumal die Verlustzahlen immer wieder verändert und wenige Monate später noch einmal nach oben korrigiert wurden. Im Geschäftsbericht für das Jahr 1932, der zur Hauptversammlung im Dezember 1933 vorgelegt wurde, wurde die Bilanzsumme nach dem Prüfungsbericht der *Deutschen Baurevision* zum Jahresende 1932 mit rund 25 Millionen Reichsmark und die Überschuldung mit etwa 10,5 Millionen Reichsmark taxiert.[58] In Wirklichkeit stand jedoch zu diesem Zeitpunkt schon fest, dass es einen nationalsozialistischen Neubeginn geben sollte. Der neue Direktor kam zu dem – seinen Zwecken dienlichen – Ergebnis, dass die Verluste der Bank zum Stichtag 30. September 1933 genau 14 712 608,91 Reichsmark betrugen. Diese Verlustschätzung findet sich auf einer undatierten Notiz, die zweifellos aus der Zeit der «zweiten Sanierung» im Juni 1933 stammt.[59] Bei einer solchen Abschreibungssumme, wie auch immer sie errechnet worden war, schien es natürlich unabdingbar, eine grundlegende Neustrukturierung der Bank vorzunehmen.

Die «zweite Sanierung» seit dem Juni 1933 wurde daher bereits unter den veränderten politischen Bedingungen in die Tat umgesetzt. Da inzwischen die christlichen Gewerkschaften ausgeschaltet waren, konnte der neue Sanierungsplan reibungslos durchgeführt werden. Er sah vor, den noch vorhandenen Bestand der zu 52 Prozent überlassenen nominell 4 Millionen Reichsmark Ablösungsschuldverschreibungen zu verkaufen. Hieraus ergab sich ein Erlös von knapp über fünf Millionen Reichsmark. Als Barleistung der inzwischen gleichgeschalteten gewerkschaftlichen Bürgschaftsverbände wurden im Verhältnis ihrer Beteiligung an der *Deutschen Volksbank* über eine Million Reichsmark veranschlagt und ein weiterer Betrag der Gewerkschaftsverbände zugunsten der *Deutschen Volksbank* aus der Kasse der *Reichsanleihe AG* in etwa gleicher Höhe hinzugerechnet. Von diesem Gesamtbetrag in Höhe von 7 427 691,75 wurde eine Summe von 510 470,50 Reichsmark abgezogen, die die Bank im Jahr 1932 aus der Auslosung der Ablöseschuldverschreibung bereits eingenommen hatte. Hieraus wiederum ergab sich ein «Sanierungsgewinn» in Höhe von 6 917 221,25 Reichsmark. Die im November 1931 gewährte Globalbürgschaft der Gewerkschaftsverbände wurde in Höhe von 6 Millionen Reichsmark in Anspruch genommen, wodurch sich eine Gesamtdeckung zugunsten der Bank in Höhe von 12 917 225,25 Reichsmark ergab.[60]

Der Sanierungsplan selbst ist offensichtlich nicht mehr vorhanden, sodass das genaue Prozedere bei dessen Implementierung in den Monaten von Juni bis Dezember 1933 nur ansatzweise nachgezeichnet werden kann. Lediglich einige Saldenlisten, Notizen und spätere Auskünfte des von der Gauleitung Essen mit der «zweiten Sanierung» betrauten van Ackeren sowie ein 1952 erstelltes Wirtschaftsprüfungsgutachten stehen für die Rekonstruktion der Vorgänge zur Verfügung.

Aus den Berichten der *Deutschen Baurevision* ergab sich tatsächlich zum 30. Juni 1933 ein Effektenbestand in Höhe von 2,1 Millionen Reichsmark. Er hatte einen Kurswert von rund 1,8 Millionen Reichsmark, sodass der errechnete Abschreibungsbedarf auf diesen Posten realistisch erscheint. Die Beteiligungen wurden wie 1932 bilanziert. Ob die mit 331 363,70 Reichsmark taxierten Immobilien und Grundstücke angemessen bewertet wurden, lässt sich aus den vorhandenen Unterlagen nicht entnehmen. Immerhin war dieser

Bestand in den vorherigen Prüfungsberichten mit rund einer Million Reichsmark angegeben worden. Da inzwischen einige Immobilien verkauft worden waren, fällt eine Bewertung dieses – im Gesamtrahmen vergleichsweise unerheblichen – Postens aus heutiger Sicht schwer.[61] Als größter und bedeutendster Posten im Rahmen der Neubewertung standen die Abschreibungen auf Debitoren, die sich auf zusammen 13 713 772,51 Reichsmark beliefen. Diese Verlustschätzung darf ebenfalls in etwa als realistisch gelten. Sie war um 6,4 Prozent höher als die von der *Deutschen Baurevision* zum Jahresende 1932 errechnete Schätzung von 12 899 122 Reichsmark. Auf welche Weise die Neuberechnung zustande kam, ist unklar; sie lag jedoch durchaus noch im Rahmen einer ordnungsgemäßen Bewertung, vor allem weil ein selbst tragender Wirtschaftsaufschwung in der zweiten Jahreshälfte 1933 noch nicht sicher angenommen werden konnte. Zudem wurden die nach der «zweiten Sanierung» als verloren eingeschätzten Debitoren tatsächlich von der *National-Bank* treuhänderisch für die *DAF* bzw. die *Bank der Deutschen Arbeit* abgewickelt.[62] Sie schieden damit aus dem Vermögensbestand der Bank aus. Diese hat nach 1933 bei der Übertragung von Debitoren auf das treuhänderische Abwicklungskonto zweifellos keine Schuldner übertragen, von denen sie annahm, dass sie zu gegebener Zeit doch noch zahlungsfähig sein würden. Welche Zahlungen schließlich an die *DAF* bzw. an die *Bank der Deutschen Arbeit* erfolgten, ist ungewiss, da diese Beträge nach 1945 nur bruchstückhaft aus einigen noch vorhandenen Kontokarten rekonstruiert werden konnten. Die Überweisungen waren allerdings – zumindest so viel lässt sich sagen – von geringer Höhe und beliefen sich bei der *DAF* für die Jahre von 1937 bis 1942 auf knapp über 300 000 Reichsmark.[63]

Die durchaus plausibel angegebenen Vermögensverluste von 14 712 608,91 Reichsmark wurden, wie bereits dargestellt, durch die Erlöse aus der Reichsanleihe-Aktion sowie der Gewerkschaftsbürgschaft und durch Rückstellungen mit 13 364 068,88 Reichsmark gedeckt. Diese knapp 13 Millionen Reichsmark, die der Bank zur Verfügung standen, waren mit Blick auf den errechneten Vermögensverlust nicht ausreichend. Der Fehlbetrag wurde auf genau 1 348 540 Reichsmark berechnet. Diese Summe sollte von den Nachfolgern der christlichen Gewerkschaften durch die Ausgabe von neuen Aktien – in diesem Fall an neue Aktionäre – finanziert werden. Welche Überlegungen dahinterstanden, lässt sich aus den vorliegenden Unterlagen nicht erkennen. Der Vergleich der Bilanzen zum 30. Juni 1933 und zum 31. Dezember 1933 lässt ebenfalls keinen exakten Nachweis zu. Der Kern der «zweiten Sanierung» waren jedenfalls die Rückzahlung des Stützungskredits der *DBB* in Höhe von 5,7 Millionen Reichsmark zum 30. Juni 1933 und die

Abschreibung der Vermögensverluste von knapp 14,7 Millionen Reichsmark.[64]

Nach der «zweiten Sanierung» und der damit verbundenen Neuausgabe von Aktien über 1 348 540 Reichsmark war der zumindest noch auf dem Papier verbliebene Bestand der Aktien der Verbände der christlichen Gewerkschaften auf 651 460 Reichsmark geschrumpft. Was genau mit diesen Aktien geschah, ist zumindest in Umrissen bekannt: Sie wurden in den Hauptversammlungen zunächst von der *DAF*, dann 1937 und 1938 von der *Bank der Deutschen Arbeit* vertreten. Diese Aktien sind dann mit weiteren Aktien über 16 740 Reichsmark (zusammen 637 000 Reichsmark Aktien) in den Jahren 1939/40 von anderen Aktionären gekauft worden.

Durch die erwähnte Neuausgabe von Aktien – was de facto einer Zusammenlegung des Kapitals auf ein Drittel entsprach – verringerte sich naturgemäß der Anteil der ehemaligen Aktien der christlichen Gewerkschaften ebenfalls auf ein Drittel. Die Wiedererhöhung auf den alten Nominalwert der Aktien auf 2 Millionen Reichsmark wurde dann folgerichtig durch neue Aktionäre bezahlt, die dadurch ihren Einfluss entsprechend erhöhten.

Die *Bank der Deutschen Arbeit*, die mit Robert Ley einen neuen Aufsichtsratsvorsitzenden hatte und ihren Hauptsitz in der ehemaligen Zentrale des *ADGB* in der Berliner Wallstraße bezog, verfuhr allerdings im Rahmen einer *business as usual*-Strategie und argumentierte wenige Wochen nach der Zerschlagung der Gewerkschaftsbewegung:

> «Nachdem nun alle Verbände in der Deutschen Arbeitsfront zusammengefaßt sind, schlagen wir vor, die Verbände übertragen das zusammengelegte Aktienkapital von 1 Mill. auf die Deutsche Arbeitsfront, sodaß diese an der Dtsch. Volksbank als einziger Großaktionär beteiligt wäre. Um nun der Bank eine beweglichere Basis zu verschaffen, soll das Kapital wiederum auf 2 Mill. erhöht werden, wobei in erster Linie versucht werden soll, die neuen Aktien durch die weiten Schichten des Mittelstandes der Großstadt Essen zeichnen zu lassen. Durch diese Methode würde das geschaffen, was sich unter Führung der NSDAP bereits in fortgeschrittener Vorbereitung befand. Da die in Essen vorhanden gewesen[en] mittleren Banken, insbesondere auch die Essener Bank, zur Liquidation gelangt sind, wird die Schaffung eines Kreditinstituts für kleinere und mittlere Kreise in Essen täglich dringlicher. Ganz unmöglich ist es, etwa auch die Deutsche Volksbank untergehen zu lassen, weil dann nochmals 6 Mill. aus dem hiesigen Mittelstande herausgepresst werden müßten, was keineswegs im Interesse unserer heutigen Regierung liegt.»[65]

Unterlagen über die Verhandlungen mit der *Bank der Deutschen Arbeit* und der *DAF* im Spätsommer 1933, die eventuell Genaueres über die Bankenpolitik und -strategie erkennen lassen würden, sind nach heutigem Kenntnisstand nicht mehr vorhanden. Die Gespräche zur Ausgestaltung der «zweiten Sanierung» zogen sich noch über Monate hin. Ein Mitarbeiter hat das Prozedere später recht wolkig umschrieben: Es habe gegolten, «eine Entscheidung über Sein oder Nichtsein zu fällen».[66] Die Verhandlungen wurden aller Wahrscheinlichkeit nach erst nach dem 22. September 1933 abgeschlossen, wie sich aus den Eintragungen der *Deutschen Volksbank* beim Handelsregister vom 26. Juni 1933 und 22. September 1933 ergibt.[67] Aus der Sicht des jetzt zu einer regionalen NS-Bank umfunktionierten Geldinstituts war das Ergebnis jedenfalls begrüßenswert. Im Geschäftsbericht wurde bekräftigt:

> «Durch die Transaktion ist eine gänzliche Bereinigung der Verluste und aller Verlustmöglichkeiten erfolgt. Unsere Bilanz zum Ende des Jahres 1933 wird nicht nur einwandfrei, sondern darüber hinaus innerlich so gekräftigt sein, daß sie selbst unerwarteten Risiken […] standzuhalten vermag.»[68]

Solche Stellungnahmen entsprachen der üblichen Propaganda der NSDAP, die ja behauptete, bei der «Machtergreifung» 1933 von den Gewerkschaften nur «einen Trümmerhaufen übernommen» zu haben. Hilfsweise wurde hinzugefügt, die Gewerkschaftsführer hätten sich persönlich bereichert, zudem «eine unglaubliche Mißwirtschaft» getrieben und die eigenen Unternehmen «zugrunde gerichtet» – eine Kaschierung des Umstands, dass der Gesamtvorgang nichts anderes als ein «Raubzug der DAF» war.[69] Die *DAF* bestand auch in den folgenden Jahren resolut auf ihrem Einfluss. Als der Vorstand 1935 den Vorschlag machte, einen Gemeinschaftsfonds zwischen *DAF*, dem Gau und dem Kreis zu bilden, scheiterte dieser Vorstoß am vehementen Veto des Vertreters der *DAF* und der mit ihr verbundenen *Bank der Deutschen Arbeit.*[70] Die *National-Bank* war und blieb ebenso wie die *Bank der Deutschen Arbeit* der verlängerte Arm der *DAF.*[71]

Auch deshalb soll an dieser Stelle ein Blick auf die ominöse NS-Bank im Hintergrund geworfen werden. Die halbstaatliche *Bank der Deutschen Arbeit* als Hausbank der *DAF* wurde schon seinerzeit von US-amerikanischen Volkswirten als nationalsozialistische «Superbank» bezeichnet. Ihre erhebliche Bedeutung für Kreditgeschäfte ist bislang kaum wahrgenommen worden.[72] Die lange Zeit vorherrschende Ansicht, die Bank habe lediglich «subsidiäre Aufgaben» übernommen und im Kreditgeschäft während des Krieges «nur eine marginale Bedeutung» gehabt,[73] ist angesichts ihrer maßgeblichen Finanzierung des *Volkswagenwerks* und zahlreicher Rüstungsbetriebe revisionsbedürftig. Das Institut expandierte in atemberaubender Weise. Die

Das «Haus der Arbeit» der DAF in Essen. Die Vermögen der zerschlagenen kleineren Essener Gewerkschaftsbanken wurden nach 1933 von hier aus verwaltet, weil im Gebäude auch die Zentrale der *Bank der deutschen Arbeit* untergebracht war.

Bilanzsumme der mit einem Aktienkapital von 25 Millionen Reichsmark ausgestatteten Bank stieg bis 1938 auf 510 Millionen Reichsmark.[74] Das Institut, das in Essen eine Niederlassung besaß, fungierte als eine Art Holdinggesellschaft der *DAF* und erweiterte nach Kriegsbeginn «im Windschatten der militärischen Expansion» ihr Netz von Auslandsfilialen namentlich im Osten Europas. Die Mitarbeiter der *Bank der Deutschen Arbeit* agierten zudem «am Markt wesentlich aggressiver» als jene der anderen nichtstaatlichen Banken. Obwohl die *Bank der Deutschen Arbeit* zweifellos sowohl vom Filialnetz als auch von den Umsatzvolumina um ein Vielfaches größer war als die *National-Bank* im «Dritten Reich», zählten beide in weiterem Sinne zu den Wirtschaftsunternehmungen der *DAF*.[75]

Der *DAF*, die Mutterorganisation der Bank, wurde schon damals hinter vorgehaltener Hand immer wieder vorgeworfen, nicht ordentlich wirtschaften zu können.[76] Die *DAF* galt als «Koloss auf tönernen Füßen»,[77] da zahlreiche Parteigenossen nach der NS-Machtübernahme in ihrem verzweigten Behördenapparat Unterschlupf und Auskommen fanden. Es liegt zunächst einmal nahe zu vermuten, dass bei der *Bank der Deutschen Arbeit* Mitarbeiter beschäftigt waren, die in einer freien Wirtschaft als inkompetent abgelehnt worden wären. Obwohl wesentliche Unterlagen der *Bank der Deutschen Arbeit* verloren gingen bzw. in den letzten Kriegstagen bewusst vernichtet wurden, lässt sich aus einigen Teilüberlieferungen ihre Politik rekonstruieren und jener der *National-Bank* gegenüberstellen. Ob sich das schlechte Image, das die *DAF* zu Recht besaß, auch auf die *Bank der Deutschen Arbeit* übertragen lässt, ist fraglich. Zweifellos war die enge Verbindung zur *DAF* jedoch ein «Einfallstor für Miß- und Vetternwirtschaft»,[78] obwohl sich aus den Akten ein unfachmännisches Verhalten der Bank nicht direkt entnehmen lässt. Spätestens mit dem Aufstieg Rudolf Lencers zum Vorstandsmitglied im Jahr 1938 lässt sich eine Professionalisierung der Bankarbeit feststellen. Zwar herrschte in der – recht elitär auftretenden – *Deutschen Bank* die Ansicht vor, dass beim staatlichen Konkurrenzunternehmen die «wirtschaftlich gebildeten Kräfte» Mangelware und die leitenden Mitarbeiter «in ihrer Qualität und mit ihren Kenntnissen nicht für die Führung prädestiniert» seien,[79] allerdings mögen dabei aber Neidgefühle eine gewisse Rolle gespielt haben.

Die Neustrukturierung der *Deutschen Volksbank* unter nationalsozialistischen Vorzeichen ging im November 1933 in ihre letzte Phase. Die Aktionäre der *Deutschen Volksbank* wurden am 20. November 1933 vom Vorstand zur ordentlichen Hauptversammlung eingeladen, bei der nicht nur der Geschäftsbericht und der Jahresabschluss 1932 vorgelegt, sondern Satzungsänderungen wie eine geplante Änderung des Namens der Bank, die Umwandlung der Namensaktien in Inhaberaktien und die Neuwahl des Aufsichtsrats beschlossen werden sollten. Die Einladung wurde im *Deutschen Reichsanzeiger und Preußischen Staatsanzeiger* und sogar in der immer noch existierenden Gewerkschaftszeitung *Der Deutsche* vom 24. November 1933 bekannt gemacht. Kurz vor Weihnachten 1933 wurde offiziell verkündet, dass das Bankinstitut der christlichen Gewerkschaftsverbände nicht liquidiert werden würde. Es sei – so die Meldung – inzwischen einer Reorganisation unterzogen worden; das Geschäft in Essen werde nun völlig neu aufgebaut. Wolfgang Müller-Clemm prophezeite am Vorabend der Hauptversammlung, dass an der Genehmigung «nicht gezweifelt werden» müsse. Dann werde sich «die Deutsche Volksbank unter dem neuen Namen NATIONAL-BANK AG» mit einer Bilanz vorstellen, «welche aller Rätsel beraubt sein wird und deren Liquidität einwandfrei ist».[80]

Die Hauptversammlung der *Deutschen Volksbank* am Nachmittag des 18. Dezember 1933, die erstmals im vornehmen Essener Hotel Kaiserhof stattfand, hatte einen handstreichartigen Charakter – der radikale Personalaustausch an der Unternehmensspitze sowie die ebenso grundlegenden Satzungsänderungen wurden in nicht einmal einer Stunde durchgepaukt. Aus dem bisherigen christlich-gewerkschaftlich geprägten Aufsichtsrat war niemand erschienen: Höchstwahrscheinlich wurden sie überhaupt nicht mehr über ihr Ausscheiden aus den Gremien der *Deutschen Volksbank* informiert. Weder der Vorsitzende Heinrich Imbusch noch die beiden Stellvertreter Bernhard Otte und Otto Kämper konnten ihre Stimme erheben. Auch die übrigen Aufsichtsratsmitglieder Josef Becker, Heinrich Fahrenbrach, Martin Fromm, Arnold Knoblauch, Walther Lambach, Peter Schlack, Anton Schmidt und Franz Wieber waren bereits ausgeschaltet worden. Die meisten von ihnen wurden im «Dritten Reich» kaltgestellt, zum Teil verfolgt und konnten erst nach 1945, häufig in der CDU, wieder politisch tätig werden.

Adam Stegerwald legte im Juli 1933 sein Mandat nieder und wurde noch im gleichen Monat aus der *DAF* «ausgestoßen». Imbusch und er wurden zu «Verrätern an der nationalen Revolution» erklärt.[81] Im November 1933 wurde Stegerwald gemeinsam mit anderen Vorstandsmitgliedern und den Geschäftsführern des im Mai 1933 geschlossenen *Volksvereinsverlags* wegen vermeintlichen Betrugs angeklagt.[82] Die Anklage wurde schließlich fallen gelassen, aber es ist fast verwunderlich, dass er nicht auch wegen seiner Tätigkeit bei der *Deutschen Volksbank* angeklagt wurde. Seine politische Rolle, die er seit 35 Jahren innegehabt hatte, war ausgespielt. Politisch verfolgt und schikaniert, zog er sich schließlich in die «innere Emigration» zurück.

Bernhard Otte, der bei der *Deutschen Volksbank* die Nachfolge Stegerwalds angetreten hatte, steuerte wochenlang einen hilflosen politischen Schlingerkurs. Im Herbst 1933 kam er bei einem Autounfall ums Leben.[83] Heinrich Imbusch, der noch auf der letzten Generalversammlung der christlichen Gewerkschaften Mitte März 1933 den Nationalsozialismus als «Mischung von reaktionären und revolutionären Kräften» bezeichnet hatte,[84] verließ Essen Ende Mai 1933 und übersiedelte ins Saarland, nachdem er Todesdrohungen erhalten hatte. Einige Wochen zuvor war er in der *Deutschen Allgemeinen Zeitung* als «Bank- und Börsenfürst» angegriffen worden, der sich «mit gewissem Schmunzeln den Ruf des Diktators gefallen» lasse, aber vor allem für die Misswirtschaft bei der *Deutschen Volksbank* verantwortlich sei.[85] 1935 floh er nach Luxemburg, von dort 1940 nach Belgien und Frankreich. 1942 kehrte er heimlich nach Essen zurück und hielt sich versteckt bei seiner Familie auf, wo er im Januar 1945 starb. Heinrich Strunk musste die NS-Zeit als «kleiner Vertreter» überstehen,[86] hielt jedoch insgeheim seine Verbindungen zu führenden Männern der christlichen Opposition gegen Hitler aufrecht und wurde nach Kriegsende einer der führenden Männer der Essener CDU.

Kämper und Knoblauch knüpften in der Bundesrepublik wieder an die genossenschaftlichen und sozialpolitischen Ideen der Weimarer Jahre an und spielten als Berater in der Wohnungsbaupolitik eine wichtige Rolle.[87]

In den nun komplett ausgetauschten Gremien war der nationalsozialistische Geist spürbar.

Hermann van Ackeren und – vorerst noch – Josef Bach bildeten den neuen Vorstand. Die Gremienmitglieder konnten dem nun präsentierten

Geschäftsbericht für das Jahr 1932 entnehmen, in welche Richtung die formal notwendigen Abstimmungsrituale zukünftig gehen sollten. Der bereits vollzogene Umsturz musste nur noch von den neuen Aktionären gebilligt werden:

> «Die in Verbindung mit dem Übergang der christlichen Verbände (Großaktionäre) auf die Deutsche Arbeitsfront stehenden Maßnahmen haben zu einer gründlichen Revision der Deutschen Volksbank geführt. Der Aufsichtsrat stellte seine Ämter zur Verfügung. Eine kommissarische Überwachung wurde eingesetzt. Auch im Vorstand trat ein Wechsel ein. Das Ergebnis der stattgefundenen eingehenden Prüfung ging dahin, daß unter Ausnutzung aller zur Verfügung stehenden Möglichkeiten eine notwendig gewordene Vereinigung der Bilanz sehr wohl geschehen konnte. Auf Grund dessen sahen wir uns gezwungen, viele Verhandlungen sowohl mit Reichsstellen als auch mit der Deutschen Arbeitsfront zu führen. Wir heben besonders dankbar hervor, daß letzten Endes die Deutsche Arbeitsfront es gewesen ist, welche in loyaler Weise die Einberufung der heutigen Generalversammlung ermöglicht hat.»[88]

Das Prozedere im Kaiserhof war eine Farce, die nur das bestätigte, was ohnehin schon hinter verschlossenen Türen beschlossen worden war. Die Versammlung stand faktisch unter kommissarischer Aufsicht des von der Essener Gauleitung beauftragten Aufpassers Wolfgang Müller-Clemm. Der mit der Protokollführung beauftragte Notar hielt die Details der Machtübernahme akribisch fest:

> «Das Vorstandsmitglied van Ackeren wies die Versammlung darauf hin, daß kein Mitglied des Aufsichtsrates erschienen, daß mithin kein nach den Satzungen vorgesehener Vorsitzender als Versammlungsleiter vorhanden sei. Er bat daher die Versammlung, einen Vorsitzenden zu wählen. Zur Wahl schlug er Herrn Direktor Wolfgang Müller-Clemm aus Essen vor und forderte die Versammlung auf, diese Wahl durch Zuruf zu tätigen. Die Versammlung erklärte sich mit dieser Art der Wahl einverstanden und wählte einstimmig durch Zuruf Herrn Direktor Wolfgang Müller-Clemm zum Vorsitzenden. Dieser übernahm den Vorsitz und eröffnete um 15.20 Uhr die Versammlung.»[89]

Der vom Vorstand über das Geschäftsjahr 1932 erstattete Bericht, die Bilanz zum 31. Dezember 1932 und die Sanierung wurden gebilligt, nachdem Bach den Bericht erläutert und Müller-Clemm Stellung genommen hatte. Opposition wurde in der von Gewerkschaftern gesäuberten Hauptversammlung nicht laut. Das Protokoll vermerkte knapp, dass «keine Anträge gestellt» worden seien. Die Genehmigung für den Jahresabschluss und die Gewinn-

und-Verlust-Rechnung für das Jahr 1932 wurde «einstimmig durch Zuruf erteilt». Ebenso einstimmig erfolgte die Entlastung des Vorstands und des Aufsichtsrats.

Die satzungsgemäße Umwandlung des Firmennamens erfolgte auf Antrag Müller-Clemms postwendend. Das Unternehmen solle künftig unter dem Namen *National-Bank AG* geführt werden. Den neuen Namen verdankte die Bank wahrscheinlich einer Anregung Müller-Clemms, der mit seiner Essener *National-Zeitung* eine namensverwandte Medieninstitution regierte. Einstimmig wurde der § 1 der Satzung geändert, der nun den Namen *National-Bank* offiziell einführte.[90] Ebenso einstimmig wurde die Umwandlung der Namensaktien in Inhaberaktien genehmigt. Das Aktienkapital betrug danach 25 000 auf den Inhaber lautende Aktien zu je 20 Reichsmark und 1500 auf den Inhaber lautende Aktien zu je 1000 Reichsmark. Dies ergab das Gesamtkapital von 2 Millionen Reichsmark.[91] Damit wurde die bisherige Aktienstruktur der *Deutschen Volksbank* in den wesentlichen Punkten aufgegeben.

Der neu gewählte achtköpfige Aufsichtsrat, der unmittelbar nach seiner Konstituierung noch am gleichen Tag seine erste Sitzung abhielt, spiegelte ganz den gewandelten Charakter der Bank wider. Laut Satzung musste jedes Jahr ein Drittel der Mitglieder aus dem Aufsichtsrat ausscheiden; da jedoch eine Wiederwahl möglich war, blieb die Fluktuation im «Tausendjährigen Reich» gering. Zum Vorsitzenden wurde Eugen Vögler gewählt, der diese wichtige Kontrollfunktion bis zum Untergang des NS-Regimes innehatte. Seine Wahl war ein weiteres Indiz für die Neuausrichtung der Bank, denn er wurde, wie er später angab, auf den «besonderen Wunsch» Terbovens zum Aufsichtsratsvorsitzenden gekürt.[92] Über den 1884 geborenen Generaldirektor von *Hochtief* wusste die Öffentlichkeit wenig.[93] Sein älterer Bruder Albert – ein Stahlmagnat und Vorstandsvorsitzender der *Vereinigten Stahlwerke AG* – genoss hingegen einen gewissen Bekanntheitsgrad.

In Essen war Eugen Vögler eine einflussreiche Persönlichkeit. Hier hatte er als frisch diplomierter «Regierungsbaumeister» – ein Titel, auf den er zeitlebens stolz war – im Oktober 1919 die dortige Niederlassung des *Hochtief*-Konzerns übernommen. Nach dem Ersten Weltkrieg hatte er in dieser Funktion als Generaldirektor einen steilen Aufstieg erlebt. Die im Ruhrgebiet seit Langem etablierte *Hochtief AG* wurde in jenen Jahren die eigentliche «Baugesellschaft der Stinneszechen» und der anderen Unternehmungen des mächtigen Konzerns von Hugo Stinnes, des «Königs der Ruhr».[94] 1921 war Vögler Vorstandsmitglied, 1927 Vorstandsvorsitzender des Konzerns geworden. Essen wurde in diesen Jahren das organisatorische Zentrum des *Hoch-*

tief-Konzerns, während die eigentliche Zentrale in Frankfurt am Main zusehends in den Hintergrund rückte. Dies hing zweifellos mit Vöglers guten schwerindustriellen Kontakten zusammen.

Der Aufstieg des Nationalsozialismus hemmte Vöglers Karriere keineswegs, obwohl er erst 1937 der NSDAP beitrat.[95] Als einem der wichtigsten Männer der Bauindustrie wurde ihm vielmehr eine Führungsrolle zuteil. Ob er tatsächlich bemüht war, «die Bauwirtschaft vom direkten Einfluß der NSDAP» freizuhalten,[96] ist fraglich. Der Stahlmagnat Fritz Thyssen, der sein Aufsichtsratskollege war und in engem Kontakt zu Vögler stand, beurteilte diesen recht kritisch: Vögler, so führte er später aus, sei in erster Linie ein Konjunkturritter gewesen, der bedenkenlos seine eigenen Überzeugungen über Bord geworfen habe, um sich und dem *Hochtief*-Konzern pekuniäre Vorteile bei publicityträchtigen Bauvorhaben der Nationalsozialisten wie etwa dem Ausbau des Obersalzbergs zu verschaffen.[97] Zwar konnte Vögler in seinem Amt an der Spitze der Bauwirtschaft, das er bis 1942 innehatte, keinen großen Einfluss ausüben; dennoch blieb er eine wichtige Stütze des NS-Regimes: als Leiter der *Wirtschaftsgruppe Bauindustrie* sowie während des Zweiten Weltkriegs als Mitglied des Verteidigungsausschusses des Gaus Essen und der Rüstungskommission. Als Präsident der *Gauwirtschaftskammer Essen* in den Jahren von 1943 bis 1945 war er darüber hinaus Mitglied des *Kriegswirtschaftsstabs* – ein untrügliches Zeichen dafür, wie sehr ihm die Parteifunktionäre vertrauten und auf seine Expertise angewiesen waren.[98]

Erster stellvertretender Aufsichtsratsvorsitzender wurde Müller-Clemm, der bis dahin bekanntlich nur mit der kommissarischen Aufsicht der *Deutschen Volksbank* beauftragt gewesen war. Seine Tätigkeit im Tagesgeschäft blieb allerdings weitgehend formaler Natur. In die internen Angelegenheiten mischte er sich nicht ein. Seine Rolle, so berichteten später Zeitgenossen, habe sich «auf einen halbstündigen Besuch der Bank am Morgen» beschränkt.[99]

Zum zweiten stellvertretenden Vorsitzenden wurde Finanzdirektor Dr. Walter Pelletier gewählt, geschäftsführendes Vorstandsmitglied des *Großeinkaufsverbands Nürnberger Bund GmbH*.[100] Pelletier war Leiter der Essener Abteilung dieser mittelständischen Genossenschaft, in der sich zahlreiche Fachgeschäfte für Glas, Porzellan, Hausrat und Eisenwaren zusammengeschlossen hatten. Er hatte sein Amt bis zum Ende des «Dritten Reiches» inne, ohne auf das Geschäft besonders starken Einfluss zu nehmen. Bemerkenswert war höchstens, dass er als Mitglied des Kreditausschusses die vielfältigen Möglichkeiten der Bank nutzte. So wurde ihm neben einem recht üppigen Barkredit in Höhe von 200 000 Reichsmark ein Wechseldiskontkredit in Höhe von bis zu 200 000 Reichsmark bewilligt.

Angesichts der großen Bedeutung der *Bank der Deutschen Arbeit* wurde aus deren Vorstand Carl Rosenhauer Mitglied des Aufsichtsrats. Dieser hatte bereits im Vorfeld der Umstrukturierung großen Einfluss ausgeübt. Als weiteres Aufsichtsratsmitglied fungierte Bankdirektor Dr. Adolf Friedrichs von der *DBB*, der bereits an der «ersten Sanierung» der *Deutschen Volksbank* beteiligt gewesen war und die finanziellen Verhältnisse des Instituts gut kannte. Eine ebenfalls wichtige Rolle spielte jener NS-Parteifunktionär, der das Aktienpaket der *DAF* vertrat, Werner Boltz, der Stabsleiter des Zentralbüros der *DAF* und stellvertretender Reichsschatzmeister seiner Organisation.

Fritz Thyssen, der Sohn des Industriemagnaten August Thyssen und Aufsichtsratsvorsitzender der *Vereinigten Stahlwerke AG*, war zweifellos das bekannteste Aufsichtsratsmitglied. Er galt als einer der wichtigsten Gönner und finanziellen Förderer Adolf Hitlers und hatte diesem ein Entree in die deutschen Wirtschafts- und Finanzkreise verschafft. Es war vor allem einer späteren, zum großen Teil aber gar nicht von ihm selbst verfassten Autobiographie zu verdanken, dass der Name Thyssen in der Öffentlichkeit als einer der entscheidenden «Steigbügelhalter» des Nationalsozialismus angesehen wurde. Thyssen dachte eher von einem ständisch-christlich-monarchistischen Standpunkt her,[101] trat aber am 1. Mai 1933 in die NSDAP ein und wurde von Hitler bald darauf in den neu gegründeten *Generalrat der Wirtschaft* berufen. Trotz des pompösen Namens war das Gremium weitgehend bedeutungslos: Es trat nur einmal, im September 1933, zusammen. Auch hier demonstrierte der illustre Kreis – unter ihnen Carl Bosch, Albert Vögler und Carl Friedrich von Siemens – eine Macht, die in Wirklichkeit gar nicht vorhanden war. Hitler wurde dieses Gremiums überdrüssig, nachdem es seinen Zweck erfüllt hatte, nämlich die Arbeitsbeschaffungsmaßnahmen der «Öffentlichkeit gegenüber abzuschirmen» und die Industrie propagandistisch auf Hitlers Kurs zu verpflichten.[102] Ebenso dekorativ und unwichtig war sein bald darauf erlangtes Mandat als Reichstagsabgeordneter, während die industriellen Funktionen Thyssens durchaus bedeutend waren. Er wurde Vorsitzender des *Langnam-Vereins* und der Nordwestlichen Gruppe des *Vereins Deutscher Eisen- und Stahlindustrieller*. Als Autorität in wirtschaftspolitischen Fragen genoss er beim regionalen Gauleiter ein gewisses Ansehen, und so war es naheliegend, ihn auch bei der *National-Bank* um Mitwirkung zu bitten. Was mögen seine Motive gewesen sein, diese Anfrage positiv zu bescheiden? Finanzielle Gründe können kaum eine Rolle gespielt haben, weil der im Ruhrgebiet gut vernetzte Thyssen auf eine weitere lukrative

Nebentätigkeit eigentlich nicht angewiesen war. Wahrscheinlich hielt er es für ratsam, bei einem neu aufgestellten Bankinstitut einen gewissen Einfluss zu haben. Gegen das Modell einer Ruhrgebietsbank wird er kaum etwas gehabt haben. Der *Deutschen Volksbank* weinte er vermutlich keine Träne nach, hatte er doch mit Stegerwald ohnehin schon lange auf Kriegsfuß gestanden. In dessen Zeit als Reichsarbeitsminister war Thyssen im Vorstand des *Reichsverbands der Deutschen Industrie* heftig gegen die Sozialgesetzgebung der «Gewerkschaftsregierung» zu Felde gezogen.[103] Wie dem auch sei, Thyssen war ein für alle wichtigen Vernetzungsfragen wertvolles Mitglied im Aufsichtsrat. Dass er schließlich mit dem Nationalsozialismus brach und in die Emigration ging, steht auf einem anderen Blatt.[104]

Ein Aufsichtsratsmitglied mit eher lokaler Bedeutung war der Essener Oberinnungsmeister Adolf Wolf. Er wurde im Namen des Essener Handwerks entsandt – der *Essener Verband des Einzelhandels* hatte sich mit einem eher symbolischen Betrag von 10 000 Reichsmark an der *National-Bank* beteiligt. Wolf wurde 1934 zum Handwerksführer der *Kreishandwerkerschaft Essen* ernannt[105] und konnte fortan die Interessen der Bank noch wirkungsvoller vertreten. Nachdem er 1937 aus dem Aufsichtsrat wieder ausgeschieden war, übernahm der Kreishandwerksmeister Fritz Pohlmann seine Position.[106]

Josef Bach, der zur Sanierung der *Deutschen Volksbank* in den Vorstand berufen worden war, schied hingegen bereits zum 1. April 1934 aus dem Vorstand der *National-Bank* wieder aus. Für die Neuausrichtung als nationalsozialistische Regionalbank war er nicht mehr der richtige Mann. Bach kehrte daher zur *DBB* nach Frankfurt zurück. Aus seiner Abneigung gegen die nationalsozialistischen «Verbrecher» hatte er, solange das noch zu äußern möglich gewesen war, kein Geheimnis gemacht.[107] Nach 1945 wechselte er in das Amt eines Vorstandsmitglieds der *Hessischen Landesbank* in Frankfurt. Aus manchen späteren Äußerungen lässt sich entnehmen, dass er seine Tätigkeit als Helfershelfer der Nationalsozialisten im Nachhinein bedauert hat.

In der Hauptversammlung wurde mit der ehemaligen *Deutschen Volksbank* formal abgerechnet. Die Vermögensübersicht der *National-Bank* nach dem Stand von Ende November 1933 schloss mit einem Betrag von nur 7,67 Millionen Reichsmark ab. Der minimale Reingewinn von rund 12 000 Reichsmark wurde für die Bilanzbereinigung verwandt. Der Bericht der sich als Saubermänner gerierenden neuen Machthaber sparte nicht mit Kritik an der bisherigen Geschäftsführung:

«Der Bericht für 1932 deckt sich im wesentlichen mit den Veröffentlichungen der früheren Jahre. Die Aufmerksamkeit gehört auf der Sollseite lediglich den Debitoren, welche durch ‹sonstige› Sicherheiten gedeckt sind. In dieser Position sind erhebliche Risiken enthalten, welche aus den zurückliegenden Jahren stammen und in früheren Berichten der Öffentlichkeit als solche nicht zugänglich gemacht wurden auf Grund besonderer Haftungen. Es soll nicht unsere Aufgabe sein, an diese Methode der Bilanzberichterstattung besondere Bemerkungen zu knüpfen.»[108]

Ganz in diesem Sinn gelobte der neue Vorstand, fortan mit «sauberen» Methoden arbeiten zu wollen – angesichts der Umstände, unter denen die legitime Führungsriege aus dem Vorstand katapultiert worden war, eine geradezu haarsträubende Argumentation:

«Es ist selbstverständlich, daß die einzige Sorge der neuen Verwaltung und des kommissarischen Aufsichters dahin gehen mußte, die Bilanzklarheit noch in diesem Jahre wiederherzustellen. Wir haben schon ausgeführt, daß das restlose Gelingen dieser Aufgabe geglückt ist. Die Mobilisierung einer von den ehemaligen christlichen Gewerkschaftsverbänden übernommenen Bürgschaft gestattete in Verbindung mit dem Kursgewinn aus dem Verkauf von nom. Reichsmark 4 Millionen Anleihe-Ablösungsschuld die vollkommene Bereinigung der Bilanz.»[109]

Die ökonomischen Rahmenbedingungen begünstigten die Bank. Im Revier hatte sich der bereits seit dem Sommer 1932 erkennbare Konjunkturaufschwung fortgesetzt. Die Berichte der Wirtschaftskammer sprachen von einer «alle Kreise erfassenden starken Hoffnung auf eine, wenn auch langsam sich durchsetzende, so doch auf lange Sicht gesehen endgültig durchgreifende Besserung».[110] Der Rückgang der Arbeitslosenzahl und die Investitionszunahmen gingen mit der Steigerung der Binnennachfrage einher, einer beträchtlichen Erhöhung der Rohstahlerzeugung sowie einer kräftigen Erholung des Ruhrkohlebergbaus. Der Geschäftsbericht schrieb diese Erfolge dabei allein der «Machtergreifung» zu:

«Über 2 Millionen arbeitslose Volksgenossen konnten nach den Angaben des statistischen Reichsamtes im Jahr 1933 dank den Maßnahmen der Regierung Adolf Hitler wieder in den Arbeitsprozeß eingegliedert werden. Wir dürfen zuversichtlich hoffen, daß auch im Jahre 1934 das Arbeitsvolumen wachsen wird, gilt die Sorge der Reichsregierung doch den noch beschäftigungslos abseitsstehenden Millionen, um sie in Brot und Arbeit zu bringen.»

Zugleich wurde kein Zweifel daran gelassen, dass die Bank zukünftig regionale Schwerpunkte setzen wollte: «Die Entwicklung unserer Bank im neuen Geschäftsjahr gibt uns das volle Vertrauen, daß es uns möglich sein wird, im

Bezirk der Industriemetropole mitzuwirken an der Belebung der von der Initiative des Herrn Gauleiters Staatsrat Terboven geförderten Wirtschaft und damit beizutragen an dem Wiederaufbau unseres Vaterlandes.» Das Hinausdrängen des alten Aufsichtsrats wurde von der neuen Führung übergangen. Lapidar und kommentarlos dankte der Geschäftsbericht lediglich der «Gefolgschaft» – besonders dafür, «daß sie allen Maßnahmen der Neuordnung volles Verständnis entgegengebracht hat und feste Disziplin zeigte».[111]

Ein organisatorischer Neubeginn

Eine Abrechnung mit den alten Bankinhabern konnten sich die neuen Bankmachthaber in der Stunde ihres Triumphes nicht verkneifen. Man verabschiedete sich von den Absichten der Gründer aus den christlichen Gewerkschaftsverbänden, eine reine «Verwaltungsbank» zu sein. Entsprechend prätentiös wurde im ersten Geschäftsbericht unter neuer Führung und neuem Namen das zukünftige Geschäftsfeld beschrieben: Die *National-Bank* sei nunmehr «eine Bank mit ausgeprägtem regionalen Charakter, erfüllt von nationalsozialistischem Geist tätiger Volksverbundenheit», die es sich zur besonderen Aufgabe machen werde, «dem berechtigten Bedürfnis des kreditsuchenden guten Mittelstandes zu dienen».[112] Wenige Jahre später lobte die neue Führung erneut ihre Entscheidung, «das damalige Bankinstitut der christlichen Gewerkschaftsverbände nicht zu liquidieren, sondern einer notwendigen Reorganisation zu unterziehen und das Geschäft in Essen […] auf gänzlich anderer Grundlage fortzusetzen».[113]

Wie in vorherigen Sanierungsplänen angeregt, wurden sukzessive die bestehenden Bankfilialen aufgegeben und der Charakter einer Regionalbank hervorgehoben. Für den gewünschten Schwerpunkt im Ruhrgebiet war die Aufrechterhaltung der über das ganze Reichsgebiet verstreuten kostspieligen Filialen, die noch der Geschäftsorganisation der *Deutschen Volksbank* entsprachen, wenig sinnvoll. Die Filiale in Berlin wurde bereits Ende 1933 geschlossen, während für die anderen Zweigstellen die Schließung für die beiden Folgejahre vorgesehen war. Im Rahmen dieser Reorganisation wurden die Filialen Düsseldorf, Duisburg, Köln, Münster und Saarbrücken wie geplant in der zweiten Jahreshälfte 1935 geschlossen.

Diese Entwicklung stand im Einklang mit den Überlegungen der Zeit. Im Zuge der Weltwirtschaftskrise, die auch eine Bankenkrise gewesen war, hatte sich der verbreitete Eindruck erhärtet, dass es in der deutschen Bankenlandschaft eine gewisse Übersättigung gebe. Die «Übersetzung» des Kreditgewerbes sollte daher langfristig korrigiert werden. Der Privatbankier Kurt von Schröder, der in enger Verbindung zu Adolf Hitler stand und keineswegs uneigennützig handelte, da er selbst Regionalbankinteressen hatte, war ein Befürworter des Vorschlags, einige der privaten Großbanken zu zerschlagen oder sie nur als Rumpfunternehmen weiterbestehen zu lassen und ihre Filialen in öffentliche Regionalbanken umzuwandeln.[114] Dieser Schritt konnte selbst Skeptikern als gleichsam natürliche Entwicklung vermittelt werden, weil im Zuge der Weltwirtschaftskrise viele Banken unter staatliche Aufsicht gestellt worden waren. Angesichts der bereits bestehenden Beteiligung des Staates sei es, so argumentierte von Schröder, «keine revolutionäre Tat», wenn der Staat seinen Teil zum Aufbau eines Regionalbankensystems beitrage.[115] Bis auf besonders große Debitoren und Kunden sollten nach diesen Vorstellungen bestimmte Regionalinstitute die Engagements der Großbanken übernehmen. Ein vergleichbares Konzept neu zu gründender Regionalbanken vertrat der Bankier Karl Rasche, der 1932 in den Vorstand der *Westfalenbank AG* in Bochum eingetreten war und am 15. März 1933 in der *Kölnischen Zeitung* ebenfalls für eine weitgehende Regionalisierung des Bankensektors votierte.[116] Die Implikationen eines solchen Schritts waren vielfältig. Regionalbanken mit öffentlichen Finanzierungsaufgaben bedeuteten in der Phase des Umbruchs nach der Machtübernahme zwangsläufig einen stärkeren Einfluss der Gauwirtschaftsberater, die diesen eine «Schlüsselstellung bei politischen Finanzierungsaufgaben» verschaffen konnten.[117] Entsprechend stießen die Pläne zur Schaffung von Regionalbanken auf ein geteiltes Echo. Die Frage, ob «Filial-Großbanken oder Regional-Banken» der Vorzug gegeben werden sollte, erhitzte die Gemüter, weil sich eine seit April 1933 vorbereitete, umfassende Banken-Enquete im Herbst 1933 mit einer grundlegenden Reform des Kreditwesens beschäftigte. Die Befürworter von Regionalbanken führten ins Feld, dass die etablierten Großbanken zu wenig für den Mittelstand zur Verfügung stünden und den Kleinkredit vernachlässigt hätten. Die Gegner einer Regionalbank-Lösung argumentierten hingegen, dass die naturgemäß kleineren Banken auf regionaler Basis «erheblich weniger Ertragskraft» haben würden.[118]

Die Befürwortung starker Regionalbanken war dabei nicht allein eine nationalsozialistische Idee, sondern entsprach den damaligen wirtschaftspolitischen Trends. Ihre Implementierung hatte auch praktische Aspekte: Für eine Mittelstandsbank im Großraum Essen und im Ruhrgebiet bestand ein berechtigtes Interesse und ein entsprechender Bedarf. Im Jahr 1932 war die *Essener Bank GmbH* in Konkurs gegangen, die bis dahin als Genossenschaftsbank mittelständische Interessen vertreten hatte. Die Bank war schon Anfang 1932 mit einem Reichszuschuss in Höhe von 2,5 Millionen Reichsmark ausgestattet und unter Übernahme von erheblichen Reichsbürgschaften saniert worden. Im Herbst 1932 hatte sie jedoch ihre Zahlungen einstellen müssen. Allein die Forderungen des *Gewerkvereins christlicher Bergarbeiter* hatten zu diesem Zeitpunkt über 620 000 Reichsmark betragen. Heinrich Imbusch hatte deshalb im Dezember 1932 Reichskanzler Schleicher auf die «außerordentlich bedenklichen Folgen» eines Zusammenbruchs der *Essener Bank* aufmerksam gemacht:

> «Wenn hier nicht geholfen wird, verlieren Tausende von Mittelständlern ihr Geld, ihre Bewegungsfreiheit und die Möglichkeit, Arbeiter und Angestellte zu beschäftigen. Das würde dem Programm der Reichsregierung: Arbeit schaffen, in einem der wichtigsten Wirtschaftsgebiete Deutschlands, stark entgegenwirken. Schon deshalb müßte ein Weg gesucht werden, um das zu verhindern. Ein anderer Grund aber wiegt sehr viel schwerer. In den letzten Jahren wurde sehr viel zur Sanierung der Großbanken, der Großindustrie, der Schiffahrt und der östlichen Landwirtschaft getan. Der Mittelstand, insbesondere im Westen, kam nicht gut weg. Würde die jetzige Reichsregierung die hier in Essen gegebene Gelegenheit benutzen und für einen sehr bedeutenden Teil des Mittelstandes eintreten, so würde das m. E. politisch außerordentlich bedeutungsvoll sein. Der Mittelstand gehört hier politisch den verschiedenen, für die zukünftige Aufbauarbeit bedeutungsvollen Parteien an.»[119]

Genützt hatte dieser Appell freilich nicht. Wolfgang Müller-Clemm griff in einem programmatischen Artikel in seiner *National-Zeitung* am 17. Dezember 1933 bemerkenswerterweise die Gedanken Imbuschs auf, reformulierte sie aber für eigene Zwecke. So betonte er die enge Anlehnung an die *Bank der Deutschen Arbeit*, die *DBB* sowie die Verbindung zur *BAFIO*, um kritische Fragen nach dem Eigenkapital der *National-Bank* zu umgehen:

> Nachdem die Deutsche Arbeitsfront von dem nach wie vor zwei Millionen Reichsmark betragenden Aktienkapital ungefähr 1,2 Millionen Reichsmark kostenlos zur Verfügung gestellt hat, um über den Weg einer stillen Emission die Bezirkswirtschaft aktienanteilig zu interessieren, und die Bereitwilligkeit zur Übernahme erwiesen war, wurde gemeinsam zwischen Gauleitung und Wirtschaft die Linie festgelegt, auf welcher das nunmehr neu entstandene Institut zum Allgemeinwohl zu arbeiten hat.»[120]

Der Artikel nannte auch die Posten am Stichtag 30. November 1933, die mit einer Bilanzsumme von lediglich noch 7,6 Millionen Reichsmark abschlossen: «Einer Erläuterung bedarf lediglich das Konto Sonderforderungen auf der Aktivseite. Es handelt sich dabei um die noch nicht erfolgten Einzahlungen auf die von der Deutschen Arbeitsfront kostenlos zur Verfügung gestellten Aktien.»[121] Damit war für jedermann erkennbar, welch umfangreiche Bilanzbereinigung durchgeführt worden war. Im ersten Geschäftsbericht der *National-Bank* wurde ausgeführt, dass die ausgewiesenen Forderungen – aus Aktienverkauf 552 475 Reichsmark und 809 540 Reichsmark aus nicht verkauften Aktien – die Gegenwerte der zum Wiederverkauf bestimmten *National-Bank*-Aktien im Wert von 1 348 540 Reichsmark waren.

Neben dem eigenen Bestand in Höhe von 1 223 480 Reichsmark stellte die *DAF* für die Bereinigung der Bilanz noch einmal genau den gleichen Betrag zur Verfügung. Ende 1933 waren davon bereits Aktien im Wert von nominal 539 000 Reichsmark zu einem Kurs von 102,5 Prozent untergebracht. Für den Rest in Höhe von 809 540 Reichsmark bestand «begründete Aussicht auf alsbaldigen Verkauf»,[122] und tatsächlich waren sie bis Februar 1935 vollständig an den Mann gebracht.

Eine Aufstellung aus einem Rückerstattungsverfahren der Nachkriegszeit gibt Aufschluss über die damaligen Käufer. Aktien über 50 000 Reichsmark übernahm die *Süddeutsche Eisenbahngesellschaft (SEG)*. Diesem Traditionsunternehmen gehörte als wirtschaftlich stärkstes Unternehmen die *Essener Straßenbahn*, an der der *Stinnes*-Konzern beteiligt war. Auch das *Rheinisch-Westfälische Elektrizitätswerk (RWE)*, das als mächtiges Unternehmen unter dem Einfluss von August Thyssen und Hugo Stinnes entstanden war, stieg mit 50 000 Reichsmark ein. Die *Hugo Stinnes OH*, eine von den Kindern des Konzernchefs gegründete Auffanggesellschaft, übernahm 10 000 Reichsmark. Die von Cläre Stinnes, der Ehefrau des Patriarchen, und dessen ältestem Sohn beherrschte *Hugo Stinnes GmbH* übernahm weitere 10 000 Reichsmark, ebenso der *Haniel-Konzern*. Die *Math. Stinnes GmbH*, eine der ältesten Gesellschaften der Gruppe, kaufte Aktien für 15 000 Reichsmark. Jeweils 25 000 Reichsmark wurden von Gesellschaften des Steinkohlebergbaus übernommen, der *Gewerkschaft Math. Stinnes* und dem *Mülheimer Bergwerks-Verein*. Mit 10 000 Reichsmark stieg die *Gewerkschaft Carolus Magnus* ein. Aktienbeträge von je 25 000 Reichsmark übernahmen Müller-Clemms *National-Zeitung*, das Essener *Modehaus Cramer & Meermann* sowie Jacob Stauder für die gleichnamige Privat-Brauerei. Die *Margarine-Verkaufsunion* erwarb Aktien für 88 540 Reichsmark. Daneben standen regionale Großinvestoren: Jeweils Aktien für 100 000 Reichsmark übernahmen die *Hochtief AG*, die *Essener Steinkohlenbergwerke AG*, die *Friedr. Krupp AG* und die von August Thyssen beherrschte *Vereinigte Stahlwerke AG*. Den Löwenanteil der Mittelstandsbank übernahm jedoch die *Bank für Industrie-Obligationen (BAFIO)* am 31. Dezember 1934 mit 500 000 Reichsmark.[123] Zu dieser Zeit warteten nur noch Aktien für 90 560 Reichsmark auf ihre Käufer.[124] Die Bemühungen der neuen Bank, die eigenen Aktien unterzubringen, waren also insgesamt erfolgreich.

Angesichts des durch die Weltwirtschaftskrise beschleunigten Niedergangs vieler kleiner Institute wurden die großen öffentlichen Banken wie die *BAFIO*, die *DBB*, später zudem die *Bank der deutschen Luftfahrt* wichtige Akteure, die manchen Privatbanken nur noch die Möglichkeit ließen, sich in Nischenmärkten zu behaupten. Die *BAFIO* war gleichsam ein «Pionier im langfristigen Industriekredit»,[125] hatte in der Bankenkrise vorübergehend als «Nothelfer» gedient und an zahlreiche Unternehmen langfristige Darlehen gegeben. Etliche Betriebe des Handels, des Handwerks und des Verkehrs zählten zu ihren Kreditnehmern.[126]

Wahrscheinlich ging der erste Anstoß zu einer längerfristigen Verbindung zwischen *National-Bank* und *BAFIO* von August Thyssen aus. Dieser hatte in verschiedenen Gesprächen den Eindruck gewonnen, dass die *BAFIO* zur Zusammenarbeit mit der *National-Bank* bereit sei, wenn diese einmal genügend Vertrauen erworben habe. Müller-Clemm erklärte sich daher bereit, mit dem Vorstand der *BAFIO* Kontakt aufzunehmen. Auch Adolf Friedrichs, der bekanntlich von der *DBB* in den Aufsichtsrat entsandt wurde, bezeichnete die Zusammenarbeit mit der *BAFIO* als «eine äußerst wertvolle Verbindung». Eine engere Geschäftsbeziehung zu dieser Einrichtung lag insofern nahe, als diese als staatsnahe Bank über eine Rediskontzusage der *Reichsbank* verfügte und damit auf dem Feld der Kreditvergabe einen wesentlichen Vorteil gegenüber den privaten Banken hatte. Müller-Clemm schlug zudem den Ausbau eines Giralsystems unter Heranziehung von Reichsbankwechseln vor, um «schließlich vom Produzenten bis zum Konsumenten den Kreditstrom» fließen lassen zu können. Für die *BAFIO* sollte die *National-Bank* als Treuhänderin Gewerbe- und Handwerkerkredite vermitteln. Die *BAFIO* wurde das erste Mal im Geschäftsbericht für 1935 als Aktionär ausgewiesen – damit wurde der Grundstein für eine Zusammenarbeit gelegt, die sogar den Zweiten Weltkrieg überdauerte. Sie wurde so – wie später ihr Rechtsnachfolger, die *Industriekreditbank AG* (*IKB*) – ein fester Partner der *National-Bank*. Die neue Verbindung wurde personell dadurch bekräftigt, dass Konsul Max Schroeder, ein Agrarkreditfachmann aus dem Vorstand der *BAFIO*,[127] im Februar 1935 in den Aufsichtsrat der *National-Bank* aufgenommen wurde und damit an die Stelle von Fritz Thyssen trat.

Dem Geschäftsvolumen nach war die *National-Bank* zu diesem Zeitpunkt «noch ein unbedeutendes Unternehmen».[128] Die Bilanzsumme betrug Ende des Jahres 1933 nur 7,7 Millionen Reichsmark, ein drastischer Rückgang im Vergleich zum letzten Jahr der *Deutschen Volksbank*, das noch mit 24,5 Millionen Reichsmark abgeschlossen hatte. Aber die *National-Bank* gehörte immerhin zu den wenigen Banken in Deutschland, die ohne Verluste dastanden.

Der bereits erwähnte Konkurs der *Essener Bank* im Jahr 1932 wurde nun mithilfe der *National-Bank* abgewickelt. Diese übernahm zahlreiche der vorwiegend mittelständischen Schuldner sowie deren Konten. Dieser Schuldenbestand stieg bis Ende 1937 bereits auf 6,3 Millionen Reichsmark, während er sich bei der in Liquidation befindlichen *Essener Bank* auf 3,1 Millionen reduziert hatte. Erhebliche Forderungen des Reiches in Höhe von rund 1,5 Millionen Reichsmark übernahm die *National-Bank*, ohne überhaupt Eigenmittel aufwenden zu müssen. Exakte Unterlagen fehlen, aber offensichtlich verfügte sie über Sicherheiten, die, wie der Aufsichtsrat einige Jahre später erklärte, ein «Risiko für die Bank ausschlossen».[129]

Hauptsächlich zwei Ziele verfolgte die Bank in ihrer Gründungszeit: zum einen die «Arbeitsbeschaffung im Sinne der Reichsregierung» und zum anderen die besondere Förderung der «heimische[n] Wirtschaft innerhalb unseres Gaues».[130] Vögler hielt die Anlehnung an eine Hypothekenbank, möglicherweise sogar die Gründung einer eigenen Hypothekenbank für «besonders empfehlenswert», vor allem wenn diese in der Lage sei, auch sogenannte zweite Hypotheken bis etwa 70 Prozent des Bau- und Bodenwerts zu geben. Er ging in diesem Zusammenhang davon aus, dass «noch immer viel Spargeld im Strumpf verwahrt werde». Dieses sollte jetzt der Wirtschaft wieder zugänglich gemacht werden.[131]

Thyssen wiederum bezeichnete die «Arbeitsbeschaffung auf breitester Basis» als dringlichste Aufgabe. Für die Kreditschöpfung sei vor allem die Reichsbank zuständig, die allerdings «noch entschieden zu zaghaft» agiere. Zudem regte er die Beschaffung von Hypotheken durch eine «enge Fühlungnahme mit Reichs-, Landesversicherungen und ähnlichen Institutionen» an. Besonders wichtig war die Bildung eines Kreditausschusses, in den die führenden Mitglieder des Aufsichtsrats gewählt wurden: Vögler, Müller-Clemm und Pelletier erhielten hierfür Einblick in die Bücher und die monatlichen Bilanz- und Kreditübersichten.[132]

Im Frühjahr 1934 hatte sich an der Arbeitslosigkeit in der Region zwar noch nicht viel geändert, einen Hoffnungsschimmer stellte jedoch die höhere Kreditnachfrage dar. Der Kreditausschuss der *National-Bank* stellte fest, dass er offenbar «ein direktes Bedürfnis» befriedige.

Zur Anwerbung der Kaufleute wurde der Direktor der *Nationalsozialistischen Handels-, Handwerks- und Gewerbeorganisation*, Gauamtsleiter Friedrich Vogt, in den Aufsichtsrat berufen, der dann tatsächlich bis zum Ende des «Dritten Reiches» amtierte. Im Juli 1934 wurde von weiteren Zeichen eines wirtschaftlichen Aufschwungs berichtet.[133] Der Kreditausschuss meldete eine rege Nachfrage: 175 Anträge mit einem Kapital von insgesamt knapp über einer Million Reichsmark wurden genehmigt. Befriedigt stellte er fest, «daß sich die Tätigkeit der National-Bank bereits angenehm in den kleinen und mittleren Wirtschaftskreisen auswirke».[134]

Im November 1934 wurden eine bemerkenswerte Erhöhung des Gesamtumsatzes in den ersten neun Monaten des Jahres von etwa 4 Millionen auf rund 16 Millionen Reichsmark bekannt gegeben und eine Dividende von 4 Prozent in Aussicht gestellt. Der Aufschwung schlug sich in den Krediten nieder: 297 Anträge mit einem Gesamtvolumen von rund 2,7 Millionen Reichsmark wurden bewilligt.[135] Stärkerer Aufmerksamkeit bedurften die Spareinlagen, die bekanntlich eine wichtige Säule der *Deutschen Volksbank* gewesen waren, aber im Zuge der Weltwirtschaftskrise erhebliche Rückgänge hatten verzeichnen müssen. Zur Ankurbelung des Spargeschäfts wurde zwar verstärkt in Zeitungsannoncen geworben, aber diese Sparte blieb selbst 1935 noch ein Sorgenkind. Immerhin führte die *National-Bank* 1936 bereits 1600 laufende Konten und 3600 Sparkonten. Aber die Spareinlagen blieben geradezu verschwindend gering: Sie betrugen 1938 nur 2,5 Millionen Reichsmark.

Im Februar 1935 wurde ein detaillierter Gewinnverteilungsvorschlag gemacht. Der Löwenanteil des erzielten Reingewinns von knapp über 90 000 Reichsmark wurde für die Ausschüttung einer für die Verhältnisse großzügigen Dividende von 4,5 Prozent genutzt, eine Regelung, die umso mehr gerechtfertigt schien, als kein Ende der Kreditnachfrage zu erkennen war. Die 418 bewilligten Kredite hatten ein Gesamtvolumen von rund 3,5 Millionen Reichsmark. Knapp 7700 Reichsmark wurden als Zuweisung an die gesetzliche Reserve verbucht, 2000 Reichsmark als Spende für das *Winterhilfswerk* zurückgestellt. Weitere 2000 Reichsmark waren als Beitrag zum Fonds *Rückkauf der Saargruben* eingeplant – im Dezember 1934 hatte das Reich mit Frankreich ein entsprechendes Abkommen über den Betrag von 150 Millionen Reichsmark abgeschlossen.[136]

Im Februar 1935 schied Fritz Thyssen aus seinen Ämtern aus.[137] Der Stahlmagnat hatte sich zu diesem Zeitpunkt bereits mit dem Nationalsozialismus überworfen. Thyssen schwebte bekanntlich eine christlich-ständestaatliche Ordnung Deutschlands vor. Zunächst hatte es so ausgesehen, als ob er in der Lage sein würde, seinen Teil zu einer solchen «Neuordnung» Deutschlands beizutragen. Hitler hatte ihn im März 1933 beauftragt, in Düsseldorf ein *Institut für Ständewesen* aufzubauen. Das Institut, dessen Genese im Zusammenhang mit der zeitgenössisch weitverbreiteten Korporativvorstellungen der Wirtschaft gesehen werden muss, hatte jedoch schnell den Widerwillen der *DAF* hervorgerufen, die in Thyssens Institut eine lästige Konkurrenz zu den eigenen Einrichtungen sah. Thyssens Skepsis war gewachsen, weil sein Institut immer stärker öffentlich angegriffen und er persönlich als «doktrinär, besserwisserisch, staatsfeindlich, politisch-katholisch» bezeichnet worden war.[138] Seine Mitarbeiter waren seit 1934 zunehmend drangsaliert worden, und das Institut stand schließlich vor der Schließung. Thyssens Verhältnis zu Gauleiter Josef Terboven hatte sich ebenfalls erheblich verschlechtert. Er hatte zwar an dessen Hochzeit im Juni 1934 teilgenommen, äußerte sich aber im kleinen Kreis immer ungehaltener über die «Parteibonzen», die versuchen würden, persönliche Machtvorteile aus der nationalsozialistischen «Revolution» zu ziehen. Besonders empört hatte ihn die Behandlung des früheren Preußischen Wohlfahrtsministers Heinrich Hirtsiefer, der als christlicher Gewerkschafter und bekennender Katholik im September 1933 in entwürdigender Weise vom nationalsozialistischen Mob durch die Straßen von Essen geschleift worden war. Müller-Clemms *National-Zeitung* hatte sich anschließend in einem groß aufgemachten Artikel über den Zentrumspolitiker lustig gemacht.[139] Thyssen hatte sich daraufhin bei Terboven persönlich beschwert.[140] Er bezog zunehmend Stellung gegen die NSDAP, sodass Terboven schließlich den diskreten Auftrag erhielt, Thyssen «zur Ordnung zu rufen».[141] Ob Thyssen aus eigenem Antrieb den Aufsichtsrat der *National-Bank* verließ oder ob er von Terboven gedrängt wurde, lässt sich aus den Akten nicht feststellen. Die zunehmende Entfremdung von der Partei wird jedoch sicherlich dazu beigetragen haben, dass er sich immer stärker zurückzog. Im Herbst 1934 reiste er für mehrere Monate nach Argentinien, um, wie er es ausdrückte, «diesem Hexenkessel zu entfliehen».[142] Seine Vorstandsämter beim *Langnam-Verein* und in der Nordwestlichen Gruppe des *Vereins Deutscher Eisen- und Stahlindustrieller* gab er auf.[143] Es lag daher nahe, auch seine Tätigkeit bei der *National-Bank* zu beenden. In den Akten der Bank taucht er fortan nicht mehr auf. Nach seiner Flucht aus Deutschland wurde Thyssen 1940 in Südfrankreich verhaftet, ausgeliefert und überlebte das «Dritte Reich» nach KZ-Haft nur mit viel Glück.[144]

Abgesehen von diesen personellen Querelen verlief der Geschäftsgang der *National-Bank* vergleichsweise unspektakulär. Die Bilanz des Jahres 1935 wurde mit 11,9 Millionen Reichsmark ausgewiesen. Im Mai 1935 wurde für das erste Quartal ein Reingewinn in Höhe von 33 000 Reichsmark verzeichnet – bei einem Umsatz von inzwischen monatlich rund 20 Millionen Reichsmark und einer «gute[n] Liquidität».[145] Die Konjunkturdaten zeigten auch im Ruhrgebiet wieder nach oben. Die Wirtschaft profitierte von der einsetzenden «Sonderkonjunktur», die auf dem Arbeitsmarkt die lange erwartete Wende einleitete und die Auftragsbücher wieder füllte. Im internationalen Vergleich galten die nationalsozialistischen Arbeitsbeschaffungsmaßnahmen zu dieser Zeit als Erfolg; vor allem der Motorisierungstrend spielte in diesen Überlegungen eine wichtige Rolle. Die im April 1933 abgeschaffte Kraftfahrzeugsteuer bedeutete einen kleinen Boom; die Baubranche spürte die zunehmende Kreditnachfrage.[146]

Die Konjunkturberichte der *Industrie- und Handelskammern* im Ruhrgebiet zeugten 1936 von einem stetigen Anstieg der Produktion. Die Zahl der Arbeitslosen in der Region war inzwischen von 521 000 im Oktober 1932 auf nur noch 141 000 im Oktober 1936 zurückgegangen. Die Belegschaft der rheinisch-westfälischen Eisenindustrie hatte sich gegenüber 1932 verdoppelt, im Bergbau war sie um 47 Prozent gestiegen. Die Produktion in der Stahlindustrie als Schlüsselindustrie des Reviers hatte sich nachhaltig verbessert. Das *Essener Institut für Konjunkturforschung* stellte in seinem Jahresbericht fest: «Die wirtschaftliche Tätigkeit hat sich damit in wichtigen Zweigen den Grenzen der Leistungsfähigkeit genähert.»[147]

Wenig Beachtung fand die Tatsache, dass Hitler für Erfolge Anerkennung erntete, die eigentlich andere vorbereitet hatten. In der weite Teile der deutschen Gesellschaft erfassenden Hitler-Euphorie ging völlig unter, dass es sich bei der Erholung zunächst einmal lediglich um einen normalen Konjunkturaufschwung im Anschluss an eine tiefe Rezession handelte.[148] Die Wende zum Besseren verdeckte zudem einige bedenkliche Tendenzen: Der Außenhandel war dramatisch zurückgegangen; lediglich die starke Binnenkonjunktur hatte diese Entwicklung auffangen können.[149] Seit 1936 zeichnete sich ein fundamentaler Wandel ab. Die bereits 1934 eingeführte Rohstoffzuteilung und die Preiskontrollen waren unverkennbare Signale der Etablierung einer staatlichen Wirtschaftskontrolle. Die Exportindustrie musste im Bann des Autarkiestrebens um ihre Weltmarktposition fürchten. Die Möglichkeiten der Privatwirtschaft, Einfluss zu nehmen, waren erheblich gesunken, seit die Exponenten einer aktiven Außenhandelspolitik im *Deutschen Industrie- und Handelstag (DIHT)* und im *Reichsverband der Deutschen Industrie* der Gleichschaltung zum Opfer gefallen und im Revirement durch Vertreter einer mittelständischen «Nationalwirtschaft» ersetzt worden waren.

Die negativen Auswirkungen einer restriktiven Handelspolitik für ein exportorientiertes Land wie Deutschland wurden von Industrie, Banken und Handel durchaus wahrgenommen. Die Ernennung Hjalmar Schachts zum Reichsbankpräsidenten im März 1933 und zum Reichswirtschaftsminister im Juli 1934 hatte eine Zeit lang noch als Indiz dafür gegolten, dass es gelingen werde, Hitler auf einen Vernunftkurs zu bringen und die Überhitzung der Konjunktur zu vermeiden. Als Verfechter eines friedlichen Wettbewerbs wirkte der Einfluss eines Fachmanns wie Schacht auf die Bankenwelt beruhigend. Aber dieser glaubte in arroganter Selbstüberschätzung, Hitler politisch steuern zu können. Schachts tragischer Irrglaube, er werde «als wirtschaftspolitischer Taktgeber innerhalb eines autoritären Regimes»[150] auf Hitlers gefährlichen Kurs korrigierend einwirken können, hatte verhängnisvolle Folgen. Schacht war nicht in der Lage, das Staatsschiff selbst zu steuern, sondern dümpelte hilflos im Kielwasser des «Führers» herum. Er mochte sich zwar später «getäuscht, belogen und betrogen» gefühlt haben;[151] dennoch war er in einer Art konservativer Überheblichkeit mit dafür verantwortlich, den neuen Machthabern, die nun den traditionellen Führungsschichten nach und nach den Garaus machten, überhaupt erst zu Respektabilität verholfen zu haben.

Mit der Etablierung der *Reichsgruppe Banken* wurde das Bankwesen seit Mitte 1934 konsequent den Zielen der nationalsozialistischen Wirtschaftspolitik untergeordnet. Das Reichsgesetz über das Kreditwesen, das Ende 1934 verabschiedet wurde und 1935 in Kraft trat, bezeugte den Steuerungs- und Gestaltungswille des NS-Staates, wobei es im Einzelnen schwer zu bestimmen ist, ob die Regelungen nun eine Folge der Wirtschafts- und Bankenkrise waren oder von der NS-Politik bewusst herbeigeführt wurden. Der Bankenwelt wurde ein *Reichskommissar für das Kreditwesen* oktroyiert und ein «Zinskartell von Soll- und Habenzinsen» vorgeschrieben. «Wettbewerb und Kooperation», so hat es der Historiker Hans Pohl prägnant zusammengefasst, wurden dadurch «nahezu Fremdworte».[152] Im Zuge dieser Regulierungsmaßnahmen erhielten die Vorstände der Aktienbanken eine größere gemeinsame Verantwortung, während die Aktionsmöglichkeiten einzelner Bankdirektoren beschnitten wurden. Die Kreditvergabe wurde kontrolliert. Der Höchstbetrag, der an einen Kreditnehmer vergeben werden konnte, durfte einen bestimmten, vom *Reichsaufsichtsamt für Kreditwesen* festzulegenden Prozentsatz der Kapitalausstattung des Bankinstituts nicht übersteigen. Ein Kreditbetrag, der mehr als 5000 Reichsmark umfasste, war an eine Buchprüfung des Kunden gebunden. Größere Kredite erforderten die Zustimmung des gesamten Vorstands. Auch hinsichtlich von Mindestreserven wurden die Banken stärker beaufsichtigt.

Die Notwendigkeit strafferer (juristischer) Kontrollmechanismen ging also mit dem nationalsozialistischen Interessen Hand in Hand. Auf den ersten Blick plausibel erscheinende Vorschriften dienten somit unter veränderten politischen Bedingungen ganz anderen Zwecken. Gesetze erlaubten dem NS-Regime einen Eingriff in den Kapitalmarkt, weil sie nach Meinung der nationalsozialistischen Wirtschaftsideologen für eine Aufrüstungs- und Expansionspolitik unabdingbar waren. Manche Elemente dieses Systems blieben übrigens, was heute erstaunlich anmuten mag, partiell noch über das Jahr 1945 hinaus bestehen. Grundlegende Korrekturen, die gleichzeitig eine Liberalisierung des Bankwesens bedeuteten, gab es erst wieder 1958 mit der Aufhebung des Konzessionszwangs, dem neuen «Kreditwesengesetz» von 1967 und der Abschaffung der staatlichen Zinsbindung im Jahre 1967.[153]

Solange die Kreditnachfrage in den ersten Jahren nach Ende der Weltwirtschaftskrise noch nicht groß war, war es für die Banken naheliegend, die ihnen zufließenden Gelder in Wertpapieren anzulegen, was meist über staatliche Papiere, später zunehmend über Schatzwechsel erfolgte. Die Banken wurden auf diese Weise schließlich «zum Handlanger der staatlichen Rüstungs- und Kriegsmaschinerie».[154] Die Sparer blieben dabei weitgehend außen vor. Ihnen wurde das Horten von Bargeld zunehmend erschwert. Die Kontingentierung von Gütern begrenzte den Konsum und damit die Kreditnachfrage.

1935 beschloss der Bank-Vorstand in Anwendung der neuen gesetzlichen Bestimmungen, alle größeren Kredite nur noch mit Genehmigung sämtlicher Geschäftsleiter und des Aufsichtsrats zu gewähren.[155] Die rechtlichen Vorschriften für die Kredittätigkeit bereiteten einiges Kopfzerbrechen. Vor allem die Kredite für die Unternehmen, die einen Vertreter in den Aufsichtsrat schickten, mussten mit einer gewissen Sensibilität behandelt werden. Man kam überein, diese Kredite von Beginn an im Gesamtaufsichtsrat zu besprechen, und zwar jeweils in Abwesenheit desjenigen Mitglieds, dessen Konto gerade betroffen war. Nach diesem Verfahren wurden nun Kredite für Essener Firmen bewilligt, die Mitglieder im Aufsichtsrat hatten: die *Hochtief AG*, den *National-Zeitungs*-Verlag und seine Druckerei, die *Deutsche Papier-Handelsgesellschaft*, die *Allgemeine Bauverein AG* sowie den Großeinkaufsverband *Nürnberger Bund eGmbH*.[156]

Die Kreditvergaben standen dabei in Zusammenhang mit örtlichen Arbeitsbeschaffungsmaßnahmen, die, von entsprechenden Propagandamaßnahmen begleitet, jetzt durchgeführt wurden: Oberbürgermeister Reismann-Grone wollte mit der Aufstellung eines Generalbebauungsplans die Grundlinien einer zukünftigen Stadtentwicklung ziehen. Obwohl der großspurige Plan in den Kinderschuhen stecken blieb, setzte eine rege Bautätigkeit ein: die Förderung des Kleinwohnungsbaus, die Anlage von Stadtrandsiedlungen, die Renovierung von Wohnungen, die Anlage und Verbesserung von Straßen – alles Maßnahmen, von der in erster Linie die lokale Bauindustrie und das Bauhandwerk profitierten. Die *Hochtief AG* war darüber hinaus an überregionalen Prestigeprojekten beteiligt, wie beispielsweise den Bauten der NSDAP am Königsplatz in München, der Kongresshalle in Nürnberg, der Reichskanzlei in Berlin und dem Bau der *Reichswerke Hermann Göring* in Salzgitter.[157] Der Schwerpunkt der Wirtschaft bewegte sich zugleich immer stärker weg von der traditionellen Bergbauindustrie: So blieb Essen zwar «weiterhin Kohlestadt und Kruppstadt, doch aus der reinen Industriestadt wurde eine Industrie-, Verwaltungs- und Handelsstadt».[158]

Wirtschaftlich vernünftige Forderungen widersprachen dem dogmatischen Streben Hitlers, der seine Aufrüstungs- und Kriegspolitik mithilfe der Wirtschaft – und im Notfall eben auch gegen sie – durchzusetzen gedachte. Diejenigen in der Industrie und Bankenwelt, die darauf spekuliert hatten, gleichberechtigte Partner in einer Interessengemeinschaft zu sein, waren bereits Handlanger der Politik Hitlers geworden. Der «Prozess der innerstaatlichen Strukturveränderungen» verlief auch hier «wie eine zeitlich gestreckte Fortsetzung der Gleichschaltungsaktionen in der Machtergreifungsphase».[159] Das Wirtschaftssystem blieb formal intakt und ermöglichte in den Jahren des sogenannten nationalsozialistischen «Wirtschaftswunders» die Fortführung der typischen Marktgeschäfte. Für die Männer der Wirtschaft, so unterschiedlich sie sich zwischen 1933 und 1945 verhielten, «gilt wohl generell, dass ihr Verhalten in der Diktatur im Großen und Ganzen dem Durchschnittsverhalten der deutschen Bevölkerung entsprach, dessen Mehrheit sich zwischen den Extremen von Begeisterung und Opposition im Bereich des mehr oder weniger zustimmenden Opportunismus befand.»[160] Im Geschäftsalltag gab es – vom üblichen Stöhnen über bürokratische Behinderungen durch das NS-Regime abgesehen – bald nur noch wenig Anlass zur Klage, weil die meisten Unternehmer der nationalsozialistischen Wirtschaftspolitik als Fortschritts- und Wohlstandsmotor vertrauten und das Regime eher auf Wohlverhalten als auf Zwangsmaßnahmen setzte.[161] Man arrangierte sich und opferte dabei sowohl unternehmerische Freiheiten als auch die «liberalen Wirtschaftsprinzipien und Überzeugungen.»[162] Die Anpassung fiel umso leichter, als die Grundmaximen unternehmerischen Handelns gewahrt blieben: «Selbst unter den Bedingungen einer zunehmend […] regulierten Wirtschaft» konnten sie, wenn sie mit der richtigen Strategie agierten, im operativen Geschäft Gewinne erzielen, um das eigene Fortbestehen «zu sichern und auf den Märkten erfolgreich zu sein».[163] Ideologische Linientreue war für die Machthaber nicht unbedingt notwendig. Ihnen reichte es aus, wenn sie die Privatwirtschaft für ihre eigenen Zwecke nutzen konnten. Unter diesen Bedingungen besaß die Wirtschaft sogar eine gewisse «Verhandlungsmacht».[164] Die auf «beiderseitigen Zugeständnissen und wirtschaftlicher Interessenkoordination beruhende ‹Symbiose›»[165] zwischen Nationalsozialismus und Unternehmern wurde durch Anreizsysteme gefördert. Die Gewinnerwartung blieb für sie entscheidende Antriebskraft: Im Sinne des Regimes zu produzieren, fiel umso leichter, als die Erträge nicht lange auf sich warten ließen. In der einsetzenden «Sonderkonjunktur» füllten sich wieder die Auftragsbücher. Die «Kombination aus wachsender Binnennachfrage, mangelnder Außenkonkurrenz, steigenden Preisen und relativ statischen Löhnen» schuf Voraussetzungen, «unter denen es kaum mehr möglich war, *keine* gesunden Profite einzufahren».[166]

Die Rolle der Aufrüstung für den nationalsozialistischen Aufschwung kam erst 1936 mit einem «distinct shift»[167] zum Tragen, der von nun an die «nervösen Jahre» der Industrie kennzeichnete.[168] Die Priorität der Weltanschauung und des Kriegswillens des «Führers» wurde mit dem Vierjahresplan umgesetzt. Hatte bis dahin der «Neue Plan» eine Verbesserung der Handelsbilanz ermöglicht, war nun angesichts des Rohstoff- und Devisenmangels ein Wendepunkt erreicht, der eigentlich eine Beschränkung der Rüstungsausgaben und eine Förderung der Exporte dringend notwendig gemacht hätte.[169] Die Beziehungen zur Industrie- und Bankenwelt bekamen einen neuen Stellenwert, weil Göring die für die Rüstung entscheidenden Gremien des Reichswirtschaftsministeriums in seine neue Vierjahresplan-Behörde integrierte. Wenig später wurde das Ministerium faktisch «zum bloßen Exekutivorgan des Beauftragten für den Vierjahresplan degradiert».[170] Im Januar 1937 verkündete Hitler vor dem Reichstag sein Credo: «Entscheidend ist der Wille, der Wirtschaft stets die dienende Rolle dem Volke gegenüber zuzuweisen und dem Kapital die dienende Rolle gegenüber der Wirtschaft.»[171]

Im Sommer 1936 wurde die Entwicklung der Bank als «gesund und gut» bezeichnet,[172] und die Essener Gauleitung würdigte die Erfolge. Die Bilanzsumme des Jahres 1936 stieg von 9,2 auf 12,7 Millionen Reichsmark und betrug ein Jahr später bereits 14,1 Millionen Reichsmark. Die Bank profitierte von der Konjunktur und der weiter zurückgehenden Arbeitslosigkeit, die mit zunehmender privater Kauflaune verbunden war. Im Frühjahr 1936 schlossen sich 17 Essener Einzelhändler – unter ihnen *Cramer & Meermann* und *Overbeck & Weller* – mit dem Ziel zusammen, sich an dem in Mode kommenden Teilzahlungsgeschäft zu beteiligen. Sie gründeten die *Waren-Kredit-*

Gesellschaft (WKG). Der Einzelhandel, der prinzipiell gerne am Modell des Barverkaufs festgehalten hätte, war nicht länger bereit, «tatenlos einer Abwanderung ihrer Kundschaft zu den großen und kleinen Abzahlungshäusern» zuzusehen. Im Frühjahr 1936 erwarb die *National-Bank* durch die Vermittlung seines Aufsichtsratsmitglieds Friedrich Vogt von der Essener *Industrie- und Handelskammer* eine Beteiligung an diesem Absatzfinanzierungsinstitut des Essener Einzelhandels. Die *National-Bank* übernahm 53 Prozent des Stammkapitals der mit 100 000 Reichsmark gegründeten Gesellschaft.[173] Der Vorstand verkündete stolz, dass seinem Institut «aus allen Teilen des Reiches» Anerkennungsschreiben zugehen würden, und zwar mit der Bitte um Überlassung des Recepts».[174] Das Prinzip des «*WKG*-Einkaufsschecks» setzte sich sofort durch. Der Jahresumsatz stieg von 800 000 RM im Gründungsjahr auf 2,4 Millionen RM 1938. Es spricht alles dafür, dass sich diese Entwicklung fortgesetzt hätte, wenn nicht der Zweite Weltkrieg der *WKG* ein jähes Ende bereitet hätte und die Gesellschaft 1942 ihre Arbeit durch einen Beschluss der *National-Bank* eingestellt hätte.

1937 überstieg die Bilanzsumme erstmals wieder die Marke von 5 Millionen Reichsmark, was vor allem den vorübergehenden Einzelfestgeldanlagen zu verdanken war. Nach der stürmischen konjunkturellen Aufwärtsbewegung der Vorjahre machte sich inzwischen jedoch eine Abkühlung des Geschäftsklimas bemerkbar. Das Ergebnis der Gewinn-und-Verlust-Rechnung wurde daher als «weniger befriedigend» bezeichnet – eine zu pessimistische Einschätzung, die ein halbes Jahr später revidiert wurde.[175]

Nun wurde der anhaltende «außerordentliche Aufschwung in der Wirtschaft» begrüßt, der wesentlich von der Bauindustrie getragen wurde und dem Geschäft einen weiteren Auftrieb «in fortschreitend gleichmäßigem Tempo» verschaffte.[176] Vom Gewinn in Höhe von 175 400 Reichsmark wurden 100 000 Reichsmark der gesetzlichen Reserve zugewiesen und an die Aktionäre eine Dividende von 6 Prozent ausgeschüttet. Der optimistische Geschäftsbericht entsprach der grundlegenden Stimmung der Zeit. Angesichts der guten Konjunktur wurde in Deutschland inzwischen weniger von der mangelnden Nachfrage berichtet als vielmehr von den allenthalben erkennbaren Engpässen – und den zunehmenden Schwierigkeiten, in der boomenden Wirtschaft noch geeignete Fachkräfte zu finden.

Ein neues Aktiengesetz, das am 1. Oktober 1937 in Kraft trat, stand in vielerlei Hinsicht in der Tradition bisheriger Entwicklungen. Allerdings stellte es neben die bekannten Organe wie Vorstand, Aufsichtsrat und Aktionäre zusätzlich die Belegschaft, die inzwischen als nationalsozialistische «Gefolgschaft» firmierte. Die juristischen Bestimmungen machten eine grundlegende Revision der Satzung erforderlich, die im Februar 1938 beschlossen wurde. Gesellschaften mit bis zu 3 Millionen Reichsmark Aktienkapital durften nur noch sieben Aufsichtsratsmitglieder haben – eines weniger, als bislang in diesem Gremium der *National-Bank* vertreten war.[177] Es ergab sich jedoch eine elegante Lösung des Problems. Mit dem 31. Dezember 1936 schied Wolfgang Müller-Clemm freiwillig aus und stellte sich dem Vorstand fortan für «Sonderaufgaben» zur Verfügung. Die übrigen Aufsichtsratsmitglieder ließen sich einfach wiederwählen.[178] Der Einfluss Müller-Clemms blieb indessen noch nach seinem Rückzug spürbar, weil er in der Region als eine Art «graue Eminenz» und Wirtschaftsgröße enge Verbindungen zur NSDAP hielt; seit 1936 gehörte er auch dem Aufsichtsrat der *Hochtief AG* an.[179] Er wurde zumindest informell weiterhin in die entscheidenden Bankgremien entsandt und nahm an den Aufsichtsratssitzungen teil: Müller-Clemm, so vermerkt das entsprechende Sitzungsprotokoll, habe sich auf Wunsch von Ausschuss und Vorstand bereiterklärt, «auch künftig mit Herrn van Ackeren nach einer noch zu treffenden Vereinbarung zusammenzuarbeiten».[180] Der entsprechende Vertrag, der am 31. Dezember 1936 geschlossen wurde, verpflichtete Müller-Clemm, im Auftrag des Vorstands die Interessen der *National-Bank* «bei amtlichen Dienststellen sowie Berliner Banken und Industrie-Geschäftsfreunden» zu übernehmen und «zur Anbahnung von neuen Geschäftsverbindungen zur Verfügung» zu stehen. Seine Lobby-Tätigkeit ließ sich Müller-Clemm gut bezahlen. Er erhielt für seine Arbeit, die nach Vertragsangabe «eine beinahe tägliche Inanspruchnahme» bedingte, laut seinem – in den Akten nicht erhaltenen und wahrscheinlich beim Brand im März 1943 verloren gegangenen – Vertrag eine monatliche Vergütung von 800 Reichsmark. Zudem zahlte ihm die Bank eine jährliche «Abschlussprovision», die der Tantieme van Ackerens entsprach. Die üppige Summe wurde letztmals 1944 ausgezahlt und betrug in diesem Jahr stolze 15 000 Reichsmark.[181]

An der dominanten Stellung van Ackerens als Vorstandsvorsitzendem änderte sich nichts. Auf der Aufsichtsratssitzung im Februar 1938 wurde der Prokurist Albert Brusten als Nachfolger Müller-Clemms zum stellvertretenden Vorstandsmitglied gewählt.[182] Brusten war ein Bankfachmann, der die Verbeugungen vor dem Nationalsozialismus auf das Notwendigste beschränkte. Er war ganz wesentlich dafür verantwortlich, dass die *National-Bank* in den letzten Jahren des Krieges nicht durchgängig als «braune Bank» gelten konnte. Allerdings konnte der «zur Vorsicht»[183] neigende Brusten im Schatten van Ackerens nicht wirkliche Statur gewinnen. Als ruhiger Fixpunkt der Banktätigkeit spielte er aber neben den agilen nationalsozialistischen «Machern» eine unersetzliche Rolle als unideologischer Fachmann.

Unabhängig davon erfolgte die Vergütung des Vorstands. Im Februar 1944 wurden die gewinnabhängigen Vorstandstantiemen auf der Grundlage eines Gewinns im Jahr 1943 auf 300 000 Reichsmark festgelegt.[184] Selbst in der Nachkriegszeit hielt man an diesen großzügigen Regelungen fest: Der Aufsichtsrat beschloss im März 1946, «daß denjenigen tantiemeberechtigten Herren, die mangels ausreichenden Gewinnes für das vergangene Jahr keinen Gewinnanteil erhalten haben, eine einmalige Abschlußvergütung in Höhe des letzten Brutto-Monatsgehalts gezahlt wird. Beim Vorstand beträgt die Abschlussvergütung 2 Monatsgehälter.»[185]

1939 wurde Ferdinand Schraud, der Geschäftsführer der in Berlin ansässigen *Jurgens van den Bergh Margarine-Verkaufs-Union GmbH* in den Aufsichtsrat der *National-Bank* gewählt.[186] Die Entsendung stand im Zusammenhang mit der Beteiligung der *Margarine Verkaufs-Union GmbH* an der *National-Bank*. Die Firma war sowohl im Groß- wie im Einzelhandel stark verankert und spielte eine wichtige Rolle in der Nahrungsmittelindustrie, weil Margarine als Butterersatz gerade in Zeiten der nationalsozialistischen Autarkiebestrebungen von großer Bedeutung war.[187] Seit dem Februar 1935 mit nur wenig Kapital eingestiegen, hatte sich die Gesellschaft immer stärker an der *National-Bank* beteiligt und stand 1939 bereits mit inzwischen 400 000 Reichsmark in den Büchern.[188] Diese Bindung bestand bis Kriegsende: Noch im Februar 1944 wollte sich die *National-Bank* an Konsortialkrediten beteiligen, weil man annahm, dass sich die *Margarine Verkaufs-Union* «in größerem Umfange mit Rohstoffen für die Zukunft» eindecke.[189]

Das Alltagsgeschäft blieb weitgehend eine Routineangelegenheit. Die Prüfung der Bilanzen erfolgte durch verschiedene Institute: Mal war es die *Deutsche Wirtschaftsprüfungs- und Treuhandgesellschaft mbH*, die ihren Sitz in Berlin hatte, mal war es die in Essen ansässige *Westdeutschland Wirtschaftsprüfungs-AG*, dann wieder die *Revisionsgesellschaft der Deutschen Arbeitsfront*. Die Zahl der Kreditnehmer wuchs, ohne die Liquidität wesentlich zu verschlechtern.[190] Überwiegend, nämlich zu fast zwei Fünfteln, wurden Kredite inzwischen für Baugeschäfte und Bauzwischenkredite gewährt, gefolgt von Krediten für den Einzel- und Großhandel, schließlich in nicht unerheblichem Maße für Schreiner, Zimmerer, Klempner, Schlosser und Dachdecker.[191] Die Bilanz des Jahres 1938 schloss mit einer Summe von rund 19,2 Millionen Reichsmark ab – eine nicht unerhebliche Steigerung im Vergleich zu den Vorjahren. Der Gesamtumsatz in Höhe von 623 Millionen Reichsmark rechtfertigte eine Dividende von 6 Prozent. Auch das letzte Jahr

Die Aktien der *National-Bank* wurden in den 1930er Jahren vornehmlich von Industrieunternehmen an Rhein und Ruhr, der *Bank für Industrie-Obligationen* sowie der *Bank für deutsche Arbeit* gehalten.

vor Kriegsausbruch war durch steigende Umsätze gekennzeichnet. Die Bilanzsumme erhöhte sich auf 21 Millionen Reichsmark.[192]

Obwohl handfeste Zahlen fehlen, hatte der bisherige Kundenstamm der *National-Bank*, also vor allem die Einleger aus dem Milieu der christlichen Gewerkschaften, kaum noch einen Anreiz, ihrem bisherigen Institut, das seine Ausrichtung vollkommen geändert hatte, die Treue zu halten. Die *National-Bank* hatte zudem mit einem besonders starken Konkurrenten zu kämpfen: der *Essener Sparkasse*. Diese war von den Krisen 1923 bzw. 1929 vergleichsweise wenig berührt worden und fungierte als Bank der «kleinen Leute», was einem allgemeinen Trend der Zeit entsprach: Nach einer Krise in der Hyperinflationszeit war eine Phase der Expansion und des überproportionalen Wachstums bei den Sparkassen und Bausparkassen sowie den Postsparkassen angebrochen. Das hätte für die *National-Bank* weniger gravierende Auswirkungen haben können, wenn sich diese Konkurrenz auf die Arbeiterhaushalte und die unteren Einkommensschichten beschränkt hätte. Aber offenbar gelang es den regionalen Sparkassen, sogar auf dem neuen Geschäftsfeld der *National-Bank*, dem Handel und Gewerbe, Kunden zu akquirieren. Sie litten auch weniger unter dem Vertrauensverlust, den im Zuge der Weltwirtschaftskrise zum Beispiel die Genossenschaftsbanken erfahren hatten. Die Zukunft im NS-Staat schien den Sparkassen zu gehören, die sich als das «völkische Institut»[193] schlechthin verstanden. Bei einem Vortrag im Rahmen des «Führerschulungskurses» für das deutsche Bankwesen im Herbst 1934 wurde betont, dass die offenkundigen «Konkurrenzprobleme» zwischen öffentlicher und privater Kreditwirtschaft insbesondere durch die «bankmäßige Entwicklung der Sparkassen und die Betätigung einzelner regionaler, insbesondere staatlicher Kreditinstitute auf dem Gebiet des kurzfristigen Personalkredits» entstanden seien.[194]

Terboven und Müller-Clemm nutzten auch daher jede sich bietende Gelegenheit, die verunsicherten Bankkunden davon zu überzeugen, wie sinnvoll es doch sei, ein Konto bei einer den Nationalsozialisten nahestehenden Bank zu eröffnen. Ihnen bot sich mit der National-Bank ein «willkommenes Aktionsfeld», wie diese und ähnliche Bemühungen generalisierend beschrieben worden sind, um ihre Ziele zu verwirklichen.[195] Klagen über die aggressiven Methoden wurden immer lauter. Im Dezember 1933 musste Reichswirtschaftsminister Kurt Schmitt die Landesregierungen und Reichsstatthalter darauf hinweisen, dass der Reichskommissar für das Bankgewerbe «künftig jede auffällige Propaganda der Kreditinstitute mit einer von führenden Persönlichkeiten zu ihren Gunsten eingenommenen einseitigen Stellung» als eine «aufdringliche Reklame» missbilligen werde.[196] Erst das von seinem Nachfolger Hjalmar Schacht durchgebrachte Gesetz über die Staatsbanken vom 18. Oktober 1935 konnte den Machthunger der Parteifunktionäre halbwegs stillen.

Der Alltag der *National-Bank* nach 1933: Im Dienst der «nationalen Aufgabe»

Die atmosphärischen Veränderungen nach der nationalsozialistischen Machtübernahme wurden selbst in den alltäglichen Bankgeschäften spürbar, wie sich ein altgedienter Mitarbeiter später erinnert hat. Der neue Chef übernahm sofort das Kommando. Van Ackerens

> «vornehmste Aufgabe bestand in der Verwirklichung nationalsozialistischen Gedankengutes im Hause, getreu den Anordnungen, wie sie vom Führer und seinem Reichsorganisationsleiter Dr. Ley erlassen wurden. Mitgliedschaft in der NSDAP und ihren Gliederungen wurde zur Pflicht gemacht. Befördert wurden nur solche

Mitstreiter. Gegrüßt werden durfte im Betrieb nur noch mit ‹Heil Hitler›. Pünktlichkeit am Morgen wurde mit Hilfe einer Fehlliste erzwungen, die ihm um 8 Uhr vorzulegen war. Streng wurde auf Teilnahme an Aufmärschen, Betriebsveranstaltungen, Berufs- und Sportwettkämpfen sowie Spendenaktionen geachtet. Seine weit über das gebotene Maß hinausgehende nationalsozialistische Einstellung kommt auch in den Geschäftsberichten und Betriebsordnungen deutlich zum Ausdruck.»[197]

Manches Ärgernis wurde dennoch versöhnlich behandelt und im Taumel eines nationalen Aufschwungs hingenommen, dass die Bank sich den Interessen der NSDAP und besonders des Gauleiters zu beugen hatte. Die Mitarbeiter wiederum sollten sich als Teil einer wahren «Volksgemeinschaft» fühlen. Diese Idee war zunächst noch nicht einmal nationalsozialistisch oder «völkisch». Sie konstruierte, so brüchig und mythenbehaftet sie auch war,[198] eine utopische soziale Ordnung, die mit ihrem Appell zur Überwindung der Klassengegensätze auf viele Deutsche anziehend wirkte, weil sie einem angeblichen «Volkswohl» Tribut zu zollen versprach: Diese illusorischen Wünsche wurden dabei zum Teil von handfesten «Erfolgen» begleitet: Die Wiederaufnahme Deutschlands in die Staatengemeinschaft, das Auslöschen der «Schmach von Versailles» und das Ende der allgemeinen Arbeitslosigkeit gaben schließlich selbst den Indifferenten und Gegnern des Nationalsozialismus wenig Ansatz zur Opposition. Kaum jemand im Reich vermochte sich dem deformierenden, ideologisch aufgeladenen Mythos eines egalitären Neuanfangs zu entziehen. Diese unheimliche Suggestivkraft des Nationalsozialismus beschrieb der Bonner Politikwissenschaftler Karl Dietrich Bracher wie folgt:

«Sozialistisch im Sinne von ‹sozial› hatte nun jeder Deutsche zu sein: das Winterhilfswerk, tausenderlei Spenden- und Sammelaktionen, Reichsberufswettkämpfe und Musterbetriebe, ‹Kraft durch Freude› und nationales Eintopfessen, der Volkswagen für jedermann, schließlich die klassenlose Gemeinschaft in Hitlerjugend und Parteiverbänden, in *DAF* und Arbeitsdienst – alle diese vielfältigen Aktionsformen der ‹Volksgemeinschaft› verfehlten nicht ihre Wirkung, auch wenn sie noch so zweckbestimmte Mittel der Kontrolle, Gleichschaltung und Kriegsmobilisierung waren.»[199]

Selbst viele dem Nationalsozialismus eigentlich ablehnend gegenüberstehende Deutsche reagierten mit «dankbarer Verblüffung» auf die «Erfolge» Hitlers, die einen Opponenten geradezu in die Position eines «querulantischen Nörglers» verwiesen.[200] So begünstigte der Nationalsozialismus eine regional sehr unterschiedlich ausfallende Erosion traditioneller Bindungen.[201]

Die *National-Bank* beteiligte sich an den nationalsozialistischen Ritualen. An der Stirnwand der Essener *Kassenhalle* prangte bald ein großes Mosaikbild des «Führers», das von dem nach 1945 als Direktor an der *Folkwangschule* lehrenden Professor Hermann Schardt angefertigt worden war.[202] Bei einer Aufsichtsratssitzung, die zufällig auf einen 9. November fiel, eröffnete der Aufsichtsratsvorsitzende Eugen Vögler die Sitzung mit dem Gedenken an die «Gefallenen des 9. November» vom «Marsch auf die Feldherrnhalle»: «Ihnen zu Ehren erheben sich Aufsichtsrat und Vorstand von ihren Plätzen und bringen den Toten stumm den deutschen Gruß dar.»[203] Die Sitzungen des Aufsichtsrats schlossen nun stets mit einem «Sieg Heil auf Führer und Reich».[204] Das Arbeitsklima änderte sich schlagartig, wie sich ein Mitarbeiter später erinnerte:

> «Begrüßen durfte man sich fortan nur noch mit ‹Heil Hitler›. Viele kamen in Uniform zum Dienst. Jeden Samstagmorgen hatten alle Mitarbeiter vor Dienstbeginn pünktlich zum Appell zu erscheinen. Dem ‹Betriebsführer› mußte militärisch gemeldet werden, wieviele angetreten, abwesend oder krank waren. Es wurden Parolen ausgegeben und zum Schluß mußte in strammer Haltung mit erhobenem Arm das Horst Wessel- und Deutschlandlied gesungen werden. Einer wagte, nur die Lippen zu bewegen und erst bei der 2. Strophe des Horst-Wesselliedes hörte man ihn singen: ‹Börsengauner und Schieber knechten das Vaterland.›»[205]

Die nationalsozialistische Lohnpolitik schrieb faktisch den Stand der Weltwirtschaftskrise fest. Unternehmen konnten jedoch noch eine Zeit lang ihre betrieblichen Sozialleistungen als Steuerungselement einsetzen, um auf dem bald leer gefegten Arbeitsmarkt andere Firmen auszustechen.[206] Das Durchschnittseinkommen der Angestellten der *National-Bank*, das bislang 260 Reichsmark betragen hatte, wurde 1937 leicht auf monatlich 280 Reichsmark erhöht. Bedeutender waren allerdings die übertariflichen Zusatzleistungen: Bis 1935 erfolgte eine Ausschüttung von einem Dreiviertel Monatsgehalt für das abgelaufene Geschäftsjahr. 1935 wurde an die «Gefolgschaft» als Anerkennung für die ertragreiche Arbeit eine Leistungsprämie in Höhe von insgesamt 5000 Reichsmark ausgezahlt.[207] Seit 1937 wurde neben dem tariflichen 13. Monatsgehalt nun ein 14. Monatsgehalt gezahlt. Im September 1937 beschloss die Bank darüber hinaus ein für die Zukunft bedeutsames Modell der betrieblichen Altersvorsorge. Von den notwendigen Beitragsleistungen übernahm die *National-Bank* einen Anteil von 80 Prozent. Alle männlichen

Die Buchhaltung bei der *National-Bank* in den 1930er-Jahren war weitgehend Frauensache. Die Welt hinter den Türen der Sekretariate und Büros blieb eine Männerdomäne.

Angestellten, die der Bank mindestens vier Jahre angehörten, zwischen 25 und 50 Jahre alt waren, und alle weiblichen «Gefolgschaftsmitglieder», die mindestens fünf Jahre bei der *National-Bank* sowie mindestens 35 Jahre und nicht über 50 Jahre alt waren, wurden mit einer Lebensversicherung in Höhe von 7500 Reichsmark ausgestattet. Diese war beim Tod, frühestens jedoch beim Erreichen des 60. Lebensjahrs fällig. Für die leitenden Angestellten fiel die Regelung noch großzügiger aus. Die «tantiemeberechtigten Beamten» wurden in der gleichen Weise mit 15 000 Reichsmark und die Prokuristen mit 20 000 Reichsmark versichert.[208] Der Vorstand und die Gremienmitglieder wurden gut bezahlt. Nach der 1937 beschlossenen Vergütungsregelung erhielt der Aufsichtsratsvorsitzende jährlich 1000 Reichsmark, die Ausschussmitglieder 750 Reichsmark und die übrigen Aufsichtsratsmitglieder 500 Reichsmark.[209]

Den Wirtschaftsaufschwung rechnete der regimetreue Vorstand der NS-Regierung an. Der Geschäftsbericht 1937 zollte der nationalsozialistischen Wirtschaftspolitik ein besonderes Lob: «Die Durchführung des Vierjahresplans, der die Vollendung der Freiheit unserer Nation zum Ziel hat, beeinflußt immer mehr die gesamte deutsche Volkswirtschaft. Die bis heute erzielten Erfolge des knapp ein Jahr herrschenden Vierjahresplans übertreffen jede gehegte Erwartung.»[210] In den Geschäftsberichten fanden sich die obligatorischen Hinweise auf die Verbundenheit mit dem Nationalsozialismus: «Vom ersten Tag unserer Tätigkeit an haben wir unsere besondere Aufgabe darin gesehen, Führung und Gefolgschaft zu einer leistungsfähigen Betriebsgemeinschaft zu verbinden. Hierbei haben wir nicht unterlassen, diese neue Gemeinschaft mit dem Wesen und der Weltanschauung des Nationalsozialismus vertraut zu machen und sie danach auszurichten.»[211]

Der Gesinnungsdruck verstärkte sich, je länger die NSDAP an der Macht blieb. Da eine Beförderung ohne Parteibuch fast unmöglich war, schien ein Eintritt in die Partei oder zumindest einen ihrer «angeschlossenen Verbände» wie die *SA*, die *Deutsche Arbeitsfront*, die *NS-Volkswohlfahrt* oder das *Winterhilfswerk* naheliegend.

Die *National-Bank* ging dazu über, neben den obligatorischen Spenden die regionalen und überregionalen NS-Zeitschriften zu abonnieren. Dies war in mancher Hinsicht Geschäftspolitik: Die Führung der NSDAP-Konten und ihrer Gliederungen, voran *Winterhilfswerk*- und *NS-Volkswohlfahrts*-Konten, stellten einen wichtigen Aktivposten dar.

Leitung und Gefolgschaft der Bank sollten auf diese Weise so weit mit dem «Wesen» und der Weltanschauung des Nationalsozialismus vertraut gemacht werden, dass an der Ausrichtung der Bank nicht mehr gezweifelt werden konnte. Die pseudoproletarische Utopie der «Volksgemeinschaft» als vermeintlich klassenlose Gesellschaft mit ihren revolutionär-modernisierenden Elementen wirkte durchaus anziehend. Der Mythos der «Volksgemeinschaft» stand der traditionellen Sozialpolitik konkurrierend gegenüber. Zwar bewahrten manche Unternehmen gegenüber den als gängelnden Maßnahmen verstandenen Anforderungen der *DAF* eine «distanzierte Haltung» und waren nur unter «ständigen Pressionen» der Partei und der *DAF*-Betriebsobmänner überhaupt bereit, sich etwa an den «Leistungskämpfen» zu beteiligen. Für die *National-Bank* ließ sich das allerdings nicht gerade behaupten.[212]

Die *DAF*, deren Mitgliedschaft seit Oktober 1934 verpflichtend war, erhob den Anspruch einer grundlegenden Neuordnung aller Arbeitsbeziehungen. Sie verstand sich als «Speerspitze der Partei» und als propagandistisches Element im Dienst der «Bewegung».[213] Schon im Juni 1933 verfügte ihr Führer Robert Ley: «Es ist der Wille des Führers, daß außer der Deutschen Arbeitsfront keinerlei Organisationen mehr, weder der Arbeitnehmer noch

Arbeitgeber existieren.»[214] Die «NS-Volkswohlfahrt»[215] wiederum trat den nichtstaatlichen Institutionen konkurrierend gegenüber und versuchte, mit plebiszitär-ideologischen Parolen im sozialpolitischen Bereich Einfluss zu gewinnen. Die Propaganda zeichnete ein Idealbild des «Musterbetriebs» als geschlossener Gemeinschaft, die mit «frohschaffenden Menschen» eine «Höchstform an technischer und wirtschaftlicher Leistung» erbringen könne.[216]

Die Tätigkeit der Zwangsorganisation wirkte in der Praxis jedoch ernüchternd, weil sich hinter den hohlen Phrasen einer «Volksgemeinschaft» keine Substanz verbarg. Die Vertreter der *DAF* wirkten daher vielfach als Fremdkörper oder gar als «nichtswissende [...] Besserwisser», die bloß alles durcheinanderbrachten.[217] Allerdings fanden sich gegen das schier unaufhaltsame Vordringen der *DAF* nach der Auflösung der bisherigen gewerkschaftlichen Interessenvertretungen keine Gegenmittel. Die NS-Sozialpolitik mit ihrem spezifischen Ineinander von «Lockung und Zwang»[218] integrierte einen Großteil der deutschen Arbeiter in die vermeintliche «Volksgemeinschaft», die freilich zu einem «wirtschaftsfriedlichen Harmonieverband» verkam.[219]

Das damit verbundene Leistungsdenken wurde durch zahlreiche Initiativen verkörpert: Neben die «Kraft durch Freude» trat der «Leistungskampf der Betriebe», der durch eine Verfügung Hitlers vom 29. September 1936 genehmigt wurde. Ley hatte in einem Aufruf bereits das hinter den Reichsberufswettkämpfen stehende Ziel proklamiert: «Unser Vorbild ist der Soldat.»[220] Für ihn stellte der Leistungskampf die Gelegenheit dar, «jeden Betrieb mit nationalsozialistischer Gesinnung zu erfüllen».[221] Die Beteiligung am Leistungskampf war zwar offiziell freiwillig, aber kaum ein Unternehmen verweigerte sich, weil man andernfalls Nachteile befürchtete. Während 1937/38 nur 80 000 Betriebe partizipiert hatten, war die Zahl für den Zeitraum 1939/40 bereits auf 273 000 Betriebe gestiegen.[222]

Gauleiter Terboven verlieh der von ihm protegierten Bank auf der Grundlage der Verfügungen Hitlers aus dem Jahr 1936 über den «Nationalsozialistischen Musterbetrieb» und der Anordnung des Reichsorganisationsleiters über den «Leistungskampf der deutschen Betriebe» am 1. Mai 1938 das «Gaudiplom für hervorragende Leistungen», das in einer Feierstunde im Städtischen Saalbau übergeben wurde.[223] Im gleichen Jahr wurde der Bank das «Leistungsabzeichen für vorbildliche Berufserziehung» verliehen.[224] Gleich zweimal hintereinander erhielt die *National-Bank* die Auszeichnung «Nationalsozialistischer Musterbetrieb». Zur Verleihung des Preises, die symbolisch mit der Übergabe der «Goldenen Fahne» besiegelt

Essen galt als die «Waffenschmiede des Reiches». Abgebildet sind Essener Bürger, die im März 1936 vor dem Stadttheater auf den Besuch Hitlers warten.

wurde, reiste jeweils eine Delegation unter Einschluss des Betriebsobmanns nach Berlin, um die Auszeichnung in der Reichskanzlei entgegenzunehmen. Als «Krönung der Sozialarbeit» nahm van Ackeren gemeinsam mit dem Betriebsobmann am 1. Mai 1939 in Berlin aus der Hand Hitlers die Auszeichnung mit der «Goldenen Fahne» entgegen. Dieses Emblem sollte nunmehr bis 1945 auf dem Firmenbogen prangen. Nach dem Bombenangriff vom 7. März 1943 wurde die «Goldene Fahne» allerdings «von einem zum Hausmeister degradierten, früher führenden Mitarbeiter den Flammen übergeben».[225] Leider verraten die Quellen nicht, um wen es sich dabei gehandelt hat.

Die Zeremonien in Berlin und Essen waren eine Art Selbstvergewisserung darüber, dass die nationalsozialistische Sozialpolitik vor dem Hintergrund der Aufrüstungspolitik nicht an Dynamik verlieren werde.[226] Die *National-Bank* war einer der drei ersten Betriebe, dem – neben der *Arbeitsheimat* des Nürnberger Bundes und dem Essener *Postscheckamt* – diese Ehre zuteilwurde – ein «Lorbeer», wie der zuständige Essener Kreisobmann der *DAF* meinte. Andere traditionsreiche Betriebe in Essen hatten dagegen das Nachsehen. Im *Essener Heimatkalender* wurde der Bank daraufhin Raum zur Selbstdarstellung gegeben, um die eigenen Sozialeinrichtungen vorzustellen. Von den Ursprüngen der Bank vor 1933 war hier allerdings nicht die Rede. Stattdessen ließ die Vorrede des Essener Kreisobmanns erkennen, dass die Verleihung der «Goldenen Fahne» nicht nur als Symbol für ein «sieghaftes, zukunftsreiches Arbeitsleben», sondern auch als Ansporn zu verstehen war. Sie sei als «Garantie für den Sieg in dem uns aufgezwungenen Kampfe» zu sehen.[227] Zwischen den Zeilen ließ sich im Beitrag der *National-Bank* jedoch erkennen, dass hier ein ganzes Set neuartiger sozialer Praktiken und Psychotaktiken ausgebildet werden musste, um die Bankmitarbeiter von jener «neuen Zeit» zu überzeugen:

> «Im Jahr 1933 begann die Aufbauarbeit. Es galt nicht nur, den Wirkungskreis als regionales Kreditinstitut auszubauen, sondern aus der Gefolgschaft eine nationalsozialistische Betriebsgemeinschaft zu errichten. Die weltanschaulichen Voraussetzungen dafür waren zu schaffen, die Grundsätze des nationalsozialistischen Gedankengutes waren immer wieder einzuschärfen und zu erläutern. Der Erhaltung und Steigerung der Arbeitskraft und Arbeitslust wurde besondere Aufmerksamkeit zugewandt. Hierfür sorgen zunächst helle, freundliche Arbeitsräume, vollkommenes Arbeitsgerät und verständnisvolle Regelung der Arbeitszeit. Ein schöner und gemütlicher Gefolgschaftsraum ist vorhanden, wo bei Spiel, Musik und Lesestoff Erholung gefunden wird. Dem gleichen Zweck dient im Sommer der Garten. Die Betriebssportgemeinschaft treibt Leibesübungen, Spiel und Schießsport. Die Heranbildung eines leistungsfähigen Nachwuchses liegt dem Führer des Betriebes besonders am Herzen. Die Lehrlinge werden in einer Arbeitsgemeinschaft im eigenen Hause mit allen Sparten des Faches bekanntgemacht, die Teilnahme an den fachlichen Fortbildungskursen der Deutschen Arbeitsfront und dem alljährlichen Reichsberufswettkampf sind Pflicht. Heute ist die Betriebsgemeinschaft bei der National-Bank AG nicht nur ein arbeitspolitischer Begriff geblieben, sondern zur lebendigen Tatsache geworden. Das Ziel der gemeinsamen Arbeit ist die Höchstleistung, und damit vollzieht sich die letzte Einordnung in die Arbeit aller schaffenden Deutschen zum gemeinsamen Nutzen von Volk und Staat.»[228]

Die Bank mit ihren inzwischen 41 «Gefolgschaftsmitgliedern» hatte bei einer Betriebsbesichtigung offenbar einen guten Eindruck hinterlassen: Blumen auf allen Fensterbänken, schließlich der Sozialplan für kinderreiche Mitarbeiter, der eine Zulage in Höhe von 20 Reichsmark für das erste Kind und dann steigend auf 25 bis 50 Reichsmark für jedes weitere Kind vorsah. Ausgaben hatte die Bank freilich kaum. Lediglich ein Angestellter mit neun Kindern schlug mit einem höheren Betrag zu Buche.[229]

Besonders herausgestellt wurde, dass die Bank für zwei Angestellte die Kosten für eine Norwegenreise auf dem KdF-Dampfer *Wilhelm Gustloff* übernahm. Zur Pflege der «Kameradschaft» dienten inzwischen die an jedem Samstag vollzogenen Frühappelle, die Einmütigkeit, Anständigkeit und «kämpferischen Einsatz» für den Vierjahresplan zum Ausdruck bringen sollten. Hinzu kamen Kameradschaftsveranstaltungen und Ausflüge. Für den Betriebssport wurden auf dem Hof der Bank zwei Duschvorrichtungen installiert. Auch ein Garten, ein «Gefolgschaftsraum» und eine «Betriebsbücherei» wurden eingerichtet; diese verfügte allerdings nur über den NS-Ideologen genehme Bücher.

Mit Kriegsbeginn traten diese Aspekte in den Hintergrund. Einberufungen, Notfallübungen und Bombenangriffe gehörten nun zum Bankalltag. 1943 wurde derjenigen «Gefolgschaftsmitglieder» gedacht, die «ihr Leben für Führer und Volk» gelassen hatten.[230] Der Mitarbeiter Karl-Heinz Uhlendahl war gefallen, Alfred Dinkheller wurde seit der Schlacht von Stalingrad vermisst. Die Duisburger Angestellte Gisela Goy kam bei einem Luftangriff ums Leben. Ende Dezember 1945 galten von den schätzungsweise 50 bis 60 zur Wehrmacht eingezogenen Mitarbeitern noch sieben als vermisst, elf waren in Kriegsgefangenschaft geraten. Zwei von ihnen starben noch kurz vor ihrer Entlassung aus der Gefangenschaft.

Die nüchternen Zahlen lassen allerdings wenig von den Kriegsschicksalen mancher Mitarbeiter erkennen. Der Bankangestellte Hans Hoffmann geriet 1944 in sowjetische Kriegsgefangenschaft und wurde erst Ende Oktober 1949 als Schwerkranker entlassen. Der Vorstand der *National-Bank* bemühte sich seit Kriegsende darum, sich einen Überblick über mögliche Notlagen zu verschaffen. In den meisten Fällen war zwar eine Unterstützung nicht erforderlich, die Verhältnisse bei der Familie eines in Kriegsgefangenschaft geratenen Angestellten waren jedoch schwierig: «Der Vater ist tot, die Mutter zurzeit erkrankt, ein verheirateter Bruder ist gefallen, einer ist vermißt. Von den übrigen Geschwistern führt eine Schwester den Haushalt, ein Bruder ist bei der Reichsbahn beschäftigt und einer besucht noch die Oberschule.» Die *National-Bank* entschloss sich daher, die Mietkosten der Familie zu übernehmen und sich gelegentlich zu erkundigen, ob noch Weiteres getan werden könne.[231]

Die Rolle der *National-Bank* bei der «Arisierung» des Bankhauses *Simon Hirschland*

Ökonomische Aspekte haben bei der Betrachtung des Antisemitismus lange Zeit nur eine «untergeordnete Rolle» gespielt.[232] Nach dem Ende des Zweiten Weltkriegs war es zunächst einmal darum gegangen, die administrativ-bürokratischen Strukturen der wirtschaftlichen Ausplünderung nachzuzeichnen, während die Motive der «Arisierer» aus nachvollziehbaren Gründen, wie etwa in der Pionierstudie von Helmut Genschel aus dem Jahr 1966, noch nicht im Zentrum standen.[233] Die ebenso wichtige Studie von Avraham Barkai nahm zu einer Zeit, als von einer «Täterforschung» im heutigen Sinn noch nicht die Rede sein konnte, die Opferperspektive und die Abwehrstrategien der Entrechteten in den Blick.[234] Die Forschung zur Ausschaltung der Juden hat in den letzten Jahren allerdings große Fortschritte gemacht;[235] zu vielen Banken liegen inzwischen umfangreiche Werke und Spezialstudien vor.[236] Heute ist daher die wirtschaftliche Verdrängung der Juden hinsichtlich der Rolle der Parteidienststellen, der verschiedenen Ministerien auf Reichs- und regionaler Ebene, der Handelskammern, der Gauwirtschaftsberater, der Finanz- und Steuerbehörden, der Notariate sowie der Banken und Unternehmen umfassend erforscht;[237] ihre Dimension ist auch durch zahlreiche lokale Einzelstudien bekannt.[238] Die lange vorherrschende Ansicht, die Juden seien nach 1933 ökonomisch noch eine Zeit lang verschont worden, ist inzwischen widerlegt. Im «Netzwerk der Ausplünderung»[239] kamen im Verbund mit gesetzgeberischen Maßnahmen die «Arisierungen» einer systematischen ökonomischen Entrechtung gleich.[240] Schon im März 1935 beklagte die «Reichsvertretung der Deutschen Juden» den Verfall jüdischen Eigentums und kritisierte die «unter dem Druck maßgeblicher Parteistellen» stattfindende Überführung Betriebe jüdischer Eigentümer «in arische Hände».[241] Weitere Erlasse und Verordnungen begrenzten die Möglichkeiten wirtschaftlichen Handelns. Am 1. Dezember 1936 stellte ein «Gesetz gegen Wirtschaftssabotage» die illegale Vermögensausfuhr ins Ausland unter Todesstrafe.[242] Nach den Novemberpogromen dekretierte am 12. November 1938 eine Verordnung die «Ausschaltung der Juden aus dem deutschen Wirtschaftsleben». Den Juden wurden Sühnegelder auferlegt und Strafmaßnahmen für den Fall angedroht, wenn sie versuchten, Gelder aus Deutschland ins Ausland zu transferieren. Angesichts der vielfältigen Schikanen entschlossen sich so immer mehr jüdische Geschäftsleute, ihre Unternehmen zu veräußern, was in der Regel nur weit unter Wert gelang.

Hinsichtlich der Haltung der Industriellen zur nationalsozialistischen Politik gegenüber den Juden lässt sich hingegen kein klares Bild zeichnen. Auch hier galt, dass die Unternehmer «vor oder neben ihrer wirtschaftlichen Funktion Deutsche mit verschiedenen politischen Überzeugungen, erziehungsbedingten Eigenschaften und moralischen Normen waren, die nicht nur durch ihre wirtschaftlichen Interessen bestimmt waren».[243] Die Bewertung der «Arisierungen» von Unternehmen und Banken stellt den Historiker vor ein schwieriges Problem. Zwar liegen über die Privatbanken inzwischen zahlreiche Studien, ja mittlerweile schon voluminöse Überblicksdarstellungen vor;[244] ein generalisierendes Bild ist dennoch kaum zu entwerfen, denn auch hier lassen sich nur von Einzelfall zu Einzelfall die jeweiligen Motive ermessen, die einen «arischen» Käufer dazu animierten, ein jüdisches Unternehmen zu erwerben. Häufig bewegten sich die Maßnahmen, die dem Vertragsabschluss vorausgingen «in einer Grauzone von Schikane und Rechtsbeugung».[245] Von blanker und brutaler Raffgier über opportunistische Aneignungsbereitschaft bis hin zur freundschaftlichen Hilfeleistung reicht das Spektrum der dokumentierten Fälle. Sie fordern ein differenziertes Urteil über die Vorgänge in einer Diktatur, in der die Spielregeln des Rechtsstaates ihre Gültigkeit verloren hatten. Allerdings lässt sich bis heute angesichts der Komplexität der Prozesse kaum das Ausmaß erahnen, in dem die deutschen Industriellen als «stille Teilhaber»[246] von diesen Vorgängen profitierten. Ob die ohnehin noch fehlenden griffigen theoretischen Konzepte zur Erklärung der Vorgänge wirklich weiterhelfen, wird man abwarten müssen.[247]

Seit 1937/38 nahm die Ausplünderung «gleichförmige und bürokratisch-systematische Züge»[248] an. Die Praxis, den «guten Namen» des Unternehmens und den Kundenstamm zu berücksichtigen, war seit April 1938 allerdings nach geltendem Recht verboten. Zug um Zug wurden «Arisierungen» zu einem wahren «Bereicherungswettlauf»[249] und einem «Förderungsprogramm für Nachwuchsunternehmer».[250] Es ist frappierend zu sehen, wie viele Nutznießer an den «Arisierungen» beteiligt waren: Makler, Treuhand- und Schätzungsgesellschaften, Rechtsanwälte jeglicher Couleur, Sachverständige, «Schiedsrichter» und natürlich Unternehmer und Banken selbst. Bei denjenigen, die sich an «Arisierungen» beteiligten, lässt sich das gesamte Verhaltensspektrum erkennen, von «rücksichtslosen Ausbeutern» bis zu «verständnisvollen Geschäftsleuten, die angemessene Entschädigungen zu zahlen versuchten.»[251]

Die *National-Bank* war an der an dieser Stelle zu schildernden «Arisierung» des Bankhauses *Simon Hirschland* beteiligt. Die Vorgänge sind zwar erforscht, aber die *National-Bank* stand dabei meist nur am Rande des Interesses.[252] Das 1841 in Essen gegründete Bankhaus *Simon Hirschland* mit einem Kapital von 87 Millionen Reichsmark beschäftigte inzwischen rund 160 Angestellte, von denen 36 Juden waren.[253] Wie viele Privatbanken hatte sich auch dieses Institut aus einem Handelsgeschäft heraus entwickelt, bei dem zunächst nur einzelne Darlehen an Kunden gegen Pfand und Bürgschaften vergeben wurden. Bereits während des Kaiserreichs war die Bank zur führenden Privatbank der Stadt aufgestiegen, und ihr Eigentümer, Isaak Hirschland, gehörte zu den Honoratioren.

Es war dann jedoch die dritte Eigentümergeneration, die den Durchbruch des Instituts in die erste Reihe der deutschen Privatbanken erreichte. Den beiden Brüdern Kurt Martin und Georg Hirschland gelang es nach den Turbulenzen der Währungsreform 1923/24, sich eine «komfortable Nischenposition»[254] in der deutschen Bankenlandschaft zu sichern. Sie verfügten über ausgezeichnete Beziehungen ins Ausland, vor allem in die USA und nach Großbritannien, und warben dort bedeutendes Kapital für die deutsche Industrie an. Die Bank war auch im europäischen Emissions-, Devisen- und Industriegeschäft tätig. Gerade im Ruhrgebiet hatten zahlreiche Unternehmen der Schwerindustrie das Vermittlungsangebot des Bankhauses angenommen, Anleihen und Kredite zu günstigen Konditionen aus den USA zu beziehen. Dies war angesichts der Probleme, auf dem deutschen Kapitalmarkt überhaupt zuverlässig Kapital zu erhalten, eine willkommene Finanzierungsgelegenheit.[255]

Allerdings zeigte sich in der Weltwirtschaftskrise, dass die Expansion des Instituts allzu aggressiv ausgefallen war. Obwohl es sich bei den Außenhandelskrediten, die die Bank vermittelt hatte, vor allem um kurzfristige Darlehen handelte, waren viele im Einverständnis mit der Bank für langfristige Investitionen genutzt worden. Zwei voneinander unabhängige, aber in ihren Ursachen sehr ähnliche Unternehmenskrisen führten das Bankhaus *Simon Hirschland* während der Bankenkrise an den Rand der Existenz. Die Kaufhauskette *Karstadt* hatte in den 1920er-Jahren weitere Warenhäuser übernommen und Zulieferbetriebe aufgekauft. Bereits während der Weimarer Konjunktur bewegte sich das Unternehmen stets am Limit der finanziellen Leistungsfähigkeit, doch *Simon Hirschland* gewährte immer weitere Kredite, um den Expansionskurs zu fördern. Die Weltwirtschaftskrise 1929 verursachte jedoch einen erheblichen Umsatzeinbruch und einen Verlust von alleine 23 Millionen Reichsmark während des Geschäftsjahres 1930/31. Die Sanierung des Unternehmens zog sich über Jahre hin. Besser dokumentiert ist die Krise bei den beiden seit 1931 in einer Betriebsgemeinschaft vereinigten Zechen *Ewald* und *König Ludwig*. Beide Zechen hatten großzügige Neubauten vorgenommen. Besonders umstritten war der Bau einer Stickstoffanlage mit Kosten von 80 Millionen Reichsmark durch die Gewerkschaft *Ewald*, die von Kurt Martin Hirschland eingefordert worden war, obwohl bereits eine Überproduktion an Ammonium-Sulfat herrschte. Die Finanzierung sollte zunächst über Anleihen erfolgen, doch als sich dies als unmöglich erwies, betrieb *Simon Hirschland* sie mit kurzfristigen Geldern. In der Bankenkrise 1931 brach dieses Konstrukt zusammen, und es war letztlich die *Deutsche Bank*, die auf Bitten von Reichsbankpräsident Luther, der als ehemaliger Essener Oberbürgermeister die lokalen Verhältnisse gut einschätzen konnte, die Sanierung der beiden Zechen durchführte. Das Bankhaus *Simon Hirschland* war hierzu nicht mehr in der Lage, da ein Großteil ihrer Auslandsdarlehen durch das internationale Stillhalteabkommen eingefroren war und jede Umwandlung der bestehenden Schulden drohte, die Forderungen an *Simon Hirschland* fällig werden zu lassen. Die Bank, die ihr Vertrauen bei den beteiligten Partnern auf das Äußerste strapazierte, gewann nur langsam ihre Handlungsfähigkeit zurück.[256]

Diese Hintergründe erklären die Rolle der *Deutschen Bank* bei der «Arisierung» des Bankhauses. Die Außenstelle Essen der Gestapo bezeichnete Hirschland im Oktober 1937 als «Mittelpunkt der jüdischen Finanzherrschaft im Ruhrgebiet». Der Bericht beklagte, dass «die Macht und der Einfluß der jüdischen Hochfinanz [...] auch heute noch unverändert bestehe», und führte die üblichen Anschuldigungen an, um das Bankhaus angreifbar zu machen. Die Bank solle mithilfe der *Reichsbank* «christlich getarnt» werden. Es habe zudem «Unregelmäßigkeiten» gegeben, und es seien «krumme Dinger» vorgekommen.[257] Diese Attacken waren eine übliche Methode, um sich jüdischer Unternehmen und Banken zu bemächtigen. Das Bankhaus *Simon Hirschland* hatte ohnehin schon unter den neuen Verhältnissen zu leiden, denn die Restriktionen im Devisen- und Wertpapiergeschäft, die durch das NS-Regime eingeleitet worden waren, hatten zu einer wesentlichen Einschränkung einer wichtigen Säule des bisherigen Geschäfts geführt und die Erholung der Bank erschwert. Auch anderweitig hatte die NS-Wirtschaftspolitik – ohne dass zunächst antisemitische Maßnahmen dafür direkt verantwortlich waren – den Geschäftsbetrieb erheblich beeinträchtigt.[258] Als im Zuge des Rüstungsbooms 1936 wieder neue Anleihen gezeichnet werden durften, half dies nichts. Neue Geschäftsfelder wie finanztechnische Dienstleistungen waren ebenfalls nicht geeignet, den Rückgang wettzumachen.[259]

Zum Zeitpunkt der Attacken der Essener Gestapo waren bereits «Arisierungsverhandlungen» im Gang. Die Teilhaber des Bankhauses, an erster Stelle Kurt und Georg Hirschland, hatten sich angesichts der Zustände im «Dritten Reich» bereits seit 1935 mit ernsthaften Verkaufsabsichten beschäftigt und schon im gleichen Jahr erste Gespräche geführt. Diese fanden unter Federführung von Georg Hirschland statt; dessen Bruder Kurt hatte sich bereits im Sommer 1934 aus der Geschäftsführung der kriselnden Bank zurückgezogen. Er galt als der Hauptverantwortliche für die Krise der Bank und hatte das Vertrauen seiner Geschäftspartner verloren. Nun wurden gesundheitliche Gründe für seinen Rücktritt angegeben. Die Neffen der

Das repräsentative Gebäude des Bankhauses *Hirschland* in der Lindenallee.

Brüder Hirschland, Kurt und Erich Grünebaum, traten schließlich 1936 als Juniorpartner in die Bank ein.[260]

Die *National-Bank* war an diesen Sondierungen einen «arischen» Partner betreffend gänzlich unbeteiligt. Es wäre eher unwahrscheinlich gewesen, dass Georg Hirschland, dem der starke Einfluss der *DAF* auf das Essener Konkurrenzinstitut bekannt gewesen sein dürfte, ausgerechnet mit der *National-Bank* verhandelt hätte. Der Bankier Hermann Josef Abs hat später berichtet, ihm sei 1935 die Leitung des Hauses angeboten worden.[261] Möglicherweise kam sein Name ins Spiel, weil er als Mitarbeiter – und seit 1935 als Juniorpartner – beim Bankhaus *Delbrück, Schickler & Co.* maßgeblich an der Sanierung von *Karstadt* beteiligt war und hier notwendigerweise mit dem Bankhaus *Simon Hirschland* in Kontakt kam. Der Gedanke konkretisierte sich jedoch nicht. Laut Abs führte die *Deutsche Bank* seit 1935 Gespräche mit der Bank, wobei unklar ist, ob es sich um konkurrierende Vorhaben handelte oder man gemeinsam agierte. Die *Deutsche Bank* kannte die Verhältnisse bei *Simon Hirschland* spätestens seit der Sanierung bei den Zechen *Ewald* und *König Ludwig* ausgesprochen gut. Sie wusste um die Stärke der Bank im Industriegeschäft vor allem im Ruhrgebiet und ihre internationalen Verbindungen. Die Beziehungen zwischen beiden Banken hatten sich in den Jahren seit der Sanierung – und vermutlich infolge des Ausscheidens von Kurt Hirschland – intensiviert. Mit Karl Kimmich, dem Spezialisten der *Deutschen Bank* für das rheinisch-westfälische Industrierevier, der die Sanierung hauptverantwortlich durchgeführt hatte, pflegte das Bankhaus *Simon Hirschland* enge Geschäftsbeziehungen, und mit dem Leiter der Essener Filiale der *Deutschen Bank*, Gotthard von Falkenhausen, stand die Familie gar in einem engen freundschaftlichen Verhältnis. Doch auch mit der *Deutschen Bank* kam es 1935 zu keiner Einigung.

1937 hatte sich der Druck so verstärkt, dass die Inhaber endgültig die Zeit für einen Verkauf gekommen sahen. Die Bilanzsumme hatte sich um mehr als 85 Prozent verringert. Aufgrund der zurückgehenden Geschäftstätigkeit drohte der Ausschluss aus dem Reichsanleihekonsortium.[262] Konkrete Verhandlungen über eine wie auch immer ausfallende «Übergabe» erfolgten seit 1937 zwischen Georg Hirschland, «maßgebenden Herren» der *Reichsbank* und Vertretern des Reichskommissars für das Kreditwesen.[263] Allerdings gaben die *Reichsbank*, der von diesem Moment an eine Schlüsselrolle als Vermittlerin zukam, und der Reichskommissar zu erkennen, dass sie nicht selbst tätig werden könnten: Der Familie bleibe es selbst überlassen, die notwendigen Schritte zu tun.

Hirschland wollte seine Bank zunächst aus dem Ausland, vorzugsweise von den Niederlanden aus, weiterführen. Die entsprechenden Verträge sollten dabei durch ein von der *Deutschen Bank* geleitetes Konsortium verfasst und die Gesellschafteranteile ebenfalls über diese erworben werden. Die Mittel hierfür sollten unter anderem durch befreundete Bankiers und Geschäftsleute zur Verfügung gestellt werden. Die jüdischen Mitarbeiter sollten zwar entlassen werden, die Bank selbst aber erhalten bleiben und die «arischen» Arbeitsplätze damit gesichert werden. Dies erschien als eine vergleichsweise gemäßigte Methode der Unternehmensübertragung. Sie entspricht dem Raster, das Ludolf Herbst entworfen hat, als er feststellte, die Banken seien bei der Übertragung jüdischer Unternehmen generell ein eher «ruhender Pol» gewesen. Sie hätten nicht zu den radikalen Antreibern gehört, sondern seien vielmehr bereit gewesen, die Geschäfte im Rahmen des Möglichen und Ungefährlichen noch zu einigermaßen marktgerechten Konditionen abzuwickeln.[264]

In dieser Situation gab es gleich mehrere Bewerber, die sich für eine

Übernahme interessierten. Jetzt kam die *National-Bank* ins Spiel, die allein schon aus lokaler wie ideologischer Nähe zur *DAF* einen Anspruch glaubte geltend machen zu können. Zudem sprachen die Geschäftsverbindungen des Bankhauses für sich: Kurt und Georg Hirschland waren unter anderem Mitglieder der Aufsichtsräte der *Gelsenkirchener Bergwerks AG*, der *Friedr. Krupp AG*, des *RWE*, der *Vereinigten Stahlwerke*, der *Mannesmann-Röhrenwerke*, der *Th. Goldschmidt AG*, der *Klöcknerwerke AG*, der *Kali-Chemie* und der *Henschel & Sohn AG* in Kassel. Bei fast allen größeren Emissionen der rheinisch-westfälischen Industrie hatte die Bank als Konsortialmitglied bei Auslandsanleihen mitgewirkt und sich bei Inlandsanleihen von Gemeinden und Industrieunternehmen beteiligt. Eine Filiale in Hamburg, die 1923 als Antwort auf die Ruhrkrise auf Wunsch des *Rheinisch-Westfälischen Kohlen-Syndikats* errichtet worden war, brachte später neue Kunden wie die *Hapag*, *Hertie*, *Karstadt* und *Shell*.[265] Die *National-Bank* wurde hellhörig, als sich neue Geschäftsfelder auftaten, von denen man profitieren konnte.

Aber auch die *Reichs-Kredit-Gesellschaft* und die *Dresdner Bank* machten Anstalten, sich das Bankhaus *Simon Hirschland* einzuverleiben, und schickten mit Hugo Ratzmann und Leonhard Stitz-Ulrici zwei Fachleute für komplizierte «Arisierungsfragen» nach Essen, um zusammen mit Müller-Clemm Status und Rentabilität der Bank zu prüfen.[266] Ein weiterer Mitstreiter war die *Westfalenbank* aus Bochum, die jedoch von den Inhabern des Bankhauses *Simon Hirschland* eine Absage erhielt.[267] Unter den Bewerbern war die *Deutsche Bank* mit Abstand der aussichtsreichste Kandidat.

Dies hing damit zusammen, dass die Fachleute der *Reichsbank* und des Reichskommissars Friedrich Ernst eher zugunsten einer Großbanklösung als zugunsten einer Regionalbank tendierten. Der von Hjalmar Schacht eingesetzte Jurist, der seit 1935 in seinem Amt mit erweiterten Kompetenzen tätig war und eng mit der Bankenabteilung im Reichswirtschaftsministerium zusammenarbeitete, war gegen eine Übernahme durch die *National-Bank*. Diese werde dadurch ihren «Mittelstandscharakter» verlieren.[268] Ernst war darüber hinaus ein grundsätzlicher Gegner von Liquidierungen jüdischer Bankhäuser. Es verwundert somit nicht, dass sich dieser 1938 gegen ein Eindringen von Parteiorganisationen und ihren Organen in das Bankensystem aussprach: Letztlich war dies ein wesentlicher Grund, warum die – als Statthalter der *DAF* angesehene – *National-Bank* bei der Übernahme des Bankhauses *Simon Hirschland* nicht im gewünschten Maß zum Zug kommen sollte. Ernst geriet im NS-Getriebe später immer stärker ins Abseits und wurde im Zuge des Umsturzversuchs des 20. Juli 1944 verhaftet.[269]

Auch der langjährige Vizepräsident der *Reichsbank*, Fritz Dreyse, war gegen eine Übernahme von *Simon Hirschland* durch die *National-Bank*. Das Unternehmen solle vielmehr, so war er sich mit Friedrich Ernst einig, «aus volkswirtschaftlichem Interesse [...] in irgendeiner Form weiter bestehen» bleiben.[270] All das sprach gegen die *National-Bank*. Die größte Hürde bei den Verhandlungen blieben aber die sogenannten Stillhalteverpflichtungen: Dabei handelte es sich um Kredite ausländischer Banken, die in Devisen gewährt worden waren und von den Banken an ihre Kunden weitergegeben werden konnten.

Diesen ausländischen Krediten kam deshalb eine besondere Bedeutung zu, weil die devisenknappe deutsche Wirtschaft mit solchen Geldern den Außenhandel finanzierte. Seit vielen Jahren bemühten sich die deutschen Banken um das Offenhalten der Kreditlinien, nicht zuletzt um die deutsche Wirtschaft im Zuge der langsam abebbenden ökonomischen Krise wieder an die Spitze zu führen. Hermann Josef Abs war zwar im Bankgeschäft bereits ein erfahrener Experte vor allem für das Außengeschäft, rückte aber erst Anfang 1938, vom Bankhaus *Delbrück, Schickler & Co.* kommend, offiziell in den Vorstand der *Deutschen Bank*. Bereits im Dezember 1937 führte er entscheidende Verhandlungen in London, sodass er als Experte bei diesen schwierigen Gläubigerverhandlungen gelten konnte.[271]

Die Stillhaltekredite, vor allem aus der Schweiz und Großbritannien, hatten beim Bankhaus *Simon Hirschland* einen erheblichen Umfang: Sie beliefen sich auf eine Summe von etwa 30 Millionen, nach anderen Angaben sogar auf 38 Millionen Reichsmark. Die Besonderheit war, dass für diese Devisenkredite die Teilhaber des Bankhauses persönlich hafteten.[272]

Georg Hirschland hoffte zunächst noch, seine Bank als selbstständiges Institut weiterführen zu können. Deswegen sollten in den Verhandlungen, die im April 1938 in ihre entscheidende Phase eintraten, vor allem die Fragen eines Vermögenstransfers ins Ausland mit den Reichsbehörden geklärt werden. Die Schwierigkeiten mit den «Stillhalteverpflichtungen» sollten dadurch überwunden werden, dass diese entweder auf die *Deutsche Bank* oder den juristischen Nachfolger des Bankhauses *Simon Hirschland* übertragen werden sollten. Dies war notwendig, damit bei einem Neuaufbau des Geschäfts im Ausland – gedacht wurde, wie bereits erwähnt, an die Niederlande – keine Ansprüche aus den «Stillhalteverpflichtungen» an die Teilhaber mehr gestellt würden.

Der Essener Chef der *Deutschen Bank*, Gotthard von Falkenhausen, sollte nach dem Wunsch Georg Hirschlands persönlich haftender Gesellschafter in dem neu zu gründenden Bankhaus werden. Der Rechtsanwalt war seit Ende der 1920er-Jahre Justiziar bei der *Disconto-Gesellschaft* und späteren *Deutschen Bank* in Berlin gewesen, bevor er nach Essen wechselte. In Gesprächen mit der *Deutschen Bank* wurde ihm zugesichert, dass er im Falle eines Scheiterns der neuen Bank mit einer guten anderen Stellung bei der *Deutschen Bank* und im Falle einer ungünstigen Geschäftsentwicklung mit einer angemessenen Pension rechnen könne.[273] Neben von Falkenhausen war als weiterer persönlich haftender Gesellschafter Otto Burkhardt, ein für Finanzen zuständiges Vorstandsmitglied des Textilunternehmens *Christian Dierig AG*, vorgesehen.

Zunächst war man bei der Familie Hirschland über die Verhandlungen mit der *Deutschen Bank* und deren Angebote zufrieden, wie sich ein Familienmitglied in einem späteren Gespräch gegenüber dem Flick-Vertrauten Konrad Kaletsch erinnerte.[274] Gerade Hermann Josef Abs, der 1937 Verhandlungen mit jüdischen Kollegen wie Paul Kempner vom Bankhaus *Mendelssohn & Co.* geführt hatte, genoss das Vertrauen vieler jüdischer Berufskollegen. Kempner äußerte im Sommer 1937 die Hoffnung, dass Abs in seiner neuen Funktion bei der *Deutschen Bank* «dem Gesamtberufsstand und dem deutschen Ruf im Ausland etwas Persönliches leisten und nützen» könne.[275]

Den Inhabern des Bankhauses *Simon Hirschland* schwebte von Anfang an vor, nicht nur die *Deutsche Bank*, sondern auch Ruhrindustrielle mit ins Boot zu holen – eine durchaus unkonventionelle Idee, die den örtlichen NS-Größen kaum gefallen konnte. Neben *Thyssen* und der *Friedr. Krupp AG*, die bereits beide ihr Interesse signalisiert hatten, wurde im Mai 1938 bei Friedrich Flick angefragt: Dieser wurde darüber informiert, dass bei der «umgegründeten» Bank die *Deutsche Bank* mit 3 Millionen Reichsmark, *Merck, Finck & Co.* mit einer Million Reichsmark, die *Friedr. Krupp* und *Thyssen* jeweils mit 500 000 Reichsmark und das Kölner Bankhaus *Pferdmenges & Co.* ebenfalls mit 500 000 Reichsmark mit einzusteigen bereit seien. Die gewünschte Beteiligung der regionalen Industrie sollte zwar dazu dienen, die Kapitalbasis zu verbreitern,[276] war aber zugleich ein deutliches Signal, dass das vorgesehene Nachfolgeinstitut von *Simon Hirschland* weiterhin in der Region aktiv bleiben wollte. Bezeichnenderweise tauchte die *National-Bank* in den verschiedenen Varianten und Szenarien einer solchen Lösung überhaupt nicht auf.[277]

Nach den komplizierten Vorverhandlungen stellte die *Deutsche Bank* am 11. Juli 1938 einen konkreten «Überleitungsplan» vor. Der Vorschlag, der für die Familie Hirschland von deren Anwalt Fritz Fenthol und für die *Deutsche Bank* von Karl Kimmich und Otto Abshagen unterzeichnet wurde, sah die Gründung einer Kommanditgesellschaft vor, die mit einem Kapital von 6 Millionen Reichsmark ausgestattet werden sollte. Neben der *Deutschen Bank* sollten als Kommanditisten das Münchener Bankhaus *Merck, Finck & Co.*, die *BAFIO* und die Industriellen Friedrich Flick und Fritz Thyssen beteiligt werden – ein besonders pikantes Detail, weil Thyssen inzwischen bereits eine Persona non grata bei den NS-Größen geworden war.[278] Thyssen, der ja inzwischen bei der *National-Bank* ausgeschieden war, hatte sich gegenüber dem Bankhaus *Simon Hirschland* stets unkonventionell verhalten. 1932 hatte er, wesentlich früher als andere Industriegrößen, seine Engagements bei *Simon Hirschland* eingeschränkt, jedoch dann später, als sich andere Firmen aus Geschäften mit jüdischen Banken zurückzogen, seine Kontakte ostentativ wieder erhöht. Noch 1937 nahm die *Gewerkschaft August-Thyssen-Hütte* einen Kredit über 2 Millionen Reichsmark auf.[279]

Gegen die «freundlichen» Übernahmeverhandlungen erhob sich heftiger Protest, sowohl vonseiten der *National-Bank* wie auch von der NSDAP im Gau. Die vorgesehene Beteiligung prominenter Ruhrindustrieller am geplanten neuen Bankinstitut – eine durchaus ungewöhnliche Maßnahme – rief erwartungsgemäß den Missmut der örtlichen Machthaber hervor. Treibende Kraft war einmal mehr Gauleiter Terboven, der jedoch zunächst den Gang der Dinge abwartete. 1937 war die Zuwahl des Gauwirtschaftsberaters Paul Hoffmann an Terbovens Seite in den Aufsichtsrat der *National-Bank* beschlossen worden.[280] Hoffmann, Besitzer einer Großhandelsfirma und bereits seit 1929 Gauwirtschaftsberater, war 1933 in den Vorstand des Essener DIHT gerückt.[281] Er wurde nun zum Stellvertreter Vöglers – eine Stellung, die er zweifellos in erster Linie seiner Verankerung in der Essener Gauclique zu verdanken hatte. In der Arisierungsangelegenheit *Simon Hirschland* glaubte Hoffmann seine Sporen verdienen zu können und sah sich damit ganz im Einklang mit der Essener Gauleitung, die bekanntlich gegen das Lösungsmodell der *Deutschen Bank* Sturm lief.[282]

Der Gauwirtschaftsberater schrieb daher am 12. Juli 1938 – also nur einen Tag nach Bekanntwerden des Überleitungsentwurfs – einen geharnischten Protestbrief an Reichswirtschaftsminister Walther Funk. Unter dem Betreff «Arisierung des jüdischen Bankhauses Simon Hirschland, Essen» ließ er den Minister wissen, er sei vom Gauleiter Terboven beauftragt worden, dem Reichswirtschaftsministerium mitzuteilen, «daß das jüdische Bankhaus Simon Hirschland nicht arisiert, sondern lediglich liquidiert werden» solle:

> «Den z. Zt. mir vorliegenden Übernahme-Vorvertrag, welchen die Deutsche Bank mit Simon Hirschland schließen will, betrachtet der Gauleiter als völlig indiskutabel,

da die politische Leitung nicht wünscht, daß dieses Geschäft erhalten bleibt, da dadurch eine erneute Überbesetzung des Essener Bankgewerbes eintritt.

Der Gauleiter ist der Auffassung, daß die Überleitung des zu liquidierenden Geschäftes durch die ansässigen Banken in gerechter Weise ohne Störung des Wirtschaftslebens und zu dessen Vorteil erfolgen kann. Die arischen Angestellten könnten im Falle einer von den Banken gemeinsam getragenen Liquidation von den mitwirkenden Instituten schlüsselmäßig mit übernommen werden. Auch die Deutsche Bank ist sich darüber im klaren, daß die Liquidierung bzw. Umgruppierung der Stillhaltekredite nur mit Hilfe der Reichsbank und der *Golddiskontbank* erfolgen kann. Es ist nicht notwendig, daß eine Großbank als Trägerin einseitig eingeschaltet wird. Maßgebliche Industrieleiter sind im Mai d. Js. und jetzt wiederholt um ihre Stellungnahme befragt worden, ob und wieweit sie an der Aufrechterhaltung bzw. an der Aufrechterhaltung eines arischen Hauses aus der Notwendigkeit heraus Interesse haben. Ein solches Interesse wurde von Kohle und Eisen ausdrücklich als nicht vorhanden gekennzeichnet. Der vorliegende Vorvertrag sieht eine so einseitige Bevorzugung der Deutschen Bank vor, und ferner eine so starke Abhängigkeit seitens der Deutschen Bank, daß von einer ‹Privatbank› im Sinne des Wortes nicht mehr die Rede sein könnte. Die Gauleitung hat sich mit dem Problem Simon Hirschland schon seit Jahren eingehend vertraut gemacht, und stand von jeher auf dem Standpunkt, daß eine stille Liquidierung des Hauses für die gesamte Wirtschaft die einzig verständige und zweckvolle Lösung sei.

Es ist kein Grund vorhanden, die Arisierung der Firma jetzt völlig übers Knie zu brechen.

Der Gauleiter legt Wert darauf, daß die Liquidierung unter Aufsicht des Gauwirtschaftsberaters des Gaues Essen erfolgt, und zwar unter gleichzeitiger Benennung von zwei geschäftsführenden Liquidatoren, welche im Einverständnis mit dem Gauleiter zu bestellen wären.»[283]

Die *National-Bank* konnte sich jetzt also Hoffnung machen, nun doch noch zum Zuge zu kommen. Denn vor allem bei der NS-Gauleitung im Ruhrgebiet war die Neigung gering, der mächtigen und reichsweit agierenden *Deutschen Bank* einen noch größeren Einfluss zu ermöglichen.

In Wirklichkeit ging es der Essener Gauleitung aber um ganz andere Ziele: Sie verfügte mit der *National-Bank* vor Ort bereits über ein Bankhaus, das weitgehend in ihrer Hand war und das Revier abdeckte. Die Schaffung eines Bankinstituts mit dem Namen *Burkhardt & Co.* in der Form, wie es der Überleitungsvertrag vorsah, wäre – wenn überhaupt – sehr viel schwieriger zu kontrollieren gewesen. Mit ihren Argumenten lag sie im Übrigen ganz auf der Linie der allgemeinen NS-Bankenpolitik. Seit 1933 herrschte – wie oben bereits dargestellt – die propagandistisch infiltrierte Meinung vor, dass nachhaltige Maßnahmen ergriffen werden müssten, um die mächtigen Großbanken unter Kontrolle des Staates zu bringen und die kleineren Regionalbanken zu stärken. Dies wurde besonders deutlich, als Otto Abshagen von der *Deutschen Bank* und der Anwalt der Familie Hirschland die Essener Gauleitung bei einer Besprechung am 20. Juli 1938 von ihren Plänen überzeugen wollten. Hoffmann eröffnete die Unterhaltung mit dem Hinweis, dass er die Unterstützung von Reichswirtschaftsminister Funk besitze. In Berliner Bankkreisen sei man jedoch offenkundig über die Bedürfnisse der Wirtschaft an der Ruhr nicht richtig informiert. Das Prozedere der *Deutschen Bank* lehnte er dabei durchweg ab: «Die Deutsche Bank würde nach Übernahme doch nur eine große Werbemaßnahme bei der Industrie beginnen, und es würde dadurch nur Unruhe in das Revier hineingetragen.» Das Argument der Stillhaltekredite wollte er nicht gelten lassen. Die meisten davon seien ohnehin durch Bürgschaften der *Deutschen Golddiskontbank* abgesichert. Schlimmstenfalls könne dann immer noch ein Gesetz erlassen werden, um zu verhindern, dass Auslandsgläubiger dem Deutschen Reich «Schwierigkeiten» machten.[284]

Wenige Tage später intervenierte auch Wolfgang Müller-Clemm. Er verhandelte gleich in einer Doppelrolle: einerseits als Berater der Gauleitung, andererseits als mächtiger Aufsichtsratsvorsitzender der *National-Bank*. Anders als im Brief Hoffmanns wurden in einem Gespräch mit dem Anwalt der Hirschlands Ende Juli 1938 die eigentlichen Motive der Verärgerung über die Nichtbeachtung der Interessen der *National-Bank* deutlich. Zunächst monierte er, dass es ein Fehler der *Deutschen Bank* gewesen sei, sich nicht schon viel früher mit der Gauleitung in Verbindung gesetzt zu haben. Auch einen Eintritt Falkenhausens in das umstrukturierte Bankhaus lehnte die NSDAP ab. Nach Ansicht Müller-Clemms mussten alle ortsansässigen Banken am «Erbe Hirschlands» beteiligt sein. Dies wiederum hätte bedeutet, dass neben den Großbanken, also der *Commerzbank*, der *Dresdner Bank* und der *Deutschen Bank*, auch die *National-Bank* eine Beteiligung erreicht hätte. Die *National-Bank*, so ließen die Ausführungen Müller-Clemms erkennen, zeigte besonderes Interesse an Aktienpaketen der *Hamburger Hypothekenbank* und der in Thüringen ansässigen *Kahla Porzellan AG*. Das Paket an *Ewald*-Aktien hingegen, so Müller-Clemm, «müsse eventuell unter die Großbanken verteilt werden».[285]

Angesichts des Vorpreschens der Gauleitung wurde die Auseinandersetzung, wie der besorgte Rechtsanwalt der Hirschlands feststellte, bald schon zu einem «politischen Kampf».[286] Vor allem die *National-Bank* sah jetzt dank des politischen Rückenwinds ihre Stunde gekommen. Ihr ging es zunächst darum, den «Überleitungsplan» der *Deutschen Bank* zu Fall zu bringen, und so schloss sie, weil sie allein möglicherweise zu schwach war, eine Allianz mit der *Dresdner Bank*, die wiederum nicht zuletzt Interesse daran hatte, ihrer Erzrivalin die «‹Beute› streitig zu machen».[287] Diese strategische Zusammenarbeit zwischen *National-Bank* und *Dresdner Bank* ist inzwischen bekannt. Lange Zeit war die Forschung noch davon ausgegangen, dass die *Dresdner Bank* in diesen Verhandlungen keine herausragende Rolle gespielt habe. Durch die Forschungen von Harald Wixforth ist diese Ansicht revidiert worden. Zwei Mitarbeiter der *Dresdner Bank*, die als Fachleute für «Arisierungsfragen» galten, prüften gemeinsam mit Müller-Clemm die Bücher des Bankhauses *Simon Hirschland*, um eventuelle Schwachstellen im «Überleitungsplan» der *Deutschen Bank* ausfindig zu machen. Zugleich sondierten die Vorstandsmitglieder Karl Rasche und Carl Lüer beim Reichswirtschaftsministerium, um herauszufinden, ob ihre Lösung nach wie vor akzeptiert werden würde. Allerdings zogen sich diese Gespräche über den ganzen Juli 1938 hin, ohne dass es zu einer präsentablen Alternative gekommen wäre. Die Familie Hirschland, so hat es einer der besten Kenner des Gesamtvorgangs aus geschichtswissenschaftlicher Sicht beschrieben, «drohte nun zwischen die verschiedenen Interessen zu geraten».[288] Sie versuchte daher, die Auflösung des Bankhauses zu beschleunigen. So machte der Anwalt der Familie Hirschland zunächst den direkten Vorschlag, die Bank zu liquidieren. Dadurch, so seine Überlegung, ließen sich vielleicht zu diesem Zeitpunkt noch fremde Liquidatoren ausschalten, d. h. auch diejenigen, die der Gauleitung nahestanden. Die Familie erklärte sich zu einer solchen Selbstliquidation bereit, allerdings nur unter der Voraussetzung, dies ohne das Fälligwerden der Auslandsverpflichtungen regeln zu können.

Unter diesen Vorbedingungen wurden weitere intensive Verhandlungen zwischen Partnern und Kontrahenten notwendig. Der Vorstand der *Deutschen Bank* beschloss, hart zu bleiben: Man wollte an den grundsätzlichen Abmachungen des Überleitungsentwurfs festhalten und sich weder an einer Liquidation des Bankhauses *Simon Hirschland* beteiligen noch deren erhebliche Auslandsverpflichtungen übernehmen. Den Wünschen Terbovens und des Gauwirtschaftsberaters wollte man hingegen lediglich in «gewissen Punkten» entgegenkommen. Um einen Ausweg aus der Sackgasse zu finden, wurde eine hochrangige Ressortbesprechung für den 2. August 1938 einberufen. Für den Reichskommissar für das Kreditwesen waren zwei hohe Beamte vertreten; auch das Reichswirtschaftsministerium und die *Reichsbank* delegierten je zwei Beamte; die *Reichsbank* entsandte Reichsbankdirektor Bodo von Wedel und einen weiteren Beamten, während für die Gauleitung Essen Gauwirtschaftsberater Hoffmann und Müller-Clemm als «Berater» der *National-Bank* an der Besprechung teilnahmen. Zentrales Problem waren auch in dieser Sitzung die Stillhaltekredite. Weder für die *Reichsbank* noch für das Reichswirtschaftsministerium stellte die Liquidation des Bankhauses *Simon Hirschland* eine Option dar. In diesem Fall wären sofort Devisenforderungen ausländischer Gläubiger in Höhe von etwa 30 Millionen Reichsmark fällig gewesen – eine für das devisenknappe Deutsche Reich schlichtweg indiskutable Lösung. Im Reichswirtschaftsministerium wollte man den jüdischen Privatbankiers ohnehin aus pragmatischen wirtschaftlichen Erwägungen Schutz gewähren. Aus diesem Grund stellten sich sowohl die *Reichsbank* wie auch das Reichswirtschaftsministerium auf die Seite der *Deutschen Bank* und präferierten die Lösung, die von der Großbank Mitte Juli vorgeschlagen worden war und die bekanntlich die *National-Bank* außen vor gelassen hätte.[289] Es war daher allen Beteiligten klar, dass der gordische Knoten nur durch die Neugründung eines Nachfolgeinstituts zerschlagen werden konnte. Absehbar war auch, dass die *Deutsche Bank* nur dann mitspielen würde, wenn der Gau Essen und die *National-Bank* lediglich eine Juniorrolle spielten. Das Tauziehen fand hier eine für alle Beteiligten einigermaßen zufriedenstellende prinzipielle Lösung: An der Schaffung einer neuen Bank wurde festgehalten, jedoch war der Grad der Beteiligung der jeweiligen Institute noch im Einzelnen auszuhandeln. Vor allem Karl Kimmich versuchte in den folgenden Tagen und Wochen, Bataillone für die Sache der *Deutschen Bank* zu sammeln. Auf der Gegenseite war es Müller-Clemm, der mit der Rückendeckung der Gauleitung die Interessen der *National-Bank* hartnäckig durchzusetzen suchte. In dieser Phase versuchte offenbar selbst die *Deutsche Bank*, zu einer – wie auch immer gearteten – Einigung mit der *National-Bank* zu kommen. So verhandelte Müller-Clemm auf der einen Seite mit Karl Kimmich und hielt auf der anderen Seite durch Gespräche mit der *Dresdner Bank* und deren Kommanditisten, dem *Bankhaus Hardy & Co.*, alle seine Eisen im Feuer. Ziel der *National-Bank* war in dieser Phase eine möglichst große Beteiligung am neuen Bankhaus – weitergehende Lösungen waren zu diesem Zeitpunkt bereits nicht mehr durchsetzbar. In seinen Gesprächen mit der *Dresdner Bank und Hardy & Co.* musste Müller-Clemm dabei selbst zugeben, dass seine *National-Bank* zu kapitalschwach war, um – neben der mächtigen *Deutschen Bank* – das notwendige Kommanditkapital aufzubringen. Er versuchte daher, die *Dresdner Bank* und *Hardy & Co.* ebenfalls vom Nutzen einer Beteiligung zu überzeugen. Obwohl sich beide Institute ein Engagement grundsätzlich durchaus vorstellen konnten, zerschlug sich diese Idee. Letztlich hatten nämlich beide Seiten kein Interesse, ihr Kapital bei einem neuen Bankhaus zu investieren, das so eindeutig von der *Deutschen Bank* dominiert war. Außerdem war noch keineswegs absehbar, wie sich die anderen Beteiligten – *Merck, Fink & Co.* bzw. Flick und Thyssen – entscheiden würden.[290]

Am 1. September 1938 erteilte der Reichskommissar für das Kreditwesen in einem vertraulichen Schreiben dem Bankhaus *Simon Hirschland* die Genehmigung zum geplanten Vorgehen: Hierzu sollte ein neues Institut – unter dem Namen *Burkhardt & Co.* – gegründet und *Simon Hirschland* in dieses überführt werden. Die Genehmigung sprach zudem die verschiedenen Streitpunkte an; die ungeklärten Fragen hinsichtlich der Übernahme der Grundstücke, des Wertbesitzes sowie der Auslandsverpflichtungen sollten gemäß den mündlichen und schriftlichen Vereinbarungen getroffen werden. Wie die Details der getroffenen Regelungen genau aussahen, ist ungewiss, und deshalb fällt hier, wie in zahlreichen anderen «Arisierungsfällen» jener Zeit, eine exakte Bewertung schwer.[291] Gotthard von Falkenhausen hat viele Jahre später, im Jahr 1966, jedoch angedeutet, dass vor allem die Beteiligung der *National-Bank* in Höhe von 1 Million Reichsmark an *Burkhardt & Co.* ein Entgegenkommen der *Deutschen Bank* und der Familie Hirschland gegenüber der Essener Gauleitung dargestellt habe.[292]

Der für die *National-Bank* unbefriedigend verlaufene Arisierungsvorgang um *Simon Hirschland* spielte auf der Aufsichtsratssitzung am 1. September 1938 eine herausgehobene Rolle. Eugen Vögler trug vor, «daß die Liquidation des jüdischen Bankhauses Simon Hirschland, vom Gauleiter dringend gewünscht, sich leider wegen des Widerstandes der Reichsbank und deren Bedenken bezüglich der Stillhaltekredite nicht hätte durchführen lassen».[293] Auch die *National-Bank* war ja in erster Linie an der Liquidation interessiert; diese hatte sich aber nicht durchsetzen lassen. Ebenso wurden «übergeordnete Stellen» eingeladen, sich am neuen *Bankhaus Burkhardt & Co.* zu beteiligen.[294] Ziel dieses Schachzugs war es, «das bisher überwiegende Kapital-Interesse der Deutschen Bank einzuschränken».[295]

Die Angelegenheit wurde auf der Aufsichtsratssitzung so ausführlich behandelt, dass zu den entsprechenden Tagesordnungspunkten ein «Sonderprotokoll» angefertigt werden musste. Wortführer waren neben Vögler vor allem Hoffmann und Müller-Clemm, während Heinz Reitbauer sich einer Stellungnahme enthielt – ein dezenter Hinweis darauf, dass seine *Bank der Deutschen Arbeit* mit diesen Vorgängen nicht einverstanden war.

Vorstand und Aufsichtsrat der *National-Bank* hingegen waren sich einig, dass es «aus politischen und wirtschaftlichen Gründen […] nicht tragbar» sei, bei dem «derzeitigen, vorgetriebenen Stand der Dinge» auf die Beteiligung bei *Simon Hirschland* zu verzichten. Als Grund wurde angeführt, dass bei den Vorverhandlungen zusätzliche Geschäfte «in sichere Aussicht gestellt worden» waren. Eine entsprechende Zusage war Gauwirtschaftsberater Hoffmann und Müller-Clemm vom Vorstandsmitglied Dr. Kimmich von der *Deutschen Bank* gemacht worden.

Weil das Eigenkapital der *National-Bank* für diese Transaktion als zu gering erschien, herrschte die «einhellige Überzeugung», die Beteiligung der *National-Bank* in Höhe von 1 Million Reichsmark «an dem neuen, infolge Entjudung der Firma Simon Hirschland entstehenden Bankhaus Burkhardt & Co.» durch eine Kapitalerhöhung um 1 Million auf 3 Millionen Reichsmark zu ermöglichen. Heinz Reitbauer sollte diese Entscheidung der *Bank der Deutschen Arbeit* innerhalb von fünf Tagen dem Aufsichtsratsvorsitzenden mitteilen, was einem recht deutlichen Ultimatum gleichkam.[296] Obwohl die *Bank der Deutschen Arbeit* heftig dagegen opponierte, bestätigte deren Hauptversammlung der *National-Bank* am 30. September 1938 die vorgeschlagene Kapitalerhöhung.

Während die Gründung von *Burkhardt & Co.* nun noch vorbereitet wurde, begaben sich Gotthard von Falkenhausen und Georg Hirschland nach London. Dort gelang es ihnen, mit den britischen Gläubigern eine Einigung über die Auslandsverpflichtungen zu erreichen. Der Löwenanteil der ausländischen Stillhaltekredite wurde von der *Deutschen Bank* übernommen, ein kleinerer Betrag von dem noch zu gründenden *Bankhaus Burkhardt & Co.* Auch die Gläubigerbanken in den USA und der Schweiz akzeptierten diese Lösung,[297] was der Familie Hirschland nicht zuletzt den Weg für eine Neugründung außerhalb des Deutschen Reiches freimachte.

Insgesamt gibt es wenig Zweifel, dass die Verhandlungen seitens der *Deutschen Bank* halbwegs fair verliefen.[298] Schließlich stand Gotthard von Falkenhausen, der Reisepartner Hirschlands, dem NS-Regime ablehnend gegenüber. Später, während des Zweiten Weltkriegs, war er als Wirtschaftsfachmann beim Militärbefehlshaber in Frankreich und als Freund Cäsar von Hofackers einer der Beteiligten an der Verschwörung vom 20. Juli 1944. Im Januar 1945 saß er deshalb auf der Anklagebank des berüchtigten Volksgerichtshofs.[299] Nicht zuletzt eingedenk dieser Mithilfe beim Hitler-Attentat wird die «Arisierung» des Bankhauses in der Forschung als «fair» bewertet, obwohl eine «Arisierung» natürlich dennoch immer eine ungerechtfertigte Übernahme und eine Enteignung der Eigentümer bleibt. Letztlich, so hat Dieter Ziegler geurteilt, setzten sich die Hirschlands für eine Übernahme durch die *Deutsche Bank* ein, «um eine Übernahme durch die zum Konzern der Deutschen Arbeitsfront gehörende National-Bank» zu verhindern.[300]

Am 5. Oktober 1938 wurde *Simon Hirschland* offiziell in die *Kommanditgesellschaft Burkhardt & Co.* umgewandelt. Das neue Institut war nun insge-

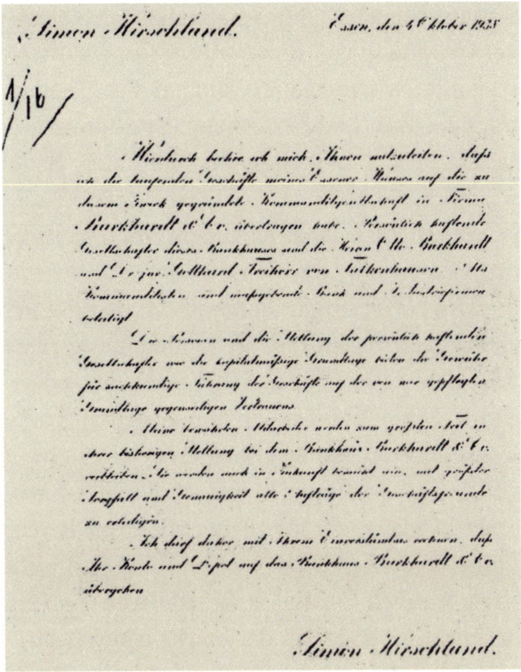

Simon Hirschland. Essen, den 4. Oktober 1938

1/16

Hierdurch beehre ich mich, Ihnen mitzuteilen, daß ich die laufenden Geschäfte meines Essener Hauses auf die zu diesem Zweck gegründete Kommanditgesellschaft in Firma Burkhardt & Co. übertragen habe. Persönlich haftende Gesellschafter dieses Bankhauses sind die Herren Otto Burkhardt und Dr. jur. Gotthard Freiherr von Falkenhausen. Als Kommanditisten sind maßgebende Bank- und Industriefirmen beteiligt.

Die Namen und die Stellung der persönlich haftenden Gesellschafter wie die kapitalmäßige Grundlage bilden die Gewähr für sachkundige Führung der Geschäfte auf der von mir gepflegten Grundlage gegenseitigen Vertrauens.

Meine bewährten Mitarbeiter werden zum größten Teil in ihrer bisherigen Stellung bei dem Bankhaus Burkhardt & Co. verbleiben. Sie werden auch in Zukunft bemüht sein, mit größter Sorgfalt und Genauigkeit alle Aufträge der Geschäftsfreunde zu erledigen.

Ich darf daher mit Ihrem Einverständnis rechnen, daß Ihr Konto und Depot auf das Bankhaus Burkhardt & Co. übergehen.

Simon Hirschland.

Am 4. Oktober 1938 teilte das Bankhaus *Simon Hirschland* den Geschäftspartnern mit, dass die laufenden Geschäfte auf die Firma *Burkhardt & Co.* übergehen würden.

samt mit einem Kapital von 6,5 Millionen Reichsmark ausgestattet. Wirtschaftlich betrachtet, war es das Nachfolgeinstitut des Bankhauses *Simon Hirschland.*[301] Die Hamburger Filiale wurde im Zuge der Überleitung aufgegeben.[302] Die dominante Stellung der *Deutschen Bank* bei dieser Aktion zeigte sich in der Bestellung der beiden persönlich haftenden Gesellschafter. Von Falkenhausen und Burkhardt hielten je 500 000 Reichsmark – ein Betrag, der von der *Deutschen Bank* sogar vorgestreckt wurde.[303] Die *Deutsche Bank* hielt mit 2,5 Millionen Reichsmark den größten Anteil und hatte damit einen erheblichen Einfluss auf das neue Bankinstitut. Die *National-Bank* beteiligte sich gemäß der im September getroffenen Vereinbarungen Ende 1938 wie vorgesehen mit 1 Million Reichsmark an *Burkhardt & Co.* Damit war sie immerhin der zweitgrößte Kommanditist. Die übrigen Einlagen verteilten sich – ebenfalls wie in dem Überleitungsentwurf vom Sommer 1938 vorgesehen – auf verschiedene Unternehmen, die jeweils 500 000 Reichsmark übernahmen: die *BAFIO*, das *Bankhaus Merck, Finck & Co.*, die *August-Thyssen-Hütte* und die *Essener Steinkohlenbergwerke AG*, an denen Friedrich Flick eine maßgebliche Beteiligung besaß.

Die Essener Gauleitung und die *National-Bank* zeigten sich als schlechte Verlierer. In der Essener *National-Zeitung*, die bekanntlich ganz unter dem

Einfluss Müller-Clemms stand, fand sich am 6. Oktober, also einen Tag nach der Gründung von *Burkhardt & Co.*, ein Artikel, der erkennen ließ, warum man mit der erreichten Lösung nicht zufrieden war. Schon der Titel des Beitrags ließ den Tenor erkennen: «Die kommende Nationalisierung des Bankwesens. Die Liquidation der jüdischen Bankhäuser bleibt die volkswirtschaftliche Ideallösung». Für den Verfasser des Artikels stellte das Vorgehen bei *Simon Hirschland* jedenfalls einen «Sonderfall» dar, der nicht verallgemeinerungsfähig war.[304]

Unklar ist, ob die *National-Bank* in die Verhandlungen über den an die ehemaligen Eigentümer zu zahlenden Kaufpreis eingriff. Fest steht jedenfalls, dass er in hohem Maße «von den politischen Verhältnissen» diktiert wurde.[305] Bereits im erwähnten Vorentwurf vom 11. Juli 1938 waren zahlreiche Unterbewertungen zu erkennen gewesen. Im nur wenig modifizierten endgültigen Überleitungsvertrag waren die tatsächlichen Werte der Firma nicht exakt beziffert worden. Bedenklich war bereits, dass der Grundbesitz zum Einheitswert berechnet werden sollte und nicht zum viel höheren Verkaufswert. Ähnlich nachteilig für die früheren Eigentümer waren die Formulierungen hinsichtlich des beweglichen Gutes. Das Geschäftsinventar sollte zum Buchwert übernommen werden. Die üblichen Berechnungen, den «guten Namen» des Unternehmens betreffend, fanden ebenfalls keinen Niederschlag in den Vertragsbedingungen. Es blieb zudem den Alteigentümern überlassen, die «nichtarischen» Mitarbeiter, die nicht in das neue Institut übernommen werden durften, auf privatem Weg zu entschädigen. Die verbleibenden Angestellten des Unternehmens erhielten von ihnen ein Abschiedsgeschenk in Höhe von insgesamt einer halben Million Reichsmark.

In den Akten der *National-Bank* kommt die Abwicklung des Bankhauses *Simon Hirschland* nicht vor. Vermutlich war die Bank mit diesen Vorgängen nicht unmittelbar befasst. In erster Linie war es die Essener Gauleitung, die verhandelte und auch versuchte, den Kaufpreis zu drücken. Allerdings muss bedacht werden, dass sowohl Wolfgang Müller-Clemm als auch Paul Hoffmann in Personalunion für die *National-Bank* und die NSDAP agierten. Ob überhaupt eine Trennung dieser Ämter in der Praxis der «Arisierungsprozesse» möglich war, ist ausgesprochen fraglich.

Für die ursprünglichen Inhaber des Bankhauses *Simon Hirschland* war dieses Kapitel damit abgeschlossen, und ihnen gelang ein Neuanfang in den Vereinigten Staaten von Amerika. Die Beteiligungen an den niederländischen Gesellschaften *Amsterdamsche Crediet Maatschappij* und der *Compagnie voor Beleggin en Administratie* (Coba) sowie der *New York Hanseatic*

Corporation boten eine Grundlage für den Neuaufbau. Allerdings war es zunächst notwendig, die im Verlauf der Jahre 1937 und 1938 sich verschärfenden Schikanen zu meistern. Die «Verordnung über die Anmeldung der Vermögen von Juden» aus dem April 1938 hatte den Behörden eine Handhabe gegeben, die Vermögen jüdischer Besitzer zu registrieren und sich einen Überblick über deren Vermögensverhältnisse zu verschaffen. Die Hirschlands mussten daher «Reichsfluchtsteuer», «Judenvermögensabgabe» und «Veräußerungssteuer» bezahlen – eine Summe, die nach Berechnung des Rechtsanwalts der Familie insgesamt 6 Millionen Reichsmark betrug.[306] Zusätzlich waren verschiedene Beiträge an die Kultusgemeinde und ein Millionenbetrag an die *Deutsche Golddiskontbank* fällig, bevor die Ausfuhrgenehmigung erteilt wurde.[307] Nach ihrer Emigration in die USA verkaufte die Familie ihre holländischen Beteiligungen und erwarb die Aktienmehrheit bei der *New York Hanseatic Corporation.* Das in Deutschland verbliebene Vermögen ruhte auf einem «Familie Hirschland und Freunde» betitelten Auswanderersperrkonto des *Bankhauses Burkhardt & Co.* Nach der Ausbürgerung der Familie Hirschland im Jahr 1942 wurde dieses Restvermögen vom Reich konfisziert. Immerhin erhielt sie von den neuen Gesellschaftern die mündliche Zusage, bei veränderten politischen Bedingungen wieder in das Bankhaus zurückkehren zu können.[308]

In den folgenden Monaten wurden die Vereinbarungen, die mit dem Arisierungsprozess des Bankhauses *Simon Hirschland* verbunden waren, in die Praxis umgesetzt. Der Aufsichtsrat der *National-Bank* gab am 20. Januar 1939 grünes Licht für die Beteiligung am neuen *Bankhaus Burkhardt & Co.* Der im Zuge der Kapitalerhöhung geänderte § 4 des Gesellschaftsvertrags lautete nun wie folgt: «Das Grundkapital beträgt 3 Millionen Reichsmark und ist eingeteilt in: 3000 Aktien zu tausend RM.»[309]

Die Beteiligung der *National-Bank* an der «Arisierung» des Bankhauses *Simon Hirschland* sollte noch ein Nachspiel haben. Die Kapitalerhöhung führte zu einem schweren Zerwürfnis mit der *Bank der Deutschen Arbeit.* Letztere hatte bekanntlich als Institution der *DAF* seit 1933 eine zentrale Rolle auch bei der *National-Bank* gespielt und war durch den Vorstandsvorsitzenden Carl Rosenhauer und seinen Stellvertreter Heinz Reitbauer im Aufsichtsrat recht prominent vertreten. Rosenhauer war jedoch bereits Anfang 1936 wieder ausgeschieden, was Vögler mit einer angeblichen «Arbeitsüberlastung» erklärt hatte. Der Vorschlag der *DAF,* Rosenhauer durch den Abteilungsleiter des Schatzamtes in Berlin, Rudolf Ahrend, zu ersetzen, war angenommen, aber offenbar nicht in die Tat umgesetzt worden.[310]

Auch Reitbauer legte am 10. September 1938 mit einem höflich-korrekten

Schreiben sein Aufsichtsratsmandat nieder. Hinter all dem standen die Essener Gauleitung und Josef Terboven persönlich. Rosenhauer – der Vorstandsvorsitzende der *Bank der Deutschen Arbeit* – protestierte bei Vögler scharf gegen das *Hirschland*-Prozedere der *National-Bank*, fühlte sich an die Finanzgebaren der Inflationszeit erinnert und drohte mit seinem Ausstieg. Offensichtlich hat Vögler den Brief sofort an die Gauleitung Essen weitergeleitet, denn Terboven persönlich war es, der den Brief Rosenhauers kurz darauf als ebenso «dumm wie frech» bezeichnete. Mit der von Rosenhauer angedrohten Trennung von der *National-Bank* war das Tischtuch zerschnitten:

> «Ich habe von mir aus in der Nationalbank auf die Beteiligung und Zusammenarbeit mit der Bank der Deutschen Arbeit von jeher größten Wert gelegt. Wenn nunmehr die Bank der Deutschen Arbeit auf eine Zusammenarbeit mit der National-Bank keinen Wert mehr legt, so mag sie, wie das allein anständiges Geschäftsgebaren ist, das in ihrem Besitz befindliche Aktienpaket der National-Bank zum Kauf anbieten. Jedenfalls muß ich von mir aus auf eine weitere Zusammenarbeit mit einem Mann, der solch unqualifizierbaren Brief schreibt, ablehnen und kann eine solche Zusammenarbeit auch dem Vorsitzenden des Aufsichtsrates, Herrn Dr. Vögler, als Empfänger dieses Schreibens nicht mehr zumuten. Ich bitte sie daher, die Bank der Deutschen Arbeit zu veranlassen, das in ihrem Besitz befindliche Aktien-Paket der National-Bank der letzteren zum Kauf anzubieten. Ist das geschehen, so erübrigt sich dann jede weitere Verhandlung. Heil Hitler!»[311]

Die Aktenspur über den Ausgang dieser Streitigkeiten ist dünn. Offensichtlich aber hat die *Bank der Deutschen Arbeit* ihre Drohung wahr gemacht. Ihre in den Hauptversammlungen 1937 und 1938 vertretenen Aktienpakete sind in den Jahren 1939/40 von anderen Aktionären gekauft worden.[312]

Die *National-Bank* im Zweiten Weltkrieg: Die ersten Kriegsjahre

Im propagandistischen Ton verkündete der Bericht der *National-Bank* über das Geschäftsjahr 1939: «25 Jahre nach Ausbruch des großen Weltkrieges steht das deutsche Volk am Ende des Berichtsjahres wieder mitten im Krieg. England und sein Trabant Frankreich wollen Deutschland für immer vernichten. Zur Abwehr des Angriffs und zur Verteidigung seiner Rechte hat sich in diesem Schicksalskampf das ganze deutsche Volk zu einer verschworenen Gemeinschaft erhoben.» Die Kriegsfinanzierung wurde zwar zu großen Teilen durch Steuern gedeckt, erfolgte aber im Wesentlichen durch die Ausgabe von Anleihen, die nicht an der Börse gehandelt, sondern direkt von den Kreditinstituten bezogen wurden und deshalb eine «geräuschlose» Finanzierungsmethode darstellten.[313] Die Kreditinstitute konnten diese Staatspapiere nur deshalb in so großer Zahl erwerben, weil es den Deutschen zunehmend erschwert wurde, Bargeld zu horten. Zudem verhinderte die Kontingentierung von Gütern zusätzlichen Konsum. Steuervergünstigungen für das «Eiserne Sparen» führten hingegen zu einer großen Geldansammlung in Form privater Spar- und Giroeinlagen bei den Bankinstituten, deren Lohnbüros durch die zahlreichen Buchungsvorgänge stark belastet wurden. Wirklich erfolgreich war das «Eiserne Sparen» nie, weil die Kunden aus guten Gründen darin in erster Linie eine «getarnte Kriegsanleihe» sahen.[314] Die Banken wiederum konnten mangels Kreditnachfrage somit nur noch ihre überschüssige Liquidität in die verzinslichen Reichstitel investieren. Erst ab Mitte 1944 war es den Banken nicht mehr möglich, weiterhin in gleichem Umfang Reichstitel zu kaufen. Der Krieg wurde nun auch durch die rotierenden Notenpressen finanziert.

Die gesamten Kriegsausgaben beliefen sich bis Februar 1945 auf insgesamt 657 Milliarden Reichsmark, von denen 215 Milliarden Reichsmark durch Steuern, Zölle und Gewinne der reichseigenen Unternehmen sowie in großem Umfang auch durch Kontributionen aus den besetzten Staaten bestritten wurden.[315] 225,5 Milliarden Reichsmark mussten durch kurzfristige, 117 Milliarden Reichsmark durch lang- und mittelfristige Kredite finanziert werden. Im Jahre 1944 nahm die Staatsverschuldung mit einem monatlichen Zuwachs von 7 Milliarden Reichsmark derart zu, dass im letzten Kriegswinter die geräuschlose Finanzierung nicht mehr aufrechterhalten werden konnte und in eine Hochinflation mündete. Die fortschreitende Geldentwertung ebnete den Weg für die «Zigarettenwährung», die schon seit 1941 in den besetzten Gebieten weitestgehend die herkömmlichen Zahlungsmittel und gegen Kriegsende auch in Deutschland die Reichsmark verdrängt hatte.

Die Entfesselung des Zweiten Weltkriegs bedeutete für die *National-Bank* in personeller Hinsicht eine Zäsur. 1939 wurde fast die Hälfte der jungen männlichen Bankangestellten zur Wehrmacht eingezogen und durch weibliche Kräfte ersetzt. Die ohnehin schon recht kleine Zahl der «Gefolgschaftsmitglieder» ging von 50 auf 33 zurück. Selbst der Vorstandsvorsitzende van Ackeren wurde zu einer Offiziers-Reserveübung nach Verden an der Aller kommandiert. Ein Reitunfall bei dieser Übung und eine sich anschließende Knieoperation bewahrten ihn vor dem Fronteinsatz, während sein Stellvertreter Brusten bald zur Wehrmacht eingezogen wurde.[316] In der

Bank wurde ein Notprogramm auf die Beine gestellt, und vor allem die weiblichen Angestellten übernahmen die Buchungs- und Überweisungsaufgaben.[317] Der Aufsichtsrat versuchte zwar noch, den Aderlass zu begrenzen. Vögler schrieb an das zuständige Wehrbereichskommando, es verblieben der Bank außer Lehrlingen, männlichen Invaliden und weiblichen Hilfskräften nur noch ganze fünf «Durchschnittsbeamte».[318] Die Versuche, die Angestellten vor einem Einsatz an der Front zu bewahren, waren letztlich zwecklos. Selbst ein so mächtiger Lokalpolitiker wie Müller-Clemm konnte sich der Einberufung nicht entziehen. Der anpassungsfähige Journalist spielte zeitweilig sogar eine Nebenrolle bei kirchlichen Friedensvermittlungsversuchen. Da er als Major d. R. der Luftwaffe seit 1939 der deutschen Botschaft am Quirinal zugeteilt war, wurde ihm auf Vermittlung des Rektors des deutsch-österreichischen Kollegs *Santa Maria dell'Anima* in Rom im Sommer 1941 sogar eine lange Privataudienz bei Papst Pius XII. gewährt. Als «alter Parteigenosse» versuchte er sich 1942/43 – allerdings erfolglos – als möglicher Überbringer eines Friedensfühlers im Vatikan.[319]

Auch auf den Aufsichtsrat wirkte sich der Krieg aus, denn die Sitzungen fanden 1939 nur noch mit einer reduzierten Mitgliederzahl statt. Der stellvertretende Vorsitzende Hoffmann machte sich als Reichstagsmitglied unabkömmlich, Walter Pelletier wurde zur Wehrmacht einberufen;[320] im folgenden Jahr wurde auch Friedrich Vogt eingezogen. Im Eingangsteil des Geschäftsberichts für 1940 wurde festgestellt: «Obwohl der Krieg weitergeführt werden muß, ist doch bereits die Entscheidung über den endgültigen Ausgang des militärischen Ringens gefallen. Für uns und unsere Freunde in der Welt heißt schon heute der Sieger: DEUTSCHLAND [...]. Unsere Regierung hat die Kriegsfinanzierung in einer Weise entwickelt, daß die staatlichen Zahlungsverpflichtungen ohne Stockung und nach verantwortlichen Gesichtspunkten erfüllt werden.» Den Abschluss bildete ein Betriebsappell mit dem siegessicheren Aufruf des «Führers» an die Wehrmacht, der den Anbruch einer neuen Zeit verkünden sollte: «Das Jahr 1941 wird die Vollendung des größten Sieges unserer Geschichte bringen.»[321]

Zu diesem Zeitpunkt wirkte sich der Krieg noch nicht negativ aufs Geschäft aus. Spürbare Steuererhöhungen ließen sich verschmerzen, zumal trotz der militärischen Auseinandersetzungen «Angstabhebungen» von Kunden «so gut wie gar nicht» vorkamen.[322] Auch für die Zukunft sah der Vorstand keine Liquiditätsengpässe voraus. Das erste Kriegsjahr stand daher aus Sicht der Bank unter einem guten Stern: In der Aufsichtsratssitzung vom Juli 1940[323] wurden ein Anwachsen der Bilanzsumme und eine Zunahme der Kreditoren festgestellt. Die Liquidität der Bank wurde als «außerordentlich gut» bewertet. Das Ergebnis der Gewinn-und-Verlust-Rechnung verbesserte sich gegenüber dem Vorjahr von 169 000 auf 220 000 Reichsmark – auch dies wurde als «sehr befriedigendes» Ergebnis bezeichnet.

Der Rückgang der Schuldner war eine direkte Folge der Kriegsereignisse. Das Reich nahm zur Finanzierung des Krieges nicht nur beständig neue Schulden auf, sondern erhöhte auch kontinuierlich die Geldmenge. Das Anwerfen der Notenpresse führte zu einem erheblichen Geldüberhang, der Inflationsgefahren barg, die nur durch rigide Preiskontrollen in Zaum gehalten werden konnten. Die Bevölkerung brachte – nicht zuletzt auch angesichts des mangelnden Konsumangebots – ihr Geld lieber auf das Sparkonto, anstatt es auszugeben. Diese Entwicklung betraf natürlich nicht nur die *National-Bank*, sondern mehr oder weniger alle Bankinstitute.

Für die *National-Bank* war dieser erhebliche Anstieg der Spareinlagen ein zweischneidiges Schwert. Die Banken waren gehalten, auf eigene Rechnung Wertpapiere und Reichsanleihen des Reichs zu erwerben, mit dem Risiko, dass diese Schuldtitel und Wertpapiere bei einem ungünstigen Kriegsausgang wertlos werden würden. Es wurde auch immer schwieriger, Hypothekendarlehen zu platzieren, weil die Rohstoffbewirtschaftung es zunehmend unmöglich machte, überhaupt noch Neubauvorhaben durchzuführen. Zwar konnte die Verbindung zur *Hochtief AG* einiges kompensieren; insgesamt aber waren auch die Kommunen mit Fortgang des Krieges finanziell immer weniger in der Lage, größere Baufinanzierungen vorzunehmen – wenn man einmal von den Reparaturarbeiten nach den schon bald einsetzenden Bombenangriffen absah. Tatsächlich wurde durch die Anleihepolitik mit einer ganzen Reihe von Reichsschatzwechseln und laufend emittierten Papieren verschiedener Laufzeiten der «Kreislauf der Rüstungsfinanzierung» noch eine Weile in Gang gehalten.[324] Auch die *National-Bank* war an diesem Handel durch die Unterbringung von 4-prozentigen Reichsschatzanweisungen für eigene und fremde Rechnung in Höhe von 10,75 Millionen Reichsmark beteiligt. Angesichts von Rationierungen und einem stetig schrumpfenden Warenangebot war die Möglichkeit, Gelder anderweitig anzulegen, ohnehin begrenzt. In der auf 31,1 Millionen Reichsmark angewachsenen Bilanzsumme kam dies allerdings nicht direkt zum Ausdruck.

1940 wurden bereits Nachkriegspläne geschmiedet, weil die Aussichten zu diesem Zeitpunkt ausgesprochen günstig zu sein schienen: Polen war besiegt, und die Wehrmacht hatte in wenigen Wochen die französische Armee vernichtend geschlagen. Am 14. Juni marschierten die ersten deutschen Truppen in Paris ein. Wenige Tage später, am 17. Juni, ersuchte Marschall Pétain um einen Waffenstillstand. Am 22. Juni wurde das Abkommen, das «im Vergleich mit dem furchtbaren Schicksal Polens gemäßigt ausfiel»,[325] im Wald von Compiègne in demselben Eisenbahnwaggon unterzeichnet, in dem die deutschen Unterhändler im Jahre 1918 den Waffenstillstand hatten akzeptieren müssen. Für die Deutschen sah die Lage nach dem Frankreichfeldzug also zunächst recht vielversprechend aus: «Sie besaßen das beste Heer der Welt; ihr letzter noch verbleibender Gegner, England, leckte seine Wunden und war scheinbar hilflos; die Ressourcen Frankreichs warteten darauf, ausgebeutet zu werden; und die Sowjetunion – die einzige Macht, die [...] gefährlich werden konnte – gab sich alle Mühe, gute Beziehungen zu Deutschland zu pflegen. Es ging nur noch darum, den Krieg zu einem erfolgreichen Ende zu bringen.»[326]

Der Vorstand der *National-Bank* wollte in der Zeit nach dem Krieg eine Niederlassung in der niederrheinischen Stadt Kleve errichten. Die Gründe hierfür lagen auf der Hand: «Diesem Platz als der letzten Stadt des Altreiches vor dem holländischen Wirtschaftsraum kommt in der Zukunft gewiss in vielen Beziehungen eine besondere Bedeutung zu.»[327] Mit dem Vorhaben, das die *National-Bank* der Tendenz nach zu einer überregional agierenden Bank gemacht hätte, war der Aufsichtsrat einverstanden. Diese Pläne wurden allerdings nicht weiterverfolgt, sodass eine niederrheinische Filiale Zukunftsmusik blieb. Der Präsident des Reichsaufsichtsamts für das Kreditwesen erteilte der *National-Bank* eine Genehmigung erst für die Zeit nach Kriegsende. Der Bankvorstand jedoch entschied sich stattdessen für eine kleinere Lösung. 1943 wurde die mehrheitliche Übernahme der *Niederrheinischen Bank AG* in Wesel in die Wege geleitet – ein Schritt, der unter diesem Aspekt durchaus als eine Kompensation für die nicht realisierbaren, aber dennoch weiterhin bestehenden Expansionspläne angesehen werden konnte. Das von der *National-Bank* im Frühjahr 1944 übernommene Aktienpaket im Wert von nominell 650 000 Reichsmark stellte eine Beteiligung von rund 54 Prozent des insgesamt 1,2 Millionen Reichsmark betragenden Aktienkapitals dar.[328] Die *National-Bank* plante zudem, eine Zweigstelle der *Niederrheinischen Bank* in Emmerich zu eröffnen – gleichsam als Ausgleich für das entgangene Engagement in Kleve.

Um die Genehmigung zu erhalten, führte Gauwirtschaftsberater Hoffmann im Februar 1944 erste Gespräche mit dem Berliner Reichsaufsichtsamt für das Kreditwesen, an dem von der *Niederrheinischen Bank* deren langjähriger Aufsichtsratsvorsitzende Max Küppers beteiligt war.[329] Bei dieser Gelegenheit wurde die niederrheinische Geschäftspolitik der *National-Bank* in Berlin jedoch offensichtlich «mit einem gewissen Stirnrunzeln» beobachtet, weshalb Angebote des Aktienkaufs – beispielsweise über die seit

1939 in *Deutsche Industriebank* umbenannte *BAFIO* – letztlich nicht wahrgenommen wurden. Es sei ratsam, so ließ van Ackeren wissen, «von der Übernahme von Aktien einer uns fernstehenden Unternehmung doch lieber abzusehen».[330]

Um die Beziehungen mit den Niederlanden zu intensivieren, plante der Vorstand nach der Besetzung der Niederlande im Frühjahr 1940 eine Beteiligung von 51 Prozent an einem holländischen Privatbankhaus. Vögler und Friedrich, die über gute Geschäftsverbindungen in die Niederlande verfügten, boten ihre Unterstützung bei der Suche nach einem geeigneten Partnerinstitut an. Diese Pläne konkretisierten sich im Verlauf der zweiten Jahreshälfte 1940. Auf der Aufsichtsratssitzung im Januar 1941 berichtete Albert Brusten über die Bemühungen um eine Beteiligung an einer holländischen Privatbank und die Ergebnisse einer Erkundungsreise in die Niederlande: «Zu einer Geschäftsverbindung konnte es aber nicht kommen, da sich die Holländer innerlich offenbar noch nicht von England gelöst hätten.»[331] Auch andere Überlegungen lassen erkennen, dass die *National-Bank* angesichts der inzwischen unverkennbaren Dominanz des Deutschen Reiches im europäischen Wirtschaftsraum den überall zu beobachtenden Expansionstendenzen nachstrebte. Sie wagte selbst einen Blick auf die Gebiete jenseits der Alpen. Das mit dem «Dritten Reich» durch den «Stahlpakt» verbündete faschistische Italien schien trotz der großen räumlichen Entfernung eine Möglichkeit zu bieten, sich von einer Regionalbank hin zum international tätigen Bankinstitut weiterzuentwickeln. Der Vorstand trug dem Aufsichtsrat daher im Januar 1941 seine Pläne über eine Beteiligung an einer römischen Bank vor. Das Objekt war ein kleineres, bereits unter deutscher Leitung stehendes Institut, die *Banca Fabrizi & Co.* in Rom, an der man nach der Umwandlung in eine Aktiengesellschaft 51 Prozent erwerben wollte.[332]

Allerdings blieben all diese Pläne Luftschlösser. Auf der Aufsichtsratssitzung im September 1941 musste der Vorstand mit Blick auf die gewünschten Beteiligungen in den Niederlanden und Italien feststellen, dass eine Realisierung noch nicht absehbar war.[333] Auf der folgenden Sitzung im Januar 1942 wurden die hochfliegenden Pläne endgültig ad acta gelegt. Wie knapp mitgeteilt wurde, hätten die Verhandlungen mit den entsprechenden Stellen in den Niederlanden und Italien nicht zu einem wünschenswerten Ergebnis geführt; sie seien nunmehr als beendet anzusehen.[334] Eine Bestätigung dieser Entscheidung erfolgte noch einmal zu einem Zeitpunkt, als das Projekt schon gar nicht mehr ernsthaft verfolgt wurde: In Bezug auf die beabsichtigte Beteiligung in Italien berichtete der Vorstand im September 1942, dass die italienische Regierung eine solche deutsche Kapitalbeteiligung nicht wünsche und die *National-Bank* dieses Vorhaben deshalb auch nicht weiter verfolgen werde.[335]

Die gute Geschäftsentwicklung erhielt im August 1941 erstmals einen Dämpfer. Aufgrund der Einberufungen einer Vielzahl von Mitarbeitern waren einige Industrie- und Handelsbetriebe in der Region stillgelegt worden, was das Bankengeschäft stark beeinträchtigte.[336] Seit 1942 stellten sich auch zunehmend logistische Probleme für die Gremienberatungen ein. Bei der Aufsichtsratssitzung im Februar 1942 konnten aufgrund der schlechten Verkehrsverhältnisse erstmals so wenige Mitglieder persönlich anwesend sein, dass der Vorstandsvorsitzende die schriftliche Beschlussfassung zuließ.[337] Im September 1942 wurde schließlich zwar das Gewinnergebnis als «angemessen» bezeichnet, daneben aber auch von der inzwischen nicht mehr zu übersehenden Allgegenwärtigkeit des Krieges berichtet: «Abgesehen von einem weiteren Anstieg der Bilanzsumme auf etwa RM 45 Millionen ist das Geschäft ruhig geblieben. […] Einziehungen und Stilllegungen machen sich bemerkbar.»[338]

Die Fusion mit dem *Duisburger Bankverein*

Aufgrund eines Beschlusses der Hauptversammlung vom 19. Februar 1941 wurde das Grundkapital der *National-Bank* um 1,5 Millionen auf 4,5 Millionen Reichsmark erhöht. Satzungsgemäß wurden 4000 neue Inhaberaktien zu je 1000 Reichsmark ausgegeben. Diese Kapitalerhöhung diente vornehmlich der Fusion mit einer anderen Mittelstandsbank: Auf der 33. Sitzung des Aufsichtsrats am 30. Oktober 1942 wurde die Verschmelzung mit dem im April 1921 gegründeten *Duisburger Bankverein AG (DBV)* gebilligt. Der gegenseitige Aktienaustausch erfolgte im Verhältnis 1:1. Insgesamt 830 000 Reichsmark aus der Kapitalerhöhung wurden zur Durchführung der Fusion verwendet.[339] Der Schritt wurde durch Beschluss der Hauptversammlungen der beiden Bankinstitute am 4. Dezember 1942 bestätigt. Offiziell wurde die Fusion am 31. Dezember 1942 vollzogen. Der damalige *DBV*-Direktor Backhaus schied kurz darauf aus. Auch Karl Hitzbleck, einer der ursprünglichen Gründer des *DBV*, verlor dort sein Amt als Vorsitzender des Aufsichtsrats und wechselte daraufhin in den Aufsichtsrat der *National-Bank*. Die Beziehungen zwischen beiden Banken gingen bereits auf das Frühjahr 1934 zurück. Damals hatte die *National-Bank* ihre Filiale in Duisburg geschlossen und in einem Freundschaftsabkommen die Kunden an den *Duisburger*

Die Geschäftsstelle Duisburg-Wedau des *Duisburger Bankvereins* in einer Aufnahme aus den späten 1930er- oder frühen 1940er-Jahren. Vor dem Fenster Hermann van Bargen, der damalige Leiter, der auch nach Kriegsende in Diensten der *National-Bank* die Filiale leitete.

Bankverein übergeben. Wenige Monate später wurde Wolfgang Müller-Clemm als Vertreter der *National-Bank* in den Aufsichtsrat des niederrheinischen Instituts gewählt.[340]

Der *DBV* war im April 1921 mit 1,5 Millionen Mark Aktienkapital als Bank für den örtlichen Mittelstand und Kleinhandel von dem Bankier Eugen Kaufmann gegründet worden, der dort auch Direktor und zeitweise alleiniger Vorstand war. Die Gründung war seinerzeit insofern sinnvoll, als die *Mitteldeutsche Creditbank* als letzte eigenständige Privatbank Duisburgs zuvor an eine Großbank angegliedert worden war. Das Unternehmen hatte sich trotz der Inflationskrise von Beginn an günstig entwickelt. Schon 1924 war der *DBV* im Zuge der Expansion aus den beengt gewordenen Räumlichkeiten in ein großzügigeres eigenes Gebäude in der Straße Am Buchenbaum umgezogen. Ein Jahr zuvor war zudem auf dem Gelände des *Städtischen Schlachthofs* in Duisburg-Meiderich eine Zweigstelle eröffnet worden, um den «Viehhändlern und Metzgern sowie der Kundschaft des Stadtteiles Hochfeld» den Geschäftsverkehr zu erleichtern.[341] Diese Geschäftsstelle wurde nun auch von der *National-Bank* übernommen und war als reine Zweckzweigstelle eine Besonderheit: So diente sie weiterhin lediglich zur Abwicklung des Zahlungsverkehrs zwischen den Fleischern und Viehhändlern auf dem wöchentlichen Viehmarkt. Da der Kauf bzw. Verkauf üblicherweise durch Handschlag besiegelt wurde, wurde der Kaufpreis in bar bezahlt. Daher musste die Zweigstelle Duisburg-Meiderich stets große Bargeldbestände für den Geschäftsverkehr vorrätig haben.[342]

Das anfängliche Aktienkapital hatte sich schon bald als zu gering erwiesen, sodass es bereits im August 1921 auf 2,5 Millionen Mark und Ende 1921 auf 6 Millionen Mark erhöht worden war. Als Konsequenz der galoppierenden Inflation waren weitere Kapitalerhöhungen bis auf schließlich 220 Millionen Mark erfolgt. Nach der Währungsreform und der Stabilisierung war das Aktienkapital 1924 auf schließlich 500 000 Reichsmark zusammengelegt worden. Trotz der Wirtschaftskrise und der damit einhergehenden finanzpolitischen Erschütterungen war das Kerngeschäft jedoch solide geblieben, wie es sich auch in den folgenden ruhigeren Weimarer Jahren gezeigt hatte. Von 1925 bis 1927 hatte eine gleichbleibende Dividende von 10 Prozent ausgeschüttet werden können; die Bilanz des Jahres 1927 hatte mit einem Umsatz von 281 Millionen Reichsmark abgeschlossen. 1928 hatte die Hauptversammlung des *DBV* beschlossen, das Aktienkapital von 500 000 auf 1 Million Reichsmark zu erhöhen. Selbst durch die schwere Bankenkrise der Jahre nach 1930 war der *DBV* vergleichsweise unbeschadet gekommen und daher ein lukratives Übernahmeprojekt geblieben.

Im «Dritten Reich» war die Bank «arisiert» und ihr Gründer Kaufmann schon 1933 aus der Bank gedrängt worden. Die genauen Umstände lassen sich nicht mehr rekonstruieren, jedoch war es im Laufe des Jahres zu einer Reduzierung des Aktienkapitals auf 830 000 Reichsmark gekommen, was vermutlich auf das Ausscheiden Kaufmanns zurückgeführt werden kann. Im November 1938 wurde dieser ins KZ Dachau deportiert, 1939 gelang ihm die Flucht nach Palästina.[343] Die Bank verstand sich weiterhin «als Bankinstitut mit rein lokaler Einstellung», das «dem soliden Mittelstand» dienen wolle.[344] Sie profitierte bis zum Krieg von den staatlichen Aufträgen für das Baugewerbe und den damit zusammenhängenden Handels- bzw. Handwerkerunternehmen, die zu den Kunden der Bank gehörten. Die Bilanzsumme stieg von 4,2 Millionen Reichsmark 1932 auf 6,6 Millionen Reichsmark 1938. Die Zahl der Mitarbeiter betrug dabei immerhin 48 Personen. In den Kriegsjahren bis zur Fusion mit der *National-Bank* erhöhte sich die Bilanzsumme noch einmal deutlich und erreichte 1941 schon 16 Millionen Reichsmark. Hier machten sich vor allem die zunehmenden liquiden Geldmittel bemerkbar, die sich in erhöhten Spareinlagen niederschlugen. Die Bank legte diese vor allem in Reichsanleihen an.[345]

Im Zuge der Verschmelzung mit der *National-Bank* im Jahr 1942 wurden, wie die westdeutschen Landesfinanzbehörden allerdings erst nach Kriegsende feststellten, verdeckte Gewinne an die Aktionäre des *DBV* ausgeschüttet. Diese erhielten für ihre mit 90 Prozent bewerteten Aktien die mit 120 Prozent erheblich höher bewerteten Aktien der *National-Bank*.[346] Die Fusion des Jahres 1942 lag auf der Linie der Geschäftspolitik der *National-Bank* jener Jahre, die Expansionen in die Nachbarstädte der Region intendierte. Verlockend war für den Vorstand auch, dass der *DBV* traditionell in erster Linie vor allem Handwerk und Mittelstand bediente und darüber hinaus eine erhebliche Bilanzsumme von rund 16 Millionen Reichsmark aufwies. Mit der Übernahme des *DBV* verfügte die *National-Bank* damit in der Duisburger Region – dem sprichwörtlichen «Tor zum Niederrhein» – neben der Hauptniederlassung im Stadtzentrum über je zwei Filialen in Duisburg-Meiderich und Duisburg-Wedau.

Die *National-Bank* im Zeichen des «Totalen Krieges»

Im Jahr 1942 bewilligte die *National-Bank* zwar 233 Kredite in einer Gesamthöhe von rund 4,1 Millionen Reichsmark.[347] Der Geschäftsbericht war aber eher substanzlos und äußerlich von bescheidenem Aussehen. Im Gegensatz zu den bisherigen umfangreichen Berichten auf bestem Papier und mit Kartonumschlag bestand der aktuelle Bericht nur noch aus vier Druckseiten und beschränkte sich auf einige knappe Bilanzerläuterungen sowie spärliche Hinweise zum Geschäft.

Im März 1943 schied Gauwirtschaftsberater Hoffmann aus dem Aufsichtsrat aus, an seiner Stelle wurde Konsul Max Schroeder zum ersten stellvertretenden Aufsichtsratsvorsitzenden gewählt. Hoffmann wurde aber auf Wunsch des Aufsichtsrats aufgefordert, an den Sitzungen zukünftig als Gast teilzunehmen.[348] Die Hintergründe des Revirements sind nicht bekannt: An und für sich wuchs in dieser Zeit die Macht der Gauwirtschaftsberater. Diese agierten über einen von ihnen kontrollierten «Bankenausschuss» inzwischen mit ungewöhnlicher Aggressivität, um die deutsche Bankenlandschaft in ihrem Sinne langfristig umzugestalten. Vor allem sollten die privaten Großbanken, die ihnen seit Langem ein Dorn im Auge waren, zu regionalen «Gaubanken» umgewandelt und dem Einflussbereich der jeweiligen Gauleiter unterstellt werden.[349] Martin Bormann, der Chef der Parteikanzlei, hatte schon 1941 in enger Zusammenarbeit mit dem Vizedirektor der *Reichsbank* und Leiter der Hauptabteilung IV (Geld-, Bank- und Börsenwesen) im

Reichswirtschaftsministerium, Kurt Lange, eine «intensive Kampagne zur Nazifizierung der deutschen Wirtschaft» begonnen.[350] Bormann forderte im August 1942 mit Hinweis auf Hitlers Bestrebungen Reichswirtschaftsminister Funk auf, eine radikale «Strukturveränderung nach nationalsozialistischen Zielsetzungen» einzuleiten. Seine Forderungen gipfelten darin, dass – damit den Wunsch Hitlers weitergebend – «die Privatbanken und insbesondere die Großbanken zusammengestrichen werden» sollten.[351] Seit dem Herbst 1942 wurden die Gauwirtschaftsberater der wichtigsten deutschen Gaue in einem Bankenausschuss zusammengefasst, dessen Hauptaufgabe es war, NS-Kader in den jeweiligen Unternehmensleitungen zu platzieren. Die Gauwirtschaftsberater ihrerseits waren daran interessiert, die zu zerlegenden Großbanken unter sich aufzuteilen und die einzelnen Segmente in ihre «Gaubanken» zu integrieren. Die *National-Bank* hätte eine geradezu ideale Ausgangsbasis geboten, um die im Ruhrgebiet an und für sich gut vertretenen Großbanken zu beerben. Hierzu kam es jedoch letztlich nicht. Bormann selbst übernahm die Führung im Bankenausschuss der Gauwirtschaftsberater. Wahrscheinlich ging es ihm in erster Linie darum, die aus dem Ruder laufenden Bestrebungen der ehrgeizigen Gauwirtschaftsberater zu kanalisieren. Daneben bestand auch immer die Gefahr des Nepotismus und der Bereicherung, die von oberster Stelle unterbunden werden sollte. Hitler persönlich erwähnte in seinen «Tischgesprächen» den Machthunger von NS-Funktionären, dem es zuvorzukommen gelte. Das Ergebnis war ein am 20. August 1942 ausgesprochenes Verbot: Hauptberuflich beschäftigten Parteifunktionären wurde es untersagt, Vorstandsämter und Aufsichtsratsmandate in der Wirtschaft zu übernehmen.[352] Der Rücktritt Hoffmanns aus dem Aufsichtsrat der *National-Bank* war so mit großer Wahrscheinlichkeit eine Folge dieser Anordnung.

Mitte Mai 1943 wurde ein weiteres wirtschaftspolitisches Schwergewicht in den Aufsichtsrat aufgenommen. Der Generaldirektor der *Duisburger Klöckner-Werke AG* Marotzke sollte in der Hauptversammlung im Februar 1944 gewählt werden. Zwar ergibt sich aus den Unterlagen keine offizielle Bestätigung der Wahl, jedoch ist dieses Versäumnis vermutlich den Kriegsumständen geschuldet. Wie dem auch sei: Marotzke, dem engeren Umfeld Terbovens und Görings zugehörig, erhielt jedenfalls in den folgenden Monaten regelmäßig die Monatsübersichten der Bank zugesandt und fungierte wie ein reguläres Aufsichtsratsmitglied.[353]

Seit 1943 waren die Rahmenbedingungen der Bankgeschäfte bereits durch den zunehmenden Bombenkrieg gekennzeichnet. Als Stadt mit wichtigen Rüstungsbetrieben wurde Essen rasch zur Zielscheibe der amerika-

Zerstörte Gebäude am Theaterplatz in Essen nach dem Großangriff 1943.

nischen und britischen Bomberverbände. Zwei Großeinsätze britischer Bomber am 5. und 12. März 1943 verwandelten weite Teile der Stadt in ein Trümmerfeld und machten 80 000 Menschen obdachlos. Das Zentrum mit Rathaus, Münster und Marktkirche wurde weitgehend zerstört. Beim ersten der beiden Angriffe wurde auch das Bankgebäude der *National-Bank* im III. Hagen 64 getroffen und total zerstört. Nur der Tresor, in den neben Wertgegenständen auch allabendlich wichtige Geschäftsunterlagen verbracht wurden, hielt dem Feuer einigermaßen stand, sodass in der folgenden Zeit wenigstens die Buchbestände ermittelt und die Geschäfte in gemieteten Räumen notdürftig weitergeführt werden konnten. Van Ackeren berichtete dem Aufsichtsrat im April 1943 über die beiden Angriffe der Royal Air Force: Im betroffenen Gebäude habe man nun «bereits zum 2. Mal durch Feindeinwirkungen schweren Schaden genommen [...]. Ein Volltreffer hat den größten Teil des Gebäudes zerstört. Wir halten uns zur Zeit in den Kellerräumen auf, ein Zustand, der wenig befriedigt, im Augenblick jedoch nicht zu ändern ist. Bei der starken Zerstörung Essens überhaupt ist es auch fraglich, ob noch eine ausweichende Möglichkeit gegeben ist.»[354]

Auch die Filialen blieben nicht verschont. Nach einem Angriff auf Duisburg wurden die Mitglieder des Kreditausschusses im Oktober 1943 zu einer «Besichtigung der Aufräumungs- und Wiederherstellungsarbeiten» der Niederlassung und der beiden Filialen eingeladen.[355] Essen erlebte allein 1943

49 Luftangriffe. Im Folgejahr ließen 55 Angriffe die Stadt und ihre Bewohner nicht mehr zur Ruhe kommen.

Auch ein geregeltes Bankgeschäft war bald unmöglich. Eine für den 4. Februar 1944 anberaumte Aufsichtsratssitzung musste in den Geschäftsräumen der *Hochtief AG* abgehalten werden, «da infolge der Terrorangriffe uns im eigenen Geschäftslokal und auch in Hotels kein geeignetes Sitzungszimmer zur Verfügung stand», wie das Protokoll vermerkte.[356] Auch in den folgenden Monaten bis Kriegsende flogen die alliierten Bomberverbände weitere Großangriffe, von denen Essen stets mit betroffen war.

1943 wurden noch 164 Kredite in der Gesamthöhe von 9 300 950 Reichsmark genehmigt – ein merklicher Rückgang im Vergleich zum Vorjahr. Das gute Ergebnis der Gewinn-und-Verlust-Rechnung erlaubte, 100 000 Reichsmark den Reserven zuzuführen. Damit erhöhten sich die eigenen Betriebsmittel auf 6 Millionen Reichsmark. Der Jahresgewinn betrug 273 474,40 Reichsmark, was abermals eine Dividende von 6 Prozent ermöglichte. Vögler konstatierte, man könne mit dem Jahresabschluss vor allem im Hinblick auf die erlittenen «Schicksalsschläge» noch ganz zufrieden sein.

Auch das erste Halbjahr 1944 schloss noch mit einem Überschuss in Höhe von rund 165 000 Reichsmark ab, obwohl die Bilanzsumme um etwa 10 Prozent gesunken war. Durch die permanenten Luftangriffe der Alliierten auf das Ruhrgebiet ging die Kreditnachfrage allerdings noch stärker als zuvor zurück und wurde dadurch weiter beschleunigt, dass das *Winterhilfswerk* – ein langjähriger und wichtiger Kunde der *National-Bank* – aus einer Abrechnung mit dem Gau Essen etwa 8 Millionen Reichsmark abgezogen hatte. Zudem hatte der in Luxemburg ansässige Stahlkonzern ARBED, der bei der *National-Bank* ein Festgeldkonto in Höhe von 4 Millionen Reichsmark unterhalten hatte, diese Gelder inzwischen ebenfalls abgehoben. Auf der anderen Seite wurden kaum noch Rüstungskredite vergeben. Im Ruhrgebiet selbst wurden nur noch wenige Investitionen getätigt und stattdessen Aufträge in die von der Wehrmacht und den Rüstungskommissionen angeordneten Verlagerungszonen vergeben. Diese lagen in der Regel in Mittel- und Ostdeutschland, sodass die *National-Bank* bei Aufträgen leer ausging. Im Ruhrgebiet nahmen die Zerstörungen indes ungekannte Ausmaße an. Auch die Wirtschaft war kaum noch funktionsfähig: In den Berichten der Wirtschaftskammern wurden die Rückgänge in der Produktionskapazität mit 70 bis 90 Prozent angegeben.[357]

Im September 1944 erreichte die Bilanzsumme zwar wieder die 80-Millionen-Reichsmark-Grenze, eine Zukunftsprognose wollte van Ackeren aber zu diesem Zeitpunkt verständlicherweise schon nicht mehr abgeben:

Blick vom Rathausturm in Richtung Norden auf die zerstörte Essener Innenstadt nach dem ersten schweren Luftangriff vom 5. März 1943.

«Das Leben in unserem Gau wird gegenwärtig durch die militärischen Ereignisse stark überschattet. Durch die starke Einberufung zum Schanzdienst können die wirtschaftlichen Unternehmungen sich nur mit Mühe am Leben erhalten.»[358]

Die Reichsverteidigungskommissare hatten bereits im Frühjahr 1943 für den Sektor des Kreditgewerbes Listen zusammengestellt, auf denen Zweigstellen verzeichnet waren, die möglicherweise im Rahmen von «Kriegsmaßnahmen» geschlossen werden sollten. Seit 1939 hatte es bereits eine spürbare Ausdünnung bei den Filialen von Banken, Sparkassen und Kreditgenossenschaften gegeben. Durch die Einberufungen war die Zahl der Beschäftigten im Kreditgewerbe seit Kriegsbeginn auf 74 Prozent zurückgegangen. Die Zahl der jüngeren Männer – Jahrgang 1900 und jünger – unter den Beschäftigten betrug nur noch 17 Prozent.[359] Weil der Sekretär des «Führers» – Martin Bormann – und Reichswirtschaftsminister Funk im Sommer 1943 vereinbart hatten, «die Regionalbanken schonender zu behandeln [...] als die Großbanken»,[360] kam die *National-Bank* zwar nicht um die fortwährenden

Essen kurz vor der Eroberung durch die Amerikaner: provisorische Kochstelle von Ausgebombten nach dem letzten schweren Luftangriff vom 12. März 1945. Im Hintergrund sind die Trümmer des Hauptbahnhofs und des Hotels Handelshof zu sehen.

Einberufungen und ähnliche «Auskämmungsaktionen» herum, zumindest aber konnte die Schließung von Filialen vermieden werden. Um Personalkosten zu senken, wurden darüber hinaus die als entbehrlich angesehenen «Hilfskräfte» entlassen, wobei natürlich ein Stamm von Bankangestellten für die Abwicklung des Tagesgeschäfts gehalten werden musste.

In der zugewiesenen Notunterkunft im repräsentativen Bankgebäude der ehemaligen *Disconto-Gesellschaft*, mithin an jener Stelle, wo nach dem Zweiten Weltkrieg der Neubau der *Dresdner Bank* entstehen sollte, gingen die Geschäfte schließlich bis 1952 weiter – eine «Stunde Null» im Jahr 1945 gab es also für die *National-Bank* weder in wirtschaftlicher noch in baulicher Hinsicht.

Als die amerikanischen Truppen Ende März 1945 ihren Vormarsch vom Niederrhein in das Ruhrgebiet begannen, ordnete der Essener «Reichsverteidigungskommissar» und stellvertretende Gauleiter Fritz Schleßmann die totale Räumung und Zerstörung der Stadt an. Gehör fand er freilich nicht mehr, da die Stadt bereits weitgehend eingekreist war. Oberbürgermeister Dillgardt sprach sich dabei offen gegen diese «von vielen als verantwortungslos eingestuften Anordnungen»[361] aus. Terboven, der sich seit 1933 immer wieder in die Angelegenheiten der *National-Bank* eingemischt, seinen Herrschaftsbereich aber als «Reichskommissar» seit 1940 vornehmlich im besetzten Norwegen hatte, konnte glücklicherweise keinen Schaden mehr anrichten. Zudem war sein langjähriger Förderer von ihm enttäuscht. Terboven, so hatte Hitler bereits im Herbst 1943 bemerkt, sei nicht in der Lage, angemessen zu führen, und kenne «nur eine harte Hand».[362] Am Tag der deutschen Kapitulation beging er Selbstmord.

Die ersten amerikanischen Truppen erreichten Essen von Norden her am 7. April 1945. Am 10. April wurde die Innenstadt kampflos besetzt, am 11. April um 10 Uhr die Stadt offiziell an die amerikanischen Sieger übergeben. Danach rückten die US-Truppen in die westlichen und südlichen Vororte vor. Damit war für die *National-Bank* erst einmal die Zukunft ungewiss. Die zwölf Jahre der NS-Zeit hatten die Bank in ihrem Wesen verändert. Insgesamt gilt für sie jedoch das, was Werner Plumpe jüngst für die gesamte Bankenwelt in der NS-Zeit ausgeführt hat: Es wäre völlig falsch, die Gesamtgeschichte auf die Zeit des Nationalsozialismus zu verkürzen, «da diese für deren historischen Wandel weder repräsentativ noch sonderlich erhellend ist, sondern vielmehr einen überaus sprechenden Ausnahmefall für die Indienstnahme […] zu politischen Zwecken darstellt».[363]

Der Neubau der *National-Bank* am Theaterplatz kurz nach der Fertigstellung 1952.

Eine Mittelstandsbank in der Demokratie: 1945 bis 2021

Stunde Null? Die *National-Bank* im Wiederaufbau

Der erste deutsche Bundespräsident Theodor Heuss hat einmal treffend das Gefühl der Deutschen am Ende des Zweiten Weltkriegs beschrieben – sie seien «erlöst und vernichtet in einem» gewesen.[1] Dieser Eindruck war auch in der deutschen Wirtschaft und nicht zuletzt bei den deutschen Bankiers vorherrschend: Erleichterung über das Ende des Krieges und der Diktatur einerseits, tiefe Niedergeschlagenheit und Entsetzen über das Ausmaß der Zerstörungen und Verbrechen andererseits. Die Zukunft war ungewiss, denn auf der Konferenz in Jalta hatten sich die Alliierten im Februar 1945 darauf geeinigt, alle institutionellen Hinterlassenschaften des NS-Regimes rigoros zu beseitigen sowie alle «nazistischen» und militaristischen Einflüsse aus öffentlichen Einrichtungen, dem Kultur- und Wirtschaftsleben des deutschen Volkes zu entfernen.[2]

Einige deutsche Großstädte waren 1945 zu bis zu 70 Prozent zerstört, wobei der durchschnittliche Zerstörungsgrad bei etwa 40 Prozent lag. Der Bombenkrieg der Alliierten hatte vor allem Wohnraum, öffentliche Gebäude und einen Großteil der Verkehrsinfrastruktur getroffen. Der Blick auf Essen als den geschäftlichen Mittelpunkt der *National-Bank* bestätigt diese düsteren Fakten. Wilfried Loth hat für die Jahre nach 1945 angesichts der verheerenden Kriegsfolgen sogar von einer «Neugründung» der Stadt gesprochen.[3] Essen bot durch die starke Zerstörung ein Bild, das demjenigen Berlins, Dortmunds und Kölns vergleichbar war. Die Trümmerberge hatten – nach allerdings eher unzuverlässigen Schätzungen – eine Größenordnung von etwa 15 Millionen Kubikmeter Schutt. Die Versorgungsleitungen waren fast überall zerstört: Es gab kein Gas, kaum Elektrizität und fließendes Wasser, die Telefone funktionierten nicht mehr. Das Kanalisationssystem war erheblich beschädigt, Straßen und Plätze durch Bombenkrater und Trümmerberge unpassierbar geworden. Auch die Eisenbahnlinien waren betroffen, und die Straßenbahn war nur noch auf ein paar kurzen Außenstrecken in Betrieb. Auf das Gesamtgebiet der Großstadt bezogen, betrug der Zerstörungsgrad 60 Prozent. Von den 185 000 Wohnungen, die zu Kriegsbeginn gezählt wurden, waren 64 000 vollständig zerstört und 36 000 schwer beschädigt. Ganz ohne Beschädigungen waren nur etwa 6300 Wohnungen geblieben, also gerade einmal 3,4 Prozent. Vor dem Krieg hatte man über 666 000 Einwohner gezählt, jetzt lebten nur noch 285 192 Menschen in Essen.

Die örtlichen Parteigrößen wurden rasch aus ihren Ämtern entfernt. Oberbürgermeister Dillgardt wurde von den Besatzern verhaftet, nachdem er die Stadt am 11. April 1945 an US-General Matthew Ridgway übergeben hatte. Mit der Führung der Amtsgeschäfte wurde übergangsweise der Stadtrat Dr. Dieter Russell beauftragt.[4] In den Stadtteilen wurden Ortsbürgermeister eingesetzt, häufig städtische Beamte, aber auch Kaufleute. Versuche «antifaschistischer» Gruppen, die Verwaltung selbst zu übernehmen, scheiterten am Eingreifen der amerikanischen Besatzer. Bei der Suche nach einem politisch unbelasteten Kandidaten für das Amt des Oberbürgermeisters wurde die amerikanische Militärregierung schnell fündig. Am 20. Mai wurde Dr. Hugo Rosendahl zum Oberbürgermeister ernannt. Er hatte sich stets von der NSDAP ferngehalten, war Bürgermeister von Andernach, über ein Jahrzehnt Oberbürgermeister von Hamborn und von 1931 bis zur Zwangspensionierung aus politischen Gründen am 1. August 1933 Oberbürgermeister von Koblenz gewesen. Danach hatte er seine berufliche Nische als Rechtsanwalt und Geschäftsführer eines Duisburger Unternehmens gefunden.

Die alliierten Truppen übernahmen wenige Wochen nach der Gesamtkapitulation des Deutschen Reichs ihre jeweiligen Besatzungszonen. Das Ruhrgebiet wurde nach den von den Siegermächten 1944 getroffenen Vereinbarungen den Briten zugesprochen. Mitte Juni 1945 lösten Verbände der 21. britischen Heeresgruppe die amerikanischen Besatzungstruppen in Essen ab. Legislative, Exekutive und Judikative unterstanden dem Militärgouverneur und Feldmarschall Bernard Montgomery. Der britische Stadtkommandant in Essen war für den Wiederaufbau verantwortlich. Amerikaner und Briten vertraten das Prinzip der «indirect rule». Den deutschen Verwaltungsfachleuten kam dabei die Aufgabe zu, Ruhe und Ordnung zu gewährleisten und die alliierten Anordnungen umzusetzen.[5]

Die in den folgenden Monaten beginnende Entnazifizierung des öffentlichen Lebens erstreckte sich auch auf die Stadtverwaltung. Diejenigen Beamten und Angestellten, die sich vor 1930 bereits als «Alte Kämpfer» betätigt hatten, sollten entlassen, alle anderen NSDAP-Mitglieder suspendiert werden. Faktisch wurden schließlich 163 Entlassungen und 288 Suspendierungen ausgesprochen. Zur Reorganisation der Verwaltung ernannten die Briten einen Stadtbürgerausschuss, der sich am 29. Juni 1945 konstituierte und entsprechend den politischen Kräfteverhältnissen in Essen vor 1933 zusammengesetzt war. Vom Bürgerausschuss wurden bis Dezember 1945 noch einige weitere Amtsleiter ihrer Positionen enthoben. Alles in allem wurden im Laufe der folgenden Jahre 907 Beschäftigte entlassen oder suspendiert – trotz späterer Wiedereinstellungen eine vergleichsweise hohe Zahl: immerhin knapp 33 Prozent der Beamten und zehn Prozent der städtischen Angestellten.[6]

Am schnellsten gelang es, Wasser-, Elektrizitäts- und Gasleitungen zu reparieren, das unterirdische Kanalsystem wiederherzustellen und die Straßendecken an den wichtigsten Verkehrsknotenpunkten wenigstens notdürftig einzuebnen. Angesichts des generellen Verbots politischer Betätigung zog sich die Gestaltung des Neuanfangs zunächst noch hin. Die Wiedergründung der örtlichen SPD war in erster Linie Wilhelm Nieswandt zu verdanken, einem ehemaligen *Krupp*-Arbeiter, der schon in der Weimarer Republik in Essen eine wichtige parteipolitische Rolle gespielt hatte. In einer inoffiziellen Parteiversammlung wurde er im Juli 1945 zum kommissarischen Vorsitzenden der Essener SPD bestimmt.

Parallel zu den Sammlungsbemühungen des Sozialdemokraten warb Heinrich Strunk, in der Weimarer Republik bekanntlich ein einflussreicher christlicher Gewerkschafter und ehemaliges Vorstandsmitglied der *Deutschen Volksbank*, für die Gründung einer überkonfessionellen christlich-demokratischen Partei. Diese sollte gleichsam als Konsequenz aus der «deutschen Katastrophe» (Friedrich Meinecke) das katholische und protestantische Lager im christlich-demokratischen Sinn vereinen. Als temperamentvoller, dem linken Flügel zugehöriger «Realpolitiker»[7] und Mitstreiter Jakob Kaisers gelang es Strunk, in Essen einen Kreis von Gleichgesinnten aus dem ehemaligen Zentrum und den christlichen Gewerkschaften um sich zu scharen, die sich dem Ideal eines «christlichen Sozialismus» verpflichtet fühlten. In den Akten finden sich allerdings keine Hinweise, dass Strunk als führender Mann der CDU in Essen noch einmal versucht hätte, aktiv in die Geschäfte seiner ehemaligen Gewerkschaftsbank einzugreifen. Über die Gründe für diese Zurückhaltung lässt sich nur spekulieren – ausschlaggebend war aber vermutlich, dass er sich schon in der Weimarer

Heinrich Strunk, hinter dem Tisch sitzend links, auf der ersten Kundgebung der CDU am 1. April 1946, neben ihm Gustav Heinemann und Helene Weber. Er engagierte sich zwar wieder politisch, aber nicht mehr für die ehemalige Gewerkschaftsbank, aus deren Vorstand er 1933 durch die Nationalsozialisten entlassen worden war.

Republik eher als Außenseiter im Bankwesen gefühlt hatte und nach 1945 als Mann der Politik den demokratischen Wiederaufbau Deutschlands für wichtiger hielt.

Die formale Gründung von Parteien erlaubte die Besatzungsmacht erst wieder zu Beginn des Jahres 1946. KPD, SPD und CDU hielten am 27. Januar 1946 ihre offiziellen Gründungsversammlungen ab. Kurz darauf löste die Militärregierung den Stadtbürgerausschuss durch einen 60 Personen umfassenden «Ernannten Rat» der Stadt ab. In diesem bildete die CDU als Nachfolgerin der Zentrumspartei mit 23 Mandaten die stärkste Kraft. Eine gewisse Kontinuität zu den Verhältnissen vor 1933 ließ sich also auch in Essen kaum übersehen. Zugleich wurde eine neue Gemeindeordnung nach britischem Vorbild eingeführt. An die Spitze der Verwaltung trat ein hauptamtlicher Oberstadtdirektor – eine Position, die schließlich Rosendahl übernehmen sollte. Neuer Oberbürgermeister mit beschränkten Funktionen als Vorsitzender des Stadtrats und oberster Repräsentant der Stadt wurde für einige Monate der ehemalige kommunistische Fraktionsführer Heinz Renner.[8]

Den nächsten Schritt bildeten die Kommunalwahlen vom 13. Oktober 1946. In den meisten Kommunen des Ruhrgebiets ging die SPD als Siegerin aus diesen Wahlen hervor; sie profitierte nicht zuletzt davon, dass die britischen Besatzungsbehörden alles getan hatten, um einen zu deutlichen Wahlerfolg der KPD zu verhindern. Zweitstärkste Partei wurde meist die CDU.

Die Wahlbeteiligung in Essen war mit 78,1 Prozent höher als bei jeder bisherigen Gemeindewahl seit 1919. Anders als in den meisten Ruhrgebietsstädten lag die CDU vorn. Sie erhielt 38,9 Prozent der Stimmen – ein Anteil, den das Zentrum zuletzt in den Anfangsjahren der Weimarer Republik erreicht hatte. Die SPD wurde mit 34,2 Prozent zweitstärkste Partei, während die KPD mit 12,1 Prozent und die «alte» Zentrumspartei mit 11,2 Prozent abgeschlagen auf den hinteren Plätzen landeten. Durch die Verbindung von Mehrheits- und Verhältniswahlrecht ergab sich eine Mehrheit von 30 Sitzen für die CDU. 19 Sitze gingen an die SPD, je zwei an KPD und Zentrum.[9] In der ersten Sitzung des Stadtrats am 30. Oktober 1946 wurde Gustav Heinemann von der CDU zum Oberbürgermeister gewählt – gegen die Stimmen aller anderen Parteien, die er freilich dank seiner absoluten Mehrheit nicht benötigte.

Die Installierung der städtischen Selbstverwaltung bedeutete noch keineswegs eine Normalisierung der Verhältnisse. Essen hatte einen enormen Zustrom von Vertriebenen und Kriegsteilnehmern zu bewältigen. Die Stadt, die in den Kriegsjahren durch die Evakuierung von Frauen und Kindern, aber auch durch die Verlagerung von Betrieben erheblich an Einwohnern verloren hatte, wuchs nun innerhalb eines Jahres in bislang unbekanntem Ausmaß: So stieg die Bevölkerungszahl von 285 000 auf 522 000 im Jahr 1946. Daran, dass dieser Anstieg einen potenziellen Zuwachs neuer Kunden für die *National-Bank* bedeutete, dachte in dieser unmittelbaren Nachkriegszeit natürlich noch niemand. Zunächst einmal ging es eher um die – in der Praxis allerdings kaum zu kontrollierende – pragmatische Durchsetzung von «Zuzugsgenehmigungen» für die in die Stadt strömenden Menschen.

Die Wirtschaft lag am Boden. Der Jahresbericht der Wirtschaftskammer von 1946 zeichnete ein deprimierendes Bild: «Im Rohstoffsektor hat unsere gewerbliche Wirtschaft bisher im wesentlichen nur von den Reserven leben können. Sie hat es freilich nur gekonnt auf einem ungewöhnlich gedrückten Leistungsstandard und bei sparsamsten Dispositionen.»[10] Hunger, Kälte und Obdachlosigkeit gehörten zu den drückendsten Problemen der unmittelbaren Nachkriegszeit. Die Lage wurde durch den ungewöhnlich strengen Winter des Jahres 1946/47, der die Industrietätigkeit im Ruhrgebiet fast zum Erliegen brachte und zu Hungerkrisen führte, noch verschärft.[11] Raumnot, Rationierungen und schließlich Hungermärsche und Arbeitsniederlegungen bestimmten den Essener Alltag. Der Rat verabschiedete im Januar 1947 einmütig eine Erklärung, in der sich die dramatische Situation widerspiegelte: «Nackter Hunger, Wohnungselend, Kälte und Regen zehren die letzten physischen Kräfte der Menschen auf. Hoffnungslosigkeit, Verzweiflung und Kriminalität werden immer größer.»[12] Nicht viel positiver fiel der Eindruck eines Reporters bei einem Blick auf die städtische Gesellschaft im Jahr 1947 aus. Er hatte «das Gefühl, bei einer Beerdigung zugegen zu sein. Deutschlands industrielle Macht lag hier. Es war der Machtgedanke der achtziger und neunziger Jahre, der Machtgedanke der vorletzten Generation.»[13]

Der Krieg hatte erhebliche Zerstörungen der Produktionsanlagen mit sich gebracht. Geschäfte liefen zunächst vorwiegend informell; der Schwarzmarkt hatte den Geldverkehr weitgehend ersetzt. Der liberale Ökonom Gustav Stolper, der während der NS-Herrschaft in die USA ausgewandert war und in jener Zeit eine Inspektionstour durch Deutschland machte, verfasste hierüber einen anschaulichen Bericht:

> «Der größte Teil des Schwarzmarktgeschäfts besteht aus Tauschhandel von Waren aus zweiter Hand, angefangen von alten kostbaren Pelzmänteln bis zu Kochtöpfen und abgelegten Schuhen und Galoschen, gegen Zigaretten, Schokolade, Kartoffeln oder Mehl. In den großen Städten besonders im Westen sind organisierte Tauschmärkte Tag und Nacht geschäftig, auf denen einfach alles gehandelt werden kann, mit Einschluß von Eisenbahnkarten für Fernzüge (für die man eine Spezialerlaubnis braucht), interzonalen Pässen oder anderen gefälschten Papieren, die zur Erlangung amtlicher Vorteile nützlich sein könnten. Die Menschenmenge in diesen verwüsteten Städten ist ewig auf der Wanderschaft.»[14]

Infolge der Transportprobleme war die Kohleförderung im Ruhrgebiet auf weniger als ein Drittel des Standes von 1944 zurückgefallen. Mit 33 Millionen Tonnen wurde gerade einmal so viel produziert wie 1890. Angesichts des großen Energiebedarfs im kriegszerstörten Europa wurde die Kohleförderung der Essener Zechen aber wieder mit allen Mitteln forciert, sodass sie sich bis zum Ende des Jahrzehnts verdreifachte. Zur Leistungssteigerung wurden die Bergleute bei der Lebensmittelausgabe bevorzugt und neue Kumpel angeworben. Essen wurde, wenn auch nur für kurze Zeit, wieder zur Kohlestadt. Hatte der Anteil der Beschäftigten im Bergbau und in der Energiegewinnung vor dem Kriege 17,4 Prozent betragen, so stieg er bis 1950 auf 22,8 Prozent. Diese positiven Tendenzen gingen jedoch mit Entwicklungen einher, die schon fast Bestrafungscharakter hatten. Essen hatte sich während des Krieges noch gerühmt, die «Waffenschmiede des Reiches» zu sein. Nun hatte man die Konsequenzen zu tragen. Die Schwerindustrie sollte nach dem Willen der Siegermächte beschränkt und die Rüstungsproduktion ganz verboten werden.

Die *Krupp*-Betriebe waren mit am stärksten von den nun angeordneten Demontagen betroffen. Im Sommer 1945 arbeiteten 15 000 Menschen bei *Krupp*, weitere 5000 «Kruppianer» waren auf dem stark zerstörten Betriebsgelände mit Aufräumarbeiten beschäftigt. Anfang September 1945 verfügte die britische Militärregierung eine weitgehende Stilllegung des Werkes. Nach alliierten Industrieplänen sollte die Rohstahlproduktion in Deutschland künftig auf knapp 40 Prozent gegenüber dem Niveau von 1936 beschränkt bleiben. Nicht nur für die *National-Bank*, die mit der Unternehmensleitung einvernehmlich zusammengearbeitet hatte, hätte eine Zerschlagung von *Krupp* eine schwere Bürde bedeutet; die Stahlproduktion der Firma war nachgerade «entscheidend für das Schicksal ganzer Stadtteile».[15] Das Verfahren zog sich in die Länge. Ende November 1948 legte die britische Militärregierung die Demontage-Details fest. Letztlich wurden 40 Prozent der Werkanlagen abgebaut, zusätzlich zu den über 30 Prozent, die durch Luftangriffe zerstört worden waren. Die «Krupp-Lücke» fiel letztlich zwar nicht ganz so dramatisch wie befürchtet aus. Den wirtschaftlichen Wiederaufbau belastete sie jedoch beträchtlich.

Die Schließung der *National-Bank*? Überlebensfragen und Entnazifizierung

Mit dem Ende des Zweiten Weltkriegs und der weitgehenden Zerstörung der Wirtschaftslandschaft im Revier war natürlich auch das Fortbestehen der *National-Bank* infrage gestellt. Durch die Verflechtung mit der NSDAP befand sich die Bank in einer «besonders schwierige[n] Lage»[16] und blieb daher eine ganze Weile unter scharfer Beobachtung. Bei den Siegermächten herrschte trotz aller ideologischen Unterschiede die Überzeugung vor, dass die deutschen Wirtschaftskapitäne und Bankiers als Steigbügelhalter Hitlers gedient hatten. Aus kommunistischer Sicht war das leicht nachvollziehbar, aber bei den westlichen Besatzungsmächten war die merkwürdig «antikapitalistische» Stoßrichtung erklärungsbedürftig.[17]

Vor allem bei den Amerikanern spielten in den entscheidenden Stäben der Administration und Militärverwaltung die sogenannten *New Deal*-Beamten eine zentrale Rolle. Sie waren unter dem Präsidenten Franklin D. Roosevelt in ihre Ämter gelangt und hegten ein instinktives Misstrauen gegen alles, was nach Big Business, Monopolen und Trusts klang.[18] Deshalb hatten sie sich schon während des Krieges gegen die Machtfülle der Banken im eigenen Land gewandt.

Der Sieg über das nationalsozialistische Deutschland bot die Möglichkeit, nun die vermeintliche Machtagglomeration der Banken zu zerschlagen.[19] Die Wirtschaftskapitäne hätten, so lautete diese Interpretation, aus Geld- und Machtgier Hitler zum Aufstieg verholfen und die Welt in einen Krieg gestürzt. Daher wurde eine grundlegende Reform mit dem Ziel einer «demokratieverträglichen Bankenstruktur»[20] eingeleitet. Dahinter stand die Auffassung, allein mit einer Dezentralisierung der Wirtschaft und des Banksystems lasse sich ein erneuter Rückfall Deutschlands in den Totalitarismus verhindern.[21] Die «Entflechtung» sollte in diesem Sinne einer neuerlichen Militärdiktatur einen Riegel vorschieben und gleichzeitig eine Vorbildfunktion haben. Hinter all diesen Maßnahmen standen also nicht allein Bestrafungs-, sondern auch Präventionsgedanken. Aufgrund der schlechten Erfahrungen im «Dritten Reich» war die Sorge nur allzu verständlich, dass bestimmte Politiker ohne besondere Kenntnisse des Wirtschafts- und Währungswesens in bestimmende Funktionen gelangen könnten. Hinter den Kulissen kam es vor allem bei den tonangebenden amerikanischen Behörden zu handfesten Richtungskämpfen, die diese Entflechtungsprozesse beeinflussten. Zudem wurde diese Auseinandersetzung seit 1946/47 immer stärker durch tagespolitische Geschehnisse im sich anbahnenden Kalten Krieg bestimmt – ein dichtes Netz teilweise gegenläufiger Interessen. Nur noch bedingt ging es um die eigentliche justiziable Verantwortlichkeit der ins Visier genommenen Bankiers. Die Abrechnung mit dem Nationalsozialismus und die zukünftige Politik gegenüber Deutschland wurden zu einem Feld heftiger Auseinandersetzung, auf dem verschiedene politische Strömungen der alliierten Politik miteinander konkurrierten und letztendlich über die Zukunft von Entnazifizierung, Entkartellisierung und Dezentralisierung entscheiden sollten.

Aus der Rückschau lässt sich erkennen, dass der politische Eifer mit Blick auf die Bestrafung von Bankmanagern letztlich kontraproduktiv war. Entgegen der landläufigen Vorstellung, die Bankiers hätten als «Finanzkapitäne» die Wirtschaft gesteuert, war ihre Macht bei genauerem Hinsehen recht begrenzt. Manche Ermittlungsberichte der frühen Nachkriegszeit legen eine «völlig irreführende Interpretation» zugrunde, indem sie vorwiegend auf die Netzwerke der Akteure im Bankgewerbe hinweisen.[22] Die westlichen Alliierten gingen fälschlicherweise davon aus, dass gesellschaftliche Beziehungen «unweigerlich politischen Druck implizierten», und unterstellten den Banken daher eine «ständige politische Einflussnahme».

Harold James hat diese Sichtweise wie folgt bewertet: «Sie nahmen das Ergebnis, das sie zu beweisen beanspruchten, bereits als erwiesen an, sie vergaßen, wie Herrschaft in einem totalitären Staat funktioniert, und sie ignorierten, was das Bankgeschäft wirklich ausmacht.»[23] Zwar gab es auch in den USA schon im Jahr 1945 Stimmen, die dem geradezu missionarischen Eifer der *New Deal*-Beamten widersprachen; erst der Kalte Krieg aber führte zu einer dauerhaften Abkehr von dieser radikalen Bankenkritik. Die zunehmende Kluft zwischen der demokratischen Welt und dem sowjetischen Machtbereich, die während der Berlin-Blockade 1948 einen ersten Höhepunkt erreichte, führte zum Verzicht auf die Politik der ökonomischen Entwaffnung. Nun sollten, einhergehend mit einer Dezentralisierung des Staates, die Deutschen zu einer verantwortungsvollen, friedlichen Nation erzogen und zugleich ins westliche Lager eingebunden werden. Mit anderen Worten: Die USA rückten von ihrer bisherigen Strategie ab und setzten von nun an konsequent auf die Installierung eines marktwirtschaftlichen Modells. In der westdeutschen Bankenwelt wurde zugleich geschickt mit der Sorge operiert, die neu erblühende deutsche Wirtschaft sei ohne stabile und gesunde Banken gefährdet: Im Fall einer Konjunkturkrise könne der Bankrott kleinerer Banken das ganze System der Kreditbanken zum Einsturz bringen. Die Evokation dieses Horrorszenarios zeigte schon bald Wirkung, obwohl zuvor noch einige Steine aus dem Weg geräumt werden mussten.

Die *National-Bank* hatte das Glück, dass sie als Regionalbank nicht groß genug war, um allzu sehr ins Visier der amerikanischen Ermittler zu geraten – diese konzentrierten sich zunächst ganz auf die privaten Großbanken, die als «Big Six» im Zentrum ihrer Recherchen standen.[24] Dennoch waren die Experten der U. S. Army bestens über die Aktivitäten der *National-Bank* informiert. Im *Military Government Handbook* aus dem März 1945 wurde in einer Passage auf die strukturellen Veränderungen der deutschen Bankenlandschaft seit der nationalsozialistischen Machtübernahme eingegangen. Hier war neben Bilanzkennziffern der Hinweis zu finden, dass die *National-Bank* aus der den christlichen Gewerkschaften nahestehenden *Deutschen Volksbank* hervorgegangen sei. Auch über die regionale Expansion und die Übernahme des *Duisburger Bankvereins* sowie der *Niederrheinischen Bank* waren die amerikanischen Behörden genauestens im Bilde.[25] In anderen Ermittlungsberichten wurden die Vorgänge um die «Arisierung» des Bankhauses *Simon Hirschland* dokumentiert.[26] Wenn die Amerikaner die problematische Rolle der *National-Bank* bei dieser «Arisierung» erkannt hätten, wären deren führende Köpfe aus der NS-Zeit möglicherweise ebenso in Haft genommen worden, wie es bei den Bankfachleuten sowie Vorstands- und Aufsichtsratsmitgliedern der *Deutschen Bank* geschah.

Der *National-Bank* kam aber zugute, dass Essen in der britischen Zone lag und die Londoner Behörden einen fast hemdsärmeligen Zugang zur Kontrolle des Bankwesens bevorzugten – sehr viel pragmatischer jedenfalls als die Amerikaner mit ihrem moralischen Kreuzzug gegen Bankgrößen. Der designierte Chef der Finanzabteilung der britischen Militärregierung drückte die Ziele Londons Anfang März 1945 wie folgt aus:

> «The Allied authorities, using the Germans as instrumentalities, to carry out the program, should carry out a system of economic and financial control with respect to those things which are normally undertaken in one's own country to maintain stability of economic and financial structure. [...] In order to run Germany efficiently and with an economy of manpower, we must maintain centrally the German governmental machinery, supervise and closely control it and through it, run all of Germany.»[27]

Schon in einem Handbuch aus dem Jahr 1944 waren diese Prinzipien formuliert worden: Man solle von dem in Deutschland bereits bestehenden Finanz- und Bankenapparat Gebrauch machen, «soweit dies mit den politischen Zielen der Militärregierung in Einklang» stehe. Banken sollten nach dieser Vorgabe «nur dann geschlossen werden, wenn dies unbedingt notwendig ist und dann auch nur so lange, bis eine geeignete Kontrolle durch die Militärregierung eingerichtet ist, unzuverlässiges Personal entlassen ist und die ‹Anweisungen an Finanzielle Unternehmen› für die Sperrung bestimmter Konten und für andere Zwecke ausgeführt sind.»[28]

Diese hier formulierten Prinzipien antizipierten dabei schon «ziemlich genau» die spätere wirtschaftspolitische Praxis der Briten.[29] So entsprach ihre Bankenpolitik dem klassischen *Common Sense*, nämlich dem Wunsch, die deutschen Ressourcen – und hierzu gehörten an prominenter Stelle die Banken – für die britischen Wirtschaftsinteressen nutzbar zu machen und zugleich gegen die Gefahren des Kommunismus zu immunisieren. Die *National-Bank*, die an und für sich als eine den Nationalsozialisten nahestehende Bank von der Schließung bedroht gewesen wäre, hatte also das Glück im Unglück, jetzt von den Briten beaufsichtigt zu werden. Diese waren mit dem deutschen Bankensystem gut vertraut, verfügten traditionell über enge persönliche Kontakte zur deutschen Bankenwelt, vertrauten auf die «rasche Funktionsfähigkeit» des etablierten Systems und ließen «in diesem Sinne eher fünfe gerade sein».[30] De facto setzte dies ein konservativ-behutsames Eingreifen in die bestehenden Bankenstrukturen voraus. Die

Reichsbankstelle für die besetzte Zone stellte daher im Herbst 1946 fest: «In ihrer Bankenpolitik hat die britische Militärregierung soweit wie möglich an die bestehenden Verhältnisse angeknüpft und vorerst nur dort Änderungen eintreten lassen, wo es durch die Verhältnisse geboten war.»[31] Diese Politik war die Voraussetzung dafür, dass die *National-Bank* nach einiger Zeit die Genehmigung der britischen Militärregierung zur Fortführung der Geschäfte erhielt, auch wenn diese zunächst nur in bescheidenem Maß wieder aufgenommen werden konnten.

In personeller Hinsicht bedeutete dies jedoch keineswegs ein *business as usual.* Nach den Richtlinien des britischen Oberbefehlshabers sollten alle aktiven Nationalsozialisten aus führenden Positionen des öffentlichen Lebens und der Finanzwelt entlassen werden. So lautete die als «Nr. 3» bekannt gewordene «Anweisung an finanzielle Unternehmen» und die Regierungsfinanzbehörden vom 4. Mai 1945.[32] Von dieser Anordnung waren auch die Mitglieder des Aufsichtsrats und des Vorstands der *National-Bank* betroffen. Ihnen war fortan untersagt, ihre Institute zu betreten. Banken waren verpflichtet, von ihren Gremienmitgliedern Personalbögen zur Überprüfung einzureichen. Hierzu mussten drei Personalfragebögen und ein kurz gefasster Lebenslauf in englischer und deutscher Sprache vorgelegt werden, aus dem die politische Einstellung des jeweiligen Mitarbeiters seit dem Jahr 1930 hervorging. Die Konten der Bankhäuser wurden vorerst gesperrt.

Den britischen Bestimmungen entsprechend wurde der Gesamtvorstand suspendiert. Hermann van Ackeren wurde durch eine besondere – oben bereits erwähnte – Verfügung entlassen, weil er vor dem 1. April 1933 in die NSDAP eingetreten war. Albert Brusten, der Ende Juli 1945 nach kurzer Kriegsgefangenschaft nach Essen zurückgekehrt war, wurde zunächst aus formellen Gründen suspendiert. Nach Einreichung der Personalfragebögen und seines Lebenslaufs erhielt er von der Finanzabteilung der britischen Militärregierung die Arbeitserlaubnis und konnte ab Mitte September 1945 wieder als kommissarischer Vorstand das Tagesgeschäft der Bank führen. Ihm zur Seite stand Paul Paus, der Inhaber der *Essener Grundstücksgesellschaft,* der nach der Liquidation der *Essener Bank* als Prokurist übernommen worden war.[33]

Auch der Aufsichtsrat der *National-Bank* war von der «Anordnung Nr. 3» elementar betroffen, wie ein genauerer Blick auf den personellen Umbruch jener Monate offenbart. Der Aufsichtsratsvorsitzende Eugen Vögler wurde von den britischen Militärbehörden aufgrund der Bestimmungen der erwähnten Anweisung unter Berufung auf das Gesetz Nr. 52 der Militärregierung suspendiert. So fahndete die britische Militärpolizei nach dem Stahlindustriellen, der sich zu Kriegsende noch in Bünde in Westfalen aufhielt, wo er Notwohnungen für Evakuierte aus Essen vorbereitete. Da Vögler zudem aufgrund seiner Parteiämter dem «*automatic arrest*» der amerikanischen und britischen Besatzungsbehörden unterlag, floh er zunächst in die französische Zone und betrieb von dort seine Entnazifizierung.[34] Bei der *National-Bank* war man sich im Herbst 1945 einig, dass Vögler eine Belastung darstellte. Albert Brusten bat in seinem Amt als kommissarischer Vorstand im November 1945 den ehemaligen Vorstandsvorsitzenden van Ackeren um Hilfe, um Vögler zum Verzicht auf den Aufsichtsratsvorsitz zu bewegen.[35] Mit Erfolg: Wenige Tage später, am 2. Dezember 1945, stellte Vögler sein Amt zur Verfügung.[36] Dies war aus pragmatischen Gründen unumgänglich, obwohl es Differenzen über die Art und Weise des Rausschmisses gab. Vor allem der neue Aufsichtsratsvorsitzende Karl Hitzbleck aus Duisburg war mit Brustens Kurs nicht einverstanden:

> «Herr Dr. Vögler ist erst 1937 in die Partei eingetreten, hat sich in ihr hauptsächlich fachmännisch betätigt, namentlich in der Ausbildung der Jugend in unserem Fach und m. W. nur fachmännische Arbeiten geleistet, die dem Wohl unseres Berufes dienten. Es ist m. E. durchaus möglich und wahrscheinlich, daß schon in naher Zukunft die Militärregierung einsehen wird, daß sie nicht wahllos alle unsere Wirtschaftsführer ausschalten kann, wenn nicht alles zu Grunde gehen soll. Dieser Überzeugung müssten ganz besonders auch Sie sein […]. Für mich wäre es Ehrenpflicht, das Meinige dazu beizutragen, Herrn Vögler wieder seine alte Stellung in der Bank wiederzugeben, wenn sich eine Möglichkeit dazu bietet.»[37]

Der Vorstand blieb allerdings mit guten Argumenten bei seiner ursprünglichen Meinung. Es liege in Vöglers eigenem Interesse, durch eine freiwillige Mandatsniederlegung zukünftige Schwierigkeiten zu vermeiden. Das Ergebnis einer bevorstehenden Überprüfung seiner Tätigkeit im NS-Staat sei angesichts der Funktionen, die er innegehabt habe – Ehrengebietsführer der HJ, Präsident der Gauwirtschaftskammer, Leiter einer Wirtschaftsgruppe, Stellvertreter des Reichsverteidigungskommissars und Parteiredner – durchaus «vorauszusehen».[38]

Für den zweiten Vorsitzenden im Aufsichtsrat, Dr. Walter Pelletier, der in der zweiten Kriegshälfte als Oberleutnant im Russlandfeldzug mit zweifelhaften Durchhalteparolen auf sich aufmerksam gemacht hatte, gab es nach 1945 ebenfalls keine Zukunft mehr bei der *National-Bank*.[39] Er hatte das Kriegsende als Hauptmann einer Ersatz- und Ausbildungskompanie im westfälischen Arnsberg erlebt und war danach in Kriegsgefangenschaft geraten. Auch er wurde aufgrund der von den britischen Militärbehörden erlassenen Bestimmungen suspendiert und verzichtete im Dezember 1945 auf eine weitere Tätigkeit im Aufsichtsrat der *National-Bank*.[40]

Andere konnten hingegen nicht mehr zur Verantwortung gezogen werden: Dr. Adolf Friedrichs, der Erste Direktor der *DBB*, hatte sich in Berlin im Juli 1945 das Leben genommen.[41] Friedrich Vogt, der Gauamtsleiter der NSDAP und Direktor des *Einzelhandelsamtes Essen*, war beim Einmarsch der amerikanischen Truppen ums Leben gekommen; bei der *National-Bank* wurde kolportiert, er sei vor seinem Haus in Essen-Heisingen erschossen worden.[42]

Max Schroeder, der sich von der NSDAP ferngehalten hatte und im März 1943 zum ersten stellvertretenden Aufsichtsratsvorsitzenden ernannt worden war, hielt sich bei Kriegsende auf seinem Besitz in Annenhof bei Wandlitz in Brandenburg auf.[43] Beim Vormarsch der Roten Armee war seine Frau erschossen worden. Das Gut war im September 1945 konfisziert worden und wurde im Zuge der sozialistischen «Bodenreform» entschädigungslos enteignet.[44] Schroeder war anschließend nach Herford in den Westen gegangen.

Ferdinand Schraud hatte im Oktober 1943 seinen Wohnsitz nach Sulzbach bei Nürnberg verlegt und unterzog sich sowohl vor der britischen wie vor der amerikanischen Besatzungsbehörde einem Entnazifizierungsverfahren. In der britischen Zone wurde er am 23. August in die «Kategorie IV» eingereiht, d. h., er unterlag weder Beschäftigungsbeschränkungen noch der Vermögens- und Kontensperre.[45]

Mit dem «Gesetz zur Befreiung vom Nationalsozialismus und Militarismus» vom 5. März 1946 wurde die Durchführung der Entnazifizierung in deutsche Hände übergeben. Damit ergab sich zumindest theoretisch die Möglichkeit für ehemalige Gremienmitglieder, wieder in ihre einstigen Funktionen bei der *National-Bank* zurückzukehren. In Artikel 2 des von den deutschen Länderregierungen ausgearbeiteten Gesetzes war eine Einzelfallprüfung vorgesehen – eine deutliche Abwendung von der eher kollektiven Verurteilungspraxis der alliierten Behörden. Die Beurteilung sollte «in gerechter Abwägung der individuellen Verantwortlichkeit und der tatsächlichen Gesamthaltung» erfolgen. Insgesamt waren für dieses Verfahren fünf Belastungskategorien vorgesehen. Sie waren abfallend nach dem Grad der Belastung wie folgt eingestuft: «Hauptschuldige» (I), «Belastete» (II), «Minderbelastete» (III), «Mitläufer» (IV) und «Entlastete» (V). Als mögliche Strafen waren die Einweisung in ein Arbeitslager, die Einziehung des Vermögens und bei «Hauptschuldigen» zusätzlich der Ausschluss von jeder selbstständigen beruflichen Tätigkeit vorgesehen.

Für die beiden Männer, die bei der *National-Bank* in der NS-Zeit in Schlüsselpositionen gewesen waren und eine denkbar unrühmliche Rolle gespielt hatten, Hermann van Ackeren und Wolfgang Müller-Clemm, gab es kein Zurück mehr. Van Ackeren versuchte sich zwar noch in seinem Entnazifizierungsverfahren als «Retter der Ruhrzechen» darzustellen, musste aber seinen Dienst trotzdem quittieren.[46] Von der *National-Bank* erhielt er eine Ruhegehaltszahlung von monatlich 1000 Reichsmark, die er – sicherlich schon mit Blick auf ein bevorstehendes ungünstiges Kriegsende – in einem Pensionsvertrag im Dezember 1944 mit der Bank vereinbart hatte.[47] Nach einigem Hin und Her erklärte der ehemalige Vorstandschef schließlich, er sei sich darüber im Klaren, «dass es bei den gegebenen Verhältnissen weder im Interesse der National-Bank noch in seinem eigenen liege, in den Dienst der National-Bank zurückzukehren».[48] Damit hatten sich auch die Pläne zerschlagen, ihn bei der *National-Bank* als «Aufsichtsperson» bei Schuldnern einzusetzen oder ihn bei der *Essener Grundstücksgesellschaft* zu beschäftigen, zu der die Bank eine persönliche Beziehung pflegte.[49] Schließlich gelang es ihm, über die *Genossenschaftsbank* in Emmerich im Vorstand der *Niederrheinischen Bank* Fuß zu fassen.

Wolfgang Müller-Clemm zeigte sich uneinsichtig und glaubte an eine weitere Karriere im Bankfach. Karl Hitzbleck und Max Schroeder stellten ihm im Herbst 1946 «Persilscheine» aus: Müller-Clemm habe «nur allgemeine Interessen» vertreten und «irgendwelche politischen Belange der N. S. D. A.P. nicht in den Vordergrund gestellt». Er sei «ein Mann von einwandfreiem Charakter», der immer bestrebt gewesen sei, alle Handlungen vom «Gesichtspunkt der Gerechtigkeit in Angriff zu nehmen» und bis zum Schluss «unparteiisch» durchzuführen.[50] Andere aber waren weniger gnädig. Aus gutem Grund äußerte Albert Brusten «Bedenken», einem solchen Leumundszeugnis beizutreten und es offiziell zu protokollieren.[51]

Müller-Clemm gehörte noch bis 1948 dem Aufsichtsrat der *Hochtief AG* an. Ob er in Essen entnazifiziert wurde, ist nicht bekannt. In den Akten des Entnazifizierungshauptausschusses für den Stadtkreis Essen finden sich zu ihm keine Unterlagen, obwohl aus anderen Akten aus dem März 1948 hervorgeht, dass er in seinem Entnazifizierungsverfahren inzwischen politisch entlastet worden war. Dies nahm er dann wohl zum Anlass, erneut die Fühler in Richtung *National-Bank* auszustrecken und seine Wiedereinstellung zu erreichen. Bei der Bank, die diesem Ansinnen verständnislos gegenüberstand, ließ er erkennen, «daß er unter Umständen bereit sei, wieder für die National-Bank tätig zu sein, jedoch – er betonte dies ausdrücklich – nur gegen eine angemessene Vergütung». Er ließ sogar durchblicken, dass er an einen Pensionsvertrag wie im Falle van Ackeren denke.[52] Aufsichtsrat und Vorstand beschlossen im März 1948 aber, alle Forderungen Müller-Clemms aus seinem früheren Vertragsverhältnis abzulehnen.[53] Eine Nachgiebigkeit gegenüber Müller-Clemm wäre für die *National-Bank* zudem gefährlich gewesen. Hätte man nämlich einen derartig exponierten, da eng in das NS-Regime verstrickten Manager wieder in die Bank zurückgeholt, hätte das die britischen Aufsichtsbehörden nur unnötig gereizt. Der Aufsichtsrat beschloss daher, die Ansprüche Müller-Clemms nicht anzuerkennen und eine künftige Weiterbeschäftigung auszuschließen:

> «Abgesehen von der Tatsache, daß nach der Kapitulation eine Erfüllung der nur dem Sinn nach noch bekannten Abmachung zwischen Aufsichtsrat und Müller-Clemm bei beiden Vertragspartnern unmöglich geworden ist, würden der National-Bank aus einer weiteren Verbindung mit Herrn Müller-Clemm und aus einem Eingehen auf seine Forderungen oder Wünsche keine Vorteile, sondern nur Nachteile entstehen.»[54]

In der Causa Müller-Clemm wurden dessen Ansprüche Ende September 1948 als «erledigt» betrachtet.[55] Müller-Clemm betätigte sich bald wieder von seinem Münchener Wohnort aus in seinem alten Metier als Journalist und Verleger in der Kulturpolitik und war unter anderem an der Neugründung der *Deutschen Akademie* und der Gründung des *Goethe-Instituts e.V. zur Fortbildung ausländischer Deutschlehrer* 1951 in München beteiligt.[56] Außerdem wurde er Geschäftsführer und persönlich haftender Gesellschafter des Verlages *Eduard Pohl & Co. GmbH.* In später von ihm publizierten Werken sowie in einer im Plauderton verfassten Altersbeschreibung findet sich kein Wort zu seiner Tätigkeit während der NS-Zeit.[57]

Eugen Vögler hingegen wurde in seinem Entnazifizierungsverfahren in Essen von der Spruchkammer als «Aktivist» charakterisiert und als «Belasteter» in die Kategorie II eingestuft; sein Vermögen blieb damit zunächst gesperrt.[58] Nachdem sich sein Rechtsanwalt gegen den Vorwurf verwahrt hatte, Vögler sei ein «Nutznießer» des Nationalsozialismus gewesen, und formell Einspruch eingelegt hatte, kam die Spruchkammer im November 1949 zu einem milderen Urteil. Vögler könne «in keiner Weise als ein besonderer Aktivist angesehen werden», so lautete das Fazit. «Wenn der Betroffene auch insofern als Mitläufer zu werten wäre, so glaubt der Ausschuß doch aufgrund der anständigen Gesinnung, die der Betroffene immer gezeigt hat, […] ihn als voll entlastet in die Kat. V. einstufen zu können.» Trotz dieser Rehabilitierung war Vöglers politische und wirtschaftliche Karriere beendet. Weder die *Hochtief AG* noch die *National-Bank* nahmen ihn wieder auf.

Ende der 1940er-Jahre wurde in Essen intensiv darüber nachgedacht, ob es nicht besser sei, eine Namensänderung durchzuführen: «*National-Bank*» deutete auf die politisch motivierte Umgründung des Jahres 1933 hin und bot mit den möglichen Konnotationen «national = nationalistisch = nationalsozialistisch» eine nicht ganz ungefährliche Fortsetzung einer Namenstradition. Allerdings stellte der Vorstand «mit Rücksicht auf eine bei den Grossbanken vorgesehene Umfirmierung» eine Namensänderung hintan, und später wurde die Umbenennung nicht mehr durchgeführt, «weil wir uns an den Namen gewöhnt hatten», wie ein Mitarbeiter lapidar bemerkte.[59]

Wie ein Damoklesschwert hing die Vergangenheit – war der Vorgänger doch eine Bank der christlichen Gewerkschaften gewesen – über der Zukunft der *National-Bank*: Die Bank musste befürchten, Nutznießer der Ausschaltung der christlichen Gewerkschaften im Jahr 1933 gewesen zu sein. Würde sie dafür zur Rechenschaft gezogen werden? Die Gefahr war nicht auszuschließen: Albert Brusten vermerkte Anfang 1946, dass angesichts der beabsichtigten Neubildung der Gewerkschaften möglicherweise «auch die Frage der vermögensrechtlichen Auseinandersetzung mit der Deutschen Arbeitsfront aufgeworfen» werden könne.[60]

Unklarheit bestand eine Zeit lang über die Argumentationsstrategie. Zwar konnte darauf verwiesen werden, dass die *Deutsche Volksbank*, verglichen mit der ungleich größeren *Bank der Deutschen Arbeit*, nur «eine verhältnismäßig kleine Rolle» bei den Vorgängen im Jahr 1933 gespielt habe und «damals nur ein Teil des Gesamtvermögens» der christlichen Gewerkschaften betroffen gewesen sei. Dies enthob sie aber nicht der Aufgabe, die Hintergründe der Umwandlung im Jahr 1933 genauestens zu dokumentieren, wollte sie denn nicht als Profiteur der «Machtergreifung» ins Kreuzfeuer der Kritik geraten.[61]

Die bei der Bank gesichteten Unterlagen waren so lückenhaft, dass die Vorgänge, die noch nicht einmal 20 Jahre zurücklagen, kaum rekonstruiert werden konnten und sich die Beteiligten, zunächst jedenfalls, auf Mutmaßungen beschränken mussten. Bei dem Großangriff 1943 waren fast alle wichtigen Akten und Bücher vernichtet worden. Das Revirement des Jahres 1933 hatte zudem dazu geführt, dass nach 1945 kaum einer der Beschäftigten die komplizierten Vorgänge jener Jahre überhaupt noch aus eigener Kenntnis nachvollziehen konnte.

Der Vorstand der *National-Bank* war sich jedoch bewusst, dass das Thema über kurz oder lang einmal zur Sprache gebracht werden würde. Zwar war die Situation durch die Schließung der Berliner Banken und der *Reichsbank* in den ersten Monaten nach 1945 eine Zeit lang noch so chaotisch gewesen, dass keine kritischen Nachfragen gestellt worden waren. Inzwischen aber hatten die westlichen Besatzungsmächte in ihren Zonen mit der Rekonstruktion eines zentralen Bankensystems begonnen. Die *Bank der Deutschen Arbeit* gehörte dabei zu den ganz wenigen Bankinstituten, die von den Briten wegen ihrer engen Verbindungen zum Regime sogleich nach Kriegsende geschlossen worden waren.[62] Weil aber in diesem Zusammenhang in Hamburg im Januar 1946 auch die *Deutsche Zentralgenossenschaftskasse in der britischen Zone* gegründet worden war, konnte man bereits absehen, dass diese Abwicklungsinstitution sich bald intensiver mit dem Geschäftsgebaren der *National-Bank* in den entscheidenden Monaten des Jahres 1933 auseinandersetzen würde.[63] An der Unternehmensspitze wurde daher 1946 intensiv nach Dokumenten gefahndet, die eine möglichst günstige Rekonstruktion der obskuren Vorgänge im Jahr 1933 erlauben würden. Die vorläufige Hauptargumentation lautete, der *Deutschen Volksbank* sei innerhalb der von der *DAF* im Zuge der Gleichschaltung übernommenen Verbände nur eine «verhältnismäßig kleine Rolle» zugefallen. Sehr viel bedeutender sei der Vorteil gewesen, den die *Bank der Deutschen Arbeit* durch die Übernahme der Konsumgenossenschaften, der Dachgesellschaften wie der *Großeinkaufs- und Produktions-AG deutscher Konsumvereine (Gepag)* sowie der Sparkasse des *Deutschnationalen Handlungsgehilfen-Verbands*, der Versicherungsgesellschaften, Krankenkassen und gemeinnützigen Wohnungsbaugesellschaften in Anspruch genommen habe. Daher könnte seitens der nach 1945 gebildeten neuen Gewerkschaften Anklage «nur gegen die ehemalige Deutsche Arbeitsfront im Zuge der Gesamtauseinandersetzung erhoben» werden.[64]

Die Leitung der *National-Bank* war zwar daran interessiert, Licht ins Dunkel der Angelegenheit zu bringen, um sich gegen die möglichen Vorwürfe besser präparieren zu können.[65] Aber die Rechercheergebnisse waren dürftig. Im Dezember 1947 lautete das interne Zwischenergebnis:

> «Der Vorstand legt dem Aufsichtsrat einen Bericht über die zur Umwandlung der ‹Deutschen Volksbank› in die ‹Nationalbank› 1933 geführten Vorgänge und Maßnahmen vor, betonte aber, dass die Angaben mangels ausreichender Unterlagen teils aus dem Gedächtnis, teils aus Notizen zusammengestellt seien und darum keineswegs den Anspruch auf Genauigkeit und Vollständigkeit erheben könnten.»[66]

Mit dem Erlass der «Kontrollratsdirektive Nr. 50» vom 29. April 1947 wurden Verfahren möglich, mit denen die Rückerstattung der früheren Gewerkschaftsvermögen eingeklagt werden konnten. Die Vermögensverwaltung der juristischen Nachfolger der ehemaligen christlichen Gewerkschaften meldete sich in Essen inzwischen bereits mit hartnäckigen und ausgesprochen unangenehmen Nachfragen nach Depot- und Kontenblättern. Es war für den Vorstand der *National-Bank* daher schon beruhigend, dass nach der Zustellung einer dilatorischen Antwort zunächst wieder Ruhe einkehrte.[67]

Ende 1949 erhielt die *National-Bank* Nachricht über eine Anfrage der *Deutschen Angestellten-Gewerkschaft* in Hamburg bei der im Vorjahr gegründeten *Vermögens- und Treuhand-Gesellschaft* des *DGB*. Mit dem *DGB*, der nicht mit der ehemaligen Organisation der christlichen Gewerkschaften verwechselt werden darf, war nach 1945 ein gewerkschaftlicher Dachverband gegründet worden, der nicht mehr als Richtungsgewerkschaft, sondern als Einheitsgewerkschaft auftrat und den Anspruch hatte, alle Arbeitnehmerinteressen gemeinsam zu vertreten. Der *DGB* fragte nun – gleichsam als Rechtsnachfolger der christlichen Gewerkschaften – in Essen nach, ob weitere Unterlagen und Informationen über die Vorgänge des Jahres 1933 vorhanden seien. Zugleich wurde um Mitteilung gebeten, ob der *DGB* «wegen der Geltendmachung unseres gemeinsamen Anspruches irgendwelche weiteren Feststellungen machen» könne.[68]

Die Restitutionsansprüche hingen weiterhin wie ein Damoklesschwert über der *National-Bank*. Die *Vermögensverwaltungs- und Treuhandgesellschaft* sowie die Vermögensverwaltung der *Deutschen Angestellten-Gewerkschaft* hielten beharrlich an ihren Ansprüchen fest. So legten sie im Herbst verschiedene Schriftsätze vor, mit denen sie erreichen wollten, dass sie von den zuständigen Gerichten als legitime «Nachfolgeorganisationen» der christlichen Gewerkschaften anerkannt wurden. Dies hätte einen gewissen Rechtsanspruch bedeutet und die *National-Bank* vor erhebliche Probleme gestellt. Die Nachfolgeorganisationen der Richtungsgewerkschaften standen jedoch fast immer vor dem Problem, «die Berechtigung der von ihnen geltend gemachten Ansprüche nicht nur mit gewerkschaftlichen Unterlagen nachzuweisen, sondern auch überzeugend mit amtlichen Dokumenten belegen» zu müssen.[69]

Beide Vermögensverwaltungen strengten daher ein Verfahren vor der Wiedergutmachungskammer des Landgerichts Essen an, das sich in der Folgezeit mit zahlreichen Gutachten, Expertisen und weiteren Stellungnahmen der Kontrahenten auseinanderzusetzen hatte.[70] Sie gingen davon aus, dass das Vermögen nach der Sanierungsbilanz zum 30. September 1933 aus politischen Gründen massiv unterbewertet worden war. Die *National-Bank* wollte daher zunächst nicht anerkennen, dass der *DGB* überhaupt antragsberechtigt war. Man verwies darauf, dass nach dem Ende des Zweiten Weltkriegs bewusst von einer Wiederaufnahme der Idee der Richtungsgewerkschaften abgesehen worden sei und sich die bisherigen Mitglieder zum Teil den neuen Einheitsgewerkschaften angeschlossen hätten. Allerdings, so argumentierte der Rechtsbeistand der *National-Bank*, hätten sich nach 1945 wieder christliche Gewerkschaften und der *Deutsche Handlungsgehilfen-Verband* gegründet, die wenigstens zum Teil als Tarifpartner anerkannt seien. Dabei überspielte der Rechtsanwalt elegant die Tatsache, dass diese neu gegründeten Verbände als unbedeutende Splittergruppen in der bundesrepublikanischen Landschaft kaum eine Rolle spielten. In Essen spielte man auf Zeit und wollte zunächst prüfen lassen, ob die Mitgliedszahl der neuen Richtungsgewerkschaften nicht doch zumindest so bedeutend war, dass sie als eigentliche Nachfolgeorganisation in Betracht käme. Notgedrungen musste die *National-Bank* formaljuristische Argumente anführen: Die Vermögensverwaltungen hätten eine fristgemäße Anmeldung ihres Rückerstattungsanspruchs beim Zentralmeldeamt versäumt.[71]

Das Essener Institut setzte daher alle Hebel in Bewegung, um nachzuweisen, dass es kein Nutznießer der nationalsozialistischen Machtübernahme gewesen war. Hierzu hielt es inzwischen wenige und bruchstückhafte Informationen und die mündlichen Überlieferungen von Albert Brusten in den Händen, der die Verhältnisse der *Deutschen Volksbank* noch aus den frühen 1930er-Jahren kannte. Auch die Angaben des Prokuristen Hans Imhoff, der seit dem 1. Juli 1933 bei der Bank tätig war, waren dieser Sache dienlich. Außerdem verfügte man inzwischen über ein ausführliches Gutachten der *Wirtschaftsprüfungsgesellschaft Dr. Wollert – Dr. Elmendorff*. Diese hatte noch in der Weimarer Republik, damals noch als *Deutsche Baurevision – Revisions- und Treuhand AG*, die Restrukturierung der *Deutschen Volksbank* begleitet. Die Rechtsanwälte der Vermögensverwaltungen legten diesen Wirtschaftsprüfern im November 1951 zahlreiche Fragen vor und erwarteten eine unparteiische gutachterliche Stellungnahme, um die Chancen für eine gesetzliche Rückerstattung auszuloten. Geklärt werden sollten die damaligen Chancen einer Sanierung, vor allem aber, ob nach dem März/April 1933 und der Übertragung der Aktien an die *DAF* eine «wesentliche Änderung des Sanierungsplans» vorgenommen worden war. Bei einer Besprechung, die ebenfalls im November 1951 stattfand, stellte sich jedoch heraus, dass die Anwälte der Vermögensverwaltungen über keine eigenen Unterlagen verfügten; lediglich die veröffentlichten Bilanzen und die Unterlagen des Registergerichts standen ihnen zur Verfügung.[72]

Allerdings fiel das einschließlich diverser Anlagen über 50 Seiten umfassende Gutachten, das Wollert im März 1952 anhand zahlreicher Prüfungsberichte der Jahre 1931 bis 1933 vorstellte, für das juristische Anliegen der gewerkschaftlichen Vermögensverwaltungen derart negativ aus, dass diese die Stellungnahme als «reines Parteigutachten» zugunsten der *National-Bank* ablehnten. Die Vermögensverwaltungen argumentierten, dass die damaligen Revisionsberichte der *Deutschen Baurevision* «auf Veranlassung der neuen Machthaber» erstellt worden seien. Diese Angabe konnte die *National-Bank* allerdings mit guten Argumenten zurückweisen. Wollerts internem Wissen über die verschiedenen Sanierungen und Sanierungspläne der Jahre 1931 bis 1933 hatte die Gegenseite mangels eigener originärer Unterlagen wenig entgegenzusetzen. Die *National-Bank* verfügte schließlich Ende 1952 über einen ausführlichen Revisionsbericht; diesen wollte man aber der Gegenseite mit Verweis auf das Bankgeheimnis nicht zur Verfügung stellen.[73] Die abschließenden Bemerkungen des Rechtsbeistands der *National-Bank* ließen erkennen, dass man sich im Recht fühlte: Man könne darauf hinweisen,

> «daß das Vermögen der christlichen Gewerkschaften durch die Sanierung im Jahr 1933 um 3,9 Millionen RM geringer beansprucht wurde, als im Falle einer unter günstigen Umständen angenommenen Liquidation. Das verdanken die christlichen Gewerkschaften dem Reich, der *DAF* und den neuen Aktionären und Kunden. Dies ermöglichte allein den Aufbau einer neuen und gesunden Bank, während die alten Aktionäre selbst ihre Ende 1932 übernommene Bürgschaft nicht durch Zahlung erfüllten, wahrscheinlich auch nicht erfüllen, sondern nur die Überschuldung in der Bilanz verdecken wollten.»[74]

Der Ende 1952 von der Vermögensverwaltungs- und Treuhandgesellschaft des *DGB* und der *Deutschen Angestellten-Gewerkschaft* gegen die *National-Bank* angestrengte Prozess auf Restitution wurde abschlägig beschieden. Die Erwiderung der *National-Bank* auf die Schriftsätze der Antragsteller war damit erfolgreich. Letztlich erhielten die Gewerkschaften im Zuge der Rückerstattung und Wiedergutmachung nur einen Teil dessen zurück, was sie bis 1933 an Vermögen besessen hatten. Das Ende der Richtungsgewerkschaften machte es den Nachfolgeorganisationen schwer, einen Nachweis auf Berechtigung ihrer Forderungen zu führen. Während das Verfahren gegen die *National-Bank* 1952 abgeschlossen war, zogen sich die Verhandlungen über andere Arbeiterbanken noch länger hin. Bei der ehemaligen *Bank der Deutschen Arbeit* kam es erst 1962 zu einem Vergleich über Rückerstattungen und Ausgleichsforderungen.[75]

Ein weiteres schwerwiegendes Problem für die *National-Bank* war ihre Beteiligung an der «Arisierung» des *Bankhauses Simon Hirschland*, auf das vor allem amerikanische Ermittler mehrmals aufmerksam gemacht hatten.

Die Briten hingegen gingen in dieser Angelegenheit weniger systematisch vor. Mitte 1947 erfuhr die *National-Bank*, sie sei gemäß dem Gesetz Nr. 52 als Kommanditist des *Bankhauses Burkhardt & Co.* von der *Reichsbankleitstelle Hamburg* als Aufsichtsbehörde im Sinne des Kreditwesengesetzes bzw. der Reichsbankstelle Essen «gesperrt» worden. Dies war besonders heikel, weil die Briten durch die Einbeziehung der Kommanditisten auch andere Beteiligungen der *National-Bank* infrage stellten: So galt die Blockierung zwangsläufig für die *Niederrheinische Bank*, die *Waren-Kredit GmbH* und die *Duisburger Grundstücksgesellschaft*, bei denen die *National-Bank* jeweils die Mehrheit besaß.

Kurz zuvor war ein Antrag der beiden persönlich haftenden Gesellschafter, Otto Burkhardt und Gotthard von Falkenhausen, auf «Entsperrung» ihres Bankhauses abgelehnt worden. Die Begründung lautete, der *Deutschen Bank* als Hauptkommanditisten sei der Zugang zum Geschäftsverkehr untersagt. Es war in der Tat eine verworrene Situation: Burkhardt und von Falkenhausen waren nämlich persönlich als Gesellschafter durchaus «entsperrt». Selbst die *Deutsche Bank* konnte ihrer Leitstelle Hamburg ein Telegramm präsentieren, dem zu entnehmen war, dass die *Deutsche Bank* in der britischen Zone nicht gesperrt war. Für die *National-Bank* ergab sich dadurch eine missliche Situation:

> «Bei den Großbanken und der Deutschen Industriekreditbank ist man in Hamburg anscheinend davon ausgegangen, daß der Sitz dieser Gesellschaft in Berlin ist und die Filialen in der Britischen Zone in ihrer jetzigen Zusammenfassung ein neues Gebilde darstellen. Wenn dem so ist, dann ist allerdings nur die Deutsche Bank Berlin und nicht die Deutsche Bank in der Britischen Zone bei Burkhardt & Co. beteiligt, und die National-Bank wäre die einzige Gesperrte unter den beteiligten Banken.»[76]

Otto Burkhardt schied als persönlich haftender Gesellschafter mit Wirkung zum 31. März 1948 bei *Burkhardt & Co.* aus, weil er zum Präsidenten der *Landeszentralbank Schleswig-Holstein* ernannt worden war, blieb der Bank aber weiterhin als Kommanditist verbunden.

Aber nicht nur die «Sperrungen» waren ein Problem. Verhandlungen über die Rückerstattungsansprüche der unrechtmäßig aus der Bank gedrängten Eigentümer mündeten in eine langwierige juristische Schlacht darüber, ob sich die *Deutsche Bank* – die zu diesem Zeitpunkt durch die Dezentralisierung an und für sich noch nicht wieder voll handlungsfähig war – durch ihre Finanzierungshilfe bei Hirschland finanzielle Vorteile verschafft habe. Hinsichtlich der Hirschland-Angelegenheiten konnte die *National-Bank* froh sein, nicht an erster Stelle zu den Beteiligten gezählt zu haben. Nach den 1949 abgeschlossenen Restitutionsverhandlungen, die federführend mit dem in den USA lebenden Kurt Grünebaum, einem Neffen der Brüder Hirschland, geführt wurden, übernahm die Familie Hirschland ein Drittel des Kapitals am *Bankhaus Burkhardt & Co.*; Kurt Grünebaum trat als Kommanditist in den Kreis der Gesellschafter ein.[77] Die *National-Bank* erklärte sich schließlich bereit, von ihrer Kommanditbeteiligung bei *Burkhardt & Co.* 25 Prozent unentgeltlich an die früheren Mitinhaber des *Bankhauses Simon Hirschland* abzutreten. Auf der Führungsetage der *National-Bank* war man mit den Ergebnissen der Verhandlungen, bei denen man allerdings im Wesentlichen außen vor blieb, nicht ganz zufrieden. Ihr für die Verhandlungen zuständiges Vorstandsmitglied ließ im Juli 1949 erkennen, dass «beim näheren Studium» der durch von Falkenhausen überreichten Unterlagen über seine Verhandlungen mit Grünebaum in New York der Eindruck entstanden sei, dass von Falkenhausen «uns eigentlich etwas ausführlicher über die Gründe hätte unterrichten sollen, die zur Erhöhung der Entschädigung von 200 000 Mark auf 600 000 Mark geführt haben».[78] Verkompliziert wurden die juristischen Verfahren und Transaktionen noch durch das persönliche Zerwürfnis zwischen Burkhardt und von Falkenhausen, deren Verhältnis schon vor dem Ausbruch des Zweiten Weltkriegs nicht ganz unbelastet gewesen war. Was ist abschließend zu dieser langwierigen juristischen Auseinandersetzung und zur Rückerstattungspraxis des geraubten Eigentums zu sagen?[79] Fast immer erfolgte sie durch Restitutionsvergleiche, ohne dies öffentlich bekannt zu machen. Auch bei der *National-Bank* zeugen die Vorgänge von einer damals durchaus üblichen, heute aber erstaunlich anmutenden moralischen Unbekümmertheit.[80]

Auf einer anderen Ebene galt inzwischen auch die Beteiligung am *Bankhaus Burkhardt & Co.* als Belastung. Diese habe für die *National-Bank,* so lautete die pessimistische Aussage im Jahr 1947, «nicht die erwarteten Vorteile gebracht». Auch in Zukunft werde sich daran «nichts ändern». In der Frage der gewünschten und einigermaßen kostenneutralen «Abstoßung» dieser Beteiligung verhandelte das Essener Institut mit den persönlich haftenden Gesellschaftern von *Burkhardt & Co.*, ohne zu einer Einigung zu kommen. Der «Schwarze Peter» blieb somit in der Hand des Vorstands, der sich nun Gedanken über die «weiter zu unternehmenden geeigneten Schritte» machen sollte.[81] Angesichts der ungünstigen Konditionen waren Hitzbleck und Blücher vorerst gegen einen Ausstieg,[82] sodass sich die Verhandlungen noch hinzogen. Erst mit Wirkung zum 1. Januar 1956 wurde die Kommanditbeteiligung der *National-Bank* auf die übrigen Gesellschafter von *Burkhardt &*

Co. übertragen. Durch die Verrechnung des Geschäfts erzielte die *National-Bank* einen Sondergewinn, der zur Erhöhung der Rücklagen und zur Ausschüttung eines Bonus von 2 Prozent genutzt wurde – neben der üppigen Dividende von 10 Prozent.[83]

Auch in einer anderen «Arisierungsangelegenheit» war die *National-Bank* auf juristischen Beistand angewiesen. Der inzwischen in Palästina lebende Bankier und Gründer des *DBV*, Eugen Kaufmann, machte Ansprüche geltend. Im Frühjahr 1933 war er auf Verlangen des Aufsichtsrats des *DBV* mit der Begründung, er sei als Jude in einer leitenden Position nicht länger tragbar, zum Rücktritt aufgefordert worden. Er war jedoch erst zurückgetreten, nachdem ihm bescheinigt worden war, die Geschäfte einwandfrei geführt zu haben. Kaufmann war aus Rücksicht auf seine Familie vorerst in Deutschland geblieben. 1938 war er in der «Reichskristallnacht» verhaftet worden, drei Wochen in Dachau inhaftiert gewesen und danach 1939 mit seiner Familie über England nach Palästina geflohen.[84] Nach 1945 sperrte sich die *National-Bank* gegen die Ansprüche Kaufmanns mit der Begründung, bei seiner Verdrängung im Jahr 1933 noch nicht mit dem *DBV* verbunden gewesen zu sein; Mitte 1948 empfahlen die Rechtsanwälte des Essener Bankinstituts, es gegebenenfalls auf eine Klage ankommen zu lassen.[85]

Ein weiteres Engagement bereitete dem Vorstand Kopfzerbrechen: Die Beteiligung an der *Niederrheinischen Bank AG* stand auf dem Prüfstand. Bekanntlich war 1943 die mehrheitliche Übernahme dieser in Wesel ansässigen Bank beschlossen worden, was in einer Beteiligung von rund 54 Prozent des Aktienkapitals resultiert hatte.[86] Diese galt es nun aus verschiedenen Gründen zu überdenken, da die Verhältnisse am Niederrhein chaotisch schienen und die Rentabilität nicht gewährleistet war: Eine Kassendifferenz von 243 000 Reichsmark war durch den Verlust eines Tresors zu erklären, der wahrscheinlich den Amerikanern in die Hände gefallen war und bei den Behörden als «Besatzungsschaden» deklariert werden konnte. Gravierender war, dass die Bankgebäude in Wesel und Dinslaken im Krieg total zerstört worden waren; der *National-Bank* missfiel zudem, dass sie trotz ihrer Mehrheitsbeteiligung keinen Sitz im Aufsichtsrat hatte.[87] Max Küppers, der Aufsichtsratsvorsitzende der *Niederrheinischen Bank*, und sein enger Vertrauter, der Rechtsanwalt und stellvertretende Aufsichtsratsvorsitzende Dr. August Gessel, beharrten eisern auf der Unabhängigkeit ihrer Bank. Das Vorhaben, eine Filiale in Emmerich zu eröffnen – ein Plan, der erstmals im Jahr 1944 ventiliert worden war –, wurde von der *National-Bank* zwar prinzipiell unterstützt, weil der Standort Emmerich als wichtig galt. Im Dezember 1945 schien es jedoch angesichts der wirtschaftlichen Aussichten, die eben doch «sehr zusammengeschrumpft» waren, zweifelhaft, ob dort eine Filiale eröffnet werden würde.[88] Die Verhältnisse bei der *Niederrheinischen Bank* blieben weiterhin verworren. Die erheblichen Risiken würden, so fürchtete man in Essen, wahrscheinlich erst bei einem Ausfall der Kriegsschadensansprüche erkennbar werden. Dieses Risiko war allerdings kaum kalkulierbar, weil aktuelle Bilanzen sowie Gewinn-und-Verlust-Rechnungen nicht mehr vorhanden waren. Die Versuche, über die Kriegsschadenämter die jeweiligen Forderungen zu überprüfen, erwiesen sich als mühsam und bisweilen fruchtlos, da viele Akten im Krieg verloren gegangen und die entsprechenden Unterlagen der *National-Bank* entweder verbrannt oder ins thüringische Greiz verlagert worden waren, wo sie nicht eingesehen werden konnten.[89] Im Februar 1946 ging der Vorstand davon aus, von der Gesamtbeteiligung in Höhe von 650 000 Reichsmark in absehbarer Zeit 150 000 Reichsmark abschreiben zu müssen.[90]

Daher sollte der eigene Einfluss auf die Bank verstärkt werden. Es müsse, so lautete der Plan im Herbst 1946, in Wesel schnellstmöglich ein Aufsichtsrat gebildet und versucht werden, «mehr Einfluß auf die Geschäftsleitung zu bekommen».[91] Franz Blücher und ein weiterer Vertreter der *National-Bank* wurden 1947 hierfür genannt, im Oktober 1947 auch ein Vertreter der *Deutschen Industriebank*, die seinerzeit über das größte Aktienpaket verfügte.[92] Sollte sich dies als unmöglich erweisen, müsse mit der Abstoßung der Beteiligung gedroht werden. Dies sollte die widerspenstige Bank gefügiger machen: «Es soll dann von dem neuen Aufsichtsrat reiner Tisch gemacht werden, da wir der Meinung sind, daß von den dortigen Herren nichts zu erwarten ist, was unsere Absichten fördern könnte.» Die *Niederrheinische Bank* selbst sah jedoch keinen Anlass, dem Druck nachzugeben. Daher sollten die *Oberhausener Bank* und das *Bankhaus Schroer* in Dinslaken mobilisiert werden, um eine «Reorganisation» im Sinne der *National-Bank* mit dem Ziel eines Zusammenschlusses zu ermöglichen.[93] Problematisch war allerdings, dass die *National-Bank* nur zu einem Zehntel an der *Oberhausener Bank* beteiligt und ihr Einfluss entsprechend gering war. Beim *Bankhaus Schroer*, mit dem keine finanziellen Verbindungen bestanden, konnte man auf eine Bereitschaft zur Zusammenarbeit nur hoffen.

Die Lage der *Niederrheinischen Bank* besserte sich auch in den folgenden Monaten nicht. Im Sommer 1948 stellte der Arbeitsausschuss fest, dass zu den bisherigen Verlusten in Höhe von 899 000 Reichsmark noch zusätzliche Berichtigungen in Höhe von 152 000 Reichsmark notwendig waren.[94] Blücher verhandelte daher auch mit dem Kölner *Gerling*-Konzern und dem

Kölner Bankier Robert Pferdmenges, um die nötigen Mittel zu beschaffen.[95] Allerdings erklärte der *Gerling*-Konzern im November 1948 sein Desinteresse. Bei der *Niederrheinischen Bank* sah man inzwischen ein, dass ein Investor nur dann gefunden werden konnte, wenn dieser einen maßgeblichen Einfluss erhielt. Die *National-Bank* war daher bereit, ihre Beteiligung an der *Niederrheinischen Bank* abzugeben. Man wolle sich später nicht vorwerfen lassen, so rechtfertigte man die Vorgehensweise, «die Entwicklung der Niederrheinischen Bank gehemmt zu haben».[96]

Im Jahr 1949 eskalierte der Streit. Die *National-Bank* hielt die Fusion der *Niederrheinischen Bank* mit der *Volksbank Emmerich* «für sehr erwünscht». Deren Leitung zögerte jedoch, weil es noch keineswegs ausgemacht war, wer im Machtkampf zwischen *National-Bank* und *Niederrheinischer Bank* die Oberhand gewinnen würde. Die Animositäten hatten einen historischen Hintergrund. Bei der *Volksbank Emmerich* war das Geschäftsgebaren nicht vergessen, das Gauwirtschaftsberater Hoffmann im Verbund mit der *National-Bank* in der NS-Zeit an den Tag gelegt hatte.[97]

Die *Niederrheinische Bank* stellte schließlich 1949 bei der *Zentralstelle für Vermögensverwaltung* in Bad Nenndorf einen Antrag auf Rückerstattung des *National-Bank*-Anteils in Höhe von 650 000 Reichsmark-Aktien, was die *National-Bank* durch eigene Gutachten zu konterkarieren versuchte. Ob der Antrag schließlich an das zuständige Wiedergutmachungsamt in Essen weitergeleitet wurde, ist ungewiss.[98] Auch hier fehlen detaillierte Unterlagen, die Auskunft darüber geben könnten, wie der Konflikt letztlich gelöst wurde. Das Essener Institut gab schließlich 1950 seine Beteiligung auf. Lapidar hieß es bei der *Niederrheinischen Bank*, die «Konzernbeziehungen» seien «durch Verkauf des Aktienpakets durch die National-Bank» gelöst worden.[99] Anfang 1965 wurde die *Niederrheinische Bank* mit einem Geschäftsvolumen von rund 70 Millionen DM schließlich von der *Commerzbank AG* übernommen, mit der sie bereits seit Längerem freundschaftliche Beziehungen unterhielt.

Von einer «Regionalbank» konnte bei der *National-Bank* in den ersten Jahren nach 1945 also vorerst nicht mehr die Rede sein. Neben der Hauptstelle in Essen verfügte die Bank nur noch über die Hauptzweigstelle des *DBV* in Duisburg und dessen beiden Zweigstellen in Meiderich und Wedau. Ein Mitarbeiter hat die Bankgeschichte der Jahre vor 1945 und nach dem Ende des Zweiten Weltkriegs später einmal wie folgt beschrieben: «Ein größerer Gegensatz ist kaum vorstellbar. Man denkt unwillkürlich an den biblischen Vergleich von den sieben mageren und sieben fetten Jahren, nur mit dem Unterschied, dass es sich diesmal um einen Zeitabschnitt von jeweils 30 Jahren Dauer handelte.»[100]

Die Zeit vom Kriegsende bis zum Herbst 1945 blieb praktisch ohne Umsätze. Im Sommer 1945 bildete der Rumpfvorstand der *National-Bank* unter Federführung von Karl Hitzbleck und Paul Paus eine Kreditkommission, um sich eine Übersicht über die Finanzlage zu verschaffen.[101] Das Ergebnis war niederschmetternd. Eine ganze Reihe von Schuldverschreibungen, deren Inhaber ihren Sitz in der von sowjetischen Truppen besetzten Zone hatten, schien verloren zu sein. Es war vollkommen unklar, ob diese Papiere bei Fälligkeit überhaupt noch einmal eingelöst oder zu irgendeinem Zinssatz prolongiert werden würden. Mit einem Verlust in Höhe von 724 000 Reichsmark musste also gerechnet werden. Forderungen gegen die Wehrmacht und NS-Organisationen bestanden in Höhe von 190 000 Reichsmark, bei privaten Schuldnern mit «akutem Risiko» stand ein Betrag von fast 1,1 Millionen Reichsmark zu Buche. Zu den gefährdeten Einzelposten zählten ein Kredit über 235 000 Reichsmark an die *Continentale Beton-Schiffbau GmbH* in Berlin sowie ein Kredit über 380 000 Reichsmark an die *Metallwerke Albert Wildfang*, die nach den Bombenangriffen auf Essen nach Neudeck im Sudetenland verlegt worden waren. Die erststellige hypothekarische Eintragung auf das Verlagerungswerk in Neudeck hatte an die *Reichsbank* abgetreten werden müssen; nach Kriegsende erhielt man von der Firma eine weitere Sicherheit in Höhe von 380 000 Reichsmark in Form einer Kriegsschädenabtretung, deren Rückzahlung jedoch als zweifelhaft galt.[102] Problematisch war auch ein Kredit über 102 000 Reichsmark, der der *Maschinenfabrik Rhein und Ruhr* gewährt worden war – einem Betrieb, der zu den «arisierten» Unternehmen gehört hatte.[103] Eine besonders große Belastung stellten die Schulden von fast 670 000 Reichsmark beim Unternehmen *Lahnkalkindustrie Werner Lüning* in Albshausen bei Wetzlar dar. Einer der Prokuristen fuhr im November 1945 sogar persönlich zu dieser Firma, um die «Verhältnisse an Ort und Stelle» zu prüfen, musste aber unverrichteter Dinge wieder zurückkehren.[104] Die Androhung einer Pfändung des Warenlagers und der Zwangsvollstreckung führte zwar zu einem «langen Entschuldigungsschreiben» und einigen Rückzahlungen im niedrigen fünfstelligen Bereich. An der schwierigen Lage änderte sich dadurch aber nichts. Der Vorstand erwog daher, im Wetzlarer Betrieb einen Treuhänder einsetzen zu lassen, zumal ein Entnazifizierungsverfahren des Schuldners bevorstand.[105] Nach dessen Entlastung wurde überlegt, die Forderungen in eine Beteiligung umzuwandeln, sobald das Kalkwerk modern eingerichtet und fachmännisch überprüft worden sei.[106] Als problematisch erwies sich eine Schuldschein-Anleihe der Firma *Voigt & Häffner*, die über das Düsseldorfer *Bankhaus Vogeler* begeben worden war. Der Anteil der *National-Bank* musste schließlich unter ungünstigen Bedingungen im Oktober 1946 an das Bankhaus in Düsseldorf verkauft werden.[107]

Nahm man alle Zahlen zusammen, ergab sich ein Gesamtverlust in Höhe von 1,5 Millionen Reichsmark, der den Beteiligten überraschenderweise kein Anlass zur Verunsicherung war: «Es darf dennoch angenommen werden, daß bei Berücksichtigung aller derzeit erkennbaren Risiken die der Gesellschaft zur Verfügung stehenden Reserven in Höhe von 1 600 000 RM ausreichen werden.»[108] Die bei der *National-Bank* tätigen Wirtschaftsprüfer wiesen am 31. Dezember 1945 Verluste in Höhe von 1 078 000 Reichsmark aus, die sich aus den erwähnten erheblichen Abschreibungen und der fast umsatzlosen Zeit seit Kriegsende ergaben. An Ertragszinsen, die der *National-Bank* eigentlich zugestanden hätten, ihr aber nicht zugeflossen waren, wurden insgesamt 1 441 000 Reichsmark aufgeführt. Die erfolgten Aufwendungen betrugen 1 115 000 Reichsmark, sodass sich bei einer vollständigen Verbuchung der Erträge der Gewinn noch um knapp 326 000 Reichsmark erhöht hätte.[109] Infolge der von der Besatzungsbehörde erlassenen Bilanzierungsvorschriften mussten die bis zum 31. Dezember 1945 fällig gewordenen unverzinslichen Schatzanweisungen zu 100 Prozent aktiviert werden.

Die Ungewissheit über die Bewertung der eigenen Situation hing mit den unvollständigen eigenen Unterlagen zusammen. Eine ordentliche Hauptversammlung, die über die Ergebnisse des Jahres 1944 hätte befinden können, fand 1945 nicht mehr statt. Die *National-Bank* bat beim Registergericht Essen um Dispens und erhielt zunächst eine Fristverlängerung bis Mitte Juni 1946. Jedoch konnten erst Ende 1947 die Geschäftsberichte, die Bilanzen sowie die Gewinn-und-Verlust-Rechnungen für die Jahre 1944 und 1945 erstellt werden. Der Abschluss für das Jahr 1946 wurde zwar 1947 fertiggestellt, konnte aber nicht verabschiedet werden, weil die Gremien wegen verschiedener Umstände nicht zusammentraten und eine ursprünglich für den 17. Juni 1947 vorgesehene Aufsichtsratssitzung nicht stattfand.

Unsicherheit bestand, weil nicht klar war, ob der Zinsendienst für verzinsliche Wertpapiere – vor allem die Reichsschatzanweisungen – überhaupt wieder aufgenommen werden würde. Das Deutsche Reich hatte sich seit Kriegsbeginn massiv verschuldet. Wenn man noch die vorherige Verschuldung hinzurechnete, zudem die nicht abgerechneten Reichskreditkassenscheine in Höhe von vermutlich fast 10 Milliarden Reichsmark, summierte sich die Reichsschuld bei Kriegsende auf mindestens 338 Milliarden Reichsmark.[110] Der Bestand der *National-Bank* an unverzinslichen Reichsschatzanweisungen betrug bei Kriegsende 25,5 Millionen Reichsmark.[111] Darüber hinaus herrschte noch Unklarheit, was aus den Forderungen gegen die

Wehrmacht, das Reich, die Organisation Todt und andere staatliche Einrichtungen werden würde, die der Bank für Kredite abgetreten worden waren.[112] Auch die komplizierten Umrechnungsverfahren hielten den Vorstand noch lange in Atem, sodass die exakten Zahlen der Umstellung erst 1952 endgültig feststanden. Die Übertragungen der Altgeldbestände, die Erfassung der Sparkonten und die Verwaltung der von den Finanzämtern ausgestellten Unbedenklichkeitsbescheinigungen für die einzelnen Konteninhaber beschäftigten die Bankangestellten über viele Jahre, zumal bei den Buchungen vor allem der Spargelder die Sperrbeträge anzugeben waren.

Nachdem Eugen Vögler im Dezember 1945 sein Amt als Aufsichtsratsvorsitzender zur Verfügung gestellt hatte, wurde ein neuer starker Mann für das Gremium gesucht. Die Wunschkandidaten des Vorstands waren Max Schroeder, Karl Hitzbleck und Ferdinand Schraud. Die Wahl fiel schließlich auf Hitzbleck, der im März 1946 gewählt wurde. Schroeder fungierte fortan als Stellvertreter und Ferdinand Schraud als weiteres Mitglied.[113] Die Genehmigung durch die Militärbehörden erfolgte im Juni 1946.

Der Duisburger Bauunternehmer Hitzbleck, dem von der britischen Militärregierung im November 1945 die Arbeitserlaubnis erteilt worden war, erwies sich als gute Wahl.[114] Er war politisch unbelastet und als einflussreicher sowie angesehener Bauunternehmer im gesamten Ruhrgebiet gut vernetzt. Bereits 1897 hatte er nach einem Abschluss als «Baugewerksmeister» im Alter von 24 Jahren in Duisburg ein Baugeschäft gegründet, das in den folgenden Jahren erheblich erweitert worden war. Das sogenannte *Hitzblecksche Gelände* umfasste bald ganze Straßenzüge und verfügte über Bauhof, Schreinerei, Schlosserei, Zimmerei und die Verwaltung. In den folgenden Jahrzehnten war das Baugeschäft an zahlreichen städtebaulichen Großprojekten beteiligt, die «das Bild der Stadt geprägt» haben, wie der sozialdemokratische Oberbürgermeister August Seeling später anerkennend betont hat: das Stadthaus in Duisburg, das Kurhaus in Mülheim, Mühlen- und Speichergebäude, das Elektrizitätswerk, die Bahnhöfe Wedau und Meiderich-Süd sowie zahlreiche Einfamilienhäuser, Landhäuser, Villen und Wohnsiedlungen. Zukunftsträchtig war dafür allerdings vor allem der Industriebau im Kohle- und Stahlbereich: Das Unternehmen spezialisierte sich auf den im Ruhrgebiet wichtigen Sektor der Fundamentierungen für Hochofen-Anlagen, für Walzenstraßen, Waschkauen und Förderhäuser für den Bergbau. Der Ofenbau und die Produktion von Säuretürmen gehörten ebenfalls zum Aufgabenbereich der Firma, die in den Jahren des Nationalsozialismus nicht zuletzt für den Bau der Reichsautobahn und für Stahlbetonarbeiten am Westwall – durchweg per Dienstverpflichtung – herangezogen worden war.[115] Hitzbleck hatte im «Dritten Reich» in der Kreditkommission und im Ortsausschuss Duisburgs gewirkt, war mit dem *DBV* eng verbunden und im Zuge der nicht ganz freiwilligen Fusion des *DBV* mit der *National-Bank* in enge Verbindung mit dem Essener Geldinstitut gekommen. Im Zweiten Weltkrieg waren allerdings zahlreiche der durch das Unternehmen Karl Hitzbleck errichteten Bauten zerstört worden. Auch die Betriebs- und Verwaltungsgebäude des Unternehmens waren in einem Maß vom Bombenkrieg betroffen, dass die Bautätigkeit «vom Null-Punkt an wieder begonnen» werden musste.[116]

Hier erwies es sich als hilfreich, dass Karl Hitzbleck sich schon während der Weimarer Republik ein zweites Standbein geschaffen hatte. 1928 war auf eine Anregung des mit ihm gut bekannten Oberbürgermeisters Dr. Karl Jarres (DVP) die *Wohnungsbau Aktiengesellschaft* gegründet worden, die privatwirtschaftlich die Wohnungsnot im Revier lindern sollte. In Hochfeld und Wanheimerort waren auf diese Weise drei Siedlungen mit 802 Wohnungen und 18 gewerblichen Läden entstanden. Hierbei kam Hitzbleck zweifellos sein Sozialstatus zugute. Er war zwar inzwischen in der bürgerlichen Duisburger Gesellschaft angekommen, vergaß jedoch nie seinen Aufstieg aus «kleinen Verhältnissen» – sein Vater hatte noch eine Weidewirtschaft und Handel mit Kühen und Pferden betrieben. Karl Hitzbleck war bei der lokalen und regionalen Sozialdemokratie Persona grata. Der Preußische Ministerpräsident Otto Braun war bei ihm ebenso zu Gast gewesen wie der Preußische Innenminister Carl Severing.

Karl Hitzbleck agierte in seinem neuen Amt bei der *National-Bank* durchaus patriarchalisch. Die Führungsebene der Bank müsse grundlegend neu organisiert werden:

> «Ich bin zu der Überzeugung gekommen, daß das jetzige System der Leitung sich nicht durchsetzen kann. Nicht zuletzt muß darauf geachtet werden, daß die National-Bank den von der Militärregierung geforderten Richtlinien gerecht wird. Die Militärregierung will – wie wir überall sehen – bei entscheidenden Fragen nur mit absolut Unbelasteten zu tun haben.»

Im Herbst 1945 wurde Franz Blücher zum «1. Prokuristen» mit dem Titel «Direktor» ernannt. Er leitete zunächst gemeinsam mit Albert Brusten das Gesamtgeschäft. Am 30. Oktober 1946 bestellte der Aufsichtsrat mit der Genehmigung der Militärregierung Albert Brusten und Paul Paus zu ordentlichen Vorstandsmitgliedern. Der im Februar 1946 vorgelegte Geschäftsverteilungsplan entsprach diesen Vorgaben. Brusten zeichnete für das Kreditgeschäft im

Gesamtbetrieb einschließlich der Zweigstelle Duisburg und der *Niederrheinischen Bank* in Wesel verantwortlich; Blücher war für die Personalangelegenheiten und die Pflege des Großeinlagengeschäfts zuständig. Als Prokuristen fungierten Dr. Schneider und Hans Imhoff, die im August 1945 aus einer kurzen Kriegsgefangenschaft zurückgekommen waren.[117]

Bei den neuen Männern an der Spitze war die Gefahr gering, als «Nutznießer» des Nationalsozialismus belangt zu werden. Die heiklen Personalangelegenheiten sollten von Blücher allein übernommen werden, da dieser weder der NSDAP noch einer ihrer angeschlossenen Verbände angehört hatte.[118] Der Katholik Franz Blücher war nicht nationalsozialistisch belastet – nach 1945 ein unschätzbarer Vorteil für einen Bankfachmann. Schon in der frühen Weimarer Republik hatte er als Kaufmann in verschiedenen Unternehmen Erfahrungen sammeln können und war seit 1930 bei der *GAGFAH* tätig gewesen, die wiederum über gute Geschäftsbeziehungen zur *Deutschen Volksbank* verfügte. 1938 war er schließlich ins Bankfach gewechselt, was ihm, da er das Bankgeschäft nicht von der Pike auf gelernt hatte, von missgünstigen Mitarbeitern als Umtriebigkeit ausgelegt wurde. Im Juli 1943 war er als Prokurist bei der *National-Bank* eingestellt worden. Er war stolz darauf, kein Bankfachmann im engeren Sinn zu sein. Sein Außenseitertum sei ganz im Interesse des Instituts, weil es einen Zugewinn an Wissen und Erfahrung darstelle.[119] In der *National-Bank* sahen das nicht alle so: «Prinz Eitel Franz», so formulierte es später einer der Bank-Chronisten, sei ein Paradebeispiel dafür, «wie man wortgewandt, aber ohne praktischen Wert, von der Gunst der Verhältnisse auf einer Erfolgswelle nach oben getragen werden kann». Zudem habe er, wie moniert wurde, seit Herbst 1945 «mit einem weiblichen Stab» regiert.[120]

Blücher eckte immer wieder an, vielleicht auch weil er angesichts der unsicheren Umstände nicht bereit war, die nach Kriegsende zurückkehrenden Bankmitarbeiter automatisch in ihren alten Stellungen zu belassen. Aus ökonomischer und politischer Sicht mochte dies zwar klug und vernünftig sein; alteingesessene Angestellte warfen ihm aufgrund dieser Haltung jedoch Taktlosigkeit und Rücksichtslosigkeit vor. Ein weiterer Grund für die Anfeindungen gegen Blücher könnte sein, dass dieser als unbelasteter «Nicht-PG» recht selbstbewusst diese Karte ausspielte, um eine Führungsrolle in der *National-Bank* für sich zu reklamieren. Die folgende Charakterisierung Blüchers durch einen langjährigen Mitarbeiter sagt daher wohl ebenso etwas über den von keinen Selbstzweifeln geplagten Blücher wie über die Gefühlslage langjähriger Bankangestellter aus:

Konrad Adenauer und Franz Blücher. Durch den findigen Nicht-Bankfachmann Blücher knüpfte die *National-Bank* in der unmittelbaren Nachkriegszeit ausgezeichnete Verbindungen in die hohe Politik.

> «Er saß als Pfeifenraucher in einem Zimmer unmittelbar am Kassenraum und konnte deshalb Kunden an sich ziehen. Darüber hinaus war er sehr stark politisch in der F. D.P. engagiert und ließ sich auf Versammlungsplakaten stets groß als ‹Es spricht Franz Blücher› herausstellen. Es passte gar nicht in sein Konzept, dass nach und nach die Männer aus dem Krieg und der Gefangenschaft in die Bank zurückkehrten und die mit seinen weiblichen Kräften besetzten Posten zurückbegehrten. Dieser Zwiespalt löste sich erst, nachdem Blücher das Amt des Finanzministers in Düsseldorf angeboten wurde, das er spontan annahm.»[121]

Die Vorwürfe waren sicherlich ungerechtfertigt, obwohl Blücher eher ein Mann der Politik als der Wirtschaft war. Als Gründer der FDP in Essen und als einer der führenden Liberalen in der britischen Besatzungszone war es Blücher, der Anfang 1946 den Namen «Freie Demokratische Partei» vorgeschlagen hatte. Als ausgleichende Persönlichkeit kam ihm in der jungen Partei sogleich eine Mittlerfunktion zu. Blücher nutzte 1946 das Angebot, Finanzminister der nordrhein-westfälischen Landesregierung in Düsseldorf zu werden, was in der Bank allerdings nicht goutiert wurde: «In großer Eile griff er zu und überließ die Bank ihrem Schicksal.» Mehr noch: Er habe «viele Versprechen gegeben und keine gehalten».[122] Blücher erklärte sich bereit, weiterhin der Geschäftsleitung beratend zur Seite zu stehen. In einem Weihnachtsbrief an die Geschäftsführung schrieb er im Dezember 1946: «Für die National-Bank hoffe ich, daß unser deutsches Schicksal sich so gestaltet, daß sie nicht nur bestehen bleibt, sondern in kräftiger Entwicklung ihre Aufgaben für die Befruchtung des Wirtschaftslebens unserer Heimat erfüllen kann.»[123] Die Zeit als nordrhein-westfälischer Finanzminister blieb zwar ein Intermezzo, als Mitglied des Frankfurter Wirtschaftsrats aber hatte er wenig später entscheidenden Anteil an der Entscheidung für die Marktwirtschaft – und dies in einer Zeit, in der selbst in der Union mit dem Ahlener Programm noch diverse Verstaatlichungsvorstellungen herumgeisterten.[124]

Der *National-Bank* blieb er nach seinem Ausscheiden aus dem Vorstand verbunden und wurde 1947 in den Aufsichtsrat gewählt; hierfür erhielt er am Jahresende von der *Reichsbankleitstelle Hamburg* grünes Licht.[125] Damit bekleidete er eine Schlüsselposition. Das Bankinstitut konnte er gerade in diesen entscheidenden Monaten mit politischen Informationen aus erster Hand versorgen. In der ersten Bundesregierung unter Bundeskanzler Konrad Adenauer wurde Blücher 1949, inzwischen Stellvertretender Vorsitzender der FDP und Vorsitzender des Finanzausschusses im Wirtschaftsrat, gar Vizekanzler. Die Mitgliedschaft Franz Blüchers im Aufsichtsrat blieb daher eine Prestige-Angelegenheit, obwohl sich bald die Frage einer unstatthaften Ämterverquickung stellte. Zwar wurde Blücher Ende 1949 vom Vorstand gebeten, sich vom Bundesrat die Genehmigung für eine weitere Tätigkeit bei der *National-Bank* zu erbitten, dies erwies sich jedoch als undurchführbar, sodass Blücher sein Aufsichtsratsmandat bei der *National-Bank* schließlich 1950 niederlegte.[126]

Besonders die Kreditvergabe wurde streng kontrolliert. Gerade bei Krediten für Reparaturen von Kriegsschäden hielt sich die Bank zurück, weil es kaum verlässliche Sicherheiten gab. Die Hinterlegung von Wertpapieren beispielsweise galt angesichts der Kursschwankungen als zu unsicher. Im Februar 1946 hatte sich die Situation der *National-Bank* bereits wieder so weit stabilisiert, dass langfristigere Überlegungen zur zukünftigen Ausrichtung der Bank angestellt werden konnten. Der Geschäftsbetrieb kam – wie durch ein Wunder – recht schnell wieder in Gang. Dies galt im Übrigen nicht nur für die *National-Bank*, sondern auch für zahlreiche andere Institute, wie die erstaunten britischen Besatzungsbehörden feststellten. So war das Bankensystem in dem von ihnen zu verwaltenden Gebiet noch weitgehend intakt geblieben, weil «durch Improvisation, Flexibilität und die Niederlage antizipierende Maßnahmen Geschäftsbetrieb und Zahlungsbereitschaft» weitgehend erhalten werden konnten.[127] Die Banken im britischen Einflussgebiet waren daher in der Lage, mit Genehmigung der lokalen Militärbehörden ihren – wenn auch eingeschränkten – Geschäftsbetrieb sogleich nach Kriegsende wieder aufzunehmen. Die größten praktischen Probleme bereitete dabei der Umstand, dass durch die zerstörten Transport- und Kommunikationsnetze die Kontakte zu Kunden, Filialen und anderen Banken erheblich gestört waren. Im Sommer 1947 aufgenommene Versuche, Ruhrkohlekonzerne für eine Beteiligung an der *National-Bank* zu gewinnen, waren nicht immer von Erfolg gekrönt. Die *RWE* winkte beispielsweise nach einigem Überlegen ab. Die *Vereinigten Stahlwerke* und *Krupp* hingegen erklärten sich bereit, vorläufig an ihren Beteiligungen an der *National-Bank* festzuhalten und sich im Fall des Verkaufs zunächst an die Bank zu wenden.

Schließlich trennte sich die *National-Bank* auch von der inzwischen in Hamburg residierenden *Margarine-Verkaufs-Union*. Die aus den 1930er-Jahren datierende Verbindung war inzwischen ein Anachronismus geworden. Die Bank kaufte daher die Aktien in Höhe von nominell 150 000 Reichsmark zurück, und die *Margarine-Verkaufs-Union* verzichtete auf ihren bisher von Franz Schraud gehaltenen Platz im Aufsichtsrat.[128]

Es geht wieder aufwärts: Die Währungsreform

Die Lebensbedingungen verschlechterten sich. Zwar gab es die Reichsmark noch, diese diente aber kaum mehr als Zahlungsmittel; im alltäglichen Zahlungsverkehr hatten Tauschhandel und Zigarettenwährung neben Lebensmittelmarken, Bezugsscheinen und Dollar ihre Funktion übernommen. Ein Bericht der Essener *Industrie- und Handelskammer* macht die niedergeschlagene Stimmung deutlich:

> «Zum Schluß des Jahres 1947 herrschte in der Industrie des Kammerbezirks eine allgemeine Mutlosigkeit. Ein Jahr ständigen Ringens und Mühens um die Erzielung selbst einer kleinen Produktionsbesserung oder auch nur des ersten Schrittes zu einer echten Produktionssteigerung ist zu Ende gegangen, ohne daß man zu einem wirklichen Erfolg gekommen ist.»[129]

Die 67 Angestellten der *National-Bank* erhielten angesichts der schwierigen Lebensumstände im September 1947 eine Extra-Auszahlung in Höhe von insgesamt 40 000 Reichsmark: «Die Angestellten werden am schlechtesten bei der Zuteilung von Lebensmitteln bedacht. Sie bekommen keinerlei Zulagen wie Schwer- und Schwerstarbeiter und haben keine Gelegenheit, durch Nebenbeschäftigung ihre Lage zu verbessern. Wir befinden uns am Anfang einer Hungersnot.»[130]

Es war angesichts dieser Umstände verständlich, dass der Vorschlag Max Schroeders, die Bezüge des Aufsichtsrats zu erhöhen, auf wenig Gegenliebe stieß. Auch die Idee, das Gehalt des Vorsitzenden auf jährlich 2000 Reichsmark und seines Stellvertreters auf 1500 Reichsmark zu erhöhen, wurde im Oktober 1946 zurückgezogen.[131] Die verzweifelte Lage in Essen mit einer Arbeitsproduktivität von 30 bis 40 Prozent des normalen Standes wurde aus einer Stellungnahme der Wirtschaftskammer ersichtlich:

> «Man wird im Ausland kaum verstehen können, was es heißt, in Deutschland einen Betrieb in Gang zu halten, in einem Land, in dem die Bewirtschaftung nur auf dem Papier vorhanden ist und die Waren vielfach außerhalb der Lenkung ihren eigenen Weg gehen, weil ein wertbeständiges Geld als Wertmaßstab und als Tauschmittel nicht vorhanden ist, weil die Transportmittel versagen, die Arbeitskräfte nur geringe Leistungen aufbringen können, mühsam verdientes Geld weggesteuert wird und keine Sicherheit vor Diebstahl gegeben ist. Die Gesetze helfen dem ehrlichen Unternehmer nicht in ausreichendem Maße, da der Staat keine Autorität besitzt.»[132]

Die *Industrie- und Handelskammer* plädierte daher zur Jahreswende 1947/48 für einen radikalen Neubeginn:

> «Man gebe dem ‹Kohlenpott› an der Ruhr die Chance, seine Produktionskräfte zu entfalten, und die europäische Wirtschaft wird ihren Nutzen davon haben. Das Beispiel der wirtschaftlichen Zusammenarbeit, das hier geboten wird, kann bei politischer Einsicht auf internationalen Boden übertragen werden. Das Ruhrvolk hat in den Bombennächten eine harte und schmerzliche Lehre darüber erfahren, was in der Vergangenheit im eigenen Land falsch gemacht worden ist.»[133]

In mancher Hinsicht profitierte die Region von der zunehmenden Blockkonfrontation. Die USA verordneten den westlichen Besatzungszonen konsequent ihre Variante der Weltordnung. Da sie die westeuropäischen Staaten als ihren wichtigsten Absatzmarkt betrachteten und zugleich die Demokratien vor kommunistischer Unterwanderung schützen wollten, entschlossen sie sich, Wiederaufbauhilfe zu leisten. Ihnen stand mit dem auf den Dollar ausgerichteten Weltwährungssystem von Bretton Woods seit 1944 ein plausibler und überzeugender Hebel für die Umsetzung ihrer

Pläne zur Verfügung. Damit waren zentrale Eckpfeiler des politisch-ökonomischen Systems markiert und ein Rahmen vorgegeben, für den fortwährend weitere ordnungspolitische Pflöcke eingeschlagen wurden. Drei Grundsatzentscheidungen waren besonders prägend: Erstens drängten die USA auf eine Liberalisierung der Weltwirtschaft, zweitens auf den Abbau von Zöllen und drittens auf den Aufbau eines internationalen Währungssystems mit festgelegten Wechselkursen und dem US-Dollar als Leitwährung.[134] Das Zollabkommen *General Agreement on Tariffs and Trade (GATT)*, die *Organisation for Economic Cooperation and Development (OECD)*, schließlich wenig später die *Europäische Gemeinschaft für Kohle und Stahl (EGKS)* boten einen institutionellen Rahmen für diese Entwicklung. Der Marshallplan – offiziell *European Recovery Program (ERP)* –, eine der erfolgreichsten Finanz- und Wirtschaftsoperationen der Geschichte, stellte den europäischen Staaten insgesamt 15 Milliarden US-Dollar zur Verfügung und leistete damit «Hilfe zur Selbsthilfe». Westdeutschland gehörte durch die Währungsreform neben 13 weiteren europäischen Staaten zu den Empfängern dieser Unterstützungsleistungen.[135] Neben die «außenpolitische Revolution» (Klaus Hildebrand) trat in «verblüffend kurzer Zeit» ein Wandel der wirtschaftspolitischen Leitideen nach amerikanischem Muster.[136] Nach dem Ende des Hitler-Regimes war es unumgänglich, die im Zweiten Weltkrieg eingetretene Geldvermehrung drastisch zu reduzieren. Für eine Übergangszeit war es noch möglich gewesen, mit dem von NS-Deutschland übernommenen kriegswirtschaftlichen Bewirtschaftungssystem über die Runden zu kommen. Auf Dauer aber ließ sich mit diesem System der Aushilfen keine Sanierung durchführen. Selbst unter den «bestmöglichen Produktions- und Wachstumsbedingungen» wäre eine Schließung der inflatorischen Lücke allein durch das Wirtschaftswachstum und die damit einhergehende Vermehrung des Warenangebots nicht möglich gewesen. Eine Wirtschaftsreform wurde daher als «Allheilmittel gegen die deutsche Wirtschaftsnot schlechthin» angesehen.[137] An ihr, so hat es Carl-Ludwig Holtfrerich formuliert, «führte kein Weg vorbei»,[138] obwohl ihr Erfolg zunächst noch zweifelhaft war.

In Vorbereitung der Reform des Geldwesens wurden im Winter 1946/47 die Landeszentralbanken gegründet. Am 1. März 1948 entstand die *Bank deutscher Länder* mit Sitz in Frankfurt am Main. Ihr war das Recht vorbehalten, Banknoten auszugeben, womit sie die Voraussetzung für eine grundlegende Reorganisation des Finanzsystems schuf.[139] Um die Geldmenge in genügendem Maße zu reduzieren, musste massiv in den Bargeldumlauf eingegriffen werden.

Erst durch die Währungsreform war ein langfristig zuverlässiges Wirtschaften wieder möglich. Das Foto zeigt die Ausgabe der Deutschen Mark in einer Essener Ausgabestelle im Juni 1948.

Die absehbare und letztlich überfällige Währungsreform wurde am 20. Juni 1948 in den westlichen Besatzungszonen durchgeführt. Die Einführung der D-Mark erfolgte im Umtauschverhältnis 1:10 zur Reichsmark. Daneben wurde ein Kopfbetrag in Höhe von 40 DM pro Bürger ausgezahlt; durch den Wegfall gebundener Preise und die Rationierung essenzieller Güter wurde die planwirtschaftliche Politik aufgegeben. Zugunsten einer marktwirtschaftlichen Weichenstellung dekretierte Ludwig Erhard – seines Zeichens Direktor der Verwaltung für Wirtschaft in der Bizone – recht eigenmächtig das Ende der Bewirtschaftungsvorschriften. Dadurch wurden die Märkte mit Waren versorgt und auf dem Bankensektor einige Schranken, wie etwa das Verbot der Vergabe von Kontokorrentkrediten, aufgehoben. Die gut vorbereitete Wirtschaftsreform wurde ein ungeahnter Erfolg und galt vielen als «eigentliche Initialzündung und Beginn einer nunmehr stürmisch verlaufenden Phase des Wiederaufbaus». Diese Interpretation scheint mit dem Blick auf die Produktionsentwicklung und die enormen Zuwachsraten berechtigt, obwohl das bereits mit dem Wirtschaftsaufschwung 1947 erreichte und beträchtliche Produktionsniveau lange Zeit unterschätzt worden ist. Insofern verliert die Währungsreform in mancher Hinsicht ihre herausragende Bedeutung.[140] Was den Zeitgenossen als «Wirtschaftswunder» erschien, war auch ein normaler Vorgang des «Catching up» und der Rekonstruktion nach der Ausnahmeperiode von Weltwirtschaftskrise und Zweitem Weltkrieg.[141] Die deutsche Industrie ging trotz aller wirtschaftlichen Einbrüche, Retardierungen, Zerstörungen und Demontagen «mit einem bemerkenswert großen und neuen Kapitalstock» in die Wiederaufbauphase. Ein ausreichender Maschinenpark und technologisches Knowhow standen als Basis zur Verfügung bzw. konnten rekonstruiert werden.[142] Leistungsbereite Arbeiter, viele von ihnen Flüchtlinge und Vertriebene, setzten hoch motiviert auf einen Neuanfang. Die gut vorbereitete Wirtschaftsreform bewirkte eine «institutionelle Sicherung von Geldknappheit» durch eine faktische «Massenenteignung». Dies erzeugte Druck, sich eine Arbeit zu suchen, da es für die meisten Menschen gar keine andere Möglichkeit gab, sich ihren Lebensunterhalt zu sichern. Währungsreform und eine investitionsfreundliche Steuergesetzgebung ermöglichten im Zusammenspiel mit den Marshallplan-Hilfen die Kapitalbildung der Unternehmen, was maßgeblich zu den «exorbitant hohen Investitionsquoten» jener Jahre beitrug.[143]

So notwendig und wichtig die Währungsreform, die den Kaufkraftüberhang mit dem Güterangebot in Einklang bringen sollte, auch war: Sie stellte zunächst vor allem die Sparer und Anleger vor vollendete Tatsachen, weshalb manche der Maßnahmen vorerst als Hiobsbotschaft aufgefasst wurden. Nach der ersten traumatischen Inflation des Jahres 1923, an die sich viele Deutsche noch lebhaft erinnerten, wurde der Währungsschnitt bereits zur zweiten einschneidenden Maßnahme in einem Vierteljahrhundert und betraf einen Großteil der bestehenden Guthaben. Die Banken waren von den Umstellungen stark betroffen. Schon durch das Kriegsende im Mai 1945 hatten ihre Forderungen an das Deutsche Reich in Form von Staatspapieren ihren Wert verloren. Diese Verluste wurden dabei nur zu einem Teil durch Ausgleichszahlungen bereinigt, die bei den einzelnen Länderregierungen durch die seit Jahresbeginn 1947 neu geschaffenen Landeszentralbanken geltend gemacht werden konnten. Die Bankenaufsichtsbehörden erlaubten es ausdrücklich, die Reichsschuldtitel in den Bilanzen zum Nennwert als «Vermögenswerte» zu deklarieren.[144]

Bei der *National-Bank* waren seit der Wiederaufnahme des Bankgeschäfts im Herbst 1945 Liquiditätsprobleme an der Tagesordnung. Große Sorgen bereiteten nicht zuletzt die zunehmenden Geldabhebungen. Der Abzug von Spareinlagen für alle möglichen Zwecke setzte sich, wie 1946 beklagt wurde, Monat für Monat «mit einer fast im voraus zu bestimmenden Regelmäßigkeit» fort. Für das Einzugsgebiet Essen wurde ein Rückgang der Gesamteinlagen um 6,6 Prozent auf 2,87 Millionen Reichsmark errechnet. In Duisburg war der Rückgang um 12 Prozent auf 2,34 Millionen Reichsmark noch viel ausgeprägter.[145] Im Februar 1946 war die Bargeldreserve mit rund 3,8 Millionen Reichsmark bedrohlich gering,[146] im November 1946 standen an Barreserven und Bankguthaben nur noch rund 3 Millionen Reichsmark zur Verfügung.

Die monatlichen Statistiken der *Reichsbankleitstelle Hamburg* zeigten, dass die Großbanken und Sparkassen der Region ganz ähnliche Trends verzeichneten. Angesichts der abnehmenden Liquidität wurde daher als Lichtblick gewertet, dass es trotz der Währungsunsicherheiten nicht zu «Angstabhebungen» kam. Dies führte zu fortwährenden Anfragen bei der Abteilung Bankenaufsicht der *Reichsbankleitstelle Hamburg* über die Möglichkeit einer dauernden Liquiditätshilfe durch die *Reichsbank*. Karl Hitzbleck schlug Alarm, weil diese nicht zur Hilfe bereit war und sich die prekäre Lage noch weiter zuspitzte. Erst allmählich entspannte sich die Lage; im April 1947 betrugen die flüssigen Mittel wieder 4 Millionen Reichsmark, ohne dass sich aber an der Situation grundsätzlich etwas geändert hatte.[147]

In dieser Krisensituation überlegte der Vorstand der *National-Bank* im Sommer 1947, sich Finanzwechsel von den Kunden geben zu lassen – eine Überlegung, die im Aufsichtsrat allerdings nicht auf Gegenliebe stieß:

> «Gehen wir auf diesem Weg weiter, so wird bestimmt in kurzer Zeit der Ruf unserer Bank […] sehr schwer geschädigt. Ein guter Kunde, der die Verhältnisse nicht überschaut, wird zur Konkurrenz gehen, und die Konkurrenz wird erfahren, daß wir mit Finanzwechseln arbeiten. Die Konkurrenz, die nicht dazu genötigt ist, wird dafür Sorge tragen, daß unser Ruf untergraben wird.»[148]

Kritische Fragen der *Reichsbankleitstelle Hamburg* blieben an der Tagesordnung. Diese monierte das Anwachsen der Kreditnehmer zwischen Ende Juni 1947 und Ende August 1947 von 8,7 Millionen Reichsmark auf 9,1 Millionen Reichsmark. Sie machte darauf aufmerksam, dass die Refinanzierungsmöglichkeit der *Industriekreditbank* nicht zur Ausweitung des Kreditgeschäfts benutzt werden dürfe. Diesen Vorwurf wies die *National-Bank* allerdings zurück. Der Debitorenstand habe Ende 1946 schließlich schon einmal 9,2 Millionen Reichsmark betragen: «Von Kreditausweitung kann nicht die Rede sein. Andererseits dürfen wir das lebende Kreditgeschäft nicht abbauen. Das würde ja einer Liquidation gleichkommen.»[149]

Auf der Führungsetage war bekannt, dass die mangelnde Liquidität der Bank ein gravierendes Problem darstellte – ein Problem, das allerdings nicht nur die *National-Bank*, sondern auch zahlreiche andere Institute, Genossenschaftsbanken und Sparkassen betraf, während die dezentralisierten Großbanken vom Kreditvolumen her noch am besten aufgestellt waren. Da die Folgen der bevorstehenden Währungsmaßnahmen kaum abzuschätzen waren, plädierte Albert Brusten für Zurückhaltung bei der Kreditvergabe. Andererseits hielt man daran fest, dass die Kreditvergabe eine wesentliche Funktion der Bank sei und nicht ganz eingeschränkt werden könne. «Die Bank kann ihren Ruf, ihr Ansehen und auch auf die Dauer ihre Existenz nur behalten, wenn sie weiterhin zum mindesten dem vorhandenen Kundenkreis gegenüber die Funktion nach den üblichen und bewährten bankmäßigen Gesichtspunkten ausübt.»[150] Wegen der angespannten Lage wurde eine nur mündlich gegebene Hilfszusage der *Reichsbank Hamburg* für nicht ausreichend erachtet, sodass der Vorstand gebeten wurde, sich um eine verbindliche Bestätigung zu bemühen.[151] Im März 1948 führten Abhebungen von Großeinlegern zu einer weiteren Verschlechterung der Liquidität.[152]

Um diese wieder zu verbessern, stand der Vorstand in Verhandlungen mit der *Reichsbankleitstelle Hamburg* und der *Deutschen Industriebank.* Der von Letzterer in Aussicht gestellte Betrag von 1 Million Reichsmark war freilich nicht mehr als ein Tropfen auf den heißen Stein. Dabei war die Hilfe ein Zeichen der Treue: Die *Deutsche Industriebank*, die seit 1949 als in Düsseldorf ansässige *Industriekreditbank AG (IKB)* firmierte, war schon in der Sanierungsphase der Weimarer Republik, damals unter ihrem Namen *BAFIO*, und sodann in der NS-Zeit unter Max Schroeder ein wichtiger Partner gewesen. Auch nach dem Tod Schroeders im Jahr 1947 blieb sie – nun in der Person von Dr. Wilhelm Bötzkes – ein verlässlicher Geldgeber. Dieser war seit 1924 Vorstandsvorsitzender der *BAFIO* gewesen und galt als «Grandseigneur» seines Instituts.[153] Die *IKB* versorgte Unternehmen mit mittel- und langfristigen Investitionskrediten und griff hierfür auf *KfW*-Gelder und Mittel aus Anleihe- und Aktienemissionen zurück. Bötzkes diente vor allem im Verkehr mit den Landeszentralbanken immer wieder als Vermittler, beispielsweise als die Beschlüsse des Landeszentralbankrats vom 2./3. November 1948 eine Begrenzung der einzelnen Kundenkredite auf 5000 DM vorsahen, er dies aber zu vereiteln wusste.[154] Zusammen kam man auf eine Summe von 2,5 Millionen Reichsmark, die die *National-Bank* dringend benötigte.

Ein bloßes Weitermachen wie bisher reichte jedoch nicht aus: Westdeutschland brauchte eine stabile Währung, auf die man bei der *National-Bank* hoffte. Auf der Besprechung von Aufsichtsrat und Direktion am 1. September 1947 sah der «Tagesordnungspunkt 1» eine Aussprache über den voraussichtlichen Verlauf der Währungsreform vor. «Das Gesamtbild wird aber nach Ansicht der Bankleitung im allgemeinen Rahmen gesehen nicht ungünstig sein, und das Institut wird lebensfähig bleiben.»[155]

Hinsichtlich der Liquidität forderte Franz Blücher eine gründliche Vorbereitung: Die Bank müsse alle Vorkehrungen treffen, um den hohen Ansprüchen gerecht werden zu können, die an Finanzinstitute gestellt werden würden. Dies gelte insbesondere für das Personal. Der Urlaub sollte möglichst schon vor dem April 1948 genommen, Urlaubsansprüche aus dem Jahr 1947 unverzüglich abgewickelt werden; Lehrlinge sollten in genügender Anzahl eingestellt und materielle Vorkehrungen in jeder Form getroffen werden; bei der beruflichen Fortbildung sollten, so lautete eine weitere Anordnung, im Rahmen der hausinternen Schulungen bevorzugt die Bereiche «Wechselverkehr» und «Wechselrecht» behandelt werden.

Auch einige personelle Veränderungen fanden statt. Im Dezember 1947 wurde Maximilian Freiherr von Brachel anstelle des im Frühjahr schwer erkrankten Max Schroeder in den Aufsichtsrat aufgenommen.[156] Von Brachel, 1884 auf der Burg Tetz als Sohn eines Rittergutsbesitzers geboren, hatte in Brühl und Jülich höhere Schulen besucht, in Freiburg, München und Bonn studiert und war 1915 Leiter des *Bankhauses Leopold Seligmann* in Koblenz geworden. Seit 1933 hatte er als Generalbevollmächtigter und Leiter der Vertretung Köln der *Deutschen Industriebank* fungiert – eine Funktion, die er als politisch Unbelasteter auch nach 1945 ausübte; er hatte weder der NSDAP noch einer ihrer Gliederungen angehört. Für die *National-Bank* war dies sicherlich ebenso wichtig wie die Tatsache, dass er die notwendige fachliche Expertise mitbrachte.[157] Zwei Jahre später wurde er bereits stellvertretender Vorsitzender des Aufsichtsrats.

Noch wichtiger aber war eine andere Personalentscheidung: Im August 1948 trat Dr. Willi Wohlrabe in den Vorstand ein. Dieser war ein anerkannter Bankfachmann, der dem Vorstand der *Dresdner Handelsbank* angehört hatte, dann aus der Sowjetischen Besatzungszone geflohen und durch die Kontakte zur *Industriekreditbank* zur *National-Bank* vermittelt worden war. Mit seiner Beteiligung als persönlich haftender Gesellschafter an der Firma *Schuler & Co., Finanzinstitut für Handel und Industrie* in Stuttgart, erklärte sich der Aufsichtsrat einverstanden.[158] Mit seinem Eintritt begann eine «neue Ära» der Geschäftsführung, weil er die Bank in den schwierigen Wiederaufbaujahren mit «straffer Hand» führte.[159]

Ganz grundsätzlich lässt sich feststellen, dass in jenen Jahren nach 1945 von dem, was man heute «flache Hierarchien» nennt, kaum die Rede sein konnte. Wohlrabe und sein Nachfolger Dertmann waren keine autoritären Führungsfiguren, aber ein wesentliches Delegieren von Verantwortung fand in ihrer Zeit noch nicht statt. Bei den Entscheidungen in Ressortangelegenheiten hatte der Vorsitzende im Gesamtvorstand das letzte Wort. Charakteristisch für Wohlrabe war sein geordneter Schreibtisch, der nur zwei Schubladen hatte und keine Aktenberge zuließ.

Im Herbst 1948 wurde ein Kreditgeschäft mit dem Verlag *Henri Nannen GmbH*, dem Herausgeber der Zeitschrift *Stern*, im Aufsichtsrat diskutiert. Dieser Kredit belief sich auf die erhebliche Summe von 100 000 DM, die durch Abtretung von Außenständen, Übereignung von Papieren, eine Ausfallbürgschaft und Anteile in Höhe von 5000 DM am *Verlag Henri Nannen GmbH* gesichert werden sollte.[160] Das Geschäft war umstritten: Die FDP kritisierte, Blücher unterstütze ausgerechnet einen Verleger, der die FDP-nahe Zeitung *Abendpost* ruiniert habe. Die Angelegenheit war letztlich nicht mehr als ein Sturm im Wasserglas; die unergiebige Beteiligung an Nannens Verlag wurde schließlich wieder verkauft.[161]

Im Juni 1949 wurde der Baumeister und Unternehmer Dipl.-Ing. Ernst Hitzbleck in den Aufsichtsrat gewählt. Empfohlen hatte ihn sein Vater, der Aufsichtsratsvorsitzende Karl Hitzbleck.[162] Der Junior hatte in Dresden Bauingenieurwesen studiert und war 1926 in das von seinem Vater gegründete Unternehmen eingetreten, das in Duisburg eine der größten Baufirmen war und seit der Fusion des *DBV* mit der *National-Bank* eine enge Verbindung unterhielt. Ernst Hitzbleck war dank der väterlichen Aufbauarbeit in der Welt der Bauindustrie des Ruhrgebiets gut vernetzt. Er war Mitglied der Vollversammlung der *Industrie- und Handelskammer* und im Vorstand der *Wirtschaftsvereinigung Bauindustrie Nordrhein-Westfalen*.[163] Mit dem sozialdemokratischen Oberbürgermeister von Essen, August Seeling, verband ihn seit Studententagen eine enge Freundschaft. Die Aktien der *Wohnungsbau AG*, die von Karl Hitzbleck mitgegründet worden war, befanden sich vollständig in Familienbesitz. Es lag daher auf der Hand, dass Ernst Hitzbleck in diesem Unternehmen, das mit 1000 Wohnungen einen erheblichen Anteil an der öffentlichen Bauwirtschaft Duisburgs hatte, als stellvertretender Vorstandsvorsitzender fungierte.

Alles in allem waren dies zwar personelle Entwicklungen, die für viele Anlass zu Optimismus gaben, dennoch beklagte die *National-Bank* immer wieder ihre geringe Kapitalausstattung, die sich vor allem auf das Auslandsgeschäft nachteilig auswirkte: Die dortigen Finanzinstitute sahen eine Bank mit einem vergleichsweise geringen Eigenkapital, wie es die *National-Bank* in jenen Jahren war, nicht als ebenbürtigen Partner an. Die Aussichten auf eine Kapitalerhöhung, die ja ein Ausweg gewesen wäre, waren gering. Bankaktien galten als eine im Vergleich zu Industrieaktien schlechtere Kapitalanlage, weshalb neue Geldgeber zurückhaltend reagierten. Hinzu kam, dass die *National-Bank* im Interesse ihrer Reservenbildung mit Dividendenzahlungen nicht allzu freigiebig war – eine Strategie, die in der damaligen Bankenwelt weitgehend geteilt wurde. Die Bildung stiller Reserven galt als zentrale Aufgabe, weil nicht sicher war, ob und in welcher Weise der Staat die Banken krisenfester machen konnte, wenn man einmal von Steuerhilfen absah. Die *National-Bank* wollte daher ihre Kapitalausstattung durch die Bildung von Kapitalentwertungskonten verbessern, die aus künftigen Gewinnen getilgt werden sollten. Allerdings war zu erwarten, dass dem Staatssäckel hierdurch erhebliche Steuerausfälle entstehen würden. Solche Bedenken sollten jedoch nach Meinung der *National-Bank* kein Hindernis sein: Auch fiskalpolitisch sei zu überlegen,

> «ob es nicht auf lange Sicht eine bessere Politik wäre, kapitalkräftige Banken und damit für die Zukunft große Steuerzahler zu schaffen, statt jetzt derartige Bestrebungen mit dem Hinweis auf die vorübergehend in Kauf zu nehmenden Steuerausfälle zu bekämpfen. Bei Licht besehen wären die von uns befürchteten Maßnahmen ja auch nur eine kleine Vorausnahme des Lastenausgleichs für Währungsgeschädigte. Zu diesen Währungsgeschädigten dürfen sich die Banken mit gutem Recht wohl in erster Linie rechnen. Grundsätzlich dürfte es gesünder sein, wenn ein Wirtschaftszweig in den Stand gesetzt wird, seine Schäden aus eigener Kraft auszugleichen, statt dass er darauf angewiesen wird, Ansprüche an die öffentliche Hand zu stellen.»[164]

Obwohl sich im Herbst 1948 die Ertragslage verbesserte, hielt man sich bei der Kreditvergabe weiterhin zurück.[165] Die städtischen Kassen waren schließlich leer; die öffentlichen Geldbestände wurden im Gegensatz zu den Reichsmark-Guthaben von Einzelposten nicht im Verhältnis von 100 zu 6,5 umgewertet, was zu erheblichen Zahlungsschwierigkeiten der öffentlichen Hand führte und sich auf die Privatwirtschaft auswirkte, auf die die *National-Bank* wiederum angewiesen war.[166]

Der Währungsschnitt vernichtete insgesamt 93,5 Prozent der gesamten Geldmenge.[167] Den Banken waren der Abschluss ihrer Bücher zum Stichtag des 20. Juni 1948 sowie die Aufstellung einer Reichsmark-Schlussbilanz verordnet worden, weshalb beim Essener Institut 1948 nur ein Geschäftsbericht über ein «Rumpfgeschäftsjahr» veröffentlicht wurde. Die bis zum letzten Tag vorherrschende allgemeine Unkenntnis hinsichtlich der Modalitäten bei der Umstellung der Reichsmark-Schulden hatte viele Kreditnehmer zur Rückzahlung ihrer Kredite veranlasst. Die Gerüchte über eine plötzliche Einziehung der Reichsbanknoten hatten das vielfach gehortete Geld wieder hervorgelockt und Anlass zu vermehrten Einzahlungen auf Bankkonten gegeben. Deshalb wurde die erst am 4. August 1950 fertiggestellte Bilanz um 4,3 Millionen höher ausgewiesen und schloss mit einem Betrag von 74,1 Millionen Reichsmark ab.

Die schwierigen Umrechnungsprozesse zogen sich noch über längere Zeit hin, sodass der erste Geschäftsbericht nach der Währungsreform zugleich die Jahresabschlüsse für Ende 1949 und 1950 enthielt und die abschließende DM-Eröffnungsbilanz erst im April 1951 veröffentlicht wurde. Die erkennbare Liquiditätsverschlechterung führte schließlich zu großer Nervosität.[168] Im April 1949 hielten es Aufsichtsrat und Vorstand für bedenklich, die Aktionäre und die Presse zu einer Hauptversammlung zu laden, in der dann Fragen nach dem Eigenkapitel und dem Wert der Aktien hätten beantwortet werden müssen.[169]

Nach der Weltwirtschaftskrise 1931, der NS-Machtübernahme 1933 und der unmittelbaren Nachkriegszeit drohte damit schon wieder der Untergang. Die Zahlen der DM-Eröffnungsbilanz zum Stichtag 21. Juni 1948 waren in der Tat ausgesprochen ernüchternd. Nach der Zusammenlegung im Verhältnis von 10 : 4 blieben bei der *National-Bank* von den 74,1 Millionen Reichsmark gerade einmal 4,3 Millionen DM übrig. Die «Renaissance» des Bankgeschäfts begann somit mit einem bescheidenen Geschäftsvolumen. Selbst die Gehaltszahlungen standen mangels fehlender Erträge infrage. Das Reichsmark-Kapital durfte «stille Reserven» nicht mehr mit einbeziehen. Vorhandene Reichsmark-Bestände, die Nostro-Guthaben sowie alle Forderungen an das Reich wurden gestrichen.

Die Kassenguthaben wurden ebenso abgeschrieben wie die Schatzanweisungen und -wechsel des Deutschen Reichs und der Länder. Die Spareinlagen, die bei der Reichsmark-Schlussbilanz mit 12,5 Millionen Reichsmark in den Büchern standen, wurden in der DM-Eröffnungsbilanz mit kläglichen 660 000 DM verzeichnet. Die Kundeneinlagen setzten sich aus umgestellten Verbindlichkeiten in Höhe von rund 2,33 Millionen DM und Gutschriften in Höhe von rund einer Million DM zusammen. Der Schwund an Spareinlagen, die ja in der Regel langfristig gebundene Mittel sind, bereitete daher der *National-Bank* in der Regenerationsphase besonderes Kopfzerbrechen.[170]

In Düsseldorf hatten die britischen Behörden im April 1946 den Wertpapierhandel wieder zugelassen. Der Wert der Aktie der *National-Bank* war vor der Währungsreform intern mit lediglich etwa 75 Prozent angegeben worden – eine Einschätzung, die jedoch nicht nach außen dringen sollte, wie Karl Hitzbleck mahnte: «Man kann ja über den inneren Wert sehr verschiedener Meinung sein. Wenn die Deutsche Bank heute mit 90 ½ und die Commerzbank mit 104 notiert werden, dann ist m. E. ein Kurs von 100 bei der National-Bank schon zu hoch angesetzt.»[171] Allerdings gab die Kursentwicklung in diesen unsicheren Zeiten ohnehin «stärker politische als aktuelle geschäftliche Entwicklungen» wieder.[172]

Trotz aller scharfen Einschnitte führte die Währungsreform, der wenig später die Gründung der Bundesrepublik folgte, zu einer rasanten Verbesserung der Wirtschafts- und Lebensbedingungen, sodass man durchaus von einer «geglückten Neuordnung» (Hans-Peter Schwarz) sprechen konnte. Die «enorme Modernisierung der Lebenswelt und die ‹wirtschaftliche Superentwicklung›» (Axel Schildt) müssen in einen engen Zusammenhang mit der sich nun neu ausbildenden Sozialen Marktwirtschaft und der damit einhergehenden Wiederaufnahme Deutschlands in den Kreis der westlichen Industrienationen gebracht werden. So waren jene Jahre durch eine Politik gekennzeichnet, die der Schweizer Historiker Jean von Salis einmal als «bundesdeutsche Ideologie» bezeichnet hat und die eine solide Basis für eine sich zunehmend stabilisierende Demokratie bot. Die Bundesrepublik war – so von Salis – gekennzeichnet durch ihren «scharfe[n] Antikommunismus, ihr[en] katholische[n] Konservatismus, ihr abendländisches Europäertum, ihr Bekenntnis zum Rechtsstaat, ihre kapitalistische Bürgerlichkeit, ihr tiefes Mißtrauen gegen alles, was im Osten liegt, aber auch ihre Furcht vor der nationalistischen Hybris, die Hitlers Diktatur gekennzeichnet hatte».[173] Dies kam einer weitgehenden Abkehr von den bisherigen politischen Ambitionen gleich und knüpfte an die gescheiterten demokratischen Bemühungen der Zwischenkriegszeit an.

So ging die Bundesrepublik nun den Weg einer europäischen Einigung, zumal die USA mit dem Marshallplan diesen Prozess mit positiven Impulsen begleiteten und einen anderen Weg auch gar nicht zugelassen hätten.[174] Für die Bundesregierung unter Kanzler Konrad Adenauer hatte dieses Konzept, das ökonomisch eng an das Modell der Sozialen Marktwirtschaft gekoppelt wurde, den immensen Vorteil, die internationale Isolierung, die durch die Verbrechen der Nationalsozialisten entstanden war, langsam aufzubrechen. Die von Adenauer eingeleitete Politik der Westbindung bot hierfür ein geeignetes Instrument. Waren mit der Aufschrift *Made in Germany* wurden – übrigens ganz entgegen der ursprünglichen Intention – zum Exportschlager. Vor allem nach dem Ausbruch des Koreakriegs zog die Nachfrage nach deutschen Waren und Gütern wieder an, was nicht zuletzt der Essener Stahl- und Kohleindustrie zugutekam. Mit dem Londoner Schuldenabkommen vom Februar 1953, mit dem die Bundesrepublik die Auslandsschulden des Deutschen Reiches übernahm, stellte Bonn seine Kreditwürdigkeit wieder her.[175] Am 18. März 1953 verpflichtete sich die Bundesrepublik im «Wiedergutmachungsgesetz» mit Israel zur Zahlung von Entschädigungen an Verfolgte der nationalsozialistischen Herrschaft.[176] Dadurch wurde die moralische Glaubwürdigkeit der Westdeutschen wiederhergestellt – ein wichtiger Schritt in Richtung politisch-wirtschaftlicher Normalisierung.

Durch die Korea-Hausse getragen, wurde die D-Mark das Signum für die Prosperität des deutschen Außenhandels – eine entscheidende Voraussetzung für das «Wirtschaftswunder»[177], das allerdings, wie man heute weiß, gar nicht so exzeptionell gewesen ist, wenn man es nur in den gesamteuropäischen Kontext der Wirtschaftsentwicklung des «kurzen» 20. Jahrhunderts einbettet. So war es vielmehr ganz wesentlich ein Aufholmanöver einer Zivilgesellschaft, die mit hoher Motivation und großer Leistungsbereitschaft wieder auf einer Stufe mit den anderen westlichen Gesellschaften stehen wollte.[178]

Ludwig Erhards optimistisches Wirtschaftskonzept war eng an die Überlegungen der «Freiburger Schule» angelehnt.[179] Ökonomen um Walter Eucken und Franz Böhm hatten ihr Weltbild unter dem Eindruck des nationalsozialistischen Dirigismus ausgebildet und zogen nun die Konsequenzen aus den Defiziten des NS-Wirtschaftssystems. Die Theorien der Freiburger richteten sich dabei vor allem gegen die im nationalsozialistischen Deutschland eingeführte Lenkungswirtschaft. In der Zeit nach Hitler sollte es eine demokratisch legitimierte, akzeptable Verbindung der Marktwirtschaft mit Elementen der Regelung geben. Diese Theorie eines Ordoliberalismus stand in schroffem Gegensatz zu den Modellen des Laissez-faire- oder des Manchesterkapitalismus. Eucken, aber auch Wirtschaftswissenschaftler wie Friedrich von Hayek und Wilhelm Röpke beschritten damit einen «dritten Weg» zwischen den Extremen eines reinen Kapitalismus bzw. Sozialismus. Einer ihrer Mentoren war der in Münster lehrende Alfred Müller-Armack, der seit 1940 mit Erhard bekannt war und den Begriff «Soziale Marktwirtschaft» geprägt hatte. Eigenverantwortung, freie Konkurrenz und marktkonforme Eingriffe des Staates, so lautete das Rezept dieser Reformer, die Deutschland mit einer «neoliberalen» Politik wieder auf die Beine bringen wollten – Begriffe, die damals durchaus einen guten Klang hatten. Dies setzte allerdings Absicherungen für schwächere Mitglieder der Gesellschaft voraus, wie es sie bereits im Kaiserreich unter Bismarck gegeben hatte. Nur im Notfall sollte der Staat eingreifen, um soziales Unheil abzuwenden. Ohne einen allumfassenden fürsorgenden Wohlfahrtsstaat zu propagieren – der ohnehin unter den damaligen Bedingungen illusorisch gewesen wäre –, sollte ein herzloser Kapitalismus bzw. das sozialdarwinistische Credo des «survival of the fittest» vermieden werden. Röpkes Formel für die soziale Sicherung lautete: Eigenvorsorge soweit wie möglich, Fremdvorsorge durch den Staat nur, wenn unbedingt nötig. Das Prinzip der Sozialen Marktwirtschaft war jedenfalls ein durchschlagender Erfolg und zugleich ein «gelungenes Wagnis» (Manfred Görtemaker).

Zunächst jedoch war die Lage nicht rosig. Die prekäre finanzielle Lage Essens verschlechterte sich durch fehlende Steuereinnahmen. Käuferstreiks und Demonstrationen gegen den Einzelhandel prägten das Bild. Die beunruhigten Gewerkschaften kündigten gar einen Generalstreik an. Zudem wurde bei den öffentlichen Kassen auf eine Umstellung der Reichsmark-Währung im Verhältnis von 100 zu 6,5 verzichtet. Die öffentlichen Geldbestände und Guthaben wurden dadurch Opfer der Währungsreform.[180]

Glücklicherweise wurden bald die ersten Auswirkungen des Aufschwungs spürbar. So zahlte es sich aus, dass die Marshallplan-Hilfe für Investitionen verwendet wurde; andere europäische Länder kurbelten eher den Konsum an, was sich in vielen Fällen rasch als gravierender Fehler für ihre Wettbewerbsfähigkeit erweisen sollte. Gegen Ende des Jahres 1948 stellte die *IHK Essen* fest, dass zumindest «ein guter Anfang» gemacht worden sei: «Wenn die noch fehlenden Voraussetzungen geschaffen werden, erscheint die Hoffnung berechtigt, daß der gute Anfang [...] in zäher Arbeit zu einer weiteren Aufwärtsentwicklung ausgestaltet werden kann und daß dabei auch kommende Schwierigkeiten gemeistert werden können.»[181]

Der Aufschwung wurde auch durch den Wohnungsbau getragen, der in den zerstörten Städten fast zwangsläufig einen Auftrags- und Jobmotor darstellte und der *National-Bank* neue Kunden zuführte. Der Bau-Boom wurde durch den Flüchtlingsstrom noch eine ganze Zeit dynamisiert. Allerdings nahm die Arbeitslosigkeit nach der Währungsreform zunächst noch weiter zu. Bis zur Wiedereinführung der Marktwirtschaft hatten viele Betriebe durch die gleichsam planwirtschaftlichen Subventionierungen noch arbeiten können. In einem freien Markt wurde dies zunehmend schwieriger. Die unrentablen Betriebe schlossen schließlich, und die Zahl der Beschäftigungslosen stieg in der Bundesrepublik im Jahr 1949 auf eine Million an. Die Stadt verließ sich bei der Bekämpfung der steigenden Arbeitslosigkeit nicht nur auf die Bundesregierung, die 4 Millionen DM dafür zur Verfügung stellte, damit das Ruhrgebiet nicht – wie eine Essener Delegation von Stadtoberen zu bedenken gegeben hatte – zur «Elendssphäre» verkomme. Die Stadt gründete als zusätzliche Eigenleistung im September 1949 eine Industrieförderungsgesellschaft und kaufte *Krupp*-Grundstücke, die anschließend an neu gegründete Betriebe weiterverpachtet wurden. Gemeinsam mit dem

Land gelang es auf diese Weise, in den folgenden zehn Jahren fünfzig neue Betriebe mit knapp 9000 Arbeitsplätzen in der Stadt zu schaffen.[182]

Im Verlauf des Jahres 1949 stieg das Wirtschaftswachstum noch einmal deutlich an. Löhne und Gehälter nahmen ebenfalls zu. Die Lebenshaltungskosten gingen, ebenso wie der Schwarzhandel, zurück. Schon Ende 1949 wurde wieder das Produktionsniveau des Jahres 1936 erreicht. Am 21. Mai 1951 wurde das Gesetz über die paritätische Mitbestimmung der Arbeitnehmer in der Montanindustrie (Bergbau, Kohle und Stahl) verabschiedet: In Betrieben mit über 1000 Beschäftigten sollte ein aus elf Mitgliedern bestehender Aufsichtsrat gebildet werden; davon wurden je fünf Mitglieder von den Arbeitgebern und den Arbeitnehmern gestellt, dazu kam ein gemeinsam gewähltes «neutrales» Mitglied. Die Hoffnung der Gewerkschaften, eine solche Einigung in der damaligen Schlüsselindustrie würde auch in anderen Industriezweigen zu mehr Wirtschaftsdemokratie führen, erfüllte sich nur bedingt: Im Betriebsverfassungsgesetz von 1952 erhielten die Vertreter der Gewerkschaften lediglich ein Drittel der Sitze im Aufsichtsrat.

Ein weiterer wichtiger Schritt zur sozialen Stabilisierung war das am 1. September 1952 in Kraft getretene Lastenausgleichsgesetz: Jene Deutsche, die nach dem Krieg alles verloren hatten, z. B. die Vertriebenen, erhielten Zahlungen in Form von Hauptentschädigung, Hausrat- und Sparerentschädigung, Kriegsschadenrente, Aufbaudarlehen und Wohnraumhilfe. Die Mittel dafür wurden gemeinschaftlich aufgebracht, indem z. B. Gewinne aus Vermögen, Hypotheken und Krediten abgeschöpft wurden. Bis Ende der 1970er-Jahre wurden so mehr als 100 Milliarden DM umverteilt. Trotz all dieser Erfolge beschreibt das Bild des Soziologen Helmut Schelsky von einer «nivellierten Mittelstandsgesellschaft» die deutsche Gesellschaft nur unzureichend. So gab es nämlich immer noch schichtenspezifische Unterschiede, obwohl der obere und untere Rand der Gesellschaft näher zum Mittelstand rückten. Diese Entwicklung wurde nun durch die sich stetig verbessernden Bedingungen noch vorangetrieben.[183] Die 1957 eingeführte Rentendynamisierung brachte eine Anpassung der Renten an die ständig steigenden Löhne.

Die Industrie wuchs in diesen Jahren mit jährlichen Steigerungsraten von durchschnittlich 9,5 Prozent. In den Wachstumsbranchen wie Fahrzeugbau, Elektroindustrie und chemischer Industrie sowie der Mineralöl- und Kunststoffverarbeitung nahm die Zahl höher qualifizierter Stellen stark zu. Eine Bestandsaufnahme der *IHK* Essen aus dem Jahr 1951, die neu geschaffene Betriebe aufführte, nannte Betriebe der Elektrobranche an erster Stelle mit acht Betrieben und 1561 Beschäftigten, gefolgt von der Bekleidungsindustrie mit 21 Betrieben und 1240 Beschäftigten, dem Maschinen- und Apparatebau mit ebenfalls 21 Betrieben und 956 Beschäftigten sowie schließlich den Großhandel mit 42 Betrieben, der 940 Beschäftigte in Brot und Arbeit hielt.[184] Außerdem wirkte sich die föderale Ausrichtung der Bundesrepublik positiv aus: So gab es nun nicht mehr nur die Hauptstadt Berlin, sondern mehrere regionale Zentren: In Frankfurt waren die Banken angesiedelt, Hamburg wurde zu einem Zentrum der Presse und des Außenhandels. Daneben wurden im Süden Stuttgart und im Westen Köln, Düsseldorf und Essen zu bedeutenden regionalen Wirtschaftszentren.

Essen blieb nach wie vor eine der wichtigsten Bergbaustädte Deutschlands und war mit seinen 20 Zechen, zahlreichen Brikettpressanlagen und Kokereien eines *der* Zentren der Förderung des «schwarzen Golds». Allerdings musste sich die Stadt darum bemühen, andere Wirtschaftsbranchen anzuziehen, um nicht den drohenden Gefahren einer monostrukturellen Ausrichtung der Wirtschaft im Zeichen stetigen Wandels zum Opfer zu fallen. Hierfür wurde das schon gleich nach Kriegsende eingerichtete *Amt für Wirtschafts- und Verkehrsförderung* ein wichtiges Instrument. Die Neuansiedlung von Klein- und Mittelbetrieben gelang, vor allem weil sich Maschinen- und Fahrzeugbau, Elektrotechnik und Unternehmen aus dem Druckereiwesen nun in Essen und dem Umland ansiedelten. Auch der Handel spielte eine immer größere Rolle und beschäftigte in den 1950er-Jahren fast 50 000 Menschen.[185] Auf diese Weise wurde Essen zur Einkaufsstadt, ja darüber hinaus zu einem bedeutenden Einkaufszentrum der gesamten Ruhrregion.

Weil die Bundesrepublik nun wirtschaftlich erfolgreich war, sollte ihr wieder der Zutritt zu internationalen Organisationen gewährt werden. So wurde sie bereits 1952 in den Weltwährungsfonds aufgenommen. Besonders wichtig war aber der Beitritt in die *Montanunion*. Die *Europäische Gemeinschaft für Kohle und Stahl (EGKS)* als gemeinsamer europäischer Versuch einer politischen Einigung und wirtschaftlichen Integration sollte durch die Schaffung eines gemeinsamen Markts für die Grundstoffe Kohle und Stahl gegründet werden. Die *Montanunion* sollte zugleich Frankreich und Deutschland symbolisch in einem wichtigen Segment zusammenführen. Die Montanindustrie war für dieses Experiment besonders geeignet, weil das komplizierte Preisgefüge und die Konzentration dieser Wirtschaftszweige eine grenzüberschreitende Zusammenarbeit nahelegten. Die Außenminister Belgiens, der Bundesrepublik, Frankreichs, Italiens, Luxemburgs und der Niederlande unterzeichneten den Vertrag über die Gründung der EGKS am 18. April 1952 in Paris. Er trat im Juli in denselben Staaten, die wenig später die EWG bildeten, in Kraft. 1955 erlangte die Bundesrepublik

Das Wirtschaftswunder brachte schon nach kurzer Zeit die «Fresswelle» mit sich. Es wurde inzwischen zwar mehr gespart, aber auch mehr konsumiert: Das Angebot der Delikatess-Läden reichte von Kasseler bis Kaviar.

ihre Souveränität weitgehend zurück. Auf einer Außenministerkonferenz in Messina wurden im gleichen Jahr Perspektiven zur Vereinheitlichung der Volkswirtschaften, der Schaffung eines gemeinsamen europäischen Markts sowie zur Harmonisierung der Sozialpolitik formuliert, obwohl es weiterhin ungelöste Probleme und erhebliche Widerstände gab. Vor allem Frankreich, aber auch andere Nachbarn sahen ihre Industrien noch als zu wenig wettbewerbsfähig an.

Mit der Gründung dieser Europäischen Wirtschaftsgemeinschaft im März 1957 in Rom erreichte die Integration der Bundesrepublik in das westeuropäische Wirtschaftssystem einen vorläufigen Abschluss und einen neuen

Ausgangspunkt. Durch die Vertragsunterzeichnung verpflichteten sich die sechs Staaten zum Abbau gegenseitiger Handelsschranken und Binnenzölle, zur Einführung eines gemeinsamen Außenhandelszolls sowie zur Koordinierung ihrer Wirtschafts- und Sozialpolitik. Die «Römischen Verträge» bildeten fortan die Grundlage der Gemeinschaft. Vorgesehen war die Schaffung einer Europäischen Kommission und einer Europäischen Investitionsbank, die unterentwickelte Gebiete fördern sollte. Innerhalb von zwölf Jahren, so sah es der ehrgeizige Plan vor, sollten die Binnenzölle aufgehoben werden. Nach außen wurde eine gemeinsame Politik inauguriert. Für Importe aus Ländern außerhalb der Gemeinschaft vereinbarte man eine Verständigung über eine gemeinsame Zollpolitik. Letztlich sollte die Wirtschaftspolitik der einzelnen Staaten langfristig koordiniert werden, um später einmal eine gemeinsame Währung einführen zu können. Mit dem Gesetz über die Deutsche Bundesbank vom 1. Juli 1957 wurde die Sicherstellung der Stabilität der D-Mark zur obersten Maxime der deutschen Geldpolitik. Die D-Mark avancierte zur international bevorzugten Anlagewährung, und der Außenhandel florierte ebenso wie das davon abhängige Kreditgeschäft.

Eine deflationäre Entwicklung, verbunden mit einem Anstieg der Arbeitslosenquote im Frühjahr 1949, bildete für die neue Währung eine erste Bewährungsprobe. Auch die Geldmenge war zu diesem Zeitpunkt bei hohen Umlaufgeschwindigkeiten noch recht gering. Die *Bank deutscher Länder* musste im Dezember die Mindestreserven erhöhen und die Rediskontfähigkeit von Bankakzepten beschränken, um den angesichts der Nachfrageexplosion durchaus nicht ungewöhnlich rasanten Preisanstieg zu bremsen. Die Banken wurden gar ermahnt, ihr Kreditvolumen beizubehalten. Staatliche Eingriffe, die günstige konjunkturelle Entwicklung und der Ausbruch des Koreakriegs führten zu einer Stabilisierung, obwohl die Zahlungsbilanzkrise erst im Februar 1951 ihren Höhepunkt erreichte und die Arbeitslosigkeit noch recht hoch war. So war die *Bank deutscher Länder* in diesen Monaten gezwungen, die langsam wieder an Fahrt gewinnende bundesdeutsche Wirtschaft streng zu überwachen. Beispielsweise verschlechterte sich die Zahlungsbilanz im zweiten Halbjahr 1950 dramatisch, was sich sofort negativ auf den Haushalt der Bundesrepublik auswirkte. Auch hier griff die *Bank deutscher Länder* regulierend ein. Mittels der Erhöhung der Mindestreserven, einer erheblichen Erhöhung des Diskontsatzes von 4 auf 6 Prozent und weiteren durchaus dirigistischen, quasi-administrativen Eingriffen in die Ausleihpolitik der Geschäftsbanken wurde der Markt gelenkt – mit, wie sich bald zeigen sollte, durchaus positiven Ergebnissen. Die harte Notenbankpolitik ermöglichte schon 1951 wieder einen Ausgleich der Zahlungsbilanz, obwohl das Institut erst im Frühsommer 1952 wieder eine behutsame Senkung des Diskontsatzes von 6 auf 5 Prozent zuließ – der Beginn einer Phase weiterer Absenkungen bis schließlich auf sogar 3 Prozent in der Mitte der 1950er-Jahre, als die Bundesrepublik sich in die «Mengenkonjunktur» hineinbewegte.

Jetzt wirkten sich die Stärken der bereits im Kaiserreich etablierten deutschen Sonderform des Kapitalismus, der «korporativen Marktwirtschaft», voll aus. Das «Dritte Reich» hatte diese strukturelle Kontinuität nicht dauerhaft beenden können. Die westdeutsche Wirtschaft kehrte schon Anfang der fünfziger Jahre «auf ihren institutionellen Entwicklungspfad» zurück. Ausnahmen, wie etwa das Verbot der Kartellwirtschaft, bestätigen nur diese grundsätzliche Regel.[186] Hinzu kamen weitere äußere Faktoren. Die Bevölkerungsverdichtung und die durch die Teilung Europas bewirkten Wanderungsbewegungen durch Flucht und Vertreibung ließen die Bundesrepublik zu einer «relativ homogenen, urbanisierten Industriegesellschaft» werden.[187] Die zahlreichen Flüchtlinge aus den Ostgebieten und aus der DDR mochten auf den ersten Blick als Belastung für den Arbeitsmarkt wirken, aber sie stellten mit ihrem Know-how und ihrer Leistungsbereitschaft ein unschätzbares Potenzial dar. Der alte Gegensatz zwischen agrarischen und industriellen Interessen wurde durch die Spaltung Deutschlands beendet:

> «Was anfangs wie eine kaum zu bewältigende Belastung für die junge Republik aussah, erwies sich später als großer Vorteil. Durch die Flüchtlinge und Vertriebenen kam es zu einer Aufmischung alter Strukturen in Städten und vor allem in ländlichen Regionen. Außerdem waren diese Menschen, die nahezu ihr gesamtes Hab und Gut verloren hatten, besonders aufstiegsorientiert und arbeitsam, mithin vielleicht sogar besonders typische Bürger der Bundesrepublik.»[188]

In Essen war der Zuzug der Vertriebenen besonders markant. 1950 waren rund 36 000 Vertriebene in der Stadt gemeldet, im Jahr 1960 war ihre Zahl bereits auf fast 96 000 angestiegen.[189] Diese Neubürger stellten mit 13,2 Prozent der Einwohner ein großes Potenzial für die Banken dar, zumal die Wohnungsnot erheblich war und die Notwendigkeit, neue Siedlungen zu bauen, für das Hypothekengeschäft einen positiven Faktor darstellte. Die IHK bemerkte 1948:

> «Die Tatsache, daß die Beschaffung von genügend Wohnraum […] noch immer nicht ermöglicht worden ist, hängt geradezu wie ein Bremsklotz an dem weiteren Anstieg der Leistung. Die beschleunigte Durchführung eines ausreichenden Wohnungsbauprogramms ist gerade unter diesem Gesichtspunkt lebenswichtig.»[190]

Die ordnungspolitisch abgesicherte Geldwertstabilität, die Streikarmut und Lohnzurückhaltung, basierend auf dem friedlichen und geregelten Ausgleich der Tarifpartner, wirkten sich ebenso positiv aus wie die steuerliche Begünstigung der Kapitalbildung, die zu einer im Vergleich zu den anderen Industrieländern – sieht man einmal von Japan ab – höheren Nettoinvestitionsquote führte. Für die exportorientierte Bundesrepublik war die von den USA forcierte weltweite Etablierung einer Wirtschaftsordnung, die auf marktwirtschaftlichen Prinzipien und Freihandel basierte, ebenso vorteilhaft wie die Unterbewertung der DM als neuer Währung. Die Liberalisierung des freien Waren- und Kapitalverkehrs in Mitteleuropa führte dazu, dass immer mehr direkt für den Außenhandel produziert wurde. Ende der 1950er-Jahre rangierte dieser mit 17 Prozent nur knapp hinter den Privatinvestitionen und noch vor den Staatsausgaben. Darüber hinaus wirkte sich noch einige Jahre lang der verordnete Rüstungsverzicht positiv aus. Während andere Großmächte im Angesicht der sowjetischen Bedrohung nach 1945 wieder aufrüsteten – Großbritannien investierte beispielsweise zum Teil über 10 Prozent des Bruttosozialprodukts in Kriegsgerät –, profitierte die Bundesrepublik während des Koreakriegs von der erhöhten Nachfrage im Konsumgüterbereich.

Nach der Währungsreform befand sich die *National-Bank* in einem allmählichen Wiederaufbau. Die Neustrukturierung des Geschäfts war wohl noch komplizierter als jene nach der Inflation des Ersten Weltkriegs. Erst jetzt sah sich das Institut durch die Neubesetzung des Aufsichtsrats in der Lage, die Abschlüsse der Jahre seit 1944 in einer ordentlichen Hauptversammlung beschließen zu lassen. Der ehemalige Aufsichtsratsvorsitzende Eugen Vögler, der diese Dinge nur noch aus der Ferne verfolgte, sah angesichts dieser Entwicklung einen Hoffnungsschimmer: Es freue ihn, ließ er den Vorstand im Januar 1948 wissen, dass es «der Bank zeitgemäß gut geht. Mehr kann man ja nicht verlangen.»[191]

Im Aufsichtsrat fanden sich inzwischen weitere neue Gesichter: Generaldirektor Dr.-Ing. Alfred Pott, ein Fachmann für die Kohleveredelung, erklärte sich nach zahlreichen Gesprächen mit Wohlrabe im April 1949 bereit, als Chef des Gremiums mitzuwirken.[192] Er war in den 1920er-Jahren ein enger Vertrauter von Hugo Stinnes gewesen und hatte freundschaftliche Kontakte zu Albert Vögler gepflegt. Zusammen mit diesem hatte Pott 1926 die *Ruhrgas AG* aus der Taufe gehoben, in dessen Vorstand und Aufsichtsrat er berufen worden war. Auch in den Aufsichtsräten der *Hochtief AG* und der *Demag AG* war er über viele Jahre hinweg vertreten. Potts Amtszeit blieb zwar nur ein Intermezzo, dennoch kann es als sein Verdienst betrachtet werden, dass die *Ruhrgas AG* einen Betrag von 500 000 DM fest bei der *National-Bank* anlegte.[193] Am 19. Mai 1951 verstarb der seit einiger Zeit schwer erkrankte Aufsichtsratsvorsitzende.[194]

Seinen Platz übernahm der seit 1947 amtierende Präsident der *Niederrheinischen Industrie- und Handelskammer* Erich Edgar Schulze aus Duisburg, der sich in den folgenden Jahren als ein fairer und vertrauensvoller Ratgeber erwies und sich bei Aktionären und Kunden großer Achtung erfreute. Schulze war ein erfahrener Wirtschaftsmann, der auf eine lange und bewegte Karriere zurückblicken konnte. Im Ersten Weltkrieg war er Admiralstabsoffizier gewesen und 1922 in eine führende Stellung bei der *Demag AG* in Duisburg gekommen. Dort war er für die Organisation des Vertreterstabs sowie der Verkaufsgesellschaften im In- und Ausland zuständig gewesen. Während des Zweiten Weltkriegs hatte er als Chef des Stabs beim Marinebefehlshaber der Niederlande und später als Leiter der Marinedienststelle Bremen fungiert. Noch vor Kriegsende war er nach Duisburg zur *Demag AG* zurückgekehrt, in dessen Vorstand er 1946 aufgenommen wurde. Gegenüber den Besatzungsbehörden hatte er sich in zahlreichen Verhandlungen als Sprecher der gesamten Duisburger Industrie profiliert. Einer von Schulze ins Leben gerufenen Industriekommission war es gelungen, Stadt und Industrieunternehmen mit Brennstoffen, Energie, Arbeitskräften und Nahrungsmitteln auszustatten.[195] Die Wahl in den Aufsichtsrat der *National-Bank* im Jahr 1949 entsprach daher ganz der Tradition des Hauses, führende Männer der regionalen Wirtschaft für das eigene Geschäft zu interessieren und dadurch Anschluss an die industriellen Netzwerke des Ruhrgebiets zu gewinnen.

Inzwischen war die *National-Bank* als Außenhandelsbank zugelassen, was sogleich für die Ankurbelung des Auslandsgeschäfts genutzt wurde. Willi Wohlrabe fuhr im Frühjahr 1950 nach Brüssel und sprach dort mit Direktoren der *Banque de Bruxelles* über die Finanzierung des Imports von Fleisch und Holz sowie des Verkaufs von Fischereidampfern in Bremerhaven.[196]

Die Hauptversammlung im Mai 1951 wurde in das Essener Hotel *Kaiserhof* einberufen. Damit knüpfte die Bank an bisherige Traditionen der Repräsentation an – eine Entscheidung, die mehr als nur symbolischen Charakter hatte: Die Geschäftsbeziehungen der *National-Bank* in der Nachkriegszeit blieben stark an die guten Kontakte und Engagements der Jahre vor 1945 gebunden. Zahlreiche neue Geschäftspartner waren alte Bekannte. Hierzu zählten unter den Bankinstituten die *DBB*, *Burkhardt & Co.* sowie die *Allgemeine Bankgesellschaft* in Frankfurt. Zu den industriellen Kunden zählten die *Essener STEAG AG*, die *Stinnes AG*, die *Friedr. Krupp AG*, die als Handelsgesellschaft der *Gutehoffnungshütte* fungierende *Ferrostaal AG*, die *Ruhr-*

gas AG, die *Hochtief AG* und die *Thyssen Industrie*, aber auch der *Nürnberger Bund* und die *GAGFAH*, zu denen ebenfalls schon in den 1920er- und 1930er-Jahren Verbindungen geknüpft worden waren.

Auch auf überregionaler Ebene übte die *National-Bank* nun stärkeren Einfluss aus. Blücher war inzwischen Bundesminister für den Marshallplan geworden und hielt als Mitglied des Verwaltungsrats der *Kreditanstalt für Wiederaufbau (KfW)* eine enge Verbindung zu den großen Privatbanken.[197] Es lag also nahe, über Blücher den Kontakt zu Männern der dortigen Führungsebene wie Otto Schniewind und Herbert Martini herzustellen.[198] Beide waren 1948 wesentlich für die Konstituierung der *KfW* verantwortlich gewesen, die als «der große Triumph der deutschen Finanziers»[199] galt. Die *KfW* galt als vergleichsweise unabhängig agierendes Institut, das die Gelder des Marshallplans als Anschubfinanzierungen in Form von Wiederaufbaukrediten zinsgünstig ausschüttete.

Auch in Essen ließen die Anfragen bei der *KfW* wieder langfristige Kreditwünsche erkennen. Die Bilanzsumme der *National-Bank* betrug Ende 1949 17,1 Millionen DM. Die günstige Geschäftsentwicklung ließ diese Kennzahl im folgenden Jahr auf 22,9 Millionen DM steigen. Die Zahl der Mitarbeiter erhöhte sich fortwährend: von 73 im Jahr 1949 auf 122 Ende 1950.

Die Bank sah sich also inzwischen auf einem guten Weg. Natürlich wollte man beteiligt sein, wenn öffentliche Mittel oder Gelder der *KfW* dafür bereitgestellt wurden. Man ließ daher Franz Blücher wissen:

> Unsere eigene Absatzfinanzierung hat jetzt den Monatsbetrag von 1 Million Mark überschritten, so daß wir in diesem Jahr wohl an 10 Millionen Mark durchgeführte Finanzierungen herankommen dürften und damit in die vorderste Reihe der bestehenden Institute dieser Art eingerückt wären.»[200]

Als im Herbst 1950 ein Nachfolger für den altersbedingt ausscheidenden Paul Paus gesucht wurde, gab es so viele Bewerber, dass Willi Wohlrabe zuversichtlich war, die *National-Bank* werde bezüglich der Auswahl eines geeigneten Kandidaten «bestimmt keine Not haben».[201] Paus war ein lokal angesehener Geschäftsmann gewesen, aber nun sollte das Bankgeschäft noch stärker nach außen geöffnet und professionalisiert werden. Wohlrabes Wahl fiel schließlich auf Dr. Fritz Dertmann, der bis dahin Direktor der *Commerzbank* in Bochum gewesen war und die Geschicke der *National-Bank* für die folgenden 30 Jahre ganz wesentlich bestimmen sollte. Der gebürtige Bochumer hatte seine Banklaufbahn unmittelbar nach dem Abitur mit der Banklehre begonnen und nebenberuflich Betriebswirtschaft an der Universität

Köln studiert, wo er schließlich mit einer Arbeit über «Kalkulation und Preispolitik im Bankgewerbe» promoviert wurde. Mit Dertmann hatte man also neben Willi Wohlrabe einen zweiten überragenden Fachmann im Vorstand. Damit hatte das Institut, wie sich herausstellen sollte, «eine glückliche Hand bei der Auswahl» seiner Führungskräfte.[202]

Dertmann, zum Zeitpunkt seines Eintritts bei der *National-Bank* am 1. März 1951 mit 38 Jahren für seine Position vergleichsweise jung, ging sogleich mit großer Energie ans Werk. Aus seiner Bochumer Tätigkeit kannte er wie kein anderer die wirtschaftlichen Verhältnisse des Ruhrreviers – ein Vorzug, den keiner seiner nachfolgenden Vorstands-Aspiranten aufzuweisen hatte. Als «Mann des Reviers» gelang es ihm, eine große Anzahl bedeutender Kunden für die *National-Bank* zu gewinnen. Dertmann hielt im Verkehr mit Kunden und Behörden alle Fäden in der Hand und wurde zum vielgefragten und geschätzten «Chef der Bank». Er knüpfte bald wertvolle Verbindungen zu bedeutenden Unternehmen der Essener Wirtschaft, vor allem zum traditionell wichtigen regionalen Handwerk. Zur Unterstützung wurde hierfür im Mai 1951 der Kreishandwerksmeister Gustav Müller in den Aufsichtsrat geholt. Dieser war für die CDU im Rat der Stadt Essen und vertrat die örtlichen Handwerksinteressen fast zwei Jahrzehnte lang, auch als er in den 1960er-Jahren eine Zeit lang als Landtagsabgeordneter nach Düsseldorf ging. Die wichtigen Verbindungen zu den Institutionen der Region pflegte Dertmann ebenfalls: Er wurde nicht nur Vizepräsident der *Industrie- und Handelskammer* für die Stadtkreise Essen/Mülheim an der Ruhr und Oberhausen, sondern war auch lange Jahre ehrenamtlicher Richter beim Landgericht Essen, stellvertretender Aufsichtsratsvorsitzender der *Westdeutschen Wirtschaftsprüfungsgesellschaft AG,* Aufsichtsratsmitglied der *Altstadt-Baugesellschaft mbH* sowie der *Ausstellungs- und Messegesellschaft mbH.* In zahlreichen Ausschüssen des *Bundesverbands deutscher Banken* war er ebenfalls vertreten. Dertmann verkörperte eine neue Institutspolitik. Die Mitarbeit in bankspezifischen Organisationen und die Mitgliedschaft in gesellschaftlichen Vereinigungen gerieten gleichsam zum Sprungbrett, um als kompetenter Ansprechpartner Kunden zu akquirieren. 1952 hatte die Bank bereits ein Bilanzvolumen von etwa 52 Millionen DM und einen festen Stamm von 140 Mitarbeitern.

Ein Neubau am Theaterplatz

Die Bombardierung deutscher Städte hatte überall zu Zerstörungen von Bankgebäuden und von für den Geschäftsverkehr notwendiger Infrastruktur geführt, sodass schon vor dem offiziellen Kriegsende, quasi zeitgleich mit dem militärischen und wirtschaftlichen Zusammenbruch, das deutsche Bankwesen darniederlag.[203] Auch bei der *National-Bank* hatte man sich nach den Angriffen zunehmend ans Improvisieren gewöhnen müssen. Nachdem das eigene Bankgebäude im III. Hagen/Ecke Brandstraße 1943 zerstört worden war, hatte die Bank eine provisorische Unterkunft in einem Verwaltungsgebäude der *Diskonto-Gesellschaft* in der Rathenaustraße 8, Ecke Kapuzinergasse, gefunden. Nach dem Ende des Zweiten Weltkriegs blieb dieses Provisorium für weitere sieben Jahre die Bankzentrale: ein nur notdürftig wiederhergerichtetes – und lediglich angemietetes – Refugium in bescheidenen Räumlichkeiten im Erdgeschoss und Keller.

Die «Zentrale» der *National-Bank* – wenn man einen solchen Ausdruck überhaupt verwenden will – befand sich in einem für heutige Verhältnisse geradezu abenteuerlich anmutenden Zustand: Neben dem Kassenraum gab es zwei Vorstandszimmer nebst Sekretariat und einen kleineren Raum für die Maschinenbuchhaltung. In einem weiteren Raum waren Abteilungen wie «Wertpapier» und der langsam wieder an Fahrt aufnehmende Bereich «Ausland» untergebracht. Für das dritte Vorstandsmitglied Dertmann gab es hingegen kein repräsentatives Büro. Stattdessen wurde ein fensterloser Holzcontainer angeschafft und im Kassenraum vor der Theke aufgestellt – ein wahrlich kärgliches Vorstandszimmer. Die Telefonzentrale der Bank befand sich im Kassenraum und sorgte dort, wie sich der langjährige Mitarbeiter Maximilian Dilling später erinnerte, ständig «für viel Unruhe». Die Kantine befand sich im Kellerflur:

> «Dort stand ein langer, schmaler, rohgezimmerter Tisch, an beiden Seiten dieses Tisches je eine Holzbank in Tischlänge ohne Rückenlehne. Das Mittagessen wurde aus Thermoskübeln ausgegeben, die zwischen dem Eingang zur Herren- und Damentoilette standen. Jeder Mitarbeiter musste nach Empfang der Mahlzeit mit seinem gefüllten Teller über die am Tisch befindliche Bank steigen, um sich hinsetzen zu können.»[204]

Im harten Winter 1946/47, in dem sich die Essener Bevölkerung überwiegend durch den Verzehr von Kartoffeln, Hülsenfrüchten und Brot am Leben hielt, stellte vor allem die Beheizung dieser Räumlichkeiten ein großes Problem dar. Im Januar 1947 erhielt die *National-Bank* von der *Reichsbankstelle Essen* jedoch die erfreuliche Mitteilung, dass sie zehn Tonnen Mischbriketts durch das Essener Kohlekontor geliefert bekommen werde: «Dieses ‹Geschenk› kommt zwar spät, aber wir werden es noch gut gebrauchen können», vermerkte der Vorstand.[205] Einen Wagenpark gab es noch nicht, aber die Bank besaß immerhin einen eigenen Mercedes 170 V. Der Vorstand fuhr zunächst mit dem Fahrrad, Dertmann hatte immerhin schon privat einen VW Käfer.

Zu dieser Zeit wurden die Bankgeschäfte noch im Wesentlichen per Hand erledigt: Die Überweisungsaufträge beispielsweise wurden formlos schriftlich eingereicht und dann auf Überweisungsformulare übertragen. Auch die Sicherheitsvorkehrungen zeugten noch von einer gewissen Nachkriegsimprovisation. Geldtransporte wurden grundsätzlich von den Lehrlingen ohne Begleitschutz in großen Ledertaschen durchgeführt; zu Fuß ging es von der *National-Bank* zur *Landeszentralbank*. Erst später ließ man einige Mitarbeiter von der Polizei im Umgang mit Schusswaffen ausbilden, die dann den Fußtransport bewaffnet begleiteten.[206]

Auch die Außenpräsentation spielte nun eine größere Rolle. Noch kurz nach Kriegsende waren Dienstreisen nur schwer möglich gewesen: Aufgrund eines fehlenden Grenzübertrittscheins hatte der Vorstandsvorsitzende Albert Brusten im Juli 1946 bei einer geplanten Dienstreise noch nicht einmal die amerikanische Zone passieren dürfen.[207] Bei den in den frühen 1950er-Jahren wieder häufiger unternommenen Dienstfahrten nach Süddeutschland, Frankreich, Großbritannien, den Niederlanden und Belgien fuhren die Bankmitarbeiter zwar meist mit der Bundesbahn, nun aber immer häufiger auch mit dem Dienstwagen. Als einige Vorstands- und Aufsichtsratsmitglieder im Januar 1953 zu einem Festkonzert in Köln geladen waren, bei dem Bundespräsident Theodor Heuss anschließend einen Empfang veranstaltete, wurde die richtige Kleiderordnung thematisiert: «Da werden wir wohl doch den Frack anziehen müssen», beschied Willi Wohlrabe.[208]

Recht spartanisch fielen in den Jahren des Neubeginns die Betriebsausflüge aus. In den 1950er-Jahren fuhren die Mitarbeiter mit der Bundesbahn oder mit Ausflugsdampfern an Rhein und Mosel. Gelegentlich fuhr man auch mit dem Autobus nach Haltern in den Naturpark Hohe Mark. Die Betriebsausflüge fanden zunächst noch sonntags statt. Da sich jedoch mit der Zeit immer weniger Mitarbeiter fanden, die bereit waren, ein freies Wochenende zu opfern, wurden sie an Arbeitstagen arrangiert.[209]

Bis zuletzt war die Geschäftstätigkeit in der Rathenaustraße durch Staub und Lärm bei den Wiederherstellungsarbeiten für die Geschäftsräume der

Dresdner Bank, die dort bald ebenfalls einziehen wollte, in dem durch Bretter abgedeckten Teil des Hauses behindert. Daher gab es seit 1948 ernsthafte Umzugsüberlegungen. Schnell kristallisierte sich der Wunsch heraus, in der zerstörten Essener Innenstadt ein ganz neues Gebäude zu errichten. Die Umsetzung erfolgte in enger Absprache mit der Stadt Essen, die ebenfalls Interesse an einer zukunftsträchtigen Belebung der Innenstadt hatte.

Die *Industrie- und Handelskammer* berichtete schon für das Jahr 1949 von erstaunlichen Veränderungen:

> «In diesen Jahren wurde in dem Wiederaufbau und Aufbau von Geschäftshäusern in den Städten Essen, Oberhausen und Mülheim ganz erhebliche Fortschritte gemacht, wodurch sich die zähe Initiative und der Leistungswille des Handels besonders eindrücklich dokumentieren. In Essen haben alle bedeutenden Häuser während des ganzen Jahres an der Wiederherstellung ihrer ehemaligen Verkaufsräume gearbeitet. Verschiedene Firmen haben ihre Gebäude wieder auf den alten Grundstücken in repräsentativer Form aufgebaut. […] Die Frequenz auf der Limbecker Straße erinnert bereits wieder an die Friedenszeit.»[210]

In Essen bot der Theaterplatz geeignete Möglichkeiten: Schon 1925 hatte es städtebauliche Überlegungen gegeben, diesen großzügiger zu gestalten. Die Zerstörungen des Zweiten Weltkriegs boten nun die Chance, diese Ideen umzusetzen. Der städtische Neuordnungsplan aus dem Jahr 1949, der einem Ideenwettbewerb entsprang und die Innenstadt zu einem Geschäftszentrum ausbauen wollte, gab Gelegenheit, neue fußläufige Ladenstraßen zu schaffen. Zwischen Kettwiger Straße und Opernhausvorplatz war ein breiterer Durchbruch vorgesehen, um eine offenere Bebauung zu ermöglichen. Das Ensemble um den Theaterplatz bildeten nun die Verwaltungsgebäude der *Städtischen Bühnen*, das *Haus an der Oper*, das *Lichtburggebäude*, das *Haus Bültmann*, das *Haus Wiehmeyer* und nicht zuletzt der Neubau der *National-Bank*. Paul Paus regte an, im Zuge der neuen Stadtplanung ein aus mehreren Parzellen bestehendes Grundstück am Theaterplatz zu erwerben, das ein hochwertiger Ersatz für den verwüsteten Grundbesitz im III. Hagen sein sollte.[211]

Am 1. Juli 1951 begannen die Rohbauarbeiten für den großzügigen Essener Bankneubau, der größtenteils vom *Hochtief*-Konzern ausgeführt wurde, mit dem die Bank weiterhin in engen geschäftlichen Verbindungen stand. Wegen der noch ungewissen Zukunft wagte die Bank nicht die volle Bebauung des zugewiesenen Grundstücks und beschränkte sich auf einen ersten Bauabschnitt, bei dessen Ausgestaltung Fritz Dertmann eine wesentliche Rolle spielte. Unterdimensioniert war dieser Bauabschnitt dennoch nicht:

Es geht wieder aufwärts. Während die Ruinenlandschaft noch dominiert, wird seit dem Sommer 1951 der Neubau der *National-Bank* errichtet.

Der Hauptkörper hatte eine Länge von 24 Metern, eine Tiefe von 14 Metern und war mit einer der Hinterfront vorgelagerten bogenförmigen Kassenhalle versehen. Nach knapp einjähriger Bauzeit konnte das neue Bankgebäude mit seinen fünf Obergeschossen und zwei Kellergeschossen am 1. Juni 1952 bezogen werden. In einer besonders exponierten Lage, in der Blickachse der Rathenaustraße und gegenüber dem Opernhaus, wurde nun nach außen die Bedeutung der *National-Bank* im Essener Wirtschaftsraum sichtbar.

Für das Bauvorhaben wurden fünf Architekten unter Leitung des Architekturbüros *Eggeling und Ottens* herangezogen und deren Pläne ausgiebig diskutiert. Auch wenn man den Aufsichtsratsmitgliedern nicht zumuten wollte, sich «mit den Einzelheiten der inneren Gestaltung» des zukünftigen Bankgebäudes zu befassen, wurden diese doch um eine Einschätzung hinsichtlich der Fassadengestaltung gebeten. Auch sollten sie sich dazu äußern, ob sie «für die Gestaltung der Kassenhalle die runde oder die mehr rechteckige Form vorziehen»[212] würden. Das Richtfest fand am 6. Oktober 1951 wie üblich gemeinsam mit den Bauarbeitern statt und wurde anschließend in der Gaststätte «Uhlenkrug» gefeiert.

An der Stelle des Neubaus hatten sich bis zur Zerstörung im Zweiten Weltkrieg einige kleinere Wohn- und Geschäftshäuser, aber auch das Ver-

Das Mitarbeiter-Casino der 1950er-Jahre verströmte Eleganz und Funktionalität zugleich. Ob die Weltkarte an der Stirnseite auf Expansionsziele aufmerksam machte? Die *National-Bank* blieb jedenfalls stolz darauf, eine regional agierende Mittelstandsbank zu sein.

lagsgebäude der *Rheinisch-Westfälischen Zeitung* befunden; später war es von der *Demag Untertage GmbH* gemietet worden. Der neue Stammsitz am Theaterplatz 8, der bis zum heutigen Tage Hauptsitz der *National-Bank* ist, befand sich allerdings etwas abseits des traditionellen Bankenviertels. Für den Neubau, der als Zeichen eines neuen Selbstbewusstseins gelten konnte, standen mehrere Konzepte zur Verfügung. Die wichtigsten Alternativen waren zum einen die Bebauung des gesamten Geländes mit der Möglichkeit einer späteren Aufstockung, zum anderen eine «kleine Lösung» in Form eines viergeschossigen Baus als Teilbankgebäude.

Die zweifellos großzügigere erste Lösung wurde angesichts der noch als unsicher eingeschätzten wirtschaftlichen Entwicklung verworfen. Bei der zweiten Variante gab es Meinungsverschiedenheiten zwischen dem Bankvorstand und dem Aufsichtsrat auf der einen Seite und dem Hauptaktionär der

National-Bank, der *Deutschen Industriekreditbank* (*IKB*), auf der anderen Seite. Letztere wollte – aus wirtschaftlichen Gründen – die gesamte Front mit Ladenlokalen ausstatten und vermieten. Der Vorstand setzte sich schließlich gegen die *IKB* durch.

Für die Planung und Einrichtung nach banktechnischen Erfordernissen wurden führende Mitarbeiter befragt. Die großzügige und helle Schalterhalle mit 300 Quadratmetern fiel durch ein charakteristisches Halbrund auf. Auch die einzelnen Geschäftszimmer waren durch große Fenster lichtdurchflutet. Der untere und obere Kassenraum sowie der Keller wurden durch eine dem Eingang gegenüberliegende Zentraltreppe miteinander verbunden. Die Einrahmung dieser Zentraltreppe erfolgte im oberen Kassenraum durch eine Sitzbank sowie ein verziertes schmiedeeisernes Gitter als künstlerische Abgrenzung. Durch einen architektonischen Kunstgriff war es darüber hinaus möglich geworden, unterhalb der ebenerdigen Kassenhalle einen zweiten Kassenraum einzurichten, in dem sich Stahlkammern für Wertpapiere befanden. Ein zusätzlicher dritter Arbeitsraum lag im Souterrain. Der Tiefkeller wurde für Kasinoräume, die Registratur, Garagen und einen Banktresor genutzt.

Insgesamt war das Gebäude zwar durchaus repräsentativ, der Bodenbelag verriet jedoch, dass mit dem Neubau noch keineswegs die Zeit des üppigen Wohlstands angebrochen war: Der graue Gummibelag wurde in den Festreden damit gerechtfertigt, dass dieser den Räumen eine «unauffällige Eleganz» verleihe, die mit anderen Materialien schwerlich erreicht worden wäre. Dieser Begründung wird man aber nicht unbedingt folgen müssen.

Im ersten Stockwerk, das vom oberen Kassenraum aus zugänglich war, wurden lediglich die nach vorne zur Straße hin gelegenen Vorstandszimmer, ein Sekretariat und ein Sitzungszimmer von der Bank genutzt. Die anderen Räume der ersten Etage und die übrigen Geschosse wurden vermietet.

Mit dem Einzug in das neu errichtete Bankgebäude am Theaterplatz war die Zeit der provisorischen Lösungen beendet. Von nun an standen mitten im Herzen der Essener City wieder repräsentative und moderne Arbeitsräume zur Verfügung. In den Ansprachen zur Einweihung wurde ein neuer Kurs offen propagiert: Das neue Haus solle den Angestellten einen «gesunden Arbeitsplatz» und den Kunden ein «Gefühl der Sicherheit» schenken. An die unrühmliche Vorgeschichte wurde nur andeutungsweise erinnert: Die Bank solle «in einer sittlich schwankenden Welt ein Beispiel der Zuverlässigkeit, Sauberkeit und Vertragstreue» abgeben und ein «Haus des Vertrauens» sein. Nicht zuletzt solle der landläufigen Meinung entgegen-

Im recht bescheiden anmutenden Vorstandszimmer des Neubaus der 1950er-Jahre durften Gummibaum und Aschenbecher nicht fehlen.

gearbeitet werden, dass es die «angenehmste Aufgabe» eines Bankinstituts sei, hohe Zinsen zu nehmen und nur niedrige Zinsen zurückzugeben.

Mit dem Einzug in das Bankgebäude tat sich den Angestellten in den «modernen Räumen mit neuen Büromöbeln» nach eigener Auskunft «eine völlig neue Arbeitswelt» auf.[213] Die nun eingeführte Kantinenverpflegung sicherte ein warmes Mittagessen. Die Zeiten, in denen Leitungswasser und Kaffee aus Thermoskannen getrunken wurden, waren endgültig vorbei.

Allerdings hatte die «kleine» Lösung am Theaterplatz in den folgenden Jahrzehnten zahlreiche zum Teil unharmonische Umbauten zur Folge. Ein erster Anbau im I. Hagen erfolgte bereits 1955. Im Vorfeld musste allerdings noch die heikle Frage der Vergabe der Bauarbeiten beantwortet werden. Mehrere Offerten lagen vor. Der Vorstand entschied sich für ein Konsortium, das von alten Geschäftsfreunden gebildet wurde: der *Hochtief AG*, den *Baubetrieben Friedr. Krupp AG* und der *Baugesellschaft Karl Hitzbleck*. Es hatte ein Angebot in Höhe von 606 000 DM eingereicht. Andere Firmen, die ebenfalls «angenehme Geschäftsverbindungen» zur *National-Bank* unterhielten, wurden auf später noch zu vergebende Bauarbeiten bei der Hauptniederlassung Duisburg vertröstet.[214] Dabei wurde die Lücke zwischen dem benachbarten Kaufhaus *Loosen & Co.* und dem Ersten Bauabschnitt des Bankgebäudes geschlossen. Im obersten Geschoss wurde eine Kantine für die Belegschaft eingerichtet, die nicht selbst genutzten leer stehenden Räumlichkeiten wurden vermietet: an die *AEG*, die einen Ausstellungs- und Schulungsraum einrichtete, an den Inhaber eines Geschenkegeschäfts, an den Besitzer eines Damen- und Herrenfriseursalons und schließlich an einen Apotheker. In das obere Geschoss zog das benachbarte Kaufhaus *Loosen* ein, das einen eigenen Zugang hatte.[215]

Der 1949 geplante Umbau der Hauptniederlassung in Duisburg kostete etwa 110 000 DM, von denen 25 000 DM vom Verlag *Henri Nannen GmbH* übernommen wurden, der zwei Räume des Erdgeschosses für seinen Zeitungsverlag angemietet hatte. Die Vorgaben für den Architekten verrieten eine gewisse Großzügigkeit:

> «Für den Vorraum in der Kassenhalle des ersten Obergeschosses und für die Toiletten ist Terrazzofußboden vorgesehen, ebenso soll das Treppenhaus Terrazzostufen erhalten. Die übrigen Fußböden sollen in Steinholz ausgeführt werden.»[216]

Zur Bewältigung der Expansion sollte Anfang der 1970er-Jahre das Gebäude der *National-Bank* aufgestockt werden, was jedoch an der Statik scheiterte.[217] Daher wurden bisher vermietete Räumlichkeiten selbst genutzt.[218] Grundlegend wurde die Essener Zentrale von 1987 bis 1989 umgebaut, hauptsächlich der untere und obere Kassenraum sowie der Vorstands- und Kreditbereich im ersten Stockwerk. In der Umbauzeit zogen der Vorstand und die kundenbezogenen Abteilungen in das ehemalige Gebäude der *Landeszentralbank* an der Ecke Lindenallee/An der Reichsbank. Am Theaterplatz verblieben lediglich die Organisations- und Postabteilung und die EDV. Zwischen beiden Gebäuden fand bis zur Neueröffnung am 6. März 1989 ein stündlicher Botendienst statt.[219]

Der Bankalltag nach 1945

Das Ende des Zweiten Weltkriegs führte in der Arbeitswelt zu tiefgreifenden Veränderungen, die das Image der Banken und ihrer Mitarbeiter nachhaltig beeinflussen sollten. «Vom Bankbeamten zum Verkäufer» – so ist dieser

Umstrukturierungsprozess bezeichnet worden.[220] Das überproportionale Wachstum der Kreditwirtschaft in der Nachkriegszeit war Ausdruck der Ausdifferenzierung der bundesrepublikanischen Dienstleistungsgesellschaft. Hinzu kam neben den Effekten des wachsenden Wohlstands und des schier atemberaubenden Wirtschaftsbooms die Ausdehnung des Bankengeschäfts auf andere Bereiche.

Die Hauptversammlungen der *National-Bank* in den Nachkriegsjahren fanden zunächst im *Hotel Kaiserhof* statt. Nach dessen Abriss wurden die Zusammenkünfte wegen der gestiegenen Teilnehmerzahlen seit den 1960er-Jahren im großen Saal des *Städtischen Saalbaues Essen* abgehalten. Von der «reichhaltigen Bewirtung einschließlich Nachmittagskaffee und Aktionärspräsent» nahm die auf Sparsamkeit bedachte Bank später Abstand, weil dies «insbesondere bei den Essener Bankenvertretern zu einer sehr hohen Teilnahmequote führte», wie sich einer der Angestellten später erinnerte.[221] Die Hauptversammlungen liefen in der Regel meist ohne nennenswerte Opposition ab. Wenn doch einmal Kritik geäußert wurde, dann war sie, wie sich ein Beteiligter erinnerte, bisweilen darin begründet, dass Aktionäre für «Bauaufträge der Bank keine Aufträge erhalten hatten».[222]

Die *National-Bank* wurde zunehmend zu einer Universalbank und zog Mittelstandsgeschäfte an, die bis dahin noch von Autohändlern und Versicherern betreut worden waren. Dies hatte unmittelbare Auswirkungen auf das Geschäftsvolumen und die Verwaltungsarbeit. Den repräsentativen Aspekten wurde größere Aufmerksamkeit gewidmet. Die Geschäftsberichte wurden, gleichsam als Zeichen für den inzwischen erreichten Wohlstand, opulenter ausgestattet und auf hochwertigem Papier gedruckt. Denjenigen von 1958 zierten beispielsweise zwei Aquarelle des Professors der Folkwang-Schule für Gestaltung, Josef Urbach. Dessen Kunst hatte im «Dritten Reich» als «entartet» gegolten. Seine Aquarelle zeigten das neue Duisburger Bankgebäude und den Kassenraum bei der Einweihung im Juli 1958. Auch im folgenden Jahr wurde der Geschäftsbericht von ihm illustriert, dieses Mal mit einer Ansicht des im März 1959 eingeweihten neuen Bankgebäudes in Oberhausen.

Intern waren die Veränderungen ebenfalls groß. Die Beschäftigten der Maschinenbuchhaltung waren durch den fortwährenden Arbeitszuwachs stark belastet: In den Vormittagsstunden waren sie damit beschäftigt, die Zinsabrechnungen für die bei der *National-Bank* unterhaltenen Personenkonten anzufertigen. Während die Tagesumsätze maschinell erfasst wurden, mussten die Zinszahlen in einem zweiten Arbeitsgang handschriftlich errechnet werden. Nach der halbstündigen Mittagspause mussten die ver-

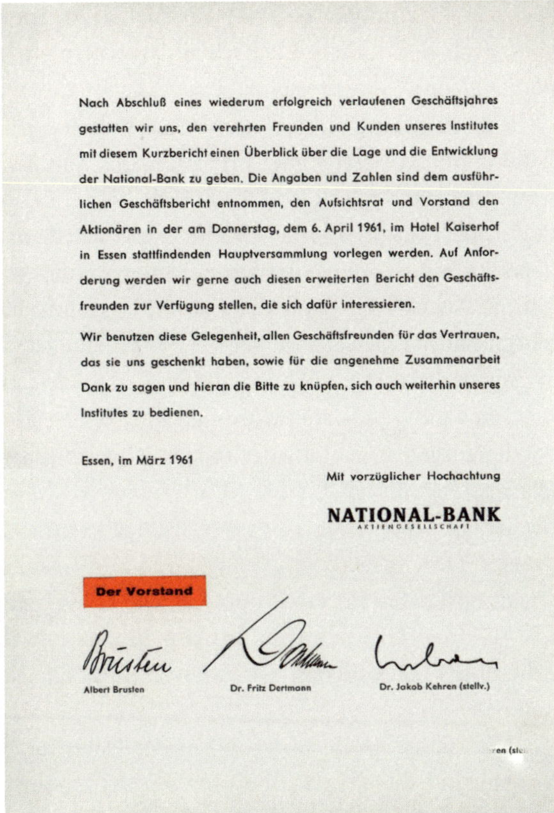

Nach Abschluß eines wiederum erfolgreich verlaufenen Geschäftsjahres gestatten wir uns, den verehrten Freunden und Kunden unseres Institutes mit diesem Kurzbericht einen Überblick über die Lage und die Entwicklung der National-Bank zu geben. Die Angaben und Zahlen sind dem ausführlichen Geschäftsbericht entnommen, den Aufsichtsrat und Vorstand den Aktionären in der am Donnerstag, dem 6. April 1961, im Hotel Kaiserhof in Essen stattfindenden Hauptversammlung vorlegen werden. Auf Anforderung werden wir gerne auch diesen erweiterten Bericht den Geschäftsfreunden zur Verfügung stellen, die sich dafür interessieren.

Wir benutzen diese Gelegenheit, allen Geschäftsfreunden für das Vertrauen, das sie uns geschenkt haben, sowie für die angenehme Zusammenarbeit Dank zu sagen und hieran die Bitte zu knüpfen, sich auch weiterhin unseres Institutes zu bedienen.

Essen, im März 1961

Mit vorzüglicher Hochachtung

NATIONAL-BANK
AKTIENGESELLSCHAFT

Der Vorstand

Albert Brusten — Dr. Fritz Dertmann — Dr. Jakob Kehren (stellv.)

Weil die Geschäftsberichte in der «Wirtschaftswunderzeit» immer umfangreicher wurden, ergänzten «Kurzberichte» in den 1960er-Jahren die Berichterstattung.

schiedenen Buchungsbelege des jeweiligen Kontenbereichs dem Kontenführer in genauer alphabetischer Folge übergeben werden, um anschließend auf der Kontokarte eingetragen zu werden. Der Buchungsschluss wurde deshalb bis ca. 13.30 Uhr ausgedehnt, um möglichst viel vom Tagesverkehr erfassen und damit dem Kunden einen aktuellen Tagesauszug übermitteln zu können. Der eigentliche Buchungsvorgang konzentrierte sich dadurch auf die Zeit zwischen 13.30 und 16.30 Uhr, in der Saldovortrag, Umsatz, Buchungstext und Wertstellung buchhalterisch festgestellt wurden.[223]

Dem Einsatz moderner Buchungsmaschinen, die schon in den 1930er-Jahren sukzessive eingeführt worden waren, war von manchen Angestellten zunächst mit Misstrauen begegnet worden – fürchtete man doch einen Abbau von Arbeitskräften. Dieses Misstrauen aber wich angesichts der bei zunehmendem Arbeitsaufwand gewonnenen Zeitersparnis einer allgemeinen Erleichterung. Das Maschinenzeitalter war nicht mehr aufzuhalten. Die im thüringischen Zella-Mehlis hergestellten und außerordentlich bewährten

Mercedes-Buchungsmaschinen überdauerten den Zweiten Weltkrieg, waren aber nach der Teilung Deutschlands nicht mehr lieferbar. 1966 erhielt die *National-Bank* ein preisgünstiges Angebot des amerikanischen Herstellers *NCR* in Augsburg. Mit diesem Unternehmen und seiner Marke *National* hatte die Bank bereits gute Erfahrungen gemacht; deren Essener Niederlassung hatte die Zentrale und die Filialen bis dahin bereits mit ihren Buchungsmaschinen ausgestattet. Die «Mercedes» wurde daher durch die «National» abgelöst, mit der eine Stundenleistung von über 500 Posten erreicht werden konnte. Da sich im Laufe der Zeit die Tagesumsätze auf einzelnen Kundenkarten häuften, wurde vorweg eine Sammelaufstellung eingeführt, die dann als Soll- oder Habenbuchung auf der Kontokarte erfasst wurde.

Nach einigen Jahren wurde der mit der *NCR* geschlossene Vertrag aber wieder aufgelöst: Anfang der 1970er-Jahre entschied sich die *National-Bank* aus Kostengründen für die EDV-Anlage «IBM 370/135» und damit gegen die Anlage von *NCR*. Die neue Anlage verursachte jährliche Kosten von 816 000 DM, zusätzlich fielen 650 000 DM Installationskosten an. Die Entwicklungskosten für ein Programmpaket bei einer *NCR*-Anlage hätten aber 1,5 Millionen DM betragen. Im Jahr 1977 wurde das Mietverhältnis wieder gelöst; aus steuerlichen Gründen erwarb die *National-Bank* die Anlage käuflich.[224]

Die stetige Modernisierung in der Datenverarbeitung blieb von diesen Vorgängen weitgehend unberührt. Zur Unterstützung der Bedienungs- und Beratungsgespräche wurden im Verlauf der frühen 1980er-Jahre die Geschäftsstellen Zug um Zug mit Bildschirmterminals und automatischen Kassentresoren ausgestattet. 1975 konnten die neuen EDV-Anlagen erstmals vollständig eingesetzt werden.[225] 1972 wurde die Telefonanlage modernisiert. 455 000 DM waren zwar ein stolzer Preis, dafür verfügten die neuen Apparate aber über eine Durchwahlmöglichkeit.[226] In den 1980er-Jahren waren es sodann die Überlegungen zum *cash-management*, die den Trend bestimmten, da die Kunden ihre Kontoinformationen zunehmend selbst abrufen wollten.

Die Ausweitung der Geschäftsbereiche ging mit einer stetigen Professionalisierung bei Angestellten und Vorstand einher. Um nur ein Beispiel zu nennen: Wurden selbst größere Geschäfte in der «Ära Dertmann» noch geradezu hemdsärmelig abgeschlossen, setzte in den 1980er-Jahren mit Dr. Hans Braun an der Spitze eine entscheidende Systematisierung ein. Jetzt wurde bei den immer wieder notwendigen Erweiterungen und Modernisierungen der Geschäftsstellen und Filialen besonderer Wert auf das einheitliche Erscheinungsbild gelegt. Die bewusste Schaffung und Pflege einer

Das Computerzeitalter beginnt: Die *National-Bank* vertraute in den 1970er-Jahren auf den Großrechner der Firma IBM vom Typ 350/135. Im Hintergrund steht der Schrank mit den herausnehmbaren Wechsel-Festplatten.

Corporate Identity war somit elementarer Bestandteil dieser Professionalisierungsprozesse.

An die Lehrlinge wurden traditionell höchste Anforderungen gestellt, wie es in einer bankinternen Darstellung hieß:

> «Seine Ausbildung bestand in erster Linie als Arbeitskraft, die in allen Dienstleistungsabteilungen erfolgte, worin auch der damals überwiegende Kassenverkehr – bare Ein- und Auszahlungen – Botengänge sowie Wechselinkassi, die damals noch einen größeren Umfang hatten, eingeschlossen waren. Die theoretische Ausbildung war jedem selbst überlassen und konnte erst nach spätem Dienstschluss und unbezahlten Überstunden in Abendkursen auf freiwilliger Basis erfolgen. So rückständig das heute erscheinen mag, bewährt hat sich diese Methode, denn nichts bildet mehr als praktische Mitarbeit.»[227]

Auch im Ausbildungsbereich wurde ein struktureller Wandel erkennbar. Waren die Auszubildenden und Angestellten in den 1950er-Jahren noch in erster Linie mit Buchungs- und Verwaltungsarbeiten in der Zentrale am Theaterplatz beschäftigt, bekamen sie mit der explosionsartigen Ausdehnung des

Zweigstellennetzes in den 1960er-Jahren zunehmend Kontakt zum Kunden. Zusammen mit den neuen Möglichkeiten des Persönlichen Kleinkredits brachten diese Entwicklungen einen ganz neuen Typus des Bankangestellten hervor, für den kommunikative Fähigkeiten – im «Team» ebenso wie gegenüber dem Kunden – wichtiger waren denn je. Daneben brauchte man Spezialisten für die EDV, die immer komplexer wurde und die die technisch hierfür nicht ausgebildeten Bankfachleuten nicht mehr beherrschten.

Ende der 1950er-Jahre wurde der Lohnzettel obsolet; Girokonto und bargeldloser Zahlungsverkehr verschafften nun all jenen Kontakt zu einem Bankinstitut, die bis dahin weitgehend ohne ein solches ausgekommen waren – eine heute nur noch schwer vorstellbare Tatsache, die aber den Banken bei starker Ausweitung des Geschäftsvolumens den Durchbruch zum Massengeschäft bescherte. Ehefrauen durften seit dem Gleichberechtigungsgesetz 1957 ein eigenes Konto führen.[228]

Neue Geschäftsfelder und neue Herausforderungen ergaben sich, als Mitte der 1960er-Jahre die Inhaber von Girokonten die Möglichkeit erhielten, auf diesen Konten vergleichsweise unbürokratisch Kredit eingeräumt zu bekommen. Kurz darauf wurde dieses Verfahren noch weiter vereinfacht und formalisiert: Der «Dispositionskredit» schuf fortan die Möglichkeit einer noch einfacheren Kreditaufnahme – allerdings nur für jene, die auf ihrem Girokonto verlässliche Einkünfte und nachvollziehbare Kontobewegungen zu verzeichnen hatten. Diese neue Option brachte jedoch einen gewaltigen Zuwachs der Buchungsvorgänge mit sich, die sich mit den herkömmlichen Verfahren kaum noch bewerkstelligen ließen.

Die Zeiten, in der Buchungsvorgänge noch mit der Hand vorgenommen wurden, waren inzwischen also schon lange vorbei. Aber erst das Zeitalter der elektronischen Datenverarbeitung revolutionierte den Buchungsalltag grundlegend. Schon in der *Deutschen Volksbank* war mit Rechenmaschinen gearbeitet worden, die – in den 1930er-Jahren als Saldiermaschinen bekannt – technisch ständig verbessert wurden. Rechen-, Buchungsmaschinen und elektrische Registrierkassen erwiesen sich für alle geschäftlichen Buchungsbereiche als Verkaufsschlager, die über Generalvertreter und Händler der verschiedenen Firmen vertrieben und von den zufriedenen Kunden schnell angenommen wurden. Ein- und Auszahlungen sowie die jeweiligen Tagesabschlüsse ließen sich von nun an bequemer verwalten.

In der Bundesrepublik wurde mit den beständig verbesserten Buchungsautomaten weitergearbeitet, allerdings kam später das Lochkartensystem hinzu: Auf den normierten und formatierten Kartons dienten statt der bisherigen Beschriftung nun ausgestanzte Felder als Auswertungsmedium. In den 1960er-Jahren ersetzte das Magnetband dann die bisherige Lochkartenpraxis. Vor allem die amerikanische Firma *IBM* wurde zum Vorreiter dieser neuen Technologie, die schnelleren Datenzugriff mit verbesserter Speicherkapazität verband, obwohl in einer Übergangszeit zunächst noch hybride Geräte die neue Technik mit der Lochkartentechnologie verbanden. Erst in den 1970er-Jahren hatten die Lochkarten ausgedient – eine erhebliche Erleichterung, mussten diese doch zur Speicherung und Archivierung bis dahin zur Auswertung stets in ein Rechenzentrum gebracht werden. Von nun an aber konnten die Daten im Sinne einer «intelligenten Bankautomation» in ein zentrales Rechnersystem eingespeist und die Angaben zugleich von den jeweiligen Bankberatern an ihrem Terminal in der Schalterhalle auf dem Bildschirm abgelesen werden. Terminals im heutigen Sinne führte die *National-Bank* flächendeckend erst in den 1980er-Jahren ein.

1985 wurden alle Geschäftsstellen mit Kontoauszugsdruckern ausgestattet. Außerdem konnten die Kunden von nun an über den «Personalcomputer» und 24 Stunden am Tag, sieben Tage die Woche Bankgeschäfte tätigen. Die dazu benötigte Software wurde kostenlos zur Verfügung gestellt. Durch die Anbindung an internationale Datenbanken und die Einführung neuer Technik waren auch die Abrechnungen im expandierenden Wertpapiergeschäft einfacher.

Die ersten Scheckkarten hatten sich zu dieser Zeit bereits vollends am Markt etabliert. Seit den 1960er-Jahren war es möglich, größere Beträge bargeldlos zu überweisen und Daueraufträge für regelmäßige Zahlungen zu nutzen – ein weiterer Grund für den wahren Boom des Zweigstellengeschäfts der *National-Bank*: Ein Besuch bei der Bank war von nun an gleichsam auf dem Weg nach Hause oder beim Einkaufsbummel möglich. 1979 wurden die ersten Geldautomaten eingerichtet, die allerdings vorerst nur Abhebungen vom Konto des eigenen Instituts vorsahen; die Scheckkarten waren noch nicht mit den Automaten anderer Bankinstitute kompatibel. Im Jahr 1984 konnten die Kunden der *National-Bank* mit ihrer EC-Karte überall in der Bundesrepublik Abhebungen vornehmen.

Kundenberatung und Kundenselbstbedienung ergänzten sich von nun an. Die Einrichtung der Datenverarbeitung hatte jedoch ihre Schattenseite, machten doch Geldautomaten und später Kontoauszugsdrucker manche Kundengeschäfte obsolet und damit Mitarbeiter überflüssig.

Der Absatz der Kreditkarten *Eurocard* und *Eurocard Gold*, im Sommer 1989 bei der *National-Bank* eingeführt, nahm 1990 um 35 Prozent zu. Das System «Electronic Cash» wurde zugleich bei zahlreichen Einzelhändlern eingeführt. Die Zahl der ausgegebenen EC-Karten stieg ebenfalls stark an,

Der Bankautomat: Kundenberatung und Kundenselbstbedienung ergänzten sich von nun an.

weil das neue Zahlungssystem zunehmend von Tankstellen akzeptiert wurde. Damit verbunden war eine verstärkte Ausgabe von EC-Karten an Privatkunden. Das System «Electronic Banking» ermöglichte es, Zahlungs- und Einzugsaufträge per Diskette oder Magnetband zu liefern. Mit dem System «MultiCash» wurde es schließlich möglich, über das Telefon Überweisungsaufträge zu erteilen und Kontostände abzufragen. Das «MultiCash» wurde 1992 durch das System «MultiCash Plus» ergänzt, sodass z. B. Zahlungsaufträge direkt über Datenleitungen abgewickelt werden konnten.

Die PC-Software «payBASE» gestaltete den Zahlungsverkehr mit den Kunden seit Beginn der 1990er-Jahre noch effizienter und kostengünstiger. Seit 1997 verwendet die *National-Bank* die Kernbankanwendung «MBs open» der *COR Alldata Systems*. In jenem Jahr wurden der Werbeauftritt und die Anzeigenkampagnen der Bank durch eine externe Werbeagentur neu gestaltet. Im folgenden Jahr begann für die *National-Bank* die Zeit des World Wide Web: Seit Anfang 1998 ist die Bank mit einer eigenen Homepage im Internet vertreten. Über die rasante Entwicklung der beiden letzten Jahrzehnte wird im abschließenden Kapitel dieses Buches berichtet.

Die Automatisierung der Arbeitsprozesse schuf im Bankgewerbe einen «neuen Beschäftigungstyp». Für die durch die neuen Buchungsverfahren nicht mehr voll ausgelasteten Kräfte wurde die Teilzeitarbeit eingeführt. Es handelte sich bei den Teilzeitbeschäftigten zumeist um weibliche und verheiratete Angestellte, die somit Berufs- und Hausarbeit miteinander verbinden konnten.[229] Die Angestellten, deren Arbeit durch die EDV ersetzt wurde, wurden in der Regel umgeschult und erhielten eine gleichwertige, in manchen Fällen sogar eine höher zu bewertende Position im neu gebildeten EDV-Bereich. Im Übrigen setzte sich bei allen Beteiligten die Erkenntnis durch, dass ohne die elektronische Datenverarbeitung die ständig steigende Zahl der Buchungsposten und die auf die Kreditinstitute zukommende Welle an Renten-, Lohn- und Gehaltskonten sowie die rasante Entwicklung des bargeldlosen Zahlungsverkehrs mit seinen vielen Dienstleistungen nicht mehr mit herkömmlichen Maschinen bewältigt werden konnten. Auch darüber hinaus waren mit dem Einsatz moderner EDV zahlreiche Arbeitserleichterungen verbunden.

Parallel zu diesen Automatisierungsvorgängen wandelte sich das Bild der Bankangestellten. Die Zahl derjenigen, die im ganz klassischen Sinn nach ihrer Banklehre bei der Bank die Karriereleiter erklommen, ging zurück. Für Banklehrlinge wurde jetzt nämlich vielfach – zumindest unausgesprochen – das Abitur zur Zugangsvoraussetzung für höhere Positionen in der *National-Bank*. Auf die interne Ausbildung ihrer Lehrlinge zum Bankkaufmann hatte das Essener Institut traditionell immer großen Wert gelegt, weil auf diese Weise die Bindung an das eigene Institut gestärkt werden konnte. Wer in der *National-Bank* etwas werden wollte, war daher nicht nur auf die Hochschulreife oder akademische Weihen angewiesen, sondern konnte sich durch interne Schulungen weiterbilden lassen und damit zu einer Führungskraft in der Zentrale oder einer Zweigstelle aufsteigen.

Seit Mitte der 1950er-Jahre wuchs die Zahl der Girokonten für die Lohn- und Gehaltszahlungen spürbar an. Wenig später erreichten die Buchungsposten bereits einen Umfang, der eigentlich nur noch mit Buchungsautomaten bzw. EDV zu bewältigen war. Daher entschloss sich die *National-Bank* schließlich zur Umstellung auf das elektronische Buchungsverfahren. Dies entsprach zum einen dem Zug der Zeit und war angesichts der dramatischen Veränderungen, die die Informationstechniken und die Mikroelektronik für die deutsche Wirtschaft bedeuteten, nur folgerichtig.[230] Zum anderen war ein solcher Schritt in der Erwartung eines immer weiter steigenden Buchungsanfalls und für die Planung eines zentralen Verbuchungssystems für das Gesamtinstitut geradezu unumgänglich. Die Umstellung auf die elektronische Datenverarbeitung führte allerdings nicht zu den befürchteten sozialen Spannungen oder gar Entlassungen. Sie vollzog sich vielmehr reibungslos, weil sich die Bank über längere Zeit darauf vorbereitet und die Umstellung in Etappen durchgeführt hatte. Die sprichwörtliche «Lohntüte», die den Arbeitsalltag viele Jahrzehnte mitbestimmt hatte, war bereits verschwunden, sodass der bargeldlose Zahlungsverkehr, der zunächst nur für Angestellte und Beamte gegolten hatte, inzwischen die Norm geworden war. Der zusätzliche Verwaltungsaufwand wurde durch die Mehreinnahmen an Gebühren kompensiert, sodass es zu keinen größeren Schwierigkeiten bei der Umstellung kam.

Die Investitionen in EDV-Netzwerke, Kontoauszugsdrucker und Geldautomaten verursachten allerdings immense Kosten. Das Schulungsvolumen verfünffachte sich allein zwischen 1985 und 1995 aufgrund der zahlreichen geänderten gesetzlichen Bestimmungen. Bevor 1997 die Einführung der neuen Standard-Software abgeschlossen war, wurden die Mitarbeiter schon in den Vorjahren durch umfangreiche Schulungen auf diese Umstellung vorbereitet. 1983 wurden technisch gut ausgestattete Schulungsräume in Betrieb genommen, 1993 an jedem Arbeitsplatz ein Personal-Computer eingerichtet. Die Einführung eines modernen Beurteilungs- und Fördersystems sollte den Einsatz und die Motivation des Personals zusätzlich verbessern. Organisationsuntersuchungen führten zur Optimierung von Arbeitsabläufen. Besonders gute Absolventen der Bankausbildung konnten ein Förderprogramm zur Unterstützung eines Universitätsstudiums nutzen. Der qualifizierte Führungsnachwuchs studierte berufsbegleitend Betriebswirtschaft an der Bankakademie in Frankfurt am Main oder an einer der Verwaltungs- und Wirtschafts-Akademien. In den 1990er-Jahre stand vor allem die Datenverarbeitung im Zentrum der Aufmerksamkeit. Die Auffrischung der Kenntnisse und die Einführung der neuen Standard-Software bedeutete allein in Jahr 1997 3000 Schulungstage.

Ein rauerer Wind herrschte vor allem in den 1970er-Jahren in Mitbestimmungsfragen. SPD und Gewerkschaften wollten eine «paritätische», also gleichberechtigte Mitbestimmung der Arbeitnehmer in den Betriebsräten durchsetzen, was bisher, von wenigen Ausnahmen abgesehen, nicht üblich gewesen war. Industrie und Bankenwelt bekämpften diese Änderungen noch eine ganze Zeit auf breiter Front.[231] Ein Betriebsverfassungsgesetz, das im Januar 1972 in Kraft trat, stellte einen Kompromiss dar, der in einigen Bereichen die von den Gewerkschaften geforderte Mitbestimmung zu einer beratenden Funktion abschwächte.[232] Die Belegschaft der *National-Bank* forderte, ein weiteres Mitglied aus ihren Reihen in den Personal- und Kreditausschuss wählen zu lassen. Der Aufsichtsrat lehnte dieses Ansinnen allerdings ab, weil «das neue Betriebsverfassungsgesetz der Belegschaftsvertretung eine über den bisherigen Umfang noch erheblich hinausgehende Unterrichtung durch die Unternehmensleitung zusichere».[233] Der Antrag wurde zunächst zurückgestellt, später aber endgültig abgelehnt.[234]

Die Zahl der Mitarbeiter stieg fast unentwegt auf über 640 Vollangestellte in der Mitte der 1990er-Jahre. Wenn es – wie in der zweiten Hälfte des Jahrzehnts – einmal zu Rückgängen kam, wurden sozialverträgliche Lösungen ohne Entlassungen gefunden.[235] Als Beleg für die Akzeptanz der Bank bei der Belegschaft kann die niedrige Fluktuationsquote angesehen werden, die bei rund 7,5 Prozent liegt, während der Durchschnitt im privaten Bankgewerbe etwa 11 Prozent beträgt.

Auf die Lehrlingsausbildung wurde traditionell großen Wert gelegt. In den 1990er-Jahren waren bisweilen über 67 Auszubildende bei der Bank beschäftigt.[236] Die etwa 20 Auszubildenden jedes Jahrgangs wurden jeweils zu Beginn und am Ende ihrer Banklehre mit einem Glas Champagner empfangen und die Eltern eingeladen. Die persönliche Ansprache stellte einen wichtigen Teil der Corporate Identity dar, die sich auszahlte, gehörten die Auszubildenden im Vergleich zu den Banklehrlingen anderer Häuser doch immer zu den besten Absolventen.[237] Neben die traditionelle Lehrlingsausbildung trat bald ein neues Berufs- und Ausbildungsfeld: Für talentierte und engagierte Hochschulabsolventen wurden und werden «Traineeplätze» zur Verfügung gestellt – ein für alle Seiten profitables Geschäft, weil es auf diese Weise immer wieder gelang, erfolgreichen Absolventen verantwortungsvolle Funktionen in Markt- und Zentralbereichen der *National-Bank* zu übertragen. Der Kontakt zu den Mitarbeitern in der Führungsetage wurde systematisiert: Durch die wöchentlichen Direktionssitzungen – die jeweils dienstags stattfanden – setzte der Vorstand Signale an die Bereichsleiter, dass flache Hierarchien für das Klima der *National-Bank* von großer Bedeutung seien.

In der Bankenwelt waren die oberen Etagen jahrzehntelang ausschließlich von Männern besetzt gewesen und die Rolle der Frauen im Wesentlichen auf Büro- und Sekretariatsangelegenheiten beschränkt geblieben. Auch für das Essener Institut galt das in der Öffentlichkeit noch lange wirkende Stereotyp: Die Gattin des Bankangestellten war die «Frau an seiner Seite», die ihm den Rücken freihielt, aber sich nicht in die Geschäfte einzumischen hatte.[238] Banken sind insofern ein Spiegel der Gesellschaft, und es benötigt Zeit, bis sich auch an der Spitze einer traditionell männerdominierten Branche qualifizierte Frauen durchsetzen werden. Frauen als Angestellte spielen heute im mittleren Management eine wesentlich größere Rolle als früher. 1996 wurde mit Theresia Aretz von den Arbeitnehmern das erste Mal eine Frau in den Aufsichtsrat gewählt. Thomas Lange kündigte bei seinem Amtsantritt 2007 an, den Anteil der Frauen in Führungspositionen langfristig erhöhen zu wollen. Im aktuellen neunköpfigen Aufsichtsrat sind mit Birgit Elsner, Daniela Römer und Prof. Dr. Franca Ruhwedel drei Frauen vertreten.

Die *National-Bank* im «Wirtschaftswunder»

Nach der Konsolidierung der Bank in der unmittelbaren Nachkriegszeit begannen in der Wahrnehmung der Mitarbeiter ein «langer Abschnitt unaufhaltsamen wirtschaftlichen Aufschwungs» und eine Entwicklung, «die niemand zumal in ihrem Ausmaß für möglich gehalten» hätte.[239] Der Kreis der Aktionäre vergrößerte sich bis in die 1970er-Jahre auf über 1100. Die meisten waren langjährige Partner der *National-Bank*. Darunter fand sich der einzig verbliebene traditionelle Großaktionär, der schon in den 1930er-Jahren eine bedeutende Rolle gespielt hatte: Die *Industriekreditbank AG – Deutsche Industriebank (IKB)* mit Sitz in Düsseldorf und Berlin besaß – wie schon zur Zeit vor 1945 – durchgehend 26 Prozent des Grundkapitals der *National-Bank* und hielt an dieser Beteiligung bis zum Jahr 2000 fest. Der Aktionärskreis partizipierte traditionell an den hohen Gewinnausschüttungen und Kapitalerhöhungen. Der Erfolg lag dabei nicht nur an einer straffen Geschäftsführung und einer weit überdurchschnittlichen Ertragskraft, sondern war einer Bankpolitik zu verdanken, die auf eine hohe stille Reservebildung abzielte. Der gute Ruf einer Regionalbank beruhte vor allem auf den persönlichen Beziehungen zu den Kunden. Diese Kontinuität machte sich bezahlt, hält man sich vor Augen, dass die *National-Bank* auch im Zeitalter der Bankenkonzentration ihre Selbstständigkeit und Unabhängigkeit bewahren und sogar noch festigen konnte.

Am 28. Mai 1951 wurde das Aktienkapital des Essener Bankinstituts offiziell umgestellt. Es hatte seit der Verschmelzung mit dem *DBV* 4,5 Millionen Reichsmark betragen, wurde nun zunächst auf 900 000 DM umgestellt und sogleich auf 1 125 000 DM erhöht. Die Umstellung war eine Konsequenz aus dem im August 1949 verabschiedeten «Gesetz zur Eröffnungsbilanz und Kapitalneufestsetzung». Dieses kam einer «kalten Steuerreform» gleich und reglementierte rückwirkend die Kapitalverhältnisse und die Bewertung der Vermögensbestände. Die Bewertungsgrundsätze boten den bilanzpflichtigen Unternehmen zahlreiche Interimslösungen, Schlupflöcher, Ermessensspielräume und Abschreibungsmöglichkeiten, zumal sich noch kein DM-Preisniveau eingespielt hatte und die Bewertung von Demontage- und Reparationsschäden schwierig, wenn nicht gar unmöglich war. Selbst Objekte, die bereits völlig abgeschrieben waren, konnten noch zu einem Drittel ihres Neuwerts in die Bilanz eingestellt werden. Unternehmen konnten zudem selbst entscheiden, ob sie ihr Vermögen möglichst hoch oder eher niedrig in der Eröffnungsbilanz veranlagen wollten. Bei einer hohen Veranlagung und entsprechend hoher Abschreibung konnten stille Reserven aktiviert werden, was für mehrere Jahre Ersparnisse bei ertragsabhängigen Steuern ermöglichte.[240] Die *National-Bank* hatte davon allerdings kaum profitieren können. In den folgenden Jahren waren die erheblichen Steuerbelastungen ein steter Grund zu Klagen. Mit rund 877 000 DM erscheinen in der Gewinn-und-Verlust-Rechnung des Jahres 1952 die Steuern mit einem höheren Betrag als die Gehälter, während sie z. B. bei den Schweizer Banken im Durchschnitt nur etwa 15 Prozent der Gehälter erreichten. Da war es nur ein schwacher Trost, dass die Festigung der neuen Währung für die Entwicklung der *National-Bank* große Vorteile mit sich brachte. Die Beseitigung der Doppelbesteuerung der Aktie wurde zwar vorgeschlagen, zu einer Realisierung solcher Hoffnungen kam es allerdings nicht.

Zur Sicherung der Altersvorsorge trat die *National-Bank* im Jahr 1953 dem Beamtenversicherungsverein der *Deutschen Bank- und Bankiersgewerbe AG* bei. Die Bilanzsumme stieg inzwischen um über 30 Prozent auf rund 74 Millionen DM bei 146 Beschäftigten. Die Dividende wurde auf 8,5 Prozent erhöht – ein Wert, der in den folgenden Jahren nach und nach bis in den zweistelligen Bereich gesteigert werden sollte.

Die *National-Bank* vergab in zunehmendem Maß günstige Darlehen. Seit 1949 gab es entsprechende Regelungen nach Paragraph 7 des EStG, nach denen Darlehen im Jahr der Hingabe als Betriebsausgabe steuerlich abzugsfähig waren. Die Steuerbelastung der *National-Bank* stieg im Jahr 1954 trotz der Zeichnung eines entsprechenden 7 f.-Darlehens von 450 000 DM – trotz erhöhter Einnahmen aus steuerfreien Pfandbriefzinsen – auf 1,3 Millionen DM. Sie überschritt damit die Gehaltsausgaben wesentlich. Ein solches Verhältnis zwischen Steuern und Gehältern war ungewöhnlich und nur bei ausländischen Banken festzustellen. Erst in den Jahren nach 1957 flossen die Beiträge zurück. Die dann aufzulösende Wertberichtigung betrug 1,7 Millionen DM – ein Betrag, von dem allerdings bei Rückzahlung etwa die Hälfte an Steuern wieder abgeführt werden musste.[241]

Nach der Währungsreform gingen die Spareinlagen zwar zunächst noch einmal weiter zurück, aber dieser Trend kehrte sich wenige Jahre später wieder um. Die außergewöhnliche Zunahme der Spareinlagen von 8,7 auf 18,1 Millionen DM beruhte neben Verlagerungen von Festgeldern in großem Umfang auf der Neueröffnung steuerfreier Sparkonten: Ende 1954 konnten letztmalig Gelder zu den bisherigen günstigen Bedingungen angelegt werden, was einen entsprechenden Run auslöste.

Die Bilanzsumme machte 1954 wiederum einen Sprung um 30 Prozent und stieg auf 96,1 Millionen DM. Schon Ende 1953 hatte Wohlrabe angedeutet, das Kapital von 2 auf 3 Millionen DM erhöhen und ein Bezugsrecht von 2:1 einräumen zu wollen. Dies geschah bei einem Kurs von 110 Prozent – ein deutliches Zeichen dafür, dass der schwierige Neuanfang gemeistert war. Die Dividende wurde 1953 in Höhe von 8 Prozent ausgeschüttet und betrug im Jahr 1955 bereits 10 Prozent. Zwar sollte selbst in besseren Zeiten auf kontinuierliche Dividendenzahlungen geachtet und große Ausschläge vermieden werden. Die Bilanzzahlen legten es aber inzwischen einfach nahe, die Aktionäre zu belohnen und den ausgewiesenen Gewinn nicht nur mittels bilanzpolitischer Maßnahmen einzustellen.

Das Jahr 1955 war durch einen guten Geschäftsgang in fast allen Wirtschaftszweigen gekennzeichnet, was sich in der Steigerung der Bilanzsumme um 10 Prozent auf 105,1 Millionen DM niederschlug. Schon die ersten Seiten des Geschäftsberichts von 1956 galten der Stabilität der Währung. Die 22 Millionen bundesdeutschen Sparer hätten ein Anrecht darauf, in ihrem Vertrauen in die Währung nicht ein weiteres Mal enttäuscht zu werden. Dass die Bilanzsummen der deutschen Banken und der *National-Bank* nicht mehr so steil anstiegen wie in den ersten Jahren nach der Währungsreform, konnte als ein gutes Zeichen für stabile Geldverhältnisse gelten. Die Steuern waren mit 2,2 Millionen DM wiederum die höchste Position der Aufwandsrechnung. Ein Konjunkturprogramm sollte im Sommer 1956 die Importe anregen. Die DM war inzwischen, wie Ludwig Erhard betonte, eine der härtesten Währungen der Welt. Die Bilanzsumme erhöhte sich 1957 nach zwei Jahren vergleichsweise mäßigen Anstiegs um 21 Prozent auf fast 139 Millionen DM. Die Dividende trug diesen Zahlen Rechnung: Sie belief sich nun auf stolze 12 Prozent.

1956 wurde Dr. Friedrich-Ernst Fischer, der ehemalige Generalbevollmächtigte der *IKB* in Düsseldorf, in den Aufsichtsrat geholt; er repräsentierte die Mittelstandsbank bis 1973.

Als das langjährige Aufsichtsratsmitglied Ernst Hitzbleck unerwartet im März 1957 im Alter von 56 Jahren starb, trat Dr. Josef Müller aus dem Vorstand der *Hochtief AG* an seine Stelle. Auch er sorgte für Kontinuität und

Die Kassenhalle am Theaterplatz bot dem Kunden seit 1952 ein elegantes Entree, das auch vom gewachsenen Selbstbewusstsein der Bank zeugte.

blieb bis 1969 im Gremium. Zwei Jahre später wurde Dr. Wilhelm Flory, der ehemalige Geschäftsführer der Duisburger *Carl Spaeter GmbH*, in den Aufsichtsrat geholt und bekleidete dieses Amt elf Jahre lang. Die traditionelle Politik der Netzwerkbildung über den Aufsichtsrat setzte sich also fort. Kritisch könnte man diese Aufsichtsratspolitik als eine Machtagglomeration bezeichnen. Da es sich bei der *National-Bank* aber um eine Bank handelte, deren Aktionärskreis sich ganz überwiegend aus institutionellen Anlegern rekrutierte, würde eine solche Interpretation zu kurz greifen. Der Bank ging es vor allem darum, aus dem regionalen Großraum auf Experten zurückgreifen zu können, die mit dem Institut vertraut und ihm wohlgesonnen waren – und natürlich der Bank das ein oder andere Mal eine wichtige Geschäftsinformation zukommen lassen konnten.

Anfang 1957 wurde die im Jahr 1920 gegründete *Oberhausener Bank AG* in das Geschäft integriert. Die *National-Bank* war seit Langem mit einem Zehntel an diesem Institut beteiligt. Überlegungen zu einer Übernahme von Anteilen, die der Oberhausener *Bergbauverein Gutehoffnungshütte* an dieser Bank besaß, hatte es schon 1947 gegeben. Die *Essener Grundstücksgesellschaft*, die sich im Besitz und unter der Geschäftsführung von Paul Paus befand, verfügte an diesem Institut über Aktien von nominell 75 000 DM. Hinzu kamen noch weitere 52 300 DM, die im Bestand der *National-Bank* waren.[242] Letztere übernahm 95,5 Prozent des Kapitals der Bank und führte die Geschäfte als eigene Zweigniederlassung fort.[243] Die Niederlassung Oberhausen wurde damit ein strategisch wichtiger Standort, weil der Einzugsbereich weit über die Stadtgrenzen hinausreichte. Auf den Prospekten hieß es von nun an: «National-Bank Aktiengesellschaft Essen – Duisburg – Oberhausen».

Sparsamkeit blieb für die Westdeutschen eine Tugend, was wohl auch damit zu tun hatte, dass viele die Inflation nach dem Ersten Weltkrieg noch in Erinnerung hatten. Wahrscheinlich war dies einer der Gründe, warum nach wenigen Aufbaujahren schon zwei Drittel aller Deutschen schuldenfrei waren. Auch die damaligen Konsummuster orientierten sich in erster Linie an Nützlichkeitserwägungen. Die Vergrößerung der Arbeiterwohnungen führte allmählich zu einer Verbürgerlichung des Lebensstils. Im Bewusstsein der meisten Westdeutschen verklärte sich diese Wirtschaftswunderzeit zu einem sinnstiftenden Mythos. Auf die prekäre Situation des Mangels folgte binnen weniger Jahre ein «Siegeszug der Konsumgesellschaft», der mannigfache pekuniäre Distinktionsgewinne ermöglichte.[244] Im Mai 1959 wurde das Sparprämiengesetz verabschiedet, das die heute noch existierenden vermögenswirksamen Leistungen gesetzlich verankerte. Die neue Sparform war zwar nicht amtlich verordnet, wurde aber stark beworben. Zwei Vermögensbildungsgesetze vom Juli 1961 und Juli 1965, mit denen ebenfalls die Sparfähigkeit der Arbeitnehmer angeregt werden sollte, verstärkten diese Entwicklung noch. Bis zu 312 DM jährlich konnten fortan ohne Lohnsteuerabzüge bzw. Sozialabgaben angelegt werden. In die gleiche Richtung wirkte ein weiteres Vermögensbildungsgesetz aus dem Jahr 1970, das den Sparbetrag auf 624 DM erhöhte und einige Einschränkungen der Steuer- und Abgabenfreiheit beseitigte. Es verstand sich von selbst, dass auch die *National-Bank* seine Kunden auf das Prämiensparen aufmerksam machte.

Im Dezember 1959 wurde eine neue Möglichkeit des Aktienerwerbs geschaffen: die Ausgabe von «Volksaktien» mit besonders günstigen Konditionen bei Gesellschaften, die sich als Industriebesitz in der Hand des Bundes befanden. «Staatsbetriebe» galten mit den markwirtschaftlichen Ideen als kaum vereinbar. Es hatte daher schon einige Zeit Überlegungen gegeben, diese Betriebe – zu ihnen zählten etwa die *Preussag* mit zahlreichen Bergbau- und Hüttenwerken und die *VEBA* – zumindest teilweise zu privatisieren. Nach dem erfolgreichen Anfang, der 1959 mit der *Preussag* gemacht worden war, folgte im Jahr 1960 die Teilprivatisierung des *Volkswagenwerks*. Dieser Schritt löste einen wahren Privatisierungsboom aus: Die Westdeutschen, bei

Trotz neuer Sparformen blieb das Sparbuch das klassische Mittel der Geldanlage.

Aktiengeschäften bis dahin eher unerfahren, wurden mit einem Mal zu Lesern des Kursteils der Zeitungen. Für die Emission der «Volksaktie» waren bestimmte Regelungen festgelegt, die besonders diejenigen bevorzugen sollten, die bislang mit dieser Anlageform keine Erfahrung gemacht hatten: Ledige mit einem Jahreseinkommen unter 8000 DM sowie Verheiratete mit einem Jahreseinkommen unter 16 000 DM waren zeichnungsberechtigt. Zielgruppe waren die unteren und mittleren Einkommensschichten. Der Emissionskurs in Höhe von 350 DM war keineswegs abschreckend, sodass die Aktie überzeichnet war und die Zuteilung beschränkt werden musste. Die *National-Bank* profitierte von diesem neuen Interesse am Aktiengeschäft, zumal zahlreiche Käufer nun Geschmack an anderen Werten entwickelten und Wertpapierdepots einrichteten – ein willkommenes Zubrot für das Essener Bankinstitut, das sich allerdings auch auf diesem Feld der Konkurrenz der Essener Sparkasse erwehren musste, die ebenfalls heftig die Werbetrommel rührte.[245]

Die weiterhin bestehenden erheblichen Einkommens- und Vermögensunterschiede waren Ausdruck einer «Schichtungsgesellschaft», in der sich Klassen und Milieus zwar zunehmend auflösten; angesichts des weiter zunehmenden Wohlstandsniveaus wurde diese grundsätzlich ungleiche Verteilung von materiellen Gütern jedoch kaum infrage gestellt. Vor diesem Hintergrund begann eine vorsichtige regionale Expansion der *National-Bank*, die erst rückblickend als eine Wegscheide und Zäsur erkennbar wird. Eine ganze Reihe von Geschäftsstellen-Neueröffnungen kennzeichnete die späten 1950er- und 1960er-Jahre. Nach einem Grundstückstausch mit der *Karstadt AG* wurde in Duisburg mit den Bauarbeiten für ein neues Bankgebäude an der Ecke Königstraße/Kuhlenwall begonnen. Im Jahre 1958 wurde das neue Flaggschiff der *National-Bank* am Ort eingeweiht. Schon 1965 aber war ein Erweiterungsbau nötig, der nach einem Jahr Bauzeit fertiggestellt war. In den 1980er-Jahren erfolgte erneut ein größerer Umbau.

Bis 1958 war Kreditinstituten vor der Neueröffnung einer Zweigstelle eine gesetzliche Bedürfnisprüfung vorgeschrieben, was ein erneutes «Overbanking» – dieser englische Begriff kam nach dem Zweiten Weltkrieg in Mode – und die Errichtung von Zweigstellen aus reinen Prestigegründen verhindern sollte. Diese Vorschrift aus dem Jahr 1934 kam den Banken allerdings wie ein Hemmschuh vor. Sie wurde vom Bundesverfassungsgericht mit dem «Apothekerurteil», benannt nach einem Kläger, der sich gegen eine entsprechende Vorschrift auf dem Apothekengebiet gewandt hatte, im Jahr 1958 für grundgesetzwidrig erklärt. Neue Geschäftsstellen bedurften zwar noch einer Konzession der Bankenaufsicht, aber dies war eine reine «Formsache».[246] Die Liberalisierung leitete eine Zweigstellenexpansion bislang ungeahnten Ausmaßes ein, und die *National-Bank* reihte sich sofort in die Riege derjenigen ein, die ihr Filialnetz vergrößerten. Im August 1957 wurde eine erste Zweigstelle in Essen-Borbeck eröffnet. Diese Neugründung machte sich im wahrsten Sinne des Wortes bezahlt: In den 1970er-Jahren hatte die Filiale mit über 10 000 die höchste Kontenzahl. Im Januar 1960 folgte die Eröffnung einer Filiale in Oberhausen-Sterkrade, die sich ebenfalls zu einer der wichtigsten Zweigstellen entwickelte.

Die 1961 eröffnete Geschäftsstelle Rüttenscheid wurde hinter der Zweigstelle Borbeck zum zweitwichtigsten Filialstandbein in Essen. Im Februar

Potenzielle Kunden in Rüttenscheid: Seitdem Filialgründungen erlaubt waren, expandierte die *National-Bank* in den 1960er-Jahren in diejenigen Stadtteile, in denen es noch keine Niederlassungen gab.

1964 wurde in Wanheimerort eine weitere Duisburger Zweigstelle eröffnet, im Dezember des gleichen Jahres folgte eine Zweigstelle in Essen-Holsterhausen, im November 1965 eine Filiale in Essen-Katernberg und im April 1966 eine Geschäftsstelle in Essen-Frohnhausen – Filialen, die sich in den folgenden Jahren als starke Umsatzträger erweisen sollten. 1967 folgte ein Ableger in Oberhausen-Osterfeld, der freilich nicht zu den umsatzstärksten gezählt werden konnte. Im April 1967 wurde eine Filiale in Mülheim an der Ruhr gegründet, die hingegen schon bald bei den Zweigstellen hinsichtlich der Kunden- und Kontenzahlen den dritten Platz in der Rangfolge belegte. Im Juni 1968 folgte eine Filiale in Velbert, im Dezember 1969 eine weitere in Gladbeck. Im April 1970 wurden in Essen-Huttrop, im September 1970 in Essen-Steele, im Juni 1970 in Essen-Werden, im Januar 1971 in Essen-Kray und im Juli 1971 in Essen-Altenessen Filialen eröffnet. Zu diesem Zeitpunkt gab es bereits insgesamt 21 Niederlassungen und Zweigstellen.

Die Ölkrise des Jahres 1973 verlangsamte den Filialausbau merklich. Der Vorstand führte zwar, worauf im Folgenden noch eingegangen werden wird, manch teure Pleite auf das Kredit-Missmanagement einiger Filialen zurück, aber über die wirtschaftliche Gesamtlage war er beunruhigt. Auch für eine Zweigstelle in Essen-Bredeney lag ein günstiges Angebot vor, nach einigen Voruntersuchungen hielt die Bank die notwendigen Umbaukosten in Höhe von 400 000 DM jedoch für zu hoch, um das Risiko einzugehen.[247] Erst im Juni 1977 traute man sich schließlich, eine Filiale in Bredeney zu eröffnen – die insgesamt 24. Geschäftsstelle.[248] Im August 1976 folgte noch die Errichtung einer Geschäftsstelle in Hattingen. Im Juli 1978 wurden die bisherigen Geschäftsräume der Bochumer Filiale der *Westfalenbank* in der Hochstraße für eine weitere Filiale in Wattenscheid übernommen.

In den 1980er-Jahren war die «Zeit des stürmischen Aus- und Aufbaus» bei einer Zahl von 25 Geschäftsstellen zunächst jedoch vorbei. Die Festigung und Konsolidierung in dieser Phase einer «relativ sorgenfreien Entwicklung»[249] waren vor allem der Strategie zu verdanken, sich weiterhin auf den Status einer Regionalbank mit einem überschaubaren Radius zu beschränken und nicht der Versuchung zu erliegen, die vergleichsweise gute ökonomische Gesamtsituation zu einer nationalen oder gar internationalen Expansion zu nutzen. Die Verlockungen, eine globale Universalbank zu werden, der die *Deutsche Bank*, die *Dresdner Bank*, die *Commerzbank* sowie einige andere Regionalbanken an Rhein und Ruhr nicht widerstehen konnten, waren den Männern am Theaterplatz fremd. Es fehlte auch die Sorge, den Rang eventuell an amerikanische oder japanische Konkurrenten zu verlieren. Der Aufbau eines Netzes von Auslandsfilialen, wie ihn etwa Alfred Herrhausen bei der *Deutschen Bank* betrieb, kam nicht infrage.[250] Die *National-Bank* hielt an ihrer Devise fest, neue Filialen erst dann zu eröffnen, wenn sich die bestehenden etabliert hatten. Erst im Mai 1983 folgte die Gründung einer Filiale in Stoppenberg. Die 1970 eröffnete Filiale in Duisburg-Hochfeld wurde im Februar 1982 wieder geschlossen, weil sie nie eine genügend große Zahl an Kunden erreichte.

Die *Deutsche Bank*, die *Commerzbank* und die *Dresdner Bank* waren von den Westmächten nach 1945 zunächst in 30 regionale Teilinstitute aufgeteilt worden. Mit dem «Großbankengesetz» vom 29. März 1952 hatte die junge Bundesrepublik trotz der Existenz dreier regionaler Nachfolgeinstitute diese Auflösung der Großbanken prinzipiell noch beibehalten. Erst mit dem Gesetz zur «Aufhebung der Niederlassungsbereiche von Kreditinstituten» aus dem Jahr 1956 wurden die drei Großbanken in der Bundesrepublik wieder unter ihrem angestammten Namen zugelassen, allerdings ohne Beteiligung der Berliner Tochterinstitute. Seit dieser Zeit betätigten sie sich verstärkt im privaten Kundengeschäft – in Essen somit in direkter Konkurrenz zu Sparkassen, Kreditgenossenschaften und Banken wie der *National-Bank*.[251] Wenn man einmal von den 1980er-Jahren absah, wuchsen die Großbanken tendenziell weniger stark als die Sparkassen und Genossenschaftsbanken. Auch die Konkurrenz der Landesbanken, der *Deutschen Girozentrale*, der genossenschaftlichen Zentralkassen, der *Deutschen Genossenschaftsbank* und der *Bank für Gemeinwirtschaft* schob der Expansion der Großbanken einen Riegel vor. Die *National-Bank* hingegen hatte ihren vertrauten Kundenkreis, der mit ihr gemeinsam wuchs und mit dem sie operieren konnte, ohne sich in risikoreiche Abenteuer zu begeben.

Doch damit ist dem Gang der Dinge vorgegriffen worden: Die erstaunliche Expansion des Filialgeschäfts hatte mit einem veränderten Verbraucher- und Kundenverhalten zu tun. Die Lust am Konsum erklärte sich auch aus der Schließung der «Krupp-Lücke». An der Ruhr traten an die Stelle des Stahls Betriebe der veredelnden Industrie, der Feinmechanik, der Kleineisenindustrie und der Elektrotechnik. Unterstützt durch eine Industrieförderegesellschaft, die die Stadt Essen schon im September 1949 gegründet hatte, siedelten sich neue Branchen an: Textil- und Bekleidungsindustrie, Glas-, Holz- und Möbelindustrie, Papier- und Druckereibetriebe. Die Firma *Krupp* verkaufte Teile ihres Geländes an die Fördergesellschaft, die sie dann nach der Sanierung an interessierte Firmen weiterveräußerte oder verpachtete. Bis 1958 konnten 50 neue Betriebe angesiedelt werden, die insgesamt 9000 Menschen Arbeit boten. Handel und Verwaltungen, die in Essen immer schon stärker vertreten waren als in anderen Ruhrgebietsstädten, schufen ebenfalls neue Arbeitsplätze.

Die Brutto-Wochenverdienste waren seit Anfang der 1950er-Jahre um rund 80 Prozent gestiegen, und ein 1950 angelegtes Sparguthaben von 100 DM hatte sich binnen zehn Jahren bereits auf 154 DM erhöht. Namhafte Vertreter der Essener Wirtschaft monierten bereits seit Anfang der 1950er-Jahre eine «Neigung zum unbeschränkten Geldausgeben» und den «mangelnden Sparwillen weiter Kreise».[252] In Kinos, Zeitungen und Zeitschriften wurde die Konsum-Werbetrommel gerührt. «Das wünsch ich mir, drum spare ich», hieß es in einer typischen Anzeige aus dem Jahr 1954. Offensichtlich stand inzwischen «das Konsum- und nicht das Vorsorgesparen im Mittelpunkt».[253]

Die Essener waren in Kauflaune. Viele Industriearbeiter nutzten ihre Konten dazu, ihr Geld nach Zahlungseingang gleich wieder abzuheben. Die Sorgen vor ungehemmtem Konsum ließen Bundeswirtschaftsminister Erhard 1958 zum Maßhalten aufrufen. Bei Barkrediten an Privatpersonen müsse dafür Sorge getragen werden, dass dafür nicht «Haus und Hof verpfändet» würden.[254] Aufhalten ließ sich die Entwicklung jedoch nicht. Die Klage über

Bundeswirtschaftsminister Ludwig Erhard im Jahr 1958 bei der Eröffnung des Neubaus der *Industrie- und Handelskammer Essen*. Wie kaum ein anderer repräsentierte er den Wiederaufstieg des Ruhrgebiets im Wirtschaftswunder.

ausgabesüchtige junge Menschen erwies sich zudem als zu pessimistisch, denn die Spareinlagen wuchsen trotz allen Konsums weiter. Aus einer Situation des Mangels entstand binnen weniger Jahre eine neue Konsumgesellschaft. «Wohlstand für alle» war das Postulat der 1950er-Jahre: Pflichtbewusst gingen die Deutschen zur Arbeit, man erfreute sich bescheiden des stetigen Einkommenszuwachses, sparte einen Großteil seines Geldes und legte so die Grundlagen für den sozialen Aufstieg.

Die Notkäufe der unmittelbaren Nachkriegszeit wurden durch Wohlstandskäufe abgelöst. «Privatkredit» lautet das Schlagwort im Kundenverkehr. Den Anstoß gab die britische *Midland Bank*, die seit Anfang 1959 Kleinkredite mit günstigen Zinssätzen vergab. Auch die *National-Bank* zog mit Krediten für Kraftfahrzeuge sowie für Modernisierungen und Reparaturen nach. Für die neue Kundschaft galten Richtlinien, die die westdeutsche Bankenaufsicht Ende 1958 erlassen hatte. Kleinkredite zwischen 300 und 2000 DM mit einem Monatszins von 0,4 Prozent und «Anschaffungsdarlehen» waren en vogue. Kreditnehmer benötigten in der Regel nur noch den Personalausweis, eine Verdienstbescheinigung des Arbeitgebers und ein Schufa-Zeugnis.[255] Es blieb nicht aus, dass bei dieser Konsumwelle bisweilen über die «schlechte Zahlungsmoral der privaten Kreditnehmer» geklagt und in einigen Fällen sogar auf «betrügerische Manipulationen zum Nachteil der Kreditinstitute» aufmerksam gemacht wurde.[256] Die Autofinanzierung hatte ihre Basis in den Kontakten der Bank zu den Versicherungsvertretern. Diese nahmen zunächst eine Bonitätsprüfung der Kunden vor und reichten, sofern diese positiv ausfiel, die Finanzierungsunterlagen dann bei der Bank

Hohes Verkehrsaufkommen auf der Kreuzung vor dem Essener Hauptbahnhof im Jahr 1953. Auf dem Hotel *Handelshof* wird für die «Einkaufsstadt» Essen Lichtreklame gemacht.

ein, die anschließend über den Versicherungsagenten den entsprechenden Kredit auszahlte.[257]

Mit Teilzahlungsinstituten wollte ein etabliertes Mittelstandsinstitut wie die *National-Bank* zwar nicht verglichen werden, aber Kunden sollten auch nicht zur Konkurrenz gehen. Die Arbeiter in der Kohle- und Stahlbranche, erst recht aber die Angestellten des tertiären Sektors verfügten in Essen als «Einkaufsstadt» mit zunehmendem Wohlstand über Geldreserven für Anschaffungen. Dieses Potenzial sollte nicht durch die seit den späten 1950er-Jahren verstärkt auftretenden «Kreditvermittler» abgeschöpft werden, denn dies verteuerte den Kleinkredit unnötig.[258] Naheliegender war es, auf bereits bewährte Modelle zurückzugreifen. Ein wichtiger Mitspieler in diesem Segment war die *Waren-Kredit-Gesellschaft mbh (WKG)*, die bekanntlich eine lange Vorgeschichte hatte, auf die bereits in den vorigen Kapiteln eingegangen worden ist.

1949 war die *WKG* wiedergegründet worden und avancierte zum regional wichtigsten Teilzahlungskreditinstitut, mit dem lediglich noch die *Kundenkreditbank (KKB)* konkurrieren konnte, die in Duisburg und Düsseldorf zu einem Pionier des Kleinkredits wurde.[259] Die *WKG* hatte ihren Sitz zunächst an wechselnden Essener Plätzen, unter anderem im Allianzhaus, zog aber 1955 in den Erweiterungsbau der *National-Bank* am Theaterplatz um, was angesichts der engen geschäftlichen Bindung nahelag. Vor allem Wohlrabe baute das für die Bank noch recht neue Finanzierungsgeschäft für die «kleinen Leute» zu einem bedeutenden Geschäftszweig der *National-Bank* aus.

In der Wirtschaftswunderzeit ging das *WKG*-Geschäft ständig voran: Betrug der Umsatz im ersten Geschäftsjahr 1949 noch 1,3 Millionen DM, verdoppelte er sich 1950 auf 2,8 Millionen DM und 1951 auf 5,3 Millionen. In diesem Tempo ging es weiter. Anfang der 1960er-Jahre betrug der Jahresumsatz 31 Millionen DM. Die *WKG*, deren Stammkapital 1962 auf 1,5 Millionen DM erhöht wurde, beschäftigte mit dem sogenannten ABC-Geschäft inzwischen rund 50 Mitarbeiter. Größter Umsatzträger waren das B-Geschäft (mit Händlern) und die Finanzierung langlebiger Konsumgüter wie etwa Möbel sowie das C-Geschäft mit Darlehen für bewegliche Investitionsgüter wie beispielsweise Maschinen. Das bis in die 1950er-Jahre bedeutende A-Geschäft, das Scheckheft-System, geriet hingegen völlig in den Hintergrund und wurde 1964 eingestellt, weil die Kunden die Barauszahlung bevorzugten.[260] 1963 und 1964 liefen die Geschäfte so gut, dass aus dem Gewinn üppige Dividenden von 14 Prozent ausgeschüttet wurden;[261] 1968 gab die *WKG* mit ihren inzwischen 60 Beschäftigten Teilzahlungskredite über 500 Millionen DM aus.[262] Die daraus erwachsende Tochterbank, die Teilzahlungsbank *NB Kreditbank GmbH*, wurde 1987 allerdings in das Hauptgeschäft der *National-Bank* eingegliedert, weil sich die Geschäftsfelder immer stärker angenähert hatten.

Der Konsumtrend ging ungebremst weiter. Seit Mitte der 1960er-Jahre durften Privatkunden auf Antrag ihr Girokonto überziehen, was bisher nur beim Handel und im Gewerbe üblich gewesen war. Der «Dispositionskredit» – der Begriff klang besser als «Kontoüberziehung» – schuf die Möglichkeit einer noch einfacheren Kreditaufnahme, allerdings nur für jene, die auf ihrem Girokonto verlässliche Einkünfte und nachvollziehbare Kontobewegungen zu verzeichnen hatten. Unter dem Kürzel «PAD» für «Persönliches Anschaffungsdarlehen» wurden Kredite mit einem festen Zinssatz angeboten. Weil diese über der Grenze der Kleindarlehen von 2000 DM lagen, wurden sie bisweilen auch von gewerblichen Kunden und Kleinunternehmern in Anspruch genommen, die damit z. B. Fahrzeuge, Bau- und Büromaschinen finanzierten.

Die Deutschen hatten inzwischen den Urlaub entdeckt, obwohl die Fahrten noch nicht nach Übersee, sondern in die Alpen und jenseits des Brenners führten.[263] Die Kreditinstitute lockten eine neue Kundschaft mit

Angeboten, die für Banken aufgrund der vergleichsweise hohen Kreditzinsen recht lukrativ waren. Die Banken profitierten folglich ebenfalls von der einsetzenden «Reisewelle».

Essen befand sich in wirtschaftlicher Hinsicht somit – wie die gesamte Bundesrepublik – im Aufwind. Angesichts der fortschreitenden Motorisierung wurde das Modell einer «autogerechten» Stadt in den Überlegungen für einen städtischen Generalverkehrsplan in den 1960er-Jahren bestimmend: Tunnelbauten, Stadtautobahn, Schnellstraßen und die Fragen um die Regelung des zunehmenden Pendlerverkehrs zwischen den Orten im Ruhrgebiet standen im Zentrum der Planungen. Das Stadtzentrum Essens wurde für repräsentative Geschäfts- und Verwaltungsbauten reserviert und neuer Wohnraum in den Außenbezirken geschaffen.

Die Innenstadt hatte vor den kriegsbedingten Zerstörungen zu 67 Prozent aus Baugrund bestanden. Mitte der 1950er-Jahre waren bereits 60 Prozent als Verkehrs- und Grünflächen ausgewiesen. 1954 entstand mit dem Allianzhaus am Kettwiger Tor das erste Verwaltungs-Hochhaus. Das völlig zerstörte Gelände zwischen I. und II. Hagen wurde nicht wieder bebaut; stattdessen wurde ein repräsentativer neuer Platz angelegt: der Gildenplatz, den die Stadtväter 1963 in Kennedy-Platz umtauften.

Vor dem Hintergrund eines gesunden Kerngeschäfts beteiligte sich die *National-Bank* mit 100 000 DM an der in München ansässigen *Allgemeinen Deutschen Investment-Gesellschaft mbH (ADIG)* – ein zunächst vergleichsweise geringes Engagement, das jedoch in den folgenden Jahrzehnten kontinuierlich ausgebaut wurde. Die Bilanzsumme stieg 1958 um bemerkenswerte 22 Prozent auf 169 Millionen DM. Diese Entwicklung wurde im Geschäftsbericht besonders herausgestellt – obwohl allen bewusst war, dass man zu diesem Zeitpunkt immer noch eine vergleichsweise kleine Bank mit einem überschaubaren Filialnetz war. Setzt man die Bilanzsumme beispielsweise in Relation zu den entsprechenden Zahlen der *Deutschen Bank*, die im Jahr 1957 eine Bilanzsumme von 8,4 Milliarden DM aufwies und über Hunderte von Filialen verfügte, werden die Verhältnisse noch deutlicher. Da man sich in Essen aber eben erst gar nicht mit den etablierten Großbanken messen wollte, setzte man weiterhin auf die regionale Kenntnis und das Vertrauen in die angestammte Kundschaft – offensichtlich ein gutes Erfolgsmodell: Die Dividende wurde auf 14 Prozent festgesetzt.

Die Geschäftsberichte der *National-Bank* ließen inzwischen erkennen, dass am Theaterplatz Maßnahmen zur Abschwächung der Konjunkturüberhitzung als dringend erforderlich angesehen wurden. Forderungen nach einer DM-Aufwertung wurden ebenfalls immer deutlicher ausgesprochen.

Deutsche Waren erwiesen sich als besonders wettbewerbsfähig, was durch die Lohnzurückhaltung noch begünstigt wurde. Der Exportüberschuss sammelte sich in Form von Devisen bei der Bundesbank. Das Ungleichgewicht in der Zahlungsbilanz machte sich in der Schwäche des US-Dollars bemerkbar, der seine Funktion als internationale Leitwährung zunehmend einbüßte, während die DM immer mehr zur bevorzugten Anlagewährung avancierte. Der «Zwang zur unbegrenzten Annahme des Dollars zur Parität», so lautete die Klage, «trug uns Milliardenströme sich entwertender Dollars ein. [...] Während fast eines Jahres strömten fremde Mittel, überwiegend Spekulationsgelder, in riesigen Mengen nach Deutschland.»[264] Zudem machte das Schlagwort von der «importierten Inflation» die Runde, weil die europäischen Nachbarländer ebenfalls mit Defiziten in der Zahlungsbilanz zu kämpfen hatten.[265] Durch eine DM-Aufwertung sollte der Export gebremst und – wie zunehmend von den Partnerländern gefordert – der Import angeregt werden. An der Begehrtheit der Deutschen Mark hatte sich, wie eine zeitgenössische Schrift konstatierte, so gut wie nichts geändert:

> «Fluchtgeld, Spekulationsgeld, ‹vagabundierende Dollars›, die Bundesrepublik sog alles an wie ein Magnet, und die Kreditrestriktionen verfehlten jede Wirkung, nicht zuletzt deshalb, weil sich die Wirtschaft Kreditmittel leicht im Ausland beschaffen konnte. Die Wirtschaft ächzte unter der Last der Hochkonjunktur und der Überbeschäftigung. Anfang November 1960 war der Bundesbank klar, dass sie nichts mehr ausrichten konnte.»[266]

Die bei Banken, Industrie und der Öffentlichkeit ausgesprochen unpopuläre Aufwertung der DM schloss die Bundesregierung zwar noch im Herbst 1960 aus, angesichts der unveränderten Grundbedingungen drehte sich der Wind aber schon bald. Bundesbankpräsident Karl Blessing ließ sich von der Notwendigkeit einer kreditpolitischen Wende überzeugen, nachdem Zinserhöhungen der Bundesbank gegen eine Inflation ebenso wirkungslos geblieben waren wie eine Erhöhung des Diskontsatzes. Am 3. Mai 1961 wurde in Abstimmung mit dem Zentralbankrat das Verhältnis des US-Dollars zur DM von 1 : 4,20 auf 1 : 4 recht zaghaft angepasst.

Bei der *National-Bank* blickte man gelassen auf diese Entwicklungen. Als Willi Wohlrabe im April 1959 aus dem Vorstand ausschied, hatte er das Feld gut bestellt. Mit seinen volkswirtschaftlichen Kenntnissen hatte er neben Dertmann die Bankgeschäfte in den schwierigen Jahren nach 1945 maßgeblich geprägt. Unter seiner Führung hatten sich Bilanzsumme und Eigenkapital fortwährend erhöht. Angesichts einer Dividende von mittlerweile 16 Prozent konnte er sich sicher sein, dass es bei der Bank einen reibungslosen Stabwechsel geben werde, wie er dem inzwischen ebenfalls altersbedingt aus dem Aufsichtsrat ausgeschiedenen Geschäftsfreund Maximilian von Brachel mitteilte:

> «Daß ich nun nicht mehr im Vorstand bin, wird nur ganz allmählich etwas an den bisherigen Verhältnissen ändern. So komme ich jetzt nur noch vormittags in die Bank, nehme dafür aber immer einen so dicken Packen Arbeit mit nach Hause, daß ich auch am Nachmittag beschäftigt bin. Diese Beschäftigung lässt sich aber auch auf dem Balkon erledigen. [...] Im übrigen muß ich ja weiter im Bilde bleiben, denn in den Urlaubsmonaten wird ja hier in Essen künftig nur noch ein Vorstandsmitglied anwesend sein, und [...] da werde ich nach wie vor weiter einspringen müssen. Hieran wird sich erst etwas ändern, wenn wir einmal einen künftigen Nachfolger für Herrn Brusten gefunden hätten, was uns aber bis jetzt trotz eifriger Bemühungen noch nicht gelungen ist.»[267]

Wohlrabe übernahm bis zu seinem unerwarteten Tod im Mai 1961 zwei Jahre lang den Vorsitz im Aufsichtsrat. Sein Nachfolger wurde Erich Edgar Schulze – eine Übergangslösung, denn dieser ließ sich schon im April 1962 aus Altersgründen wieder entbinden. Neuer Aufsichtsratsvorsitzender wurde Bergrat a. D. Prof. Dr.-Ing. Otto Dünbier, der stellvertretende Präsident der *Industrie- und Handelskammer Essen, Mülheim, Oberhausen* und Generaldirektor der *Thyssen Schachtbau GmbH* in Mülheim an der Ruhr. Dünbier stand dem eigentlichen Bankgeschäft eher fern, blieb jedoch über zwei Jahrzehnte im Aufsichtsrat – was vonseiten der Aktionäre gelegentlich kritisiert wurde. Albert Brusten schied zum Jahresende 1961 aus dem Vorstand aus. Er hatte zu denjenigen Bankmanagern gehört, die selbst den Umbruch der nationalsozialistischen Herrschaft unbeschadet überstanden hatten. Mit seiner sachlichen Expertise hatte er für Kontinuität gesorgt. Brusten trat, wie es bei verdienstvollen Führungskräften häufig vorkam, anschließend in den Aufsichtsrat ein. Seine Position im Vorstand übernahm Anfang 1962 der mit vielen Vorschusslorbeeren versehene Dr. Werner Tietze von der *Berliner Handels-Gesellschaft* in Frankfurt am Main, der jedoch im September 1963 die Bank bereits wieder verließ.

Die Geschäfte waren von diesem Generationswechsel kaum betroffen. Die mangelnde Kontinuität in der Chefetage – an und für sich kein gutes Zeichen – blieb vor allem deswegen folgenlos, weil das Geschäft der *National-Bank* nach wie vor boomte, wie in einer Phase der Hochkonjunktur aber auch nicht anders zu erwarten war. Zur Abrundung des sich inzwischen auf Essen, Duisburg und Oberhausen erstreckenden Niederlassungsbereichs wurde in zentraler Lage von Mülheim an der Ruhr ein weiteres Grundstück erworben; vor allem der in den Innenstädten immer größer werdende Mangel an Parkplätzen zwang zu einer gewissen Dezentralisierung des Bankbetriebs. 1960 stieg die Bilanzsumme nach drei außerordentlichen Wachstumsjahren erneut um 12 Prozent auf 225 Millionen DM, die Dividende wurde von 16 auf 18 Prozent erhöht. Auch an der Zahl der Mitarbeiter zeigte sich der Geschäftserfolg: 271 Menschen standen bei der *National-Bank* in Lohn und Brot.

Der Erfolg hatte viel mit dem Bauboom zu tun. Die Ruinenlandschaften verschwanden, städtische Baulücken wurden Mangelware. Die Zeit des Wohnens zur Untermiete, in Lauben, Baracken, abbruchreifen Gebäuden oder in provisorischen Dachwohnungen ging endgültig ihrem Ende entgegen. In Essen wurden schon 1949/50 über 4000 neue Wohnungen errichtet. Mit dem ersten Wohnungsbaugesetz von 1950 stieg die Zahl der Neubauvorhaben rasant an.[268] Bis 1961 entstanden insgesamt 102 674 zusätzliche Wohnungen. Bereits 1951 meldete der Hochbau eine befriedigende Beschäftigung und sogar erste Anzeichen eines Fachkräftemangels. 1952 war die kräftige Erholung auf dem Baumarkt unübersehbar, wie man dem Jahresbericht der *Industrie- und Handelskammer Essen* entnehmen kann: «Nach der Überwindung des üblichen Wintertiefstandes trat die Belebung des Baumarktes schneller als in den früheren Jahren ein und hielt in der folgenden Zeit an, so daß die Bauindustrie im zweiten Halbjahr, wenigstens soweit der Hochbau in Frage kommt, sehr gut beschäftigt war.»[269]

Allein in Essen waren im Jahr 1953 insgesamt 30 000 Bauarbeiter beschäftigt, eine Zahl, die sich bis zum Jahr 1965 verdoppelte. Vor allem in Altendorf und Holsterhausen wurden viele der meist im zwei- oder dreistöckigen Zeilenbau errichteten Siedlungen gebaut. Durch die Marshallplan-Hilfe entstand die größte Bergarbeitersiedlung Essens: die nach der *Economic Cooperation Administration* benannte ECA-Siedlung.[270] Dieser Trend hielt in den 1960er-Jahren an, zumal zahlreiche Essener immer noch auf der Suche nach einer adäquaten Wohnung waren. Allein zwischen 1961 und 1970 entstanden 9700 neue Wohnungen. Der Schwerpunkt lag dabei auf den Neubauten. Diese sollten, wie Oberbürgermeister Wilhelm Nieswandt im März 1961 ausführte, «nach den Merkmalen der Gediegenheit und der Zweckmäßigkeit – aber nicht der Üppigkeit» ausgeführt werden.[271] Waren in den 1950er-Jahren noch die meisten Wohnungen mit einer Ofenheizung ausgestattet, so wurden vor allem die Sozialwohnungen jetzt mit Zentralheizungen versehen. Auch die Ausstattung verbesserte sich. Die Verbrauchs-

Ein Baumodell einer Hochhaussiedlung bei der Deutschen Bauausstellung Essen. Im Bann der Planungseuphorie war von Ghettoisierung und Landschaftszersiedelung noch keine Rede.

stichprobe des Statistischen Bundesamtes von 1962/63 registrierte bereits für mehr als die Hälfte aller Haushalte den Besitz eines Kühlschranks. Die Größe der Wohnungen nahm ebenfalls zu: von durchschnittlich 53 im Jahr 1953 auf 70 Quadratmeter im Jahr 1960. Hinzu kam ein Eigenheim-Boom, wie es ihn in der deutschen Geschichte noch nicht gegeben hatte: Anfang der 1950er-Jahre besaßen etwa 25 Prozent der Deutschen Wohnungseigentum. Diese Zahl erhöhte sich bis 1962/63 auf 38 Prozent.

Die problematischen Aspekte der Landschaftszersiedelung spielten zunächst noch keine Rolle. Im Osten Essens wurden auf freien Flächen neue Stadtteile wie Freisenbruch-Süd und Bergmannsfeld geschaffen, auch in Kray-Leithe und Horst wurden freie Felder kurzerhand bebaut. Die Wohnblöcke der Siedlungen waren zunächst viergeschossig, bald jedoch wurden elfgeschossige Großbauten errichtet, die als Beton-Hochhäuser und Großwohnanlagen das Landschaftsbild zunehmend verschandelten.[272]

Die enorme Bautätigkeit, die mit der Schaffung der notwendigen Logistik für die komplexe Verkehrsplanung einherzugehen hatte, musste natürlich auch bezahlt werden – ein wichtiger Geschäftszweig für die *National-Bank*. Die immer wichtiger werdende Bauzwischenfinanzierung belebte die Verbindungen der *National-Bank* zu Bausparkassen und Hypothekeninsti-

Die Essener Lichtwochen waren seit den 1950er-Jahren wieder eine regionale Attraktion. Auf dieser Aufnahme aus dem November 1956 ist das Motto «1001 Nacht» gut zu erkennen.

tuten. Natürlich hatte diese schon zur Zeit der *Deutschen Volksbank* und im «Dritten Reich» eine wichtige Rolle gespielt. Allerdings verfügte die Bank nun zunehmend über Spezialisten, von denen einige eine Zeit lang bei Hypothekenbanken gearbeitet hatten. Die Vermittlung von Hypotheken durch die *National-Bank* entwickelte sich auf diese Weise zu einem lukrativen Provisionsgeschäft. Die Überprüfung der Bonität der Kreditnehmer war eine Routineangelegenheit. Fälle wie derjenige des Jahres 1972, als ein Bauzwischenkredit über 2 Millionen DM aufgelöst werden musste, weil «größere Scheckreitereien beobachtet»[273] worden waren, blieben die Ausnahme.

Das Essener Bankinstitut profitierte von der konjunkturellen Stabilität. Die Bilanzsumme 1962 stieg um 8 Prozent auf 260 Millionen DM, im Folgejahr auf 281 Millionen DM. Aus den zum Zeitpunkt der Währungsreform minimalen Spareinlagen war ein veritabler Buchungsposten geworden, der inzwischen über 55 Millionen DM ausmachte und in der Mitte des Jahrzehnts erstmals die 100-Millionen-DM-Grenze überschritt. Mit dem Zweigstellen-Boom war eine starke Zunahme der Beschäftigtenzahl verbunden, die bis Mitte der 1960er-Jahre auf 349 Mitarbeiter stieg. Das Betriebsergebnis ließ regelmäßig Dividenden von 18 Prozent zu.

Die positive Geschäftsentwicklung hing damit zusammen, dass die Stadt trotz der Kohlekrise und der sinkenden Beschäftigungszahlen im Bergbau auf den stillgelegten Zechengeländen neue Betriebe, meist aus dem Bereich der Dienstleistungen und des Handels, ansiedelte. Essen wuchs im sogenannten tertiären Sektor von Handel, Banken und Versicherungen von 37 Prozent im Jahr 1950 auf 50 Prozent im Jahr 1970.[274] 1953 waren 3500 Arbeitnehmer in diesem Sektor beschäftigt; im Jahr 1963 war diese Zahl bereits auf 6900 gestiegen. Im Kreditgewerbe waren inzwischen mehr Menschen beschäftigt als in der Essener Textil- und Holzindustrie; selbst die Eisen- und Stahlgießerei konnte hier nicht mehr mithalten.[275] Essen hatte also die wirtschaftliche Prosperität vor allem dem tertiären Sektor zu verdanken. Eine Darstellung aus dem Jahr 1965 brachte diesen grundlegenden Strukturwandel auf den Punkt:

> «Das ‹Herz des Reviers› ist nicht mehr ohne weiteres die Kohle und auch nicht unbedingt der Stahl. Beide werden noch auf lange Zeit hinaus eine wichtige Rolle spielen. Ausschließlich herrschen können sie nicht mehr. Damit verliert das Revier etwas von seiner einzigartigen Struktur; zugleich aber passt es sich der modernen Wirtschaftsstruktur an, wird krisenfester und vielgliedriger. Wenn eines Tages der ‹blaue Himmel› tatsächlich wieder über einem sichtbar sein wird, so werden nicht nur die Anstrengungen der Techniker dafür verantwortlich sein, die besseren Methoden der Luftreinhaltung erproben, sondern auch dieser Strukturwandel mit seiner Schwerpunktverlagerung zur Weiterverarbeitung und den Dienstleistungen. Er mag manchen Mann von Kohle und Eisen wehmütig stimmen, aber – nüchtern betrachtet – fördert und verbessert er doch die Wirtschaftsstruktur des Bezirks.»[276]

Mit anderen Worten: Essen verwandelte sich im Laufe der 1960er-Jahre endgültig von einer «Stadt der Henkelmänner» zu einer «Stadt der Aktentaschen».[277] Zugleich wetteiferte die Stadt mit Düsseldorf um den Ruf als «Schreibtisch des Ruhrgebiets». Unter anderem hatten die *Ruhrgas AG*, *RWE* und die *WAZ*-Zeitungsgruppe ihren Sitz in Essen. Auf zahlreiche weitere Verwaltungssitze konnte ebenfalls verwiesen werden: des *Siedlungsverbands Ruhrkohlenbezirk*, der *Emschergenossenschaft*, des *Ruhrverbands* und anderer öffentlicher Institutionen. Der blühende Einzelhandel trug erheblich zum verwandelten Charakter einer Angestellten- und Dienstleistungsstadt bei: Im Jahr 1959 wurden bereits 33 Prozent der Groß- und Einzelhandelsumsätze des Ruhrgebiets in Essen getätigt.[278]

Keine Panik: Die erste Rezession 1967

In die positive ökonomische Grundstimmung mischten sich angesichts des Strukturwandels an Rhein und Ruhr sorgenvolle Zwischentöne. Die Kennzahlen im Kohlenbergbau und der Stahlindustrie gaben zu Pessimismus Anlass. 1957/58 kam es zur ersten Kohlekrise im Ruhrgebiet, weil billige Importkohle und die steigenden Erdölimporte die Steinkohleförderung in Bedrängnis gebracht hatten – der Beginn einer stetigen Abwärtsspirale, die das Revier über Jahrzehnte nicht zur Ruhe kommen lassen sollte. Die *Industrie- und Handelskammer* stellte in ihrem Jahresbericht 1958 einen deutlichen Wandel fest: Die Kohlenwirtschaft stehe «im Zeichen der gewandelten Marktlage. […] An Stelle der im Jahre 1957 noch drängenden Nachfrage nach Ruhrkohle traten 1958 erhebliche Absatzstockungen auf, die zu Feierschichten im Bergbau und zu ständig wachsenden Kohlenhalden führten.»[279]

Stilllegungen und Entlassungen waren die Folge des dramatischen Absatzrückgangs, der zu einem unerbittlichen Zechensterben führte. Von den ehemals 23 Zechen in Essen waren 1968 nur noch fünf in Betrieb. Von 1957 bis 1969 sank der Anteil der Steinkohle am Primärenergieverbrauch der Bundesrepublik von 69,8 auf 32,3 Prozent – und dies trotz aller Versuche des *Unternehmensverbands Ruhrbergbau*, des *Steinkohlebergbauvereins* und der 1956 in Essen gegründeten *Ruhrkohlenkontor GmbH*, den Absatz des «schwarzen Golds» zu koordinieren, verlässliche Absatzprognosen zu erstellen und damit die Folgen der Entwicklung abzumildern.[280] Die Sanierungen wurden vom Staat unterstützt; eine Neuordnung erfolgte schließlich 1968 durch die Schaffung der *Ruhrkohle AG*, die als Konsolidierungsunternehmen den koordinierten Abbau der Förderkapazitäten und der Belegschaft zu einer ihrer Hauptaufgaben zählte. Kurz nach ihrer Gründung gewährte ihr die *National-Bank* einen Bar- und Diskontkreditrahmen in Höhe von 10 Millionen DM.[281] Letztlich war diese Rettungsaktion allerdings eine Fehlentscheidung, da sie in der Illusion getroffen wurde, die strukturell überlebten Leitindustrien noch retten zu können, was in der Praxis einer «Erhaltung unrentabler Branchen durch öffentliche Beihilfen» gleichkam.[282]

Der Strukturwandel war nur eine Facette der Ernüchterung. Die Bundestagswahlen von 1965 zeigten zwar, dass die Wähler der wirtschaftspolitischen Kompetenz Ludwig Erhards noch vertrauten: Die CDU/CSU gewann zwei Prozent mehr als bei der vergangenen Bundestagswahl und holte 47,6 Prozent der Stimmen, d. h., sie konnte problemlos mit der FDP weiterregieren. Aber es wurde immer offensichtlicher, dass sich die andauernde wirtschaftliche Blütezeit mit durchschnittlichen Wachstumsraten von jährlich 8 Prozent nicht unbegrenzt fortsetzen würde. Bundeskanzler Erhard sprach sich weiterhin gegen jegliches Eingreifen des Staates in die Wirtschaftsentwicklung aus, obwohl die «Fünf Weisen», also der seit 1964 bestehende unabhängige «Sachverständigenrat zur Begutachtung der gesamtwirtschaftlichen Entwicklung», eine Abkehr von dieser Politik forderten: 1966 wuchs das Bruttosozialprodukt nur noch um magere 2,8 Prozent. Die Zahl der Arbeitslosen vervierfachte sich innerhalb eines Jahres auf 400 000 im Sommer 1967. Das Wort von der «wirtschaftlichen Rezession» machte die Runde. Aus heutiger Sicht mögen diese Rahmendaten wenig beunruhigend wirken. Seinerzeit aber standen die Deutschen noch ganz unter dem Eindruck zweier dramatischer Inflationen und reagierten geradezu allergisch auf Geldentwertungen. Überängstlich befürchteten sie ähnliche Verhältnisse wie 1923 und 1948.

Seit 1964 wurde zunehmend Kritik an Erhards Bemühungen zur Überwindung der sich anbahnenden Wirtschaftskrise laut. Der Journalist Sebastian Haffner formulierte, man müsse in der Geschichte schon lange zurückgehen, «um ein Beispiel für soviel Konzeptionslosigkeit, Entschlußschwäche und schiere Unzulänglichkeit» zu finden.[283] Diese Aussage war zwar in hohem Maße ungerecht. Aber sie spiegelte die Unzufriedenheit über die als unentschieden wahrgenommene Politik des einstigen Wunderkinds Ludwig Erhard wider. Dessen Rezept beschränkte sich im Kern auf Appelle: Er forderte die Bevölkerung auf, «Maß zu halten» und ihre Ansprüche und Forderungen zurückzuschrauben. 1965 stieg der Bruttolohn gegenüber dem Vorjahr um 9,1 Prozent, 1966 folgte eine weitere Steigerung um 7,3 Prozent. Erhard schlug in dieser Situation statt der von den Gewerkschaften angestrebten Senkung der tariflich vereinbarten wöchentlichen Arbeitszeiten eine Erhöhung um eine Stunde vor. Länder und Gemeinden wurden zur Mäßigung aufgefordert, weil 7 Milliarden DM im Bundeshaushalt eingespart werden sollten. Erhards Appelle waren zwar durchaus nachvollziehbar, aber eben nur schwer durchzusetzen, weil die anspruchsvoll gewordenen Deutschen den Zweck der Maßnahmen nicht immer nachvollziehen konnten. Der Bundeskanzler wurde zudem wegen seiner Nachgiebigkeit bei den

Verhandlungen über die Kostenerstattung für die Stationierung amerikanischer und britischer Truppen in der Bundesrepublik getadelt. Diese ausgesprochen schwierigen «Offset-Verhandlungen» endeten mit einer Schlappe. Die USA, deren Kosten für den Vietnamkrieg immer höher und unkalkulierbarer wurden, verlangten von der Bundesrepublik als Bündnispartner und Schutzbefohlenem einen Kostenbeitrag.[284] Der soziale Friede schien also auf dem Spiel zu stehen.

Während Erhards Stern zunehmend verblasste, machte das neue Schlagwort von der «Globalsteuerung» die Runde.[285] Die Idee der Sozialen Marktwirtschaft wurde mit keynesianischem Gedankengut kombiniert. Immer häufiger war von «deficit-spending» zu lesen. Von nun an war im deutlichen Gegensatz zu den ordoliberalen Vorstellungen eine aktivere und interventionistische Wirtschaftspolitik an der Tagesordnung. Innovative Konzepte wie beispielsweise die «Konzertierte Aktion» wurden ins Spiel gebracht. Diese Initiative war der Versuch, jenseits des Klassenkampf-Gedankens Vertreter der Gewerkschaften, der Arbeitgeber, des Staates sowie Wirtschaftsexperten zusammenzubringen, um eine «soziale Symmetrie» zu erreichen. Die Erfolge lagen wohl eher im Atmosphärischen. Die seit 1967 regelmäßig stattfindenden Treffen fanden in der Zeit der sozialliberalen Koalition ein Ende, weil die Arbeitgeber mit den Mitbestimmungsvorstellungen der SPD/FDP-Regierung nicht einverstanden waren.

Die mit diesen Experimenten verbundene Planungseuphorie und die Erwartung einer weithin gestaltbaren Zukunft machten vor Essen nicht halt. Die Gebietsreform der Jahre 1967 bis 1970 führte zu Eingemeindungen. Für die *National-Bank* stand Expansion auf der Tagesordnung, denn durch die territorialen Neustrukturierungen vergrößerte sich ihr Einzugsgebiet, und Geld war genug in der Kasse. Der Ausbau des Zweigstellennetzes wurde durch weitere regionale Veränderungsschübe gefördert. Eine bereits lange geplante zweite Neugliederung unter dem Namen «Nordrhein-Westfalen-Programm 1975» sorgte für Dynamik. Das Ziel war die Schaffung finanzkräftiger Großgemeinden, was zur Reduzierung der Zahl kreisfreier Städte führte. Vor diesem Hintergrund wurde 1975 auch Kettwig – trotz vehementer Abwehrversuche – von Essen eingemeindet. Weitere Pläne ergänzten die Reformen: das Mammutprojekt eines Rathausneubaus und der Ausbau der 1967 im ersten Abschnitt eröffneten U-Bahn. Zu den langfristigen Vorhaben gehörte die grundlegende Sanierung von Stadtteilen wie Steele, Borbeck und Werden, was enorme Kosten mit sich brachte. Ähnliches lässt sich über so ehrgeizige Projekte wie das zunächst von der «Neuen Heimat» als Bauträger verantwortete «City-Center» sagen, dessen Fertigstellung sich durch Finanzprobleme verzögerte. Für die Infrastruktur dieser Neubau- und Sanierungsvorhaben war die Heranziehung des Essener Handwerks unabdingbar, und hier war es wiederum die *National-Bank*, die ihrer Hauptklientel mit Geld unter die Arme greifen konnte.

In der «Großen Koalition» fungierte der neue Bundeswirtschaftsminister Karl Schiller, ein überzeugter Keynesianer, nun als Moderator, der die Probleme zu lösen versprach. Schiller konnte sich auf Vorüberlegungen stützen, die schon einige Jahre zuvor zu einer pragmatischen Wirtschaftssteuerung vorgelegt worden waren.[286] Diese wurden Mitte 1967 durch ein «Wirtschafts- und Stabilitätsgesetz» implementiert, das die Bundesrepublik zur Wahrung des «magischen Vierecks» verpflichtete: Preisstabilität, Vollbeschäftigung, außenwirtschaftliches Gleichgewicht und ein angemessenes Wirtschaftswachstum bildeten die Eckpunkte. Die Maßnahmen zur Konjunktursteuerung sollten den Strukturwandel abfedern. Kritik gab es kaum, zumal die Maßnahmen zunächst durchaus zu greifen schienen.[287] Auch die psychologische Wirkung war beträchtlich, weil die Konjunkturspritzen die Sorge linderten, den anonymen Mächten des Marktes hilflos ausgeliefert zu sein.

Zwei große Konjunkturprogramme wurden trotz eines Haushaltslochs von 3,677 Milliarden DM lanciert. Im Februar 1967 wurden im ersten Programm 2,5 Milliarden DM für staatliche Investitionen bereitgestellt: für die Bundesbahn (750 Millionen DM), die Bundespost (485 Millionen DM), den Straßenbau (534 Millionen DM) und den sozialen Wohnungsbau (150 Millionen DM). Das zweite Konjunkturprogramm vom August 1967 war mit einem Volumen von 5,3 Milliarden DM doppelt so groß. Hier flossen die Gelder in die Bereiche Wissenschaft und Forschung, Familie und Jugend sowie Gesundheit und Verkehr. Besonders strukturschwache Regionen wie das Zonenrandgebiet und das von der Kohlekrise schwer gebeutelte Ruhrgebiet sollten zu den Nutznießern gehören. Als weiteres Beispiel für die Steuerungseuphorie kann gerade dieses im Sommer 1967 beschlossene zweite Investitionsprogramm dienen, nach dem allein 2,8 Milliarden Mark für den Kohlebergbau und die Zonenrandförderung vorgesehen waren. Damals galt das Programm als ideales Instrument für die beispielhafte Ankurbelung der Konjunktur und wurde fast einhellig begrüßt. In Wirklichkeit aber war es zumindest zum Teil Ausdruck eines ungebremsten Machbarkeitswahns.

Einschnitte in bestimmten Etats ließen sich nicht vermeiden, vor allem im Sozialbereich und im Wohnungsbau. Die damit verbundenen Streitigkeiten zwischen den Ressorts wurden jedoch beigelegt, sodass sich die Finanzlage nachhaltig verbesserte. Das Bruttosozialprodukt stieg 1968 um 7,3 Prozent und 1969 sogar um 8,2 Prozent. Die Inflationsrate lag in diesem Jahr bei 2,7 Prozent, und die Arbeitslosenzahl war wieder auf 243 000 gesunken. Bei 720 000 offenen Stellen bedeutete dies Vollbeschäftigung. Ebenso günstig war trotz der Zechenschließungen die Lage in Essen: Hier betrug die Arbeitslosenquote im Jahr 1970 nur noch 0,7 Prozent – ein Wert, der sich kaum noch unterbieten ließ.[288] Die wirtschafts- und sozialpolitischen Kompromisse, die durch die «Große Koalition» beschlossen worden waren, hatten an diesen positiven Entwicklungen zweifellos den Hauptanteil.

Der «Machtwechsel» (Arnulf Baring) zur sozialliberalen Koalition unter dem neuen Bundeskanzler Willy Brandt im Herbst 1969 fand auf der Basis einer soliden wirtschaftlichen Lage statt. Die Euphorie kam in einem Kommentar der Wochenzeitschrift *Die Zeit* zum Ausdruck:

> «Zu Beginn der siebziger Jahre strotzt die Wirtschaft der Bundesrepublik geradezu vor Kraft. Der viel gescholtene Boom hat uns 1969 mit einem Zuwachs des Sozialprodukts von etwa acht Prozent den größten ‹Sprung nach vorn› seit 1960 gebracht. Wir haben heute praktisch keine Arbeitslosen, die Produktion läuft auf Hochtouren, die Auftragsbücher sind gefüllt, die Löhne und Gehälter schneller gestiegen als je in den letzten Jahren.»[289]

Weder die «Minikrise» Mitte der 1960er-Jahre noch die Strukturprobleme der gebeutelten Ruhrregion konnten das Wachstum der *National-Bank* ernsthaft hemmen. Die Zahl der Mitarbeiter, die zu Beginn des Jahrzehnts noch 300 betragen hatte, war durch die Zweigstellen- und Filialgründungen auf 420 Mitarbeiter angestiegen. Die Bilanzsumme stieg 1970 um 10 Prozent auf 589 Millionen DM. Die Zahl der Kunden wuchs durch die Einführung von Renten-, Lohn- und Gehaltskonten, die Spareinlagen überschritten die 200-Millionen-DM-Grenze. Das Grundkapital wurde um 3 Millionen auf 11 Millionen DM aufgestockt. Erstmals wurde eine Dividende in Höhe von 20 Prozent ausgeschüttet, nachdem in den vorangegangenen neun Jahren jeweils 18 Prozent an die Aktionäre verteilt worden waren. Sogar für großzügige Gratifikationen an die Mitarbeiter war inzwischen Geld vorhanden.

An die Stelle des ausscheidenden Vorstandsmitglieds Dr. Jakob Kehren trat im Februar 1967 Otto Kraft, der von der *Commerzbank* in Frankfurt am Main kam und zehn Jahre, bis zum April 1977, bei der *National-Bank* im Dienst bleiben sollte. Auch als Günter Ehlen im März 1968 zum stellvertretenden Vorstandsvorsitzenden ernannt wurde, war dies ein Zeichen von personeller Kontinuität. Ehlen war ein «alter Hase», der 1950 als Auszubildender zur *National-Bank* gekommen war, 1959 die Niederlassung in Oberhausen übernommen hatte und besonders im Mittelstandsgeschäft versiert

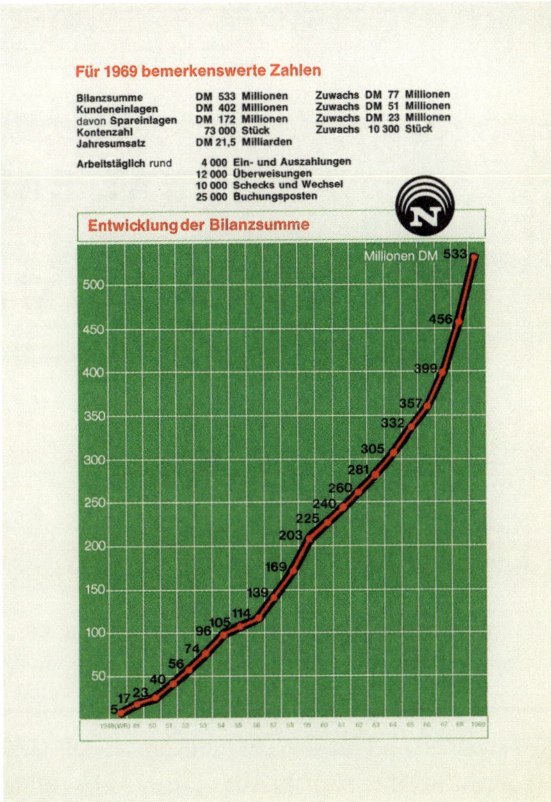

Die gigantische Entwicklung der Bilanzsummen der «Wirtschaftswunderzeit» wurde für die Kunden im Kurzbericht über das Geschäftsjahr 1969 festgehalten.

war. Im März 1968 trat Dr. Horst Duwe vom *Bankverein* in Bremen in den Vorstand ein, schied aber Ende Juni 1970 bereits wieder aus – ein Zeichen für die recht hohe Fluktuation in dynamischen Zeiten. Immerhin hatte es in den 1960er-Jahren damit fünfmal einen Wechsel im Vorstand gegeben. In anderer Hinsicht fand ein Wachwechsel statt. Albert Brusten, der seit den frühen 1930er-Jahren das Auf und Ab der *National-Bank* begleitet hatte, verzichtete altersbedingt 1971 auf eine Wiederwahl in den Aufsichtsrat.

Der heute aus der Mode gekommene, aber bis in die 1970er-Jahre ausgesprochen populäre Weltspartag bot einen jährlichen Anlass, auf die Vorteile des Ansparens zu verweisen. Beim Schulsparen, einem Feld, auf dem die Sparkassen fast konkurrenzlos waren und zahlreiche junge Kunden schon früh an ihre Institute banden, wollte die *National-Bank* daher nicht abseitsstehen. «Spargeschenke» in Form von Gutscheinen waren daher das Mittel der Wahl, um mit geringem finanziellen Einsatz loyale Kunden zu gewinnen.

SPARGESCHENK
DER
NATIONAL-BANK
AKTIENGESELLSCHAFT
ÜBER
Fünf Deutsche Mark
FÜR

______, den ______

NATIONAL-BANK
AKTIENGESELLSCHAFT

NR. 04101 *

Gegen Vorlage dieses Gutscheins innerhalb eines Jahres schreiben wir obigen Betrag einem neuen oder einem schon bestehenden Sparkonto bei uns gut. Der Geschenkbetrag bleibt für drei Jahre gesperrt.

«Spargeschenke» waren auch für eine Mittelstandsbank ein ideales Mittel zur Kundenbindung.

1971 stand an und für sich ein Jubiläum an: Die Gründung der *National-Bank* lag genau 50 Jahre zurück. Aus diesem Anlass erhielten die Angestellten eine nach Dauer der Zugehörigkeit gestaffelte Sonderzuwendung. Mindestens 250 DM steuerfrei gab es für neu eingestellte Mitarbeiter; wer länger als 25 Jahre bei der *National-Bank* war, erhielt eine Sonderzahlung in Höhe eines Monatsgehalts plus 1200 DM. Ansonsten hielt die Bank es aber für unnötig, das Jubiläum der Gründung im Jahr 1921 – die ja unter ganz anderen Umständen erfolgt war – an die große Glocke zu hängen. Zu übermächtig war offensichtlich die Sorge, dass auch an die unfreiwillige Umwandlung der Bank im Jahr 1933 hätte erinnert werden müssen. Etwas schmallippig beschloss der Aufsichtsrat in seiner Sitzung im Juli 1971, dass über das Jubiläum «aus verschiedenen Gründen keine Publikation erfolgen» solle.[290]

Zu dieser Zeit zogen bereits dunkle Wolken am wirtschaftlichen Horizont auf. Die Begehrlichkeiten der Gewerkschaften waren groß, und die Haushaltsdisziplin war schwer durchzusetzen, weil die ökonomischen Rahmendaten, die die Regierung Kiesinger hinterlassen hatte, den Schluss zuließen, man könne nun aus dem Vollen schöpfen. Schon vor der Abschwächung der Konjunktur in der Ölkrise hielt die Chefetage der *National-Bank* einen Sparkurs für angebracht. 1971 beschloss der Aufsichtsrat, seine Tan-

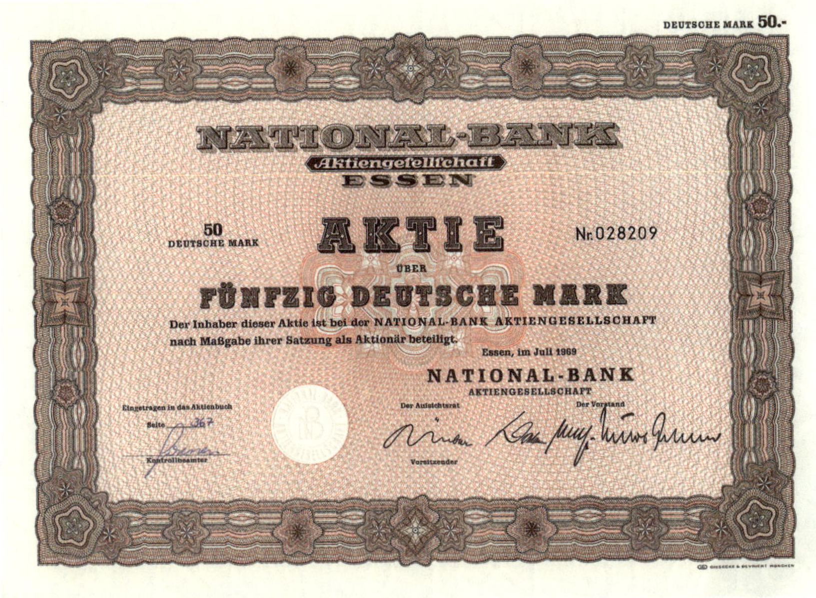

Regelmäßige Kapitalerhöhungen, meist in Abständen von zwei Jahren, waren die Norm. Abgebildet ist eine Aktie aus dem Jahr 1969.

tiemen «aus optischen Gründen» von 10 Prozent auf 9 Prozent zu senken,[291] die Weihnachtsgratifikation für die Mitarbeiter wurde aufgrund der schwachen Ertragslage auf 45 Prozent des Bruttomonatsgehalts gesenkt und erst mit einem halben Jahr Verzögerung ausgezahlt.

Aufgrund fallender Kurse am Wertpapiermarkt verzeichnete die *National-Bank* am Jahresende 1972 für die von ihr gehaltenen Papiere einen Abschreibungsbedarf in Höhe von etwa 3 Millionen DM: 500 000 DM für Bestände einer Anleihe der Stadt Essen und des *RWE* aus Konsortialbeteiligungen, 1,1 Millionen DM für Altbesitz in Pfandbriefen und 1,3 Millionen für Wertpapierkäufe. Im September 1973 wurde eine geplante Kapitalerhöhung um eine Million DM in letzter Minute gekippt – ein Novum in der Nachkriegsgeschichte. Es war angesichts der finanzpolitischen Rahmenbedingungen der Ölkrise einfach nicht der richtige Zeitpunkt: Die Nachfrage nach Aktien der *National-Bank* war trotz aller aufmunternder Hinweise auf gute Halbjahresergebnisse weit hinter den Erträgen vergangener Jahre zurückgeblieben. Der Betriebsgewinn der *National-Bank* lag 1972 immerhin um 660 000 DM höher als im Vorjahr, was erneut die Ausschüttung einer Dividende in Höhe von 20 Prozent erlaubte. Erst als 1977 der Bilanzgewinn auf überschaubare 2,88 Millionen DM zurückging und die anderen Kennziffern eine Mäßigung nahelegten, wurde die Dividende wieder auf 18 Prozent zurückgeschraubt, ein Ausschüttungsbetrag, der in den folgenden Jahren beibehalten wurde.

Betrügereien, Missmanagement und Banküberfälle gehören zu jeder Bankgeschichte; sie können an dieser Stelle aber nicht systematisch behandelt werden. Die Kassenhalle der Zentrale der *National-Bank* erhielt jedenfalls 1970 eine Schutzverglasung.[292] Solche Maßnahmen halfen jedoch nicht immer. Besonders spektakulär war im Jahr 1977 ein Überfall auf die Filiale der *National-Bank* in Rüttenscheid, bei der die terroristische Rote-Armee-Fraktion (RAF) unter dem Kommando von Angelika Speitel über 200 000 DM erbeutete.[293] Heute geht der Trend eher in Richtung Sprengung von Geldautomaten, ein für Banden recht einträgliches Geschäft, gegen das bisher noch keine überzeugende Antwort gefunden ist.

An dieser Stelle soll ein Blick auf das Kreditgeschäft der Bank gelenkt werden. Seit der Ära Dertmann galt im Vorstand grundsätzlich die Devise: Rentabilität vor Wachstum. Es war stets das Bestreben, herausgegebene Kredite aus den eigenen Kundeneinlagen zu finanzieren. Die Risikovorsorge im Kreditgeschäft war ein zentraler Gesichtspunkt der Geschäftspolitik, sodass die *National-Bank* von größeren Skandalen verschont blieb. Windige Devisengeschäfte, die 1974 das Kölner Privatbankhaus *I. W. Herstatt* in den Ruin trieben, waren ihr fremd.[294] Nur ungern griff die Bank zur Minderung des Risikos vorübergehend auf Mittel der *Bundesbank* oder des Interbankenmarkts zurück. Diese Gelder wurden vielmehr in erster Linie zur gelegentlichen Liquiditätssteuerung eingesetzt. Investitionskredite mit längerer Laufzeit wurden häufig bei der mit Sonderaufgaben betrauten und mit spezifischen Mittelstandskreditprogrammen ausgestatteten *KfW* bzw. der *IKB* refinanziert.

Das Kreditgeschäft blieb in den 1970er-Jahren stark diversifiziert. Etwas mehr als ein Drittel der bewilligten Kreditsumme hatte eine Größe von mehr als einer Million DM, rund ein Viertel der vergebenen Kreditsumme bewegte sich in der Größenordnung zwischen 100 000 DM und 500 000 DM. Die meisten Kredite hatten jedoch einen bescheideneren Umfang in der Größenordnung bis 100 000 DM. Um nur ein Beispiel aus dem Jahr 1975 zu geben: Von den 14 726 Kreditnehmern entstammten 13 875 Kredite aus diesem Segment.[295] Die branchenspezifische Verteilung änderte sich bis in die 1990er-Jahre nur geringfügig und verriet die breite Streuung der Kunden. Zu über 50 Prozent gehörten sie zur Sparte Industrie, Gewerbe und Handwerk. Der Handel allein bestritt in der Regel rund 25 Prozent, das Handwerk etwa 15 Prozent der Kundschaft. Freie Berufe machten etwa 20 Prozent aus.

Öffentliche Haushalte hatten stets eine geringe Bedeutung um etwa 5 Prozent. Mehr als ein Viertel des gesamten Kreditvolumens betraf Umschuldungen und langfristige Investitionen.

Von den über 16 000 Kreditnehmern des Jahres 1980 zählten 15 000 zum «Mittelstand»,[296] der meist Summen in der Größenordnung zwischen 10 000 und 50 000 DM nachfragte. Vielfach handelte es sich um bodenständige Kleinunternehmer und Betriebe in der Region, die sich eine zuverlässige und «gediegene» Bank ohne Auslandsambitionen wünschten. Legt man die heute gängige Definition von «Mittelstand» zugrunde – eine Beschäftigtenzahl zwischen 10 und 500 sowie einen Umsatz bis 50 Millionen Euro –, dann zählten über 99 Prozent aller Unternehmen zu diesem Mittelstand, eine für die *National-Bank* sicherlich wohl etwas zu weit gefasste Definition ihrer finanziell konservativen Klientel, die traditionell durch eine hohe Abhängigkeit von Bankkrediten gekennzeichnet war. Wie auch immer dem sei: Der gewerbliche Mittelstand blieb die «cash cow» der Bank. Auch deshalb wurde der Ausbau des Systems der Firmenkundenberater weiter vorangetrieben, weil diese Kundschaft pfleglich behandelt und gut beraten werden musste.

Die Kreditvergabe – größere Summen über jeweils eine Million DM wurden z. B. dem *Milchhof Essen* und der Essener *Transportbeton- und Mörtelwerk Barthel & Co. KG* gewährt – war an und für sich ein unspektakuläres Routinegeschäft.[297] Nur manche Transaktionen verliefen nicht in den traditionellen Bahnen. Zu ihnen gehörte ein 1970 vergebener größerer Kredit an den Geschäftsmann Horst Bosse in Bad Honnef für «Geschäfte mit der DDR» – hier machten sich der politische Wandel und das Ende der Isolierung der SED-Diktatur bemerkbar, selbst wenn der «zweite deutsche Staat» für die *National-Bank* insgesamt nur eine geringe Rolle spielen sollte. Was man damals allerdings noch nicht wusste: Bosse, der gute Beziehungen zu Politikern wie Walter Scheel und Hans-Jürgen Wischnewski pflegte, war ein Stasi-Agent, der unter dem Decknamen «Jäger» agierte.[298]

Von diesem Ausflug in «politische» Kredite abgesehen, blieb das Bankinstitut weiterhin fest in der rheinisch-westfälischen Privatindustrie verankert und machte keinerlei Anstalten, sich auf das Abenteuer mit dem DDR-Handel einzulassen, der angesichts der mangelnden Devisen ohnehin wenig einträglich gewesen wäre.

Das bedeutete jedoch nicht, dass der Theaterplatz von finanzpolitischen Turbulenzen verschont blieb. Gerade in Zeiten der Konjunktur steigt für Banken die Gefahr, ein Opfer von Unvorsichtigkeit, Übermut und gelegentlich von Missbrauch zu werden. Kein Bankgeschäft ist vor Kreditausfällen und -betrug gefeit, mögen die Kontrollmechanismen und Prüfungsvor-

Bis in die 1970er-Jahre wurde die Fassade der *National-Bank* in der Theaterstraße kaum verändert – allerdings wurde sie um Leuchtreklame und ein sich drehendes Logo auf dem Dach ergänzt.

schriften noch so ausgeklügelt sein. Die *National-Bank* hatte ihre Erfahrungen damit bereits in ihrer Zeit als *Deutsche Volksbank* sammeln müssen, obwohl sich in den 1970er-Jahren nur noch einige altgediente Mitarbeiter an diese Vorgänge erinnern konnten. In der Filiale Holsterhausen wurden 1968/69 Risiken bei Kreditgeschäften durch buchmäßige Manipulationen verschleiert; dem betrügerischen Filialleiter wurde daraufhin gekündigt. Der Verlust wurde auf eine halbe Million DM geschätzt. Nach dem Konkurs einer Weinkellerei in Bad Kreuznach, die eine Zweigstelle in Essen unterhalten hatte, musste 1969 ein Minus von 200 000 DM in die Bücher eingetragen werden. Noch unangenehmer war der Konkurs der *Borbecker Mühlen- und Speditions GmbH*, die sich bei der *National-Bank* 2 Millionen DM geliehen hatte und deren endgültiges Ende die Bank eine halbe Million DM kostete – Verluste, die allerdings nach Ansicht des Vorstands selbst bei größter Risikovorsorge nicht absehbar gewesen waren. Als grob fahrlässig musste hingegen ein Vorgang in der Filiale in Oberhausen eingeschätzt werden. Dort war trotz erheblicher Risiken das Geschäft mit persönlichen Kleinkrediten auf ein Volumen von 16 Millionen DM ausgeweitet worden. Eine von der Hauptgeschäftsstelle eingesetzte Revision schätzte 1970 die Risiken nicht richtig ein. Mit 600 000 DM wurden die Verluste taxiert und schließlich mit 680 000 DM eingestellt – ein Schlag ins Kontor, für den der Filialleiter seinen Hut nehmen musste.[299] Zudem hielten nicht gemeldete Risikoengagements in der Filiale in Borbeck die Führungsetage monatelang auf Trab und führten zur Kündigung eines Kreditreferenten. Der Aufsichtsrat fragte sich, besorgt über die sich häufenden Vorfälle, «ob es vergleichbare Banken gibt, die einen ähnlich hohen Wertberichtigungsbedarf haben».[300] Die kritische Analyse der – im Vergleich zu anderen Banken tatsächlich recht hohen – Verluste zeigte einmal mehr, dass das Mittelstandsgeschäft risikoreich sein konnte. Die Filialen sollten durch eine Verstärkung der Revision besser überwacht werden, was sich jedoch mangels genügender Fachkräfte als schwierig erwies. Deshalb baute die Bank für Kredite ein Kontrollsystem nach dem Muster der Großbanken auf und verlangsamte den Ausbau des Filialnetzes.

Angesichts der hohen Kreditnachfrage wurde trotz mancher Pleiten 1971 beschlossen, nur noch Kredite von über 2 Millionen DM dem Aufsichtsrat ausführlich vorzustellen. Kredite zwischen einer und zwei Millionen DM wurden in Form von Aufstellungen lediglich kurz präsentiert.[301] Die Genehmigungspraxis zeigt, dass der Vorstand bei höheren Krediten mit Beträgen über 5 Millionen DM genauer hinsah. Bei gut beleumundeten Essener Unternehmen gab es kaum Diskussionen. Eine wenig liquide Textilfirma, die eine Erhöhung des Kreditrahmens auf 5 Millionen DM für ihre Herbst- und Winterkollektion wünschte, erhielt aber erst «grünes Licht», nachdem das Unternehmen Betriebsgrundstücke und eine Privatvilla in Essen verkauft hatte.[302] Auch manche Sonderfälle der Unternehmensnachfolge mussten besprochen werden. Eine in Moers ansässige Firma, seit 20 Jahren Kunde der *National-Bank*, befand sich in Schwierigkeiten, weil sich die beiden kommanditistisch beteiligten Söhne des altersbedingt inaktiven Hauptgesellschafters als ungeeignet erwiesen. Sie hatten betriebswirtschaftliche Fehler gemacht und zudem, wie die Fachberater der *National-Bank* bemängelten, unverantwortlich viel Kapital entzogen. In diesem Fall bewährten sich die guten regionalen Wirtschaftskenntnisse der Fachkundenberater. Weil hohe Sicherheiten vorhanden waren, wurde ein fähiger Geschäftsführer eingesetzt.[303] Wenige Monate später hatte das Unternehmen mit einem zu erwartenden Gewinn in Höhe von über einer halben Million DM die Gefahrenzone durchschritten.

Kredite für die Bauindustrie bargen gerade in Krisenjahren besondere Risiken. Eine Münchener Wohnungsbaugesellschaft, die von der *National-Bank* einen Barkredit von 7 Millionen DM und einen Avalkredit von einer

Million DM erhalten hatte, türmte 1973 Gesamtschulden von über 100 Millionen DM auf. Die *National-Bank* konnte noch froh sein, dass sich dieser Schuldenberg auf zahlreiche potente Banken verteilte. Zudem musste – für die *National-Bank* völlig überraschend – die *Baugesellschaft Essen-West GmbH* Konkurs anmelden. Es war Glück im Unglück, dass das Engagement der *National-Bank* in Höhe von insgesamt 700 000 DM vollständig gedeckt war.[304]

Viele Unternehmen waren nun, aufgeschreckt durch die zahlreichen Insolvenzen in der Folge der Ölkrise, bestrebt, ihre Auftragsverpflichtungen und Vorauszahlungen durch Bankgarantien abzusichern.[305] Die problematischen Engagements, die zu Unruhe im Vorstand und Aufsichtsrat führten, rissen in dieser Zeit nicht ab. Der Strukturwandel in der Textilindustrie und ein starker Preisverfall auf Jersey-Waren forderten ihren Preis, als eine Wirkstofffabrik in Kirchhoven hohe Verluste verzeichnete. Sie hatte von der *National-Bank* Betriebsmittelkredite in Höhe von 4 Millionen DM erhalten, größtenteils abgesichert durch persönliche Bürgschaften der Gesellschafter der *National-Bank*. Erst als die Firma Teile der Produktion aufgab, besserte sich die finanzielle Lage. Die *National-Bank* ließ sicherheitshalber eine weitere Grundschuld in Höhe von 3 Millionen DM eintragen[306] und betätigte sich als Nothelfer: Die Fabrik entwickelte sich bald wieder zufriedenstellend, nachdem die *National-Bank* dazu geraten hatte, den Warenbestand stark abzubauen und die Produktion bei ausbleibenden Aufträgen zurückzufahren, um weitere Verluste auszuschließen. Trotz dieser Beruhigung blieb die «Notwendigkeit einer besonders scharfen Überwachung dieses Engagements» bestehen,[307] denn das Unternehmen hatte den Bar- und Avalkredit mit 8 Millionen DM überzogen. Da der Kreditrahmen aber auf 6,5 Millionen DM zurückgeführt worden war, wurde die Firma aufgefordert, die Produktionskosten durch vorgezogene Entlassungen weiter zu verringern. Trotz der Zuversicht der Firmeninhaber, die Krise überwinden zu können, schätzte die *National-Bank* die Risiken weiterhin als sehr hoch ein.[308] Eine Hoch- und Tiefbau-Gesellschaft in Essen-Altenessen, ein langjähriger Kunde der *National-Bank*, der in den Vorjahren kontinuierlich das Eigenkapital hatte erhöhen können, versuchte seit geraumer Zeit, Auslandsaufträge zu bekommen. Die Bank am Theaterplatz hatte das Unternehmen davon stets abzubringen versucht, weil die vergleichsweise kleine Firma kaum Erfahrung im Auslandsgeschäft hatte. Überraschenderweise gelang es der Gesellschaft aber schließlich, einen Auftrag in Saudi-Arabien in Höhe von 100 Millionen DM zu akquirieren. Die anfängliche Ablehnung der Finanzierung für diesen Auftrag wurde aufgehoben, nachdem das Unternehmen eine Arbeitsgemeinschaft mit der potenten Firma *Polensky & Zöllner* zu je 50 Prozent für diesen Großauftrag gebildet hatte.

Die Tochterbank *NB Kreditbank GmbH*, die aus der *WKG* entstanden war, wurde 1987 in das Hauptgeschäft eingegliedert,[309] weil sie sich, ursprünglich als Teilzahlungsbank für Kleinkredite agierend, immer mehr dem Geschäftsmodell der *National-Bank* angenähert hatte. Die *NB-Vermögensverwaltung GmbH* betrieb daher nur noch die Vermögensverwaltung der *NB-Kreditbank GmbH*. Im Dezember 1989 wurde diese endgültig mit der *National-Bank* verschmolzen und ihr Buchgewinn in Höhe von 4,3 Millionen DM in die Gewinnrücklagen gestellt. Das Kreditvolumen nahm durch die Integration der Tochtergesellschaft um 8,1 Prozent zu.

Beim Niedergang des Traditionskaufhauses *Loosen* musste die *National-Bank* Federn lassen, denn die alteingesessene Firma hatte allein bei der Bank am Theaterplatz Schulden in Höhe von 5 Millionen DM aufgetürmt. Im Dezember 1987 verkauften die Eigentümer das Unternehmen an eine Briefkastenfirma in New Jersey. Die neuen Besitzer waren nicht bereit, Bankgarantien für die Schulden zu geben. Da kein schlüssiges Sanierungskonzept vorgelegt werden konnte, musste die Firma im Januar 1988 einen Konkursantrag stellen.[310] Für die 340 Mitarbeiter blieb das obskure Verhalten der amerikanischen Gesellschaft ebenso unverständlich wie für die Geschäftsführung der *National-Bank*. So nahm es kaum wunder, dass der Essener Oberbürgermeister Peter Reuschenbach (SPD) Ende Januar von einem «Skandal» und «Wildwest-Methoden» sprach, ohne den Beschäftigten jedoch Hoffnung auf eine Weiterbeschäftigung machen zu können.[311] Der Konkurs konnte nur mit einem erheblichen Verlust für die *National-Bank* vorerst abgewendet werden. Sie übernahm die Kosten des Verfahrens, die Anwaltskosten und die Vorschüsse auf das Konkursausfallgeld der Kaufhausmitarbeiter. Ende Februar 1988 deutete sich dann jedoch ein Ausweg an. In Gesprächen zwischen *National-Bank*-Vorstand Gunther Lange, der Stadt und dem *Loosen*-Betriebsrat kam es zu Verhandlungen mit der Kaufhauskette *Peek & Cloppenburg*, die die Übernahme von etwa 100 ehemaligen *Loosen*-Mitarbeitern in Aussicht stellte. Schließlich eröffnete 1989 *Peek & Cloppenburg* mit erweiterter Verkaufsfläche im ehemaligen *Loosen*-Kaufhaus ein eigenes Geschäft.

Die *National-Bank* in den Jahren nach dem Boom

Weltwirtschaftliche Zusammenhänge bestimmten stärker denn je den Gang der deutschen Wirtschaft. Das in die Jahre gekommene Weltwährungssystem von Bretton Woods, das seit 1944 die Wirtschaftsordnung mit festen Währungskursen maßgeblich bestimmt hatte, befand sich nicht zuletzt durch den für die USA teuren Vietnamkrieg in einer schweren Krise. Die deutsche Exportwirtschaft wollte an der Unterbewertung der DM gegenüber dem Dollar festhalten, während die an der Stabilität der Währung interessierten Finanzexperten zunehmend nervös wurden. Die USA suspendierten im August 1971 die Konvertibilität des Dollars in Gold. Nur zögerlich gestand Washington im November eine Dollar-Abwertung um 10 Prozent zu. Einige Wochen später wurde in schwierigen Verhandlungen mit den westeuropäischen Staaten schließlich eine Neuordnung der Währungsparitäten gefunden, die zumindest bis zur Ölkrise des Jahres 1973 die Krise vertagte. Der amerikanische Anspruch, den Dollar als Leitwährung von Abwertungen auszunehmen, wurde aber aufgegeben: Wenige Monate später stand das System fester Wechselkurse endgültig vor seinem Ende.[312] Im März 1973 mussten die Devisenbörsen wochenlang schließen: Das System der Weltwirtschaft kollabierte, noch bevor die Ölkrise den Westen vor neue Herausforderungen stellte.[313] Bisher waren Staatsverschuldung und Inflation «nur ein Problem für Experten» gewesen.[314] Durch die Aufwertung der DM verloren jedoch inzwischen zahlreiche Industriezweige ihre Wettbewerbsvorteile. Zudem hatte die Reformpolitik der sozialliberalen Koalition einen hohen Preis. Die Sozialausgaben stiegen dramatisch an – von 17 Milliarden DM im Jahr 1970 auf 355 Milliarden DM im Jahr 1976 – und brachten den Staat in enorme Finanzierungsschwierigkeiten; wie es weitergehen sollte, war ungewiss. Der Notwendigkeit zu sparen standen die permanenten Ausgabensteigerungen entgegen, die der Ausbau des Sozialstaats mit sich brachte – wie die Ausweitung der Leistungsempfänger, etwa im Bereich von Renten, Krankenversicherung, Kindergeld und Wohngeld. Die kostspieligen Reformen waren mit einer keynesianischen Wirtschaftspolitik nicht vereinbar, beruhte diese doch gerade darauf, in einer Phase der ökonomischen Erholung antizyklisch zu steuern und Ausgaben zu reduzieren. Im Banne einer weitverbreiteten «Modernisierungsideologie» stehend und getragen von sozialistischer Fortschrittseuphorie und Zukunftsoptimismus, war Bundeskanzler Brandt nicht zu sozialpolitischen Abstrichen bereit, zumal die Gewerkschaften eine geradezu destruktive Lohnpolitik betrieben und Erhöhungen im zweistelligen

Bereich durchsetzten.[315] Zermürbende Streitigkeiten über die Geldpolitik bewogen Bundesfinanzminister Möller 1971 zum Rücktritt; sein Nachfolger Karl Schiller (SPD) befand sich bereits auf Konfliktkurs mit der eigenen Partei und reichte 1972 ebenfalls seinen Rücktritt ein.[316] Als Bundeskanzler Brandt schließlich 1973 angesichts einer auf 7 Prozent zusteuernden Inflation auf die konjunkturpolitische Bremse trat, kam dies «genau zum falschen Zeitpunkt»[317]: Die Konjunktur stand nämlich gerade im Begriff, von der Nahostkrise und den steigenden Ölpreisen abgewürgt zu werden. Der Schock markierte das «Ende des Booms» der Nachkriegszeit.[318] Das «Goldene Zeitalter» und die «Trente Glorieuses», wie jene komfortablen Jahrzehnte im Rückblick genannt worden sind, machten einer tiefgreifenden Krise Platz:

> «Dauerarbeitslosigkeit, staatliche Haushaltsdefizite und ein geschärftes Bewusstsein für die Endlichkeit der Ressourcen lösten die saturierte Prosperität der Wirtschaftswunderjahre ab. Auch verebbte die Reformeuphorie der Ära Brandt, während der von seinem Nachfolger als Bundeskanzler, Helmut Schmidt, verkörperte Pragmatismus gut in eine Zeit zu passen schien, die immer weniger Hoffnung in die Geltung staatlicher oder wissenschaftlicher Autorität setzte»

– so ist dieser Umbruch im Sinne einer «Sorgen- und Schwermutsepoche» charakterisiert worden.[319] Die Folgen des «krisenbeschleunigten Strukturwandels» waren langfristig teilweise sozialer Abstieg und Marginalisierung; mittelfristig zeigten sie sich in zunehmenden Staatsausgaben, Staatsverschuldung und konstant hoher Inflation – letztlich sogar bis in die 1990er-Jahre.[320] Trotz einer Senkung der Leitzinsen schlitterte die Bundesrepublik in die «Stagflation». Steuerentlastungen für Unternehmen sollten den Konjunkturmotor wieder ankurbeln, aber dies ließ sich nur durch neue Schulden bewerkstelligen. Allein 1975 nahm der Bund neue Kredite von fast 30 Milliarden DM auf.[321] 1976 erreichte der Schuldenstand der Bundesrepublik 400 Milliarden DM, was 26 Prozent des Bruttosozialprodukts entsprach.

Die Bundesrepublik erlebte zwar die bis dahin schärfste Rezession ihrer Geschichte, wurde aber dennoch von ihren Partnern gleichsam in die Rolle der europäischen Konjunkturlokomotive gedrängt, weil es den anderen noch schlechter ging.

An die Stelle des Begriffs «Reform» trat der Begriff «Stabilität». Realismus und Nüchternheit sollten Träumereien und Visionen ersetzen. Haushaltskonsolidierung stand fortan auf der Tagesordnung. Der veränderte Kurs wurde vom neuen Wirtschaftsminister Hans Friderichs (FDP) vertreten. Finanzpolitische Stabilitätsprogramme waren für manche Branchen zwar

Das ehemalige Steinkohlebergwerk Zeche Zollverein, heute UNESCO-Welterbe, versinnbildlicht den Strukturwandel im Ruhrgebiet.

ermutigende Signale, aber die in Deutschland durch zwei Währungszusammenbrüche ohnehin latent vorhandene und im kollektiven Gedächtnis verankerte Inflationsangst führte zu einer Flucht in die Sachwerte und löste in der ersten Hälfte der 1970er-Jahre einen wahren Bauboom aus, von dem die mittelständische Industrie und ihre Geldgeber profitieren konnten. Die Nachfrage nach «Betongold» und die Immobiliensuche glichen daher manche Effekte aus, die von der Ölkrise hervorgerufen worden waren. Angesichts der Probleme am Arbeitsmarkt und des «Verschwindens der Steuerungsillusion»[322] wurden wirtschaftsfreundlichere Stimmen lauter. An die Stelle von Hans Friderichs trat 1977 Otto Graf Lambsdorff (FDP). Die Ideen Milton Friedmans und der Chicago School wurden in der Bundesrepublik populärer: Nicht mehr «Nachfragemanagement», sondern die «Angebotspolitik» sollte die Probleme lösen.[323] Die Theorie der «supply-side economics» schlug vor, die Ertragskraft der Unternehmen zu stärken und die Investitionsneigung zu fördern. Trotz aller ökonomischen Probleme wurde insgesamt das «Modell Deutschland»[324] zum europäischen Vorbild, so wie wenig später auf ganz ähnliche Weise die «Deutschland AG» mit ihrer charakteristischen Schachtelverflechtung von Industrieunternehmen und Banken propagiert wurde.[325]

Das sogenannte Lambsdorff-Papier führte schließlich zum Ende der sozialliberalen Koalition und kündigte eine – wenn auch letztlich nicht wirklich realisierte – marktradikale Wende an.

Eine Regionalbank wie die *National-Bank* konnte auf diese gesamtgesellschaftlichen Entwicklungen natürlich keinen Einfluss nehmen; es blieb ihr wenig anderes übrig, als in ihren Geschäftsberichten und durch die Verlautbarungen des Aufsichtsrats als Kontrollorgan auf die Gefahren von Staatsverschuldung und Inflation zu verweisen. Die Hauptversammlungen verliefen daher selbst in der Krise unaufgeregt – eine Tradition, die sich schon in der Ära Dertmann entwickelt hatte. Vor allem die *IKB* als wichtigster Aktionär wahrte ihre Position. Seit Mitte der 1950er-Jahre hatte Dr. Friedrich-Ernst Fischer die *IKB* bei der *National-Bank* vertreten. 1973 folgte ihm Dr. Hans Jürgen Amelung, der als Jurist seit 1953 bei der *IKB* tätig und 1970 in den Vorstand berufen worden war.[326] Er symbolisierte den Einfluss der *IKB* als Ankeraktionär und wurde nach einer gebührenden Zeit schließlich zum stellvertretenden Aufsichtsratsvorsitzenden gekürt.[327] Auch andere wichtige Partner der Bank berieten als Aufseher den Vorstand. Seit 1969 vertrat Wilhelm Holly aus dem Vorstand der *Hochtief AG* diese Baugesellschaft, später übernahm Dr. Hermann Cobet, ebenfalls aus dem Vorstand der *Hochtief AG*, für ein Jahrzehnt diese Rolle im Aufsichtsrat. Ab 1970 repräsentierte Dr. Walter Faßbender, der Vorstandsvorsitzende der *Allgemeinen Rechtsschutz-Versicherungs-Aktiengesellschaft (ARAG)*, diese Versicherung. Seit 1971 hatte zudem der Diplomkaufmann Erwin Bremer aus dem Vorstand der *GAGFAH* ein Mandat inne – auch dies eine nicht nur symbolische Anerkennung der jahrzehntelangen Verbindung der Bank zum regionalen gemeinnützigen und genossenschaftlichen Wohnungsbau. Seit dem Jahr 1972 nahm Dipl.-Ing. Klaus Hitzbleck, geschäftsführender Gesellschafter der Duisburger Bauunternehmung *Karl Hitzbleck*, als informeller Repräsentant der Duisburger Geschäftswelt ein Mandat im Aufsichtsrat wahr. Zugleich wurde mit Dr. Claus Stauder, dem geschäftsführenden Gesellschafter der Essener Privatbrauerei *Jacob Stauder GmbH & Co*, ein weiteres Mitglied einer der Bank seit Langem verbundenen Familie in den Aufsichtsrat gewählt. Während Hitzbleck 1984 wieder ausschied, blieb Stauder bis 2007 im Gremium.

Auch die 1979 erfolgte Wahl von Dr. Friedhelm Gieske, der aus dem Vorstand der *RWE* kam, war eine wichtige Entscheidung. Die *RWE* gehörten nach wie vor zu den größten deutschen Strom- und Gaslieferanten, besaßen eine Beteiligung an der *Hochtief AG* und schickten sich an, als Versorgungsunternehmen in den Technologie- und Dienstleistungsbereich vorzustoßen. Es war eine kluge Geschäftspolitik, sich beim Branchenriesen personell noch rückzuversichern, zumal Gieske anschließend fast 14 Jahre im Aufsichtsrat blieb. Im Jahre 1989, inzwischen Vorstandsvorsitzender der *RWE*, übernahm dieser zudem den stellvertretenden Aufsichtsratsvorsitz und übte dieses Mandat bis 2003 aus.

Die *National-Bank* wirkte bei zahlreichen Emissionen mit: Immer wieder waren dies Anleihen der Bundesrepublik Deutschland, der *Deutschen Bundesbahn*, der *Bundespost*, der *Internationalen Bank für Wiederaufbau und Entwicklung*, der *KfW*, des Landes Berlin und des Landes Nordrhein-Westfalen sowie der *Lastenausgleichsbank*. Auch an zahlreichen Kapitalerhöhungen der *Berliner Handels-Gesellschaft* und *Frankfurter Bank*, der *Handelsbank* in Lübeck, der *Hochtief AG*, der *IKB*, der *Rheinisch-Westfälischen Elektrizitätswerk AG* und beim Abfindungsangebot der *Fried. Krupp Hüttenwerke AG* an die Aktionäre der *Stahlwerke Südwestfalen AG* wirkte die Bank mit. Außerdem war man am Konsortium zum Aktienumtausch bei der Verschmelzung der Essener *Krupp Stahl AG* mit der Dortmunder *Hoesch AG* beteiligt.[328]

Die im Zusammenhang mit der Ölkrise verschobene Erhöhung des Grundkapitals wurde schließlich 1974 durchgeführt. Die Aufstockung um 2 Millionen DM auf 16 Millionen DM und die Neuemission von Aktien zum Kurs von 100 Prozent im Verhältnis 10:1 waren ein Routineakt. Die Geschäftsentwicklung des Instituts galt 1975 als «in jeder Hinsicht»[329] sehr erfreulich, was die *National-Bank* der vorsichtigen Politik der Geldmengenvermehrung durch die *Deutsche Bundesbank* anrechnete.

Die Aktien wurden fast ausnahmslos von den bisherigen institutionellen Aktionären bezogen. Lediglich ein kleiner symbolischer Rest wurde an Bankkunden ausgegeben – der Kurs von 500 Prozent war ein Indiz für die ausgesprochen starke Nachfrage nach Aktien der *National-Bank*. Das Kapital der Bank blieb an die ganz überwiegend institutionellen Anleger gebunden. Die Gesamtzahl der Aktionäre veränderte sich kaum und betrug 1070.[330] Die häufig gestellte Frage, warum die *National-Bank* sich nicht an der Börse einführen lassen wolle, wurde stets mit der gleichen Antwort pariert: «Wir wollen Übersicht über den Kreis unserer Aktionäre behalten und uns nicht – von wem auch immer – abhängig machen.»[331] Am Theaterplatz war man der Meinung, dass die in festen Händen der institutionellen Anleger befindlichen Papiere breit genug gestreut waren.[332] Daneben bestand immer eine gewisse Sorge vor verdeckten Aktienkäufen, die bei einem Börsengang möglich gewesen wären; im Verbund mit dem Wunsch nach einer Vermeidung von erratischen Kursschwankungen waren dies alles Argumente, denen selten widersprochen wurde.[333]

Dass die Weltwirtschaftskrise erst mit einer gewissen Verzögerung und abgemildert auf die Geschäfte der *National-Bank* durchschlug, war schon deshalb bemerkenswert, als durch die Kombination von Zechenschließungen und Konjunktureinbruch die Zahl der Beschäftigten in Essen im Zeitraum von 1970 bis 1974 um nahezu 20 Prozent zurückging und die Region durch die Kombination aus strukturellen Veränderungen und Ölkrise gleich doppelt getroffen wurde. Die Arbeitslosenquote in der Stadt, in der 1970 mit 0,7 Prozent faktisch Vollbeschäftigung geherrscht hatte, stieg bis 1974 auf 3,4 Prozent an.[334] Dieser Trend setzte sich bis zum Ende der 1970er-Jahre fort und markierte den unerbittlichen Übergang in die strukturelle Arbeitslosigkeit. Auch die offenen Stellen nahmen rapide ab: Waren es 1970 noch über 11 000, so sank diese Zahl bis 1974 auf unter 2000. Dieser unaufhaltsame Wandel konnte durch das zunehmende Gewicht des Dienstleistungsbereichs nicht mehr genügend kompensiert werden. Der «tertiäre Sektor», also Handel, Banken und Verkehr, gewann in Essen zwar kontinuierlich an Bedeutung, was für die *National-Bank* als regionale Mittelstandsbank erfreulich war, aber auch diese Entwicklung konnte nicht verdecken, dass im Ruhrgebiet ganze Industriezweige verschwanden.[335]

Als Dr. Hans Braun zum 1. Januar 1979 den Vorstandsvorsitz der *National-Bank* übernahm, betrug das Geschäftsvolumen bereits über 1,3 Milliarden DM. Der neue Mann an der Spitze des Bankinstituts war noch von Dertmann «entdeckt» worden. Der 1925 geborene Schwabe hatte sein Jurastudium in Tübingen mit der Promotion abgeschlossen und war 1956 bei der *Handelsbank Heilbronn AG* ins Bankgeschäft eingestiegen. 1969 war er in den Vorstand aufgestiegen und in dieser Funktion auch bei der durch Fusion entstandenen *Baden-Württembergischen Bank* geblieben, bei der er schließlich das Amt des Sprechers des Vorstands wahrgenommen hatte.[336]

Braun kam in einer Zeit ans Ruder, in der die Folgen der Weltwirtschaftskrise allmählich überwunden waren. Das Jahresergebnis der *National-Bank* bewegte sich noch auf dem Vorjahresniveau. Die Aktienbaisse des Jahres 1980 führte aber zu Verlusten im eigenen Aktiendepot. Angesichts bescheidener Gewinne war es verständlich, dass am Theaterplatz kein höheres Wachstum angestrebt wurde.[337] An den Grundstrukturen der *National-Bank* änderte sich unter Brauns Ägide wenig. Zielgruppe waren und blieben die mittelständischen Unternehmer und die vermögenden Privatkunden.[338] Gegenüber den Verlockungen einer Expansion auf das internationale Feld hielt die *National-Bank* hingegen stand. Erst recht blieb man Experimenten wie etwa dem Offshore-Banking fern.

Nach der Bundestagswahl im Herbst 1980 blieb Helmut Schmidt zwar Bundeskanzler. Aber Arbeitslosigkeit und steigende Staatsverschuldung prägten weiterhin das Bild. Die Internationalisierung der Produkt- und Finanzmärkte und das Zusammenwirken von «anspruchsvollen Sozialleistungen, überwiegender Finanzierung aus Sozialbeiträgen der Arbeitnehmer und ihrer Arbeitgeber, weit ausgebautem arbeitsrechtlichem Schutz der Beschäftigten und relativ geringer Lohnspreizung»[339] forderten ihren Tribut. 1981 rutschte die Bundesrepublik in ihre dritte Rezession.[340] Das Modell der keynesianischen Konjunkturpolitik, so hat es Werner Plumpe ausgedrückt, war «definitiv gescheitert».[341] Die offensichtliche Ratlosigkeit der Regierung ließ nun «neoliberale Rezepte […] erneut attraktiv erscheinen. Nicht Nachfragemanagement, sondern Angebotspolitik sollte die Vollbeschäftigung wieder einführen.»[342] Bundeswirtschaftsminister Otto Graf Lambsdorff präsentierte sich als harter Sparkommissar, der – auf Kosten des Koalitionspartners und ohne große Erfolge – eine radikale Haushaltssanierung ankündigte.

Der langsame Abschied vom Provisorium der Bundesrepublik: 1982 bis 1989

Anfang der 1980er-Jahre war das einstige «Wirtschaftswunderland» Deutschland durch Ölkrise und Rezession, wachsende Kosten für den Sozialstaat, hohe Staatsverschuldung und die starren Regelungen des Arbeitsmarkts zum «ökonomischen Problemfall» geworden.[343]

In der Amtszeit von Helmut Schmidt waren aus reiner Notwendigkeit sozialpolitische Einschnitte vorgenommen worden, die 1982/83 nach dem Antritt der neuen CDU/FDP-Regierung unter dem Christdemokraten Helmut Kohl fortgesetzt wurden. Die mehrheitliche Erwartung der Wähler war, dass sich der Staat langfristig auf die Herstellung günstiger Rahmenbedingungen für Investitionen beschränken, sich aber ansonsten wirtschaftlich weitgehend zurückhalten würde. Die proklamierte Trias – Entfesselung der Marktkräfte, Rückzug des Staates und Förderung der «Leistungskraft» – wurde das wirtschaftspolitische Leitbild der schwarz-gelben Koalition. Ergebnis der Privatisierungsdebatten waren die Gründung privater Fernsehanstalten sowie die Privatisierung bzw. Teilprivatisierung von Post, Telekommunikation und Bahn. Durch Einschnitte ins soziale Netz sollten die Staatsfinanzen wieder in Ordnung gebracht und die Arbeitskosten gesenkt werden. Die private Eigenvorsorge sollte gestärkt, die Schutzbestimmungen des Arbeitsrechts hingegen gelockert werden.[344] Der Zeitgeist wollte «alle staatlichen und gesellschaftlichen Teilsysteme zunehmend nur noch an den Kriterien der Wirtschaftlichkeit, des Nutzens und des unternehmerischen

‹Erfolges›» messen.[345] Dies alles geschah unter scharfen Protesten gegen eine vermeintlich neokonservative «Wende», obwohl es zu einem grundsätzlichen Umbau des sozialen Sicherungssystems schließlich gar nicht kam.[346] Beim «Abschied vom Provisorium»[347] blieben die wirtschaftspolitischen Initiativen begrenzt, zumal der Paradigmenwechsel theoretisch kaum stärker begründet wurde, sogleich auf massive gesellschaftliche Vorbehalte stieß und die bürokratischen Beharrungskräfte stark waren.[348] Eine «Rosskur», wie sie beispielsweise die Premierministerin Margaret Thatcher den Briten verordnete, blieb aus.[349] Faktisch blieb es bei «halbherzige(n) Maßnahmen» zur Begrenzung der Staatsaufgaben und zur Deregulierung der Wirtschaftsbereiche von Post und Telekommunikation.[350] Die Regierungskoalition unter Helmut Kohl profitierte eher von jenem bald einsetzenden allgemeinen Wirtschaftsaufschwung, der die Rezessionsphase der Ölkrisenzeit beendete und mit sinkenden Energiepreisen einherging. Am Ende der 1980er-Jahre waren die Staatsquote auf diese Weise wieder auf ein erträglicheres Maß von 44,5 Prozent und die Arbeitslosenzahl ebenfalls erheblich, nämlich auf 1,8 Millionen, gesunken. Erstmals seit Ende der 1960er-Jahre wurde wieder eine Kapazitätsauslastung von nahezu 90 Prozent erreicht. Die Teuerungsrate sank 1985 auf 1,8 Prozent und war damit die niedrigste unter allen Industrieländern, nicht zuletzt weil die Bundesbank eine konservative, auf Preisstabilität ausgerichtete Geldpolitik betrieb – und diese auch in den folgenden Jahren beibehielt. Der deutsche Aktienmarkt erreichte in diesem Jahr einen historischen Höchststand. Privatkunden und mittelständische Unternehmen nutzten die günstigen Zinsen zur Finanzierung größerer Investitionsvorhaben oder für Umschuldungen. Der Massenwohlstand bedeutete «die ökonomisch beste Zeit der alten Bundesrepublik».[351]

Inwieweit wurde die *National-Bank* von den wirtschaftspolitischen Prozessen berührt, die mit der «Wende» von 1982 einhergingen? Für das Finanzinstitut wirkte sich die Verbesserung der Rahmenbedingungen ebenso positiv aus wie manche Effekte des Strukturwandels. Während die Zahl der in der Industrie Beschäftigten weiter sank, war der Sektor der Dienstleistungen, des Handels und des Verkehrs der große Gewinner. Diese Branchen konnten sich auf den globalen Märkten gut behaupten, sodass das Essener Institut als Regionalbank vom guten Exportgeschäft ihrer mittelständischen Kunden profitierte. Der Export blieb die Hauptantriebskraft des Wirtschaftswachstums, obwohl auch die Inlandsnachfrage wuchs. Hiervon profitierten insbesondere die Konsumgüter- und die Automobilindustrie sowie die Chemiebranche. Die in der Region Rhein und Ruhr ansässigen Haupt- und Zulieferunternehmen nutzten diesen konjunkturellen Aufschwung;

Der Hauptsitz in der Theaterstraße in den 1980er-Jahren. Neben dem Haupteingang gab es jetzt einen Geldautomaten.

die krisengeschüttelten Schlüsselindustrien Kohle und Stahl konnten sich etwas erholen. Die gesamtwirtschaftliche Entwicklung verlief auch am Ende des Jahrzehnts mit Steigerungsraten des Bruttosozialprodukts von über 4 Prozent so gut wie seit zehn Jahren nicht mehr. Wachstumsimpulse gingen hauptsächlich von der Exportwirtschaft sowie den Ausrüstungs- und Bauinvestitionen aus. Auch der private Verbrauch nahm dank stabiler Preise und gesteigerter Nettoeinkommen erheblich zu, die Kauflust bei Wohnungen und Autos war ungebremst. Die Nachfrage nach Stahl wirkte sich positiv auf die Zulieferindustrie aus, zu der viele Unternehmen aus dem Kundenkreis der *National-Bank* gehörten. Die Industrie hatte schließlich sogar Probleme, genügend Facharbeiter einzustellen. Dies war erstaunlich, weil zahlreiche DDR-Aussiedler in der Bundesrepublik als zusätzliche Arbeitskräfte zur Verfügung standen. Die Zahl der Arbeitslosen ging bis zum Ende des Jahrzehnts auf knapp über 2 Millionen zurück, was einer Quote von 7,9 Prozent entsprach und nur im Ruhrgebiet mit Quoten im zweistelligen Bereich auf einem überdurchschnittlich hohen Niveau blieb. Selbst die Zahl der Kurzarbeiter sank rapide.

Das Geschäftsvolumen der *National-Bank*, das 1977 noch 1,2 Milliarden

Nach einem vollständigen Umbau der Zentrale am Theaterplatz im Jahr 1989 hieß die ehemalige Kassenhalle nun Kundenhalle. Es war kein Zufall, dass in den Werbebroschüren, die rechts auf der Abbildung zu erkennen sind, um den «Mittelstand» geworben wurde.

DM betragen hatte, stieg in diesen Jahren kontinuierlich an: Es erhöhte sich – man ist geneigt zu sagen: planmäßig – auf 1,9 Milliarden DM im Jahr 1986 und überstieg am Ende des Jahrzehnts die 2 Milliarden-Grenze. Die Bilanzsumme erreichte 1985 1,5 Milliarden DM.[352] Die Kundenverbindlichkeiten hatten hieran einen Anteil von 84,4 Prozent – ein deutlicher Beleg für die exzellente Refinanzierungsstruktur der Bank.[353] Der Eigenbestand an Anleihen und Schuldverschreibungen in Höhe von 400 bis 500 Millionen DM war zum ganz überwiegenden Teil, nämlich zu 70 bis 85 Prozent, bei der *Deutschen Bundesbank* beliehen. Die Dividende blieb 1987 bei 11,50 DM – eine Ausschüttung, die die Aktionäre auf der Hauptversammlung mit großer Befriedigung zur Kenntnis nahmen. Der Vorstand konnte angesichts der breiten Übereinstimmung gar von der «National-Bank-Familie» sprechen. In der Beschlussfassung für den Geschäftsbericht enthielten sich von den 398 029 anwesenden Stimmen lediglich 70; Gegenstimmen wurden keine verbucht. Entsprechend einmütig fiel die Entlastung des Vorstands aus.[354] Die Gesamtzahl der bei der *National-Bank* geführten Konten, die Anfang

Gerade bei den Privatkunden blieb die Beratung durch den Bankexperten der *National-Bank* unerlässlich.

der 1980er-Jahre auf etwas über 130 000 gestiegen war, betrug am Ende des Jahrzehnts bereits 157 000. Trotz aller Diskussionen um die Einführung der Quellensteuer blieben die Spareinlagen mit einem Anteil von 60,8 Prozent an den gesamten Kundeneinlagen das Rückgrat der Bilanzstruktur. Die privaten Kunden fragten besonders nach Wohnungsbaukrediten. Diese wurden allerdings traditionell äußerst konservativ gehandhabt und beschränkten sich im Wesentlichen auf die sichere Finanzierung von Eigentumswohnungen, Ein- und Zweifamilienhäusern sowie kleinen Mehrfamilienhäusern.

Bei diesen positiven wirtschaftlichen Rahmenbedingungen begann mit dem Fall der Berliner Mauer das Ende des Kalten Krieges. Die politischen Ereignisse in Ostmittel- und Osteuropa veränderten grundlegend die Bedingungen, unter denen Europa seit 1945 gelebt hatte. Eine neue Zeit brach an, die ungeahnte Hoffnungen erfüllen, neue Chancen eröffnen, aber auch neue wirtschaftliche Herausforderungen mit sich bringen sollte.

1990: Die *National-Bank* im wiedervereinigten Deutschland

Die Hochkonjunktur des Jahres 1990 als Folge der Wiedervereinigung währte nicht lange und war spätestens mit dem Golfkrieg beendet. Dass der Konjunkturmotor stotterte, machte sich besonders auf dem Arbeitsmarkt bemerkbar: Die Arbeitslosenquote im Ruhrgebiet betrug 10,8 Prozent. Das Ende der planwirtschaftlichen Misswirtschaft und die Öffnung der Grenzen und Märkte zeitigten in den neuen Bundesländern gravierende Folgen. Aufgrund mangelnder Konkurrenzfähigkeit gegenüber westlichen Unternehmen und der Abwanderung qualifizierter Arbeitskräfte mussten zahlreiche Unternehmen ihre Produktion gänzlich einstellen oder massiv zurückfahren. Das Motto der «Treuhandanstalt» lautete: dort privatisieren, wo es möglich war, sanieren und dort wiederum «abwickeln», wo es keine andere Lösung gab. Um die neuen Länder am deutschen Export teilhaben zu lassen, sollten sie international wettbewerbsfähig gemacht werden. Die emotionale Bindung vieler Mitarbeiter an ihre Betriebe und Kombinate, in dem sie teilweise Jahrzehnte gearbeitet hatten, war allerdings wesentlich höher als im Westen, was bald den Vorwurf eines Ausverkaufs und eines «Verramschens» der DDR an westdeutsche Investoren zur Folge hatte.

Die Privatisierungen früherer Staatsbetriebe führten im Ruhrgebiet zu einer hohen Investitionsbereitschaft, sodass die *National-Bank* von dieser Geschäftsankurbelung mittelbar profitierte. Als Regionalbank hatte man mit direkten Geschäften in Ostdeutschland dagegen eher wenig zu tun. Allerdings sollte mit einer Beteiligung in Höhe von 1,3 Millionen DM an der Gemeinschaftsaktion der Kreditinstitute *BNL-Beteiligungsgesellschaft Neue Länder GmbH und Co. KG* in Berlin der «Aufschwung Ost» unterstützt werden.[355]

Die Bundesregierung schwenkte 1991 auf einen Sparkurs um und musste sich dafür heftige Kritik der Opposition gefallen lassen. Das *Deutsche Institut für Wirtschaftsforschung* sekundierte und warf der Regierung vor, ihr Sparpaket erwecke «fatale Assoziationen zur Brüningschen Sparpolitik».[356] Bundesfinanzminister Theo Waigel führte das Staatsdefizit in einer Haushaltsdebatte des Bundestags vor allem auf die Folgen der Wiedervereinigung zurück. Die für 1993 vorhergesagte Rezession trat – mit nachlassender Produktion in allen wichtigen Branchen – tatsächlich ein. Die Zahl der Arbeitslosen überstieg das erste Mal die Grenze von 3,5 Millionen; im Ruhrgebiet betrug die Arbeitslosenquote 12,6 Prozent.

Unter Hans Braun als langjährigem Vorstandssprecher wurden in dieser Zeit wichtige interne Neuorganisationen durchgeführt. Die Beförderung von Abteilungsdirektoren, die zuvor Prokuristen gewesen waren, wurde nun erleichtert, was ein wichtiger weiterer Schritt zu Professionalisierung und Mitarbeiterbindung war. Mit Wirkung zum 31. Oktober 1991 schied Braun aus. Auch in diesem Fall griff die traditionsreiche Regelung, erfahrene Bankmanager für Beratungs- und Kontrollzwecke weiter an das Institut zu binden: 1992 wurde er in den Aufsichtsrat gewählt, dem er noch bis 1998 angehören sollte. Brauns Platz als Vorstandsvorsitzender nahm für die folgenden beiden Jahrzehnte Dr. Henner Puppel ein, der vom neuen Aufsichtsratsvorsitzenden Dr. Alexander von Tippelskirch empfohlen worden war. Von Tippelskirch aus dem Vorstand der *IKB* hatte im Januar 1990 den Aufsichtsratsvorsitz bei der *National-Bank* übernommen. Er hatte planmäßig den aus dem gleichen Hause kommenden Dr. Hans Jürgen Amelung abgelöst. Mit diesem hatte Hans Braun viele Jahre vertrauensvoll zusammengearbeitet. Das Verhältnis zwischen Vorstand und Aufsichtsrat war allgemein gut. Der Aufsichtsrat nahm seine Kontrollfunktion wahr und ließ sich regelmäßig berichten, ohne je entscheidend ins Vorstandsgeschäft eingreifen zu müssen. An diesem Verhältnis hat sich bis heute nicht viel geändert.

Von Tippelskirch war überzeugt, dass die *National-Bank* eine «Galionsfigur» benötigte, die das Image des Hauses nach innen und außen zu prägen vermochte. Er kannte Puppel als verlässlichen Bankmanager aus dem «Regionalbankenausschuss» des privaten Bankgewerbes. Der Jurist war 1969 in die *Bayerische Staatsbank AG* eingetreten, die kurz darauf von der *Bayerischen Vereinsbank* übernommen worden war. Dort hatte er das Kreditgeschäft von der Pike auf gelernt und Bankmanager getroffen, die ihn durch ihre langjährigen Erfahrungen, die bis in die Zeit des Zweiten Weltkriegs zurückreichten, tief beeindruckten.[357] Puppel ging danach als Trainee zur *Bayerischen Vereinsbank* in München und wurde 1981 alleiniger Leiter einer der großen Filialen in Mannheim. 1987 wechselte er schließlich zur *Wüstenrot-Bank* nach Ludwigsburg und wurde mithilfe seines Fürsprechers von Tippelskirch dort Sprecher des Vorstands.[358]

Unter Puppel, dem «Gentleman-Banker in Nadelstreifen», wie das *Handelsblatt* ihn später einmal nannte, expandierte die Bank in den folgenden 16 Jahren kontinuierlich, ohne an ihrer grundsätzlichen Ausrichtung etwas

Dr. Fritz Dertmann (1951–1981)

Dr. Hans Braun (1987–1991)

Dr. Henner Puppel (1991–2007)

Dr. Thomas A. Lange (seit 2007, seit 2011 Vorsitzender des Vorstandes)

Langjährige Vorstandssprecher der *National-Bank*

zu ändern. Die *National-Bank* war streng genommen keine Privatbank, verstand sich aber als Institut mit Privatbankcharakter und zugleich als Mittelstandsbank. Unter Puppels Ägide verdreifachte sich die Bilanzsumme und vervierfachte sich der Jahresüberschuss – eine erstaunliche Erfolgsgeschichte. Um das in vielen Jahren aufgebaute und auf intimer Kenntnis der regionalen Verhältnisse beruhende Vertrauen für solvente Kunden zu nutzen, wurden «Certified Planners» und «Certified Consultants» ausgebildet.

Puppel hatte im Vorstand wichtige Mitstreiter. Für den im Mai 1994 unerwartet verstorbenen Gunther Lange rückte der bisherige Generalbevollmächtigte Dr. Dieter Marzi in den Vorstand auf. Bernd Praedel war schon 1987 für den erkrankten Günther Ehlen in den Vorstand gekommen. Als er 1994 ausschied, nahm Karl-Heinz Nellessen dessen Platz ein und blieb der Bank noch zwei Jahrzehnte lang im Vorstand verbunden.

Die Entwicklung der *National-Bank* jener Jahre stand ganz im Zeichen des politischen Gezeitenwechsels, des Mauerfalls und damit des Endes der deutschen Teilung und des Kalten Krieges. Das Geschäftsvolumen nahm permanent zu, von 3,2 Milliarden DM 1992 auf 3,7 Milliarden DM im Jahr 1995. Bemerkenswert war, mit Steigerungsraten bisweilen im zweistelligen Bereich, das Wachstum im Kreditgeschäft. Insbesondere Investitionsdarlehen der mittelständischen Stammkundschaft gaben dafür den Ausschlag. Im Privatkundengeschäft wurden in erster Linie langlebige Gebrauchsgüter und Wohnbauvorhaben finanziert. Die Gesamtzahl der Kundenkonten betrug mittlerweile 165 000 – mit entsprechenden Zuwächsen bei den Spareinlagen, die Anfang der 1990er-Jahre auf die Milliardengrenze zusteuerten. Das Zinsbewusstsein der Anleger beeinflusste allerdings mehr als je zuvor das Sparverhalten: Sondersparformen wie das «Plansparen» und «Festzinssparen» waren inzwischen en vogue – ein Trend, der sich in den folgenden Jahren fortsetzen sollte. Alleine das Festzinssparen wurde zwischen 1989 und 1994 von 200,8 Millionen DM auf 418,3 Millionen DM mehr als verdoppelt. Neben eher traditionelle Schuldverschreibungen traten neuartige Sparbriefe, die in erster Linie für mittelfristige Anlagen gedacht waren. 1992 betrugen die Spareinlagen bereits fast 1,4 Milliarden DM.

Das Auslands- und das Wertpapiergeschäft waren seit den 1970er-Jahren signifikant gewachsen. Am Ende des Jahrzehnts verwaltete die *National-Bank* bereits 8100 Depots. Manche der bisher auf Konten gesparten Beträge wurden angesichts günstiger Zinsen von den Kunden in festverzinslichen Wertpapieren, Aktien oder Investmentanteilen angelegt. Durch den Anschluss an das Einlagensicherungssystem des *Bundesverbands deutscher Banken* – den «Feuerwehrfonds» – waren die Einlagen gesichert. Bei Termingeschäften rieten die Berater in der Regel zu hochkonservativen Anlagen. Devisenspekulationen auf eigene Rechnung waren generell ausgeschlossen. Zu Geschäften auf den unübersichtlichen Auslandsmärkten war die *National-Bank* nur in den seltensten Fällen bereit. Kredite in Risikoländer wie z. B. Argentinien oder Mexiko wurden nicht einmal als Mitglied eines Konsortiums vergeben. 1994 wurden zudem die vom *Bundesaufsichtsamt für das Kreditwesen* im Zusammenhang mit dem «Zweiten Finanzmarktförderungsgesetz» vorgegebenen Leitsätze für Mitarbeitergeschäfte umgesetzt. Damit wurde der Schutz der Anleger vor dem Missbrauch durch Insidergeschäfte gestärkt. Bei der *National-Bank* wachte nun ein Compliance-Beauftragter, der unmittelbar dem Vorstand unterstellt war.

Im Wertpapiergeschäft vertraute die *National-Bank* einer eigenen Research-Abteilung, die eng mit der auf Wertpapier-Fonds spezialisierten *Allgemeinen Deutschen Investment-Gesellschaft (ADIG)* zusammenarbeitete, an der man bereits seit Ende der 1950er-Jahren beteiligt war.[359] Das *ADIG*-Engagement war insofern eine Besonderheit, als die *National-Bank* auf dem Feld von Beteiligung grundsätzlich Zurückhaltung übte. Ein Intermezzo war die im Jahr 1969 erfolgende Beteiligung an der *H. Baumeister KG* in Frankfurt am Main gewesen. Zwei Jahre später war dieser Anteil allerdings aus «Imagegründen» an die Frankfurter *Selmi-Bank AG* abgegeben worden.

Seit den 1980er-Jahren hatten sich die Umlaufgeschwindigkeiten des Kapitals beschleunigt: Von 1989 an gab es den elektronischen Börsenhandel, seit 1991 wurde keine Börsenumsatzsteuer mehr erhoben, 1992 entstand die *Deutsche Börse AG*, 1994 wurden regionale Beschränkungen aufgehoben, 1997 wurde der «Neue Markt» etabliert und 1999 die Trennung zwischen Geschäfts- und Investmentbanken aufgegeben. Hedgefonds, Kapitalbeteiligungsgesellschaften und sogenannte Schattenbanken waren Mitspieler auf dem globalen Markt geworden. Der Optionshandel, die transnational getätigten Termingeschäfte und Leerverkäufe «schuf[en] wirtschaftliche Chancen ungeahnten Ausmaßes, erleichterte[n] aber auch spekulativen Übertreibungen das Geschäft; das eine war ohne das andere nicht zu haben».[360] Symptome dieser atemberaubenden Veränderungen waren eine tiefgreifende Reorganisation vieler Banken, eine effizientere Führung der Filialnetze, die Einrichtung innovativer Abteilungen für Presse- und Öffentlichkeitsarbeit, häufig auch die Schaffung eines neuen Images – ein Abschied vom Bild altbackener Händler- und Wertpapierbanken und die Propagierung des Ideals zeitgemäßer Bankinstitute. «Bankiers» wurden zunehmend zu «Bankern», die sich bisweilen als Global Player auf der Weltbühne verstanden.[361] Kluges Management und die Jagd nach lukrativen, aber risikoreichen Geschäften ließen sich in manchen Fällen nicht mehr voneinander trennen, eine Entwicklung, die gerade in Zeiten des Spekulationsfiebers mit den Schlagworten von «Börsenzockerei» und «Kasino-Kapitalismus» versehen wurde.[362]

Die Finanzierung von Unternehmen durch Kredite gehörte eigentlich zum bewährten deutschen Erfolgsmodell. Nun jedoch konnten sich die Firmen bisweilen einfacher über die Kapitalmärkte finanzieren als über langfristige Kredite. Sie gingen angesichts der ungeahnten Möglichkeiten bisweilen hochspekulative Geschäfte ein, vor denen sie zuvor zurückgeschreckt waren. Das eigentliche Problem waren weniger Deregulierungen an sich, sondern die fehlende «ordnungspolitische Nachsteuerung» und die mangelnde Einhegung der kaum noch kontrollierbaren dynamischen Kräfte, die durch spezielle Finanzinstrumente, die Interessen institutioneller Anleger sowie komplexe Verschuldungsketten entstanden.[363]

Dem Trend glaubten sich auch einige regional tätige Banken nicht entziehen zu können. Die *National-Bank* hielt sich in diesem Wettbewerb, der zu einer Art Windhundrennen ausartete, aus guten Gründen zurück. Natürlich musste auch sie an ihre Kunden und ihre Aktionäre zugleich denken. Aber sie war weniger als andere Banken in dem Denken gefangen, das nun als «Shareholder-Value» gepredigt wurde.

Am Theaterplatz setzte man auf konservatives und überlegtes Wachstum. Die Wertpapier-Vermögensverwaltung wurde beständig ausgebaut, denn der Beratungsbedarf wurde gerade in Zeiten volatiler Grundstimmung immer höher. In der Mitte der 1980er-Jahre schwankte die Börse zwischen historischen Höchstständen und fallenden Kursen. Ihren Bestand an Wertpapieren baute die *National-Bank* 1986/87 um 3 Millionen DM auf 12 Millionen DM ab – gerade noch rechtzeitig vor dem Crash an der Wall Street im Oktober 1987. Nach den massiven Kurseinbrüchen entwickelte sich diese Sparte erfreulich. 1995 wurde die *National-Bank* an der Frankfurter Börse zugelassen. Mit dem «Depot 100» sowie dem Investmentfonds «Konzept privat», aufgelegt in Zusammenarbeit mit der *Baden-Württembergischen Kapitalanlagegesellschaft mbH*, wurde dem Umstand Rechnung getragen, dass der Bedarf an langfristigen Geldanlagen, z. B. zur privaten Altersvorsorge, groß war. Hierfür war wesentlich die *NB-Versicherungsservice GmbH* zuständig. Lebensversicherungen und Bausparverträge wurden über externe Kooperationspartner vor allem an private Kunden vertrieben.

Der Wohnungsbau blieb ebenfalls eine verlässliche Stütze. Die Baufinanzierung von Privatleuten machte bereits fast ein Drittel des gesamten Kreditvolumens aus. 1995 wurde die Tochtergesellschaft *NB-Immobilien GmbH* zur Vermittlung von Wohn- und Gewerbeimmobilien aus der Taufe gehoben.

Seit den 1980er-Jahren war die Finanzierung von Wohn- und Gewerbeimmobilien ein «Brot und Butter»-Geschäft der *National-Bank*.

Schon ihr erstes vollständiges Geschäftsjahr wurde als erfreulich beurteilt. In diesen Jahren wurde zudem ein Team von Experten gebildet, das sich auf die Nutzung von öffentlichen Finanzierungshilfen sowie regionalspezifische Fördermittel des Landes NRW spezialisierte, weil insbesondere der Mittelstand Förderprogramme aus den Bereichen Umweltschutz und Arbeitsplatzsicherung nachfragte. Das Volumen dieser Investitionen stieg zwischen 1994 und 1996 um 65,2 Prozent auf 195 Millionen DM.

Die Zeit des flächendeckenden Aufbaus von Filialen war schon lange vorbei – ein Trend, der sich im Übrigen auch bei anderen Instituten niederschlug. Bei der *National-Bank* wurde noch mehr als zuvor geprüft, ob sich die kostspielige Investition auch lohnte, denn in der Regel dauerte es Jahre, bis sich eine Filiale wirklich amortisiert hatte. In Duisburg hatte die Bank bekanntlich bereits vor 1945 zwei Zweigstellen unterhalten. Die dortige Hauptzweigstelle war immer wieder erweitert und modernisiert worden. Während sich die Filiale in Wedau gut entwickelt hatte, hatte die Geschäftsstelle in Meiderich bereits in den 1960er-Jahren hinsichtlich der Kunden- und Kontenzahlen eher am unteren Ende der Skala rangiert. Sie wurde schließlich im Herbst 1995 geschlossen. Die «Entwicklungsmöglichkeiten an diesem Platz» seien zu begrenzt, lautete die Begründung.[364] Auch die Geschäftsstelle Oberhausen-Osterfeld wurde ein Jahr später geschlossen, mit exakt derselben Begründung.[365] Zur gleichen Zeit wurden aber in Recklinghausen und Bochum Filialen eröffnet, die bereits wenig später die Gewinnschwelle erreichten. Es kam also noch stärker als ein Jahrzehnt zuvor auf die richtige Standortwahl an.

Das Grundkapital wurde in dieser Zeit fast fahrplanmäßig erhöht, meist in Abständen von zwei Jahren: 1979 um 2 Millionen DM auf 18 Millionen DM, 1981 auf 20 Millionen DM und schließlich bis auf 35 Millionen DM im Jahr 1992. Das Prozedere war business as usual: Neue Aktien zum Nennwert von 50 DM wurden jeweils zum Preis von 250 DM, später 300 DM ausgegeben. Das Aufgeld aus diesen Kapitalerhöhungen ebenso wie der Jahresüberschuss wurden jeweils in die offene Kapitalrücklage eingestellt. Eine Kapitalerhöhung um 3 Millionen DM im Jahr 1994 hatte einen zusätzlichen Zweck: Seit Anfang 1993 galt das Gesetz zur Eigenkapitalausstattung.[366] Das Verhältnis von Eigenkapital zu Kreditausleihungen war bei der *National-Bank* selbst nach den verschärften Bestimmungen des Kreditwesengesetzes ab 1. Januar 1985 weitaus günstiger als vorgeschrieben. Das Eigenkapital erfüllte 1989 mit etwa 4,9 Prozent der Bilanzsumme bereits die Eigenkapitalkriterien.[367] Danach wurden die Anforderungen mit einer Gesamtkapitalquote von 8,9 Prozent sogar noch überschritten. 1996 erfolgte die nächste Kapitalerhöhung auf 40 Millionen DM. Wie üblich, wurden Aktien im Nennbetrag von 50 DM emittiert, aber dieses Mal zum Preis von 330 DM ausgegeben.[368]

Der harte Wettbewerb unter den Banken, vor allem im Kreditgeschäft, blieb eine ständige Herausforderung. An und für sich waren die Privat- und Firmenkunden der *National-Bank* treu und trennten sich nur ungern von bestehenden Verbindungen.[369] Aber im Zweifelsfall waren günstige Konditionen und weniger die alten Beziehungen für einen Geschäftsabschluss entscheidend. Die Kennzahlen vor der Jahrtausendwende zeigten jedoch, dass das Institut in dieser Hinsicht offenbar vieles richtig machte. Die Bilanzsumme stieg kontinuierlich, die Gesamtkapitalquote lag inzwischen bei befriedigenden 10 Prozent, die Kernkapitalquote pendelte bei 7,5 Prozent, deutlich über den gesetzlichen Mindestanforderungen – und erst recht über dem nach einem ungeschriebenen Gesetz liegenden Satz von 5 Prozent, dessen Unterschreitung als unbefriedigend galt. Als Dividende wurden verlässlich zwischen 16 und 17 DM pro Jahr ausgeschüttet, das Geschäftsvolumen überschritt erstmals die Marke von 5 Milliarden DM. Kreditvolumen und Kundeneinlagen – also in erster Linie Spareinlagen und Schuldverschreibungen als bedeutendste Refinanzierungsquelle – lagen erstmals jenseits der 3-Milliarden-DM-Grenze. Das neue Jahrtausend konnte also kommen.

Euro-Zeiten – im Zeichen der Globalisierung

Die 1990er-Jahre standen im Zeichen der Etablierung eines europäischen Binnenmarkts für mehr als 370 Millionen Menschen. Das 1994 geschaffene *Europäische Währungsinstitut* in Frankfurt, ein Vorläufer der *Europäischen Zentralbank*, und weitere Einrichtungen wie der Rat *«Wirtschaft und Finanzen» (Ecofin)* waren Wegbereiter für die neue Gemeinschaftswährung, deren Bezeichnung «Euro» auf einem EU-Gipfeltreffen in Madrid im Dezember 1995 gefunden wurde. Die Skepsis in der deutschen Bevölkerung war zunächst groß; Banken und Sparkassen hatten angesichts der allgemein als mangelhaft eingeschätzten staatlichen Informationspolitik einiges an Überzeugungsarbeit zu leisten und richteten sogar Sonderstäbe ein. Auch die *National-Bank* bereitete ihre Kunden durch Vorträge und bei Bedarf durch eine individuelle Beratung und Referate auf die neue Währung vor.

1999 wurde die Europäische Zentralbank mit Sitz in Frankfurt am Main gegründet und der Euro – zunächst als reines Buchgeld – eingeführt. Die Geschäftszahlen der *National-Bank*, die ihre Bilanz nun erstmals in der neuen Gemeinschaftswährung vorstellte, fielen in diesem Jahr wenig spektakulär aus und beschrieben eher das «Business as usual». Das Geschäftsvolumen nahm um 8,8 Prozent zu, die Bilanzsumme um 8,3 Prozent, der Jahresüberschuss betrug 11,2 Millionen Euro – eine Steigerung um 18,2 Prozent im Vergleich zum Vorjahr. Das Eigenkapital wurde erneut aufgestockt, dieses Mal um 4 Millionen Euro.[370] Die erfreuliche Entwicklung fiel in eine Zeit, in der der Neue Markt, vom Technologieboom der Telekommunikations- und Biotechnik-Unternehmen der New Economy getrieben, von einem Rekord zum anderen kletterte. Im Zuge des Börsenfiebers, das die Platzierung der Aktien der *Deutschen Telekom* an der Börse im Herbst 1996 auslöste, wagten nun selbst Kleinunternehmen den Gang an die Börse, und die Deutschen, die bislang dem Aktienmarkt eher ferngeblieben waren, wurden zum Leser des Kursteils der Zeitungen – eine Entwicklung, die weit mehr Kapital bewegte als die Ausgabe der «Volksaktien» in den frühen 1960er-Jahren. Der Hype führte bei manchen Banken und Investmentgesellschaften zu einer wahren Goldgräberstimmung. Nur notorische Skeptiker sprachen bereits von einer Milchmädchen-Hausse.

1999 expandierte die *National-Bank* in der Region. Auch in diesem Umfeld setzte sie ihren Kurs eines behutsamen Wachstums mit der Eröffnung einer Niederlassung in Dortmund, im «Herzen Westfalens» und am Rand des Ruhrgebiets, deren Einzugsbereich sich bis weit ins Sauerland hinein erstreckt, fort. Dieser Markt bezieht Hamm im Norden, Lippstadt und Erwitte im Osten mit ein und reicht im Süden bis Lüdenscheid. Der Schwerpunkt lag auf dem bekannten anspruchsvollen Kundenstamm: Privatkunden, Selbstständige und mittelständische Firmenkunden. Die *National-Bank* ging jedoch noch einen Schritt weiter und stieß auch in eine Domäne der Bankenwelt vor: nach Düsseldorf, jene Stadt, die sich als das «Bankenzentrum Nordrhein-Westfalens» versteht. Dort wollte man sich ebenfalls auf die langjährige Zielgruppe konzentrieren. Der Schritt nach Düsseldorf durfte durchaus als Wagnis gelten. Zwar hatte die *Deutsche Volksbank*, die direkte Vorgängerin des Instituts, schon in den Jahren der Weimarer Republik dort eine Niederlassung unterhalten. Allerdings hatte die Gründung dieser Filiale unter grundverschiedenen Voraussetzungen stattgefunden. Die Landeshauptstadt galt als herausfordernder Standort mit einigen fest etablierten Platzhirschen. Im Finanzzentrum des Bundeslandes, das auf eine lange Erfahrung als Geldbeschaffer für die Finanzierung an Rhein und Ruhr zurückblickt, ist die Bankendichte so groß, dass die Möglichkeiten zur Gewinnung neuer Kunden begrenzt sind. Düsseldorf war geradezu ein Modell für die zahlreichen Gestaltungsmöglichkeiten in der vielgliedrigen deutschen Bankenlandschaft. Hier waren Großbanken, Sparkassen und Genossenschaftsbanken, Regional- und Privatbanken sowie eine Reihe von Auslandsinstituten tätig. Vorstandssprecher Dr. Henner Puppel war dennoch optimistisch. «Wir haben den Markt genau sondiert und sind zuversichtlich, dass wir uns auch in Düsseldorf durchsetzen werden»,[371] erklärte er gegenüber der Presse. Die Niederlassung wurde im April 2005 in der Steinstraße eröffnet, in zentraler Lage in einem Gebäude, in dessen Räumlichkeiten bis dahin die *Berliner Bank* untergebracht gewesen war. Bei Eröffnung der Niederlassung wurde auf die gute Tradition des Instituts hingewiesen, keine Expansion um der Expansion willen zu betreiben: «Wir haben immer erst eine neue Niederlassung eröffnet, wenn die zuletzt eröffnete Geld verdient hat», erklärte Puppel gegenüber der Tageszeitung *Die Welt*.[372] Die Planungen sahen einen Zeitraum von zwei Jahren vor, bis die Düsseldorfer Niederlassung – die inzwischen 24. Filiale der *National-Bank* – sich etabliert haben sollte. Die Durststrecke war kurz: Nach zwei Jahren war die Filiale profitabel.

Die *National-Bank* gehörte damit Anfang des neuen Jahrtausends zu denjenigen Instituten, die den Kreis ihrer Niederlassungen weiter ausbauten – wenn auch langsamer als in den 1960er- und 1970er-Jahren. Zu diesem Gesamtkonzept passte, dass im Jahr 2008 eine weitere große Niederlassung in der Bankstraße in Wuppertal eröffnet wurde und damit das Geschäftsgebiet konsequent ins Oberbergische, den Rheinisch-Bergischen Kreis und den niederbergischen Raum ausgedehnt wurde. Das in Elberfeld gelegene imposante Gebäude im Stil der venezianischen Renaissance war 1891/92 gebaut worden und zunächst Sitz einer Filiale der *Reichsbank* gewesen. 1948 wurde es eine Zweigstelle der *Landeszentralbank Nordrhein-Westfalen* bzw. später der *Deutschen Bundesbank*. Nach Aufgabe des Standorts durch die Bundesbank erschien es dem traditionsbewussten Vorstand der *National-Bank* eine gute Gelegenheit für die Eröffnung einer weiteren Niederlassung zu sein. Die Expansion ins Bergische Land geschah nach sorgfältiger Prüfung in der Erkenntnis, dass die Region den Strukturwandel erfolgreich bewältigt hatte und aussichtsreiches Zukunftspotenzial besaß. Die Niederlassung wurde 2008 nur wenige Tage nach dem Zusammenbruch der US-amerikanischen Investment Bank *Lehman Brothers* eröffnet. Vorstandschef Lange erklärte: «Wir sind gekommen, um zu bleiben», und unterstrich damit die Verlässlichkeit der Geschäftsstrategie. Aus Anlass der Eröffnung lud die Bank entsprechend ihrem starken kulturellen und gesellschaftlichen Engagement zu einem Konzert mit Daniel Barenboim und der Berliner Staatskapelle in die Historische Stadthalle ein. Der Einstieg war geglückt. Schon 2011 erfolgte die Eröffnung einer weiteren Niederlassung, diesmal in der Königsstraße in Münster. Auch hier entschied man sich für einen bankbetrieblich historischen Ort. Nach dem Umbau wurde das Gebäude der ehemaligen *Dresdner Bank* bezogen.

Als die New Economy-Aktienblase zu Beginn des neuen Jahrtausends platzte, war dies mehr als eine rein technische Reaktion auf das zu schnelle Wachstum und die damit verbundenen Spekulationsbewegungen. Der Boom hatte überdeckt, dass der exportabhängige Standort Deutschland durch hohe Lohn- und Lohnnebenkosten in seiner Wettbewerbsfähigkeit inzwischen gefährdet war. Angesichts der Überreglementierung machte das Wort vom «Reformstau» die Runde. Vom «Abstieg eines Superstars» war 2004 die Rede.[373] Unter Bundeskanzler Gerhard Schröder wurde mit der «Agenda 2010» nun ein kluges Modell auf den Weg gebracht, das die hohe Arbeitslosigkeit und die aus dem Ruder laufenden Sozialkosten begrenzte. Die Bundesrepublik begann, sich mehr als bisher «auf den globalen Wettbewerb, auf die Krise des Sozialstaates und die alternde Bevölkerung einzustellen», und erwies sich dadurch als «reformfähig», bezahlte diese Anpassung jedoch mit der Schaffung eines Niedriglohnsektors, der nur geringe Aufstiegschancen gewährt.[374] Das Wirtschaftswachstum setzte sich bis zum Beginn der Finanzkrise 2007 fast ungebrochen fort. Davon profitierte auch die *National-Bank*, zumal sich einige Wettbewerber wie die *Deutsche Bank* aus dem Kreditgeschäft mit mittelständischen Unternehmen zurückzogen, weil das Investment Banking mit dem Ziel einer 25-prozentigen Eigenkapitalrendite attraktiver zu sein schien. Das Essener Institut sprang in diese Lücke und wusste sie auch in den folgenden Jahren geschickt zu nutzen. Betrug das Geschäftsvolumen im Jahr 2000 etwas über 2,9 Milliarden Euro, so kletterte es bis 2007 auf mehr als vier Milliarden Euro. Die Bilanzsumme stieg im gleichen Zeitraum von etwas über 2,7 Milliarden Euro auf rund 3,9 Milliarden Euro. Die Eigenkapitalquote hielt sich mit gewissen Schwankungen in etwa auf gleichem Niveau und pendelte sich leicht über der Marke von 10 Prozent ein. Die Dividende betrug meist einen Euro – die üppige Ausschüttung von 1,50 Euro für das Geschäftsjahr 2006 blieb ein Ausnahmefall und war eine Art Abschiedsgeschenk des langjährigen Vorstandssprechers Puppel an die Aktionäre: Nahezu der gesamte Jahresüberschuss wurde ausgekehrt, vor dem Hintergrund der heraufziehenden Finanzkrise vermutlich nicht die beste Entscheidung.

Die *National-Bank* war streng genommen keine Privatbank, verstand sich aber als Institut mit Privatbankcharakter. Um die Jahrtausendwende vollzogen sich wichtige personelle Veränderungen: Als Nachfolger von Dr. Alexander von Tippelskirch, der im Oktober 2000 ausschied, trat Reinhold Schulte, der Vorstandsvorsitzende der *Signal Iduna Gruppe*, in den Aufsichtsrat ein. Die Versicherungsgruppe war im Juli 1999 aus dem Zusammenschluss der Dortmunder *Signal Versicherungsgruppe* mit der Hamburger *Iduna Nova Gruppe* entstanden. Beide Versicherungen waren traditionell wichtige Partner des Mittelstands aus Handwerk, Handel und Gewerbe. Schulte begleitet die *National-Bank* bis heute und genießt ein gleichermaßen großes Vertrauen wie Ansehen unter den Aktionären. Seine zuletzt erfolgte Wiederwahl in der aufgrund der Covid-19-Pandemie am 29. Juni 2020 erstmals virtuell durchgeführten Hauptversammlung erfolgte mit 99,48 Prozent der Stimmen, ein Ergebnis, von dem manche Aufsichtsratsvorsitzende in der Finanzwirtschaft nur träumen können.

Auch Schultes Stellvertreter, Prof. Dr.-Ing. Hans-Peter Keitel, seinerzeit Vorsitzender des Vorstands der *Hochtief AG* und von 2009 bis 2012 Präsident des *Bundesverbands der Deutschen Industrie,* trat im Mai 2000 in den Aufsichtsrat der *National-Bank* ein und wurde drei Jahre später zum stellvertretenden Vorsitzenden gewählt. Keitel wurde zudem 2012 stellvertretender Vorsitzender des Präsidialausschusses, dem in der Bank die Aufgaben des aufsichtsrechtlich vorgesehenen Vergütungs- und Kontrollausschusses übertragen wurden, sowie stellvertretender Vorsitzender des Risiko- und Prüfungsausschusses, Aufgaben, die er umsichtig und souverän meisterte. Altersbedingt schied er nach zwei Jahrzehnten mit der Hauptversammlung 2020 aus.[375] Keitels Nachfolger im stellvertretenden Vorsitz des Aufsichtsrats wurde der in Duisburg geborene Prof. Dr. Klaus Engel, von 2009 bis 2017 Vorsitzender des Vorstands der *Evonik Industries AG* und von 2010 bis 2012 Präsident des *Verbands der Chemischen Industrie.* Engel war bereits seit 2012 Mitglied des Aufsichtsrats und wurde, ebenso wie Keitel, stellvertretender Vorsitzender sowohl des Präsidialausschusses als auch des Risiko- und Prüfungsausschusses. Als Nachfolger Keitels im Aufsichtsrat wählte die Hauptversammlung Bernd Franken, Geschäftsführer der *Nordrheinischen Ärzteversorgung,* einer Einrichtung der *Ärztekammer Nordrhein.* Mit ihr verbindet die *National-Bank* eine langjährige Zusammenarbeit, die vor allem auf der Vermittlung von Baufinanzierungen basiert. Im Oktober 1992 beteiligte sie sich erstmals mit 600 000 Aktien und baute diesen Anteil bis heute auf gut 8 Prozent weiter aus.

Der Wechsel von Dr. Alexander von Tippelskirch zu Reinhold Schulte an der Spitze des Aufsichtsrats der *National-Bank* stand im Zusammenhang mit einer entscheidenden Veränderung der Eigentümerstruktur: Die *IKB* hielt ihr Aktienpaket seit 1949, und wenn man ihre Vorgängerinstitute *Bank für Industrieobligationen* und *Deutsche Industriebank AG* berücksichtigt, sogar seit Mitte der 1930er-Jahre. Man konnte mit Fug und Recht von einem Dauerbesitz sprechen. Die *National-Bank* hatte die Kooperation stets als ein partnerschaftliches Miteinander interpretiert – ein Miteinander, das auch vor einer ja niemals ganz auszuschließenden Überfremdung schützte. Strategisch hatte diese institutionelle Beteiligung an der *National-Bank* für die *IKB* hingegen nicht immer auf der Hand gelegen. Aus Aktionärskreisen der *IKB* war auf den Hauptversammlungen immer wieder die kritische Frage nach den Gründen für diese starke Kapitalbeteiligung aufgeworfen worden. Ende der 1990er-Jahre hatte die *IKB* aufgrund ihres Engagements in den östlichen Bundesländern in ihren Niederlassungen Berlin und Leipzig Verluste zu verzeichnen. Im Zuge einer strategischen Neuordnung beschloss der Vorstand mit Zustimmung des Aufsichtsrats, ihren Anteil von 26,38 Prozent an der *National-Bank* zu veräußern. Im September 2000 wurde dieser Beschluss vollzogen. Damit endete eine sechsundsechzigjährige Ära der Zusammenarbeit.

Im Vorstand der *National-Bank* wurde regelmäßig die Frage erörtert, was passieren würde, wenn sich die *IKB* als Ankeraktionär von der Beteiligung an dem Essener Institut trennen würde. Angesichts einer starken Marktdurchdringung, einer nachhaltigen Profitabilität und einer entsprechenden Rentabilität sowie einer exzellenten Reputation hatten zwar die *Dresdner Bank* und die *Commerzbank* immer wieder Kaufinteresse gezeigt, aber ein Verkauf an und eine spätere Integration in eine Großbank hätte, wie die Entwicklung jener Institute zeigen sollte, keinen Mehrwert für die Eigentümer der Bank geschaffen. Das Essener Institut hätte zweifellos seine Eigenständigkeit verloren, so wie es später etwa der *Berliner Bank*, einem anderen regional tätigen Institut, nach dem Erwerb durch die *Deutsche Bank*, der *Südwestbank* in Stuttgart nach dem Erwerb durch die österreichische *Bawag P. S. K.* oder vielen noch kleineren Häusern wie *W. Fortmann & Söhne* in Oldenburg oder dem *Bankhaus Neelmeyer* in Bremen ergehen sollte. Um die geschäftlichen Opportunitäten zugunsten von Kunden, Mitarbeitern und Eigentümern gezielt zu nutzen und aus diesem Grund die Unabhängigkeit zu bewahren, war es gerade mit der solide aufgestellten *Signal Iduna Gruppe* möglich, langfristig zu planen. Puppel nahm daher über den *Initiativkreis Ruhr* Kontakt zu Heinrich Frommknecht auf, bis 1997 Vorstandsvorsitzender der *Signal Versicherungen*. Zwischen beiden Unternehmen hatte es immer wieder Kontakte gegeben, die, mit Ausnahme einer Zusammenarbeit im Versicherungsgeschäft, aber nicht zu konkreten Vereinbarungen geführt hatten. Puppel sondierte nun erneut, ob Interesse an der Übernahme des *IKB*-Anteils bestehe.[376] Frommknecht, zwischenzeitlich Vorsitzender der Aufsichtsräte der *Signal Iduna Gruppe*, informierte den damaligen Vorstandsvorsitzenden Reinhold Schulte, der dem Erwerb der Beteiligung sehr interessiert gegenüberstand. Schulte, ein solider, verlässlicher und gleichermaßen kunden- wie wachstumsorientierter Versicherungskaufmann aus dem Sauerland, erkannte schnell das Potenzial, das in einer möglichen Beteiligung lag. Bank und Versicherung hatten mit dem Mittelstand fast deckungsgleiche Zielgruppen. Gerade mit ihrem Schwerpunkt auf Handwerk, Handel und Gewerbe sowie auf den später noch hinzukommenden Bereich des öffentlichen Dienstes konnte die 1907 als Handwerksversicherung in der Rechtsform als Versicherungsverein auf Gegenseitigkeit gegründete Versicherung als ein idealer Partner für die *National-Bank* gelten. Umgekehrt erwartete die *Signal Iduna Gruppe*, das Bankhaus am Theaterplatz in Essen, mit dem es die schon erwähnte Kooperation im Versicherungsgeschäft gab, nunmehr auch als einen Vermittler von privaten Baufinanzierungen, Investmentfonds und anderen Finanzlösungen gewinnen zu können. Dem

Versicherungsunternehmen erschien eine solche Zusammenarbeit vielversprechender als eine «Allfinanz-Strategie», also das Zusammengehen letztlich vollkommen unterschiedlicher Geschäftszweige von Banken und Versicherungen.[377] Auch zwanzig Jahre später sollte sich diese Einschätzung von Heinrich Frommknecht, dem «Doyen der deutschen Versicherungswirtschaft», wie ihn die *Börsen-Zeitung* einmal bezeichnete, und seinem Vorstandschef Reinhold Schulte unverändert als richtig erweisen. Die Beispiele *Allianz/Dresdner Bank* und später *Allianz/Oldenburgische Landesbank* oder auch die letztlich eingestellten bzw. verkauften Versicherungsaktivitäten der *Deutschen Bank* hatten das unter Beweis gestellt.

Obwohl die Trennung von der *IKB* sachlich naheliegend war, fiel sie nicht ganz leicht. Die Verbindung zwischen *National-Bank* und *IKB* war über Jahrzehnte gewachsen und immer freundschaftlich gewesen. So hatte sich eine geradezu emotionale Bindung zwischen beiden mittelständisch geprägten Instituten entwickelt. Nach den Vorgesprächen Puppels fädelte von Tippelskirch den Übergang ein, der sich reibungslos vollzog und selbst in den vertraglichen Verhandlungen kaum mehr als zwei Monate dauerte. Andere zuverlässige Kandidaten für eine Übernahme des *IKB*-Anteils hätte es durchaus gegeben. Die *Bayerische Vereinsbank* beispielsweise, in deren Portefeuille die *National-Bank* im Rahmen der seinerzeitigen Strategie der «Bank der Regionen» gut gepasst hätte, wäre eine attraktive Alternative gewesen. Mit dem Einstieg der *Signal Iduna Gruppe*, die ihren Anteil an der *National-Bank* bis heute auf über 30 Prozent aufgestockt hat, blieben der Erfolg und die Selbstständigkeit gesichert, zumal sich der neue Großaktionär aufgrund der Beteiligung als Finanzinvestment nicht in die Tagesgeschäfte der Bank einzumischen gedachte.[378] Schulte besaß die Klugheit und Weitsicht, die Vertriebsstrategien einer Versicherung und ihre operative Umsetzung nicht auf die Bank zu übertragen. Diese Einstellung bezog sich auch auf das Innenverhältnis, was sich etwa daran zeigt, dass der *Signal Iduna Gruppe* aufgrund der Höhe ihrer Beteiligung rechnerisch zwei Sitze im neunköpfigen Aufsichtsrat (davon drei Vertreter der Arbeitnehmer) zugestanden hätten. Retrospektiv muss das Ende der Beteiligung der *IKB* an der *National-Bank* als Glücksfall gewertet werden, weil, wie noch darzustellen sein wird, die *IKB* im Zusammenhang mit der Subprime-Krise im Jahr 2007 an den Rand des Zusammenbruchs geriet.

2005 fädelte Puppel zusammen mit dem chinesischen Geschäftsmann Wei Luan und dessen Firma *Famous Germany* ein großes – und wahrscheinlich zugleich das spektakulärste – Auslandsprojekt der *National-Bank* ein: Die erst wenige Jahre zuvor auf dem neuesten Stand der Technik errichtete

Kokerei Kaiserstuhl in Dortmund, die zur *RAG*-Tochter *Deutsche Steinkohle* gehörte, wurde mit Unterstützung der *National-Bank* nach China verkauft. Daraufhin wurde sie komplett abgebaut, nach China verschifft, in Jining, in der ostchinesischen Provinz Shandong, Stück für Stück wieder installiert und schließlich im Jahr 2006 erneut in Betrieb genommen. Die *National-Bank* begleitete den aufsehenerregenden Verkauf als Projektfinanzierer, obwohl Aktionen dieser Art nicht zum originären Geschäftsmodell gehören.[379] Der Vorgang verdeutlichte geradezu symbolisch die globale Verschiebung der Wirtschaftsschwerpunkte. Über den Transfer erschien im Jahr 2006 ein mit deutschen und internationalen Filmpreisen gewürdigter – und auch heute noch sehenswerter – Dokumentarfilm mit dem Titel *Loosers and Winners* in den deutschen Kinos.

In dieser Zeit ging die Ära des Vorstandssprechers Puppel, der seit 1991 die Bank geführt hatte und in seinem 66. Lebensjahr stand, ihrem Ende entgegen. Zur Jahreswende 2005/2006 leitete der damalige Personalausschuss die Stabübergabe ein, die einen Generationswechsel vollziehen sollte. Der Wechsel an der Spitze der Bank wurde sorgsam vorbereitet: Gesucht wurde ein Nachfolger außerhalb der Bank, damit dieser die *National-Bank* in einem sich zunehmend verändernden wirtschaftlichen und aufsichtsrechtlichen Umfeld neu ausrichten und ihre Zukunftsfähigkeit stärken sollte. Eine Personalberatungsgesellschaft wurde beauftragt. Sie präsentierte unter anderem Dr. Thomas A. Lange, mit gerade 43 Jahren der Jüngste der Kandidatenliste.

Lange war Mitglied der Geschäftsleitung der *Deutschen Bank* und als Managing Director unmittelbar unterhalb des Vorstands im Corporate & Investment Banking tätig. Er hatte in Kiel Rechtswissenschaften studiert und eine Dissertation zu den betrieblichen Arbeitsbeziehungen in der englischen Privatwirtschaft verfasst. Die *National-Bank* und die regionalen Verhältnisse kannte er gut, weil er seine berufliche Laufbahn 1992 als Trainee bei der *Deutschen Bank* in Essen begonnen hatte. Zwei Jahre später war er Vorstandsassistent bei der *Deutschen Bank* in Frankfurt geworden und hatte dort unter anderem die Feinheiten der Rechnungslegung, der Banksteuerung, des Controllings sowie des Kredit- und Marktrisikomanagements kennengelernt. Zudem hatte er zahlreiche komplexe Aufsichtsratsmandate betreut. Nach der Leitung der Filiale Rostock war er nach einem Intermezzo als Chief Country Officer der *Deutschen Bank* sowie General Manager ihrer Filiale in Singapur 2001 zum Mitglied der Geschäftsleitung der *Deutschen Bank* berufen worden.

Reinhold Schulte war nach Gesprächen mit Lange, an denen auch Puppel teilgenommen hatte, davon überzeugt, dass Lange den als notwendig erachteten Generationswechsel ebenso verkörpern würde wie die Notwendigkeit, die *National-Bank* in einem sich zunehmend schneller verändernden Umfeld erfolgreich auf die damit verbundenen Herausforderungen einzustellen. Nachdem die *Börsen-Zeitung* von dem abgeschlossenen Auswahlverfahren Wind bekommen hatte, wurde Lange in einer ad hoc einberufenen außerordentlichen Sitzung des Aufsichtsrats im September 2006 mit Wirkung vom 1. Februar 2007 zum Mitglied des Vorstands berufen und zum 15. Mai 2007, dem Eintritt Puppels in den Ruhestand, zum Sprecher des Vorstands gewählt. Die beiden anderen Vorstandsmitglieder Uwe Lindner und Karlheinz Nellessen waren bereits seit vielen Jahren für die *National-Bank* tätig. Während Lindner aus der *National-Bank* kam und hier das Bankgeschäft von der Pike auf gelernt hat, kam Nellessen von der *IKB*, bei der er zuvor als Leiter der Niederlassung Düsseldorf in der Mittelstandsfinanzierung tätig gewesen war. Puppel wurde in den Aufsichtsrat gewählt. Nach Vollendung des 70. Lebensjahrs legte er im Mai 2010 sein Mandat altersbedingt nieder.

Unter Lange wurde weiterhin eine Strategie des Wachstums mit Augenmaß verfolgt – allerdings mit einem modifizierten Fokus. Der neue Mann an der Spitze sah zwar ebenso wie seine Vorgänger mittelständische Unternehmen und gehobene Privatkunden als wichtigste Zielgruppe an, dennoch vertrat er auf verschiedenen Gebieten andere Ansichten. So war er mit Blick auf die Steuerung der Auffassung, dass die Abhängigkeit der *National-Bank* vom Zinsgeschäft – relativ zu ihrer Größe – zu hoch sei. Insofern galt es, das provisionstragende und damit das nicht eigenkapitalbindende Geschäft auszubauen. Eine überwiegend auf das Kreditgeschäft ausgerichtete Wachstumsstrategie hielt Lange für falsch. Er sah den Kredit als «Anker für eine Kundenverbindung», im Rahmen derer auch weitere Finanzlösungen anzubieten seien.[380] Eine Re-Positionierung des Private Banking sowie der Aufbau eines Wealth Management waren hierfür ebenso erforderlich wie die von Uwe Lindner und ihm gemeinsam verfolgte Gründung der *National-Bank Vermögenstreuhand* im Jahr 2013. Diese Strategie sollte sich auszahlen: Der Provisionsüberschuss der Bank konnte in den folgenden Jahren auf über 50 Prozent des Zinsüberschusses gesteigert werden, eine für ein regional tätiges Institut ohne Kapitalmarktgeschäft beachtliche Größe. Aber auch die Aufbau- und Ablauforganisation wurden strukturell und prozessual verändert. So dezentral wie nötig, so zentral wie möglich: Dies war die Leitlinie, mit der die Kreditbearbeitungs- und Entscheidungsprozesse sowie die Risikosteuerung der Bank neu geordnet wurden.

Der Antritt Langes fiel in eine schwierige Zeit. An den Finanzmärkten und im US-amerikanischen Immobilienmarkt zeigten sich bereits schwerwiegende Fehlentwicklungen, die auch die *National-Bank* treffen sollten. In den USA war in den Vorjahren durch ein historisch niedriges Zinsniveau und durch steuerliche Anreize ein stimulierendes Umfeld für den privaten Wohnungsbau geschaffen worden. Die Immobilienpreise waren durch die Nachfrage teilweise atemberaubend in die Höhe geschossen. Das hypothekarische Finanzierungsgeschäft war zugleich im Subprime-Segment auch auf schlechtere Bonitäten ausgeweitet worden, was dadurch erleichtert wurde, dass genügend Liquidität aus Volkswirtschaften im arabischen Raum und im Fernen Osten zur Verfügung stand. In den USA waren «Piggy backs» in Mode gekommen, also Huckepackkredite, bei denen die Verschuldung bei Kreditkarten- und Konsumkrediten auf ein und demselben Objekt basierte.[381] Private Haushalte, aber auch amerikanische Banken waren immer risikobereiter und sorgloser geworden: Bonitätsprüfungen wurden unzureichend durchgeführt oder ganz unterlassen. Die Zahl der verbrieften – aber zu einem großen Teil von den Banken, Versicherungen und Rating-Agenturen nicht mehr genügend überprüften – Hypotheken stieg rasant an. Die an die weltweiten Kapitalmärkte weitergegebenen Kredite, die teilweise als «Collateralized Debt Obligations» im Angebot waren, wurden auf diese Weise auch in die «vermeintlich sicheren Wertpapierkörbe» etwa von Geldmarktfonds aufgenommen und in Deutschland beispielsweise gerne von Landesbanken erworben. Insgesamt entstand eine «Kaskade von ineinander verschachtelten Ansprüchen, die häufig nicht einmal mehr der cleverste Investmentbanker durchschaute».[382]

Als im Zuge zurückgehender Immobilienpreise in den USA die Zahlungsfähigkeit der Kreditnehmer stark nachließ, hatte dies eine Vertrauenskrise zur Folge, die sofort auf die Banken zurückschlug. Die Gewinnwarnungen häuften sich; zudem mussten im Sommer 2007 in den USA zwei Hedgefonds der Investmentbank *Bear Stearns* schließen. Als die internationalen Märkte auf die Blasenbildung reagierten, hatte dies nachhaltige Konsequenzen für Deutschland. Einige private und öffentlich-rechtliche Banken gerieten in eine Schieflage und bedurften einer staatlichen Rettung.

Die undurchschaubar erscheinenden wechselseitigen Abhängigkeiten der international über die Kapitalmärkte miteinander verknüpften Banken hatten zudem massive Auswirkungen auf die traditionsreiche und einst faktisch als mündelsicher geltende Mittelstandsbank *IKB*. Ihr für viele unerwarteter Beinahe-Zusammenbruch im Juli 2007 machte klar, dass sich die Krise nicht außerhalb der deutschen Grenzen würde eindämmen lassen. Die *Bundesanstalt für Finanzdienstleistungsaufsicht* drohte mit einem Moratorium, falls die Bank keine weitere Kapitalspritze erhalte. Diese konnte nur durch eine milliardenschwere Kapitalhilfe ihres Großaktionärs, der staatlichen Förderbank *KfW*, gerettet werden und wurde schließlich an den amerikanischen Finanzinvestor *Lone Star* verkauft. Die konzertierte Rettung der *IKB* in einer Wochenendaktion erschütterte das Vertrauen in die Kreditwirtschaft massiv, denn die Krise dehnte sich 2008 auf andere verbriefte Kreditforderungen aus. In den USA wurden zwar einige Institute mit massiven Finanzspritzen durch staatliche Unterstützung gerettet, andere jedoch nicht, was zu weiterer Verunsicherung führte. Den Höhepunkt der Finanzkrise markierte der 15. September 2008, als die US-amerikanische Investmentbank *Lehman Brothers* zusammenbrach. In Deutschland hatten viele Bankmanager darauf vertraut, dass Washington die Pleite eines renommierten Traditionsunternehmens nicht zulassen werde. Diese Hoffnung trog und verstärkte die Marktturbulenzen. Lange schrieb an die Aktionäre der *National-Bank*: «Die Entscheidung der US-amerikanischen Regierung, das Institut fallen zu lassen, ist nicht nur historisch einer der großen Fehler, sondern es hat die Krise auf den Finanzmärkten in eine ganz neue Dimension katapultiert. Es war die Initialzündung für eine Welle neuer Verwerfungen, die das internationale Finanzsystem an den Rand einer Kernschmelze gebracht hat.» Nur dem beherzten Eingreifen der Zentralbanken, die die Märkte mit Liquidität fluteten, sowie den sich anschließenden gesetzlichen Initiativen der Regierungen der USA und Europas war es zu verdanken, dass das globale Finanzsystem nicht zusammenbrach. Der Staat sah sich gezwungen, «von einer Einzel- zu einer Systemhilfe» überzugehen.[383] Im Herbst 2008 erhielten die deutschen Spareinlagen faktisch eine Staatsgarantie. Am Abend des 5. Oktober trat Bundeskanzlerin Angela Merkel gemeinsam mit ihrem Finanzminister Peer Steinbrück vor die Presse und verkündete:

> «Wir hatten gestern ein Treffen in Paris, bei dem es um die allgemeinen Finanzmarktregeln und das gemeinsame Auftreten in Europa ging. Ich will noch einmal hervorheben, dass ich mich sehr gefreut habe, dass wir die Bilanzierungsregeln innerhalb des nächsten Monats verändern werden und damit auch ein Stück Sicherheit für die Banken gegeben sein wird. Die Bundesregierung sagt am heutigen Tag, dass wir es nicht zulassen werden, dass die Schieflage eines Finanzinstitutes zu einer Schieflage des gesamten Systems wird. […] Wir sagen den Sparerinnen und Sparern, dass ihre Einlagen sicher sind. Auch dafür steht die Bundesregierung ein.»[384]

Steinbrück sekundierte: «Ich möchte gerne unterstreichen, dass wir in der Tat in der gemeinsamen Verantwortung, die wir in der Bundesregierung tragen, dafür Sorge tragen wollen, dass die Sparerinnen und Sparer in Deutschland nicht befürchten müssen, einen Euro ihrer Einlagen zu verlieren.»[385]

Wie auch immer diese Aussagen rechtlich zu bewerten waren, bedurfte keiner gerichtlichen Klärung, denn Merkel und Steinbrück war es gelungen, die Sorgen um einen möglichen «Bank-Run», wie er sich etwa bei *Northern Rock* in Großbritannien vollzogen hatte, nicht aufkommen zu lassen. Die zwischenzeitlich überdurchschnittlich hohen Abhebungen von Bargeld begannen sich schrittweise wieder zu normalisieren. Am Theaterplatz schienen die Dinge hingegen ohnehin in eine andere Richtung zu laufen, denn seit Beginn der Finanzkrise kam es dort zu keinen Abflüssen; im Gegenteil: Die *National-Bank* wurde als «sicherer Hafen» wahrgenommen, sodass gerade in dieser turbulenten Zeit Liquiditätszuflüsse zu verzeichnen waren.

Zur Stabilisierung ihrer Refinanzierung konnten die Banken beim Sonderfonds Finanzmarktstabilisierung (SoFFin) Anträge auf die Bereitstellung von Eigenkapital und Garantien zur Emission von Schuldverschreibungen stellen. Allein bis 2012 summierten sich die von Bund und Ländern gewährten Kapitalhilfen auf rund 30 Milliarden Euro, unter anderem für die *Commerzbank*, an der der Bund mehr als zehn Jahre nach der Finanzkrise noch immer einen Anteil von 15,6 Prozent hält. Nicht eingerechnet sind Garantie- bzw. Haftungszusagen von über 220 Milliarden Euro unter anderem für die *Aareal Bank*, ebenfalls für die *Commerzbank* sowie für die Bad Banks der *WestLB* und der *Hypo Real Estate*. Unausweichlich wurde der Staatshaushalt in Mitleidenschaft gezogen: Die Neuverschuldung des Bundes betrug allein 2010 rund 50 Milliarden Euro, das Budgetdefizit stieg auf 3,5 Prozent und die Schuldenquote auf etwa 85 Prozent des Bruttoinlandsprodukts. Die in Maastricht festgelegten Grenzen von drei Prozent respektive 60 Prozent wurden damit deutlich überschritten.

Wie bereits angedeutet, hatte sich die *National-Bank* nicht aus Investments in verbriefte Kreditforderungen, die heute landläufig «toxisch» genannt werden, herausgehalten. 2001 entschied der Vorstand, unter dem Begriff «Alternatives Kreditportfolio (AKP)» einen Forderungspool aufzubauen, um dem der Bank bis dahin auch in sogenannten Aufsichtsgesprächen mit der *Bundesanstalt für Finanzdienstleistungsaufsicht* sowie der *Deutschen Bundesbank* immer wieder vorgehaltenen regionalen Konzentrationsrisiko in Nordrhein-Westfalen in der Absicht einer besseren Diversifikation zu begegnen. Diese Entscheidung der Unternehmensleitung am Theaterplatz wurde sowohl vom Aufsichtsrat als auch von der Hauptversammlung, in der Puppel hierüber regelmäßig berichtete, positiv gewürdigt. Zum Zeitpunkt der Stabübergabe von Puppel an Lange belief sich das AKP auf 198 Millionen Euro.

Ziel der von Vorstand und Aufsichtsrat im November 2006 verabschiedeten Planung für die Jahre 2007 bis 2009 war es gewesen, das Portfolio zum Ende des Jahres 2007 auf 250 Millionen Euro zu erhöhen. Lange stoppte die Umsetzung dieser Pläne. Im Rückblick stellte sich heraus, dass weder eine Einzeldurchsicht auf die jeweils verbrieften Einzelkredite noch Überschneidungen mit dem originären Kreditportfolio der Bank berücksichtigt worden waren. Wie anderenorts auch hatte der Vorstand den Ratingagenturen vertraut. Beim AKP waren allein für das Geschäftsjahr 2007 Wertkorrekturen in Höhe von 15 Millionen Euro erforderlich.[386] Das Betriebsergebnis brach gegenüber dem Vorjahr um 60 Prozent auf 12,5 Millionen Euro ein, was von Aktionären und Öffentlichkeit aufmerksam verfolgt wurde. In der *Frankfurter Allgemeine Zeitung* hieß es: «National-Bank leidet ebenfalls»,[387] während die *Börsen-Zeitung* feststellte: «National-Bank von hoher Vorsorge belastet».[388]

Lange entschied sich, die Bewertung der Forderungen im AKP – wie vor Ausbruch der Krise – nach dem strengen Niederstwertprinzip konsequent beizubehalten, obwohl die Forderungen vollständig im Anlagevermögen der Bank erfasst waren und somit einen Bewertungswechsel hin zum gemilderten Niederstwertprinzip erlaubt hätten. Diese Entscheidung war in Vorstand und Aufsichtsrat umstritten. Insbesondere im Anschluss an die Bewertungserleichterungen der internationalen Bankbilanzierung im Herbst 2008, die auch die Bundeskanzlerin angesprochen hatte, wurde die Berechtigung einer fortgesetzten konservativen Bilanzierung immer wieder diskutiert. Lange blieb bei der Entscheidung, weil er für die *National-Bank* als ein nicht börsennotiertes Institut und damit in ganz besonderer Weise vom Vertrauen der Aktionäre abhängiges Haus keine tragfähige Alternative sah. In einem Interview mit der *Börsen-Zeitung* äußerte er: «Es kommt darauf an, dass Banken durch ihre Kommunikation Transparenz schaffen, um Vertrauen wiederherzustellen. (...) Das entspricht unserem konservativen Selbstverständnis.»[389] Vor allem Schulte, Keitel und Friedrich Janssen, hauptberuflich Finanzvorstand bei der *Eon Ruhrgas* AG, teilten Langes Einschätzung.

Die *National-Bank* war das erste Institut in der deutschen Kreditwirtschaft, das Gesamtvolumen und die Art der Investments, die prospektierten Laufzeiten und die jeweiligen Ratings veröffentlichte. Bei den Aktionären und in der Öffentlichkeit kam dies gut an. Beispielhaft sei eine Nachricht eines Brancheninformationsdienstes aus dem März 2008 zitiert, der darauf verwies, dass die *National-Bank* «in der Kommunikation und Transparenz» bemerkenswert offen sei: «Wenn sich andere Finanzhäuser vergleichbar kommunikativ und nicht der ‹Echternacher Springprozession› gemäß verhalten hätten, wäre wohl mancher Vertrauensverlust vermieden worden.»[390]

Eine weitere Herausforderung der Finanzkrise wurde ebenfalls gemeistert. Aufgrund der geschäftlichen Entwicklung hatte der Vorstand im Herbst 2008 den Aktienkurs auf 35,50 Euro festsetzen müssen, ein Rückgang von 3,50 Euro. Daraufhin hatten sich eine Reihe privater Investoren von ihren Anteilsscheinen getrennt, wobei das AKP sicherlich ein wichtiges Motiv gewesen war: Die Märkte für verbriefte und zum Teil mit Sicherheiten unterlegte Kreditforderungen hatten die Bodenbildung noch nicht erreicht. In dieser Situation erwies sich die *Signal Iduna Gruppe* als stabiler und vor allem verlässlicher Ankerinvestor. Als Partner der Bank nutzte sie die Gunst der Stunde und erhöhte ihren Anteil auf knapp ein Drittel. Das AKP hinterließ zwar erhebliche Spuren im Jahresabschluss, aber bereits im Jahr 2008 wurden die Belastungen durch Tilgungen, Verkäufe und Wertanpassungen von 131,5 Millionen Euro auf 74,1 Millionen Euro reduziert. Um das operative Ergebnis nach außen nicht durch diese hohen Abschreibungen zu belasten, entschied sich der Vorstand, die Wertkorrekturen im außerordentlichen Ergebnis der Bank darzustellen. Zudem wurde für das Portfolio eine gezielte Desinvestitionsstrategie unter ökonomisch sinnvollen Bedingungen beschlossen. Der Erwerb vergleichbarer Wertpapiere war zukünftig ausgeschlossen. Zur Ergebnisstabilisierung wurde ein Immobilienteilportfolio an die vermögensverwaltende *IMMRUHR GmbH & Co. KG* veräußert, an der das Institut als Kommanditistin mit 89,94 Prozent beteiligt war. Zudem wurde eine Beteiligung an der *Altstadt-Baugesellschaft mbH & Co. KG* an die *Allbau Management GmbH* in Essen verkauft. Das AKP wurde in den folgenden Jahren weiter abgebaut. Hatte es 2007 noch rund 198 Millionen Euro betragen, sank es 2011 auf nur noch 8 Millionen Euro, im Folgejahr auf 4 Millionen Euro.[391] Noch vor Mitte des Jahrzehnts war die Angelegenheit erledigt. In der Finanzkrise benötigte die *National-Bank*, anders als andere private Banken, keine Staatshilfe – weder direkt wie die *Aareal Bank, Commerzbank* oder die *Düsseldorfer Hypothekenbank* noch indirekt wie die *Deutsche Bank*.

Die Zeiten blieben dennoch turbulent. Am 5. März 2008, dem Tag der Bilanzpressekonferenz für das vergangene Geschäftsjahr, machten Meldungen die Runde, nach denen die *Commerzbank* ein Interesse an einer Übernahme der *National-Bank* habe.[392] Lange nahm daraufhin mit Klaus-Peter Müller Kontakt auf, dem langjährigen Vorstandssprecher der *Commerzbank*, den er gut kannte, denn er war im Spätsommer 2007 in den Vorstand des *Bundesverbands deutscher Banken* gewählt worden, dessen Präsident Müller seinerzeit war. Sie hatten zudem im Zusammenhang mit der Rettung der *IKB* kollegial zusammengearbeitet. Müller bestätigte, dass es seitens der

Commerzbank keinerlei Absicht gebe, die *National-Bank* oder eine Beteiligung an ihr zu erwerben. Auch Reinhold Schulte versicherte, dass die *Signal Iduna Gruppe* keinerlei Interesse an einem Verkauf ihrer Beteiligung an der *National-Bank* habe. Schulte und Lange konnten daher in einer gemeinsamen Presseerklärung bekannt geben, dass die Berichterstattung «nicht der Wahrheit» entspreche.[393] Mit diesem «knallharten Dementi» waren die Gerüchte aus der Welt.[394]

Zwei Jahre später waren die Karten ganz anders verteilt: Seit 2006 und dem Markteintritt in Düsseldorf waren immer wieder unterschiedliche Pläne für eine weitere regionale Expansion in Nordrhein-Westfalen ventiliert worden. Köln, Bonn und Aachen wurden genannt; von Münster und Bielefeld war zumindest inoffiziell berichtet worden.[395] Bei Zukäufen ließ die *National-Bank* jedoch größte Vorsicht walten. Immer wieder kursierten in den 1990er-Jahren Gerüchte über eine Fusion von *National-Bank* und der in Bochum ansässigen *Westfalenbank*. Zumindest auf dem Papier mochte ein solcher Zusammenschluss gar nicht unlogisch erscheinen und hätte dem ökonomischen Zeitgeist entsprochen: Durch Fusionen, Übernahmen und Insolvenzen infolge des verschärften Wettbewerbs zwischen den Banken war die Zahl der Privatbanken kontinuierlich von 245 Instituten im Jahr 1957 auf nur noch 65 im Jahr 1995 zurückgegangen.[396] Von einem Zusammengehen mit der *Westfalenbank* hatte die *National-Bank* nach der Durchführung einer «Due Diligence» jedoch Abstand genommen. Die Risiken einer Übernahme erschienen schlicht zu hoch: Die *Westfalenbank* wollte ihren regionalen Schwerpunkt beibehalten; ein Blick in ihr Portefeuille sorgte ebenfalls dafür, von einer Kooperation abzusehen.[397] Die Antwort war daher schnell gefunden: «Wir haben in Bochum eine erfolgreiche Niederlassung, warum sollten wir an diesem Standort jetzt ein ganzes Institut übernehmen?» – so hatte die rhetorische Frage Puppels gelautet, zumal es ernsthafte Gespräche mit Dieter Rampl, dem Chef der *Westfalenbank*-Muttergesellschaft *Hypo-Vereinsbank*, nie gegeben hatte.[398] Einen potenziellen Bankenverbund aus *National-Bank*, *Westfalenbank* und *Bankhaus Donner* lehnte indessen die Führungsspitze am Theaterplatz als eine der wenigen noch existierenden konzernunabhängigen Regionalbanken in Deutschland ab. Weder Kauf noch Fusion kamen infrage, wie der Vorstandssprecher betonte: «Unabhängig zu sein bedeutet frei zu sein.»[399]

Die auskömmliche Kapital- und Liquiditätsausstattung der Bank hätte Zukäufe ohne Weiteres ermöglicht. Im Frühjahr 2010 bestätigte Lange auf der Bilanzpressekonferenz die bereits wochenlang am Markt kursierenden Nachrichten über ein Interesse der *National-Bank* an einem anderen mittelständischen Institut mit «kundengetragenem» Geschäftsmodell: «Wir sondieren aktiv den Markt und führen interessante Gespräche».[400] Für die *National-Bank* wäre dies die erste Akquisition seit rund fünfzig Jahren gewesen. Bei einer Reihe von Instituten wurde geprüft, ob sie zur *National-Bank* passen würden. Diese Institute sollten nach einer Übernahme als eigenständige Marke unter dem Dach der *National-Bank* weiterarbeiten. Lange hätte gern das Bankhaus *Thie & Co.* in Münster erworben, aber eine Einigung kam nicht zustande. Dasselbe gilt auch für das *Bankhaus Neelmeyer*, an dem ebenfalls ein Interesse der *National-Bank* kolportiert worden war. Lange hatte jedoch stets betont, der Erwerb einer anderen Bank müsste für die Eigentümer der *National-Bank* einen Mehrwert schaffen. Zahlreiche Transaktionen in der deutschen Kreditwirtschaft hätten – bis in die jüngste Vergangenheit – gezeigt, dass das nicht gelungen sei. Die Strategie des organischen Wachstums sei unverändert richtig, und der operative Erfolg der Bank spreche eine klare Sprache. Eine Akquisition um der Akquisition willen komme nicht in Betracht.

Zu Beginn des Jahres 2009 schlug der Vorstand der Hauptversammlung eine Kapitalerhöhung vor. Es wurde die bislang umfangreichste in der Geschichte des Essener Bankhauses. Im Vorfeld führten Lange und Lindner eine Reihe von Gesprächen mit institutionellen Investoren, um sie vom zukünftig ausschließlich kundengetragenen Geschäftsmodell der *National-Bank* zu überzeugen. Flankierend wurde *HSBC Trinkaus & Burckhardt* das Mandat erteilt, die Kapitalerhöhung zu garantieren. Dessen bedurfte es aber gar nicht, wie sich herausstellte. Die 2,08 Millionen junger Aktien wurden zum Ausgabepreis von 28 Euro vollständig bei privaten und institutionellen Investoren platziert. Das entsprach knapp 60 Millionen Euro. Dadurch wurde das Grundkapital um rund ein Fünftel auf knapp 38 Millionen Euro erhöht. Mit dieser substanziellen Eigenmittelzufuhr wurde ein Teil der sich abzeichnenden aufsichtsrechtlichen Anforderungen vorweggenommen, die später unter der Überschrift Basel III zusammengefasst werden sollten.

Ebenfalls 2009 begleitete die *National-Bank* zusammen mit der *Bundesagentur für Arbeit* sowie *GÖRG Rechtsanwälte* eine Nothilfeaktion für die *Arcandor AG*, die ehemalige *KarstadtQuelle AG*. Nach Antrag auf Eröffnung des Insolvenzverfahrens bedurfte es der Vorfinanzierung der Insolvenzgelder für Löhne und Gehälter von 43 000 Beschäftigten. Das durch die *National-Bank* geführte Konsortium stellte 220 Millionen Euro bereit. Zwar hatte sich die Bank in der Vorfinanzierung von Insolvenzgeldern schon in der Vergangenheit einen in der Abwicklung dieser technisch komplexen Finanzierungen guten Ruf erarbeitet, jedoch war diese Kreditierung sicherlich etwas

Besonderes. Sie hatte der Bank in Fachkreisen zugleich eine erhebliche Aufmerksamkeit beschert, ein Umstand, der in den Folgejahren dazu führen sollte, dass sich das Institut als eines der bundesweit führenden zur Vorfinanzierung von Insolvenzgeldern etablieren konnte. Namhafte Insolvenz- bzw. Schutzschirmverfahren wurden mithilfe der *National-Bank* durchgeführt. Hierzu zählten, etwa aus dem Bereich der Flugindustrie, *Air Berlin* (2017), *Condor* (2019) und die *Luftfahrtgesellschaft Walter* (2020). Aber auch andere Unternehmen wie *Alno Küchen, Esprit* oder *Gerry Weber* konnten auf die Unterstützung aus Essen zählen.

Die *National-Bank* war jedoch auch an anderen bedeutenden Sanierungen beteiligt. Dies bezog sich vor allem auf die Bereitstellung personeller Ressourcen. So wurde Lange 2010 vom Vorstand des *Bundesverbands deutscher Banken*, dem Spitzenverband der privaten Banken in Deutschland, gebeten, sich bei der Stabilisierung und späteren Abwicklung der in eine Schieflage geratenen *Valovis Bank AG* als Vorsitzender des Aufsichtsrats in die Pflicht nehmen zu lassen. Die *Valovis Bank* hatte für einen hohen zweistelligen Millionenbetrag die *KarstadtQuelle Bank AG* erworben, aber mit der bereits erwähnten Pleite von *Arcandor* einen zentralen Geschäftspartner verloren. Die Bank musste Ende 2011 eine Garantie in Höhe von 100 Millionen Euro des «Feuerwehrfonds» genannten Einlagensicherungsfonds des *Bundesverbands deutscher Banken* in Anspruch nehmen, um eine Schieflage abzuwenden, die durch die Abschreibung griechischer Staatsanleihen entstanden wäre. Die Stabilisierung mit anschließender Abwicklung ist an anderer Stelle ausführlich beschrieben worden.[401] Ende 2019, nach Rückgabe der Banklizenz und dem Liquidationsbeschluss der zwischenzeitlich in *ENDIR 1 Abwicklungsgesellschaft mbH* umfirmierten Gesellschaft, konnte Lange sein Mandat in der Gewissheit niederlegen, dem Einlagensicherungsfonds der privaten Banken einen gravierenden Schadensfall erspart zu haben. Lange ließ sich auch in die Pflicht nehmen, zweimal, von 2008 bis 2010 und von 2015 bis 2019, den Aufsichtsrat der zweimal fallierten *Düsseldorfer Hypothekenbank AG* zu führen, bevor das Institut an die *Aareal Bank* veräußert und letztlich von dieser vom Markt genommen wurde.

In jenen Jahren stellte die *National-Bank* auch weiterhin ihre geschäftliche Kompetenz und finanzielle Expertise unter Beweis. Sie geht weiter über das hinaus, wofür regional tätige Institute in der Regel stehen: das Einlagen- und Kreditgeschäft. Ein Beispiel hierfür war 2008 ihre Beteiligung an der *Americo Beteiligungsgesellschaft mbH & Co KG*, die ihrerseits nennenswert an der Betreibergesellschaft *Sociedad Concesionaria Vespucio Norte Express S. A.* beteiligt gewesen war. Der Vespucio Norte Express ist eine 2006 in Betrieb gegangene Stadtautobahn in Santiago de Chile, ein 29 Kilometer langes Teilstück der Ringautobahn und eine der meistbefahrenen Straßen der chilenischen Hauptstadt. Regionaler Anknüpfungspunkt war die Essener *Hochtief AG*, die 2001 vom chilenischen Ministerium für Öffentliche Arbeiten den Auftrag erhalten hatte, die Strecke zu planen, zu finanzieren, zu bauen und zu betreiben. Grundlage war ein sogenannter BOT-Vertrag (Build, Operate, Transfer). Das Konsortium um *Hochtief* baute die vorhandene Straße zu einer dreispurigen Autobahn aus, errichtete 19 Kreuzungsbauwerke, übernahm den Ausbau der Entwässerungskanäle und stellte das integrierte Maut- und Verkehrsleitsystem betriebsbereit fertig. Ein anderes Beispiel war die Beteiligung der *National-Bank* an der Kapitalerhöhung des Düsseldorfer Bankhauses *HSBC Trinkaus & Burckhardt* im Sommer 2010. Nicht alle Großaktionäre, darunter die *Landesbank Baden-Württemberg*, wollten sich an einer Erhöhung des Grundkapitals um 150 Millionen Euro beteiligen. *HSBC Trinkaus* und *National-Bank* vereinbarten, dass das Essener Institut als Bookrunner die neuen Aktien zunächst vollständig übernahm und sie dann den Aktionären zum Bezug bot.

Bei der Kreditvergabe waren die Essener stets konservativ. Gemeinsam mit sechs Instituten beteiligte sich die *National-Bank* an der neu gegründeten Kölner *RMS Risk Management Solutions GmbH*. Ihr Zweck war es, durch einen Zusammenschluss unterschiedlicher Banken einen anonymisierten Datenpool zu schaffen, der die neuen aufsichtsrechtlichen Anforderungen an ein Rating bestmöglich umsetzen konnte. Für diese Beteiligung war die Revision eines 2006 unter Puppel gefassten Vorstandsbeschlusses notwendig. Gegenstand dieses Beschlusses war die Überzeugung, das ursprünglich durch den *Bundesverband deutscher Banken* initiierte und letztlich fehlgeschlagene Projekt der Einführung eines Ratings nicht retten zu wollen. Dafür gab es betriebswirtschaftlich gute Gründe. Lange war unter stärkerer Akzentuierung regulatorischer Überlegungen jedoch von der Richtigkeit der Grundidee überzeugt, durch die Bündelung kredit- bzw. risikorelevanter Daten institutsübergreifend zu einer Zusammenarbeit zu kommen. Zweitrangig war die Frage, in welcher Organisationsform dies bestmöglich umgesetzt werden konnte. Nach langen nächtlichen und teilweise kontrovers geführten Debatten gelang es den Banken, sich auf einen Modus Vivendi zu verständigen. Die Gesellschaft wurde gegründet, und die *National-Bank* erwarb hieran einen Anteil von rund 15 Prozent. Lange, der die Verhandlungen als für das Risikomanagement Zuständiger geführt hatte, wurde intern von Uwe Lindner unterstützt. Der Erfolg der zwischenzeitlich unter *CredaRate Solutions GmbH* firmierenden Gesellschaft sprach für sich. Nur wenige

Jahre nach ihrer Gründung war die Gesellschaft nachhaltig profitabel und vermochte Gewinne auszuschütten. Noch wichtiger aber war der Umstand, dass zwischenzeitlich mehr als 30 Banken das Ratingsystem nutzten. Unter ihnen sind mit der *Aareal Bank* und der *Deutschen Apotheker- und Ärztebank* als Mitgründungsgesellschafter Institute, die als systemrelevant klassifiziert der Aufsicht der *Europäischen Zentralbank* (EZB) unterliegen.

Das Geschäft mit vermögenden Privatkunden wurde grundlegend neu positioniert, um sich nicht nur als regionaler Mittelstandsfinanzierer, sondern auch für vermögende Privatkunden stärker zu öffnen. Damit verbunden war der Aufbau eines Wealth Management und die Errichtung eines Family Office sowie eine insgesamt bessere Verzahnung von Privat- und Firmenkundengeschäft. Prozessuale Optimierungen wie die Konzentration der Kreditbearbeitungsprozesse am Theaterplatz, die Gründung eines zentralen Datawarehouse und die Modernisierung der IT-Systeme flankierten die Maßnahmen. Schließlich wurde das Konzept zur Gründung der *National-Bank Vermögenstreuhand GmbH* erarbeitet. Nach der Zustimmung der *Bundesanstalt für Finanzdienstleistungsaufsicht* sollte sie am 1. Januar 2013 ihren Geschäftsbetrieb aufnehmen.

Im Jahr 2010 zeichnete sich durch die Auftragseingänge und eine Vielzahl anderer Indikatoren ab, dass die bundesdeutsche Wirtschaft nach dem scharfen Einbruch langsam wieder Tritt fasste. Die Bank legte bei Privatkunden, Selbstständigen und mittelständischen Unternehmen deutlich zu. Das kundengetragene Geschäftsmodell des Essener Instituts bewährte sich erneut. Schon im Vorjahr hatte die *National-Bank* erstmals in ihrer Geschichte Nettoerträge von knapp 150 Millionen Euro verzeichnet. Ein Jahr später erwirtschaftete die Bank mit 52 Millionen Euro die höchsten Provisionserträge ihrer Geschichte und mit 34,7 Millionen Euro ihr bis dahin höchstes Betriebsergebnis. Damit bewährte sich die Entscheidung, neben der Finanzierung mittelständischer Firmenkunden das kapitalschonende Provisionsgeschäft auszubauen. Anfang des neuen Jahrtausends hatte die *National-Bank* eine Eigenkapitalrendite von 20 Prozent vor Steuern angestrebt – ein ehrgeiziges Ziel, das mit 17 Prozent, allerdings ohne ein riskantes Investmentbanking, fast erreicht war, als die Finanzkrise der Bank einen Strich durch die Rechnung machte. Dennoch gelang es in den Folgejahren, eine auch im Wettbewerbsvergleich attraktive Eigenkapitalrendite zu erwirtschaften. Trotz der Niedrig- und für Finanzinstitute sogar negativen Zinspolitik der *EZB* lag sie zwischen 2010 mit 8,9 Prozent und 2015 mit 9,4 Prozent aufgrund zweistelliger Eigenkapitalrenditen in den Jahren 2011 und 2013 durchschnittlich bei jährlich 9,9 Prozent. Eine akzeptable Eigenkapitalrendite war und ist eine notwendige Voraussetzung für Wachstum, zumal mit dem 2010 veröffentlichten Regelwerk des Basler Ausschusses an der *Bank für Internationalen Zahlungsausgleich* unter dem Stichwort «Basel III» verbindliche Richtlinien für das als Schlüsselziffer geltende Eigenkapital der Banken ausgearbeitet wurden. Seit 2013 ersetzten die neuen Vorschriften schrittweise die Vereinbarungen des Vorgängers Basel II für ein angemessenes Risikomanagement. Im Zentrum stand vor allem das Kernkapital: Die Untergrenze der Quote dieses «Common Equity» wurde von vier auf sechs Prozent der risikogewichteten Aktiva erhöht. Zwar wurde die bisherige Mindestkapitalquote von acht Prozent beibehalten, aber verschiedene Bestimmungen verschärften die Zusammensetzung dieses Kernkapitals. Auch eine Verschuldungsgrenze wurde eingeführt. Seit 2016 müssen Banken aus ihrem Kernkapital zudem einen Kapitalerhaltungspuffer von 2,5 Prozent aufbauen, daneben – als Vorbereitung für eventuelle Krisen – eine antizyklische Kapitalsicherung gewährleisten.[402] Wer diese Kriterien nicht erfüllt, wird mit harten Sanktionen bis zum Verlust der Banklizenz bestraft.

Die Anzahl der Aktionäre bei der *National-Bank* stieg seit der Finanz- und Wirtschaftskrise von 3700 auf rund 5000 im Jahr 2011 und weiter auf 5200 im folgenden Jahr. Daran hat sich bis heute wenig geändert, zumal auch keine weitere Kapitalerhöhung folgte, die die als begehrt angesehenen Anteilsscheine einem neuen Investorenpublikum hätten zuführen können. Zwar war vor dem Hintergrund eines erneut erfreulichen Ergebnisses 2019 für das Geschäftsjahr 2020 eine ordentliche Kapitalerhöhung im Verhältnis 5 zu 1 geplant, jedoch wurde diese aufgrund der Covid-19-Pandemie und der damit verbundenen Unwägbarkeiten einer prognostischen Einschätzung für das «Forward Looking Statement» des Wertpapierprospekts auf einen späteren Zeitpunkt verschoben. Im Unterschied zu anderen Instituten sicherlich bemerkenswert ist das enge und von besonderem persönlichen Vertrauen geprägte Verhältnis zwischen den Gremien der Unternehmensleitung sowie den Aktionärinnen und Aktionären. Hauptversammlungen kennzeichnen sich – trotz durchaus unterschiedlicher Interessen – durch ein gemeinsames konstruktives Miteinander aller Beteiligten aus. Vorstand und Aufsichtsrat pflegen einen engen Kontakt zu den Kunden, die häufig ihre Aktionäre sind. Die Entlastungen beider Gremien durch die Hauptversammlung lagen zuletzt bei mehr als 99 Prozent.

Anfang 2011 verlängerte der Aufsichtsrat auf Vorschlag des Präsidialausschusses die Anfang 2012 auslaufende Bestellung Langes zum Mitglied des Vorstands um weitere fünf Jahre. Gleichzeitig wurde er zum Vorsitzenden des Vorstands ernannt. Damit hatte die Bank zum ersten Mal in ihrer Geschichte einen Vorstandsvorsitzenden. Für die *Börsen-Zeitung* war dies eine Art Dank für Langes «Sanierertätigkeit».[403] 2015 wurde sein Vertrag vorzeitig erneut um weitere fünf Jahre bis Ende 2020, Anfang 2020 nochmals um fünf Jahre bis Ende 2025 verlängert. Auch außerhalb der eigenen Bank übernahm er wichtige Ämter: Schon 2007 wurde er in das dreiköpfige Präsidium des *Arbeitgeberverbands der privaten Banken* berufen. Zehn Jahre später folgte die Wahl in das dreiköpfige Präsidium des *Bundesverbands deutscher Banken*, dem er als Vorstandsmitglied ebenfalls bereits seit 2007 angehörte.[404] Im Februar 2020 erklärte Lange jedoch seinen Rücktritt sowohl aus dem Präsidium als auch aus dem Vorstand des Bankenverbands, nachdem sich abzeichnete, dass Martin Zielke, seinerzeit Chef der *Commerzbank*, dem von Lange nicht nur wegen seiner Verwicklung in die Affäre um die sogenannten Panama Papers[405] als unglücklich agierend empfundenen Hans-Walter Peters als Präsident folgen sollte. Ob es damit zusammenhing, dass sich Lange selbst Hoffnung auf eine Nominierung gemacht hatte, muss offenbleiben. Sicherlich hätte er sich das Amt zugetraut, wie die *Börsen-Zeitung* wohl zu Recht vermutete.[406] Tatsache ist jedoch, dass er den Kassenwart der *Commerzbank*, die wie kaum ein Institut der privaten Banken in Deutschland für einen Niedergang steht, als ungeeignet empfand. Um das Spitzenamt in einem berufsständischen Verband ausüben zu können, müssten sowohl die Person als auch das Institut eine «Vorbildfunktion» haben, sagte er im Zeitzeugengespräch.[407] Aber als Vertreter eines Instituts mit einer staatlichen Beteiligung, mit Verwicklungen in sogenannte Cum-Ex-Geschäfte, Strafzahlungen wegen Verstößen gegen Vorschriften zur Verhinderung von Geldwäsche, strukturell mangelnder Rentabilität und einem am Aktienkurs abzulesenden nachhaltigen Vertrauensverlust der Aktionäre hielt Lange den Personalvorschlag für «völlig ungeeignet». Langes Einschätzung sollte sich als richtig erweisen. Anfang Juli 2020, wenige Wochen nach seiner Wahl, bot Zielke als Vorstandsvorsitzender der *Commerzbank* zusammen mit seinem Aufsichtsratsvorsitzenden seinen Rücktritt an, der postwendend angenommen wurde. Es war ein einmaliger Vorgang in der deutschen Kreditwirtschaft – der gleichzeitig verkündete Abgang der Vorsitzenden von Vorstand und Aufsichtsrat einer Großbank. Damit verlor der *Bundesverband deutscher Banken* schon nach wenigen Wochen seinen gerade gewählten Präsidenten. Lange stand nun vor dem Hintergrund der Covid-19-Pandemie und der damit verbundenen besonderen Beanspruchungen nicht mehr zur Verfügung. Er wollte die *National-Bank* so sicher wie durch die Finanz- und Wirtschaftskrise der Jahre 2007 bis 2010 steuern.

Als segensreich hatten sich Mitte 2016 erneut die langjährige Verbindung der *National-Bank* zur *IKB* sowie das persönlich gute Verhältnis zwischen Alexander von Tippelskirch und Lange erwiesen. Zur personellen Verstärkung vor allem des Geschäfts mit mittelständischen Kunden wurde am Theaterplatz ein neues Vorstandsmitglied gesucht. Von Tippelskirch lenkte Langes Aufmerksamkeit auf Dr. Markus Guthoff. Der gebürtige Dortmunder, in Göttingen studierter Betriebswirt und promovierter Ökonom, war bis 2007 im Vorstand der *IKB*. Anschließend wechselte er als Finanzvorstand in das mittelständisch geprägte Familienunternehmen *Alba Group* in Berlin, ein Entsorgungsunternehmen. Guthoff hatte «nach 10 Jahren auf der anderen Seite» den Wunsch, in das Bankgeschäft und örtlich nach Nordrhein-Westfalen zurückzukehren. Nach erfolgreichen Gesprächen trat er im März 2017 zunächst als Generalbevollmächtigter in die Bank ein und wurde zum 1. September 2018 für einen Zeitraum von fünf Jahren planmäßig zum Mitglied des Vorstands bestellt. Nach anfänglicher Zuständigkeit für die Bereiche Firmenkundengeschäft und Internationale Märkte sowie Bankbetrieb übernahm er Ende 2018 die Zuständigkeit für das gesamte Kundengeschäft der *National-Bank*, nachdem die Bestellung von Georg Schachner, der zuvor das Geschäft mit privaten Kunden geführt hatte, nach nur drei Jahren nicht verlängert worden war.

Lange und Guthoff präsentierten ein gutes Jahresergebnis. Die nüchterne und nicht zu Übertreibungen neigende *Börsen-Zeitung* titelte anlässlich der Vorlage der vorläufigen Zahlen für 2019: «National-Bank legt die Latte für die Branche hoch».[408] Entgegen dem Branchentrend war es trotz unverändert anspruchsvoller geldpolitischer Rahmenbedingungen, handels- und zollrechtlicher Auseinandersetzungen sowie gestiegener politischer Risiken gelungen, sowohl den Zins- als auch den Provisionsüberschuss zu steigern. Bei rückläufigen Kosten und einer unverändert unauffälligen Risikovorsorge präsentierte der Vorstand einen Jahresüberschuss. Parallel dazu stiegen Einlagen und Kredite. Auch die Anzahl neu gewonnener Kunden, insbesondere bei den Vertretern freier Berufe sowie mittelständischer Unternehmen, wuchs. Mit diesem Ergebnis im Rücken beschlossen Vorstand und Aufsichtsrat zu Beginn des 100. Geschäftsjahrs eine Kapitalerhöhung. Mit dem Ziel, weiter behutsam zu wachsen und die gerade bei den Großbanken erneut notwendigen Restrukturierungen und Schäden in der Reputation zum geschäftlichen Vorteil zu nutzen, sollten unter anderem die Eröffnung einer neuen Niederlassung in Paderborn in Angriff genommen und gleichzeitig die neuen unter der Überschrift «Basel IV» stehenden Anforderungen an die Kapitalanforderungen erfüllt werden.

Natürlich wurde auch am Theaterplatz regelmäßig, zuletzt 2018, die Frage erörtert, inwieweit die *National-Bank* über die kritische Größe verfügt, auch in Zukunft nicht nur unabhängig, sondern rentabel sein zu können. Zwar ist Unternehmensgröße kein Wert an sich, wie sich an der Entwicklung bzw. Marktkapitalisierung einer Reihe systemrelevanter Banken in Europa zeigt. Manch eine Aktie wäre ohne die zwischenzeitlich erfolgte Zusammenlegung von Anteilsscheinen, wie bei der *Commerzbank*, nur noch ein Penny Stock. Dennoch ist die Frage von Bedeutung, weil sich die Konsolidierung der deutschen Kreditwirtschaft nach der Finanz- und Wirtschaftskrise weiter fortsetzte und wohl auch in Zukunft fortsetzen wird. Das zeigt sich sowohl an den Zusammenschlüssen im genossenschaftlichen und öffentlich-rechtlichen Sektor als auch an den letztlich beendeten sFusionsgesprächen zwischen *Deutscher Bank* und *Commerzbank* im Frühjahr 2019. Auch der Erwerb der in Stuttgart ansässigen *Südwestbank* durch die österreichische *Bawag P. S. K.* oder des *Bankhauses Lampe* durch *Hauck & Aufhäuser* deutet in diese Richtung. Dabei ist in Theorie und Praxis unstrittig, dass Größe und Rentabilität nicht zwangsläufig miteinander korrelieren. Kleinere und mittlere Institute sind mit einem regional breit aufgestellten Geschäftsmodell häufig effizienter und widerstandsfähiger als Großbanken, nicht zuletzt weil gerade bei ihnen Kundenbindung und -loyalität besonders stark ausgeprägt sind. Das gilt besonders für die *National-Bank*, denn 99 Prozent ihrer Kunden sind gleichzeitig ihre Aktionäre. Etwa die Hälfte ihrer Firmenkunden nimmt die Bank auch als Privatkunde in Anspruch. Demgegenüber haben größere Häuser häufig mit dem Risiko von Beziehungsverlusten zu kämpfen. Sie müssen den Wettbewerb daher deutlich stärker über den Preis führen. Ob das nur für Phasen regulatorischer Transformationen oder aber generell Geltung beansprucht, ist gegenwärtig noch offen. Gerade in Phasen des verschärften Wettbewerbs und extrem niedriger Zinsen ist eine starke Kundenbindung vorteilhaft; sie gewährt eine größere Resistenz gegenüber rückläufigen Erträgen. Insofern ist es vermutlich kaum überraschend, dass Vorstand und Aufsichtsrat der *National-Bank* nach sorgfältigen Analysen und umfassenden Beratungen der Überzeugung sind, das Haus am Theaterplatz verfüge über attraktive Zukunftsperspektiven.

Dennoch bleiben strategische Fragen und operative Herausforderungen. Zentral ist dabei vor allem der Umgang mit und die Positionierung gegenüber den sogenannten FinTechs, denen es mit unterschiedlichen Geschäftsmodellen gelingt, zunehmend Marktanteile zu gewinnen. Ausgangspunkt dieser Entwicklung war das Internet Banking, dessen Siegeszug Ende der 1990er-Jahre begann und sich bis heute fortsetzt. Gemeinsamer Bestandteil dieser Geschäftsmodelle ist ihr Plattform-Charakter. Vereinfachend ausgedrückt, lassen sich drei Gruppen voneinander unterscheiden: die erste Gruppe mit Anwendungen (Applications), sogenannten Apps, die transaktionsbasierte Dienstleistungen, in der Regel Kontoführung und/oder Zahlungsverkehr (Peer-to-Peer-Zahlungen), zum Gegenstand haben *(N26, Revolut)*. Eine weitere Gruppe bietet – in der Regel ohne Banklizenz – die Vermittlung von Finanzierungen *(Auxmoney, FinCompare, Funding Circle)* oder Einlagen *(Deposit Solutions, Zinspilot)* an. Und eine dritte Gruppe offeriert unter Einsatz Künstlicher Intelligenz eine digitale Vermögensverwaltung. Dazu gehören etwa *Scalable* oder *Liqid*. Kleinster gemeinsamer Nenner dieser Geschäftsmodelle ist der Umstand, dass grundsätzlich keine Beratung angeboten wird. Damit unterscheiden sie sich von dem Angebot der Bankiers vom Theaterplatz und auch von allen anderen etablierten Banken.

Dennoch, in der *National-Bank* wird diese Entwicklung sorgsam beobachtet und analysiert. Dabei wird das kurzzeitige mediale Interesse von der nachhaltigen finanzwirtschaftlichen Relevanz jener Anbieter getrennt. Die Tragfähigkeit mancher Geschäftsmodelle erscheint nach wie vor zweifelhaft, wie auch die Covid-19-Pandemie gezeigt hat. Transaktionsbasierte Angebote sind unter Druck gekommen, weil sich der Konsum deutlich rückläufig entwickelt hat und die Sparquote aufgrund der Verunsicherung der Bevölkerung gestiegen ist. Aber auch kreditvermittelnde Plattformen sind in Schwierigkeiten geraten, weil sie mangels einer Banklizenz keine Kredite aus den öffentlichen Förder- und Stützungsprogrammen vergeben konnten. Eine Marktbereinigung war deshalb unausweichlich. Welche Angebote sich letztendlich durchsetzen werden, bleibt abzuwarten.

Schon Jahre zuvor hat der Vorstand der *National-Bank* in seiner Geschäftsstrategie festgelegt, bewusst auf Innovatorengewinne zu verzichten und die Entwicklung der FinTechs zu beobachten, um eine Beeinträchtigung oder gar Verletzung der Reputation der *National-Bank* zu vermeiden. Millionen- bzw. milliardenschwere Abschreibungen, wie sie andere Institute im Umgang mit FinTech-Investments zu tragen hatten, sind den Essenern erspart geblieben. Auch der Gefahr, ihren Kunden in Kooperation mit Dritten innovative elektronische Angebote zu unterbreiten, die sich später als nicht erfolgreich erwiesen, waren sie nicht erlegen. *Apple Pay* und *Google Pay* werden zwar in Kürze ebenfalls angeboten, jedoch wird von weiteren Dienstleistungen bewusst Abstand genommen. Auch zukünftig sollen das persönliche Gespräch, die persönliche Beratung und ein entsprechender Service der Kristallisationspunkt aller Angebote sein, um die Vorteile einer regional tätigen Bank mit einem guten Beziehungsmanagement zu verbinden.

Die Finanzwelt macht turbulente Zeiten durch, nicht nur angesichts der

Herausforderungen durch China und das, was heute die «erschöpfte Globalisierung»[409] genannt wird. Die bürokratischen Vorgaben beim Abschluss von Wertpapiergeschäften – nicht zuletzt die umständlichen telefonischen Aufzeichnungsvorschriften, wenn auch im Zuge der Covid-19-Pandemie gelockert – sind für die Kunden ebenso anstrengend wie der Umgang mit der lockeren Geldpolitik der *EZB*. Ihr Ende ist nicht absehbar. Auf null Prozent abgesenkte Leitzinsen und negative Einlagenzinsen stellen unverändert ein Novum in der Geschichte der Bundesrepublik dar und kommen einer schleichenden Enteignung der Sparer gleich. Negative Renditen auf die meisten Bundes- und Länderanleihen sowie die nach wie vor ungelösten Probleme der europäischen Staatsschuldenkrise sind für das Geschäftsklima ebenfalls nicht hilfreich.

Ob jedoch, wie 2016 vom damaligen *Deutsche Bank*-Chef John Cryan gefordert, Fusionen in der Finanzbranche die Lösung sind, weil es gerade in Deutschland «schlicht zu viele Banken» gebe,[410] ist umstritten. Solche Aussagen erinnern zwangsläufig an das Lamento der frühen 1930er-Jahre des 20. Jahrhunderts, als die Mahnungen vor einer weiteren «Übersetzung» des Bankgewerbes unüberhörbar waren. Gerade Großbanken mit ihren komplexen Strukturen und kaum noch zu entwirrenden Organisationsproblemen sind Opfer ihrer eigenen früheren Erfolge, während regional tätige und mittelständisch geprägte Banken wie die *National-Bank* ihre Kunden besonders gut kennen: ein wirksames Element, um Krisen zu überstehen. Ihre tiefe Verwurzelung im Markt macht es für sie einfacher, die dem Bankgeschäft immanenten Risiken zu beherrschen. Die Kunden wiederum schätzen die Nachvollziehbarkeit der Geschäftstätigkeit und die Transparenz, die höher ist als bei international agierenden Instituten.[411]

Dem Digital Banking – Digitalfabriken, «Digital Labs» und innovative IT-Plattformen – wird eine große Zukunft vorausgesagt, wobei noch offen ist, auf welche Weise die klassischen Geldhäuser auf die Herausforderungen durch die Neulinge reagieren. Auch die Blockchain-Technologie wird eventuell die Verwaltungsvorgänge bei Kontoführung und Verträgen revolutionieren und die Kosten reduzieren. Zwar lassen die Zahlen keinen Zweifel, dass alternative digitale Bezahlmethoden auf dem Vormarsch sind, ob aber Bitcoin, Libra und Stablecoin das Universum des Geldes revolutionieren werden, bleibt abzuwarten. Jürgen Stark, langjähriger Chefökonom und Mitglied im Direktorium der *EZB*, hat kürzlich an eine Feststellung von Hyman Minsky erinnert: «Everyone can create money; the problem is to get it accepted.» Geld als soziale Funktion beruht auf Vertrauen,[412] und daher haben vertrauenswürdige Geldhäuser ihren Platz in einer demokratischen Gesellschaft.

In Essen hatte es schon seit dem Beginn der Moderne ein montanindustrielles und bürgerliches Mäzenatentum gegeben. Einrichtungen wie der *Stifterverband für die Deutsche Wissenschaft* bieten Banken und Industrie die Möglichkeit, Wissenschaftsförderung und unternehmerische Interessen sinnvoll miteinander zu verbinden.[413] Weitere Institutionen waren und sind die *Alfried Krupp von Bohlen und Halbach-Stiftung*, die *Stiftung Mercator* sowie die *RAG-Stiftung*. Aber auch die Unternehmen des Ruhrgebiets zeichnen sich durch ein starkes soziales, kulturelles und gesellschaftliches Engagement aus. Die *National-Bank* engagiert sich sowohl über einen eigenen Stiftungsfonds als auch über die *Ruhrstiftung für Bildung und Erziehung* für Bildung, Wissenschaft und Kultur. Das *Museum Folkwang* in Essen, das *Goethe-Museum*, die *Kunstsammlung Nordrhein-Westfalen* sowie der *Kunstpalast* in Düsseldorf, das *MKM Museum Küppersmühle für Moderne Kunst*, das *Museum DKM* und das *Lehmbruck Museum* in Duisburg zählen ebenso dazu wie das *Josef-Albers Museum Quadrat Bottrop* oder das *LWL Museum für Kunst und Kultur* in Münster, um nur einige zu nennen. Zwar hatte sich das Institut schon unter Puppel vergleichsweise stark kulturell engagiert, doch brachte Lange neue Akzente. Neben dem Förderschwerpunkt «Musik und Kunst, Bildung und Soziales» wurde das Geschäft der Finanzierung und Vermögensanlage mit Künstlern, Galerien und Museen aufgenommen. Auch die Vorfinanzierung von Ankäufen von Kunst, etwa für den Freundeskreis der Kunstsammlung Nordrhein-Westfalen e.V. und andere Institutionen, gehörten dazu. Wichtige Ankäufe wie *Black Painting* von Ad Reinhardt (2012) oder *Mutter Ey* von Otto Dix (2018) wurden von der *National-Bank* kreditiert, wodurch sich das Institut zu einem wesentlichen Finanzier von Kunst und Kultur entwickelte. Auch inhaltlich beschritt die Bank neue Wege: Die Kunstsammlung der Bank wurde konsequent auf Lehrer und Schüler der Düsseldorfer Kunstakademie ausgerichtet und in Teilen für die Öffentlichkeit zugänglich gemacht. Führungen durch die Niederlassungen, insbesondere in Essen, Dortmund und Düsseldorf, gehören ebenso dazu. Schon wenige Jahre nach Initiierung der damit verbundenen Maßnahmen wurde die *National-Bank* mit der «Nadel der Medici» ausgezeichnet, die für beispielgebendes kulturelles Engagement eines Unternehmens verliehen wird. Auch der *Internationale Bergische Kunstpreis* wird von den Bankiers am Theaterplatz ausgeschrieben. Zum Abschied vom heimischen Steinkohlenbergbau widmete die Bank der Stadt Essen eine Großskulptur im öffentlichen Raum am Theaterplatz – *Uranos* von Markus Lüpertz. Zu ihrem einhundertjährigen Jubiläum folgte eine Plastik von Stephan Balkenhol am Bredeneyer Kreuz. Im Bereich der Musik ist die Zusammenarbeit unter anderem mit der *Philharmonie Essen*, dem *Konzerthaus Dortmund*, der *Historischen Stadthalle Wuppertal* und dem *Klavier-Festival-Ruhr* bemerkenswert. Bei diesem ist die *National-Bank* Gründungsstifterin und größte Sponsorin. Aber nicht nur Kunst und Musik, sondern auch Bildung und Sozialem ist die Bank verpflichtet. Im Bereich der Bildung ist es unter anderem die Zusammenarbeit mit der *International School Ruhr* in Essen, der *ISM International School of Management* in Dortmund, zahlreichen Einrichtungen der *Universität Duisburg-Essen* sowie der *Ruhr-Universität Bochum*, insbesondere mit dem *RWI – Leibniz-Institut für Wirtschaftsforschung*, dem früheren *RWI – Rheinisch-Westfälischen Institut für Wirtschaftsforschung*, wo die Chefs von Vorstand und Aufsichtsrat der *National-Bank* auch Mitglieder im Verwaltungsrat sind. Parallel dazu werden der *Ruhr Graduate School in Economics*, einer führenden Forschungseinrichtung der *Universitätsallianz Ruhr*, einem Bündnis der Universitäten Duisburg-Essen, Bochum und der *TU Dortmund* sowie des *RWI*, Dissertationsstipendien zur Verfügung gestellt. Aber auch die Förderung der politischen Bildung durch eine Kooperation mit dem *Politischen Forum Ruhr* sowie die kirchliche Bildung durch eine Partnerschaft mit der katholischen Akademie *Die Wolfsburg* in Mülheim an der Ruhr sind für die Bank, deren Wurzeln in der christlichen Gewerkschaftsbewegung liegen, durchaus naheliegend.

Die große Klammer des gesamten kulturellen und gesellschaftlichen Engagements der *National-Bank* ist vermutlich ihre Mitgliedschaft in dem einflussreichen *Initiativkreis Ruhr*, dem weltweit größten regionalen Wirtschaftsbündnis. Das von Alfred Herrhausen, Rudolf von Bennigsen-Foerder und «Ruhrbischof» Franz Hengsbach gegründete Bündnis hat es sich 1989 zur Aufgabe gemacht, den Strukturwandel im Ruhrgebiet durch privatwirtschaftliche Initiativen abzufedern. Es ist ein wohl einmaliger Zusammenschluss von über 70 Unternehmen und einer Reihe regionaler Hochschulen. Im Jahr 2020 erwirtschafteten sie einen kumulierten Umsatz von 630 Milliarden Euro und beschäftigten über zwei Millionen Menschen. Seit dem 1. Januar 2016 wird das Bündnis gemeinsam von Lange und Bernd Tönjes, damals Vorstandsvorsitzender der *RAG Aktiengesellschaft*, heute Chef der *RAG-Stiftung* und Vorsitzender des Aufsichtsrats von *Evonik Industries*, geleitet. Damit hat der *Initiativkreis* wie zur Zeit seiner Gründung einen Bergmann und einen Bankier an der Spitze. Wie personell verwoben das Essener Institut mit dem *Initiativkreis* und der Wirtschaftselite an Rhein und Ruhr ist, zeigen die Mandatsträger der letzten zwanzig Jahre. Vor Tönjes und Lange waren Klaus Engel und Reinhold Schulte die Moderatoren des *Initiativkreises*. Hans-Peter Keitel leitete den Zusammenschluss von 2002 bis

2004, ebenso wie der damalige Vorstandsvorsitzende des Kraftwerkebetreibers *STEAG*, Jochen Melchior, zugleich Aufsichtsrat der Bank, der gemeinsam mit Henner Puppel von 2000 bis 2002 angetreten war. Davor war es Friedhelm Gieske, der als Vorstandschef der *RWE* und stellvertretender Vorsitzender des Aufsichtsrats der *National-Bank* als Moderator von 1989 bis 1996 die Geschicke des *Initiativkreises* lenkte. Auch Friedrich P. Kötter, Verwaltungsrat der *Kötter Unternehmensgruppe* und seit 2018 Mitglied im Aufsichtsrat der Bank, engagiert sich in der Runde. Drei inhaltliche Schwerpunkte haben sich in der Arbeit des *Initiativkreises* herausgebildet: Wirtschaft, Bildung und Kultur. Im Bereich der Wirtschaft engagiert sich die *National-Bank* als Gesellschafterin des Gründerfonds Ruhr und ist hier neben *Thyssen-Krupp*, *Evonik*, *Innogy*, der *Signal Iduna Gruppe*, der *NRW. Bank* und der *RAG-Stiftung* ein wesentlicher Player. Der Fonds ist mit rund 40 Millionen Euro ausgestattet, um innovative Jungunternehmen und Start-ups zu beraten und finanziell zu unterstützen – von den Bereichen der Life-Sciences über Logistiklösungen bis zur Erforschung neuer Werkstoffe. Daneben gibt es die *Innovation City Management GmbH*, eine Gesellschaft zur ökologischen Quartierssanierung, deren Aufsichtsrat wiederum Markus Guthoff angehört. Im Bereich Bildung bündelt die *Stiftung TalentMetropole Ruhr gGmbH* zahlreiche Initiativen und unterstützt rund 50 000 junge Menschen. Die *Finanzakademie der National-Bank* gehört auch dazu. Und in der Kultur ist es das *Klavier-Festival Ruhr*, das die Funktion eines kulturellen Leitprojekts mit internationaler Strahlkraft hat. Jährlich zieht es über 50 000 Besucher in die Konzert- und Festspielhäuser der Region und ist damit das weltweit größte ausschließlich privat finanzierte Pianistentreffen. Eigene Auftragskompositionen sowie eine vielfache, unter anderem 2016 mit dem *ECHO Klassik* ausgezeichnete Bildungsarbeit für Kindergärten und Schulen runden das Programm ab. Beim *Klavier-Festival* ist die Bank seit Jahrzehnten der größte Sponsor der Mitgliedsunternehmen des *Initiativkreises*. Anlässlich ihres neunzigjährigen Gründungsjubiläums hatte das Institut mit anderen die Initiative ergriffen, das Festival in eine Stiftung zu überführen, und das Stiftungskapital zur Verfügung gestellt. Seit 2011 führt Thomas A. Lange den Stiftungsrat, dem unter anderen wiederum Hans-Peter Keitel und Bernd Tönjes angehören, während Henner Puppel als Ehrenvorsitzender des *Vereins der Freunde und Förderer des Klavier-Festivals Ruhr* fungiert. Führungskräfte und Mitarbeiter der Bank sind in Stiftungen, Vereinen und sonstigen Organisationen an Rhein und Ruhr, im Bergischen sowie im Münsterland ehrenamtlich tätig.

Kurz nach dem Beginn des Geschäftsjahrs, dessen Vollendung das einhundertjährige Gründungsjubiläum der *National-Bank* markiert, sah sich der Vorstand den Herausforderungen der Covid-19-Pandemie ausgesetzt. Während dem Klimawandel in den zurückliegenden Jahren ein hohes Maß an Aufmerksamkeit zuteilgeworden ist, sind epidemische Gefahren, so bekannt ihre Risiken auch seit Langem sind, in ihrer Relevanz sicherlich unterschätzt worden. Dieses Versäumnis ist umso bemerkenswerter, als die makroökonomischen und sozialen Folgen von Pandemien tiefe Spuren in der konjunkturellen Entwicklung ihrer Zeit hinterließen. Historisch lassen Analysen von Pandemien seit dem Mittelalter ein gleiches Grundmuster erkennen, nämlich einen Anstieg der Sparquote, einen Rückgang von Nachfrage und Investitionen und anschließend das Absinken des Realzinssatzes, stets begründet in der tiefen Verunsicherung der Bevölkerung und damit einhergehenden tiefgreifenden Verhaltensänderungen. Aktuelle Auswertungen der *Deutschen Bundesbank* bestätigen diese Entwicklung. Die Sparquote ist bereits deutlich gestiegen; bei der konjunkturellen Erholung dürfte es nicht wenige Unwägbarkeiten geben. Erste Indikatoren hierfür sind der Anstieg der Insolvenzen, die Zunahme der Arbeitslosigkeit sowie die starke Inanspruchnahme von Kurzarbeitergeld.

Um der Wirtschaftskrise keine Bankenkrise folgen zu lassen, erwarten die Aufsichtsbehörden offenkundig, dass Banken und Sparkassen auf die Zahlung von Dividenden ebenso verzichten wie auf Rückkäufe ihrer Aktien. Vorstand und Aufsichtsrat der *National-Bank* taten sich vor dem Hintergrund eines erfolgreichen Jahres 2019 schwer, dieser Erwartungshaltung zu folgen, zumal auch die Zahlen des ersten Halbjahres 2020 erfreulich waren und Zins- und Provisionsüberschuss über Plan und Vorjahr lagen. Der Dividendenvorschlag von 80 Cent je Aktie folgte der langjährigen Praxis. Dividenden- und Eigenkapitalrendite waren ebenso ansprechend wie Kapital und Liquidität. Dennoch warb Lange in einem Schreiben an die Aktionäre der Bank nach der am 29. Juni 2020 erstmals virtuell durchgeführten Hauptversammlung in Abstimmung mit Vorstand und Aufsichtsrat nach intensiven Beratungen dafür, der erwähnten aufsichtsrechtlichen «Erwartung» zu entsprechen. Eigentum sei ein hohes und verfassungsrechtlich geschütztes Gut, dessen Inhalt und Schranken durch die Gesetze bestimmt sei. Die wie auch immer formulierte Erwartung erfülle diese Anforderung hingegen nicht und stehe für sich betrachtet sogar «im rechtsfreien Raum». Vorstand und Aufsichtsrat hielten sie zudem für undifferenziert, weil sie unabhängig vom Geschäftsmodell, unabhängig vom geschäftlichen Erfolg und unabhängig von der Stabilität und Solidität einer Bank ausgesprochen worden war:

Kulturelles Engagement gehört dazu: Karl Lagerfeld und der Vorstandsvorsitzende der *National-Bank*, Dr. Thomas A. Lange, im Jahr 2014 bei der Eröffnung der Ausstellung «Karl Lagerfeld. Parallele Gegensätze. Fotografie – Buchkunst – Mode» im Essener Museum Folkwang. Die Ausstellung hatte Rekordbesucherzahlen. Zahlreiche Kulturveranstaltungen in der gesamten Region werden von der *National-Bank* unterstützt.

Die «kleine, aber feine» *National-Bank* sei eben «keine skandalgeschüttelte oder staatlich gestützte Großbank» und habe sich stets in einer Art und Weise entwickelt, die sie von anderen Instituten zum Teil sehr deutlich unterschieden habe. Obwohl man es sich nicht leicht gemacht habe, sei man letztlich zu dem Ergebnis gelangt, dass «in einer außergewöhnlichen Zeit» der Zusammenhalt der Gesellschaft in besonderer Weise gefordert sei: «Dabei haben wir berücksichtigt, dass Bund und Länder die Wirtschaft mit gigantischen Hilfsprogrammen unterstützt haben. Die Stundung von Steuerzahlungen, die Aussetzung der Insolvenzantragspflicht sowie die staatlich verbürgten Kredite kommen auch unseren Kunden zugute.» Lange gelang es, die Hauptversammlung von der Richtigkeit seines Weges zu überzeugen. 98,81 Prozent der Aktionäre stimmten für den Vorschlag und entlasteten Vorstand und Aufsichtsrat mit ähnlichen Zustimmungswerten. Trotz stabiler Kosten und einer unauffälligen Vorsorge für ausfallgefährdete Kredite warnte die *National-Bank* vor Selbstzufriedenheit angesichts der noch unübersehbaren Folgen von Covid-19. Die Risikostandards wurden verschärft, und die Risikoprämien sollen erhöht werden.

Wie wird sich die *National-Bank* zukünftig entwickeln? Historiker sind bekanntlich «rückwärtsgewandte Propheten» und besonders versiert, wenn es um die Analyse vergangener Entwicklungen geht. Prognosen für zukünftige Trends sind hingegen nicht ihre Sache. Dennoch vermittelt der lange Blick zurück auf die einhundertjährige Geschichte der Bank am Theaterplatz in Essen den gut zu begründenden Eindruck, dass dieses in vielerlei Hinsicht bemerkenswerte Finanzinstitut schon ganz andere Herausforderungen gemeistert hat.

Der Kassenraum der *National-Bank* heute.

Fazit

Die *National-Bank* hat in der deutschen Bankenlandschaft eine wohl einmalige Geschichte. Sie öffnete im Jahr 1921 ihre Schalter unter dem Namen *Deutsche Volksbank* als eine Bank der christlichen Gewerkschaften und agierte in der Weimarer Republik unter maßgeblicher Beteiligung von Adam Stegerwald als Bank für die «kleinen Leute» derjenigen Richtung der Gewerkschaftsbewegung und ihrer Institutionen, die sich in Abgrenzung zur sozialdemokratischen und kommunistischen Arbeiterschaft den christlichen Ideen verbunden fühlte.

Nach der Weltwirtschaftskrise und der «Machtergreifung» durch die Nationalsozialisten wurden die Gewerkschafter gewaltsam verdrängt und die Bank 1933 unter dem Namen *National-Bank* personell umgestaltet und agierte fortan als regionale Mittelstandsbank im «Dritten Reich». Nach den materiellen Zerstörungen des Kriegs und der «Entnazifizierung» des Personals begann in der Phase des «Wirtschaftswunders» eine weitere Phase der Bankgeschichte, in der die Bank bis heute als Institut regionalen Zuschnitts eine Facette der «Erfolgsgeschichte» der Bundesrepublik Deutschland repräsentiert.

Mit dem Beitritt des Koks- und des Brikettsyndikats zum Kohlensyndikat wurde Essen im Jahr 1903 zur Hauptstadt der Kohle. Eng mit dem stürmischen Aufbau von Industrie, Handel und Verwaltung verbunden war die Entstehung eines entsprechenden Bankwesens, das den steigenden Bedarf an kurzfristigen Krediten decken konnte. In Essen entwickelte sich an der Lindenallee gar ein eigenes Bankenviertel: Mit der *Essener Credit Anstalt*, der *Disconto-Gesellschaft* sowie der *Mitteldeutschen Creditbank* wurde Essen zu einem wichtigen Bankenstandort im Ruhrgebiet.

Dennoch hatte die Gründung der späteren *National-Bank* eine hiervon ganz unabhängige eigene Geschichte. Die in den christlich-nationalen Gewerkschaftsverbänden organisierten Arbeiter stellten einen nicht zu übersehenden Machtfaktor im Deutschen Kaiserreich und der Weimarer Republik dar. Trotz mancher Übereinstimmung in den sozialpolitischen Forderungen grenzten sie sich von den «freien» Gewerkschaften und den hinter ihr stehenden Sozialdemokraten und Kommunisten deutlich ab. Eine ihrer bekanntesten Persönlichkeiten war der Zentrumspolitiker Adam Stegerwald, der als Sohn eines Kleinbauern und als Schreinergeselle aus der katholischen Arbeiterbewegung hervorgegangen und bei Kriegsende 1918 einer der bedeutendsten Politiker Deutschlands geworden war und zwischenzeitlich auch preußischer Ministerpräsident wurde. Als katholischer Arbeiterführer stand er trotz mancher inhaltlichen Übereinstimmung in einem Konkurrenzverhältnis zur Sozialdemokratie, obwohl ihm vor dem Hintergrund der katholischen Soziallehre manche Aspekte der kapitalistischen Wirtschaftsordnung suspekt waren. Immer wieder fand sich in seinen Schriften und Reden der Hinweis auf das «spekulative Großkapital», das einer weiteren Emanzipation der Arbeiterschaft im Wege stehe.

Die spätere *National-Bank* entstand auf seine Initiative in der Frühzeit der Weimarer Republik. Das Institut verstand sich als ein «Sammelbecken für die Spar- und Kapitalkraft» der deutschen christlichen Arbeitnehmer. Neben den eigentlichen Gewerkschaftszielen sollte das Ersparte der Arbeiter in Eigenregie nutzbar gemacht werden – in deutlicher Abgrenzung von den traditionellen Privatbanken, aber auch den Sparkassen und Volks- bzw. Raiffeisenbanken.

Die Bank wurde am 24. Februar 1921 als *Vereinsbank für deutsche Arbeit AG* in Berlin gegründet, wenige Monate später in das dortige Handelsregister eingetragen, aber siedelte schon 1922 nach Essen um. Der Aufsichtsrat spiegelte ganz die christlich-gewerkschaftliche Struktur: Ihm gehörten Adam Stegerwald als Vorsitzender und der Reichstagsabgeordnete des Zentrums sowie der Essener Bergarbeiterführer und Verbandsvorsitzende Heinrich Imbusch als stellvertretender Vorsitzender an. Beteiligt waren der *Deutschnationale Handlungsgehilfen-Verband*, der *Gewerkverein christlicher Bergarbeiter Deutschlands*, der *Christliche Metallarbeiter-Verband*, der *Zentralverband christlicher Bauarbeiter Deutschlands*, der *Zentralverband christlicher Textilarbeiter Deutschlands*, der *Gesamtverband der christlichen Gewerkschaften Deutschlands*, der *Deutsche Gewerkschaftsbund*, der *Zentralverband christlicher Fabrik- und Transportarbeiter Deutschlands* sowie deren Vermögensverwaltungen, die jeweils Vertreter in den Aufsichtsrat der neuen Bank delegierten. Der dreiköpfige Vorstand wurde von «Bankbeamten» gebildet, die ebenfalls den christlichen Gewerkschaften nahestanden. Bis 1933 blieb das bald in *Deutsche Volksbank AG* umbenannte Institut die zentrale Verwaltungsbank der christlich orientierten Arbeitnehmerverbände.

Stegerwald hat den Zweck der *Deutschen Volksbank* damit beschrieben, bewusst alle «Sprunghaftigkeit» auszuschalten, ein Höchstmaß von Liquidität zu besitzen, um die Bautätigkeit gemeinnütziger Wohnungsgenossenschaften vor allem durch die Gewährung von Bauzwischenkrediten zu ermöglichen. Zudem sollte die Bank als zentrales Geldinstitut für die Gewerkschaftskassen und die von den Gewerkschaften geförderten Genossenschaften dienen.

Die Bank konnte zunächst trotz der unsicheren Verhältnisse der Inflations- und Hyperinflationszeit expandieren. Schon 1922 waren die Verhältnisse in den Essener Räumlichkeiten so beengt, dass nur noch von einem «Provisorium» gesprochen wurde. 1924 bezog die Bank ein eigenes Gebäude im Essener Bankenviertel (im III. Hagen 64). Das Institut unterhielt bald weitere Zweigniederlassungen in Berlin, Düsseldorf, Köln, Münster und Saarbrücken sowie über Spargeldannahmestellen – die zumeist nebenamtlich von Gewerkschaftsangestellten geleitet wurden – in über 200 weiteren deutschen Städten. Die Spareinlagen wuchsen von 3,4 Millionen Reichsmark im Jahr 1924 auf über 17 Millionen Reichsmark im Jahr 1931.

Nach dem Beginn der Weltwirtschaftskrise, die zugleich eine allgemeine Bankenkrise war, war 1930 für die *Deutsche Volksbank* ein Krisenjahr. Der starke Anstieg der Arbeitslosenziffern wirkte sich unmittelbar auf das Geschäftsvolumen und die Bilanzsumme aus. Sie verzeichnete das erste Mal in der Geschichte der Bank einen Rückgang. Konkurse und Vergleichsverfahren brachten die Bank in eine kaum noch haltbare Position. Neben hohen dubiosen Forderungen aus früheren Jahren ergaben sich in den Jahren 1930/31 selbst bei voll abgesicherten Neukrediten Verluste: Bei der Verwertung von dinglich gesicherten Objekten in Versteigerungsverfahren wurden mangels ausreichenden Vertrauens in die Wirtschaft kaum noch Gebote abgegeben, und wenn dies geschah, nur zu Preisen, die weit unter den Schätzwerten lagen. Ob Vorstand und Aufsichtsrat in dieser Situation immer ein adäquates Krisenmanagement betrieben haben, ist nicht sicher. Adam Stegerwald wurde offensichtlich über die drohende Zahlungsunfähigkeit der Bank seitens der Geschäftsleitung zunächst im Unklaren gelassen. Zweifellos wussten jedoch Vorstand und Aufsichtsrat seit spätestens Mitte 1931 um die prekäre Lage der Bank. Sie nutzten ihre Verbindungen zur Reichsregierung und zu Reichskanzler Heinrich Brüning und baten um eine umfassende Sanierungshilfe.

Für die geplante Sanierung wurden im Jahr 1931 Experten der Wirtschaftsprüfungsgesellschaft *Deutsche Baurevision* hinzugezogen. Nach Prüfung aller Kreditengagements kamen sie zu dem Ergebnis, dass von den rund 20 Millionen Reichsmark an Forderungen etwa 12 bis 15 Millionen als dubios und verloren angesehen werden mussten – ein geradezu verheerendes Ergebnis für die Bank, deren Zukunft auf dem Spiel stand. Unter einer Globalbürgschaft der christlichen Gewerkschaftsverbände kam ein Sanierungsplan zustande, der eine starke Kontrolle durch die *Deutsche Bau- und Bodenbank* bedingte, die als Treuhänderin bestimmt wurde. Im November 1931 wurde von den Verbänden, die hinter der *Deutschen Volksbank* standen, eine solidarische Ausfallbürgschaft in Höhe von bis zu 12 Millionen Reichsmark vereinbart. Die Sanierungen erwiesen sich als unzureichend; es muss auch nach heutigem Wissensstand als zweifelhaft gelten, ob die *Deutsche Volksbank* mit ihrem Geschäftsmodell hätte überleben können. Letztlich wird sich diese Frage jedoch nicht endgültig beantworten lassen, weil die nationalsozialistische «Machtergreifung» und die Zerschlagung der christlichen Gewerkschaften eine Fortführung des traditionellen Bankgeschäfts nicht erlaubte.

Die Umbenennung in *National-Bank AG* und die Neuausrichtung als Regionalbank erfolgte am 18. Dezember 1933 vor dem Hintergrund der gewaltsamen Ausschaltung der bisherigen Träger der Bank. Die christlichen Gewerkschafter waren sowohl als Christen wie auch als Gewerkschafter in gleich zweifachem Sinn Gegner der Nationalsozialisten: Der bisherige Vorstand und Aufsichtsrat um die christlichen Gewerkschafter wurde entlassen und die Bankgremien fast vollständig neu besetzt.

In diesem Zusammenhang wurde die ehemalige *Deutsche Volksbank* auch finanziell neu aufgestellt. Von den nach wie vor nominell 2 Millionen RM Aktienkapital übernahm die nationalsozialistische *Deutsche Arbeitsfront* (DAF) einen Großteil des Aktienkapitals. Im Poker um die Zukunft der *National-Bank* waren nach der «Machtergreifung» im Mai 1933 vor allem der Essener Gauleiter Josef Terboven und der Leiter der Essener *National-Zeitung*, Dr. Wolfgang Müller-Clemm, die entscheidenden Protagonisten. Über den Weg einer stillen Emission wurde die regionale Wirtschaft erfolgreich für eine Beteiligung angeworben. Zwischen Gauleitung und Unternehmen wurde zugleich eine Linie festgelegt, auf der das nunmehr neu positionierte Bankinstitut im Dienst des «Allgemeinwohls» arbeiten sollte. Neben dem neuen Vorstandsmitglied Hermann van Ackeren spiegelte der Aufsichtsrat diese Neuausrichtung: Ihm gehörten unter anderem Dr.-Ing. e.h. Eugen Vögler *(Hochtief AG)*, Dr. Wolfgang Müller-Clemm *(National-Zeitung)*, Dr.

Walter Pelletier *(Nürnberger Bund)*, Werner Boltz *(DAF)*, Dr. Adolf Friedrichs *(Deutsche Bau- und Bodenbank)*, Dr. Carl Rosenhauer *(Bank der Deutschen Arbeit)* und Dr. Fritz Thyssen *(Vereinigte Stahlwerke)* an.

Im Zusammenhang der Neuausrichtung wurden sukzessive die bestehenden Bankfilialen im Reich aufgegeben. Im ersten Geschäftsbericht der unter dem neuen Namen firmierenden Bank hieß es, man sei «eine Bank mit ausgeprägtem regionalen Charakter, erfüllt von nationalsozialistischem Geist tätiger Volksverbundenheit», die es sich zum Ziel gesetzt habe, «dem berechtigten Bedürfnis des kreditsuchenden Mittelstandes zu dienen.» In der Praxis zeigte sich jedoch ein ausgesprochen unauffälliges Bankgebaren. Die unzureichende Größe des Bankinstituts ließ eine aggressive Indienstnahme im nationalsozialistischen Sinn, etwa im Ausland, kaum zu.

Allerdings zeigte die Bank 1937/38 ein großes Interesse, das 1841 in Essen gegründete und in jüdischem Besitz befindliche Essener Bankhaus *Simon Hirschland* zu erwerben, das schon geraume Zeit ins Fadenkreuz der Essener NS-Gauleitung unter Gauleiter Josef Terboven geraten war und von der Gestapo als «Mittelpunkt der jüdischen Finanzherrschaft im Ruhrgebiet» bezeichnet wurde. Die *National-Bank* kam jedoch beim Erwerb nicht im gewünschten Ausmaß zum Zug: Die Verhandlungen zur «Übergabe» der Bank erfolgten zwischen Georg Hirschland, der *Reichsbank* und dem Reichskommissar für das Kreditwesen sowie der *Deutschen Bank*, die eine vergleichsweise «freundliche» Übernahme vereinbarten. Die *National-Bank* glaubte zwar, sich Hoffnung auf eine weitgehende Beteiligung machen zu können, verfügte aber in diesen Verhandlungen, die wesentlich von der *Deutschen Bank* bestimmt wurden, über eine zu geringe Macht, um wirklich im gewünschten Maß zum Zuge zu kommen. Sie beteiligte sich Ende 1938 mit 1 Million Reichsmark an dem in Form einer Kommanditgesellschaft neu gegründeten Bankhaus *Burkhardt & Co.* als Nachfolgeinstitut des Bankhauses *Simon Hirschland*, das in Liquidation trat. 1955 wurde die Beteiligung am Bankhaus *Burkhardt & Co.* aufgegeben.

Die Jahre im «Dritten Reich» waren für die *National-Bank* in finanzieller Hinsicht durch einen soliden Aufbau nach dem Ende der Weltwirtschaftskrise und den bereits vor 1933 sich andeutenden Aufschwung gekennzeichnet. Ein Blick auf die Liste der Kreditnehmer ist ebenfalls aufschlussreich: Zu fast zwei Fünfteln wurden Kredite für Baugeschäfte und Bauzwischenkredite gewährt, gefolgt von Krediten für Einzelhandel, Großhandel, schließlich in nicht unerheblichem Maße für Schreiner, Zimmerer, Klempner, Schlosser und Dachdecker.

Das Gesamtgeschäft im «Dritten Reich» erfolgte mit einer vergleichsweise kleinen Belegschaft: 1938 beschäftigte die *National-Bank* 41 «Gefolgschaftsmitglieder». Eine Erhöhung des Grundkapitals im Jahr 1941 diente vornehmlich der Geldbeschaffung für eine Fusion mit einer anderen Mittelstandsbank: Durch Beschluss der beiden Hauptversammlungen im Dezember 1942 wurde die *Duisburger Bankverein AG* auf dem Weg der Verschmelzung übernommen – ein Zeichen für die Ausweitung des Geschäftsverkehrs der Regionalbank in die Nachbarstädte. Im Gebiet von Duisburg verfügte die *National-Bank* damit über zusätzliche Filialen im Stadtzentrum, in Meiderich, Wanheimerort und Wedau. Im Jahr 1943 wurde zudem die mehrheitliche Übernahme der *Niederrheinschen Bank AG* in Wesel beschlossen. Die moderate Expansion in den Jahren des Zweiten Weltkrieges stand jedoch bald im Schatten der drohenden Niederlage. Am 7. März 1943 wurde das Hauptgebäude der *National-Bank* in Essen bei einem Großangriff total zerstört; ein improvisierter Geschäftsbetrieb wurde jedoch noch bis Kriegsende aufrechterhalten.

In vielerlei Hinsicht war die Geschichte der *National-Bank* nach Kriegsende eine Geschichte des Neubeginns. Zahlreiche Aufsichtsratsmitglieder, die offenkundig mit dem Nationalsozialismus kollaboriert hatten und zu einem beachtlichen Teil erst von den Nationalsozialisten eingesetzt worden waren, wurde nicht wieder eingestellt; auch von einem der Vorstandsmitglieder, dem 1933 zur *National-Bank* gewechselten Hermann von Ackeren, trennte sich die Bank. Erst in letzter Minute gelang es der *National-Bank*, die Genehmigung der britischen Militärregierung zur Fortführung ihrer Geschäfte zu erreichen. Noch über mehrere Jahre hinweg musste der neue Vorstand freilich mit den Rechtsnachfolgern der christlichen Gewerkschaften um eine angemessene Entschädigung verhandeln. Die Gespräche wurden dadurch erschwert, dass unterschiedliche Ansichten über die Frage bestanden, ob die *Deutsche Volksbank* im Jahr 1933 einer Liquidation hätte entgehen können, wenn nicht die regionalen NS-Größen eingegriffen hätten.

Nach dem Krieg befand sich das Bankgeschäft zunächst in gemieteten Erdgeschoss- und Kellerräumen der *Dresdner Bank*. 1952 wurde in Essen ein Neubau am Theaterplatz 8 bezogen, der als Hauptsitz in den folgenden Jahrzehnten mehrfach erweitert und umgebaut wurde.

Die frühen Jahre des Neuanfangs unter den Vorstandsmitgliedern Dr. Willy Wohlrabe und Dr. Fritz Dertmann waren geprägt von einem kontinuierlichen Aufschwung im Zeichen des «Wirtschaftswunders», in der auch das für die *National-Bank* bisher unbekannte Autofinanzierungsgeschäft zu einem bedeutenden Geschäftszweig ausgebaut wurde.

Nach der 1957 erfolgten Integration der *Oberhausener Bank AG* waren die folgenden Jahre durch einen wahren Boom von Geschäftszweigstellen-Eröffnungen geprägt: 1957 Essen-Borbeck, 1958 Duisburg, 1960 Oberhausen-Sterkrade, 1961 Essen-Rüttenscheid. In diesem Jahr überstieg die Zahl der Beschäftigten des Gesamtinstituts 300, ohne dass sich ein Ende der weitgehend ungebrochenen Expansion abzeichnete: 1964 wurde die Zweigstelle Essen-Holsterhausen eröffnet, 1965 Essen-Katernberg, 1966 Essen-Frohnhausen, 1966 Osterfeld, 1967 Mülheim an der Ruhr, 1968 folgte Velbert, 1969 Gladbeck, 1970 Essen-Ost, Essen-Huttrop, Essen-Steele und Essen-Werden, 1971 Essen-Altenessen und Essen-Kray, 1976 Hattingen, 1977 Essen-Bredeney, 1978 Bochum-Wattenscheid. Nachdem die Ölkrise des Jahres 1973 und die damit einhergehende wirtschaftliche Stagnation das Bankgeschäft erstaunlich wenig beeinflusst hatten, bedeuteten erst die 1980er Jahre ein vorläufiges Ende der Zeit des stürmischen Aus- und Aufbaus. Nur noch wenige zusätzliche Filialen wurden eröffnet: 1983 Stoppenberg, 1995 Recklinghausen, 1996 Bochum, 1999 Dortmund, 2005 Düsseldorf, 2008 Wuppertal und schließlich 2011 Münster.

Die Festigung und Konsolidierung in einer Phase einer relativ sorgenfreien Entwicklung war vor allem der Strategie zu verdanken, sich weiterhin auf den Status einer Regionalbank mit einem überschaubaren Radius zu beschränken und nicht der Versuchung zu erliegen, die vergleichsweise gute ökonomische Gesamtsituation zu einer nationalen oder gar internationalen Expansion zu nutzen – Verlockungen, denen andere Regionalbanken an Rhein und Ruhr nicht widerstanden. Diese mussten später aufgrund ihrer finanziellen Überbürdung zum Teil von anderen Bankinstituten übernommen werden. Die Wiedervereinigung 1990 und die Einführung des Euro hatten auf das Kerngeschäft, das durch solides Wachstum geprägt war, ebenso wenig Einfluss wie die Veränderung der Bankenlandschaft im neuen Jahrtausend. Die spezifische Entwicklung der *National-Bank* im Kontext der Entwicklung Essens, des Finanzplatzes Ruhrgebiet und Deutschlands blieb durch Kontinuität geprägt. Zwar veräußerte im Jahr 2000 die *Deutsche Industriebank AG* ihre mehr als 60 Jahre gehaltene Beteiligung an der *National-Bank* von etwas mehr als einem Viertel an die Dortmunder *Signal Iduna Gruppe*, ohne dass dadurch die Ausrichtung als regional tätige Universalbank geändert wurde. Die Finanzkrise der Jahre 2007/2008 hat der Bank zwar keine wesentlichen Einbußen gebracht, aber der neue Vorstand unter Dr. Thomas A. Lange beschloss, die Bank konsequent zu modernisieren und auf die neuen veränderten Anforderungen einzustellen. Die damit verbundenen strategischen sowie operativen Entscheidungen haben dazu geführt, zentrale Steuerungsfunktionen von operativen Vertriebsaufgaben zu trennen. Als Folge dessen verfügt die Bank nunmehr sowohl über eine Zentrale als auch eine Niederlassung in Essen. In der neuen Niederlassung wird inzwischen die gesamte Betreuung aller Essener Firmenkunden konzentriert. Daneben wurde ein Kompetenzzentrum für wirtschaftlich Selbstständige in Essen-Bredeney eingerichtet und das Geschäft mit vermögenden Privatkunden neu ausgerichtet. Damit verbunden war der Aufbau eines Wealth Management, die Errichtung eines Family Office sowie der Ausbau des Private Banking. Um sich als ein führender Mittelstandsfinanzierer in Nordrhein-Westfalen weiter zu etablieren, wurde die Zinsabhängigkeit der *National-Bank* verringert und auf die provisionstragenden Geschäfte größerer Wert gelegt.

In der Geschäftsstrategie ist festgelegt, bewusst auf Innovatorengewinne zu verzichten, aber die Entwicklung der FinTechs genau zu beobachten. Der Gefahr, ihren Kunden in Kooperation mit Dritten innovative elektronische Angebote zu unterbreiten, die sich später als nicht erfolgreich erwiesen, erlag die Bank nicht. Das persönliche Gespräch, die persönliche Beratung und ein entsprechender Service sollen selbst in turbulenten Zeiten mit auf null Prozent abgesenkten Zinsen und Herausforderungen wie der Covid-19-Pandemie die Vorteile einer regional tätigen Bank mit einem guten Beziehungsmanagement verbinden. Soziales, kulturelles und gesellschaftliches Engagement über einen eigenen Stiftungsfonds als auch über die *Ruhrstiftung für Bildung und Erziehung* gehören ebenso dazu wie die Mitarbeit im einflussreichen *Initiativkreis Ruhr*, dem weltweit größten regionalen Wirtschaftsbündnis.

Nachwort

Die *National-Bank* ließ vor zehn Jahren ihre Geschichte das erste Mal wissenschaftlich untersuchen. Bis dahin war über die Entstehung und die Vergangenheit dieses 1921 gegründeten Instituts recht wenig bekannt. Die 2011 erschienene und bald darauf in einer 2. Auflage gedruckte Studie ließ erkennen, welch faszinierende und facettenreiche Historie hinter dem Bankhaus steht, deren Zentrale seit vielen Jahrzehnten am Essener Theaterplatz beheimatet ist.

Bereits für die neunzigjährige Geschichte der *National-Bank*, die auf Aktenbasis und ergänzt durch Zeitzeugengespräche verfasst wurde, hatte der Vorstand unter Dr. Thomas A. Lange das Bank-Archiv uneingeschränkt geöffnet und zugesichert, die wissenschaftlichen Ergebnisse der Arbeit ohne inhaltliche oder redaktionelle Eingriffe zu veröffentlichen: Dies ist für jeden Historiker unabdingbar, der sich mit Institutionen oder Unternehmen beschäftigt, die bereits in den Jahren des «Dritten Reiches» aktiv waren. Es kann schließlich durchaus sein, dass der Forscher zu Ergebnissen kommt, die dem Image nicht unbedingt entsprechen. Dies gilt auch für das vorliegende Werk, das keine reine Neuauflage der Geschichte zum 90-jährigen Bestehen der *National-Bank* sein soll. Es erscheint vielmehr als eigenständiges Buch, das die bisherigen Erkenntnisse der Forschung nicht zuletzt mit den Ergebnissen der im Jahr 2018 vorgelegten Studie zum *Bank- und Börsenplatz Essen* verweben soll.

Eine große Hilfe bei der Auswertung zahlreicher Archivalien und des Bildmaterials war Herr Axel Kantelberg, der als langjähriger Bank-Mitarbeiter ein ausgezeichneter Kenner der Materie ist und mir zahlreiche wertvolle Hinweise gab. Bei der wissenschaftlichen Redaktion des Manuskripts war Patrick Bormann, mit dem gemeinsam ich das Werk zum *Bank-*

und Börsenplatz Essen geschrieben hatte, eine unersetzliche Hilfe. Frau Julia Henke B. A. und Pauline Lantermann als wissenschaftlichen und studentischen Mitarbeiterinnen bin ich zu Dank verpflichtet, weil sie Rechercheaufträge erledigt und sich um die Vorbereitung des Manuskripts gekümmert haben. Beim C. H. Beck Verlag war Herr Dr. Sebastian Ullrich ein wichtiger Gesprächspartner und Frau Dr. Angelika Königseder eine wie immer höchst professionell arbeitende Lektorin. Beim Verlag in München sind auch Frau Rosemarie Mayr M. A. und Carola Samlowsky M. A. daran beteiligt, dass aus dem Manuskript ein Buch geworden ist, das die Lektüre der spannenden Geschichte eines ungewöhnlichen Bankhauses ermöglicht.

Joachim Scholtyseck

Anhang

Anmerkungen

Einleitung

1 Joachim Scholtyseck, Die Geschichte der National-Bank 1921 bis 2011, Stuttgart ^{2}2011.

2 Patrick Bormann/Joachim Scholtyseck, Der Bank- und Börsenplatz Essen. Von den Anfängen bis zur Gegenwart, München 2018.

3 Peter Graf Kielmansegg, Lange Schatten. Vom Umgang der Deutschen mit der nationalsozialistischen Vergangenheit, Berlin 1989, S. 95.

4 Sebastian Brünger, Geschichte und Gewinn. Der Umgang deutscher Konzerne mit ihrer NS-Vergangenheit, Göttingen 2017, S. 21 und 54 f.; Jonathan Wiesen, West German Industry and the Challenge of the Nazi Past, 1945–1955, Chapel Hill u. a. 2001, S. 28–41; ders., Public Relations as a Site of Memory. The Case of West German Industry and National Socialism, in: Alan Confino/Peter Fritzsche (Hrsg.), The Work of Memory. New Directions in the Study of German Society and Culture, Urbana 2002, S. 196–213; ders., Overcoming Nazism. Big Business, Public Relations, and the Politics of Memory 1945–1950, in: Central European History 29 (1996), S. 201–226; Kim C. Priemel, Gekaufte Geschichte. Der «Freundeskreis Albert Vögler», Gert von Klaas und die Entwicklung der historischen Unternehmensforschung nach 1945, in: Zeitschrift für Unternehmensgeschichte 52 (2007), S. 177–202; Manfred Rasch, Von Festschrift und Hagiographie zur theorie- und methodengeleiteten Darstellung? Unternehmens- und Unternehmergeschichtsschreibung zur Stahlindustrie im Ruhrgebiet in den letzten hundert Jahren, in: Ferrum. Nachrichten aus der Eisenbibliothek 74 (2002), S. 15–48.

5 Dieter Ziegler, Erosion der Kaufmannsmoral. «Arisierung», Raub und Expansion, in: Norbert Frei/Tim Schanetzky (Hrsg.), Unternehmen im Nationalsozialismus. Zur Historisierung einer Forschungskonjunktur, Göttingen 2010, S. 156–168, hier S. 156.

6 Vgl. Lothar Gall u. a., Die Deutsche Bank 1870–1995. 125 Jahre deutsche Wirtschafts- und Finanzgeschichte, München 1995.

7 Werner Plumpe, Unternehmensgeschichte im 19. und 20. Jahrhundert, Berlin/Boston 2018, S. 111.

8 Gabriele Jachmich, Archive der deutschen Kreditwirtschaft. Ein Verzeichnis, hrsg. im Auftrag des Instituts für bankhistorische Forschung e. V., Stuttgart 1998, S. 107.
9 Vgl. das in mehreren Versionen vorhandene Manuskript von Karl Richter, «NB-Chronik» (1976), Archiv der Nationalbank. Vgl. ders. an Dertmann (Juni 1978), Archiv der National-Bank.
10 Karl-Heinz Nellessen, «Geschichte und Entwicklung der National-Bank AG», in: Aktenordner Chroniken (1996), Archiv der National-Bank.
11 Vgl. Maximilian Dilling, «Allgemein interessierende Erinnerungen aus meiner Dienstzeit bei der National-Bank», in: Aktenordner Chroniken (1994), Archiv der National-Bank.

Eine Bank der christlichen Gewerkschaften: 1921 bis 1933

1 Vgl. Hans-Werner Wehling, 1896 – Essen wird Großstadt, in: Ulrich Borsdorf/Heinrich Theodor Grütter/Oliver Scheytt (Hrsg.), Gründerjahre. 1150 Jahre Stift und Stadt Essen, Essen 2005, S. 89–111, hier S. 92. Zu Krupp vgl. auch die Beiträge in Lothar Gall (Hrsg.), Krupp im 20. Jahrhundert. Die Geschichte des Unternehmens vom Ersten Weltkrieg bis zur Gründung der Stiftung, Berlin 2002.
2 Wehling, 1896 – Essen wird Großstadt, S. 98.
3 Ebd.
4 Ebd., S. 100.
5 Ebd., S. 102.
6 Vgl. Michael Zimmermann u. a. (Hrsg.), Die Erfindung des Ruhrgebiets. Arbeit und Alltag um 1900. Katalog zur sozialhistorischen Dauerausstellung, Ruhrlandmuseum Essen, Essen/Bottrop 2000.
7 Bormann/Scholtyseck, Der Bank- und Börsenplatz Essen, bes. S. 55–147.
8 Jürgen Reulecke, Metropolis Ruhr?, in: Die alte Stadt 8 (1981), Heft 1, S. 15.
9 Bormann/Scholtyseck, Der Bank- und Börsenplatz Essen, bes. S. 149–165.
10 Vgl. Hans Comprix, Die Arbeitnehmerbanken. Ihre Entwicklung und Bedeutung in wirtschaftlicher und sozialer Hinsicht, Halberstadt 1929, S. 2. Vgl. zum folgenden Abschnitt ebd., S. 7–13.
11 Bernd Hoffmann, Zur Geschichte der europäischen Arbeitnehmerbanken. Eine sozial-historische Untersuchung, Köln 1931, S. 33.
12 Vgl. Rolf Wilhelm Nagel, Die Transformation der Bank für Gemeinwirtschaft (BfG) als morphologisch-typologisches Problem. Die Entstehung und Entwicklung eines Kreditinstituts, Berlin 1992, S. 107.
13 Comprix, Die Arbeitnehmerbanken, S. 12.
14 Zitiert nach Michael Schneider, Die Christlichen Gewerkschaften 1894–1933, Bonn 1982, S. 378 und 144.
15 Iris Hamel, Völkischer Verband und nationale Gewerkschaft. Der Deutschnationale Handlungsgehilfen-Verband 1893–1933, Frankfurt am Main 1967, S. 181–191.
16 Vgl. Jörn Retterath, «Was ist das Volk?» Volks-und Gemeinschaftskonzepte der politischen Mitte in Deutschland 1917–1924, Göttingen 2016, bes. S. 309–311.
17 Schneider, Die Christlichen Gewerkschaften, S. 54.

18 Ebd., S. 9.
19 Rudolf Morsey, Adam Stegerwald – Größe und Grenze des christlichen Arbeiterführers und Sozialpolitikers (1874–1945), in: Vierteljahresschrift für Sozialrecht 3 (1975), S. 155–170, hier S. 157.
20 Vgl. Helmut Schorr, Adam Stegerwald, in: Konrad-Adenauer-Stiftung (Hrsg.), Christliche Demokraten der ersten Stunde, Bonn 1966, S. 363–382; vgl. Hans Neugebauer (Hrsg.), Adam Stegerwald – Leben, Werk und Erbe, Würzburg 1995; grundsätzlich Bernhard Forster, Adam Stegerwald (1874–1945). Christlich-nationaler Gewerkschafter, Zentrumspolitiker, Mitbegründer der Unionsparteien, Düsseldorf 2003. Aus der älteren Literatur Ludwig Altenhöfer, Stegerwald. Ein Leben für den kleinen Mann, Bad Kissingen 1965.
21 Adam Stegerwald, Aus meinem Leben, Berlin-Wilmersdorf 1924, S. 19 f.
22 Zitiert nach Schneider, Die Christlichen Gewerkschaften, S. 228.
23 Morsey, Adam Stegerwald, S. 159.
24 Schneider, Die Christlichen Gewerkschaften, S. 208 f.
25 Vgl. etwa Adolf Weber, Über die berufsständische Idee in Deutschland, in: Jahrbücher für Nationalökonomie und Statistik 143 (1935), S. 129–162.
26 Zitiert nach Schneider, Die Christlichen Gewerkschaften, S. 393.
27 Stegerwald, Aus meinem Leben, S. 13 f.
28 Vgl. Helga Grebing, Zentrum und katholische Arbeiterschaft 1918–1933. Ein Beitrag zur Geschichte des Zentrums in der Weimarer Republik, Diss., Berlin 1953, S. 31 f.
29 Stegerwald, Aus meinem Leben, S. 191 f.
30 Ebd., S. 222.
31 Adam Stegerwald, Sittliche Kraft oder rohe Gewalt? Mahnruf der christlich-nationalen Arbeiterschaft an das deutsche Volk, Vortrag (gehalten auf der Kundgebung der christlichen Gewerkschaften zu Dortmund am 25. April 1920), Köln 1920, S. 25.
32 Stegerwald, Aus meinen Leben, S. 18.
33 Adam Stegerwald, in: «Der Deutsche» vom 22. Januar 1922, zitiert nach Herbert Gottwald, Gesamtverband der christlichen Gewerkschaften Deutschlands (GCD) 1901–1933, in: Dieter Fricke u. a. (Hrsg.), Lexikon zur Parteiengeschichte. Die bürgerlichen und kleinbürgerlichen Parteien und Verbände in Deutschland 1789–1945 (Band 2), Leipzig/Köln 1984, S. 729–768, hier S. 748.
34 Adam Stegerwald, 25 Jahre christliche Gewerkschaftsbewegung, in: 25 Jahre christliche Gewerkschaftsbewegung 1899–1924. Festschrift, Berlin-Wilmersdorf 1924, S. 5–41, hier S. 24.
35 Paul Bröcker, Her mit dem Kapital, in: «Der Deutsche» vom 14. Dezember 1921.
36 Vgl. Ernst Beckmann, Die Gewerkschaftsbanken, Münster 1927, S. 65 und 69.
37 Achim von Loesch, Die deutschen Arbeitnehmerbanken in den zwanziger Jahren, Frankfurt am Main/Köln 1974, S. 27.
38 Vgl. Beckmann, Die Gewerkschaftsbanken, S. 65.
39 Der entsprechende Betrag bei den «freien» Gewerkschaften machte rund 26,2 Millionen Mark bei einem Gesamtvermögen von 52,5 Millionen Mark aus. Vgl. Comprix, Die Arbeitnehmerbanken, S. 42 f.
40 Ebd., S. 12.
41 Ebd., S. 15 und 23–25.

42 Zitiert nach Schneider, Die Christlichen Gewerkschaften, S. 378.
43 Peter Schlack, Eine Genossenschaftsbank für Arbeiter, Beamte und Angestellte, in: Deutsche Arbeit. Monatsschrift für die Bestrebungen der christlich-nationalen Arbeiterschaft 2 (1918), S. 61–64, hier S. 61 f.
44 Ebd., S. 63.
45 Adam Stegerwald, Deutsche Volksbank Aktien-Gesellschaft, in: Deutsche Arbeit. Monatsschrift für die Bestrebungen der christlich-nationalen Arbeiterschaft 2 (1918), S. 61–64, hier S. 61 f.
46 Altenhöfer, Stegerwald, S. 82.
47 Adam Stegerwald, Niederschrift der Verhandlungen des 10. Kongresses der christlichen Gewerkschaften Deutschlands in Essen, Berlin 1921, zitiert nach Comprix, Die Arbeitnehmerbanken, S. 15.
48 Vgl. Comprix, Die Arbeitnehmerbanken, S. 46.
49 Programmatischer Beschluß der Kölner Tagung der christlichen Gewerkschaften 1924, in: Der deutsche Metallarbeiter 40, vom 2. Oktober 1926, zitiert nach Comprix, Die Arbeitnehmerbanken, S. 46.
50 Ebd.
51 Vgl. Nagel, Die Transformation der Bank für Gemeinwirtschaft (BfG), S. 112; vgl. Comprix, Die Arbeitnehmerbanken, S. 44 f.
52 Ebd., S. 38.
53 Stegerwald, Aus meinem Leben, S. 17.
54 Ebd.
55 Klaus Wisotzky, Die Jahre der Gewalt – Essen 1914 bis 1945, in: Hermann Burghard/Ulrich Borsdorf (Hrsg.), Essen – Geschichte einer Stadt, Essen/Bottrop 2002, S. 368–467, hier S. 378.
56 Ebd., S. 379.
57 Morsey, Adam Stegerwald, S. 161.
58 Vgl. hierzu Rudolf Morsey, Die Deutsche Zentrumspartei, in: Erich Matthias/Rudolf Morsey, Das Ende der Parteien 1933, Düsseldorf 1960, S. 281–453, hier S. 369–372; vgl. ders., Adam Stegerwald, in: ders. (Hrsg.), Zeitgeschichte in Lebensbildern, Band 1, Mainz 1973, S. 206–219, hier S. 211. Zu den Fragen des programmatischen Anteils Stegerwalds am «Essener Programm» vgl. auch Per Oliver Volkmann, Heinrich Brüning (1885–1970). Nationalist ohne Heimat, Düsseldorf 2007, S. 62 f.
59 Adam Stegerwald, Deutsche Lebensfragen, in: Niederschrift der Verhandlungen des 10. Kongresses am 21. November 1920 in Essen, Berlin 1921, S. 182–211.
60 Vgl. Ivan T. Berend, Markt und Wirtschaft. Ökonomische Ordnungen und wirtschaftliche Entwicklung in Europa seit dem 18. Jahrhundert, Göttingen 2007.
61 Volkmann, Heinrich Brüning, S. 68.
62 Vgl. hierzu grundsätzlich Hans-Joachim Bieber, Bürgertum in der Revolution. Bürgerräte und Bürgerstreiks 1819–1920, Hamburg 1992.
63 Stegerwald, Aus meinem Leben, S. 20.
64 Stegerwald, Deutsche Volksbank Aktien-Gesellschaft, S. 345 f.
65 Adam Stegerwald, Zusammenbruch und Wiederaufbau, Berlin 1922, S. 36.
66 Vgl. Forster, Adam Stegerwald, S. 286, und Volkmann, Heinrich Brüning (1885–1970), S. 46 f.

67 Vgl. Josef Becker, «Der Deutsche» und die Regierungsbildung des 30. Januar 1933, in: Publizistik 6 (1961), S. 195–292, hier S. 195. Vgl. auch Rudolf Morsey, Zur Gründung der Tageszeitung «Der Deutsche» (1921), in: Publizistik 17 (1972), S. 351–358.

68 Vgl. Handbuch der Deutschen Aktiengesellschaften 1922/1923 (Band 1), Berlin/ Leipzig 1923, S. 56.

69 Peter Weber, Adam Stegerwald, Berlin 1932, S. 68.

70 Zitiert nach Schneider, Die Christlichen Gewerkschaften, S. 456.

71 Vgl. Stegerwald, Deutsche Volksbank Aktien-Gesellschaft, S. 345.

72 Vgl. Forster, Adam Stegerwald, S. 287. Vgl. auch die Artikel Vereinbank für deutsche Arbeit AG, in: ZBL vom 14. März 1921; Die Bankbegründung der christlichen Arbeiterbewegung, in: ZBL vom 4. April 1921. Daneben Hartmut Roder, Der christlich-nationale Deutsche Gewerkschaftsbund (DGB) im politisch-ökonomischen Kräftefeld der Weimarer Republik. Ein Beitrag zur Funktion und Praxis der bürgerlichen Arbeitnehmerbewegung vom Kaiserreich bis zur faschistischen Diktatur, Frankfurt am Main/Bern/New York 1986, S. 284 f.

73 Forster, Adam Stegerwald, S. 321; vgl. Stegerwald, Zusammenbruch und Wiederaufbau, S. 31 f.; vgl. Heinrich Brüning, Memoiren 1918–1934, Stuttgart 1970, S. 82 f.

74 Vgl. Hans Pohl, Sparkassen und Kreditgenossenschaften. Feindliche Schwestern oder erfolgreiche Wettbewerber?, in: Markus A. Denzel/Margarete Wagner-Braun (Hrsg.), Wirtschaftlicher und sportlicher Wettbewerb. Festschrift für Rainer Gömmel zum 65. Geburtstag, Stuttgart 2009, S. 184–194, bes. S. 185–187.

75 Werner Lindemann, Die Krise in der Beamtengeldwirtschaft, in: Bankwissenschaft 6 (1929/1930), S. 763–774, hier S. 763.

76 Vgl. Beckmann, Die Gewerkschaftsbanken, S. 65 f.

77 Vgl. zur Verteilung der Aktien den «Vorschlag für die Gestaltung der Deutschen Volksbank, sofern das Reichsfinanzministerium zum gegenwärtigen Sanierungsplan seine Zustimmung gibt» (ohne Datum, Mitte 1933), Archiv der National-Bank.

78 Vgl. Anlage 3 zum «Protokoll über die ordentliche Generalversammlung der Deutschen Volksbank Aktiengesellschaft Essen vom 18. Dezember 1933», Archiv der National-Bank.

79 Deutschnationaler Handlungsgehilfen-Verband, «Einladung zur Zeichnung auf die neuen Aktien der Deutschen Volksbank AG Essen» (1922), Archiv der National-Bank.

80 Comprix, Die Arbeitnehmerbanken, S. 5.

81 Vgl. Michael Schäfer, Heinrich Imbusch, in: Zeitgeschichte in Lebensbildern 8 (1997), S. 57–76, bes. S. 60 f.; vgl. ders., Heinrich Imbusch, Christlicher Gewerkschaftsführer und Widerstandskämpfer, München 1990.

82 Vgl. Schneider, Heinrich Imbusch, S. 83–92.

83 Vgl. ebd., S. 178–192.

84 Ebd., S. 180.

85 Hans Spethmann, Die Ruhrstadt und die Ruhrstädter, in: Die Heimat (Oktober 1926), zitiert nach Dirk van Laak, Land der Städte. Städtestadt. Literatur über das Phänomen Ruhrgebiet (Schriften der Stiftung Bibliothek des Ruhrgebiets, Heft 29), Bochum 2009, S. 24.

86 Vgl. Westdeutschland Wirtschaftsprüfungs-AG Essen, «Sonderbericht über die

Entwicklung und die rechtlichen und wirtschaftlichen Grundlagen nach dem Stand vom 20. Juni 1948», Archiv der National-Bank.

87 «Bericht über das Geschäftsjahr 1922», Archiv der National-Bank.

88 Ebd.

89 Richter, «NB-Chronik», Archiv der National-Bank, S. 68.

90 General-Anzeiger Dortmund vom 18. Dezember 1932.

91 Vgl. Georg Wieber, Der Duisburger Ehrenbürger Franz Wieber, in: Duisburger Forschungen 14 (1970), S. 137–152.

92 Schneider, Die Christlichen Gewerkschaften, S. 52.

93 Ein Foto findet sich in Stadtbauamt Duisburg (Hrsg.), Deutschlands Städtebau. Duisburg, Berlin-Halensee 1928, S. 139.

94 Vgl. Comprix, Die Arbeitnehmerbanken, S. 47 f.

95 Ebd., S. 85.

96 Vgl. Klaus Novy/Michael Prinz, Illustrierte Geschichte der Gemeinwirtschaft. Wirtschaftliche Selbsthilfe in der Arbeiterbewegung von den Anfängen bis 1945, Berlin/Bonn 1985, S. 80.

97 Vgl. Deutschnationaler Handlungsgehilfen-Verband, «Einladung zur Zeichnung auf die neuen Aktien der Deutschen Volksbank AG Essen» (1922), Archiv der National-Bank.

98 Vgl. Handbuch der Deutschen Aktiengesellschaften 1925 (Band 1), Berlin/Leipzig 1925, S. 105.

99 Theodor Eschenburg, Die Republik von Weimar. Beiträge zur Geschichte einer improvisierten Demokratie, München 1984, S. 77.

100 Ernst Troeltsch, Spektator-Briefe. Aufsätze über die deutsche Revolution und die deutsche Weltpolitik 1918/22, Tübingen 1924, S. 69.

101 George F. Kennan, At a Century's Ending. Reflections 1982–1995, New York/London 1996, S. 8.

102 Vgl. Horst Möller, Europa zwischen den Weltkriegen, München 1998, S. 18.

103 Matthias Erzberger, Erlebnisse im Weltkrieg, Stuttgart/Berlin 1920, S. 374.

104 Jörn Leonhard, Der überforderte Frieden. Versailles und die Welt 1918–1923, München 2018; Robert Gerwarth, Die größte aller Revolutionen. November 1918 und der Aufbruch in eine neue Zeit, München 2018; Eckart Conze, Die große Illusion. Versailles 1919 und die Neuordnung der Welt, München 2018; Hans-Christof Kraus, Versailles und die Folgen. Außenpolitik zwischen Revisionismus und Verständigung, Berlin 2013, bes. S. 15–30; Klaus Schwabe, Versailles. Das Wagnis eines demokratischen Friedens 1919–1923, Paderborn 2019; Markus M. Payk, Frieden durch Recht? Der Aufstieg des modernen Völkerrechts und der Friedensschluss nach dem Ersten Weltkrieg, Berlin 2018; Klaus Hildebrand, Das vergangene Reich. Deutsche Außenpolitik von Bismarck bis Hitler, Stuttgart 1995, bes. S. 383–432; Jacques Bariéty, La Conférence de la paix de 1919 et la nation allemande, in: Revue d'Allemagne 28 (1996), S. 87–111. Vgl. daneben auch die älteren Literaturüberblicke: Marc Trachtenberg, Versailles After Sixty Years, in: Journal of Contemporary History 17 (1982), S. 487–506; Klaus Schwabe, Versailles – nach sechzig Jahren, in: Neue Politische Literatur 24 (1979), S. 446–475.

105 Hans Luther, Politiker ohne Partei. Erinnerungen, Stuttgart 1960, S. 60.

106 Neben der in Anm. 114 genannten Literatur Gitta Steinmeyer, Die Grundlagen der französischen Deutschlandpolitik 1917–1919, Stuttgart 1979, hier S. 91 f.; vgl. Henning Köhler, Novemberrevolution und Frankreich. Die französische Deutschlandpolitik 1918–1919, Düsseldorf 1980, bes. S. 189–269; vgl. Peter Krüger, Deutscher Nationalismus und europäische Verständigung. Das Verhältnis Deutschlands zu Frankreich während der Weimarer Republik, in: Francia 11 (1983), S. 509–525.

107 Vgl. Jacques Bariéty, Die französische Politik in der Ruhrkrise, in: Klaus Schwabe (Hrsg.), Die Ruhrkrise 1923. Wendepunkt der internationalen Beziehungen nach dem Ersten Weltkrieg, Paderborn 1985, S. 11–27, bes. S. 19. Zur Politik Poincarés in dieser Phase vgl. Stanislas Jeanneson, Poincaré, la France et la Ruhr 1922–1924. Histoire d'une occupation, Strasbourg 1998.

108 Hildebrand, Das vergangene Reich, S. 434.

109 Peter Krüger, Die Außenpolitik der Republik von Weimar, Darmstadt 1985, S. 198; Gerd Krumeich/Joachim Schröder (Hrsg.), Der Schatten des Weltkriegs. Die Ruhrbesetzung 1923, Essen 2004.

110 Vgl. Heinrich August Winkler, Weimar 1918–1933. Die Geschichte der ersten deutschen Demokratie, München 1993, S. 183.

111 Vgl. Wisotzky, Die Jahre der Gewalt, S. 389.

112 Ian Kershaw, Hitlers Macht. Das Profil der NS-Herrschaft, München 2000, S. 77.

113 Andreas Wirsching, Die Weimarer Republik. Politik und Gesellschaft, München 2000, S. 70.

114 Vgl. Gerald D. Feldman, The Great Disorder. Politics, Economics and Society in the German Inflation, 1914–1924, Oxford 1993.

115 Vgl. Eckard Wandel, Banken und Versicherungen im 19. und 20. Jahrhundert, München 1998, S. 21.

116 Vgl. «Bericht über das Geschäftsjahr 1922», Archiv der National-Bank.

117 Ebd.

118 Ebd.

119 Vgl. Deutschnationaler Handlungsgehilfen-Verband, «Einladung zur Zeichnung auf die neuen Aktien der Deutschen Volksbank AG Essen», Archiv der National-Bank.

120 Ebd.

121 Deutschnationaler Handlungsgehilfen-Verband, «Betr. Zeichnung der Volksbank-Aktien vom 14. Februar 1923», Archiv der National-Bank.

122 Richter, «NB-Chronik», Archiv der National-Bank, S. 5 f.

123 Zitiert nach Schäfer, Heinrich Imbusch, S. 168 f.

124 Richter, «NB-Chronik», Archiv der National-Bank, S. 65.

125 Ebd., S. 68 f.

126 Vgl. Westdeutschland Wirtschaftsprüfungs-AG, «Sonderbericht über die Entwicklung und die rechtlichen und wirtschaftlichen Grundlagen», Archiv der National-Bank.

127 Vgl. Comprix, Die Arbeitnehmerbanken, S. 81.

128 Ebd.

129 Deutschnationaler Handlungsgehilfen-Verband, «Betr. Aktien der Deutschen Volksbank AG vom 16. April 1923», Archiv der National-Bank.

130 Ebd.

131 Vgl. Faksimileabdruck in Novy/Prinz, Illustrierte Geschichte der Gemeinwirtschaft, S. 166.

132 Vgl. Handbuch der Deutschen Aktiengesellschaften 1923/1924 (Band 1 a), Berlin/Leipzig 1924, S. 70.

133 Sitzung des Hauptvorstandes des Gewerkvereins christlicher Bergarbeiter Deutschlands vom 4. Juni 1923, DGB-Archiv der Friedrich-Ebert-Stiftung, Nachlass Heinrich Imbusch, Nr. 2.

134 Vgl. Handbuch der Deutschen Aktiengesellschaften 1925 (Band 1), Berlin/Leipzig 1925, S. 106. Vgl. auch Handbuch der Deutschen Aktiengesellschaften 1923/1924 (Band 1 a), S. 70.

135 Ursula Büttner, Weimar. Die überforderte Republik 1918–1933, Stuttgart 2008, S. 166–177; The Great Disorder, S. 218–235; Heike Knortz, Wirtschaftsgeschichte der Weimarer Republik. Eine Einführung in Ökonomie und Gesellschaft der ersten deutschen Republik, Göttingen 2010, S. 60–68; Wirsching, Die Weimarer Republik, S. 70; Martin H. Geyer, Verkehrte Welt. Revolution, Inflation und Moderne, Göttingen 1988.

136 Peter Krüger, Die Weimarer Republik und die Geschichte ihrer internationalen Beziehungen. Notizen zu einer Gratwanderung mit Wegscheiden, in: Historische Zeitschrift 273 (2001), S. 675–688, hier S. 683.

137 Vgl. Wandel, Banken und Versicherungen, S. 22 f.

138 Vgl. Stephen Schuker, The End of French Predominance in Europe. The Financial Crisis of 1924 and the Adoption of the Dawes Plan, Chapel Hill 1976.

139 Zur Debatte zwischen «Optimisten» und «Pessimisten» vgl. die Beiträge in Jürgen von Kruedener (Hrsg.), Economic Crisis and Political Collapse. The Weimar Republic 1924–1933, New York/Oxford/München 1990 sowie Heinrich August Winkler (Hrsg.), Die deutsche Staatskrise 1930–1933. Handlungsspielräume und Alternativen, München 1992. Zu den Belastungen durch die Reparationen, die die Überlebenschancen der Republik drastisch schmälerten, vgl. Feldman, The Great Disorder.

140 Wandel, Banken und Versicherungen, S. 23 f.

141 Ebd., S. 24 f.

142 Beckmann, Die Gewerkschaftsbanken, S. 66.

143 Handbuch der Deutschen Aktiengesellschaften 1922/1923 (Band 1), Berlin/Leipzig 1923, S. 56 und 105.

144 Comprix, Die Arbeitnehmerbanken, S. 82.

145 Ebd.

146 Beckmann, Die Gewerkschaftsbanken, S. 69–71.

147 Richter, «NB-Chronik», Archiv der National-Bank, S. 69.

148 Vgl. auch die Kurzbiographie in Erwin Dickhoff, Essener Köpfe. Wer war was?, Essen 1985, S. 226.

149 Richter, «NB-Chronik», Archiv der National-Bank, S. 69. Vgl. auch Handbuch der Deutschen Aktiengesellschaften 1922/1923, S. 56.

150 Werner Schötz, Die Banken der Beamten, Arbeiter und Angestellten in Deutschland, ihre geschichtliche Entwicklung, Tätigkeit und wirtschaftliche Bedeutung, Stuttgart 1932, S. 23.

151 Vgl. Markus Dahlem, Die Professionalisierung des Bankbetriebs. Studien zur institutionellen Struktur deutscher Banken im Kaiserreich 1871–1914, Essen 2009.

152 Vgl. Karl-Erich Born, Deutsche Bankengeschichte, Bd. 3: Vom Beginn des Ersten Weltkriegs bis zum Ende der Weimarer Republik (1914–1933), Frankfurt am Main 1983, S. 53 f.

153 Vgl. Richter, «NB-Chronik», Archiv der National-Bank, S. 28.

154 Ebd., S. 22.

155 Vgl. Comprix, Die Arbeitnehmerbanken, S. 48.

156 Vgl. Bormann/Scholtyseck, Der Bank- und Börsenplatz, S. 125–131.

157 Vgl. Wehling, 1896 – Essen wird Großstadt, S. 104 f.

158 Ebd., S. 105. Zur GAGFAH vgl. auch Georg Lange, Die Gagfah im Auf und Ab der Wohnungspolitik, in: Joachim Fischer-Dieskau (Hrsg.), Beiträge zur Theorie und Praxis des Wohnungsbaus. Arnold Knoblauch als Festschrift zum 80. Geburtstag gewidmet von seinen Freunden, Bonn 1959, S. 223–257.

159 Vgl. Wehling, 1896 – Essen wird Großstadt, S. 105.

160 Ebd., S. 105. Vgl. auch Hubert Maessen, … und dann kommst du nach Hause. Geschichte(n) vom Leben und Wohnen im Revier. 75 Jahre THS, eine Epoche von 1920 bis 1995, Bochum 1995.

161 Vgl. Beckmann, Die Gewerkschaftsbanken, S. 68.

162 Comprix, Die Arbeitnehmerbanken, S. 75.

163 Vgl. ebd., S. 82.

164 Ebd., S. 67 f.

165 Vgl. Herbert Gottwald, Gesamtverband der christlichen Gewerkschaften Deutschlands (GCD) 1901–1933, in: Fricke u. a. (Hrsg.), Lexikon zur Parteiengeschichte, S. 751.

166 Stegerwald wird zitiert nach Grebing, Zentrum und katholische Arbeiterschaft, S. 205 f.

167 Die Kölner Tagung, in: «Aufwärts» 248 vom 14. Oktober 1924.

168 Adam Stegerwald, Der Weg des modernen Arbeiters. Sonderdruck aus dem 3. Jahrgang des Politischen Jahrbuchs, Mönchengladbach o. J., S. 11. Vgl. auch Schneider, Die Christlichen Gewerkschaften, S. 558.

169 Vgl. Michael Schneider, Höhen, Tiefen und Krisen. Die Gewerkschaften in der Weimarer Republik, in: Ulrich Borsdorf (Hrsg.), Geschichte der Deutschen Gewerkschaften von den Anfängen bis 1945, Köln 1987, S. 279–446, hier S. 319.

170 Die Kölner Tagung, in: «Aufwärts» 249 vom 15. Oktober 1924.

171 Zitiert nach Roder, Der christlich-nationale Deutsche Gewerkschaftsbund, S. 398.

172 Vgl. das Schreiben an den Reichskanzler vom 25. Februar 1925, BArch, R 43 I, Nr. 2024, Bl. 22 f.

173 Morsey, Adam Stegerwald – Größe und Grenze, S. 163.

174 Vgl. Schneider, Die Christlichen Gewerkschaften, S. 651.

175 Morsey, Adam Stegerwald – Größe und Grenze, S. 164.

176 Schneider, Höhen, Tiefen und Krisen, S. 421.

177 Zitiert nach Schneider, Die Christlichen Gewerkschaften, S. 746.

178 Ebd., S. 746.

179 Vgl. Forster, Adam Stegerwald, S. 359 f.

180 Schäfer, Heinrich Imbusch, S. 138.

181 Dieter Ziegler, «Bankenmacht», «Verwaltungsherrschaft», «Aktionärsdemokratie»? Zum Problem der Kontrolle der Geschäftsleitung in deutschen Aktiengesellschaften 1870 bis 1931, in: Zeitschrift für Unternehmensgeschichte 65 (2020), S. 25–56, hier S. 43.

182 Roder, Der christlich-nationale Deutsche Gewerkschaftsbund, S. 384.

183 Vgl. Forster, Adam Stegerwald, S. 390. Vgl. zur Deutschen Volksbank Stegerwald, Deutsche Volksbank Aktien-Gesellschaft, S. 345 f.

184 Comprix, Die Arbeitnehmerbanken, S. 83.

185 Vgl. Handbuch der Deutschen Aktiengesellschaften 1927 (Band 1), Berlin/Leipzig 1927, S. 1784.

186 Vgl. das Protokoll der Vorstandssitzung des Gewerkvereins vom 17. April 1926, DGB-Archiv in der Friedrich-Ebert-Stiftung, Nachlass Heinrich Imbusch, Nr. 2. Bereits Ende 1923 hatte der Gewerkverein beschlossen, die eigene Stellung bei der Bank so weit wie möglich auszubauen und dabei auch Devisenbestände aus dem Saarland genutzt. Vgl. das Protokoll der Vorstandssitzung des Gewerkvereins vom 22. Dezember 1923, ebd. Vgl. dazu die Angriffe gegen die Finanzwirtschaft der Köster u. Co. GmbH in Bacmeister, Schicksale einer Gewerkschaftskasse, bes. S. 5, S. 27.

187 Comprix, Die Arbeitnehmerbanken, S. 128.

188 Ebd., S. 136 f.

189 Nagel, Die Transformation der Bank für Gemeinwirtschaft (BfG), S. 112.

190 Comprix, Die Arbeitnehmerbanken, S. 144.

191 Zitiert nach ebd., S. 138.

192 Beckmann, Die Gewerkschaftsbanken, S. 67.

193 Vgl. Wilhelm Wiedfeld, Der Deutsche Gewerkschaftsbund, Leipzig 1933, S. 58.

194 Comprix, Die Arbeitnehmerbanken, S. 81.

195 Vgl. Beckmann, Die Gewerkschaftsbanken, S. 67.

196 Ebd., S. 66.

197 Vgl. Achim von Loesch, Zur Geschichte der Arbeitnehmerbanken in Deutschland bis 1933, in: Bank für Gemeinwirtschaft AG (Hrsg.), Zeitfragen der Kreditwirtschaft, Frankfurt am Main 1964, S. 179–204, hier S. 154.

198 Vgl. Forster, Adam Stegerwald, S. 439 und 483.

199 Meyer, zitiert nach Comprix, Die Arbeitnehmerbanken, S. 145. Vgl. Bern Meyer, Bedeutung und Entwicklung der Arbeiterbank, in: Bezirksausschuß des ADGB Berlin-Brandenburg-Grenzmark (Hrsg.), Die wirtschaftlichen Unternehmungen der Arbeiterbewegung. Ein Blick in die Gemeinwirtschaft, Berlin 1928, S. 88–99, sowie Nagel, Die Transformation der Bank für Gemeinwirtschaft (BfG), S. 113–116.

200 Bern Meyer, Die «Krise» der amerikanischen Arbeiterbanken und die deutsche Arbeiterbank, in: Die Arbeit. Zeitschrift für Gewerkschaftspolitik und Wirtschaftskunde 4 (1927), S. 598–609, hier S. 607.

201 Angaben nach Otto Eckert, Die Finanzwirtschaft der Gewerkschaften in Deutschland, Diss. Berlin 1927, S. 74 f.; vgl. Schneider, Die Christlichen Gewerkschaften, S. 482.

202 Comprix, Die Arbeitnehmerbanken, S. 130.

203 Vgl. ebd., S. 135.

204 Vgl. von Loesch, Zur Geschichte der Arbeitnehmerbanken, S. 191.
205 Die folgenden Zitate bei Richter, «NB-Chronik», Archiv der National-Bank, S. 52–74.
206 Vgl. Bormann/Scholtyseck, Der Bank- und Börsenplatz, S. 187–191.
207 Vgl. Comprix, Die Arbeitnehmerbanken, S. 83.
208 Vgl. Handbuch der Deutschen Aktiengesellschaften 1928 (Band 1), Berlin/Leipzig 1928, S. 1773.
209 Vgl. Comprix, Die Arbeitnehmerbanken, S. 85.
210 Das Zitat: «Die Sparkasse» Nr. 18 vom 15. September 1927, S. 491. Vgl. grundsätzlich Karl Häuser, Wettbewerb und Kooperation deutscher Banken 1918–1945, in: Bankhistorisches Archiv, Beiheft 26: Cooperation and Competition of European Banks since the Middle of the 19th Century. Siebtes Wissenschaftliches Kolloquium am 29. November 1993 im Hause der Banca di Roma, Rom 1993, S. 37–53; Margarete Wagner-Braun, Kreditgenossenschaften und Sparkassen im Wettbewerb während der Weimarer Republik, in: Beiträge zur Genossenschaftsgeschichte, Teil 1, München 2003, S. 18–37.
211 Eduard Hanftmann, Gewerkschaftsbanken?, in: Bank-Archiv 23 (1923/24), S. 37.
212 Vgl. Comprix, Die Arbeitnehmerbanken, S. 151.
213 Ebd., S. 151–176.
214 Richter, «NB-Chronik», Archiv der National-Bank, S. 33.
215 Vgl. Handbuch der Deutschen Aktiengesellschaften 1930 (Band 1), Berlin/Leipzig 1930, S. 109.
216 Vgl. «Riedel an das Landgericht Essen vom 4. August 1952», Archiv der National-Bank.
217 Vgl. Schneider, Die Christlichen Gewerkschaften, S. 483.
218 Vgl. Werner Plumpe, Wirtschaftskrisen, Geschichte und Gegenwart, München 2010, bes. S. 81–91; Jan-Otmar Hesse/Roman Köster/Werner Plumpe, Die große Depression. Die Weltwirtschaftskrise 1929–1939, Frankfurt am Main 2014; Richard Sylla, Lessons from five US Crises: 1792, 1837–42, 1873, 1907 and 1930–33, in: Bankhistorisches Archiv, Beiheft 47, Stuttgart 2009, S. 15–29, bes. S. 27 f.; Isabel Schnabel, The German Twin Crisis of 1931, in: Journal of Economic History 64 (2004), S. 822–871; dies., The Role of Liquidity and Implicit Guarantees in the German Twin Crisis of 1931, in: Journal of International Money and Finance 28 (2009), S. 1–25.
219 Christoph Kaserer, Die deutsche Bankenkrise von 1931 – Marktversagen oder Staatsversagen?, in: Bankhistorisches Archiv 26 (2000), S. 3–26, hier S. 3.
220 Vgl. Carl-Ludwig Holtfrerich, Amerikanischer Kapitalexport und Wiederaufbau der deutschen Wirtschaft 1919–1923 im Vergleich zu 1924–1929, in: Vierteljahrsschrift für Sozial- und Wirtschaftsgeschichte 64 (1977), S. 497–529.
221 Vgl. Kaserer, Die deutsche Bankenkrise, S. 6.
222 Ebd., S. 4.
223 Der in Paris ausgehandelte Young-Plan regelte 1929/30 erneut die Reparationszahlungen des Deutschen Reiches und legte bei einer Laufzeit bis 1988 die durchschnittlichen Jahreszahlungen auf 2 Milliarden RM fest, was in Deutschland zu massiven Protesten führte und den Nationalsozialisten in die Hände spielte.
224 Vgl. Wandel, Banken und Versicherungen, S. 96.

225 Ebd., S. 95–97.
226 Vgl. ebd., S. 98–100.
227 Vgl. ebd., S. 26.
228 Vgl. Kaserer, Die deutsche Bankenkrise, S. 6.
229 Vgl. Wandel, Banken und Versicherungen, S. 100 f.
230 John Maynard Keynes, A Treatise on Money, New York 1930, S. 306.
231 Vgl. Wandel, Banken und Versicherungen, S. 101 f.
232 Zitiert nach Wisotzky, Die Jahre der Gewalt, S. 414.
233 Ebd., S. 415.
234 Vgl. Lothar Weiß, Rheinische Großstädte während der Weltwirtschaftskrise (1929–1933). Kommunale Finanz- und Sozialpolitik im Vergleich, Köln/Weimar/Wien 1999, S. 197.
235 Ebd., S. 211.
236 Zitiert nach Wisotzky, Die Jahre der Gewalt, S. 417.
237 Vgl. Forster, Adam Stegerwald, S. 525.
238 Vgl. Kaserer, Die deutsche Bankenkrise, S. 11 f.
239 Vgl. grundlegend Friedrich-Wilhelm Henning, Die Liquidität der Banken in der Weimarer Republik, in: Harald Winkel/Derek Aldcroft (Hrsg.), Finanz- und wirtschaftspolitische Fragen der Zwischenkriegszeit, Berlin 1973, S. 43–92, bes. S. 82.
240 Handbuch der Deutschen Aktiengesellschaften 1932 (Band 2), Berlin/Leipzig 1932, S. 1706.
241 Vgl. Handbuch der Deutschen Aktiengesellschaften 1929 (Band 1), Berlin/Leipzig 1929, S. 128.
242 Vgl. Handbuch der Deutschen Aktiengesellschaften 1932, S. 1706.
243 Vgl. zu den Hintergründen Schäfer, Heinrich Imbusch, S. 250–252.
244 Wer im Glashaus sitzt …, in: Neues Tageblatt, 19. Dezember 1932.
245 Fehlinvestierungen der christlichen Gewerkschaften, in: General-Anzeiger (Dortmund), 18. Dezember 1932.
246 Korrespondenz Hofrichter, Nachrichtendienst aus Politik und Wirtschaft vom 8. Dezember 1932. Ob, wie hier angedeutet, der Essener christliche Gewerkschafter Heinrich Hirtsiefer möglicherweise eine Rolle bei den Sanierungsplänen gespielt hat, ist nicht bekannt.
247 Forster, Adam Stegerwald, S. 525.
248 Weber, Adam Stegerwald, S. 77.
249 Akten der Reichskanzlei Brüning, S. 1881–1890.
250 Vgl. Hak-Ike Kim, Industrie, Staat und Wirtschaftspolitik. Die konjunkturpolitische Diskussion in der Endphase der Weimarer Republik 1930–1932/33, Berlin 1997. Zur Wirtschaftspolitik Brünings vgl. auch Jürgen Freiherr von Kruedener, Hätte Brünings Deflationspolitik erfolgreich sein können?, in: Christoph Buchheim/Michael Hutter/Harold James (Hrsg.), Zerrissene Zwischenkriegszeit. Wirtschaftshistorische Beiträge. Knut Borchardt zum 65. Geburtstag, Baden-Baden 1994, S. 289–306.
251 Vgl. hierzu die weiteren Beiträge in Buchheim/Hutter/James (Hrsg.), Zerrissene Zwischenkriegszeit.
252 Wirsching, Die Weimarer Republik, S. 38.

253 Hans Luther, Vor dem Abgrund 1930–1933. Reichsbankpräsident in Krisenzeiten, Berlin 1964, S. 233.

254 Vgl. Luther, Politiker ohne Partei, S. 67.

255 Luther, Vor dem Abgrund 1930–1933, S. 236.

256 Adam Stegerwald, Das Kabinett Brüning und die Arbeiterschaft, in: «Um den sozialen Volksstaat. Die christliche Arbeiterschaft im Wahlkampf 1932. Vorträge, gehalten auf der außerordentlichen Tagung des Reichsarbeiterbeirats der Deutschen Zentrumspartei am 29. Juni 1932 in Essen», Nachlass Stegerwald, ACDP, I-206–019.

257 Vgl. Dr. Wollert – Dr. Elmendorff KG Wirtschaftsprüfungsgesellschaft, «Gutachten über die Lage und Entwicklung der Deutschen Volksbank Aktiengesellschaft Essen in den Jahren 1931 bis 1933», Archiv der National-Bank, S. 29.

258 Zu Otte vgl. Herbert Hömig, Bernhard Otte, in: Zeitgeschichte in Lebensbildern 3 (1979), S. 176–190, hier S. 179.

259 Vgl. Ulrich Kirchhoff, Zielwandel bei öffentlichen Unternehmen, aufgezeigt am Beispiel der Banken, Berlin 1987, S. 80. Vgl. auch Deutsche Bau- und Bodenbank AG (Hrsg.), Deutsche Bau- und Bodenbank AG 1923–1973. Festreden zum Jubiläum, Frankfurt am Main 1973, bes. S. 6.

260 Vgl. die Ministerbesprechung vom 24. November 1931, in: Akten der Reichskanzlei. Die Kabinette Brüning I und II (30. März 1930 bis 10. Oktober 1931, 10. Oktober 1931 bis 1. Juni 1932), Band 3, Boppard am Rhein 1990, S. 2008 f.

261 Sitzung des Hauptvorstandes des Gewerkvereins der christlichen Bergarbeiter vom 12. Dezember 1931, DGB-Archiv in der Friedrich-Ebert-Stiftung, Nachlass Heinrich Imbusch, Nr. 2.

262 Vgl. Dr. Wollert – Dr. Elmendorff KG Wirtschaftsprüfungsgesellschaft, «Gutachten über die Lage und Entwicklung der deutschen Volksbank», Archiv der National-Bank, S. 31.

263 Vgl. zu dieser Aufgabe Otto Kämper, Der kurzfristige Baukredit im Wohnungsbau und die Deutsche Bau- und Bodenbank AG, in: Fischer-Dieskau, Beiträge zur Theorie und Praxis des Wohnungsbaus, S. 53–66, bes. S. 63.

264 Otto Kämper/Arnold Knoblauch/Fritz Steyrer, Der zweistellige Hypothekarkredit, Berlin 1930.

265 Vgl. den Lebensabriss in Fischer-Dieskau, Beiträge zur Theorie und Praxis des Wohnungsbaus, S. 259–261.

266 Anton Schmidt, Standortliche Untersuchungen über die Kohlenindustrie im Ruhrgebiet, Diss. Köln 1932.

267 «Aktenvermerk von Dr. Josef Bach vom 1. Februar 1952, Betr.: Stützungsaktion des Reiches für die damalige Deutsche Volksbank AG, jetzt National-Bank, Essen, um 1932», Archiv der National-Bank.

268 «Josef Bach an Karl Richter vom 27. Dezember 1968», Archiv der National-Bank.

269 Richter, «NB-Chronik», Archiv der National-Bank, S. 70.

270 Die Sonderuntersuchung der Baurevision vom 31. Mai 1932 wird zitiert nach Dr. Wollert – Dr. Elmendorff KG Wirtschaftsprüfungsgesellschaft, «Gutachten über die Lage und Entwicklung der deutschen Volksbank», Archiv der National-Bank, S. 22 f.

271 Die Sonderuntersuchung der Baurevision vom 30. September 1932 wird zitiert nach

Dr. Wollert – Dr. Elmendorff KG Wirtschaftsprüfungsgesellschaft, «Gutachten über die Lage und Entwicklung der deutschen Volksbank», S. 26 f., Archiv der National-Bank.

272 «Aktenvermerk Dr. Josef Bach vom 1. Februar 1952, Betr.: Stützungsaktion des Reiches für die damalige Deutsche Volksbank AG, jetzt National-Bank, Essen, um 1932», Archiv der National-Bank.

273 Dr. Wollert – Dr. Elmendorff KG Wirtschaftsprüfungsgesellschaft, «Gutachten über die Lage und Entwicklung der deutschen Volksbank», S. 28, Archiv der National-Bank.

274 Der Aktenvermerk von Dr. Josef Bach wird zitiert nach ebd., S. 27.

275 Ebd., S. 35.

276 Vgl. «Reichsanleihe-Aktiengesellschaft an Deutsche Bau- und Bodenbank vom 1. Dezember 1932», Archiv der National-Bank.

277 Vgl. Dr. Wollert – Dr. Elmendorff KG Wirtschaftsprüfungsgesellschaft, «Gutachten über die Lage und Entwicklung der Deutschen Volksbank», Archiv der National-Bank.

278 Zum Zeitpunkt der Erstellung des Gutachtens des Jahres 1952 lag der «Hauptbericht» zunächst nicht vor und musste anhand der Einzelberichte und Anhänge rekonstruiert werden. Er wurde aber später wiedergefunden.

279 «Aktennotiz. betr. Besprechung in Wesel mit Herrn van Ackeren und Herrn Dr. Wollert am 8. Februar 1952», Archiv der National-Bank. Vgl. auch «Riedel an das Landgericht Essen vom 4. August 1952», Archiv der National-Bank.

280 «Aktenvermerk Dr. Bach vom 1. Februar 1952, Betr.: Stützungsaktion des Reiches für die damalige Deutsche Volksbank AG, jetzt National-Bank, Essen, um 1932», Archiv der National-Bank.

281 Zur Verwendung des Begriffs «Machtergreifung» vgl. Norbert Frei, «Machtergreifung». Anmerkungen zu einem historischen Begriff, in: Vierteljahrshefte für Zeitgeschichte 31 (1983), S. 136–145.

282 Dieter Ziegler, Strukturwandel und Elitenwechsel im Bankwesen 1900–1957, in: Volker Berghahn/Stefan Unger/Dieter Ziegler (Hrsg.), Die deutsche Wirtschaftselite im 20. Jahrhundert. Kontinuität und Mentalität, Essen 2003, S. 187–213, hier S. 193.

283 Aktenvermerk, ohne Datum (Frühjahr/Frühsommer 1933), Archiv der National-Bank.

284 Ebd.

285 «Josef Bach an Karl Richter vom 27. Dezember 1968», Archiv der National-Bank.

286 Lindemann, Die Krise in der Beamtengeldwirtschaft, S. 774.

287 Kurt Hirche, Die Wirtschaftsunternehmen der Gewerkschaften, Düsseldorf/Wien 1966, S. 69.

288 Von Loesch, Die deutschen Arbeitnehmerbanken, S. 31.

289 Vgl. Bormann/Scholtyseck, Der Bank- und Börsenplatz, S. 209–216 und 255–258.

290 «Riedel an das Landgericht Essen vom 4. August 1952», Archiv der National-Bank.

291 Ebd.

292 Von Loesch, Die deutschen Arbeitnehmerbanken, S. 67.

Eine Bank im Bann des Nationalsozialismus: 1933 bis 1945

1 Heinrich August Winkler, Der lange Weg nach Westen, Bd. 2: Deutsche Geschichte vom «Dritten Reich» bis zur Wiedervereinigung, München 2001, S. 5.
2 Vgl. Heinrich August Winkler, Mittelstand, Demokratie und Nationalsozialismus. Die politische Entwicklung von Handwerk und Kleinhandel in der Weimarer Republik, Köln 1972, S. 182.
3 Vgl. Wisotzky, Die Jahre der Gewalt, S. 421.
4 Vgl. Jürgen W. Falter, The Two Hindenburg Elections of 1925 and 1932. A Total Reversal of Voter Coalitions, in: Central European History 23 (1990), S. 225–241. Zu den politischen Umständen der Wahl vgl. Winkler, Weimar 1918–1933, S. 444–454.
5 Jürgen W. Falter, Hitlers Wähler, München 1991, S. 179.
6 Zitiert nach Forster, Adam Stegerwald, S. 558.
7 Stegerwald über die Aufgaben der Wirtschaft vom 23. Februar 1933, ACDP, NL Stegerwald, I-206-011/1, Nr. 1172.
8 Schneider, Die Christlichen Gewerkschaften, S. 764.
9 Vgl. Weiß, Rheinische Großstädte, S. 67–71.
10 Zitiert nach Wolfram Fischer, Herz des Reviers. 15 Jahre Wirtschaftsgeschichte des Industrie- und Handelskammerbezirks Essen, Mülheim, Oberhausen, Essen 1965, S. 347 f.
11 Vgl. Eberhard Kolb, Die Weimarer Republik und das Problem der Kontinuität vom Kaiserreich zum «Dritten Reich», in: Jost Dülffer/Bernd Martin/Günter Wollstein (Hrsg.), Deutschland in Europa. Kontinuität und Bruch. Gedenkschrift für Andreas Hillgruber, Frankfurt am Main/Berlin 1990, S. 273–289, bes. S. 280–286, hier S. 286.
12 Vgl. Christoph Buchheim, Das NS-Regime und die Überwindung der Weltwirtschaftskrise, in: Vierteljahrshefte für Zeitgeschichte 56 (2008), S. 381–414.
13 Vgl. Elke Fröhlich (Hrsg.), Die Tagebücher von Joseph Goebbels, Teil 1, Bd. 2, München u. a. 1987, S. 314. Zum optimistischen «Stimmungswandel» gegen Ende 1932 vgl. auch Kolb, Die Weimarer Republik, bes. S. 280–286.
14 Vgl. Schneider, Die Christlichen Gewerkschaften, S. 574.
15 Forster, Adam Stegerwald, S. 592.
16 Gerhard Schulz, Inflationstrauma, Finanzpolitik und Krisenbekämpfung in den Jahren der Wirtschaftskrise, 1930–1933, in: Gerald D. Feldman (Hrsg.), Die Nachwirkungen der Inflation auf die deutsche Geschichte 1924–1933, München 1985, S. 261–296, hier S. 294.
17 Hagen Schulze, Weimar. Deutschland 1917–1933, Berlin 1982, S. 389.
18 Zitiert nach Wisotzky, Die Jahre der Gewalt, S. 424.
19 Vgl. die Berichterstattung in ACDP, NL Stegerwald, I-206-011/1, Nr. 1173.
20 Vgl. die Berichterstattung in Berliner Börsen-Courier vom 22. Februar 1933.
21 Fest, Hitler, S. 551.
22 Ian Kershaw, Hitler 1889–1936, Stuttgart 1998, S. 552.
23 Vgl. neben Hildebrand, Das Dritte Reich besonders Michael Grüttner, Das Dritte Reich 1933–1939, Stuttgart 2014, bes. S. 47–78.
24 Klaus Wisotzky, Josef Terboven (1898–1945). Die Karriere eines Nationalsozialisten,

in: Benedikt Mauer (Hrsg.) Das Heute hat Geschichte. Forschungen zur Geschichte Düsseldorfs, des Rheinlands und darüber hinaus. Festschrift für Clemens von Looz-Corswarem, Essen 2012, S. 251–278.

25 Vgl. «Josef Bach an Karl Richter vom 27. Dezember 1968», Archiv der National-Bank.

26 Vgl. Richter, «NB-Chronik», Archiv der National-Bank, S. 70.

27 Vgl. hierzu Wilfried Böhnke, Die NSDAP im Ruhrgebiet 1920–1933, Bonn 1974, S. 168.

28 Die Tat 25 (1934), S. 637.

29 Wolfgang Müller-Clemm, Von der Maas bis an die Memel. Auf Wasserwegen quer durch Deutschland, Köln 1933.

30 Frank Bajohr, Ämter, Pfründe, Korruption. Materielle Aspekte der nationalsozialistischen Machteroberung, in: Andreas Wirsching (Hrsg.), Die nationalsozialistische Machteroberung und die deutsche Gesellschaft, Göttingen 2009, S. 185–199, hier S. 188.

31 Fest, Hitler, S. 575.

32 Vgl. Bajohr, Ämter, Pfründe, Korruption, S. 188.

33 Zitiert nach Thomas Rother, Essen. Eine Großstadt im Jahr des Unheils, Essen 1983, S. 70.

34 Vgl. Wisotzky, Die Jahre der Gewalt, S. 426.

35 Der verwaltungspolitisch unerfahrene Reismann-Grone wurde im Mai 1937 von August (Just) Dillgardt abgelöst. Dieser ehemalige Abteilungsleiter bei *Brown Boveri & Co.* war nach 1933 zunächst als Beigeordneter in Essen und danach als Oberbürgermeister in Duisburg tätig gewesen. Er war der Wunschkandidat industrieller Kreise, gehörte zur Gau-Clique um Terboven und wurde später Leiter der *Reichsgruppe Energiewirtschaft* sowie Generalbevollmächtigter für die Energiewirtschaft im Rahmen des Vierjahresplans. Vgl. Wisotzky, Die Jahre der Gewalt, S. 428 f.

36 Wisotzky, Die Jahre der Gewalt, S. 430.

37 Nationale Revolution und christliche Gewerkschaften, in: Zentralblatt der christlichen Gewerkschaften Deutschlands, 1. April 1933.

38 Roder, Der christlich-nationale Deutsche Gewerkschaftsbund, S. 537.

39 Zur Einordnung Rudolf Morsey, Die Protokolle der Reichstagsfraktion und des Fraktionsvorstands der Deutschen Zentrumsfraktion 1926–1933, Mainz 1969, S. 631 f.; ders., Der Untergang des politischen Katholizismus. Die Zentrumspartei zwischen christlichem Selbstverständnis und «nationaler Erhebung» 1932/33, Stuttgart/Zürich 1977, S. 138–141.

40 Vgl. Brüning, Memoiren 1918–1934, S. 656–659.

41 Hitlers Regierungserklärung vom 23. März und die Erklärung der Bischöfe vom 28. März 1933 sind abgedruckt in Hubert Gruber, Katholische Kirche und Nationalsozialismus 1930–1945. Ein Bericht in Quellen, Paderborn u. a. 2006, S. 34 f. und 39 f. Vgl. auch Matthias Stickler, Kollaboration oder weltanschauliche Distanz? Katholische Kirche und NS-Staat, in: Karl-Joseph Hummel/Michael Kißener (Hrsg.), Die Katholiken und das Dritte Reich. Kontroversen und Debatten, Paderborn u. a. 2009, S. 83–100, hier S. 87, sowie Morsey, Der Untergang des politischen Katholizismus.

42 Vgl. Schäfer, Heinrich Imbusch, S. 255.
43 Elke Fröhlich (Hrsg.), Die Tagebücher von Joseph Goebbels, Teil 1, Bd. 2, S. 406.
44 Vgl. zu gewissen Indizien in diese Richtung Volkmann, Heinrich Brüning, S. 253, bes. Anm. 940.
45 Forster, Adam Stegerwald, S. 602.
46 «Zur Gleichschaltung der freien Gewerkschaften», in: National-Zeitung, 3. Mai 1933.
47 Vgl. Novy/Prinz, Illustrierte Geschichte der Gemeinwirtschaft, S. 228.
48 Vgl. Hans Josef Steinberg, Widerstand und Verfolgung in Essen 1933–1945, Hannover 1969, S. 55.
49 Zum Ende der freien Gewerkschaften neben Schneider, Unterm Hakenkreuz, vor allem Heinrich Potthoff, Freie Gewerkschaften 1918–1933. Der Allgemeine Deutsche Gewerkschaftsbund in der Weimarer Republik, Düsseldorf 1987, S. 303–323; Hans-Gerd Schumann, Nationalsozialismus und Gewerkschaftsbewegung. Die Vernichtung der Deutschen Gewerkschaften und der Aufbau der «Deutschen Arbeitsfront», Marburg 1958, S. 61–75; Winkler, Der lange Weg nach Westen. Band 2, S. 926–929.
50 Vgl. «Riedel an das Landgericht Essen vom 4. August 1952», Archiv der National-Bank, S. 13.
51 Vgl. «Vorschlag für die Gestaltung der Deutschen Volksbank», Archiv der National-Bank.
52 Vgl. «Riedel an das Landgericht Essen vom 4. August 1952, Anlage 1», Archiv der Nationalbank. Vgl. auch Anlage 3 zum «Protokoll über die ordentliche Generalversammlung der Deutschen Volksbank Aktiengesellschaft Essen», Archiv der National-Bank.
53 Essener Lokal-Post, 30. April 1933.
54 Aktenvermerk Dr. Bach vom 1. Februar 1952, «Betr.: Stützungsaktion des Reiches für die damalige Deutsche Volksbank AG, jetzt National-Bank, Essen, um 1932», Archiv der National-Bank.
55 «Aktenvermerk Dr. Bach vom 1. Februar 1952, Betr.: Stützungsaktion des Reiches für die damalige Deutsche Volksbank AG», Archiv der National-Bank.
56 Richter, «NB-Chronik», S. 71.
57 «Erklärung van Ackerens vom 8. Februar 1952», Archiv der National-Bank.
58 Vgl. Dr. Wollert – Dr. Elmendorff KG Wirtschaftsprüfungsgesellschaft, «Gutachten über die Lage und Entwicklung der Deutschen Volksbank», Archiv der National-Bank, S. 19. Vgl. auch Handbuch der Deutschen Aktiengesellschaften 1923 (Band 4), Berlin/Leipzig 1933, S. 4403.
59 Der Abschreibungsbedarf wurde wie folgt beziffert: eigene Wertpapiere 221 581,79 Reichsmark; Beteiligungen 84 140 Reichsmark; Debitoren 9 606 968,77 Reichsmark; Immobilien 331 363,70 Reichsmark; Inventar 4431,65 Reichsmark; Betriebsverlust 357 319,23 Reichsmark; Abschreibungen bis 30. September 1933 4 106 803,74 Reichsmark. Vgl. Dr. Wollert – Dr. Elmendorff KG Wirtschaftsprüfungsgesellschaft, «Gutachten über die Lage und Entwicklung der Deutschen Volksbank», Archiv der National-Bank, S. 40.
60 Ebd., S. 37–39.
61 Vgl. ebd., S. 41 f.

62 Vgl. ebd., S. 44.
63 Vgl. ebd.
64 Vgl. ebd., S. 47.
65 «Vorschlag für die Gestaltung der Deutschen Volksbank», Archiv der National-Bank.
66 Richter, «NB-Chronik», Archiv der National-Bank, S. 7.
67 Vgl. «Riedel an das Landgericht Essen vom 4. August 1952», Archiv der National-Bank.
68 «Bericht über das Geschäftsjahr 1932», Archiv der National-Bank. Vgl. Anlage zum «Protokoll über die ordentliche Generalversammlung der Deutschen Volksbank Aktiengesellschaft Essen», Archiv der National-Bank.
69 Hirche, Die Wirtschaftsunternehmen der Gewerkschaften, S. 68–70.
70 Vgl. «Niederschrift über die 5. Aufsichtsratssitzung der National-Bank AG», Archiv der National-Bank.
71 Vgl. Siegfried Cassier, Unternehmerbank zwischen Staat und Markt 1924–1995. Der Weg der *IKB* Deutsche Industriebank AG, Frankfurt am Main 1996, S. 166–173.
72 Das Zitat: Frank Munk, The Legacy of Nazism. The Economic and Social Consequences of Totalitarianism, New York u. a. 1943, S. 126. Vgl. als Überblicksdarstellung Christoph Kreutzmüller/Ingo Loose, Die Bank der Deutschen Arbeit 1933–1945 – eine nationalsozialistische «Superbank»?, in: Bankhistorisches Archiv 31 (2005), S. 1–32.
73 Christopher Kopper, Zwischen Marktwirtschaft und Dirigismus. Bankenpolitik im Dritten Reich, Bonn 1995, S. 172 f.
74 Kreutzmüller/Loose, Die Bank der Deutschen Arbeit 1933–1945, S. 5.
75 Ebd., S. 4–8.
76 Vgl. Rüdiger Hachtmann, Chaos und Indifferenz in der Deutschen Arbeitsfront. Ein Evaluierungsbericht aus dem Jahr 1936, in: Vierteljahrshefte für Zeitgeschichte 53 (2005), S. 43–78.
77 Karl Eicke/Rüdiger Hachtmann (Hrsg.), Ein Koloss auf tönernen Füßen. Das Gutachten des Wirtschaftsprüfers Karl Eicke über die Deutsche Arbeitsfront vom 31. Juli 1936, München 2006.
78 Kreutzmüller/Loose, Die Bank der deutschen Arbeit 1933–1954, S. 13.
79 Zitiert nach Hachtmann, Chaos und Indifferenz in der Deutschen Arbeitsfront, S. 68 f.
80 National-Zeitung, 17. Dezember 1933.
81 Völkischer Beobachter, 25. Juli 1933; vgl. Schumann, Nationalsozialismus und Gewerkschaftsbewegung, S. 79.
82 Vgl. ACDP, NL Stegerwald, I-206–011/1, Nr. 1182.
83 Vgl. Hömig, Bernhard Otte, S. 189 f.
84 Zitiert nach Schäfer, Heinrich Imbuch, S. 72.
85 Fritz von der Maar, Die Fehlinvestitionen der Unternehmer, in: Deutsche Allgemeine Zeitung vom 5. März 1933.
86 Richter, «NB-Chronik», Archiv der National-Bank, S. 70.
87 Vgl. hierzu Günther Schulz, Wiederaufbau in Deutschland. Die Wohnungsbaupolitik in den Westzonen und der Bundesrepublik von 1945 bis 1957, Düsseldorf 1994, S. 210.

88 «Bericht über das Geschäftsjahr 1932», Archiv der National-Bank.

89 «Protokoll über die ordentliche Generalversammlung der Deutschen Volksbank Aktiengesellschaft Essen», Archiv der National-Bank.

90 Vgl. Siegfried C. Cassier, Biographie einer Unternehmerbank. Der Weg der Industriebank (Industriekreditbank AG – Deutsche Industriebank) und der langfristige Industriekredit in Deutschland, Frankfurt am Main 1977, S. 139 f., sowie «Protokoll über die ordentliche Generalversammlung der Deutschen Volksbank Aktiengesellschaft Essen», Archiv der National-Bank.

91 Ebd.

92 «Vögler an das Wehrbezirkskommando I (Essen) vom 28. April 1942», Archiv der National-Bank.

93 Die wichtigsten Informationen finden sich in Manfred Pohl/Birgit Siekmann, Hochtief und seine Geschichte. Von den Brüdern Helfmann bis ins 21. Jahrhundert, München/Zürich 2000, S. 83 und passim. Vgl. Fritz Pudor, Eugen Vögler. Regierungsbaudirektor a. D. und Generaldirektor in Essen 1884–1956, in: Schriften der Volkswirtschaftlichen Vereinigung im rheinisch-westfälischen Industriegebiete 21 (1960), S. 93–95.

94 Pohl/Siekmann, Hochtief und seine Geschichte, S. 86; Gaston Raphael, Le Roi de la Ruhr. Hugo Stinnes. L'homme, son œuvre, son role, Paris 1924.

95 Vgl. Pohl/Siekmann, Hochtief und seine Geschichte, S. 129.

96 Ebd., S. 130.

97 Vgl. Fritz Thyssen, I Paid Hitler, New York/London 1941, S. 243 f. Das Werk mit dem reißerischen Titel entstand, nachdem Thyssen das «Dritte Reich» im September 1939 fluchtartig Richtung Schweiz verlassen hatte. Allerdings sind wesentliche Partien nicht von Thyssen selbst, sondern von einem Journalisten verfasst worden. Da das Werk den Alliierten auch als Propagandamaterial gegen NS-Deutschland hochwillkommen war, sind seine Aussagen quellenkritisch vielfach bedenklich. Auch auf seine Aufsichtsratstätigkeit bei der *National-Bank* ging Thyssen nicht ein, allerdings finden sich einige Hinweise auf sein späteres Zerwürfnis mit Gauleiter Terboven.

98 Vgl. Pohl/Siekmann, Hochtief und seine Geschichte, S. 131.

99 Richter, «NB-Chronik», Archiv der National-Bank, S. 70.

100 Vgl. «Niederschrift über die erste Sitzung des Aufsichtsrats der Nationalbank AG am 18. Dezember 1933, Hotel Kaiserhof Essen», Archiv der National-Bank, S. 1.

101 Vgl. Horst A. Wessel, Fritz Thyssen. Überforderter Unternehmenserbe, in: ders. (Hrsg.), Mülheimer Unternehmer und Pioniere im 19. und 20. Jahrhundert. Flexibel – Kreativ – Innovativ, Essen 2012, S. 246–256; Günter Brakelmann, Zwischen Mitschuld und Widerstand. Fritz Thyssen und der Nationalsozialismus, Hagen 2010; vgl. Günter Buchstab, Fritz Thyssen (1873–1951), in: Jürgen Aretz/Rudolf Morsey/Anton Rauscher (Hrsg.), Zeitgeschichte in Lebensbildern. Bd. 9: Aus dem deutschen Katholizismus des 19. und 20. Jahrhunderts, Münster 1999, S. 115–132. Vgl. daneben die Studie von Hans Otto Eglau, Fritz Thyssen. Hitlers Gönner und Geisel, Berlin 2003.

102 Dietmar Petzina, Hauptprobleme der deutschen Wirtschaftspolitik 1932/33, in: Vierteljahrshefte für Zeitgeschichte 15 (1967), S. 18–55, hier S. 48, Anm. 97.

103 Eglau, Fritz Thyssen, S. 108.
104 Vgl. Brakelmann, Zwischen Mitschuld und Widerstand, S. 82.
105 Vgl. «Niederschrift über die 4. Sitzung des Aufsichtsrates der National-Bank AG am Dienstag, den 24. Juli 1934, Hotel Kaiserhof Essen», Archiv der National-Bank, S. 1.
106 Vgl. «Niederschrift über die 12. Aufsichtsratssitzung der National-Bank AG am Donnerstag, den 14. Januar 1937, Hotel Kaiserhof Essen», Archiv der National-Bank, S. 1.
107 Richter, «NB-Chronik», Archiv der National-Bank, S. 70.
108 «Bericht über das Geschäftsjahr 1932. Anlage zum Protokoll über die ordentliche Generalversammlung der Deutschen Volksbank Aktiengesellschaft Essen vom 18. Dezember 1933», Archiv der National-Bank.
109 Ebd.
110 Zitiert nach Fischer, Herz des Reviers, S. 355.
111 «Geschäftsbericht über das Jahr 1933 vom 15. März 1934», Archiv der National-Bank.
112 Ebd.
113 «Geschäftsbericht über das Jahr 1938», Archiv der National-Bank, S. 5.
114 Vgl. Kopper, Zwischen Marktwirtschaft und Dirigismus, S. 94–98.
115 Zitiert nach Harold James, Strukturwandel in Kriegs- und Krisenzeiten 1914–1945, in: Geschichte des Finanzplatzes Berlin, Frankfurt am Main 2002, S. 157–213, hier S. 186.
116 Vgl. den Artikel von Karl Rasche in der Kölnischen Zeitung vom 13. Mai 1933.
117 Kopper, Zwischen Marktwirtschaft und Dirigismus, S. 96.
118 Vgl. Alfred Lansburgh, Filial-Großbanken oder Regional-Banken?, in: Die Bank 26 (1933), S. 1644–1651, hier S. 1649.
119 «Imbusch an von Schleicher vom 17. Dezember 1932», BArch R 43 I/649, Bl. 311.
120 National-Zeitung, 17. Dezember 1933.
121 Ebd.
122 «Geschäftsbericht über das Jahr 1933», Archiv der National-Bank.
123 Vgl. «Riedel an das Landgericht Essen vom 4. August 1952, Anlage 2», Archiv der National-Bank.
124 Vgl. «Niederschrift über die 4. Sitzung des Aufsichtsrates der National-Bank AG», Archiv der National-Bank.
125 Ebd., S. 10.
126 Vgl. Cassier, Biographie einer Unternehmerbank, S. 121 und 129.
127 Vgl. ebd., S. 74 f. und 140.
128 Richter, «NB-Chronik», Archiv der National-Bank, S. 9.
129 «Niederschrift über die 21. Aufsichtsratssitzung der National-Bank AG in Essen am Freitag, den 24. Februar 1939», Archiv der National-Bank.
130 «Niederschrift über die 2. Sitzung des Aufsichtsrates der National-Bank AG am 23. März 1934, Hotel Kaiserhof Essen», Archiv der National-Bank.
131 Ebd.
132 Ebd.
133 Vgl. «Niederschrift über die 4. Sitzung des Aufsichtsrates der National-Bank AG», Archiv der National-Bank, S. 1.
134 Ebd., S. 2.

135 Vgl. «Niederschrift über die 5. Aufsichtsratssitzung der National-Bank AG am Freitag, den 9. November 1934, Hotel Kaiserhof Essen», Archiv der National-Bank.

136 Vgl. «Niederschrift über die 6. Aufsichtsratssitzung der National-Bank AG am Dienstag, den 5. Februar 1935, Hotel Kaiserhof Essen», Archiv der National-Bank.

137 Vgl. «Niederschrift über die 7. Aufsichtsratssitzung der National-Bank AG am Donnerstag, den 28. Februar 1935, Hotel Kaiserhof Essen», Archiv der National-Bank.

138 Zitiert nach Buchstab, Fritz Thyssen (1873–1951), S. 125. Vgl. auch Brakelmann, Zwischen Mitschuld und Widerstand, S. 73–76.

139 Vgl. «Schwielenheinrich» auf dem Marsch, in: National-Zeitung, 12. September 1933.

140 Vgl. Eglau, Fritz Thyssen, S. 179.

141 Zitiert nach ebd., S. 185.

142 Zitiert nach ebd., S. 188.

143 Vgl. Buchstab, Fritz Thyssen (1873–1951), S. 125.

144 Vgl. ebd., S. 129–132.

145 «Niederschrift über die 8. Aufsichtsratssitzung der National-Bank AG am Freitag, den 24. Mai 1935, Hotel Esplanade Berlin», Archiv der National-Bank.

146 Richard J. Overy, Cars, roads, and economic recovery in Germany, 1932–38, in: Economic History Review 28 (1975), S. 466–483; vgl. ders., The German Motorisierung and rearmament. A reply, in: Economic History Review 32 (1979), S. 107–112; vgl. ders., Transportation and Rearmament in the Third Reich, in: Historical Journal 16 (1973), S. 389–409. Zur Kritik vgl. G. F. R. Spenceley, Richard J. Overy and the Motorisierung. A comment, in: Economic History Review 32 (1979), S. 100–106. Vgl. auch Ludolf Herbst, Die nationalsozialistische Wirtschaftspolitik im internationalen Vergleich, in: Wolfgang Benz/Hellmuth Auerbach (Hrsg.), Der Nationalsozialismus. Studien zur Ideologie und Herrschaft, Frankfurt am Main 1993, S. 153–176, hier S. 156. Als knappe Überblicksdarstellung über den nationalsozialistischen «Aufschwung» vgl. Richard J. Overy, The Nazi Economic Recovery 1932–1938, Cambridge 1996.

147 Fischer, Herz des Reviers, S. 358.

148 Vgl. Harold James, Innovation and conservatism in economic recovery, the alleged «Nazi recovery» of the 1930s, in: W. R. Garside (Hrsg.), Capitalism in Crisis. International Responses to the Great Depression, London/New York 1993, S. 70–95.

149 Vgl. zusammenfassend Ludolf Herbst, Der Krieg und die Unternehmensstrategie deutscher Industrie-Konzerne in der Zwischenkriegszeit, in: Martin Broszat (Hrsg.), Die deutschen Eliten und der Weg in den Zweiten Weltkrieg, München 1989, S. 72–134, bes. S. 124–127.

150 Albert Fischer, Hjalmar Schacht und Deutschlands «Judenfrage», Köln/Weimar/Wien 1995, S. 79.

151 Hjalmar Schacht, 76 Jahre meines Lebens, Bad Wörishofen 1953, S. 593.

152 Pohl, Sparkassen und Kreditgenossenschaften, S. 188. Vgl. auch Wandel, Banken und Versicherungen, S. 28 f.

153 Vgl. Wandel, Banken und Versicherungen, S. 83, sowie Stephan Paul, Die Aufhebung der Zinsverordnung 1967, in: Dieter Lindenlaub/Carsten Burhop/Joachim Scholtyseck (Hrsg.), Schlüsselereignisse der deutschen Bankgeschichte, Stuttgart 2013, S. 375–399, bes. S. 377 f.

154 Thorsten Beckers, Kapitalmarktpolitik im Wiederaufbau. Der westdeutsche Wertpapiermarkt zwischen Staat und Wirtschaft 1945–1957, Stuttgart 2014, S. 46; James, Strukturwandel in Kriegs- und Krisenzeiten, S. 188.

155 Vgl. «Niederschrift über die 7. Aufsichtsratssitzung der National-Bank AG», Archiv der National-Bank, S. 1.

156 Ebd., S. 2 f.

157 Vgl. Wisotzky, Die Jahre der Gewalt, S. 438, 440 und 446.

158 Ebd., S. 441.

159 Dieter Rebentisch, Führerstaat und Verwaltung im Zweiten Weltkrieg. Verfassungsentwicklung und Verwaltungspolitik 1939–1945, Stuttgart 1989; daneben ders.: Innere Verwaltung, in: Kurt G. A. Jeserich/Hans Pohl/Georg-Christoph von Unruh (Hrsg.), Deutsche Verwaltungsgeschichte, Bd. 4: Das Reich als Republik und in der Zeit des Nationalsozialismus, Stuttgart 1985, S. 732–774; Michael Ruck, «Beharrung im Wandel». Neuere Forschungen zur deutschen Verwaltung im 20. Jahrhundert, in: Neue Politische Literatur 42 (1997), S. 200–256 und 43 (1998), S. 67–112; ders., Die deutsche Verwaltung im totalitären Führerstaat 1933–1945, in: Jahrbuch für Europäische Verwaltungsgeschichte 10 (1998), S. 1–48; ders., Die Tradition der deutschen Verwaltung, in: Anselm Doering-Manteuffel (Hrsg.), Strukturmerkmale der deutschen Geschichte des 20. Jahrhunderts, München 2006, S. 95–108.

160 Plumpe, Unternehmensgeschichte im 19. und 20. Jahrhundert, S. 127.

161 Adam Tooze, Ökonomie der Zerstörung. Die Geschichte der Wirtschaft im Nationalsozialismus, München 2007, S. 756 f.; Jonas Scherner, Anreiz statt Zwang. Wirtschaftsordnung und Kriegswirtschaft im «Dritten Reich», in: Norbert Frei/Tim Schanetzky (Hrsg.), Unternehmen im Nationalsozialismus. Zur Historisierung einer Forschungskonjunktur, Göttingen 2010, S. 140–155.

162 Lothar Gall/Manfred Pohl, Einleitung, in: dies. (Hrsg.), Unternehmen im Nationalsozialismus, München 1998, S. 11.

163 Jörg Osterloh/Harald Wixforth, Einleitung, in: dies. (Hrsg.), Unternehmer und NS-Verbrechen. Wirtschaftseliten im «Dritten Reich» und in der Bundesrepublik Deutschland. Frankfurt am Main 2014, S. 9–30, hier S. 11.

164 Jonas Scherner, Die Logik der Industriepolitik im Dritten Reich. Die Investitionen in die Autarkie- und Rüstungsindustrie und ihre staatliche Förderung, Stuttgart 2008, S. 282 f.

165 Willi A. Boelcke, Die Kosten von Hitlers Krieg. Kriegsfinanzierung und finanzielles Kriegserbe in Deutschland 1933–1948, Paderborn 1985, S. 50.

166 Tooze, Ökonomie, S. 137 f. (Hervorhebung im Original).

167 Vgl. Arthur Schweitzer, Big Business in the Third Reich, Bloomington 1964, S. 6.

168 Peter Hayes, Industry and Ideology. IG Farben in the Nazi Era, Cambridge 2000, S. 163.

169 Vgl. Dietmar Petzina, Autarkiepolitik im Dritten Reich. Der nationalsozialistische Vierjahresplan, Stuttgart 1968, S. 30–53, sowie Werner Abelshauser, Germany. Guns, butter, and economic miracles, in: Mark Harrison (Hrsg.), The economics of World War II, Cambridge 1998, S. 122–176.

170 Petzina, Autarkiepolitik im Dritten Reich, S. 67.

171 Verhandlungen des Reichstags. III. Wahlperiode 1936. Stenographische Berichte, Berlin 1938, S. 8.

172 Vgl. «Niederschrift über die 11. Aufsichtsratssitzung der National-Bank AG am Mittwoch, den 22. Juli 1936, Hotel Kaiserhof Essen», Archiv der National-Bank.

173 Vgl. Westdeutschland Wirtschaftsprüfungs-AG, Essen, «Sonderbericht über die Entwicklung und die rechtlichen und wirtschaftlichen Grundlagen», Archiv der National-Bank.

174 Vgl. Kratz, Kreditinstitute im Ruhrgebiet, S. 72.

175 «Niederschrift über die 14. Aufsichtsratssitzung der National-Bank AG am Montag den 10. Mai 1937, Sitzungszimmer der National-Bank», Archiv der National-Bank; «Niederschrift über die 15. Aufsichtsratssitzung der National-Bank AG am Donnerstag, den 16. September 1937, Sitzungssaal der Bank», ebd.

176 «Niederschrift über die 12. Aufsichtsratssitzung der National-Bank AG», Archiv der National-Bank.

177 Vgl. «Satzung der National-Bank AG zu Essen», Ordner 1937, Archiv der National-Bank.

178 Vgl. «Niederschrift über die 16. Aufsichtsratssitzung der National-Bank AG am Montag, den 17. Januar 1938, Sitzungsraum der Bank», Archiv der National-Bank.

179 Vgl. Pohl/Siekmann, Hochtief und seine Geschichte, S. 141.

180 «Niederschrift über die 18. Aufsichtsratssitzung der National-Bank AG am Montag, den 18. Mai 1938, Hotel Kaiserhof Essen», Archiv der National-Bank.

181 Als Müller-Clemm für sein Entnazifizierungsverfahren um eine Bescheinigung der National-Bank ersuchte, gab er an, an die National-Bank keine weiteren Ansprüche mehr zu erheben. Vgl. die Abschrift «Betr. Müller-Clemm», Archiv der National-Bank. Vgl. auch «Mitglieder des Aufsichtsrats», Band 1, National-Bank an Karl Hitzbleck vom 16. März 1948, Archiv der National-Bank.

182 Vgl. «Niederschrift über die 17. Aufsichtsratssitzung der National-Bank AG am Montag, den 21. Februar 1938», Archiv der National-Bank.

183 Richter, «NB-Chronik», Archiv der National-Bank, S. 18.

184 Vgl. «Geheimes Schreiben des Aufsichtsratsvorsitzenden der National-Bank AG, Herrn Dr. Vögler, an das Amtsgericht Essen, Abteilung Registergericht vom 4. Februar 1944», Archiv der National-Bank.

185 «Aktenvermerk betr. Abschlussvergütung 1945 vom 6. März 1946, Essen», Archiv der National-Bank.

186 Vgl. «Niederschrift über die 21. Aufsichtsratssitzung der National-Bank AG», Archiv der National-Bank.

187 Vgl. zur Margarine Verkaufs-Union Kurt Pritzkoleit, Männer, Mächte, Monopole. Hinter den Türen der westdeutschen Wirtschaft, Düsseldorf 1956, S. 355–360.

188 Vgl. «Margarine Verkaufs-Union an Franz Blücher vom 12. Mai 1947», Archiv der National-Bank.

189 «National-Bank an Ferdinand Schraud vom 8. Februar 1944», Archiv der National-Bank.

190 Vgl. «Niederschrift über die 19. Aufsichtsratssitzung der National-Bank AG am Donnerstag, den 1. September 1938, Hotel Kaiserhof Essen», Archiv der National-Bank, S. 1.

191 Im Frühjahr 1938 wurde die Beteiligung der *National-Bank* an der *Essener Altstadt-Baugesellschaft mbH* um 80 000 Reichsmark auf 100 000 Reichsmark erhöht. Vgl.

«Niederschrift über die 18. Aufsichtsratssitzung der National-Bank AG», Archiv der National-Bank, S. 1.

192 Vgl. «Niederschrift über die 22. Aufsichtsratssitzung der National-Bank AG Essen am 31. Mai 1939 im Hotel Kaiserhof», Archiv der National-Bank.

193 Zitiert nach Janina Salden, Der Deutsche Sparkassen- und Giroverband zur Zeit des Nationalsozialismus, Stuttgart 2019, S. 348. Vgl. Patrick Bormann/Joachim Scholtyseck/Harald Wixforth, Die kreditgenossenschaftlichen Zentralinstitute vom Beginn des Ersten Weltkrieges bis zur bedingungslosen Kapitulation des NS-Staates, in: Timothy Guinnane u. a. (Hrsg.), Die Geschichte der DZ-Bank. Das genossenschaftliche Zentralbankwesen in Deutschland vom 19. Jahrhundert bis heute, München 2013, S. 145–294, hier S. 230; Harold James, Verbandspolitik im Nationalsozialismus. Von der Interessenvertretung zur Wirtschaftsgruppe: Der Centralverband des Deutschen Bank- und Bankiersgewerbes 1932–1945, München/Zürich 2001, S. 43–67; Harald Wixforth, Banken und Bankenlobbyismus in der Weimarer Republik und der NS-Diktatur, S. 31–56, in: Bankhistorisches Archiv, Beiheft 44, Frankfurt am Main 2004, hier S. 43.

194 «Die Aufgaben des öffentlich-rechtlichen Kreditwesens» vom 25. September 1934, zitiert in BArch R 8034/III, 248.

195 Willi A. Boelcke, Zum Gesetz über Staatsbanken vom 18. Oktober 1935, in: Bankhistorisches Archiv, Beiheft 7: Zur Geschichte des Kreditgeschäftes. Notizen zu Finanzierungsproblemen vom 18. bis zum 20. Jahrhundert. Karl Erich Born zum 60. Geburtstag, Frankfurt am Main 1982, S. 63–70, hier S. 64.

196 Zitiert nach Boelcke, Zum Gesetz über Staatsbanken, S. 66.

197 Richter, «NB-Chronik», Archiv der National-Bank, S. 71.

198 Grüttner, Das Dritte Reich 1933–1939, S. 326–335; Frank Bajohr/Michael Wildt (Hrsg.), Volksgemeinschaft. Neue Forschungen zur Gesellschaft des Nationalsozialismus, Frankfurt a. M. 2009; Detlef Schmiechen-Ackermann (Hrsg.), «Volksgemeinschaft»: Mythos, wirkungsmächtige soziale Verheißung oder soziale Realität im «Dritten Reich»? Zwischenbilanz einer kontroversen Debatte, Paderborn 2012; Michael Schneider, In der Kriegsgesellschaft. Arbeiter und Arbeiterbewegung 1939 bis 1945, Bonn 2014, bes. S. 887–889.

199 Karl Dietrich Bracher, Die deutsche Diktatur. Entstehung, Struktur, Folgen des Nationalsozialismus, Frankfurt am Main/Berlin/Wien 1979, S. 367.

200 Sebastian Haffner, Anmerkungen zu Hitler, München [23]2001, S. 38.

201 Vgl. grundlegend Riccardo Bavaj, Die Ambivalenz der Moderne im Nationalsozialismus, München 2003, S. 202 f.

202 Vgl. Richter, «NB-Chronik», Archiv der National-Bank, S. 34.

203 «Niederschrift über die 5. Aufsichtsratssitzung der National-Bank AG», Archiv der National-Bank, S. 1.

204 «Niederschrift über die 6. Aufsichtsratssitzung der National-Bank AG», Archiv der National-Bank, S. 3.

205 Richter, «NB-Chronik», Archiv der National-Bank, S. 23.

206 Schneider, Unterm Hakenkreuz, S. 567; Hachtmann, Industriearbeit im «Dritten Reich», S. 268–275.

207 Vgl. «Niederschrift über die 6. Aufsichtsratssitzung der National-Bank AG», Archiv der National-Bank, S. 1 f.

208 Vgl. «Niederschrift über die 15. Aufsichtsratssitzung der National-Bank AG», Archiv der National-Bank, S. 1.

209 Vgl. «Satzung der National-Bank AG zu Essen», Archiv der National-Bank. Vgl. auch «Niederschrift über die 12. Aufsichtsratssitzung der National-Bank AG», Archiv der National-Bank.

210 «Geschäftsbericht 1937», Archiv der National-Bank, S. 5.

211 «Geschäftsbericht 1938», Archiv der National-Bank, S. 9.

212 Vgl. Matthias Frese, Vom «NS-Musterbetrieb» zum «Kriegs-Musterbetrieb». Zum Verhältnis von Deutscher Arbeitsfront und Großindustrie, in: Wolfgang Michalka (Hrsg.), Der Zweite Weltkrieg. Analysen, Grundlagen, Forschungsbilanz, München 1989, S. 382–401, bes. S. 390–392.

213 Zur *DAF* Rüdiger Hachtmann, Das Wirtschaftsimperium der Deutschen Arbeitsfront 1933–1945, Essen 2012; Literatur und Kontroversen zusammenfassend Werner Milert/Rudolf Tschirbs, Die andere Demokratie. Betriebliche Interessenvertretung in Deutschland, 1848 bis 2008, Essen 2012, S. 229–334.

214 Verfügung des Führers der Deutschen Arbeitsfront vom 22. Juni 1933, in: Herbert Michaelis/Ernst Schraepler (Hrsg.), Ursachen und Folgen. Vom deutschen Zusammenbruch 1918 und 1945 bis zur staatlichen Neuordnung Deutschlands in der Gegenwart. Eine Urkunden- und Dokumentensammlung zur Zeitgeschichte, Band 9: Das Dritte Reich. Die Zertrümmerung des Parteienstaates und die Grundlegung der Diktatur, Berlin 1964, S. 643.

215 Eckhardt Hansen, Wohlfahrtspolitik im NS-Staat. Motivationen, Konflikte und Machtstrukturen im «Sozialismus der Tat» des Dritten Reiches, Augsburg 1991. Vgl. auch Christoph Sachße/Florian Tennstadt, Der Wohlfahrtsstaat im Nationalsozialismus, Stuttgart/Berlin/Köln 1992.

216 Karl Arnhold, Der Deutsche Betrieb. Aufgaben und Ziele nationalsozialistischer Betriebsführung, Leipzig 1942, S. 7. Vgl. daneben ders., Der Betriebsführer und sein Betrieb. Gedanken zum nationalsozialistischen Musterbetrieb, Leipzig 1942. Vgl. auch Karl Seeliger, Der Unternehmer in der gelenkten Wirtschaft, Leipzig/Berlin 1941; vgl. Waldemar Schier, Der nationalsozialistische Unternehmertyp, Emsdetten 1938.

217 Louis P. Lochner, Die Mächtigen und der Tyrann. Die deutsche Industrie von Hitler bis Adenauer, Darmstadt 1955, S. 207.

218 Andreas Kranig, Lockung und Zwang. Zur Arbeitsverfassung im Dritten Reich, Stuttgart 1983; vgl. auch Günter Morsch, Arbeit und Brot. Studien zu Lage, Stimmung, Einstellung und Verhalten der deutschen Arbeiterschaft 1933–1936/37, Frankfurt am Main u. a. 1993.

219 Matthias Frese, Sozial- und Arbeitspolitik im Dritten Reich. Ein Literaturbericht, in: Neue politische Literatur 38 (1993), S. 403–446. Vgl. auch den Überblick bei Johannes Frerich/Martin Frey, Handbuch der Geschichte der Sozialpolitik in Deutschland, Bd. 1: Von der vorindustriellen Zeit bis zum Ende des Dritten Reiches, Wien/München 1993, S. 249–329; Marie-Luise Recker, Nationalsozialistische Sozialpolitik im Zweiten Weltkrieg, München 1985, bes. S. 17–26; Andreas Kranig, Arbeitnehmer, Arbeitsbeziehungen und Sozialpolitik unter dem Nationalsozialismus, in: Karl Dietrich Bracher/Manfred Funke/Hans-Adolf Jacobsen (Hrsg.), Deutschland 1933–1945. Neue Studien zur nationalsozialistischen Herrschaft, Bonn 1992, S. 135–152, hier S. 141.

220 Ley fordert nationalsozialistische Gemeinschaften in den Wirtschaftsbetrieben. Aus einem Aufruf vom 9. Dezember 1934, in: Michaelis/Schraepler (Hrsg.), Ursachen und Folgen (Band 9), S. 656.

221 Zitiert nach Timothy W. Mason, Sozialpolitik im Dritten Reich. Arbeiterklasse und Volksgemeinschaft, Opladen 1977, S. 249.

222 Vgl. Jürgen Reulecke, Die Fahne mit dem goldenen Zahnrad. Der «Leistungskampf der deutschen Betriebe» 1937–1939, in: ders./Detlev Peuckert, Die Reihen fast geschlossen. Beiträge zur Geschichte des Alltags unterm Nationalsozialismus, Wuppertal 1981, S. 245–269, hier S. 251 f.

223 Faksimileabdruck im «Geschäftsbericht 1938», Archiv der National-Bank, S. 17.

224 «Niederschrift über die 18. Aufsichtsratssitzung der National-Bank AG», Archiv der National-Bank, S. 2.

225 Ebd.

226 Vgl. Reulecke, Die Fahne mit dem goldenen Zahnrad, S. 254.

227 Essener Heimatkalender 1941, S. 187.

228 Bericht der National-Bank AG, Essen vom 1. März 1940, in: Essener Heimatkalender 1941, S. 190.

229 Vgl. Richter, «NB-Chronik», Archiv der National-Bank, S. 23.

230 Ebd.

231 Vgl. «National-Bank an Karl Hitzbleck vom 14. Mai 1946», Archiv der National-Bank.

232 Ingo Loose, Massenraubmord? Materielle Aspekte des Holocaust, in: Frank Bajohr/Andrea Löw (Hrsg.), Der Holocaust. Ergebnisse und Fragen der Forschung, Frankfurt a. M. 2015, S. 141–164, hier S. 143.

233 Helmut Genschel, Die Verdrängung der Juden aus der Wirtschaft im Dritten Reich, Göttingen u. a. 1966.

234 Avraham Barkai, Vom Boykott zur «Entjudung». Der wirtschaftliche Existenzkampf der Juden im Dritten Reich 1933–1943, Frankfurt am Main 1987.

235 Vgl. hierzu Raul Hilberg, Die Vernichtung der europäischen Juden, Frankfurt am Main 1999; Saul Friedländer, Das «Dritte Reich» und die Juden. Die Jahre der Verfolgung 1933–1939, München 1998; ders., Das «Dritte Reich» und die Juden. Die Jahre der Vernichtung, 1939–1945, München 2006; Dieter Pohl, Verfolgung und Massenmord in der NS-Zeit, Darmstadt 2003; Dieter Stiefel (Hrsg.), Die politische Ökonomie des Holocaust. Zur wirtschaftlichen Logik der Verfolgung und «Wiedergutmachung», Wien/München 2001.

236 Vgl. Harold James, Die Deutsche Bank und die «Arisierung», München 2001; Dieter Ziegler, Die Dresdner Bank und die deutschen Juden, München 2006; ders., Banken und «Arisierungen» in Mitteleuropa während des Nationalsozialismus, Stuttgart 2002; vgl. Gerald D. Feldman, Die CA, ihre jüdischen Kunden und die «Arisierung», in: ders. u. a. (Hrsg.), Österreichische Banken und Sparkassen im Nationalsozialismus und in der Nachkriegszeit (Band 1), München 2006, S. 74–130;

Frank Bajohr, «Arisierung» als gesellschaftlicher Prozeß. Verhalten, Strategie und Handlungsspielräume jüdischer Eigentümer und «arischer» Erwerber, in: Irmtraud Wojak/Peter Hayes (Hrsg.), «Arisierung» im Nationalsozialismus. Volksgemeinschaft, Raub und Gedächtnis, Frankfurt am Main/New York 2000, S. 15–30.

237 Vgl. bereits die Dokumentation in «Tradition. Zeitschrift für Firmengeschichte und Unternehmerbiographie» 3 (1958), besonders die Vorbemerkung des Herausgebers (S. 193–196) sowie die Beiträge von Hans J. Robinsohn, Ein Versuch sich zu behaupten (S. 197–206); Ernst Bernheimer, Unter der Hitlerregierung (S. 207–211) sowie Otto Bernheimer, Aus den «Erinnerungen eines alten Münchners» (S. 212–214). Daneben der Überblick bei Benno Nietzel, Die Vernichtung der wirtschaftlichen Existenz der deutschen Juden 1933–1945. Ein Literatur- und Forschungsbericht, in: Archiv für Sozialgeschichte 49 (2009), S. 561–613; Dieter Stiefel (Hrsg.), Die politische Ökonomie des Holocaust. Zur wirtschaftlichen Logik von Verfolgung und «Wiedergutmachung», München 2001; Alfons Kenkmann, The Looting of Jewish Property and the German Financial Administration, in: Gerald D. Feldman/Wolfgang Seibel (Hrsg.), Networks of Nazi Persecution. Bureaucracy, Business and the Organization of the Holocaust, New York/Oxford 2005, S. 148–167; Axel Drecoll, Der Fiskus als Verfolger. Die steuerliche Diskriminierung der Juden in Bayern 1933–1941/42, München 2009; Martin Friedenberger, Fiskalische Ausplünderung. Die Berliner Steuer- und Finanzverwaltung und die jüdische Bevölkerung 1933–1945, Berlin 2008; Christiane Kuller, Bürokratie und Verbrechen. Antisemitische Finanzpolitik und Verwaltungspraxis im nationalsozialistischen Deutschland, München 2013; Michael Kißener/Andreas Roth, Notare in der «Volksgemeinschaft». Das westfälische Anwaltsnotariat 1933–1945, Baden-Baden 2017, bes. S. 313–445; Eva-Maria Roelevink/Jan-Otmar Hesse, Geschichtspolitik und die deutsche Unternehmensgeschichte, in: Zeitschrift für Unternehmensgeschichte 63 (2018), S. 1–6; Sebastian Brünger, Geschichte und Gewinn. Der Umgang deutscher Konzerne mit ihrer NS-Vergangenheit, Göttingen 2017.

238 Christoph Kreutzmüller, Ausverkauf. Die Vernichtung der jüdischen Gewerbetätigkeit in Berlin 1930–1945, Berlin 2012; Britta Bopf, «Arisierung» in Köln, Köln/Bonn 2004, S. 356 sowie 359; Hanno Balz, Die «Arisierung» von jüdischem Haus- und Grundbesitz in Bremen, Bremen 2004, S. 62 f.; Karl-Heinz Metzger u. a., Kommunalverwaltung unterm Hakenkreuz. Berlin-Wilmersdorf 1933–1945, Berlin 1992, bes. S. 180–183; Monika Gibas (Hrsg.), «Arisierung» in Leipzig. Annäherung an ein lange verdrängtes Kapitel der Stadtgeschichte der Jahre 1933 bis 1945, Leipzig 2007; Mathias Henkel/Eckart Dietzfelbinger (Hrsg.), Entrechtet. Entwürdigt. Beraubt. Die Arisierung in Nürnberg und Fürth, Petersberg 2012; Maren Janetzko, Die «Arisierung» mittelständischer jüdischer Unternehmen in Bayern 1933–1939. Ein interregionaler Vergleich, Ansbach 2012.

239 Vgl. Susanne Meinl/Jutta Zwilling, Legalisierter Raub. Die Ausplünderung der Juden im Nationalsozialismus durch die Reichsfinanzverwaltung in Hessen, Frankfurt am Main/New York 2004, S. 48–57, hier S. 57.

240 Vgl. hierzu neben Genschel, Die Verdrängung der Juden aus der Wirtschaft bzw. Barkai, Vom Boykott zur «Entjudung» auch Albert Fischer, Jüdische Privatbanken im «Dritten Reich», in: Scripta Mercaturae 28 (1994), S. 1–54.

241 Barkai, Vom Boykott zur «Entjudung», S. 76.
242 Reichsgesetzblatt 1936 (Teil 1), S. 999.
243 Avraham Barkai, Die deutschen Unternehmer und die Judenpolitik im «Dritten Reich», in: Geschichte und Gesellschaft 15 (1989), S. 227–247, hier S. 229.
244 Vgl. Ingo Köhler, Die «Arisierung» der Privatbanken im «Dritten Reich». Verdrängung, Ausschaltung und die Frage der Wiedergutmachung, München 2005.
245 Ziegler, Erosion der Kaufmannsmoral, S. 158.
246 Avraham Barkai, Die «stillen Teilhaber» des NS-Regimes, in: Lothar Gall/Manfred Pohl (Hrsg.), Unternehmen im Nationalsozialismus, München 1998, S. 117–121.
247 Vgl. Harald Wixforth, Ein «stiller Teilhaber» – die «Arisierung» des Bankhauses Simon Hirschland und der Flick-Konzern, in: Bankhistorisches Archiv 33 (2007), S. 63–77, hier S. 63.
248 Frank Bajohr, «Arisierung» und wirtschaftliche Existenzvernichtung im Nationalsozialismus, in: Andrea Bambi/Axel Drecoll (Hrsg.), Alfred Flechtheim. Raubkunst und Restitution, Berlin/Boston 2015, S. 29–35, hier S. 30.
249 Frank Bajohr, Arisierung als gesellschaftlicher Prozeß. Verhalten, Strategien und Handlungsspielräume jüdischer Eigentümer und «arischer» Erwerber, in: Irmtrud Wojak/Peter Hayes (Hrsg.), «Arisierung» im Nationalsozialismus. Volksgemeinschaft, Raub und Gedächtnis, Frankfurt am Main/New York 2000, S. 15–30, hier S. 15.
250 Frank Bajohr, «Arisierung» in Hamburg. Die Verdrängung der jüdischen Unternehmer 1933–1945, Hamburg 2003, S. 316.
251 Bajohr, «Arisierung» in Hamburg, S. 315–319.
252 Vgl. immer noch grundlegend Keith Ulrich, Das Privatbankhaus Simon Hirschland im Nationalsozialismus, in: Manfred Köhler/ders. (Hrsg.), Banken, Konjunktur und Politik. Beiträge zur Geschichte deutscher Banken im 19. und 20. Jahrhundert, Essen 1995, S. 129–142.
253 Zum Gesamtvorgang James, Die Deutsche Bank und die «Arisierung», S. 77–81.
254 Wixforth, Ein «stiller Teilhaber», S. 64.
255 Vgl. Harald Wixforth, Industriekredit und Kapitalmarktfinanzierung zwischen Reichsgründung und Weltwirtschaftskrise, in: Bankhistorisches Archiv. Beiheft 40: Bankkredit oder Kapitalmarkt. Alternativen der Industriefinanzierung in Deutschland, Stuttgart 2002, S. 33–36; Wilhelm Wisskirchen, Burkhardt & Co. Privatbankiers im Herzen des Ruhrgebiets, in: Tradition. Zeitschrift für Firmengeschichte und Unternehmerbiographie 2 (1956/57), S. 229–246, hier S. 230 f.
256 Vgl. Bormann/Scholtyseck, Der Bank- und Börsenplatz, S. 216–221.
257 Schreiben der Außenstelle Essen an die Staatspolizeistelle Düsseldorf vom 15. Oktober 1937, zitiert nach Keith Ulrich, Aufstieg und Fall der Privatbankiers. Die wirtschaftliche Bedeutung von 1918 bis 1938, Frankfurt am Main 1998, S. 343. Vgl. daneben Köhler, Die «Arisierung» der Privatbanken, S. 374.
258 Vgl. hierzu grundlegend Ingo Köhler, Zwischen marktwirtschaftlicher Marginalisierung und politischer Verdrängung. Die Privatbankiers in Deutschland 1929–1935, in: ders./Peter Eigner, Privatbankiers in Mitteleuropa zwischen den Weltkriegen, Stuttgart 2005, S. 123–130.
259 Vgl. Ulrich, Das Privatbankhaus Simon Hirschland, S. 132.

260 Vgl. Wisskirchen, Burkhardt & Co., S. 236.
261 Vgl. Ulrich, Aufstieg und Fall der Privatbankiers, S. 343, Anm. 196, sowie ders., Das Privatbankhaus Simon Hirschland, S. 136.
262 Vgl. Ulrich, Aufstieg und Fall der Privatbankiers, S. 343.
263 Vgl. «Aktennotiz über die Vorgänge betreffend Überleitung der Firma Simon Hirschland, Essen, in arische Hände, vom 31. Juli 1938», BArch, RWM 15515.
264 Vgl. Ludolf Herbst, Banker in einem prekären Geschäft. Die Beteiligung der Commerzbank an der Vernichtung der jüdischen Gewerbetätigkeit im Altreich 1930–1940, in: ders./Thomas Weihe (Hrsg.), Die Commerzbank und die Juden 1933–1945, München 2004, S. 74–81, hier S. 135.
265 Vgl. Wisskirchen, Burkhardt & Co., S. 235; Ulrich, Das Privatbankhaus Simon Hirschland, S. 130.
266 Vgl. Wixforth, Ein «stiller Teilhaber», S. 66–71, sowie Ulrich, Aufstieg und Fall der Privatbankiers, S. 343. Die näheren Umstände dieses «Interesses» sind nicht bekannt. Im Historischen Archiv der Dresdner Bank ist der Vorgang nicht quellenmäßig überliefert. Vgl. Dieter Ziegler, Die Dresdner Bank und die deutschen Juden, München 2006, S. 162, Anm. 122.
267 Vgl. «Aktennotiz von Oberregierungsrat Kohler vom 19. Juli 1938», BArch, RWM 15515.
268 Ebd.
269 Vgl. Markus Gloe, Planung für die deutsche Einheit. Der Forschungsbeirat für Fragen der Wiedervereinigung Deutschlands 1952–1975, Wiesbaden 2005, S. 71.
270 «Aktennotiz des Anwalts der Hirschlands, Fritz Fenthol, vom 31. Juli 1938», BArch, RWM 15515.
271 Vgl. Lothar Gall, Der Bankier. Hermann Josef Abs. Eine Biographie, München 2004, S. 51 f.
272 Gotthard von Falkenhausen hat nach dem Zweiten Weltkrieg den Hintergrund dieser komplexen Vorgänge erläutert.
273 Vgl. hierzu Ulrich, Aufstieg und Fall der Privatbankiers, S. 344; ders., Das Privatbankhaus Simon Hirschland, S. 137.
274 Vgl. Wixforth, Ein «stiller Teilhaber», S. 67, Anm. 18.
275 Gall, Der Bankier. Hermann Josef Abs, S. 51.
276 Vgl. Wixforth, Ein «stiller Teilhaber», S. 68.
277 Ebd., S. 70 (beruhend auf einer Notiz Steinbrincks für Kaletsch vom 30. Mai 1938, BArch, 8122/6). Vgl. auch den «Überleitungsentwurf vom 11. Juli 1938», BArch, RWM 15 515 beziehungsweise das «Schreiben des Reichskommissars für das Kreditwesen an Friedrich Flick samt Vertragsentwurf für die Gründung der neuen Bankfirma Burkhardt & Co. vom 29. August 1938», BArch, 8122/6.
278 Vgl. Werner Plumpe/Jörg Lesczenski, «Die Thyssens», in: Volker Reinhardt (Hrsg.), Deutsche Familien. Historische Portraits von Bismarck bis Weizsäcker, München 2005, S. 208–243; Eglau, Fritz Thyssen.
279 Vgl. Ulrich, Das Privatbankhaus Simon Hirschland, S. 135.
280 Vgl. «Niederschrift über die 12. Aufsichtsratssitzung der National-Bank AG», Archiv der National-Bank, S. 1.
281 Vgl. die Kurzbiographie in Dickhoff, Essener Köpfe, S. 97.

282 Vgl. James, Die Deutsche Bank und die «Arisierung», S. 78.

283 BArch, R 3101 (Reichswirtschaftsministerium), 15515.

284 «Über die heutige Verhandlung mit dem Gauwirtschaftsberater Hoffmann NSDAP Essen» (20. Juli 1938), BArch, RWM 15515.

285 «Aktennotiz Fritz Fenthol vom 31. Juli 1938», BArch, RWM 15515.

286 Ebd.

287 Wixforth, Ein «stiller Teilhaber», S. 69, auf der Grundlage der Akten aus dem Historischen Archiv der Dresdner Bank, Bestand 87, Konsortialabteilung, Akte 31151–2001.BE, Diverse, «Aktennotiz von André vom 26. Juli 1938»; «Aktennotiz von André vom 27. Juli 1938»; «Aktennotiz von Max Bardroff vom 5. August 1938».

288 Ulrich, Aufstieg und Fall der Privatbankiers, S. 345.

289 Vgl. «Vermerk des RWM über die Besprechung am 2. August 1938», BArch, 15515.

290 Vgl. hierzu Wixforth, Ein «stiller Teilhaber», S. 70. Vgl. die «Aktennotiz von Max Bardroff vom 28. August 1938», Historisches Archiv der Dresdner Bank, Bestand 87, Konsortialabteilung, Akte 31151–2001.BE.

291 Vgl. grundsätzlich zu dieser Problematik Ingo Köhler, Werten und Bewerten. Die kalte Technik der «Arisierung» 1933–1938, in: Hartmut Berghoff/Jürgen Kocka/Dieter Ziegler (Hrsg.), Wirtschaft im Zeitalter der Extreme. Beiträge zur Unternehmensgeschichte Deutschlands und Österreichs. Im Gedenken an Gerald D. Feldman, München 2010, S. 316–336.

292 Vgl. Ulrich, Aufstieg und Fall der Privatbankiers, S. 346.

293 «Niederschrift über die 19. Aufsichtsratssitzung der National-Bank AG», Archiv der National-Bank, S. 2.

294 Ebd.

295 Ebd.

296 Ebd.

297 Vgl. die «Ausführungen von Gotthard von Falkenhausen zu der ‹Arisierung› des Bankhauses Hirschland». Zu den Details vgl. ausführlich James, Die Deutsche Bank und die «Arisierung», S. 79 f.

298 Vgl. hierzu resümierend Werner Plumpe/Alexander Nützenadel/Catherine R. Schenk, Deutsche Bank. Die globale Hausbank 1870–2020, Berlin 2020, S. 355.

299 Vgl. Joachim Scholtyseck, Robert Bosch und der liberale Widerstand gegen Hitler 1933–1945, München 1999, S. 522.

300 Dieter Ziegler, Geschäftliche Spezialisierungen deutscher Privatbankiers in der Zwischenkriegszeit. Ein vergeblicher Überlebenskampf?, in: Bankhistorisches Archiv. Beiheft 41: Der Privatbankier. Nischenstrategien in Geschichte und Gegenwart, Stuttgart 2003, S. 27–47, hier S. 42.

301 Vgl. Westdeutschland Wirtschaftsprüfungs-AG Essen, «Sonderbericht über die Entwicklung und die rechtlichen und wirtschaftlichen Grundlagen», Archiv der National-Bank.

302 Vgl. Wisskirchen, Burkhardt & Co., S. 236.

303 Vgl. Ulrich, Aufstieg und Fall der Privatbankiers, S. 346.

304 Die kommende Nationalisierung des Bankwesens. Die Liquidation der jüdischen Bankhäuser bleibt die volkswirtschaftliche Ideallösung, in: Essener National-Zeitung, 6. Oktober 1938.

305 Ulrich, Aufstieg und Fall der Privatbankiers, S. 347; vgl. ders., Das Privatbankhaus Simon Hirschland, S. 140.
306 Vgl. «Fenthol an Schultze-Schlutius vom 1. Juli 1938», BArch, 15515.
307 Vgl. Hermann Schröter, Die Familie Hirschland in Essen, in: ders., Geschichte und Schicksal der Essener Juden. Gedenkbuch für die jüdischen Mitbürger der Stadt, Essen 1980, S. 167–179, hier S. 178.
308 Vgl. Ulrich, Das Privatbankhaus Simon Hirschland, S. 142.
309 «Niederschrift über die 20. Aufsichtsratssitzung der National-Bank AG am Freitag, den 20. Januar 1939, Sitzungsraum der Bank», Archiv der National-Bank.
310 Vgl. «Niederschrift über die 10. Aufsichtsratssitzung der National-Bank AG am Montag, den 17. Februar 1936, Hotel Kaiserhof Essen», Archiv der National-Bank.
311 «Terboven an Hauptamtsleiter Simon vom 15. September 1938», Archiv der National-Bank.
312 Vgl. «Riedel an das Landgericht Essen vom 4. August 1952», Archiv der National-Bank, S. 13.
313 Vgl. Wandel, Banken und Versicherungen, S. 34–36.
314 Vgl. Friedrich Hartmannsgruber (Bearb.), Akten der Reichskanzlei. Regierung Hitler 1933–1945, Bd. 8: 1941, Berlin/Boston 2017, S. 50.
315 Vgl. Jürgen Kilian, Krieg auf Kosten anderer. Das Reichsministerium der Finanzen und die wirtschaftliche Mobilisierung Europas für Hitlers Krieg, Berlin/Boston 2017.
316 Vgl. Richter, «NB-Chronik», S. 36. Vgl. die «Niederschrift über die 26. Aufsichtsratssitzung der National-Bank AG Essen am 24. Juli 1940 im Sitzungsraum der Bank», Archiv der National-Bank.
317 Richter, «NB-Chronik», Archiv der National-Bank, S. 54.
318 Vgl. «Vögler an das Wehrbezirkskommando I (Essen)», Archiv der National-Bank.
319 Der Vorschlag wurde allerdings nicht realisiert. Vgl. Hans Jakob Stehle, Bischof Hudal und SS-Führer Meyer. Ein kirchenpolitischer Friedensversuch 1942/43, in: Vierteljahrshefte für Zeitgeschichte 37 (1989), S. 299–322, hier S. 301.
320 Vgl. die «Niederschrift über die 23. Aufsichtsratssitzung der National-Bank AG Essen am 5. Oktober 1939 im Sitzungsraum der Bank», Archiv der National-Bank.
321 Richter, «NB-Chronik», Archiv der National-Bank, S. 37.
322 Ebd.
323 Vgl. «Niederschrift über die 26. Aufsichtsratssitzung der National-Bank AG», Archiv der National-Bank, S. 1.
324 Vgl. Hans-Peter Ullmann, Der deutsche Steuerstaat. Eine Geschichte der öffentlichen Finanzen vom 18. Jahrhundert bis heute, München 2005, S. 172.
325 Hildebrand, Das vergangene Reich, S. 720.
326 Geoffrey P. Megargee, Hitler und die Generäle. Das Ringen um die Führung der Wehrmacht 1933–1945, Paderborn 2006, S. 103.
327 «Niederschrift über die 26. Aufsichtsratssitzung der National-Bank AG», Archiv der National-Bank, S. 2.
328 Vgl. Westdeutschland Wirtschaftsprüfungs-AG Essen, «Sonderbericht über die Entwicklung und die rechtlichen und wirtschaftlichen Grundlagen nach dem Stand vom 20. Juni 1948», Archiv der National-Bank.

329 Zur Niederrheinischen Bank vgl. Franz Etzel, Die Niederrheinische Bank – eine Epoche in der Weseler Wirtschaftsgeschichte, in: ders., Herrn Max Küppers aus Anlaß seines 70. Geburtstages gewidmet, Düsseldorf 1968, S. 27–47.

330 «Van Ackeren an Schröder vom 14. Februar 1943», Archiv der National-Bank.

331 «Niederschrift über die 27. Aufsichtsratssitzung der National-Bank AG Essen am 20. Januar 1941 im Sitzungsraum der Bank», Archiv der National-Bank.

332 Ebd.

333 Vgl. «Niederschrift über die 29. Aufsichtsratssitzung der National-Bank AG in Essen am 2. September 1941 im Sitzungsraum der Bank», Archiv der National-Bank.

334 Vgl. «Niederschrift über die 30. Aufsichtsratssitzung der National-Bank AG Essen am 30. Januar 1942 im Sitzungsraum der Bank», Archiv der National-Bank.

335 Vgl. «Niederschrift über die 32. Aufsichtsratssitzung der National-Bank AG in Essen am 2. September 1942 im Sitzungsraum der Bank», Archiv der National-Bank.

336 Vgl. «Niederschrift über die 29. Aufsichtsratssitzung der National-Bank AG» in Essen am 2. September 1941 im Sitzungsraum der Bank», Archiv der National-Bank.

337 Vgl. «Niederschrift über die 31. Aufsichtsratssitzung der National-Bank AG in Essen am Mittwoch, den 25. Februar 1942, Hotel Kaiserhof Essen», Archiv der National-Bank.

338 «Niederschrift über die 32. Aufsichtsratssitzung der National-Bank AG», Archiv der National-Bank.

339 Vgl. Westdeutschland Wirtschaftsprüfungs-AG Essen, «Sonderbericht über die Entwicklung und die rechtlichen und wirtschaftlichen Grundlagen», Archiv der National-Bank.

340 Geschäftsbericht des Duisburger Bankvereins von 1934, http://webopac.hwwa.de/PresseMappe20E/Digiview_MID.cfm?mid=F044401.

341 Stadtbauamt Duisburg (Hrsg.), Deutschlands Städtebau, Duisburg 1928, S. 137.

342 Vgl. «Zeitzeugengespräch Direktor Günter Ehlen», Brief vom 11. Dezember 2009.

343 Joseph Walk, Kurzbiographien zur Geschichte der Juden 1918–1945, hrsg. vom Leo Baeck Institute, Jerusalem, München u. a. 1988, S. 189.

344 Geschäftsbericht des Duisburger Bankvereins von 1934, http://webopac.hwwa.de/PresseMappe20E/Digiview_MID.cfm?mid=F044401.

345 Geschäftsbericht des Duisburger Bankvereins von 1940, http://webopac.hwwa.de/PresseMappe20E/Digiview_MID.cfm?mid=F044401.

346 Vgl. «National-Bank an Karl Hitzbleck vom 19. Februar 1948», Archiv der National-Bank.

347 Vgl. «Niederschrift über die 34. Aufsichtsratssitzung der National-Bank AG in Essen am 20. Januar 1943, Sitzungsraum der Bank», Archiv der National-Bank.

348 Vgl. «Niederschrift über die 35. Aufsichtsratssitzung der National-Bank AG in Essen am Mittwoch, den 11. März 1943, Hotel Kaiserhof Essen», Archiv der National-Bank.

349 Vgl. hierzu Kopper, Zwischen Marktwirtschaft und Dirigismus, S. 349–362; Johannes Bähr, «Bankenrationalisierung» und Großbankenfrage. Der Konflikt um die Ordnung des deutschen Kreditgewerbes während des Zweiten Weltkrieges, in: Harald Wixforth (Hrsg.), Finanzinstitutionen in Mitteleuropa während des Nationalsozialismus, Stuttgart 2001, S. 71–94, hier S. 82.

350 Carl-Ludwig Holtfrerich, Die Deutsche Bank vom Zweiten Weltkrieg über die Besatzungsherrschaft zur Rekonstruktion 1945–1947, in: Gall u. a., Die Deutsche Bank 1870–1995, S. 409–578, hier S. 413; vgl. Kopper, Zwischen Marktwirtschaft und Dirigismus, S. 349–353. Informationen zur politischen Einstellung von Lange vgl. ebd., S. 215.

351 Schreiben des Leiters der Partei-Kanzlei an den RWM vom 8. August 1942, in: Bähr, «Bankenrationalisierung» und Großbankenfrage, S. 80 f.

352 Vgl. Kopper, Zwischen Marktwirtschaft und Dirigismus, S. 35.

353 Als Ministerialrat in der Vierjahresplanbehörde war er für die Reichswerke Hermann Göring zuständig gewesen und daher gut in das Netzwerk um Göring eingebettet. Vgl. Johannes Bähr, Die Dresdner Bank im Dritten Reich, München 2006, S. 118.

354 «Van Ackeren an Karl Hitzbleck vom 7. April 1943», Archiv der National-Bank.

355 «National-Bank an Eugen Vögler vom 14. Oktober 1943», Archiv der National-Bank.

356 «Niederschrift über die 36. Aufsichtsratssitzung der National-Bank AG Essen am Freitag, den 4. Februar 1944 im Hause der Firma Hochtief Aktiengesellschaft für Hoch- und Tiefbauten vorm. Gebr. Helfmann, Ecke Gutenberg- und Rellinghauserstrasse Essen», Archiv der National-Bank.

357 Vgl. Fischer, Herz des Reviers, S. 363.

358 «Van Ackeren an Schroeder vom 4. September 1944», Archiv der National-Bank.

359 Vgl. Bähr, «Bankenrationalisierung» und Großbankenfrage, S. 88 f.

360 Zitiert nach Bähr, «Bankenrationalisierung» und Großbankenfrage, S. 90.

361 Helga Mohnhaupt, Kleine Geschichte Essens. Von den Anfängen bis zur Gegenwart, Essen 1993, S. 239.

362 Elke Fröhlich (Hrsg.), Die Tagebücher von Joseph Goebbels. Teil 2, Bd. 9, München u. a. 1993, S. 577.

363 Plumpe, Unternehmensgeschichte im 19. und 20. Jahrhundert, S. 112.

Eine Mittelstandsbank in der Demokratie: 1945 bis 2021

1 Parlamentarischer Rat. Stenographische Berichte über die Plenarsitzungen 1948/49, Bonn [2]1969, S. 210.

2 Vgl. Foreign Relations of the United States. Diplomatic Papers. The Conferences at Malta and Yalta 1945, Washington, D. C. 1955, S. 970.

3 Wilfried Loth, 1945 – Essens Wiederaufbau nach dem Krieg, in: Ulrich Borsdorf/Heinrich Theodor Grütter/Oliver Scheytt (Hrsg.), Gründerjahre. 1150 Jahre Stift und Stadt Essen, Essen 2005, S. 89–111, hier S. 113.

4 Thomas Dupke, Vom Wiederaufbau zum Strukturwandel – Essen 1945 bis 2000, in: Hermann Burghard/Ulrich Borsdorf (Hrsg.), Essen – Geschichte einer Stadt, Essen 2002, S. 468–553, hier S. 471.

5 Ebd.

6 Vgl. ebd., S. 474.

7 Ebd., S. 477.

8 Vgl. ebd., S. 478 f.

9 Ebd., S. 480.
10 Zitiert nach Fischer, Herz des Reviers, S. 368.
11 Christoph Kleßmann/Peter Friedemann, Streiks und Hungermärsche im Ruhrgebiet 1946–1948, Frankfurt am Main 1977.
12 Zitiert nach Dupke, Vom Wiederaufbau zum Strukturwandel, S. 482 f.
13 Eberhard Schulz, Baedeker im Westen, in: Klaus R. Scherpe (Hrsg.), In Deutschland unterwegs. Reportagen, Skizzen, Berichte 1945–1948, Stuttgart 1982, S. 124.
14 Zitiert nach Toni Stolper, Die deutsche Wirklichkeit. Ein Mahnruf zum künftigen Frieden Europas, Hamburg 1949, S. 22.
15 Dupke, Vom Wiederaufbau zum Strukturwandel, S. 487.
16 Richter, «NB-Chronik», Archiv der National-Bank, S. 11.
17 Grundsätzlich Frank Gausmann, Deutsche Großunternehmer vor Gericht. Vorgeschichte, Verlauf und Folgen der Nürnberger Industriellenprozesse 1945–1948/51, Hamburg 2011 und die dort genannte weiterführende Literatur; daneben John Gimbel, The American Occupation of Germany, Stanford 1968; Edward N. Peterson, The American Occupation of Germany. Retreat to Victory, Detroit 1977; Klaus-Dietmar Henke, Die amerikanische Besetzung Deutschlands, München 1995.
18 Paradigmatisch war die Schrift von Wendell Berge, Cartels. Challenge to a Free World, Washington, D. C. 1944. Als Beispiel für die Verbindung von Antikartell-Bestrebungen und Kriegszielpropaganda kann gelten Joseph Borkin/Charles A. Welsh, Germany's Master Plan. The Story of Industrial Offensive, New York 1943. Zur historischen Einordnung: Graham D. Taylor, Debate in the United States over the Control of International Cartels, 1942–1950, in: International History Review 3 (1981), S. 385–398, bes. S. 396 f.; ders., The Rise and Fall of Antitrust in Occupied Germany, 1945–48, in: Prologue 11 (1979), S. 23–39.
19 Vgl. grundlegend Theo Horstmann, Die Alliierten und die deutschen Großbanken. Bankenpolitik nach dem Zweiten Weltkrieg in Westdeutschland, Bonn 1991. Speziell zu den Dezentralisierungsbestrebungen Manfred Pohl, Zerschlagung und Wiederaufbau der deutschen Großbanken. 1945–1957, in: Beiträge zu Wirtschafts- und Währungsfragen und zur Bankgeschichte 13 (1974), S. 21–32; Hans E. Büschgen, Die Großbanken, Frankfurt am Main 1983; Herbert Wolf, Vor 40 Jahren Großbanken-Neuordnung, in: Die Bank. Zeitschrift für Bankpolitik und Bankpraxis 9 (1992), S. 549–553.
20 Wandel, Banken und Versicherungen, S. 105.
21 Carl-Ludwig Holtfrerich, Die Deutsche Bank vom Zweiten Weltkrieg über die Besatzungsherrschaft zur Rekonstruktion 1945–1957, in: Lothar Gall/Gerald D. Feldman/Harold James u. a., Die Deutsche Bank 1870–1995, München 1995, S. 409–578, bes. S. 450–469.
22 Vgl. Eckhard Wandel, Der OMGUS-Bericht über die Ermittlungen gegen die Deutsche Bank, in: Bankhistorisches Archiv 13 (1987) 1, S. 51–56.
23 Harold James, Die Deutsche Bank und die Diktatur, in: Lothar Gall/Gerald D. Feldman/Harold James u. a., Die Deutsche Bank 1870–1995, S. 315–408, hier S. 322.
24 Joachim Scholtyseck, Die USA vs. «The Big Six». Der gescheiterte Bankenprozeß nach dem Zweiten Weltkrieg, in: Bankhistorisches Archiv. Zeitschrift für Bankgeschichte 26 (2000), S. 27–53.

25 Dwight D. Eisenhower Library Collection of 20th Century Military Records, Box 7, Army Services Manual M 356–5, Military Handbook, Germany, Section 5: Money and Banking, S. 105.

26 OMGUS. Ermittlungen gegen die Deutsche Bank 1946/1947. Übersetzt und bearbeitet von der Dokumentenstelle zur NS-Sozialpolitik, Nördlingen 1985, S. 76 f.

27 Zitiert nach Theo Horstmann, Die Angst vor dem finanziellen Kollaps. Banken- und Kreditpolitik in der britischen Zone 1945–1948, in: Dietmar Petzina/Walter Euchner (Hrsg.), Wirtschaftspolitik im britischen Besatzungsgebiet 1945–1949, Düsseldorf 1984, S. 215–233, hier S. 215.

28 Allied Forces, Financial and Property Control Technical Manual (1944), S. 16, zitiert nach Holtfrerich, Die Deutsche Bank, S. 450.

29 Horstmann, Die Angst vor dem finanziellen Kollaps, S. 215.

30 Gall, Der Bankier, S. 123.

31 Zitiert nach Horstmann, Die Angst vor dem finanziellen Kollaps, S. 216.

32 Vgl. grundsätzlich Irmgard Lange (Hrsg.), Entnazifizierung in Nordrhein-Westfalen, Siegburg 1976.

33 «Aktennotiz vom 18. Juli 1946», Mitglieder des Aufsichtsrats, Band 2, Archiv der National-Bank. Vgl. Richter, «NB-Chronik», Archiv der National-Bank, S. 72.

34 Pohl/Siekmann, Hochtief und seine Geschichte, S. 235.

35 «National-Bank an Karl Hitzbleck vom 28. November 1945», Mitglieder des Aufsichtsrats, Band 2, Archiv der National-Bank.

36 «Vögler an den Vorstand der National-Bank vom 2. Dezember 1945», Mitglieder des Aufsichtsrats, Band 2, Archiv der National-Bank.

37 «Karl Hitzbleck an Brusten vom 18. Dezember 1945», Mitglieder des Aufsichtsrats, Band 2, Archiv der National-Bank.

38 «Brusten an Karl Hitzbleck vom 21. Dezember 1945», Mitglieder des Aufsichtsrats, Band 2, Archiv der National-Bank.

39 Pelletier hatte die Gefolgschaft seines bereits oben erwähnten «Nürnberger Bundes» zum 1. Mai 1943 mit einer markigen Ansprache zum Durchhalten aufgefordert: «Die Toten dieses Krieges fallen nicht um eines Sieges willen, der Landesgrenzen verschiebt, sondern um eines Sieges willen, der unser Volk vor der Vernichtung bewahren muß. Der Soldat im Osten weiß, daß das Wort des Führers, daß es nur Vernichtete und Überlebende geben wird, nüchterne Wahrheit ist. Sie, meine Kameraden, wissen es gleichfalls, daß äußerster Vernichtungswille nicht Halt macht vor Frauen und Kindern, nicht vor Kulturstätten und Heiligtümern. Nürnberg, Essen, Berlin und Stuttgart sind nun Zeugen dieses unbarmherzigen Geschehens eines totalen Krieges, dessen äußerste Auswirkungen der Führer durch sein wiederholtes Angebot, beiderseits auf den Bombenwurf auf offene Stellen zu verzichten, beschränken wollte. Der Feind ging nicht darauf ein. Der Kampf muß deshalb mit allen Mitteln durchgestanden werden. [...] Stalingrads Widerstand und Opfertod hielt die Ostfront, und wenn die Kämpfer von Stalingrad nicht Stalins Stoßarmeen gebunden hätten, so würde nicht nur diese Armee, sondern auch die Südfront aufs Äußerste bedroht gewesen sein, und ich würde diese Zeilen kaum mehr an Sie richten können. [...] Der totale Arbeitseinsatz in der Heimat wie der totale Einsatz an der Front kann darauf nur unsere Antwort sein. So schließt sich der Ring vom Ge-

schehen von Stalingrad zum Tag der Nationalen Arbeit, der kein Feiertag in des Wortes letzter Bedeutung, sondern ein Einsatz ersten Ranges ist.» Aufruf, Druckfassung vom 3. April 1943, in «Mitglieder des Aufsichtsrats», Band 5, Archiv der National-Bank.

40 Vgl. die Unterlagen «Mitglieder des Aufsichtsrats», Band 5, Archiv der National-Bank.

41 Noch am 8. Januar 1945 hatte er aus Berlin an den Vorstand der *National-Bank* geschrieben, es sei zu wünschen, «daß Sie die schweren Zeiten, unter denen besonders der Westen unseres Vaterlandes zu leiden hat, glücklich überstehen mögen. Ich hoffe mit Ihnen, daß uns dieses Jahr die Erfüllung unseres sehnlichsten Wunsches bringen möge, den Krieg ehrenvoll und erfolgreich zu beenden und damit den gequälten Völkern Europas endlich den Frieden zu bringen. Ich bin überzeugt, daß wir in Deutschland der weiteren Entwicklung mit Zuversicht entgegensehen können, eine Überzeugung, in der mich besonders die politischen und militärischen Ereignisse der letzten Monate bestärken». Vgl. «Mitglieder des Aufsichtsrats», Band 1, Archiv der National-Bank.

42 «National-Bank an von Brachel vom 21. November 1950», Mitglieder des Aufsichtsrats, Band 5, Archiv der National-Bank.

43 Vgl. «Schroeder an National-Bank vom 2. März 1943», Mitglieder des Aufsichtsrats, Band 1, Archiv der National-Bank.

44 «Schroeder an National-Bank vom 22. Januar 1946», Mitglieder des Aufsichtsrats, Band 1, Archiv der National-Bank.

45 «National-Bank an Schraud vom 29. August 1947», Mitglieder des Aufsichtsrats, Band 3, Archiv der National-Bank.

46 Richter, «NB-Chronik», Archiv der National-Bank, S. 71.

47 «Niederschrift über eine Besprechung des Aufsichtsrates mit dem Vorstand und der Direktion der National-Bank AG am Sonnabend, dem 6. März 1948 im Bankgebäude Essen», Archiv der National-Bank, S. 1. Vgl. «National-Bank an Karl Hitzbleck vom 19. Dezember 1945», Mitglieder des Aufsichtsrats, Band 2, Archiv der National-Bank.

48 «Niederschrift über die gemeinsame Sitzung des Aufsichtsrates und Vorstandes am 3. September 1949 in den Räumen der National-Bank Aktiengesellschaft in Essen, Rathenaustrasse 8», Archiv der National-Bank, S. 2.

49 «Aktennotiz vom 18. Juli 1946», Mitglieder des Aufsichtsrats, Band 2, Archiv der National-Bank.

50 «Erklärung vom 30. Oktober 1946», Mitglieder des Aufsichtsrats, Band 4, Archiv der National-Bank.

51 Vgl. «Karl Hitzbleck an die National-Bank vom 25. November 1946», Mitglieder des Aufsichtsrats, Band 4, Archiv der National-Bank. Vgl. hierzu auch «National-Bank an Karl Hitzbleck vom 2. Dezember 1946 und Karl Hitzbleck an den Vorstand der National-Bank vom 3. Dezember 1946», ebd.

52 Vgl. «National-Bank an Karl Hitzbleck vom 19. März 1948», Mitglieder des Aufsichtsrats, Band 1, Archiv der National-Bank.

53 «National-Bank an Karl Hitzbleck vom 12. April 1948», Mitglieder des Aufsichtsrats, Band 4, Archiv der National-Bank.

54 Ebd., S. 4.

55 «Niederschrift über die am Donnerstag, dem 14.10.1948 in Duisburg stattgefundene Aufsichtsratssitzung der National-Bank Aktiengesellschaft, Essen», Archiv der National-Bank, S. 2.

56 Steffen R. Kathe, Kulturpolitik um jeden Preis. Die Geschichte des Goethe-Instituts von 1951 bis 1990, München 2005, S. 87.

57 Wolfgang Müller-Clemm, In der Abendsonne. Ein Wohnstiftler plaudert aus, Stuttgart 1971.

58 Unterlagen in: Hauptstaatsarchiv Düsseldorf/NW 1005/ENG 425298.

59 Richter, «NB-Chronik», Archiv der National-Bank, S. 11.

60 «Vermerk betr. Deutsche Volksbank AG, Essen vom 11. Februar 1946», Akte Hitzbleck, Archiv der National-Bank.

61 Ebd.

62 Horstmann, Die Angst vor dem finanziellen Kollaps, S. 228, Anm. 6.

63 Ebd., S. 217.

64 «Vermerk betr. Deutsche Volksbank AG, Essen vom 11. Februar 1946», Mitglieder des Aufsichtsrats, Band 3, Archiv der National-Bank.

65 Ebd.

66 «Niederschrift über eine Besprechung des Aufsichtsrates mit dem Vorstand und der Direktion der National-Bank Aktiengesellschaft am Sonnabend, dem 6. März 1948 im Bankgebäude Essen», Archiv der National-Bank, S. 2.

67 «Niederschrift über die am Donnerstag, dem 25.3.1948 stattgefundene Aufsichtsratssitzung der National-Bank Aktiengesellschaft», Archiv der National-Bank, S. 3.

68 «Vermögensverwaltung der Deutschen Angestellten-Gewerkschaft an die Vermögensverwaltungs- und Treuhand-Gesellschaft des Deutschen Gewerkschaftsbundes für die britische Besatzungszone und Bremen vom 17. Dezember 1949», Korrespondenz «Wiedergutmachung», Archiv der National-Bank.

69 Kurt Hirche, Die Wirtschaftsunternehmen der Gewerkschaften, Düsseldorf/Wien 1966, S. 94.

70 Vgl. etwa die Stellungnahme des von der National-Bank beauftragten Rechtsanwalts Dr. Riedel, «Riedel an das Landgericht Essen vom 4. August 1952», Archiv der National-Bank.

71 «Riedel an die Wiedergutmachungskammer beim Landgericht Essen vom 16. Dezember 1952», Archiv der National-Bank.

72 «Gutachten über die Lage und Entwicklung der Deutschen Volksbank AG Essen in den Jahren 1931 bis 1933», Archiv der National-Bank, S. 3.

73 «Die National-Bank wäre durchaus bereit, die Revisionsberichte aus ihrem Besitz vorzulegen, trägt aber mit Rücksicht auf ihre Pflicht zur Wahrung des Bankgeheimnisses Bedenken, die Berichte […] zur Verfügung zu stellen, da in ihnen Beziehungen der Deutschen Volksbank zu ihren Kunden behandelt und Werturteile über deren Bonität behandelt sind.» «Riedel an die Wiedergutmachungskammer beim Landgericht Essen vom 16. Dezember 1952», Archiv der National-Bank.

74 Ebd.

75 Vgl. hierzu Hirche, Die Wirtschaftsunternehmen, S. 91–102.

76 «Paul Paus an Franz Blücher vom 1. März 1947», Mitglieder des Aufsichtsrats, Band 4, Archiv der National-Bank.

77 Ulrich, Aufstieg und Fall der Privatbankiers, S. 348. Zu Grünebaum vgl. Kopper, Zwischen Marktwirtschaft und Dirigismus, S. 271, Anm. 981.

78 «Wohlrabe an Bötzkes vom 11. Juli 1949», Schriftverkehr, Band 1, Archiv der National-Bank.

79 Jürgen Lillteicher, Raub, Recht und Restitution. Die Rückerstattung jüdischen Eigentums in der frühen Bundesrepublik, Göttingen 2007; Norbert Frei/Josef Brunner/Constantin Goschler (Hrsg.), Die Praxis der Wiedergutmachung. Geschichte, Erfahrung und Wirkung in Deutschland und Israel, Göttingen 2009; Constantin Goschler, Schuld und Schulden. Die Politik der Wiedergutmachung für NS-Verfolgte seit 1945, Göttingen 2005; ders./Jürgen Lillteicher (Hrsg.), «Arisierung» und Restitution. Die Rückerstattung jüdischen Eigentums in Deutschland und Österreich nach 1945 und 1989, Göttingen 2002; ders., Wiedergutmachung. Westdeutschland und die Verfolgung des Nationalsozialismus 1945–1954, München 1992, bes. S. 114–126; Tobias Winstel, Verhandelte Gerechtigkeit. Rückerstattung und Entschädigung für jüdische NS-Opfer in Bayern und Westdeutschland, München 2006.

80 Vgl. zu dieser Angelegenheit James, Die Deutsche Bank und die «Arisierung», S. 81 f.

81 «Protokoll über die Besprechung zwischen dem Aufsichtsratsvorsitzenden und der Direktion der National-Bank Aktiengesellschaft am 1. September 1947 in den Räumen der National-Bank, Essen», Archiv der National-Bank, S. 2.

82 «Karl Hitzbleck an den Vorstand der National-Bank vom 28. September 1947», Mitglieder des Aufsichtsrats, Band 2, Archiv der National-Bank.

83 Hinzu rechnete die Landeszentralbank noch die Sammelwertberichtigung von 1,234 Millionen DM, sodass sich die gesamten haftenden Mittel nach den Richtlinien der BdL auf 7,2 Millionen DM beliefen. Vgl. Hohe Rücklagen, in: Die Zeit vom 4. April 1957.

84 Von Roden, Geschichte der Duisburger Juden, Duisburg 1986, S. 961–963.

85 «Niederschrift über die am Montag, dem 2. 8. 1948 in Essen stattgefundene Sitzung des Aufsichtsrates der National-Bank Aktiengesellschaft, Essen», Archiv der National-Bank, S. 1 f. Ob es seinerzeit tatsächlich zu einem Rechtsstreit gekommen ist, ist aus den Akten nicht ersichtlich.

86 Westdeutschland Wirtschaftsprüfungs-AG, Essen, «Sonderbericht über die Entwicklung und die rechtlichen und wirtschaftlichen Grundlagen nach dem Stand vom 20. Juni 1948», Archiv der National-Bank.

87 «Nationalbank an die Mitglieder des Aufsichtsrats vom 8. November 1946», Mitglieder des Aufsichtsrats, Band 3, Archiv der National-Bank.

88 «Karl Hitzbleck an den Vorstand der National-Bank vom 31. Dezember 1945», Mitglieder des Aufsichtsrats, Band 2, Archiv der National-Bank.

89 «Blücher und Brusten an Karl Hitzbleck vom 18. Dezember 1945», Mitglieder des Aufsichtsrats, Band 2, Archiv der National-Bank.

90 «National-Bank an Schraud vom 27. Februar 1946», Mitglieder des Aufsichtsrats, Band 3, Archiv der National-Bank.

91 Vgl. «Karl Hitzbleck an die National-Bank vom 25. November 1946», Mitglieder des Aufsichtsrats, Band 2, Archiv der National-Bank.

92 «Paus an Karl Hitzbleck vom 8. Oktober 1947», Mitglieder des Aufsichtsrats, Band 2,

Archiv der National-Bank; «Niederschrift über die Besprechung der Bilanz und der Gewinn- und Verlustrechnung der National-Bank per 31. Dezember 1945, am 22. Februar 1946 im Gebäude der National-Bank, Essen», Archiv der National-Bank, S. 3; «National-Bank an Karl Hitzbleck vom 7. Februar 1947», Mitglieder des Aufsichtsrats, Band 2, Archiv der National-Bank.

93 «Karl Hitzbleck an den Vorstand der National-Bank vom 26. Februar 1946», Mitglieder des Aufsichtsrats, Band 2, Archiv der National-Bank.

94 «National-Bank an die Aufsichtsratsmitglieder der National-Bank vom 29. Juni 1948», Mitglieder des Aufsichtsrats, Band 2, Archiv der National-Bank.

95 Ebd.

96 «Vorstand der National-Bank an Franz Blücher vom 9. November 1948», Mitglieder des Aufsichtsrats, Band 1, Archiv der National-Bank.

97 «National-Bank an Blücher vom 10. Januar 1950», Mitglieder des Aufsichtsrats, Band 1, Archiv der National-Bank.

98 «National-Bank an von Brachel vom 24. März 1950», Mitglieder des Aufsichtsrats, Band 5, Archiv der National-Bank; «National-Bank an Pott vom 23. September 1950», Mitglieder des Aufsichtsrats, Band 6, Archiv der National-Bank.

99 «Geschäftsbericht der Niederrheinischen Bank 1950», Bestand S7–274/2, Westfälisches Wirtschaftsarchiv.

100 Richter, «NB-Chronik», Archiv der National-Bank, S. 21.

101 «Karl Hitzbleck an Paus vom 19. Juli 1945», Mitglieder des Aufsichtsrats, Band 2, Archiv der National-Bank.

102 «National-Bank an Schroeder vom 29. März 1946», Mitglieder des Aufsichtsrats, Band 1, Archiv der National-Bank.

103 «Notiz ‹Kredit-Überprüfung› vom 11. August 1945», Mitglieder des Aufsichtsrats, Band 2, Archiv der National-Bank.

104 «Blücher und Brusten an Karl Hitzbleck vom 18. Dezember 1945», Mitglieder des Aufsichtsrats, Band 2, Archiv der National-Bank.

105 «Karl Hitzbleck an die National-Bank vom 25. November 1946», Mitglieder des Aufsichtsrats, Band 1, Archiv der National-Bank. Vgl. auch «Karl Hitzbleck an Brusten vom 29. Mai 1946», Mitglieder des Aufsichtsrats, Band 2, Archiv der National-Bank.

106 «Karl Hitzbleck an den Vorstand der National-Bank vom 9. November 1946», Mitglieder des Aufsichtsrats, Band 2, Archiv der National-Bank.

107 Vgl. «National-Bank an Karl Hitzbleck vom 14. Oktober 1946», Mitglieder des Aufsichtsrats, Band 2, Archiv der National-Bank.

108 «Aktenvermerk über eine Unterredung zwischen Herrn Karl Hitzbleck und den Herren Brusten und Paus vom 10. Oktober 1945», Mitglieder des Aufsichtsrats, Band 2, Archiv der National-Bank.

109 «Anlage zum Brief der National-Bank an Schraud vom 27. Februar 1946», Mitglieder des Aufsichtsrats, Band 3, Archiv der National-Bank.

110 Ullmann, Der deutsche Steuerstaat, S. 173.

111 «National-Bank an Karl Hitzbleck vom 25. Oktober 1945», Mitglieder des Aufsichtsrats, Band 2, Archiv der National-Bank.

112 «National-Bank an Schraud vom 11. Februar 1946», Mitglieder des Aufsichtsrats, Band 3, Archiv der National-Bank.

113 «Karl Hitzbleck an den Vorstand der National-Bank vom 13. April 1946», Mitglieder des Aufsichtsrats, Band 1, Archiv der National-Bank.

114 «Wohlrabe an Bötzkes vom 25. November 1948», Schriftverkehr, Band 1, Archiv der National-Bank.

115 August Seeling, Karl Hitzbleck. Ein Duisburger Bauunternehmer mit Gestaltungskraft, in: Wolfgang Burkhard (Hrsg.), Niederrheinische Unternehmer. 111 Persönlichkeiten und ihr Werk, Duisburg 1990, S. 168 f.

116 Ebd., S. 168.

117 «‹Geschäftsverteilungs-Plan› vom 12. Februar 1946», Mitglieder des Aufsichtsrats, Band 2, Archiv der National-Bank.

118 «National-Bank an Karl Hitzbleck vom 28. November 1945», Mitglieder des Aufsichtsrats, Band 2, Archiv der National-Bank.

119 Ebd., S. 72.

120 Nellessen, «Geschichte und Entwicklung der National-Bank AG», Archiv der National-Bank, S. 39.

121 Richter, «NB-Chronik», Archiv der National-Bank, S. 39.

122 Ebd., S. 54.

123 «Blücher an die Geschäftsführung der National-Bank vom 22. Dezember 1946», Mitglieder des Aufsichtsrats, Band 4, Archiv der National-Bank.

124 Gall, Der Bankier, S. 165.

125 «Reichsbankstelle Essen an den Vorstand der National-Bank vom 3. Januar 1947», Mitglieder des Aufsichtsrats, Band 1, Archiv der National-Bank.

126 «Von Brachel an Blücher vom 21. Dezember 1949», Mitglieder des Aufsichtsrats, Band 5, Archiv der National-Bank. Vgl. «Wohlrabe an Blücher vom 17. Juni 1950», Mitglieder des Aufsichtsrats, Band 4, Archiv der National-Bank.

127 Vgl. Horstmann, Die Alliierten und die deutschen Großbanken, S. 216 f.

128 «Karl Hitzbleck an den Vorstand der National-Bank vom 26. Februar 1947», Mitglieder des Aufsichtsrats, Band 2, Archiv der National-Bank; «Margarine-Verkaufs-Union an Franz Blücher vom 12. Mai 1947», Mitglieder des Aufsichtsrats, Band 4, Archiv der National-Bank.

129 Zitiert nach Fischer, Herz des Reviers, S. 376.

130 «Karl Hitzbleck an den Vorstand der National-Bank vom 24. September 1947», Mitglieder des Aufsichtsrats, Band 2, Archiv der National-Bank. Vgl. auch «Protokoll über die Besprechung zwischen dem Aufsichtsratsvorsitzenden und der Direktion der National-Bank Aktiengesellschaft am 1. September 1947 in den Räumen der National-Bank Essen», Archiv der National-Bank.

131 «Vorstand der National-Bank an Blücher vom 26. Juli 1948», Mitglieder des Aufsichtsrats, Band 4, Archiv der National-Bank.

132 Zitiert nach Fischer, Herz des Reviers, S. 376.

133 Zitiert nach ebd., S. 377.

134 Hartmut Kaelble, Kalter Krieg und Wohlfahrtsstaat. Europa 1945–1989, München 2011, S. 30–32; Alan S. Milward, The Reconstruction of Western Europe, London 2012.

135 Michael J. Hogan, The Marshall Plan. America, Britain, and the Reconstruction of Western Europe, 1947–1952, Cambridge u. a. 1987; Wilfried Mausbach, Zwischen Morgenthau und Marshall. Das wirtschaftspolitische Deutschlandkonzept der USA

1944–1947, Düsseldorf 1996; Hans-Jürgen Schröder (Hrsg.), Marshallplan und westdeutscher Wiederaufstieg. Positionen – Kontroversen, Stuttgart 1990.

136 Hans-Ulrich Wehler, Deutsche Gesellschaftsgeschichte, Bd. 5: Bundesrepublik und DDR 1949–1990, München 2008, S. 52.

137 Werner Abelshauser, Deutsche Wirtschaftsgeschichte seit 1945, Bonn 2004, S. 122. Die Debatten um die Bedeutung der Währungsreform können an dieser Stelle nicht weiterverfolgt werden. Vgl. hierzu Christoph Buchheim, Zur Kontroverse über den Stellenwert der Währungsreform für die Wirtschaftsdynamik in der Bundesrepublik Deutschland, in: Peter Hampe (Hrsg.), Währungsreform und soziale Marktwirtschaft. Rückblicke und Ausblicke, München 1989, S. 86–100.

138 Carl-Ludwig Holtfrerich, Das Elend der Mark im «Dreißigjährigen Krieg» 1914–1945, in: ders./Harold James/Manfred Pohl, Requiem auf eine Währung. Die Mark 1873–2001, Stuttgart/München 2001, S. 109–190, bes. S. 177–183, hier S. 183.

139 Wandel, Banken und Versicherungen, S. 37.

140 Abelshauser, Deutsche Wirtschaftsgeschichte, S. 127.

141 Dominique Barjot (Hrsg.), Catching up with America. Productivity Missions and the Diffusion of American Economic and Technological Influence after the Second World War, Paris 2002; Wolfgang Streeck, Playing Catch Up, in: London Review of Books vom 4. Mai 2017, S. 26–28. Vgl. Ludger Lindlar, Das mißverstandene Wirtschaftswunder. Westdeutschland und die westeuropäische Nachkriegsprosperität, Tübingen 1998; Moses Abramovitz, Catch-up and Convergence in the Postwar Growth Boom and After, in: William J. Baumhol/Richard R. Nelson/Edward N. Wolff (Hrsg.), Convergence of Productivity. Cross-National Studies and Historical Evidence, Oxford 1994, S. 86–125; Tamás Vonyó, The Economic Consequences of the War. West Germany's Growth Miracle after 1945, Cambridge 2018.

142 Abelshauser, Deutsche Wirtschaftsgeschichte, S. 72; Wehler, Deutsche Gesellschaftsgeschichte, Bd. 5, S. 50 f.

143 Werner Plumpe, Industrieland Deutschland. 1945 bis 2008, in: Hans-Peter Schwarz (Hrsg.), Die Bundesrepublik Deutschland. Eine Bilanz nach 60 Jahren, Köln 2008, S. 379–404, hier S. 392 f.

144 Holtfrerich, Das Elend der Mark, S. 177.

145 «Brusten an Blücher vom 14. Dezember 1946», Mitglieder des Aufsichtsrats, Band 4, Archiv der National-Bank.

146 «Niederschrift über die Besprechung der Bilanz und der Gewinn- und Verlustrechnung der National-Bank per 31. Dezember 1945 am 22. Februar 1946 im Gebäude der National-Bank, Essen», Archiv der National-Bank, S. 1.

147 «Karl Hitzbleck an den Vorstand der National-Bank vom 12. Mai 1947», Mitglieder des Aufsichtsrats, Band 2, Archiv der National-Bank.

148 «Karl Hitzbleck an den Vorstand der National-Bank vom 22. August 1947», Mitglieder des Aufsichtsrats, Band 2, Archiv der National-Bank.

149 «Vorstand an Blücher vom 8. Oktober 1947», Mitglieder des Aufsichtsrats, Band 4, Archiv der National-Bank.

150 «Protokoll über die Besprechung zwischen dem Aufsichtsratsvorsitzenden und der Direktion der National-Bank Aktiengesellschaft am 1. September 1947 in den Räumen der National-Bank, Essen», Archiv der National-Bank, S. 3.

151 «Protokoll über die Besprechung zwischen dem Aufsichtsratsvorsitzenden und der Direktion der National-Bank Aktiengesellschaft am 1. September 1947 in den Räumen der National-Bank, Essen», Archiv der National-Bank, S. 4.

152 «Niederschrift über die am Donnerstag, dem 25. 3. 1948 stattgefundene Aufsichtsratssitzung der National-Bank Aktiengesellschaft», Archiv der National-Bank, S. 1.

153 Cassier, Biographie einer Unternehmerbank, S. 136.

154 Vgl. «Wohlrabe an Bötzkes vom 25. November 1948», Schriftverkehr, Band 1, Archiv der National-Bank.

155 «Protokoll über die Besprechung zwischen dem Aufsichtsratsvorsitzenden und der Direktion der National-Bank Aktiengesellschaft am 1. September 1947 in den Räumen der National-Bank, Essen», Archiv der National-Bank, S. 1.

156 «Niederschrift über die Aufsichtsratssitzung der National-Bank am Mittwoch, dem 10. Dezember 1947», Archiv der National-Bank, S. 1.

157 Vgl. die Unterlagen in «Mitglieder des Aufsichtsrats», Band 5, Archiv der National-Bank.

158 Ebd.

159 Richter, «NB-Chronik», Archiv der National-Bank, S. 40.

160 «Niederschrift über die am Donnerstag, dem 14. 10 1948 in Duisburg stattgefundene Aufsichtsratssitzung der National-Bank Aktiengesellschaft, Essen», Archiv der National-Bank, S. 1.

161 «Franz Blücher an Wohlrabe vom 7. März 1949», Mitglieder des Aufsichtsrats, Band 4, Archiv der National-Bank. «Wohlrabe an Franz Blücher vom 9. März 1949», Mitglieder des Aufsichtsrats, Band 4, Archiv der National-Bank.

162 National-Bank an von Brachel vom 7. April 1949», Mitglieder des Aufsichtsrats, Band 5, Archiv der National-Bank; «Niederschrift über die am 1. Juni 1949 im Bankgebäude Essen, Rathenaustrasse 8, stattgefundene gemeinsame Sitzung des Aufsichtsrates und Vorstandes der National-Bank Aktiengesellschaft, Essen», ebd.

163 Vgl. Ernst Hitzbleck gestorben. Duisburgs Bauwesen verliert bedeutende Persönlichkeit, in: Westdeutsche Allgemeine Zeitung, 15. März 1957.

164 «National-Bank an Blücher vom 9. Januar 1950», Mitglieder des Aufsichtsrats, Band 4, Archiv der National-Bank.

165 «Niederschrift über die am Donnerstag, dem 14. 10. 1948 in Duisburg stattgefundene Aufsichtsratssitzung der National-Bank Aktiengesellschaft, Essen», Archiv der National-Bank, S. 1.

166 Dupke, Vom Wiederaufbau zum Strukturwandel, S. 484.

167 Abelshauser, Deutsche Wirtschaftsgeschichte, S. 406.

168 «Niederschrift über die am Dienstag, den 21. 12. 1948 stattgefundene Aufsichtsratssitzung der National-Bank Aktiengesellschaft, Essen», Archiv der National-Bank.

169 «Niederschrift über die am 11. April 1949 im Bankgebäude Essen, Rathenaustrasse 8, stattgefundene gemeinsame Sitzung des Aufsichtsrates und des Vorstandes der National-Bank Aktiengesellschaft, Essen», Archiv der National-Bank, S. 1.

170 Zu den Auswirkungen dieser strukturellen Wandlungsprozesse Wolfgang Stützel, Banken, Kapital und Kredit in der zweiten Hälfte des 20. Jahrhunderts, in: Fritz

Neumark (Hrsg.), Strukturwandlungen einer wachsenden Wirtschaft, Bd. 2, Berlin 1964, S. 527–575.

171 «Karl Hitzbleck an den Vorstand der National-Bank vom 4. März 1947», Mitglieder des Aufsichtsrats, Band 2, Archiv der National-Bank.

172 Holtfrerich, Die Deutsche Bank, S. 552.

173 Jean R. von Salis, Geschichte und Politik, Zürich 1971, S. 214.

174 Vgl. Mark Spoerer, Wohlstand für alle? Soziale Marktwirtschaft, in: Thomas Hertfelder/Andreas Rödder (Hrsg.), Modell Deutschland. Erfolgsgeschichte oder Illusion?, Göttingen 2007, S. 28–43; Werner Abelshauser, Wunder gibt es immer wieder. Mythos Wirtschaftswunder, in: Aus Politik und Zeitgeschichte 27 (2018), S. 4–10.

175 Ursula Rombeck-Jaschinski, Das Londoner Schuldenabkommen. Die Regelung der deutschen Auslandsschulden nach 1945, München 2004.

176 Michael Wolffsohn, Globalentschädigung für Israel und die Juden? Adenauer und die Opposition in der Bundesregierung, in: Ludolf Herbst/Constantin Goschler (Hrsg.), Wiedergutmachung in der Bundesrepublik Deutschland, München 1989, S. 161–190.

177 Wandel, Banken und Versicherungen, S. 38.

178 Mark Spoerer/Jochen Streb, Neue deutsche Wirtschaftsgeschichte des 20. Jahrhunderts, München 2013, S. 219. Vgl. Lindlar, Das mißverstandene Wirtschaftswunder.

179 Vgl. Dominik Geppert/Hans-Peter Schwarz (Hrsg.), Konrad Adenauer, Ludwig Erhard und die Soziale Marktwirtschaft, Paderborn 2019, bes. S. 11–131.

180 Vgl. Dupke, Vom Wiederaufbau zum Strukturwandel, S. 484.

181 Zitiert nach Fischer, Herz des Reviers, S. 379.

182 Dupke, Vom Wiederaufbau zum Strukturwandel, S. 488.

183 Vgl. Peter Graf Kielmansegg, Nach der Katastrophe. Eine Geschichte des geteilten Deutschland, Berlin 2000, S. 420.

184 Fischer, Herz des Reviers, S. 376.

185 Dupke, Vom Wiederaufbau zum Strukturwandel, S. 489.

186 Abelshauser, Deutsche Wirtschaftsgeschichte, S. 30 f.

187 Edgar Wolfrum, Die geglückte Demokratie. Geschichte der Bundesrepublik Deutschland von ihren Anfängen bis zur Gegenwart, Bonn 2007, S. 144.

188 Ebd., S. 147.

189 Dupke, Vom Wiederaufbau zum Strukturwandel, S. 509.

190 Zitiert nach Fischer, Herz des Reviers, S. 380.

191 «Eugen Vögler an Paus und Brusten vom 20. Januar 1948», Mitglieder des Aufsichtsrats, Band 1, Archiv der National-Bank.

192 Vgl. «Pott an Bötzkes vom 23. April 1949», Mitglieder des Aufsichtsrats, Band 6, Archiv der National-Bank.

193 «National-Bank an Pott vom 4. August 1949», Mitglieder des Aufsichtsrats, Band 6, Archiv der National-Bank.

194 Vgl. «Wohlrabe an von Brachel vom 19. Mai 1951», Mitglieder des Aufsichtsrats, Band 5, Archiv der National-Bank.

195 Erich Edgar Schulze, Aus Duisburgs dunkelsten Tagen, in: Duisburger Forschungen 8 (1965), S. 238–268.

196 «Wohlrabe an Bötzkes vom 10. März 1950», Schriftverkehr, Band 1, Archiv der National-Bank.

197 Gall, Der Bankier, S. 165.

198 «Wohlrabe an Büro Blücher vom 6. Februar 1950», Mitglieder des Aufsichtsrats, Band 4, Archiv der National-Bank.

199 Vgl. hierzu Joachim Scholtyseck, Otto Schniewind (1887–1970), in: Hans Pohl (Hrsg.), Deutsche Bankiers des 20. Jahrhunderts, Stuttgart 2008, S. 373–385.

200 «National-Bank an Blücher vom 11. Mai 1950», Mitglieder des Aufsichtsrats, Band 4, Archiv der National-Bank.

201 «Wohlrabe an Bötzkes vom 23. November 1950», Schriftverkehr, Band 1, Archiv der National-Bank.

202 Richter, «NB-Chronik», Archiv der National-Bank, S. 42.

203 Wandel, Banken und Versicherungen, S. 36.

204 Dilling, «Allgemein interessierende Erinnerungen», Archiv der National-Bank, S. 2.

205 «Geschäftsführung an Blücher vom 16. Januar 1947», Mitglieder des Aufsichtsrats, Band 4, Archiv der National-Bank.

206 Dilling, «Allgemein interessierende Erinnerungen», Archiv der National-Bank, S. 3.

207 «National-Bank an Direktion der Filiale Duisburg vom 8. Juli 1946», Mitglieder des Aufsichtsrats, Band 2, Archiv der National-Bank.

208 «Wohlrabe an von Brachel vom 27. Dezember 1952», Mitglieder des Aufsichtsrats, Band 5, Archiv der National-Bank.

209 Dilling, «Allgemein interessierende Erinnerungen», Archiv der National-Bank, S. 5.

210 Zitiert nach Fischer, Herz des Reviers, S. 391.

211 Richter, «NB-Chronik», Archiv der National-Bank, S. 72.

212 «Wohlrabe an von Brachel vom 13. März 1951», Mitglieder des Aufsichtsrats, Band 5, Archiv der National-Bank.

213 Richter, «NB-Chronik», Archiv der National-Bank, S. 23.

214 «National-Bank an von Brachel vom 13. April 1954», Mitglieder des Aufsichtsrats, Band 5, Archiv der National-Bank; «Wohlrabe an Ernst Hitzbleck vom 13. April 1954», Mitglieder des Aufsichtsrats, Band 6, Archiv der National-Bank.

215 Dilling, «Allgemein interessierende Erinnerungen», Archiv der National-Bank. Das 1905 eröffnete traditionsreiche Kaufhaus wurde von Amerika aus geführt, nachdem das Geschäft in den 1930er-Jahren «arisiert» wurde und die Besitzer in die USA und Kanada emigriert waren. In den 1950er-Jahren wurde das Kaufhaus den jüdischen Besitzern rückerstattet.

216 «Baubeschreibung» vom 25. Januar 1949», Mitglieder des Aufsichtsrats, Band 3, Archiv der National-Bank.

217 «Aufsichtsratssitzung am 6. Oktober 1972», Archiv der National-Bank, S. 2.

218 «Aufsichtsratssitzung am 19. Dezember 1972», Archiv der National-Bank, S. 2.

219 Dilling, «Allgemein interessierende Erinnerungen», Archiv der National-Bank, S. 5.

220 Günther Schulz, Vom Bankbeamten zum Verkäufer. Neue Arbeitswelten bei Banken und Sparkassen, in: Haus der Geschichte Bonn (Hrsg.), Hauptsache Arbeit. Wandel der Arbeitswelt nach 1945, Bielefeld 2009, S. 114–121.

221 Dilling, «Allgemein interessierende Erinnerungen», Archiv der National-Bank, S. 4 f.

222 Ebd.
223 Vgl. Richter, «NB-Chronik», Archiv der National-Bank, S. 26.
224 Vgl. Nellessen, «Geschichte und Entwicklung der National-Bank AG», Archiv der National-Bank, S. 30.
225 «Geschäftsbericht 1977», Archiv der National-Bank, S. 15.
226 «Aufsichtsratssitzung am 19. Dezember 1972», Archiv der National-Bank, S. 2.
227 Richter, «NB-Chronik», Archiv der National-Bank, S. 21.
228 Johannes Bähr, Die Errichtung von Investmentgesellschaften und die Einführung des persönlichen Kleinkredits 1956/59, in: Carsten Burhop/Dieter Lindenlaub/Joachim Scholtyseck (Hrsg.), Schlüsselereignisse der deutschen Bankengeschichte, Stuttgart 2013, S. 362–386, hier S. 368.
229 Vgl. ebd., S. 45.
230 Vgl. Christian Kleinschmidt, Technik und Wirtschaft im 19. und 20. Jahrhundert, München 2007, S. 70.
231 Vgl. Michael Schneider, Demokratisierungs-Konsens zwischen Unternehmern und Gewerkschaftern? Zur Debatte um Wirtschaftsdemokratie und Mitbestimmung, in: Axel Schildt/Arnold Sywottek (Hrsg.), Modernisierung im Wiederaufbau, Bonn 1993, S. 207–222; ders., Vom «Herr-im-Hause» zum Sozialpartner? Grundzüge der unternehmerischen Reaktion auf die gewerkschaftlichen Forderungen nach Wirtschaftsdemokratie und Mitbestimmung, in: Ulrich Borsdorf u. a. (Hrsg.), Gewerkschaftliche Politik. Reform aus Solidarität. Festschrift zum 60. Geburtstag von Heinz Oskar Vetter, Köln 1977, S. 271–292.
232 Gloria Müller, Strukturwandel und Arbeitnehmerrechte. Die wirtschaftliche Mitbestimmung in der Eisen- und Stahlindustrie 1949–1975, Essen 1991.
233 «Aufsichtsratssitzung am 19. April 1972», Archiv der National-Bank, S. 2.
234 «Aufsichtsratssitzung am 8. Juni 1972», Archiv der National-Bank, S. 2.
235 «Geschäftsbericht 1997», Archiv der National-Bank, S. 50.
236 «Geschäftsbericht 1992», Archiv der National-Bank, S. 24.
237 «Die Welt» vom 24. April 2005.
238 Andrea Rehling, Die deutschen Wirtschaftseliten in der öffentlichen Wahrnehmung am Beispiel von «Spiegel», «Stern» und «Quick», in: Akkumulation. Informationen des Arbeitskreises für kritische Unternehmens- und Industriegeschichte 18 (2003), S. 1–13, hier S. 11.
239 Richter, «NB-Chronik», Archiv der National-Bank, S. 18.
240 Vgl. grundsätzlich Martina Köchling, Demontagepolitik und Wiederaufbau in Nordrhein-Westfalen, Essen 1995, S. 313–316.
241 Hohe Rücklagen, in: Die Zeit vom 4. April 1957.
242 «Vorstand der National-Bank an Blücher vom 4. Januar 1949», Mitglieder des Aufsichtsrats, Band 4, Archiv der National-Bank.
243 Vgl. «Brusten an Blücher vom 3. Juni 1947», Mitglieder des Aufsichtsrats, Band 4, Archiv der National-Bank.
244 Heinz-Gerhard Haupt, Der Siegeszug der Konsumgesellschaft, in: Martin Sabrow/Peter Ulrich Weiß (Hrsg.), Das 20. Jahrhundert vermessen. Signaturen eines vergangenen Zeitalters, Göttingen 2017, S. 219–240; vgl. Andreas Wirsching, Politische Generationen, Konsumgesellschaft, Sozialpolitik, in: Anselm Doering-Manteuffel

(Hrsg.), Strukturmerkmale der deutschen Geschichte des 20. Jahrhunderts, München 2006, S. 43–64; Claudius Torp, Wachstum, Sicherheit, Moral. Politische Legitimationen des Konsums im 20. Jahrhundert, Göttingen 2012.

245 Vgl. Bormann/Scholtyseck, Der Bank- und Börsenplatz Essen, S. 397.

246 Gonser, Der Kapitalismus entdeckt das Volk, S. 80.

247 «Aufsichtsratssitzung am 6. Oktober 1972», Archiv der National-Bank, S. 2.

248 «Geschäftsbericht 1977», Archiv der National-Bank, S. 17.

249 Nellessen, «Geschichte und Entwicklung der National-Bank AG», Archiv der National-Bank.

250 Friederike Sattler, Herrhausen: Bankier, Querdenker, Global Player, München 2019, S. 216–309.

251 Wandel, Banken und Versicherungen, S. 40 f., sowie Bormann/Scholtyseck, Der Bank- und Börsenplatz Essen, S. 350–359.

252 Jahresbericht der IHK Essen 1951, WWA Dortmund, S 6–891/6 (1951).

253 Zitiert nach Hans Pohl, Die rheinischen Sparkassen. Entwicklung und Bedeutung für Wirtschaft und Gesellschaft von den Anfängen bis 1990, Stuttgart 2001, S. 206.

254 Zitiert nach ebd., S. 261.

255 Schulden ohne Pfand, in: Der Spiegel vom 13. Mai 1959.

256 Jahresbericht der IHK Essen 1961, WWA Dortmund, S 6–891/6 (1961).

257 Zeitzeugengespräch Günter Ehlen, 11. Dezember 2009.

258 Jahresbericht der IHK Essen 1960, WWA Dortmund, S 6–891/6 (1960).

259 Vgl. Bormann/Scholtyseck, Bank- und Börsenplatz Essen, S. 389–392.

260 Tagesordnung und Geschäftsbericht der ordentlichen Hauptversammlung der Waren-Kredit-Gesellschaft mbH vom März 1962, WWA Dortmund S 7–290/9; Tagesordnung und Geschäftsbericht der ordentlichen Hauptversammlung der Waren-Kredit-Gesellschaft mbH vom März 1963, WWA Dortmund S 7–290/9.

261 Vgl. die Geschäftsberichte der Waren-Kredit-Gesellschaft mbH 1963 bis 1965, WWA Dortmund S 7–290/9.

262 Essener Revue 9 (1968), Heft 5, S. 36.

263 Jahresbericht der IHK Essen 1952, WWA Dortmund, S 6–891/6 (1952).

264 Wilhelm Vocke, Memoiren, Stuttgart 1973, S. 164.

265 Vgl. Gall, Der Bankier, S. 245 f.

266 Hans Herbert Götz, Weil alle besser leben wollen … Porträt der deutschen Wirtschaftspolitik, Düsseldorf/Wien 1963, S. 113.

267 «Wohlrabe an von Brachel vom 20. April 1959», Mitglieder des Aufsichtsrats, Band 5, Archiv der National-Bank. Brachel schied 1956 aus dem Aufsichtsrat aus, stand der Bank jedoch weiterhin beratend zur Verfügung. Er starb am 2. März 1964.

268 Vgl. Schulz, Wiederaufbau in Deutschland, S. 211–254.

269 Zitiert nach Fischer, Herz des Reviers, S. 389.

270 Dupke, Vom Wiederaufbau zum Strukturwandel, S. 494.

271 Ebd., S. 509.

272 Vgl. ebd., S. 509 f.

273 «Aufsichtsratssitzung am 8. Juni 1972», Archiv der National-Bank, S. 2.

274 Dupke, Vom Wiederaufbau zum Strukturwandel, S. 506.

275 Bormann/Scholtyseck, Der Bank- und Börsenplatz Essen, S. 398–400.

276 Fischer, Herz des Reviers, S. 395.
277 Dupke, Vom Wiederaufbau zum Strukturwandel, S. 506.
278 Ebd.
279 Zitiert nach Fischer, Herz des Reviers, S. 378.
280 Dupke, Vom Wiederaufbau zum Strukturwandel, S. 505.
281 «Aufsichtsratssitzung am 27. Februar 1970», Archiv der National-Bank.
282 Werner Abelshauser, Markt und Staat. Deutsche Wirtschaftspolitik im «langen 20. Jahrhundert», in: Reinhard Spree (Hrsg.), Geschichte der deutschen Wirtschaft im 20. Jahrhundert, München 2001, S. 117–140, hier S. 138.
283 Zitiert nach Jürgen Peter Schmied, Sebastian Haffner. Eine Biographie, München 2010, S. 295.
284 Vgl. Harald Rosenbach, Der Preis der Freiheit. Die deutsch-amerikanischen Verhandlungen über den Devisenausgleich (1961–1967), in: Vierteljahrshefte für Zeitgeschichte 46 (1998), S. 709–746.
285 Plumpe, Industrieland Deutschland, S. 396.
286 Vgl. Alexander Nützenadel, Wissenschaftliche Politikberatung in der Bundesrepublik. Die Gründung des Sachverständigenrates zur Begutachtung der gesamtwirtschaftlichen Lage 1963, in: Vierteljahrsschrift für Sozial- und Wirtschaftsgeschichte 89 (2002), S. 288–306; ders., Stunde der Ökonomen. Wissenschaft, Politik der Expertenkultur in der Bundesrepublik 1949–1974, Göttingen 2005.
287 Gérard Bökenkamp, Das Ende des Wirtschaftswunders. Geschichte der Sozial-, Wirtschafts- und Finanzpolitik in der Bundesrepublik 1969–1998, Stuttgart 2010, S. 11. Vgl. Tim Schanetzky, Sachverständiger Rat und Konzertierte Aktion. Staat, Gesellschaft und wissenschaftliche Expertise in der bundesrepublikanischen Wirtschaftspolitik, in: Vierteljahrsschrift für Sozial- und Wirtschaftsgeschichte 91 (2004), S. 310–331.
288 Dupke, Vom Wiederaufbau zum Strukturwandel, S. 531.
289 «Die Zeit» vom 9. Januar 1970.
290 «Aufsichtsratssitzung am 3. März 1971», Archiv der National-Bank, S. 4.
291 «Aufsichtsratssitzung am 3. März 1972», Archiv der National-Bank, S. 4.
292 «Aufsichtsratssitzung am 17. Dezember 1970», Archiv der National-Bank, S. 3.
293 Vgl. Wisotzky, Vom Kaiserbesuch zum Euro-Gipfel, S. 325 f.
294 Thomas Knüwer, Iwan David Herrstatt (1913–1995), in: Hans Pohl (Hrsg.), Deutsche Bankiers des 20. Jahrhunderts, Stuttgart 2008, S. 227–239.
295 «Geschäftsbericht 1975», Archiv der National-Bank, S. 14.
296 «Geschäftsbericht 1980», Archiv der National-Bank, S. 14.
297 «Aufsichtsratssitzung am 27. Februar 1970», Archiv der National-Bank.
298 Andreas Förster, Der Spion, der aus Frankfurt kam, in: Frankfurter Rundschau vom 17. August 2016.
299 «Aufsichtsratssitzung am 17. Dezember 1970», Archiv der National-Bank, S. 2. Vgl. «31. Aufsichtsratssitzung am 3. März 1971», S. 3; «Aufsichtsratssitzung am 3. März 1972», ebd., S. 2.
300 «Aufsichtsratssitzung am 3. März 1972», Archiv der National-Bank, S. 2.
301 Vgl. «Aufsichtsratssitzung am 12. Oktober 1971», Archiv der National-Bank, S. 1.
302 «Aufsichtsratssitzung am 15. Dezember 1971», Archiv der National-Bank, S. 2.

303 «Aufsichtsratssitzung am 15. Dezember 1971», Archiv der National-Bank, S. 3; «Aufsichtsratssitzung am 3. März 1972», ebd., S. 1.
304 «Aufsichtsratssitzung am 14. Dezember 1973», Archiv der National-Bank, S. 5.
305 «Geschäftsbericht 1975», Archiv der National-Bank, S. 10.
306 «Aufsichtsratssitzung am 6. Juni 1973», Archiv der National-Bank, S. 2.
307 «Aufsichtsratssitzung am 13. September 1973», Archiv der National-Bank, S. 4.
308 «Aufsichtsratssitzung am 14. Dezember 1973», Archiv der National-Bank, S. 6.
309 «Geschäftsbericht 1984», Archiv der National-Bank, S. 19.
310 Vgl. Neue Rhein Zeitung vom 22. Januar 1988.
311 Westdeutsche Allgemeine Zeitung vom 26. Januar 1988.
312 Vgl. grundlegend Björn Alecke, Deutsche Geldpolitik in der Ära Bretton Woods, Münster 1999.
313 Vgl. zu diesen Zusammenhängen grundsätzlich Harold James, Rambouillet, 15. November 1975. Die Globalisierung der Wirtschaft, München 1997; ders., International Monetary Cooperation since Bretton Woods, Washington, D. C./New York/Oxford 1996.
314 Bökenkamp, Das Ende des Wirtschaftswunders, S. 174.
315 Vgl. Karl Christian Führer, Gewerkschaftsmacht und ihre Grenzen. Die ÖTV und ihr Vorsitzender Heinz Kluncker 1964–1982, Bielefeld 2017.
316 Vgl. Torben Lütjen, Karl Schiller (1911–1994). «Superminister» Willy Brandts, Bonn 2007, S. 311–337.
317 Plumpe, Industrieland Deutschland, S. 398.
318 Vgl. Anselm Doering-Manteuffel/Lutz Raphael, Nach dem Boom. Perspektiven auf die Zeitgeschichte seit 1970, Göttingen 2008; ders./Lutz Raphael/Thomas Schlemmer (Hrsg.), Vorgeschichte der Gegenwart. Dimensionen des Strukturbruchs nach dem Boom, Göttingen/Bristol 2016; Werner Plumpe/André Steiner (Hrsg.), Der Mythos von der postindustriellen Welt. Wirtschaftlicher Strukturwandel in Deutschland 1960–1990, Göttingen 2016; Ralph Ahrens/André Steiner, Wirtschaftskrisen, Strukturwandel und internationale Verflechtung, in: Frank Bösch (Hrsg.), Geteilte Geschichte. Ost- und Westdeutschland 1970–2000, Bonn 2015, S. 79–115.
319 Tim Schanetzky, Ölpreisschock 1973. Wendepunkt des wirtschaftspolitischen Denkens, in: Andreas Rödder/Wolfgang Elz (Hrsg.), Deutschland in der Welt. Weichenstellungen in der Geschichte der Bundesrepublik, Göttingen 2010, S. 67–81, hier S. 68.
320 Lutz Raphael, Jenseits von Kohle und Stahl. Eine Gesellschaftsgeschichte Westeuropas nach dem Boom, Berlin 2019, S. 11; Bökenkamp, Das Ende des Wirtschaftswunders, S. 5.
321 Bökenkamp, Das Ende des Wirtschaftswunders, S. 5.
322 Werner Plumpe, Das kalte Herz. Kapitalismus. Die Geschichte einer andauernden Revolution, Berlin 2019, S. 511.
323 Abelshauser, Markt und Staat, S. 135.
324 Andreas Rödder, Das «Modell Deutschland» zwischen Erfolgsgeschichte und Verfallsdiagnose, in: Vierteljahrshefte für Zeitgeschichte 54 (2006), S. 345–363.
325 Ralf Ahrens/Boris Gehlen/Alfred Reckendrees (Hrsg.), Die «Deutschland AG». Historische Annäherungen an den bundesdeutschen Kapitalismus, Essen 2013.

326 Cassier, Biographie einer Unternehmerbank, S. 200.
327 «Aufsichtsratssitzung am 26. April 1973», Archiv der National-Bank, S. 1.
328 «Geschäftsbericht 1976», Archiv der National-Bank, S. 18.
329 «Geschäftsbericht 1975», Archiv der National-Bank, S. 9.
330 Ebd., S. 16.
331 Brief Günter Ehlen vom 11. Dezember 2009, Archiv der National-Bank.
332 Zeitzeugengespräch Dr. Hans Braun, 9. Mai 2010.
333 Zeitzeugengespräch Dr. Henner Puppel, 15. Juni 2010.
334 Dupke, Vom Wiederaufbau zum Strukturwandel, S. 531.
335 Abelshauser, Deutsche Wirtschaftsgeschichte, S. 311.
336 Zeitzeugengespräch Günter Ehlen, 11. Dezember 2009.
337 «Geschäftsbericht 1980», Archiv der National-Bank, S. 17 f.
338 Zeitzeugengespräch Dr. Hans Braun, 9. Mai 2010.
339 Manfred G. Schmidt, Der Sozialstaat in Deutschland – ein Sanierungsfall?, in: Hertfelder/Rödder, Modell Deutschland, Göttingen 2007, S. 96–109, hier S. 100.
340 Vgl. Bökenkamp, Das Ende des Wirtschaftswunders, S. 200.
341 Plumpe, Wirtschaftskrisen, S. 98.
342 Abelshauser, Markt und Staat, S. 135.
343 Stefan A. Schirm, Deutschlands wirtschaftspolitische Antworten auf die Globalisierung, in: Schwarz, Die Bundesrepublik Deutschland, München 2008, S. 405–443, hier S. 405.
344 Vgl. Katja Fuder, Der Staat als Unternehmer. Das industrielle Bundesvermögen seit 1945, in: Frank Schorkopf u. a. (Hrsg.), Gestaltung der Freiheit. Regulierung von Wirtschaft zwischen historischer Prägung und Normierung, Tübingen 2013, S. 175–196.
345 Andreas Wirsching, Abschied vom Provisorium 1982–1990, München 2006, S. 258.
346 Vgl. grundsätzlich Manfred G. Schmidt (Hrsg.), Geschichte der Sozialpolitik in Deutschland seit 1945. Bd. 7: Bundesrepublik Deutschland 1982–1989. Finanzielle Konsolidierung und institutionelle Reform, Baden-Baden 2005.
347 Wirsching, Abschied vom Provisorium.
348 Vgl. grundsätzlich Schmidt (Hrsg.), Geschichte der Sozialpolitik in Deutschland; daneben Philip Plickert, Wandlungen des Neoliberalismus. Eine Studie zur Entwicklung und Ausstrahlung der «Mont Pélerin Society», Stuttgart 2008; David Harvey, A Brief History of Neoliberalism, Oxford u. a. 2007.
349 Dominik Geppert, Maggie Thatchers Roßkur – ein Rezept für Deutschland?, Berlin 2003.
350 Plumpe, Industrieland Deutschland, S. 401. Vgl. Frank Bösch/Thomas Hertfelder/Gabriele Metzler (Hrsg.), Grenzen des Neoliberalismus. Der Wandel des Liberalismus im späten 20. Jahrhundert, Stuttgart 2018.
351 Andreas Rödder, 21.0. Eine kurze Geschichte der Gegenwart, München [4]2016, S. 52.
352 «Geschäftsbericht 1985», Archiv der National-Bank, S. 18.
353 «Geschäftsbericht 1984», Archiv der National-Bank, S. 23.
354 National-Bank-Familie, in: Westdeutsche Allgemeine Zeitung vom 1. Mai 1987.
355 «Geschäftsbericht 1993», Archiv der National-Bank, S. 25.
356 Bökenkamp, Das Ende des Wirtschaftswunders, S. 438.

357 Zeitzeugengespräch Dr. Henner Puppel, 15. Juni 2010.
358 Zeitzeugengespräch Dr. Alexander von Tippelskirch, 10. Mai 2010.
359 «Geschäftsbericht 1987», Archiv der National-Bank, S. 24.
360 Plumpe, Wirtschaftskrisen, S. 101.
361 Vgl. Susanne Lütz, Von der Infrastruktur zum Markt. Der deutsche Finanzsektor zwischen Deregulierung und Regulierung, in: Paul Windolf (Hrsg.), Finanzmarkt-Kapitalismus. Analysen zum Wandel von Produktionsregimen, Wiesbaden 2005, S. 294–315.
362 Susan Strange, Casino Capitalism, Oxford 1986; Hans-Werner Sinn, Kasino-Kapitalismus. Wie es zur Finanzkrise kam, und was jetzt zu tun ist, Berlin 2010.
363 Rödder, 21.0, S. 53.
364 «Geschäftsbericht 1995», Archiv der National-Bank, S. 21.
365 «Geschäftsbericht 1996», Archiv der National-Bank, S. 21.
366 «Geschäftsbericht 1990», Archiv der National-Bank, S. 24.
367 «Geschäftsbericht 1989», Archiv der National-Bank, S. 19.
368 «Geschäftsbericht 1994», Archiv der National-Bank, S. 35.
369 Zeitzeugengespräch Dr. Henner Puppel, 15. Juni 2010.
370 «Geschäftsbericht 1999», Archiv der National-Bank, S. 17.
371 Die Welt vom 24. April 2005.
372 Zitiert nach ebd.
373 Gabor Steingart, Deutschland – Abstieg eines Superstars, München 2004.
374 Edgar Wolfrum, Rot-Grün an der Macht. Deutschland 1998–2005, München 2013, S. 580; DIW Wochenbericht 14/2019, S. 249–257.
375 National-Bank, Presseinformation vom 18. Mai 2020.
376 Zeitzeugengespräch Dr. Henner Puppel, 15. Juni 2010.
377 Zeitzeugengespräch Heinrich Frommknecht, 13. September 2010. Zudem war die Versicherung seit 1990 am *Bankhaus Donner* beteiligt, nachdem das Hamburger Bankhaus, das zumeist vermögende Privatkunden betreute, auf die *Iduna Nova* zugekommen war. Zeitzeugengespräch Dr. Alexander von Tippelskirch, 10. Mai 2010.
378 Geschäftsbericht 2000, Archiv der National-Bank, S. 8.
379 Die Welt vom 24. April 2005.
380 Handelsblatt vom 15. Mai 2007.
381 Vgl. Stephan Paul/Theresia Theuerl, Das genossenschaftliche Zentralbankwesen auf dem Weg in die Zweistufigkeit (1945–2010), in: Timothy Guinnane u. a. (Hrsg.), Die Geschichte der DZ Bank. Das genossenschaftliche Zentralbankwesen vom 19. Jahrhundert bis heute, München 2013, S. 295–496, hier S. 410.
382 Hans-Werner Sinn, Kasino-Kapitalismus. Wie es zur Finanzkrise kam, und was jetzt zu tun ist, Berlin 2010, S. 173.
383 Paul/Theuerl, Das genossenschaftliche Zentralbankwesen, S. 412.
384 Zitiert nach Der Spiegel vom 5. Oktober 2008.
385 Ebd.
386 Aktionärsbrief Geschäftsbericht 2007.
387 Frankfurter Allgemeine Zeitung vom 3. Januar 2008.
388 Börsen-Zeitung vom 4. Januar 2008.
389 Börsen-Zeitung vom 6. März 2008.

390 Czerwensky intern vom 7. März 2008.
391 Pressemitteilung vom 1. Januar 2012 zum Geschäftsjahr 2011; Pressemitteilung vom 1. Januar 2013 zum Geschäftsjahr 2012.
392 WAZ vom 5. März 2008.
393 National-Bank, Pressemitteilung vom 5. März 2008.
394 Börsen-Zeitung vom 6. März 2008. Vgl. auch Handelsblatt vom 6. März 2008; Börsen-Zeitung vom 6. März 2008; WAZ vom 6. März 2008; Zeitzeugengespräch Dr. Thomas A. Lange, 24. November 2010.
395 Vgl. Frankfurter Allgemeine Zeitung vom 23. Dezember 2009.
396 Wandel, Banken und Versicherungen, S. 43.
397 Zeitzeugengespräch Dr. Henner Puppel, 15. Juni 2010.
398 Die Welt vom 24. April 2005.
399 Zitiert nach ebd.
400 Börsen-Zeitung vom 9. Februar 2010.
401 Bormann/Scholtyseck, Finanzplatz Essen, S. 438–440.
402 Vgl. Paul/Theuerl, Das genossenschaftliche Zentralbankwesen, S. 414 f.
403 Börsen-Zeitung vom 15. Februar 2011.
404 Börsen-Zeitung vom 6. April 2017.
405 Siehe dazu ausführlich Bastian Obermayer/Frederik Obermaier, Panama Papers. Die Geschichte einer weltweiten Enthüllung, Hamburg 2016.
406 Börsen-Zeitung vom 23. April 2020.
407 Zeitzeugengespräch mit Dr. Thomas A. Lange am 12. Dezember 2019.
408 Börsen-Zeitung vom 3. Januar 2020.
409 Michael Hüther/Matthias Diermeier/Henry Goecke, Die erschöpfte Globalisierung. Zwischen transatlantischer Orientierung und chinesischem Weg, Wiesbaden 2018.
410 Vage Fusionsfantasie treibt Bankaktien, Frankfurter Allgemeine Zeitung vom 31. August 2016.
411 Vgl. Bormann/Scholtyseck, Der Bank- und Börsenplatz Essen, S. 450.
412 Jürgen Stark, Die Zukunft des Geldes, Neue Zürcher Zeitung vom 8. Februar 2020.
413 Friederike Sattler, Wissenschaftsförderung aus dem Geist der Gesellschaftspolitik. Alfred Herrhausen und der Stifterverband für die Deutsche Wissenschaft, in: Vierteljahrshefte für Zeitgeschichte 64 (2016), S. 597–635.

Archivverzeichnis

Archiv für Christlich-Demokratische Politik, Sankt Augustin (ACDP)
Archiv der National-Bank, Essen
Bundesarchiv Berlin (BArch)
DGB-Archiv im Archiv der sozialen Demokratie, Bonn
Dwight D. Eisenhower Presidential Library and Museum, Abilene/Kansas, USA
Hauptstaatsarchiv Düsseldorf (Düsseldorf)
Industrie- und Handelskammer für Essen, Mülheim an der Ruhr, Oberhausen (Essen)
The National Archives and Records Administration, College Park/Maryland, USA
The National Archives, Kew
Westfälisches Wirtschaftsarchiv, Dortmund

Gedruckte Quellen und Dokumentationen

Zeitungen und Zeitschriften: Aufwärts, Der Deutsche, Der Spiegel, Deutsche Allgemeine Zeitung, Die alte Stadt, Die Sparkasse, Die Tat, Die Zeit, Die Welt, Essener Revue, General-Anzeiger (Dortmund), Kölnische Zeitung, Nachrichtendienst aus Politik und Wirtschaft, National-Zeitung, Neue Rhein Zeitung, Völkischer Beobachter, Westdeutsche Allgemeine Zeitung, Zentralblatt der christlichen Gewerkschaften Deutschlands

Literaturverzeichnis

Quellen

Akten der Reichskanzlei. Die Kabinette Brüning I und II, Boppard 1990.
Foreign Relations of the United States. Diplomatic Papers. The Conferences at Malta and Yalta 1945, Washington, D. C. 1955.
Fröhlich, Elke (Hrsg.), Die Tagebücher von Joseph Goebbels. Sämtliche Fragmente, München/New York/London/Paris 1987.
Dies., (Hrsg.), Die Tagebücher von Joseph Goebbels. Diktate 1941–1945, München u. a. 1993.
Daraus besonders: dies. (Hrsg.), Die Tagebücher von Joseph Goebbels, Teil 2: Diktate 1941–1945, Band 9: Juli–September 1943, München u. a. 1993.
Handbuch der Deutschen Aktiengesellschaften, Ausgabe 1922/1923 bis 1932, Berlin/Leipzig 1923 ff.
Hartmannsgruber, Friedrich (Bearb.) Akten der Reichskanzlei. Regierung Hitler 1933–1945, Bd. 8: 1941, Berlin/Boston 2017.
Michaelis, Herbert/Schraepler, Ernst (Hrsg.), Ursachen und Folgen. Vom deutschen Zusammenbruch 1918 und 1945 bis zur staatlichen Neuordnung Deutschlands in der Gegenwart. Eine Urkunden- und Dokumentensammlung zur Zeitgeschichte, Band 9: Das Dritte Reich. Die Zertrümmerung des Parteienstaates und die Grundlegung der Diktatur, Berlin 1964.
OMGUS. Ermittlungen gegen die Deutsche Bank 1946/1947. Übersetzt und bearbeitet von der Dokumentenstelle zur NS-Sozialpolitik, Nördlingen 1985.
Parlamentarischer Rat. Stenographische Berichte über die Plenarsitzungen 1948/49, Bonn ^{2}1969.
Verhandlungen des Reichstags. Stenographische Berichte, Berlin 1931 ff.

Memoiren und Forschungsliteratur

Abelshauser, Werner, Deutsche Wirtschaftsgeschichte seit 1945, Bonn 2004.

Ders., Germany. Guns, butter, and economic miracles, in: Mark Harrison (Hrsg.), The economics of World War II, Cambridge 1998, S. 122–176.

Ders., Markt und Staat. Deutsche Wirtschaftspolitik im «langen 20. Jahrhundert», in: Reinhard Spree (Hrsg.), Geschichte der deutschen Wirtschaft im 20. Jahrhundert, München 2001, S. 117–140.

Ders., Wunder gibt es immer wieder. Mythos Wirtschaftswunder, in: Aus Politik und Zeitgeschichte 27 (2018), S. 4–10.

Abramovitz, Moses, Catch-up and Convergence in the Postwar Growth Boom and After, in: Baumhol, William J./Nelson, Richard R./Wolff, Edward N. (Hrsg.), Convergence of Productivity. Cross-National Studies and Historical Evidence, Oxford 1994, S. 86–125.

Ahrens, Ralf/Gehlen, Boris/Reckendrees, Alfred (Hrsg.), Die «Deutschland AG». Historische Annäherungen an den bundesdeutschen Kapitalismus, Essen 2013.

Ders./Steiner, André, Wirtschaftskrisen, Strukturwandel und internationale Verflechtung, in: Frank Bösch (Hrsg.), Geteilte Geschichte. Ost- und Westdeutschland 1970–2000, Bonn 2015, S. 79–115.

Alecke, Björn, Deutsche Geldpolitik in der Ära Bretton Woods, Münster 1999.

Altenhöfer, Ludwig, Stegerwald. Ein Leben für den kleinen Mann, Bad Kissingen 1965.

Arnhold, Karl, Der Betriebsführer und sein Betrieb. Gedanken zum nationalsozialistischen Musterbetrieb, Leipzig 1942.

Ders., Der Deutsche Betrieb. Aufgaben und Ziele nationalsozialistischer Betriebsführung, Leipzig 1942.

Bacmeister, Walter, Schicksale einer Gewerkschaftskasse. Wo bleiben die Groschen der christlichen Gewerkschafter?, Berlin 1933.

Bähr, Johannes, «Bankenrationalisierung» und Großbankenfrage. Der Konflikt um die Ordnung des deutschen Kreditgewerbes während des Zweiten Weltkrieges, in: Harald Wixforth (Hrsg.), Finanzinstitutionen in Mitteleuropa während des Nationalsozialismus, Stuttgart 2001, S. 71–94.

Ders., Die Dresdner Bank im Dritten Reich, München 2006.

Ders., Die Errichtung von Investmentgesellschaften und die Einführung des persönlichen Kleinkredits 1956/59, in: Carsten Burhop/Dieter Lindenlaub/Joachim Scholtyseck (Hrsg.), Schlüsselereignisse der deutschen Bankengeschichte, Stuttgart 2013, S. 362–386.

Bajohr, Frank, «Arisierung» als gesellschaftlicher Prozeß. Verhalten, Strategie und Handlungsspielräume jüdischer Eigentümer und «arischer» Erwerber, in: Wojak, Irmtraud/Hayes, Peter (Hrsg.), «Arisierung» im Nationalsozialismus. Volksgemeinschaft, Raub und Gedächtnis, Frankfurt am Main/New York 2000, S. 15–30.

Ders., Arisierung» in Hamburg. Die Verdrängung der jüdischen Unternehmer 1933–1945, Hamburg 2003.

Ders., «Arisierung» und wirtschaftliche Existenzvernichtung im Nationalsozialismus, in: Andrea Bambi/Axel Drecoll (Hrsg.), Alfred Flechtheim. Raubkunst und Restitution, Berlin/Boston 2015, S. 29–35.

Ders., Ämter, Pfründe, Korruption. Materielle Aspekte der nationalsozialistischen Machteroberung, in: Andreas Wirsching (Hrsg.), Die nationalsozialistische Machteroberung und die deutsche Gesellschaft, Göttingen 2009, S. 185–199.

Ders./Michael Wildt (Hrsg.), Volksgemeinschaft. Neue Forschungen zur Gesellschaft des Nationalsozialismus, Frankfurt am Main 2009.

Balz, Hanno, Die «Arisierung» von jüdischem Haus- und Grundbesitz in Bremen, Bremen 2004.

Bariéty, Jacques, Die französische Politik in der Ruhrkrise, in: Klaus Schwabe (Hrsg.), Die Ruhrkrise 1923. Wendepunkt der internationalen Beziehungen nach dem Ersten Weltkrieg, Paderborn 1985, S. 11–27.

Ders., La Conférence de la paix de 1919 et la nation allemande, in: Revue d'Allemagne 28 (1996), S. 87–111.

Ders., La Haute Commission interalliée des Territoires Rhénans, in: Problèmes de la Rhénanie 1919–1930, Metz 1975, S. 15–28.

Barjot, Dominique (Hrsg.), Catching up with America. Productivity Missions and the Diffusion of American Economic and Technological Influence after the Second World War, Paris 2002.

Barkai, Avraham, Die «stillen Teilhaber» des NS-Regimes, in: Lothar Gall/Manfred Pohl (Hrsg.), Unternehmen im Nationalsozialismus, München 1998, S. 117–121.

Ders., Die deutschen Unternehmer und die Judenpolitik im «Dritten Reich», in: Geschichte und Gesellschaft 15 (1989), S. 227–247.

Ders., Vom Boykott zur «Entjudung». Der wirtschaftliche Existenzkampf der Juden im Dritten Reich, Frankfurt am Main 1987.

Bavaj, Riccardo, Die Ambivalenz der Moderne im Nationalsozialismus, München 2003.

Becker, Josef, «Der Deutsche» und die Regierungsbildung des 30. Januar 1933, in: Publizistik 6 (1961), S. 195–292.

Beckers, Thorsten, Kapitalmarktpolitik im Wiederaufbau. Der westdeutsche Wertpapiermarkt zwischen Staat und Wirtschaft 1945–1957, Stuttgart 2014.

Beckmann, Ernst, Die Gewerkschaftsbanken, Diss., Münster 1927.

Berend, Ivan T., Markt und Wirtschaft. Ökonomische Ordnungen und wirtschaftliche Entwicklung in Europa seit dem 18. Jahrhundert, Göttingen 2007.

Berge, Wendell, Cartels. Challenge to a Free World, Washington, D. C. 1944.

Bieber, Hans-Joachim, Bürgertum in der Revolution. Bürgerräte und Bürgerstreiks 1819–1920, Hamburg 1992.

Böhnke, Wilfried, Die NSDAP im Ruhrgebiet 1920–1933, Bonn 1974.

Bökenkamp, Gérard, Das Ende des Wirtschaftswunders. Geschichte der Sozial-, Wirtschafts- und Finanzpolitik in der Bundesrepublik 1969–1998, Stuttgart 2010.

Boelcke, Willi A., Die Kosten von Hitlers Krieg. Kriegsfinanzierung und finanzielles Kriegserbe in Deutschland 1933–1948, Paderborn 1985.

Ders., Zum Gesetz über Staatsbanken vom 18. Oktober 1935, in: Bankhistorisches Archiv, Beiheft 7: Zur Geschichte des Kreditgeschäftes. Notizen zu Finanzierungsproblemen vom 18. bis zum 20. Jahrhundert. Karl Erich Born zum 60. Geburtstag, Frankfurt am Main 1982, S. 63–70.

Bösch, Frank/Hertfelder, Thomas/Metzler, Gabriele (Hrsg.), Grenzen des Neoliberalismus. Der Wandel des Liberalismus im späten 20. Jahrhundert, Stuttgart 2018.

Bopf, Britta, «Arisierung» in Köln, Köln/Bonn 2004.
Borkin, Joseph/Welsh, Charles A., Germany's Master Plan. The Story of Industrial Offensive, New York 1943.
Bormann, Patrick/Scholtyseck, Joachim, Der Bank- und Börsenplatz Essen. Von den Anfängen bis zur Gegenwart, München 2018.
Ders./Joachim Scholtyseck/Harald Wixforth, Die kreditgenossenschaftlichen Zentralinstitute vom Beginn des Ersten Weltkrieges bis zur bedingungslosen Kapitulation des NS-Staates, in: Timothy Guinnane u. a., Die Geschichte der DZ-Bank. Das genossenschaftliche Zentralbankwesen in Deutschland vom 19. Jahrhundert bis heute, München 2013, S. 145–294.
Born, Karl-Erich, Deutsche Bankengeschichte, Bd. 3: Vom Beginn des Ersten Weltkriegs bis zum Ende der Weimarer Republik (1914–1933), Frankfurt am Main 1983.
Bracher, Karl Dietrich, Die deutsche Diktatur. Entstehung, Struktur, Folgen des Nationalsozialismus, Frankfurt am Main/Berlin/Wien [6]1979.
Brakelmann, Günter, Zwischen Mitschuld und Widerstand. Fritz Thyssen und der Nationalsozialismus, Hagen 2010.
Brünger, Sebastian, Geschichte und Gewinn. Der Umgang deutscher Konzerne mit ihrer NS-Vergangenheit, Göttingen 2017.
Buchheim, Christoph, Das NS-Regime und die Überwindung der Weltwirtschaftskrise, in: Vierteljahrshefte für Zeitgeschichte 56 (2008), S. 381–414.
Ders., Zur Kontroverse über den Stellenwert der Währungsreform für die Wirtschaftsdynamik in der Bundesrepublik Deutschland, in: Peter Hampe (Hrsg.), Währungsreform und soziale Marktwirtschaft. Rückblicke und Ausblicke, München 1989, S. 86–100.
Buchstab, Günter, Fritz Thyssen (1873–1951), in: Jürgen Aretz/Rudolf Morsey/Anton Rauscher (Hrsg.), Zeitgeschichte in Lebensbildern, Bd. 9: Aus dem deutschen Katholizismus des 19. und 20. Jahrhunderts, Münster 1999, S. 115–132.
Büschgen, Hans E., Die Großbanken, Frankfurt am Main 1983.
Büttner, Ursula, Weimar. Die überforderte Republik 1918–1933, Stuttgart 2008.
Cassier, Siegfried C., Biographie einer Unternehmerbank. Der Weg der Industriebank (Industriekreditbank AG – Deutsche Industriebank) und der langfristige Industriekredit in Deutschland, Frankfurt am Main 1977.
Ders., Unternehmerbank zwischen Staat und Markt 1924–1995. Der Weg der IKB Deutschen Industriebank AG, Frankfurt am Main 1996.
Censarek, Franz-Maria, Die christlichen Gewerkschaften, Diss., Graz, 1967.
Comprix, Hans, Die Arbeitnehmerbanken. Ihre Entwicklung und Bedeutung in wirtschaftlicher und sozialer Hinsicht, Halberstadt 1929.
Conze, Eckart, Die große Illusion. Versailles 1919 und die Neuordnung der Welt, München 2018.
Dahlem, Markus, Die Professionalisierung des Bankbetriebs. Studien zur institutionellen Struktur deutscher Banken im Kaiserreich 1871–1914, Essen 2009.
Deutsche Bau- und Bodenbank AG (Hrsg.), Deutsche Bau- und Bodenbank AG 1923–1973. Festreden zum Jubiläum, Frankfurt am Main 1973.
Dickhoff, Erwin, Essener Köpfe. Wer war was?, Essen 1985.
Doering-Manteuffel, Anselm/Raphael, Lutz, Nach dem Boom. Perspektiven auf die Zeitgeschichte seit 1970, Göttingen 2008.

Ders./Raphael, Lutz/Schlemmer, Thomas (Hrsg.), Vorgeschichte der Gegenwart. Dimensionen des Strukturbruchs nach dem Boom, Göttingen/Bristol 2016.
Drecoll, Axel, Der Fiskus als Verfolger. Die steuerliche Diskriminierung der Juden in Bayern 1933–1941/42, München 2009.
Dupke, Thomas, Vom Wiederaufbau zum Strukturwandel – Essen 1945 bis 2000, in: Hermann Burghard/Ulrich Borsdorf (Hrsg.), Essen – Geschichte einer Stadt, Essen 2002.
Eckert, Otto, Die Finanzwirtschaft der Gewerkschaften in Deutschland, Diss., Berlin 1927.
Eglau, Hans Otto, Fritz Thyssen. Hitlers Gönner und Geisel, Berlin 2003.
Eichengreen, Barry, Vom Goldstandard zum Euro. Die Geschichte des internationalen Währungssystems, Berlin 2000.
Eicke, Karl/Rüdiger Hachtmann (Hrsg.), Ein Koloss auf tönernen Füßen. Das Gutachten des Wirtschaftsprüfers Karl Eicke über die Deutsche Arbeitsfront vom 31. Juli 1936, München 2006.
Erbe, Réne, Die nationalsozialistische Wirtschaftspolitik 1933–1939 im Lichte der modernen Theorie, Zürich 1958.
Erzberger, Matthias, Erlebnisse im Weltkrieg, Stuttgart/Berlin 1920.
Eschenburg, Theodor, Die Republik von Weimar. Beiträge zur Geschichte einer improvisierten Demokratie, München 1984.
Etzel, Franz, Die Niederrheinische Bank – eine Epoche in der Weseler Wirtschaftsgeschichte, in: ders., Herrn Max Küppers aus Anlaß seines 70. Geburtstages gewidmet, Düsseldorf 1968, S. 27–47.
Falter, Jürgen W., Hitlers Wähler, München 1991.
Ders., The Two Hindenburg Elections of 1925 and 1932. A Total Reversal of Voter Coalitions, in: Central European History 23 (1990), S. 225–241.
Feldman, Gerald D., Die CA, ihre jüdischen Kunden und die «Arisierung», in: ders. u. a. (Hrsg.), Österreichische Banken und Sparkassen im Nationalsozialismus und in der Nachkriegszeit, Band 1, München 2006, S. 74–130.
Ders., The Great Disorder. Politics, Economics and Society in the German Inflation, 1914–1924, Oxford 1993.
Fest, Joachim, Hitler. Eine Biographie, Frankfurt am Main/Berlin 1973.
Fischer, Albert, Hjalmar Schacht und Deutschlands «Judenfrage», Köln/Weimar/Wien 1995.
Ders., Jüdische Privatbanken im «Dritten Reich», in: Scripta Mercaturae 28 (1994), S. 1–54.
Fischer, Wolfram, Herz des Reviers. 15 Jahre Wirtschaftsgeschichte des Industrie- und Handelskammerbezirks Essen, Mülheim, Oberhausen, Essen 1965.
Forster, Bernhard, Adam Stegerwald (1874–1945). Christlich-nationaler Gewerkschafter, Zentrumspolitiker, Mitbegründer der Unionsparteien, Düsseldorf 2003.
Frei, Norbert, «Machtergreifung». Anmerkungen zu einem historischen Begriff, in: Vierteljahrshefte für Zeitgeschichte 31 (1983), S. 136–145.
Frei, Norbert/Brunner, Josef/Goschler, Constantin (Hrsg.), Die Praxis der Wiedergutmachung. Geschichte, Erfahrung und Wirkung in Deutschland und Israel, Göttingen 2009.
Frerich, Johannes/Frey, Martin, Handbuch der Geschichte der Sozialpolitik in Deutschland, Bd. 1: Von der vorindustriellen Zeit bis zum Ende des Dritten Reiches, Wien/München 1993.

Frese, Matthias, Betriebspolitik im «Dritten Reich». Deutsche Arbeitsfront, Unternehmer und Staatsbürokratie in der westdeutschen Großindustrie 1933–1939, Paderborn 1991.

Ders., Sozial- und Arbeitspolitik im Dritten Reich. Ein Literaturbericht, in: Neue politische Literatur 38 (1993), S. 403–446.

Ders., Vom «NS-Musterbetrieb» zum «Kriegs-Musterbetrieb». Zum Verhältnis von Deutscher Arbeitsfront und Großindustrie, in: Wolfgang Michalka (Hrsg.), Der Zweite Weltkrieg. Analysen, Grundlagen, Forschungsbilanz, München 1989, S. 382–401.

Frey, Ludwig, Die Stellung der christlichen Gewerkschaften zu den politischen Parteien, Diss., Würzburg 1931.

Friedländer, Saul, Das «Dritte Reich» und die Juden. Die Jahre der Verfolgung 1933–1939, München 1998.

Ders., Das «Dritte Reich» und die Juden. Die Jahre der Vernichtung 1939–1945, München 2006.

Friedenberger, Martin, Fiskalische Ausplünderung. Die Berliner Steuer- und Finanzverwaltung und die jüdische Bevölkerung 1933–1945, Berlin 2008.

Friemert, Chup, Produktionsästhetik im Faschismus. Das Amt «Schönheit der Arbeit» von 1933 bis 1939, München 1980.

Fuder, Katja, Der Staat als Unternehmer. Das industrielle Bundesvermögen seit 1945, in: Frank Schorkopf u. a. (Hrsg.), Gestaltung der Freiheit. Regulierung von Wirtschaft zwischen historischer Prägung und Normierung, Tübingen 2013, S. 175–196.

Führer, Karl Christian, Gewerkschaftsmacht und ihre Grenzen. Die ÖTV und ihr Vorsitzender Heinz Kluncker 1964–1982, Bielefeld 2017.

Gall, Lothar (Hrsg.), Krupp im 20. Jahrhundert. Die Geschichte des Unternehmens vom Ersten Weltkrieg bis zur Gründung der Stiftung, Berlin 2002.

Ders. u. a., Die Deutsche Bank 1870–1995. 125 Jahre deutsche Wirtschafts- und Finanzgeschichte, München 1995.

Ders., Der Bankier. Hermann Josef Abs. Eine Biographie, München 2004.

Gausmann, Frank, Deutsche Großunternehmer vor Gericht. Vorgeschichte, Verlauf und Folgen der Nürnberger Industriellenprozesse 1945–1948/51, Hamburg 2011.

Generalsekretariat des Gesamtverbandes der christlichen Gewerkschaften (Hrsg.), Der Kölner Gewerkschaftsprozeß. Die Grundsätze der christlichen Gewerkschaften in gerichtlicher Beleuchtung, Köln 1914.

Genschel, Helmut, Die Verdrängung der Juden aus der Wirtschaft im Dritten Reich, Göttingen u. a. 1966.

Geppert, Dominik/Schwarz, Hans-Peter (Hrsg.), Konrad Adenauer, Ludwig Erhard und die Soziale Marktwirtschaft, Paderborn 2019.

Ders., Maggie Thatchers Roßkur – ein Rezept für Deutschland?, Berlin 2003.

Gerwarth, Robert, Die größte aller Revolutionen. November 1918 und der Aufbruch in eine neue Zeit, München 2018.

Geyer, Martin H., Verkehrte Welt. Revolution, Inflation und Moderne, Göttingen 1988.

Gibas, Monika (Hrsg.), «Arisierung» in Leipzig. Annäherung an ein lange verdrängtes Kapitel der Stadtgeschichte der Jahre 1933 bis 1945, Leipzig 2007.

Gimbel, John, The American Occupation of Germany, Stanford 1968.

Gloe, Markus, Planung für die deutsche Einheit. Der Forschungsbeirat für Fragen der Wiedervereinigung Deutschlands 1952–1975, Wiesbaden 2005.

Gottwald, Herbert, Gesamtverband der christlichen Gewerkschaften Deutschlands (GCD) 1901–1933, in: Fricke, Dieter (Hrsg.), Lexikon zur Parteiengeschichte. Die bürgerlichen und kleinbürgerlichen Parteien und Verbände in Deutschland 1789–1945, Bd. 2, Leipzig/Köln 1984, S. 729–768.
Götz, Hans Herbert, Weil alle besser leben wollen ... Porträt der deutschen Wirtschaftspolitik, Düsseldorf/Wien 1963.
Constantin Goschler: Schuld und Schulden. Die Politik der Wiedergutmachung für NS-Verfolgte seit 1945, Göttingen 2005.
Ders./Jürgen Lillteicher (Hrsg.) «Arisierung» und Restitution. Die Rückerstattung jüdischen Eigentums in Deutschland und Österreich nach 1945 und 1989, Göttingen 2002.
Grebing, Helga, Zentrum und katholische Arbeiterschaft 1918–1933. Ein Beitrag zur Geschichte des Zentrums in der Weimarer Republik, Diss., Berlin 1953.
Gruber, Hubert, Katholische Kirche und Nationalsozialismus 1930–1945. Ein Bericht in Quellen, Paderborn u. a. 2006.
Grüttner, Michael, Das Dritte Reich 1933–1939, Stuttgart 2014.
Hachtmann, Rüdiger, Chaos und Indifferenz in der Deutschen Arbeitsfront. Ein Evaluierungsbericht aus dem Jahr 1936, in: Vierteljahrshefte für Zeitgeschichte 53 (2005), S. 43–78.
Ders., Das Wirtschaftsimperium der Deutschen Arbeitsfront 1933–1945, Essen 2012.
Häuser, Karl, Wettbewerb und Kooperation deutscher Banken 1918–1945, in: Bankhistorisches Archiv, Beiheft 26: Cooperation and Competition of European banks since the middle of the 19th Century. Siebtes Wissenschaftliches Kolloquium am 29. November 1993 im Hause der Banca di Roma, Rom 1993, S. 37–53.
Haffner, Sebastian, Anmerkungen zu Hitler, Frankfurt am Main [23]2001.
Hamel, Iris Völkischer Verband und nationale Gewerkschaft. Der Deutschnationale Handlungsgehilfen-Verband 1893–1933, Frankfurt am Main 1967.
Hansen, Eckardt, Wohlfahrtspolitik im NS-Staat. Motivationen, Konflikte und Machtstrukturen im «Sozialismus der Tat» des Dritten Reiches, Augsburg 1991.
Harvey, David, A Brief History of Neoliberalism, Oxford u. a. 2007.
Haupt, Heinz-Gerhard, Der Siegeszug der Konsumgesellschaft, in: Martin Sabrow/Peter Ulrich Weiß (Hrsg.), Das 20. Jahrhundert vermessen. Signaturen eines vergangenen Zeitalters, Göttingen 2017, S. 219–240.
Hayes, Peter, Industry and Ideology. IG Farben in the Nazi Era, Cambridge 2000.
Henke, Klaus-Dietmar, Die amerikanische Besetzung Deutschlands, München 1995.
Henkel, Mathias/Dietzfelbinger, Eckart (Hrsg.), Entrechtet. Entwürdigt. Beraubt. Die Arisierung in Nürnberg und Fürth, Petersberg 2012.
Henning, Friedrich-Wilhelm, Die Liquidität der Banken in der Weimarer Republik, in: Harald Winkel/Derek Aldcroft (Hrsg.), Finanz- und wirtschaftspolitische Fragen der Zwischenkriegszeit, Berlin 1973, S. 43–92.
Herbst, Ludolf, Banker in einem prekären Geschäft. Die Beteiligung der Commerzbank an der Vernichtung der jüdischen Gewerbetätigkeit im Altreich 1930–1940, in: ders./Thomas Weihe (Hrsg.), Die Commerzbank und die Juden 1933–1945, München 2004, S. 74–137.
Ders., Der Krieg und die Unternehmensstrategie deutscher Industrie-Konzerne in der

Zwischenkriegszeit, in: Martin Broszat (Hrsg.), Die deutschen Eliten und der Weg in den Zweiten Weltkrieg, München 1989, S. 72–134.
Ders., Der Totale Krieg und die Ordnung der Wirtschaft. Die Kriegswirtschaft im Spannungsfeld von Politik, Ideologie und Propaganda 1939–1945, Stuttgart 1982.
Ders., Die nationalsozialistische Wirtschaftspolitik im internationalen Vergleich, in: Wolfgang Benz/Hellmuth Auerbach (Hrsg.), Der Nationalsozialismus. Studien zur Ideologie und Herrschaft, Frankfurt am Main 1993, S. 153–176.
Hesse, Jan-Otmar/Köster, Roman/Plumpe, Werner, Die große Depression. Die Weltwirtschaftskrise 1929–1939, Frankfurt am Main 2014.
Heyde, Ludwig (Hrsg.), Internationales Handwörterbuch des Gewerkschaftswesens, Bd. 2, Frankfurt am Main 1992.
Hilberg, Raul, Die Vernichtung der europäischen Juden, Frankfurt am Main ^{9}1999.
Hildebrand, Klaus, Das vergangene Reich. Deutsche Außenpolitik von Bismarck bis Hitler, Stuttgart 1995.
Hirche, Kurt, Die Wirtschaftsunternehmen der Gewerkschaften, Düsseldorf/Wien 1966.
Hömig, Herbert, Bernhard Otte, in: Zeitgeschichte in Lebensbildern 3 (1979), S. 176–190.
Hoffmann, Bernd, Zur Geschichte der europäischen Arbeitnehmerbanken. Eine sozialhistorische Untersuchung, Diss., Köln 1931.
Hogan, Michael J., The Marshall Plan. America, Britain, and the Reconstruction of Western Europe, 1947–1952, Cambridge u. a. 1987.
Holtfrerich, Carl-Ludwig, Amerikanischer Kapitalexport und Wiederaufbau der deutschen Wirtschaft 1919–1923 im Vergleich zu 1924–1929, in: Vierteljahrsschrift für Sozial- und Wirtschaftsgeschichte 64 (1977), S. 497–529.
Ders., Das Elend der Mark im «Dreißigjährigen Krieg» 1914–1945, in: ders./Harold James/Manfred Pohl, Requiem auf eine Währung. Die Mark 1873–2001, Stuttgart/München 2001, S. 109–190.
Ders., Die Deutsche Bank vom Zweiten Weltkrieg über die Besatzungsherrschaft zur Rekonstruktion 1945–1957, in: Lothar Gall/Gerald D. Feldman/Harold James u. a., Die Deutsche Bank 1870–1995, S. 409–578.
Horstmann, Theo, Die Alliierten und die deutschen Großbanken. Bankenpolitik nach dem Zweiten Weltkrieg in Westdeutschland, Bonn 1991.
Ders., Die Angst vor dem finanziellen Kollaps. Banken- und Kreditpolitik in der britischen Zone 1945–1948, in: Dietmar Petzina/Walter Euchner (Hrsg.), Wirtschaftspolitik im britischen Besatzungsgebiet 1945–1949, Düsseldorf 1984, S. 215–233.
Hüther, Michael/Diermeier, Matthias/Goecke, Henry, Die erschöpfte Globalisierung. Zwischen transatlantischer Orientierung und chinesischem Weg, Wiesbaden 2018.
Jachmich, Gabriele, Archive der deutschen Kreditwirtschaft. Ein Verzeichnis. Herausgegeben im Auftrag des Instituts für bankhistorische Forschung e. V., Stuttgart 1998.
James, Harold, Die Deutsche Bank und die «Arisierung», München 2001.
Ders., Verbandspolitik im Nationalsozialismus. Von der Interessenvertretung zur Wirtschaftsgruppe: Der Centralverband des Deutschen Bank- und Bankiersgewerbes 1932–1945, München/Zürich 2001, S. 43–67.
Ders., Die Deutsche Bank und die Diktatur, in: Lothar Gall/Gerald D. Feldman/Harold James u. a., Die Deutsche Bank 1870–1995, S. 315–408.
Ders., Innovation and conservatism in economic recovery. The alleged «Nazi recovery» of

the 1930s, in: W. R. Garside (Hrsg.), Capitalism in Crisis. International Responses to the Great Depression, London/New York 1993, S. 70–95.

Ders., International Monetary Cooperation since Bretton Woods, Washington, D. C./New York/Oxford 1996.

Ders., Rambouillet, 15. November 1975. Die Globalisierung der Wirtschaft, München 1997.

Ders., Strukturwandel in Kriegs- und Krisenzeiten 1914–1945, in: Geschichte des Finanzplatzes Berlin, Frankfurt am Main 2002.

Janetzko, Maren, Die «Arisierung» mittelständischer jüdischer Unternehmen in Bayern 1933–1939. Ein interregionaler Vergleich, Ansbach 2012.

Jeanneson, Stanislas, Poincaré, la France et la Ruhr 1922–1924. Histoire d'une occupation, Strasbourg 1998.

Jöstlein, Hans, Die DAF. Werden, Wesen und Aufgaben, Würzburg 1935.

Kaelble, Hartmut, Kalter Krieg und Wohlfahrtsstaat. Europa 1945–1989. München 2011.

Kämper, Otto, Der kurzfristige Baukredit im Wohnungsbau und die Deutsche Bau- und Bodenbank AG, in: Joachim Fischer-Dieskau, Beiträge zur Theorie und Praxis des Wohnungsbaus. Arnold Knoblauch als Festschrift zum 80. Geburtstag gewidmet von seinen Freunden, Bonn 1959, S. 53–66.

Ders./Arnold Knoblauch/Fritz Steyrer, Der zweistellige Hypothekarkredit, Berlin 1930.

Kaserer, Christoph, Die deutsche Bankenkrise von 1931 – Marktversagen oder Staatsversagen?, in: Bankhistorisches Archiv 26 (2000), S. 3–26.

Kathe, Steffen R., Kulturpolitik um jeden Preis. Die Geschichte des Goethe-Instituts von 1951 bis 1990, München 2005.

Kenkmann, Alfons, The Looting of Jewish Property and the German Financial Administration, in: Gerald D. Feldman/Wolfgang Seibel (Hrsg.), Networks of Nazi Persecution. Bureaucracy, Business and the Organization of the Holocaust, New York/Oxford 2005, S. 148–167.

Kennan, George F., At a Century's Ending. Reflections, 1982–1995, New York/London 1996.

Kershaw, Ian, Hitler 1889–1936, Stuttgart 1998.

Ders., Hitlers Macht. Das Profil der NS-Herrschaft, München 2000.

Keynes, John Maynard, A Treatise on Money, New York 1930.

Kielmansegg, Peter Graf, Nach der Katastrophe. Eine Geschichte des geteilten Deutschland, Berlin 2000.

Ders., Lange Schatten. Vom Umgang der Deutschen mit der nationalsozialistischen Vergangenheit, Berlin 1989.

Kilian, Jürgen, Krieg auf Kosten anderer. Das Reichsministerium der Finanzen und die wirtschaftliche Mobilisierung Europas für Hitlers Krieg, Berlin/Boston 2017.

Kim, Hak-Ike, Industrie, Staat und Wirtschaftspolitik. Die konjunkturpolitische Diskussion in der Endphase der Weimarer Republik 1930–1932/33, Berlin 1997.

Kirchhoff, Ulrich, Zielwandel bei öffentlichen Unternehmen, aufgezeigt am Beispiel der Banken, Berlin 1987.

Kißener, Michael/Roth, Andreas, Notare in der «Volksgemeinschaft». Das westfälische Anwaltsnotariat 1933–1945, Baden-Baden 2017.

Kleinschmidt, Christian, Technik und Wirtschaft im 19. und 20. Jahrhundert, München 2007.

Kleßmann, Christoph/Friedemann, Peter, Streiks und Hungermärsche im Ruhrgebiet 1946–1948, Frankfurt am Main 1977.

Knortz, Heike, Wirtschaftsgeschichte der Weimarer Republik. Eine Einführung in Ökonomie und Gesellschaft der ersten deutschen Republik, Göttingen 2010.

Knüwer, Thomas, Iwan David Herrstatt (1913–1995), in: Hans Pohl (Hrsg.), Deutsche Bankiers des 20. Jahrhunderts, Stuttgart 2008, S. 227–239.

Köchling, Martina, Demontagepolitik und Wiederaufbau in Nordrhein-Westfalen, Essen 1995.

Köhler, Henning, Novemberrevolution und Frankreich. Die französische Deutschlandpolitik 1918–1919, Düsseldorf 1980.

Köhler, Ingo, Die «Arisierung» der Privatbanken im «Dritten Reich». Verdrängung, Ausschaltung und die Frage der Wiedergutmachung, München 2005.

Ders., Werten und Bewerten. Die kalte Technik der «Arisierung» 1933–1938, in: Hartmut Berghoff/Jürgen Kocka/Dieter Ziegler (Hrsg.), Wirtschaft im Zeitalter der Extreme. Beiträge zur Unternehmensgeschichte Deutschlands und Österreichs. Im Gedenken an Gerald D. Feldman, München 2010, S. 316–336.

Ders., Zwischen marktwirtschaftlicher Marginalisierung und politischer Verdrängung. Die Privatbankiers in Deutschland 1929–1935, in: ders./Peter Eigner, Privatbankiers in Mitteleuropa zwischen den Weltkriegen, Stuttgart 2005, S. 123–130.

Kolb, Eberhard, Die Weimarer Republik und das Problem der Kontinuität vom Kaiserreich zum «Dritten Reich», in: Jost Dülffer/Bernd Martin/Günter Wollstein (Hrsg.), Deutschland in Europa. Kontinuität und Bruch. Gedenkschrift für Andreas Hillgruber, Frankfurt am Main/Berlin 1990, S. 273–289.

Kopper, Christopher, Zwischen Marktwirtschaft und Dirigismus. Bankenpolitik im Dritten Reich, Bonn 1995.

Kranig, Andreas, Arbeitnehmer, Arbeitsbeziehungen und Sozialpolitik unter dem Nationalsozialismus, in: Karl Dietrich Bracher/Manfred Funke/Hans-Adolf Jacobsen (Hrsg.), Deutschland 1933–1945. Neue Studien zur nationalsozialistischen Herrschaft, Bonn 1992, S. 135–152.

Ders., Lockung und Zwang. Zur Arbeitsverfassung im Dritten Reich, Stuttgart 1983.

Kraus, Hans-Christof, Versailles und die Folgen. Außenpolitik zwischen Revisionismus und Verständigung, Berlin 2013.

Christoph Kreutzmüller, Ausverkauf. Die Vernichtung der jüdischen Gewerbetätigkeit in Berlin 1930–1945, Berlin 2012.

Ders./Ingo Loose, Die Bank der Deutschen Arbeit 1933–1945 – eine nationalsozialistische «Superbank»?, in: Bankhistorisches Archiv 31 (2005), S. 1–32.

Kruedener, Jürgen von (Hrsg.), Economic Crisis and Political Collapse. The Weimar Republic 1924–1933, New York/Oxford/München 1990.

Ders., Hätte Brünings Deflationspolitik erfolgreich sein können?, in: Christoph Buchheim/Michael Hutter/Harold James (Hrsg.), Zerrissene Zwischenkriegszeit. Wirtschaftshistorische Beiträge. Knut Borchardt zum 65. Geburtstag, Baden-Baden 1994, S. 289–306.

Krüger, Peter, Deutscher Nationalismus und europäische Verständigung. Das Verhältnis Deutschlands zu Frankreich während der Weimarer Republik, in: Francia 11 (1983), S. 509–525.

Ders., Die Außenpolitik der Republik von Weimar, Darmstadt 1985.
Ders., Die Weimarer Republik und die Geschichte ihrer internationalen Beziehungen: Notizen zu einer Gratwanderung mit Wegscheiden, in: Historische Zeitschrift 273 (2001), S. 675–688.
Krumeich, Gerd/Joachim Schröder (Hrsg.), Der Schatten des Weltkriegs. Die Ruhrbesetzung 1923, Essen 2004.
Kuller, Christiane, Bürokratie und Verbrechen. Antisemitische Finanzpolitik und Verwaltungspraxis im nationalsozialistischen Deutschland, München 2013.
Laak, Dirk van, Land der Städte, Städtestadt. Literatur über das Phänomen Ruhrgebiet, Bochum 2009.
Lange, Georg, Die Gagfah im Auf und Ab der Wohnungspolitik, in: Joachim Fischer-Dieskau (Hrsg.), Beiträge zur Theorie und Praxis des Wohnungsbaus. Arnold Knoblauch als Festschrift zum 80. Geburtstag gewidmet von seinen Freunden, Bonn 1959, S. 223–257.
Lange, Irmgard, Entnazifizierung in Nordrhein-Westfalen, Siegburg 1976.
Lansburgh, Alfred, Filial-Großbanken oder Regional-Banken?, in: Die Bank 26 (1933), S. 1644–1651.
Leonhard, Jörn, Der überforderte Frieden. Versailles und die Welt 1918–1923, München 2018.
Lillteicher, Jürgen, Raub, Recht und Restitution. Die Rückerstattung jüdischen Eigentums in der frühen Bundesrepublik, Göttingen 2007.
Lindemann, Werner, Die Krise in der Beamtengeldwirtschaft, in: Bankwissenschaft 6 (1929/1930), S. 763–774.
Lindlar, Ludger, Das mißverstandene Wirtschaftswunder. Westdeutschland und die westeuropäische Nachkriegsprosperität, Tübingen 1998.
Lochner, Louis P., Die Mächtigen und der Tyrann. Die deutsche Industrie von Hitler bis Adenauer, Darmstadt 1955.
Loesch, Achim von, Die deutschen Arbeitnehmerbanken in den zwanziger Jahren, Frankfurt am Main/Köln 1974.
Ders., Zur Geschichte der Arbeitnehmerbanken in Deutschland bis 1933, in: Bank für Gemeinwirtschaft AG (Hrsg.), Zeitfragen der Kreditwirtschaft, Frankfurt am Main 1964, S. 179–204.
Loose, Ingo, Massenraubmord? Materielle Aspekte des Holocaust, in: Frank Bajohr/Andrea Löw (Hrsg.), Der Holocaust. Ergebnisse und Fragen der Forschung, Frankfurt am Main 2015, S. 141–164.
Loth, Wilfried, 1945 – Essens Wiederaufbau nach dem Krieg, in: Ulrich Borsdorf/Heinrich Theodor Grütter/Oliver Scheytt (Hrsg.), Gründerjahre. 1150 Jahre Stift und Stadt Essen, Essen 2005, S. 89–111.
Lütjen, Torben, Karl Schiller (1911–1994). «Superminister» Willy Brandts, Bonn 2007.
Lütz, Susanne, Von der Infrastruktur zum Markt. Der deutsche Finanzsektor zwischen Deregulierung und Regulierung, in: Paul Windolf (Hrsg.), Finanzmarkt-Kapitalismus. Analysen zum Wandel von Produktionsregimen, Wiesbaden 2005, S. 294–315.
Luther, Hans, Politiker ohne Partei. Erinnerungen, Stuttgart 1960.
Ders., Vor dem Abgrund 1930–1933. Reichsbankpräsident in Krisenzeiten, Berlin 1964.
Maessen, Hubert … und dann kommst du nach Hause. Geschichte(n) vom Leben und Wohnen im Revier. 75 Jahre THS, eine Epoche von 1920 bis 1995, Bochum 1995.

Mason, Timothy W., Sozialpolitik im Dritten Reich. Arbeiterklasse und Volksgemeinschaft, Opladen 1977.

Mausbach, Wilfried, Zwischen Morgenthau und Marshall. Das wirtschaftspolitische Deutschlandkonzept der USA 1944–1947, Düsseldorf 1996.

Megargee, Geoffrey P., Hitler und die Generäle. Das Ringen um die Führung der Wehrmacht 1933–1945, Paderborn 2006.

Metzger, Karl-Heinz u. a., Kommunalverwaltung unterm Hakenkreuz. Berlin-Wilmersdorf 1933–1945, Berlin 1992.

Meinl, Susanne/Zwilling, Jutta, Legalisierter Raub. Die Ausplünderung der Juden im Nationalsozialismus durch die Reichsfinanzverwaltung in Hessen, Frankfurt am Main/New York 2004.

Meyer, Bern, Bedeutung und Entwicklung der Arbeiterbank, in: Bezirksausschuß des ADGB Berlin-Brandenburg-Grenzmark (Hrsg.), Die wirtschaftlichen Unternehmungen der Arbeiterbewegung. Ein Blick in die Gemeinwirtschaft, Berlin 1928, S. 88–99.

Ders., Die «Krise» der amerikanischen Arbeiterbanken und die deutsche Arbeiterbank, in: Die Arbeit. Zeitschrift für Gewerkschaftspolitik und Wirtschaftskunde 4 (1927), S. 598–609.

Werner Milert/Rudolf Tschirbs, Die andere Demokratie. Betriebliche Interessenvertretung in Deutschland, 1848 bis 2008, Essen 2012.

Dies., Vom Wert der Mitbestimmung. Betriebsräte und Aufsichtsräte in Deutschland seit 1945, Düsseldorf 2016.

Milward, Alan S., The Reconstruction of Western Europe, London 2012.

Möller, Horst, Europa zwischen den Weltkriegen, München 1998.

Mohnhaupt, Helga, Kleine Geschichte Essens. Von den Anfängen bis zur Gegenwart, Essen ^{2}1993.

Mollin, Gerhard, Montankonzerne und «Drittes Reich», Göttingen 1988.

Morsch, Günter, Arbeit und Brot. Studien zu Lage, Stimmung, Einstellung und Verhalten der deutschen Arbeiterschaft 1933–1936/37, Frankfurt am Main u. a. 1993.

Morsey, Rudolf, Adam Stegerwald – Größe und Grenze des christlichen Arbeiterführers und Sozialpolitikers (1874–1945), in: Vierteljahresschrift für Sozialrecht 3 (1975), S. 155–170.

Ders., Adam Stegerwald, in: ders. (Hrsg.), Zeitgeschichte in Lebensbildern, Bd. 1, 1973, S. 206–219.

Ders., Der Untergang des politischen Katholizismus. Die Zentrumspartei zwischen christlichem Selbstverständnis und «nationaler Erhebung» 1932/33, Stuttgart/Zürich 1977.

Ders., Die Deutsche Zentrumspartei, in: Erich Matthias/Rudolf Morsey, Das Ende der Parteien 1933, Düsseldorf 1960, S. 281–453.

Ders., Die Protokolle der Reichstagsfraktion und des Fraktionsvorstands der Deutschen Zentrumsfraktion 1926–1933, Mainz 1969.

Ders., Zur Gründung der Tageszeitung «Der Deutsche» (1921), in: Publizistik 17 (1972), S. 351–358.

Müller, Gloria, Strukturwandel und Arbeitnehmerrechte. Die wirtschaftliche Mitbestimmung in der Eisen- und Stahlindustrie 1949–1975, Essen 1991.

Müller-Clemm, Wolfgang, In der Abendsonne. Ein Wohnstiftler plaudert aus, Stuttgart 1971.

Ders., Von der Maas bis an die Memel. Auf Wasserwegen quer durch Deutschland, Köln 1933.
Mundt, Julia-Katharina, Kulturkooperationen im Ruhrgebiet: Ziele – Projekte – Erträge, Diss. Münster 2007.
Munk, Frank, The Legacy of Nazism. The economic and social Consequences of totalitarianism, New York u. a. 1943.
Nagel, Rolf Wilhelm, Die Transformation der Bank für Gemeinwirtschaft (BfG) als morphologisch-typologisches Problem. Die Entstehung und Entwicklung eines Kreditinstituts, Berlin 1992.
Nathan, Otto, The Nazi Economic System, Durham 1944.
Neugebauer, Hans (Hrsg.), Adam Stegerwald – Leben, Werk und Erbe, Würzburg 1995.
Nietzel, Benno, Die Vernichtung der wirtschaftlichen Existenz der deutschen Juden 1933–1945. Ein Literatur- und Forschungsbericht, in: Archiv für Sozialgeschichte 49 (2009), S. 561–613.
Novy, Klaus/Prinz, Michael, Illustrierte Geschichte der Gemeinwirtschaft. Wirtschaftliche Selbsthilfe in der Arbeiterbewegung von den Anfängen bis 1945, Berlin/Bonn 1985.
Nützenadel, Alexander, Stunde der Ökonomen. Wissenschaft, Politik der Expertenkultur in der Bundesrepublik 1949–1974, Göttingen 2005.
Ders., Wissenschaftliche Politikberatung in der Bundesrepublik. Die Gründung des Sachverständigenrates zur Begutachtung der gesamtwirtschaftlichen Lage 1963, in: Vierteljahrsschrift für Sozial- und Wirtschaftsgeschichte 89 (2002), S. 288–306.
Osterloh, Jörg/Wixforth, Harald, Einleitung, in: dies. (Hrsg.), Unternehmer und NS-Verbrechen. Wirtschaftseliten im «Dritten Reich» und in der Bundesrepublik Deutschland. Frankfurt am Main 2014.
Overy, Richard J., Cars, Roads, and Economic Recovery in Germany, 1932–8, in: Economic History Review 28 (1975), S. 466–483.
Ders., The German Motorisierung and Rearmament. A Reply, in: Economic History Review 32 (1979), S. 107–112.
Ders., The Nazi Economic Recovery 1932–1938, Cambridge 1996.
Ders., Transportation and Rearmament in the Third Reich, in: Historical Journal 16 (1973), S. 389–409.
Paqué, Karl-Heinz, Die Bilanz. Eine wirtschaftliche Analyse der Deutschen Einheit, München 2009.
Paul, Stephan, Die Aufhebung der Zinsverordnung 1967, in: Dieter Lindenlaub/Carsten Burhop/Joachim Scholtyseck (Hrsg.), Schlüsselereignisse der deutschen Bankgeschichte, Stuttgart 2013, S. 375–399.
Ders./Theuerl, Theresia, Das genossenschaftliche Zentralbankwesen auf dem Weg in die Zweistufigkeit (1945–2010), in: Timothy Guinnane u. a. (Hrsg.), Die Geschichte der DZ Bank. Das genossenschaftliche Zentralbankwesen vom 19. Jahrhundert bis heute, München 2013.
Payk, Markus M., Frieden durch Recht? Der Aufstieg des modernen Völkerrechts und der Friedensschluss nach dem Ersten Weltkrieg, Berlin 2018.
Peterson, Edward N., The American Occupation of Germany. Retreat to Victory, Detroit 1977.

Petzina, Dietmar, Hauptprobleme der deutschen Wirtschaftspolitik 1932/33, in: Vierteljahrshefte für Zeitgeschichte 15 (1967), S. 18–55.

Ders., Autarkiepolitik im Dritten Reich. Der nationalsozialistische Vierjahresplan, Stuttgart 1968.

Plickert, Philip, Wandlungen des Neoliberalismus. Eine Studie zur Entwicklung und Ausstrahlung der «Mont Pélerin Society», Stuttgart 2008.

Plumpe, Werner, Das kalte Herz. Kapitalismus. Die Geschichte einer andauernden Revolution, Berlin 2019.

Ders., Industrieland Deutschland 1945 bis 2008, in: Hans-Peter Schwarz, Die Bundesrepublik Deutschland. Eine Bilanz nach 60 Jahren, Köln 2008, S. 379–404.

Ders., Unternehmensgeschichte im 19. und 20. Jahrhundert, Berlin/Boston 2018.

Ders., Wirtschaftskrisen. Geschichte und Gegenwart, München 2010.

Ders./Lesczenski, Jörg, Die Thyssens, in: Volker Reinhardt (Hrsg.), Deutsche Familien. Historische Portraits von Bismarck bis Weizsäcker, München 2005, S. 208–243.

Ders./Nützenadel, Alexander/Schenk Catherine R., Deutsche Bank. Die globale Hausbank 1870–2020, Berlin 2020.

Ders./Steiner, André (Hrsg.), Der Mythos von der postindustriellen Welt. Wirtschaftlicher Strukturwandel in Deutschland 1960–1990, Göttingen 2016.

Pohl, Dieter, Verfolgung und Massenmord in der NS-Zeit, Darmstadt 2003.

Pohl, Hans, Die rheinischen Sparkassen. Entwicklung und Bedeutung für Wirtschaft und Gesellschaft von den Anfängen bis 1990, Stuttgart 2001.

Ders., Sparkassen und Kreditgenossenschaften. Feindliche Schwestern oder erfolgreiche Wettbewerber?, in: Markus A. Denzel/Margarete Wagner-Braun (Hrsg.), Wirtschaftlicher und sportlicher Wettbewerb. Festschrift für Rainer Gömmel zum 65. Geburtstag, Stuttgart 2009, S. 184–194.

Pohl, Manfred, Zerschlagung und Wiederaufbau der deutschen Großbanken, 1945–1957, in: Beiträge zu Wirtschafts- und Währungsfragen und zur Bankgeschichte 13 (1974), S. 21–32.

Ders./Siekmann, Birgit, Hochtief und seine Geschichte. Von den Brüdern Helfmann bis ins 21. Jahrhundert, München/Zürich 2000.

Potthoff, Heinrich, Freie Gewerkschaften 1918–1933. Der Allgemeine Deutsche Gewerkschaftsbund in der Weimarer Republik, Düsseldorf 1987.

Priemel, Kim C., Gekaufte Geschichte. Der «Freundeskreis Albert Vögler», Gert von Klaas und die Entwicklung der historischen Unternehmensforschung nach 1945, in: Zeitschrift für Unternehmensgeschichte 52 (2007), S. 177–202.

Pritzkoleit, Kurt, Männer, Mächte, Monopole. Hinter den Türen der westdeutschen Wirtschaft, Düsseldorf 1956.

Pudor, Fritz, Eugen Vögler. Regierungsbaudirektor a. D. und Generaldirektor in Essen 1884–1956, in: Schriften der Volkswirtschaftlichen Vereinigung im rheinisch-westfälischen Industriegebiete 21 (1960), S. 93–95.

Raphael, Gaston, Le Roi del la Ruhr. Hugo Stinnes. L'Homme, Son Œuvre, Son Role, Paris 1924.

Raphael, Lutz, Jenseits von Kohle und Stahl. Eine Gesellschaftsgeschichte Westeuropas nach dem Boom, Berlin 2019.

Rasch, Manfred, Von Festschrift und Hagiographie zur theorie- und methodengeleiteten Darstellung? Unternehmens- und Unternehmergeschichtsschreibung zur Stahlindustrie im Ruhrgebiet in den letzten hundert Jahren, in: Ferrum. Nachrichten aus der Eisenbibliothek 74 (2002), S. 15–48.

Dieter Rebentisch, Die deutsche Verwaltung im totalitären Führerstaat 1933–1945, in: Jahrbuch für Europäische Verwaltungsgeschichte 10 (1998), S. 1–48.

Ders., Führerstaat und Verwaltung im Zweiten Weltkrieg. Verfassungsentwicklung und Verwaltungspolitik 1939–1945, Stuttgart 1989.

Ders., Innere Verwaltung, in: Kurt G. A. Jeserich/Hans Pohl/Georg-Christoph von Unruh (Hrsg.), Deutsche Verwaltungsgeschichte, Bd. 4: Das Reich als Republik und in der Zeit des Nationalsozialismus, Stuttgart 1985, S. 732–774.

Ders., Die Tradition der deutschen Verwaltung, in: Anselm Doering-Manteuffel (Hrsg.), Strukturmerkmale der deutschen Geschichte des 20. Jahrhunderts, München 2006, S. 95–108.

Recker, Marie-Luise, Nationalsozialistische Sozialpolitik im Zweiten Weltkrieg, München 1985.

Rehling, Andrea, Die deutschen Wirtschaftseliten in der öffentlichen Wahrnehmung am Beispiel von «Spiegel», «Stern» und «Quick», in: Akkumulation. Informationen des Arbeitskreises für kritische Unternehmens- und Industriegeschichte 18 (2003), S. 1–13.

Retterath, Jörn, «Was ist das Volk?» Volks-und Gemeinschaftskonzepte der politischen Mitte in Deutschland 1917–1924, Göttingen 2016.

Reulecke, Jürgen, Die Fahne mit dem goldenen Zahnrad. Der «Leistungskampf der deutschen Betriebe» 1937–1939, in: ders./Detlev Peuckert, Die Reihen fast geschlossen. Beiträge zur Geschichte des Alltags unterm Nationalsozialismus, Wuppertal 1981, S. 245–269.

Roden, Günter von, Geschichte der Duisburger Juden, Duisburg 1986.

Roder, Hartmut, Der christlich-nationale Deutsche Gewerkschaftsbund (DGB) im politisch-ökonomischen Kräftefeld der Weimarer Republik. Ein Beitrag zur Funktion und Praxis der bürgerlichen Arbeitnehmerbewegung vom Kaiserreich bis zur faschistischen Diktatur, Frankfurt am Main/Bern/New York 1986.

Rödder, Andreas, Das «Modell Deutschland» zwischen Erfolgsgeschichte und Verfallsdiagnose, in: Vierteljahrshefte für Zeitgeschichte 54 (2006), S. 345–363.

Ders., 21.0. Eine kurze Geschichte der Gegenwart, München ^{4}2016.

Roelevink, Eva-Maria/Hesse, Jan-Otmar, Geschichtspolitik und die deutsche Unternehmensgeschichte, in: Zeitschrift für Unternehmensgeschichte 63 (2018), S. 1–6.

Rombeck-Jaschinski, Ursula, Das Londoner Schuldenabkommen. Die Regelung der deutschen Auslandsschulden nach 1945, München 2004.

Rosenbach, Harald, Der Preis der Freiheit. Die deutsch-amerikanischen Verhandlungen über den Devisenausgleich (1961–1967), in: Vierteljahrshefte für Zeitgeschichte 46 (1998), S. 709–746.

Rother, Thomas, Essen. Eine Großstadt im Jahr des Unheils, Essen 1983.

Ruck, Michael, «Beharrung im Wandel». Neuere Forschungen zur deutschen Verwaltung im 20. Jahrhundert, in: Neue Politische Literatur 42 (1997), S. 200–256 und 43 (1998), S. 67–112.

Sachße, Christoph/Tennstadt, Florian, Der Wohlfahrtsstaat im Nationalsozialismus, Stuttgart/Berlin/Köln 1992.

Salden, Janina, Der Deutsche Sparkassen- und Giroverband zur Zeit des Nationalsozialismus, Stuttgart 2019.

Salis, Jean R. von, Geschichte und Politik, Zürich 1971.

Sattler, Friederike, Herrhausen. Bankier, Querdenker, Global Player, München 2019.

Dies., Wissenschaftsförderung aus dem Geist der Gesellschaftspolitik. Alfred Herrhausen und der Stifterverband für die Deutsche Wissenschaft, in: Vierteljahrshefte für Zeitgeschichte 64 (2016), S. 597–635.

Schacht, Hjalmar, 76 Jahre meines Lebens, Bad Wörishofen 1953.

Schäfer, Michael, Heinrich Imbusch, in: Zeitgeschichte in Lebensbildern 8 (1997), S. 57–76.

Ders., Heinrich Imbusch. Christlicher Gewerkschaftsführer und Widerstandskämpfer, München 1990.

Schanetzky, Tim, Ölpreisschock 1973. Wendepunkt des wirtschaftspolitischen Denkens, in: Andreas Rödder/Wolfgang Elz (Hrsg.), Deutschland in der Welt. Weichenstellungen in der Geschichte der Bundesrepublik, Göttingen 2010, S. 67–81.

Ders., Sachverständiger Rat und Konzertierte Aktion. Staat, Gesellschaft und wissenschaftliche Expertise in der bundesrepublikanischen Wirtschaftspolitik, in: Vierteljahrsschrift für Sozial- und Wirtschaftsgeschichte 91 (2004), S. 310–331.

Schier, Waldemar, Der nationalsozialistische Unternehmertyp, Emsdetten 1938.

Scherner, Jonas, Anreiz statt Zwang. Wirtschaftsordnung und Kriegswirtschaft im «Dritten Reich», in: Norbert Frei/Tim Schanetzky (Hrsg.), Unternehmen im Nationalsozialismus. Zur Historisierung einer Forschungskonjunktur, Göttingen 2010, S. 140–155.

Schirm, Stefan A., Deutschlands wirtschaftspolitische Antworten auf die Globalisierung, in: Hans-Peter Schwarz, Die Bundesrepublik Deutschland. Eine Bilanz nach 60 Jahren, München 2008, S. 405–443.

Schlack, Peter, Eine Genossenschaftsbank für Arbeiter, Beamte und Angestellte, in: Deutsche Arbeit. Monatsschrift für die Bestrebungen der christlich-nationalen Arbeiterschaft 2 (Februar 1918), S. 61–64.

Schlesinger, Helmut, Die Geldpolitik der Deutschen Bundesbank 1967–1977, in: Werner Ehrlicher/Dieter Duwendag (Hrsg.), Geld und Währungspolitik im Umbruch, Baden-Baden 1983, S. 59–83.

Schmidt, Anton, Standortliche Untersuchungen über die Kohlenindustrie im Ruhrgebiet, Diss., Köln 1932.

Schmidt, Manfred G. (Hrsg.), Geschichte der Sozialpolitik in Deutschland seit 1945, Bd. 7: Bundesrepublik Deutschland 1982–1989. Finanzielle Konsolidierung und institutionelle Reform, Baden-Baden 2005.

Ders., Der Sozialstaat in Deutschland – ein Sanierungsfall?, in: Thomas Hertfelder/Andreas Rödder (Hrsg.), Modell Deutschland. Erfolgsgeschichte oder Illusion?, Göttingen 2007, S. 96–109.

Schmiechen-Ackermann, Detlef (Hrsg.), «Volksgemeinschaft»: Mythos, wirkungsmächtige soziale Verheißung oder soziale Realität im «Dritten Reich»? Zwischenbilanz einer kontroversen Debatte, Paderborn u. a. 2012.

Schmied, Jürgen Peter, Sebastian Haffner. Eine Biographie, München 2010.

Schnabel, Isabel, The German Twin Crisis of 1931, in: Journal of Economic History 64 (2004), S. 822–871.

Dies., The Role of Liquidity and Implicit Guarantees in the German Twin Crisis of 1931, in: Journal of International Money and Finance 28 (2009), S. 1–25.

Schneider, Michael, Demokratisierungs-Konsens zwischen Unternehmern und Gewerkschaftern? Zur Debatte um Wirtschaftsdemokratie und Mitbestimmung, in: Axel Schildt/Arnold Sywottek (Hrsg.), Modernisierung im Wiederaufbau, Bonn 1993, S. 207–222.

Ders., Die Christlichen Gewerkschaften 1894–1933, Bonn 1982.

Ders., Höhen, Tiefen und Krisen. Die Gewerkschaften in der Weimarer Republik, in: Ulrich Borsdorf (Hrsg.), Geschichte der Deutschen Gewerkschaften von den Anfängen bis 1945, Köln 1987, S. 279–446.

Ders., In der Kriegsgesellschaft. Arbeiter und Arbeiterbewegung 1939 bis 1945, Bonn 2014.

Ders., Unterm Hakenkreuz. Arbeiter und Arbeiterbewegung 1933 bis 1939, Bonn 1999.

Ders., Vom «Herr-im-Hause» zum Sozialpartner? Grundzüge der unternehmerischen Reaktion auf die gewerkschaftlichen Forderungen nach Wirtschaftsdemokratie und Mitbestimmung, in: Ulrich Borsdorf u. a. (Hrsg.), Gewerkschaftliche Politik: Reform aus Solidarität. Festschrift zum 60. Geburtstag von Heinz Oskar Vetter, Köln 1977, S. 271–292.

Schötz, Werner, Die Banken der Beamten, Arbeiter und Angestellten in Deutschland, ihre geschichtliche Entwicklung, Tätigkeit und wirtschaftliche Bedeutung, Stuttgart 1932.

Scholtyseck, Joachim, Die USA vs. «The Big Six». Der gescheiterte Bankenprozeß nach dem Zweiten Weltkrieg, in: Bankhistorisches Archiv, Zeitschrift für Bankgeschichte 26 (2000), S. 27–53.

Ders., Otto Schniewind (1887–1970), in: Hans Pohl (Hrsg.), Deutsche Bankiers des 20. Jahrhunderts, Stuttgart 2008, S. 373–385.

Ders., Robert Bosch und der liberale Widerstand gegen Hitler 1933–1945, München 1999.

Ders., Die Geschichte der National-Bank 1921 bis 2011, Stuttgart ^{2}2011.

Schorr, Helmut, Adam Stegerwald, in: Konrad-Adenauer-Stiftung (Hrsg.), Christliche Demokraten der ersten Stunde, Bonn 1966, S. 363–382.

Schröder, Hans-Jürgen (Hrsg.), Marshallplan und westdeutscher Wiederaufstieg. Positionen – Kontroversen, Stuttgart 1990.

Schröter, Hermann, Die Familie Hirschland in Essen, in: ders., Geschichte und Schicksal der Essener Juden. Gedenkbuch für die jüdischen Mitbürger der Stadt, Essen 1980, S. 167–179.

Schuker, Stephan, The End of French Predominance in Europe. The Financial Crisis of 1924 and the Adoption of the Dawes Plan, Chapel Hill 1976.

Schulz, Eberhard, Baedeker im Westen, in: Klaus R. Scherpe (Hrsg.), In Deutschland unterwegs. Reportagen, Skizzen, Berichte 1945–1948, Stuttgart 1982, S. 124.

Schulz, Gerhard, Inflationstrauma, Finanzpolitik und Krisenbekämpfung in den Jahren der Wirtschaftskrise, 1930–1933, in: Gerald D. Feldman (Hrsg.), Die Nachwirkungen der Inflation auf die deutsche Geschichte 1924–1933, München 1985, S. 261–296.

Schulz, Günther: Vom Bankbeamten zum Verkäufer. Neue Arbeitswelten bei Banken und Sparkassen, in: Haus der Geschichte Bonn (Hrsg.), Hauptsache Arbeit. Wandel der Arbeitswelt nach 1945, Bielefeld 2009, S. 114–121.

Ders., Wiederaufbau in Deutschland. Die Wohnungsbaupolitik in den Westzonen und der Bundesrepublik von 1945 bis 1957, Düsseldorf 1994.

Schulze, Erich Edgar, Aus Duisburgs dunkelsten Tagen, in: Duisburger Forschungen 8 (1965), S. 238–268.

Schulze, Hagen, Weimar. Deutschland 1917–1933, Berlin 1982.

Schumann, Hans-Gerd, Nationalsozialismus und Gewerkschaftsbewegung. Die Vernichtung der Deutschen Gewerkschaften und der Aufbau der «Deutschen Arbeitsfront», Marburg 1958.

Schwabe, Klaus, Versailles. Das Wagnis eines demokratischen Friedens 1919–1923, Paderborn 2019.

Ders., Versailles – nach sechzig Jahren, in: Neue Politische Literatur 24 (1979), S. 446–475.

Schweitzer, Arthur, Big Business in the Third Reich, Bloomington 1964.

Seeliger, Karl, Der Unternehmer in der gelenkten Wirtschaft, Leipzig/Berlin 1941.

Seeling, August, Karl Hitzbleck. Ein Duisburger Bauunternehmer mit Gestaltungskraft, in: Wolfgang Burkhard (Hrsg.), Niederrheinische Unternehmer. 111 Persönlichkeiten und ihr Werk, Duisburg 1990, S. 168 f.

Sinn, Hans-Werner, Kasino-Kapitalismus. Wie es zur Finanzkrise kam, und was jetzt zu tun ist, Berlin 2010.

Spenceley, G. F.R., J. Overy and the Motorisierung. A Comment, in: Economic History Review 32 (1979), S. 100–106.

Spoerer, Mark, Wohlstand für alle? Soziale Marktwirtschaft, in: Thomas Hertfelder/Andreas Rödder (Hrsg.), Modell Deutschland. Erfolgsgeschichte oder Illusion?, Göttingen 2007, S. 28–43.

Ders./Streb, Jochen, Neue deutsche Wirtschaftsgeschichte des 20. Jahrhunderts, München 2013.

Stadtbauamt Duisburg (Hrsg.), Deutschlands Städtebau. Duisburg, Berlin-Halensee [3]1928.

Stegerwald, Adam, Aus meinem Leben, Berlin-Wilmersdorf 1924.

Ders., Deutsche Volksbank Aktien-Gesellschaft, in: Deutsche Arbeit. Monatsschrift für die Bestrebungen der christlich-nationalen Arbeiterschaft 2 (1918), S. 61–64.

Ders., 25 Jahre christliche Gewerkschaftsbewegung, in: 25 Jahre christliche Gewerkschaftsbewegung 1899–1924. Festschrift, Berlin-Wilmersdorf 1924, S. 5–41.

Ders., Sittliche Kraft oder rohe Gewalt? Mahnruf der christlich-nationalen Arbeiterschaft an das deutsche Volk, Vortrag (gehalten auf der Kundgebung der christlichen Gewerkschaften zu Dortmund am 25. April 1920), Köln 1920.

Ders., Zusammenbruch und Wiederaufbau, Berlin-Wilmersdorf 1922.

Stehle, Hans Jakob, Bischof Hudal und SS-Führer Meyer. Ein kirchenpolitischer Friedensversuch 1942/43, in: Vierteljahrshefte für Zeitgeschichte 37 (1989), S. 299–322.

Steinberg, Hans-Josef, Widerstand und Verfolgung in Essen 1933–1945, Hannover 1969.

Steingart, Gabor, Deutschland – Abstieg eines Superstars, München 2004.

Steinmeyer, Gitta, Die Grundlagen der französischen Deutschlandpolitik 1917–1919, Stuttgart 1979.

Stickler, Matthias, Kollaboration oder weltanschauliche Distanz? Katholische Kirche und NS-Staat, in: Karl-Joseph Hummel/Michael Kißener (Hrsg.), Die Katholiken und das Dritte Reich. Kontroversen und Debatten, Paderborn u. a. 2009, S. 83–100.

Stiefel, Dieter (Hrsg.), Die politische Ökonomie des Holocaust. Zur wirtschaftlichen Logik der Verfolgung und «Wiedergutmachung», Wien/München 2001.

Stolper, Toni, Die deutsche Wirklichkeit. Ein Mahnruf zum künftigen Frieden Europas, Hamburg 1949.

Strange, Susan, Casino Capitalism, Oxford 1986.

Streeck, Wolfgang, Playing Catch Up, in: London Review of Books vom 4. Mai 2017, S. 26–28.

Stützel, Wolfgang, Banken, Kapital und Kredit in der zweiten Hälfte des 20. Jahrhunderts, in: Fritz Neumark (Hrsg.), Strukturwandlungen einer wachsenden Wirtschaft, Bd. 2, Berlin 1964, S. 527–575.

Sylla, Richard, Lessons from five US Crises: 1792, 1837–42, 1873, 1907 and 1930–33, in: Bankhistorisches Archiv, Beiheft 47, Stuttgart 2009, S. 15–29.

Taylor, Graham D., Debate in the United States over the Control of International Cartels, 1942–1950, in: International History Review 3 (1981), S. 385–398.

Ders., The Rise and Fall of Antitrust in Occupied Germany, 1945–48, in: Prologue 11 (1979), S. 23–39.

Thyssen, Fritz, I Paid Hitler, New York/London 1941.

Tooze, Adam, Ökonomie der Zerstörung. Die Geschichte der Wirtschaft im Nationalsozialismus, München 2007.

Torp, Claudius, Wachstum, Sicherheit, Moral. Politische Legitimationen des Konsums im 20. Jahrhundert, Göttingen 2012.

Trachtenberg, Marc, Versailles After Sixty Years, in: Journal of Contemporary History 17 (1982), S. 487–506.

Troeltsch, Ernst, Spektator-Briefe. Aufsätze über die deutsche Revolution und die deutsche Weltpolitik 1918/22, Tübingen 1924.

Ullmann, Hans Peter, Der deutsche Steuerstaat. Geschichte der öffentlichen Finanzen vom 18. Jahrhundert bis heute, München 2005.

Ulrich, Keith, Aufstieg und Fall der Privatbankiers. Die wirtschaftliche Bedeutung von 1918 bis 1938, Frankfurt am Main 1998.

Ders., Das Privatbankhaus Simon Hirschland im Nationalsozialismus, in: Manfred Köhler/ders. (Hrsg.), Banken, Konjunktur und Politik. Beiträge zur Geschichte deutscher Banken im 19. und 20. Jahrhundert, Essen 1995, S. 129–142.

Vocke, Wilhelm, Memoiren, Stuttgart 1973.

Volkmann, Per Oliver, Heinrich Brüning (1885–1970). Nationalist ohne Heimat, Düsseldorf 2007.

Vonyó, Tamás, The Economic Consequences of the War. West Germany's Growth Miracle after 1945, Cambridge 2018.

Wagner-Braun, Margarete, Kreditgenossenschaften und Sparkassen im Wettbewerb während der Weimarer Republik, in: Beiträge zur Genossenschaftsgeschichte, Teil 1, München 2003, S. 18–37.

Joseph Walk, Kurzbiographien zur Geschichte der Juden 1918–1945, hrsg. vom Leo Baeck Institute, Jerusalem, München u. a. 1988.

Wandel, Eckard, Banken und Versicherungen im 19. und 20. Jahrhundert, München 1998.

Ders., Der OMGUS-Bericht über die Ermittlungen gegen die Deutsche Bank, in: Bankhistorisches Archiv 13 (1/1987), S. 51–56.

Weber, Adolf, Über die berufsständische Idee in Deutschland, in: Jahrbücher für Nationalökonomie und Statistik 143 (1935), S. 129–162.

Weber, Peter, Adam Stegerwald, Berlin 1932.
Wehler, Hans-Ulrich, Deutsche Gesellschaftsgeschichte, Bd. 5: Bundesrepublik und DDR 1949–1990, München 2008.
Wehling, Hans-Werner, 1896 – Essen wird Großstadt, in: Ulrich Borsdorf/Heinrich Theodor Grütter/Oliver Scheytt (Hrsg.), Gründerjahre. 1150 Jahre Stift und Stadt Essen, Essen 2005, S. 89–111.
Weiß, Lothar, Rheinische Großstädte während der Weltwirtschaftskrise (1929–1933). Kommunale Finanz- und Sozialpolitik im Vergleich, Köln/Weimar/Wien 1999.
Wessel, Horst A., Fritz Thyssen. Überforderter Unternehmenserbe, in: ders. (Hrsg.), Mülheimer Unternehmer und Pioniere im 19. und 20. Jahrhundert. Flexibel – Kreativ – Innovativ, Essen 2012, S. 246–256.
Wiedfeld, Wilhelm, Der Deutsche Gewerkschaftsbund, Leipzig 1933.
Wiesen, Jonathan, Overcoming Nazism. Big Business, Public Relations, and the Politics of Memory 1945–1950, in: Central European History 29 (1996), S. 201–226.
Ders., Public Relations as a Site of Memory. The Case of West German Industry and National Socialism, in: Alan Confino/Peter Fritzsche (Hrsg.), The Work of Memory. New Directions in the Study of German Society and Culture, Urbana 2002, S. 196–213.
Ders., West German Industry and the Challenge of the Nazi Past, 1945–1955, Chapel Hill u. a. 2001, S. 28–41.
Winkler, Heinrich August (Hrsg.), Die deutsche Staatskrise 1930–1933. Handlungsspielräume und Alternativen, München 1992.
Ders., Der lange Weg nach Westen, Bd. 2: Deutsche Geschichte vom «Dritten Reich» bis zur Wiedervereinigung, München 2001.
Ders., Mittelstand, Demokratie und Nationalsozialismus. Die politische Entwicklung von Handwerk und Kleinhandel in der Weimarer Republik, Köln 1972.
Ders., Weimar 1918–1933. Die Geschichte der ersten deutschen Demokratie, München 1993.
Wirsching, Andreas, Abschied vom Provisorium. 1982–1990, München 2006.
Ders., Die Weimarer Republik. Politik und Gesellschaft, München 2000.
Ders., Politische Generationen, Konsumgesellschaft, Sozialpolitik, in: Anselm Doering-Manteuffel (Hrsg.) Strukturmerkmale der deutschen Geschichte des 20. Jahrhunderts, München 2006, S. 43–64.
Winstel, Tobias, Verhandelte Gerechtigkeit. Rückerstattung und Entschädigung für jüdische NS-Opfer in Bayern und Westdeutschland, München 2006.
Wisotzky, Klaus, Die Jahre der Gewalt – Essen 1914 bis 1945, in: Hermann Burghard/Ulrich Borsdorf (Hrsg.), Essen – Geschichte einer Stadt, Essen/Bottrop 2002, S. 368–467.
Ders., Josef Terboven (1898–1945). Die Karriere eines Nationalsozialisten, in: Benedikt Mauer (Hrsg.) Das Heute hat Geschichte. Forschungen zur Geschichte Düsseldorfs, des Rheinlands und darüber hinaus. Festschrift für Clemens von Looz-Corswarem, Essen 2012, S. 251–278.
Wisskirchen, Wilhelm, Burkhardt & Co. Privatbankiers im Herzen des Ruhrgebiets, in: Tradition. Zeitschrift für Firmengeschichte und Unternehmerbiographie 2 (1956/57), S. 229–246.
Wixforth, Harald, Ein «stiller Teilhaber» – die «Arisierung» des Bankhauses Simon Hirschland und der Flick-Konzern, in: Bankhistorisches Archiv 33 (2007), S. 63–77.

Ders., Banken und Bankenlobbyismus in der Weimarer Republik und der NS-Diktatur, S. 31–56, in: Bankhistorisches Archiv, Beiheft 44, Frankfurt am Main 2004.
Ders., Industriekredit und Kapitalmarktfinanzierung zwischen Reichsgründung und Weltwirtschaftskrise, in: Bankhistorisches Archiv, Beiheft 40, Stuttgart 2002, S. 33–36.
Wolf, Herbert, Vor 40 Jahren Großbanken-Neuordnung, in: Die Bank. Zeitschrift für Bankpolitik und Bankpraxis (9/1992), S. 549–553.
Wolffsohn, Michael, Globalentschädigung für Israel und die Juden? Adenauer und die Opposition in der Bundesregierung, in: Ludolf Herbst/Constantin Goschler (Hrsg.), Wiedergutmachung in der Bundesrepublik Deutschland, München 1989, S. 161–190.
Wolfrum, Edgar, Die geglückte Demokratie. Geschichte der Bundesrepublik Deutschland von ihren Anfängen bis zur Gegenwart, Bonn 2007.
Ders., Rot-Grün an der Macht. Deutschland 1998–2005, München 2013.
Ziegler, Dieter, Banken und «Arisierungen» in Mitteleuropa während des Nationalsozialismus, Stuttgart 2002.
Ders., «Bankenmacht», «Verwaltungsherrschaft», «Aktionärsdemokratie»?. Zum Problem der Kontrolle der Geschäftsleitung in deutschen Aktiengesellschaften 1870 bis 1931, in: Zeitschrift für Unternehmensgeschichte 65 (2020), S. 25–56.
Ders., Die Dresdner Bank und die deutschen Juden, München 2006.
Ders., Erosion der Kaufmannsmoral. «Arisierung», Raub und Expansion, in: Norbert Frei/Tim Schanetzky (Hrsg.), Unternehmen im Nationalsozialismus. Zur Historisierung einer Forschungskonjunktur, Göttingen 2010, S. 156–168.
Ders., Geschäftliche Spezialisierungen deutscher Privatbankiers in der Zwischenkriegszeit. Ein vergeblicher Überlebenskampf?, in: Bankhistorisches Archiv, Beiheft 41: Der Privatbankier. Nischenstrategien in Geschichte und Gegenwart, Stuttgart 2003.
Ders., Strukturwandel und Elitenwechsel im Bankwesen 1900–1957, in: Volker Berghahn/Stefan Unger/Dieter Ziegler (Hrsg.), Die deutsche Wirtschaftselite im 20. Jahrhundert. Kontinuität und Mentalität, Essen 2003, S. 187–213.
Zimmermann, Michael u. a. (Hrsg.), Die Erfindung des Ruhrgebiets. Arbeit und Alltag um 1900. Katalog zur sozialhistorischen Dauerausstellung, Ruhrlandmuseum Essen, Essen/Bottrop 2000.

Mitglieder des Vorstands

1921–1922	Dr. Walter Pitschke
1921–1922	Josef Becker
1922–1925	Hermann Neul
1923–1925	Richard Beckendorff
1925–1932	Otto Suckau
1925–1933	Heinrich Strunk
1932–1934	Dr. jur. Josef Bach
Ab 15. 5. 1933	Wolfgang Müller-Clemm
1933–1945	Hermann van Ackeren
1938–1961	Albert Brusten
1946–1951	Paul Paus
1946–1947	Franz Blücher
1948–1959	Dr. Willy Wohlrabe
1951–1981	Dr. Fritz Dertmann
1958–1960	Dr. Hilmar Moritz
1960–1966	Dr. Jakob Kehren
1962–1963	Dr. Werner Tietze
1967–1977	Otto Kraft
1968–1970	Dr. Horst Duwe
1968–1987	Günter Ehlen
1974–1975	Dr. Horst Herberholz
1976–1979	Dr. Herbert Jacobs
1979–1991	Dr. Hans Braun
1981–1985	Dr. Dietrich Gröning
1981–1985	Dr. Holger von Paucker
1985–2003	Gerhard Leppelmann
1986–1994	Gunther Lange
1987–1994	Bernd H. Praedel
1991–2007	Dr. Henner Puppel
1994–1996	Dr. Dieter Marzi
1994–2011	Karlheinz Nellessen
2004–2016	Uwe Lindner
Seit 2007	Dr. Thomas A. Lange
2012–2015	Klaus Frick
2016–2018	Georg Schachner
Seit 2018	Dr. Markus Guthoff

Mitglieder des Aufsichtsrats

1921–1931 Adam Stegerwald
1921–1929 Franz Behrens
1921–1931 Josef Wiedeberg
1921–1931 Christian Winter
1921–1933 Heinrich Imbusch
1921–1933 Heinrich Fahrenbrach
1921–1933 Peter Schlack
1921–1933 Franz Wieber
1929–1933 Josef Becke
1930–1933 Martin Fromm
1939–1933 Bernhard Otte
1932–1933 Dr. Otto Kämper
1932–1933 Arnold Knoblauch
1932–1933 Walther Lambach
1932–1933 Anton Schmidt
1933–1936 Wolfgang Müller-Clemm
1933–1945 Eugen Vögler
1933–1945 Dr. Walter Pelletier
1933–1936 Werner Boltz
1933–1945 Dr. Adolf Friedrichs
1933–1936 Carl Rosenhauer
1933–1935 Fritz Thyssen
1933–1936 Adolf Wolf
1934–1945 Friedrich Vogt
1935–1947 Max Schroeder
1936–1936 Rudolf Ahrend
1937–1942 Paul Hoffmann
1937–1938 Heinz Reitbauer
1939–1947 Ferdinand Schraud
1942–1949 Karl Hitzbleck
1943–1944 Wilhelm Marotzke
1947–1950 Franz Blücher
1948–1956 Maximilian Freiherr von Brachel
1949–1951 Dipl.-Ing. Alfred Pott
1950–1962 Erich Edgar Schulze
1950–1957 Dipl.-Ing. Ernst Hitzbleck
1951–1970 Gustav Müller
1953–1969 Heinz Dietz
1953–1972 Werner Richartz
1956–1973 Dr. Friedrich-Ernst Fischer
1957–1969 Dipl.-Ing. Josef Müller
1959–1961 Dr. Willy Wohlrabe
1959–1970 Dr. Wilhelm Flory
1959–1971 Johann Granz
1962–1971 Albert Brusten
1962–1982 Prof. Dr.-Ing. Otto Dünbier
1969–1989 Wilhelm Holly
1969–1981 Heinz Verhuven
1970–1972 Dr. Walter Fassbender
1970–1979 Dr. Heinz Kümmerlein
1971–1992 Erwin Bremer
1971–1980 Werner Rox
1972–1984 Dipl.-Ing. Klaus Hitzbleck
1972–1996 Klaus Senf
1973–1990 Dr. Hans Jürgen Amelung
1979–2003 Dr. Friedhelm Gieske
1980–2001 Georg Schweitzer

1981–1987	Horst Lehmann	2001–2013	Gregor Wildförster
1982–2007	Dr. Claus Stauder	2003–2006	Achim Middelschulte
1985–2006	Dr. Jürgen Simon	2006–2018	Dr. Friedrich Janssen
1987–1999	Manfred Wieneke	2006–2012	Dr. Matthias Mitscherlich
1990–2000	Dr. Alexander von Tippelskirch	2007–2010	Dr. Henner Puppel
		Seit 2007	Daniela Römer
1990–2000	Dr. Hermann Cobet	2010–2013	E. Jürgen Lindlar
1992–1998	Dr. Hans Braun	2013–2016	Claudia Schütter
1996–2007	Theresia Aretz	Seit 2018	Friedrich P. Kötter
1998–2014	Dr. Jochen Melchior	Seit 2016	Andreas Paul
Seit 1999	Birgit Elsner	Seit 2013	Prof. Dr. Franca Ruhwedel
2000–2020	Prof. Dr.-Ing. Hans-Peter Keitel	Seit 2012	Dr. Klaus Engel
		Seit 2015	Eberhard Kieser
Seit 2000	Reinhold Schulte	Seit 2020	Bernd Franken

Bildnachweis

J. H. Darchinger / Friedrich-Ebert-Stiftung	S. 251
akg-images	S. 25, 312
Archiv der National-Bank	S. 12, 45, 52, 157, 161, 193, 197, 202, 261, 162, 264, 267, 269, 272, 279, 281, 301, 302, 303, 306, 318, 319, 320, 323, 327, 358, 360
bpk / Fotoarchiv Ruhr Museum / Peter Kleu	S. 113, 199, 294
bpk / Fotoarchiv Ruhr Museum / Willy van Heekern	S. 50, 89, 112, 118, 164, 200, 206, 283, 286, 287, 293
bpk / Heinrich Hoffmann	S. 120
bpk / Kunstbibliothek, SMB, Photothek / Willy Römer	S. 70
Bundesarchiv B 145 Bild-00005495, Fotograf: ohne Angabe	S. 233
Bundesarchiv 183–2005–1017–515, Fotograf: Ernst Lerche	S. 238
Fotoarchiv Ruhr Museum / Peter Kleu	S. 110
HdEG / Stadtarchiv	S. 132
entnommen aus: HSBC Trinkaus (Hrsg.), Den Werten verpflichtet	S. 171, 183
entnommen aus: Herbert Westphalen (Hrsg.), Essener Bilderbogen 1880–2007	S. 18

Namenregister

Unternehmens-, Banken- und Institutionenverzeichnis

C

D